Qualifikationskonflikte bei Personengesellschaften im Internationalen Steuerrecht

Internationale Steuerlehre, Steuerrecht und Wirtschaftsprüfung

Herausgegeben von Rainer Heurung/Gerd Morgenthaler/Andreas Dutzi

Band 8

Zur Qualitätssicherung und Peer Review der vorliegenden Publikation

Die Qualität der in dieser Reihe erscheinenden Arbeiten wird vor der Publikation durch einen Herausgeber der Reihe geprüft.

Notes on the quality assurance and peer review of this publication

Prior to publication, the quality of the work published in this series is reviewed by one of the editors of the series.

Ariane Bresgen

Qualifikationskonflikte bei Personengesellschaften im Internationalen Steuerrecht

Eine Analyse der abkommensrechtlichen Behandlung von grenzüberschreitend gezahlten Sondervergütungen bei Mitunternehmerschaften

PL ACADEMIC RESEARCH

Bibliografische Information der Deutschen Nationalbibliothek
Die Deutsche Nationalbibliothek verzeichnet diese Publikation in der Deutschen Nationalbibliografie; detaillierte bibliografische Daten sind im Internet über http://dnb.d-nb.de abrufbar.

Zugl.: Siegen, Univ., Diss., 2016

D 467
ISSN 2191-1223
ISBN 978-3-631-67400-0 (Print)
E-ISBN 978-3-653-06728-6 (E-Book)
DOI 10.3726/978-3-653-06728-6

PL Academic Research ist ein Imprint der Peter Lang GmbH.

Peter Lang – Frankfurt am Main · Bern · Bruxelles · New York · Oxford · Warszawa · Wien

Diese Publikation wurde begutachtet.

www.peterlang.com

Geleitwort

Die abkommensrechtliche Behandlung grenzüberschreitend gezahlter Sondervergütungen ist seit jeher ein komplexes Problemfeld des internationalen Steuerrechts. In Folge der diametralen Ansichten bzgl. der abkommensrechtlichen Behandlung von grenzüberschreitenden Sondervergütungen durch die Finanzverwaltung und die Rechtsprechung wurde durch das Jahressteuergesetz 2009 (JStG 2009) die Regelung des § 50d Abs. 10 EStG geschaffen. Im Rahmen des AmtshilfeRLUmsG in 2013 erfolgte eine Revision der Fassung des § 50d Abs. 10 EStG. Die Neufassung enthält – neben der Beibehaltung der Umqualifizierung der abkommensrechtlichen Sondervergütungen in Teile des Unternehmensgewinns – zusätzlich eine Zuordnungsfiktion dieser Vergütungen zu der aufwandstragenden Betriebsstätte. Dennoch steht die Regelung des § 50d Abs. 10 EStG und einhergehend die Einordnung der Sondervergütungen als Teil des Unternehmensgewinns in der Kritik. Vor diesem Hintergrund bildet die Darstellung der abkommensrechtlichen Behandlung der grenzüberschreitend gezahlten Sondervergütungen bei Mitunternehmerschaften einen sinnvollen Forschungsbeitrag.

Im Rahmen der Arbeit untersucht die Verfasserin das System der Behandlung abkommensrechtlicher Sondervergütungen nach § 50d Abs. 10 EStG i. d. F. des JStG 2009 sowie des AmtshilfeRLUmsG. Im Fokus steht insbesondere die Beantwortung der Frage, inwiefern bestehende Probleme der Altfassung des § 50d Abs. 10 EStG durch die Revision behoben wurden. Hierbei stellt sich die Frage, ob die Neufassung aufgrund ihrer Zuordnungsfiktion der Sondervergütungen zu einer Betriebsstätte und der Anrechnungsmöglichkeit ausländischer Steuern ein Leerlaufen der Norm verhindern. Weiterhin untersucht die Verfasserin, ob die durch die Vorschrift entstehende Doppel- oder Keinmalbesteuerung durch unilaterale oder bilaterale Möglichkeiten vermieden werden kann.

Die Verfasserin widmet sich mit der Betrachtung der internationalen Personengesellschaftsbesteuerung, insbesondere der grenzüberschreitend gezahlten Sondervergütungen und der daraus folgenden abkommensrechtlichen Behandlung, einer äußerst komplexen steuerlichen Rechtsmaterie. Die vorliegende Arbeit ist von hoher Qualität. Die gewonnenen Erkenntnisse leisten einen herausragenden Beitrag zur Strukturierung, Konkretisierung und Weiterentwicklung des Forschungsbeitrags der jüngeren internationalen Personengesellschaftsbesteuerung. Sie liefert erstmals eine geschlossene und differenzierte steuerjuristische Untersuchung im Hinblick auf das aktuelle System der Behandlung abkommensrechtlicher Sondervergütungen. Der Verfasserin gelingt eine umfassende und kritische Auseinandersetzung der Thematik mit besonderer Betrachtung der aktuellen Auffassungen aus Literatur, Rechtsprechung und Finanzverwaltung. Wegen ihrer hervorragenden Qualität, ihrer aktuellen Relevanz sowie dem berechtigten wissenschaftlichem – und auch anwendungsbezogenem – Interesse an der Durchdringung dieses Untersuchungsgegenstands wünsche ich der Schrift eine gute Verbreitung.

Siegen, im Februar 2016 Univ.-Prof. Dr. Rainer Heurung

Vorwort

Die vorliegende Monografie entstand während meiner Tätigkeit als wissenschaftliche Mitarbeiterin an der Professur für Betriebswirtschaftslehre, insb. Prüfungswesen und Betriebswirtschaftliche Steuerlehre der Universität Siegen. Sie wurde von der Fakultät III Wirtschaftswissenschaften, Wirtschaftsinformatik und Wirtschaftsrecht der Universität Siegen im Sommersemester 2015 als Dissertation angenommen. Literatur und Rechtsprechung wurden bis zum Tag der Einreichung, dem 26. August 2015, ausgewertet. Bis zur Drucklegung ergangene Urteile, verabschiedete Gesetze und neuere Beiträge im Schrifttum wurden insoweit berücksichtigt, als sie von besonderem Interesse für die abgehandelten Fragestellungen sind.

Am erfolgreichen Gelingen meiner Promotion haben verschiedene Personen maßgeblichen Anteil, bei denen ich mich ausdrücklich bedanken möchte. Zunächst gilt meinem verehrten akademischen Lehrer und Doktorvater Herrn WP/StB Univ.-Prof. Dr. Rainer Heurung mein besonderer Dank. Weiterhin gilt Herrn Univ.-Prof. Dr. Gerd Morgenthaler für die Übernahme des Zweitgutachtens und Herrn Univ.-Prof. Dr. Andreas Dutzi für die Übernahme des Vorsitzes der Promotionskommission mein herzlicher Dank.

Abschließend möchte ich meinen Freunden und insbesondere meiner Familie meinen ganz besonderen und herzlichen Dank aussprechen. Sie waren und sind mir stets ein großer Rückhalt. Ihnen ist die vorliegende Arbeit in Liebe und Dankbarkeit gewidmet.

Bad Soden, im Februar 2016 Ariane Bresgen

Inhaltsübersicht

Inhaltsverzeichnis

Abkürzungsverzeichnis

a. A.	anderer Auffassung
a. F.	alte Fassung
ABl. EU	Amtsblatt der Europäischen Union
Abs.	Absatz
AdFfStR	Arbeitsgemeinschaft der Fachanwälte für Steuerrecht e. V.
Akz.	Aktenzeichen
AmtshilfeRLUmsG	Amtshilfe-Richtlinien-Umsetzungsgesetz
AO	Abgabenordnung
AOA	Authorised OECD Approach
APA	Advance Pricing Agreements
Art.	Artikel
AStG	Außensteuergesetz
BB	Betriebs-Berater (Z)
BDA	Bochum Deutsches Anwaltsinstitut e.V.
BEPS	Base Erosion and Profit Shifting
BFH	Bundesfinanzhof
BFH/NV	Sammlungen nicht veröffentlichter Entscheidungen des BFH (Z)
BFHE	Entscheidungen des BFH (Z)
BFH-PR	Entscheidungen des BFH für die Praxis der Steuerberatung
BGB	Bürgerliches Gesetzbuch
BGBl.	Bundesgesetzblatt
BGH	Bundesgerichtshof
BGHZ	Sammlung der Entscheidungen des BGH in Zivilsachen (Z)

BMF	Bundesministerium der Finanzen
BR-Drs.	Bundesrat-Drucksache
BsGaV	Betriebsstättengewinnaufteilungsverordnung
BStBK	Bundessteuerberaterkammer
BStBl.	Bundessteuerblatt
BT-Drs.	Bundestag-Drucksache
BTR	British Tax Review (Z)
BVerfG	Bundesverfassungsgericht
BVerfGE	Entscheidungen des Bundesverfassungsgerichts
BZSt	Bundeszentralamt für Steuern
bzw.	beziehungsweise
CDU	Christlich Demokratische Union
CSU	Christlich-Soziale Union
DB	Der Betrieb (Z)
DBA	Abkommen zur Vermeidung der Doppelbesteuerung / Doppelbesteuerungsabkommen
DStR	Deutsches Steuerrecht (Z)
DStZ	Deutsche Steuer-Zeitung (Z)
EBITDA	Earnings before Interest, Taxes, Depreciation and Amortisation
EFG	Entscheidungen der Finanzgerichte (Z)
Einl.	Einleitung
ErbStG	Erbschaftsteuer- und Schenkungsteuergesetz
EStDV	Einkommensteuer-Durchführungsverordnung
EStH	Einkommensteuer-Hinweise
et al.	et alii (lat.), und andere
EU	Europäische Union
e. V.	eingetragener Verein
f. / ff.	folgende / fortfolgende

FATCA	Foreign Account Tax Compliance Act
FG	Finanzgericht
FGO	Finanzgerichtsordnung
FinA	Finanzausschuss
Fn.	Fußnote
FR	Finanz-Rundschau (Zeitschrift)
FS	Festschrift
GB	Großbritannien
GbR	Gesellschaft bürgerlichen Rechts
gem.	gemäß
GewStDV	Gewerbesteuer-Durchführungsverordnung
GewStG	Gewerbesteuergesetz
GewStH	Gewerbesteuer-Hinweise
GG	Grundgesetz
ggf.	gegebenenfalls
GmbHR	GmbH-Rundschau (Z)
GoF	Geschäfts- oder Firmenwert
GrS	Großer Senat
GS	Gedächtnisschrift
G20	Gruppe der zwanzig wichtigsten Industrie- und Schwellenländer
h. M.	herrschende Meinung
HGB	Handelsgesetzbuch
Hrsg.	Herausgeber
Hs.	Halbsatz
i. d. F.	in der Fassung
i. R.	im Rahmen
i. S. d.	im Sinne des
i. V. m.	in Verbindung mit

IBFD	International Bureau of Fiscal Documentation
IFSt	Institut Finanzen und Steuern
INF	Die Information für Steuerberater und Wirtschaftsprüfer (Z)
Int.	International(es)
ISR	Internationale Steuer-Rundschau (Z)
IStR	Internationales Steuerrecht (Z)
IWB	Internationale Wirtschaftsbriefe (Z)
JbFfSt	Jahrbuch der Fachanwälte für Steuerrecht
JStG	Jahressteuergesetz
JuS	Juristische Schulung (Z)
JZ	JuristenZeitung (Z)
KG	Kommanditgesellschaft
KGaA	Kommanditgesellschaft auf Aktien
KStG	Körperschaftsteuergesetz
lat.	lateinisch
LB	Lehrbuch
lit. / litt.	littera(e) (lat.), Buchstabe(n)
m. E.	meines Erachtens
m. w. N	mit weiteren Nennungen
m. W. v.	mit Wirkung vom
MA	Musterabkommen
MK	Musterkommentar
MTR	Mutter-Tochter-Richtlinie
n. F.	neue Fassung
Nr.	Nummer
NWB	Neue Wirtschafts-Briefe (Z)
OECD	Organisation für wirtschaftliche Zusammenarbeit und Entwicklung

OECD-MA	OECD-Musterabkommen
OECD-MK	OECD-Musterkommentar
OHG	offene Handelsgesellschaf
öKStG	österreichisches Körperschaftsteuergesetz
PersG	Personengesellschaft(en)
PIStB	Praxis Internationale Steuerberatung (Z)
REITG	Gesetz über deutsche Immobilien-Aktiengesellschaften mit börsennotierten Anteilen
RFH	Reichsfinanzhof
RFHE	Sammlung der Entscheidungen und Gutachten des Reichsfinanzhofs
RG	Reichsgerichts
RGZ	Entscheidungen des Reichsgerichts in Zivilsachen
RIW	Recht der internationalen Wirtschaft (Z)
Rn.	Randnummer
RStBl.	Reichssteuerblatt
Rz.	Randziffer
S.	Satz / Sätze, Seite / Seiten
S.A.	Société Anonyme
SBV	Sonderbetriebsvermögen
sog.	sogenannt
SPD	Sozialdemokratische Partei Deutschlands
StBJb	Steuerberater-Jahrbuch
SteuK	Steuerrecht kurzgefasst (Z)
StLex	Steuer- und Bilanzrechtslexikon
StuB	Unternehmensteuern und Bilanzen (Z)
StuW	Steuer und Wirtschaft (Z)
SWI	Steuer und Wirtschaft International (Z)
TNI	Tax Notes International (Z)

Tz.	Textziffer(n)
u. a.	unter anderem
Ubg	Die Unternehmensbesteuerung (Z)
USA / US	United States (engl.), Vereinigte Staaten (von Amerika)
UStG	Umsatzsteuergesetz
v.	vom
Var.	Variante
vgl.	vergleiche
VZ	Veranlagungszeitraum
WPg	Die Wirtschaftsprüfung (Z)
WTJ	World Tax Journal (Z)
WÜRV	Wiener Übereinkommen über das Recht der Verträge
Z	Zeitschrift
z. B.	zum Beispiel
z. T.	zum Teil
Ziff.	Ziffer / Ziffern
zit.	zitiert

A. Einleitender Teil

I. Einführung und Problemstellung

Die steuerliche Behandlung von Personengesellschaften gehört trotz ihrer herausragenden wirtschaftlichen Bedeutung in Deutschland[1] zu den schwierigsten und umstrittensten Themengebieten des nationalen und internationalen Steuerrechts.[2] Die Beliebtheit der Rechtsform, aber auch ihre Komplexität ergibt sich u. a. aus ihrer hohen Flexibilität und den hieraus resultierenden Gestaltungsmöglichkeiten der Rechtsbeziehungen der Gesellschafter untereinander. Durch ihre zivil- und steuerrechtlich divergierende Rechts- bzw. Steuerrechtssubjektfähigkeit führt die Personengesellschaft zur direkten Besteuerung auf Gesellschafterebene (Transparenzprinzip des § 15 Abs. 1 S. 1 Nr. 2 EStG), was in Form des steuerlichen Durchgriffs durch die Gesellschaft auf den Gesellschafter eine einzigartige Besonderheit im Besteuerungsverfahren darstellt. Bedingt durch die fortschreitende Internationalisierung üben Unternehmen zunehmend ihr in- sowie ausländisches Wirtschaften durch (Um-)Strukturierungen in der Rechtsform der Personengesellschaft aus.[3] Nicht zu unterschätzen ist hierbei das Komplexitätsgefüge, das durch Qualifikationskonflikte bei der unterschiedlichen Behandlung der Personengesellschaften durch verschiedene Steuerrechtsordnungen sowie der komplexen Besonderheiten des nationalen und internationalen Steuerrechts entstehen kann.

Wegen einer fehlenden internationalen Steuersystemharmonisierung für Personengesellschaften, ergeben sich deshalb besondere steuerliche Herausforderungen, die beispielweise bereits bei der Einstufung des Gesamtgebildes beginnen: Gelten Personengesellschaften in einigen Ländern aufgrund der einschlägigen Rechtsordnung als juristische Person, so werden sie in anderen als gesamthänderisches Gebilde (Mitunternehmerschaft) eingestuft. Infolgedessen können bereits bei nationaler Einstufung des Rechtsgebildes der Personengesellschaft Einordnungs- und Klassifikationskonflikte entstehen.[4] Darüber hinaus werden Personengesellschaften in Deutschland in einem zweistufigen Gewinnermittlungsverfahren besteuert, das weltweit nur wenigen Staaten bekannt ist.[5] Erschwert wird die Behandlung der Personengesellschaft im internationalen Steuerrecht, wenn zusätzlich Gestaltungen verwendet werden, die einem anderen beteiligten Staat unbekannt sind. Ein Beispiel stellen die nach deutschem Recht als Sonderbetriebseinnahmen zu qualifizierenden

---

1 Vgl. Hennrichs, in: Tipke/Lang, Steuerrecht, 2015, § 10 Rn. 3; Schmidt, IStR 2010a, S. 414.

2 Vgl. Knobbe-Keuk, Steuerrecht, 1993, S. 368; Niehus/Wilke, PersG, 2013, S. 1.

3 Vgl. Schmidt, IStR 2010a, S. 414; Schmidt, IStR 2001, S. 490 ff.; Vees, DB 2010, S. 1422; Klumpp, in: Lange/Bilitewski/Götz, PersG, 2015, Rn. 7051.

4 Vgl. Wassermeyer, in: Wassermeyer/Richter/Schnittker, PersG, 2015, Rn. 4.23 ff.

5 Vgl. Meretzki, IStR 2009, S. 222.

Vergütungen einer inländischen Personengesellschaft an ihre ausländischen Gesellschafter (§ 15 Abs. 1 S. 1 Nr. 2 Hs. 2 EStG) dar.[6] Liegt ein grenzüberschreitender Sachverhalt vor, so kann das deutsche Besteuerungsrecht hinsichtlich der Sondervergütungen durch ein Doppelbesteuerungsabkommen (DBA) beschränkt oder gänzlich ausgeschlossen sein.[7] Enthält das anzuwendende DBA keine ausdrückliche Regelung zur Behandlung und Zuordnung der Sondervergütungen, gilt nach nationaler Auffassung § 50d Abs. 10 EStG[8]. Hiernach sind grenzüberschreitende Sondervergütungen, sofern das anzuwendende DBA keine Spezialnorm hierfür enthält, abkommensrechtlich den Unternehmensgewinnen zuzuordnen (§ 50d Abs. 10 S. 1 EStG). Diese Einordnung ist in grenzüberschreitenden Sachverhalten problematisch, sofern der ausländische Vertragsstaat für die Qualifizierung und Einordnung der Sondervergütungen auf eine andere Rechtnorm verweist. Denkbar und wahrscheinlich ist vor allem eine Einordnung der gezahlten Sondervergütungen unter die speziellen Verteilungsartikel des einschlägigen DBA. Hieraus ergibt sich ein divergierendes Besteuerungsrecht und folglich die Möglichkeit der Doppelbesteuerung der Vergütungen.

Allerdings beziehen sich die Problembereiche der Behandlung von Sonderbetriebsvermögen nicht ausschließlich auf internationale Sachverhalte. Generell handelt es sich bei diesem Thema um einen der kontroversesten Streitpunkte im nationalen sowie internationalen Steuerrecht. Bereits die Frage, ob der deutsche Fiskus grenzüberschreitende Sondervergütungen besteuern darf, führte aufgrund der unterschiedlichen Rechtsauffassung zwischen dem Bundesfinanzhof (BFH) und der Finanzverwaltung zu umfangreichen Diskussionen, die seit über 20 Jahren andauern.[9] Um sich gegen die unerwünschte Rechtsprechung des BFH durchzusetzen, normierte der Gesetzgeber ein Nichtanwendungsgesetz[10]. Die Behandlung grenzüberschreitender Sondervergütungen wurde folglich im Zuge des Jahressteuergesetzes 2009[11] (JStG 2009) gesetzlich festgeschrieben, um das deutsche Besteuerungsrecht für alle gewerblichen Einkünfte im Inbound-Fall zu sichern. Allerdings negierte die Rechtsprechung in einigen Urteilen die Geltung des § 50d Abs. 10 EStG

---

6 Den meisten ausländischen Rechtsordnungen sind Sondervergütungen (z.B. grenzüberschreitende Zins-, Lizenz- oder Pensionszahlungen) unbekannt. Entsprechend qualifizieren die meisten DBA die Sondervergütungen nach ihrem Vergütungsinhalt. Dies hat u. a. zur Folge, dass Deutschland sein inländisches Besteuerungsrecht verliert und der ausländische Staat besteuern darf.

7 Vgl. z.B. Art. 7 Abs. 7 S. 2 DBA-Schweiz; hierzu Pohl, IWB 2012, S. 120.

8 In der Fassung des Jahressteuergesetzes 2009 oder ab 2013 in der Fassung des AmtshilfeRLUmsG.

9 Ausgangspunkt der Diskussion war das Urteil des BFH v. 27.2.1991, I R 15/89, BStBl. II 1991, S. 444.

10 In der Form der Regelung des § 50d Abs. 10 EStG, vgl. BT-Drs. 16/11108, S. 23.

11 Jahressteuergesetz 2009 v. 19.12.2008, BGBl. 2008, S. 2794.

i. d. F. des JStG 2009[12], sofern die Unternehmensgewinne keiner deutschen Betriebsstätte zuzuordnen waren.[13] Im Ergebnis lief die Umqualifizierung der Sondervergütungen in abkommensrechtliche Unternehmensgewinne ins Leere. Als Folge wurde mit dem AmtshilfeRLUmsG[14] in 2013 eine Neufassung des § 50d Abs. 10 EStG[15] eingeführt, die auf alle Fälle anzuwenden ist, in denen die Einkommen- und Körperschaftsteuer noch nicht bestandskräftig festgesetzt wurde (§ 52 Abs. 59a S. 10 EStG).

Mithilfe der Neuregelung sollen die Sondervergütungen unbeachtlich anderer abkommensrechtlichen Zuordnungsnormen der Betriebsstätte zugerechnet werden, der der Aufwand für die der Vergütung zugrunde liegende Leistung bzw. der die Vergütung zuzuordnen ist (§ 50d Abs. 10 S. 3 EStG n. F.). Die Komplexität der Norm hat durch die Neuregelung erheblich zugenommen. So kann eine Doppelbesteuerung dadurch entstehen, dass der ausländische Staat die Sondervergütungen abweichend z. B. als Lizenzgebühren qualifiziert, oder das Bestehen einer inländischen Betriebsstätte negiert. Doch auch die jüngste Rechtsprechung des BFH trägt nicht zur Klarstellung der Behandlung von grenzüberschreitenden Sondervergütungen bei und lässt kein Ende im Meinungsstreit erkennen. Denn im Gegensatz zur bisherigen Rechtsprechung verwirft der BFH in neueren Urteilen seine ursprüngliche Auffassung und nähert sich in Zurechnungsfragen von Sonderbetriebsvermögen den Ansichten der Finanzverwaltung an.[16]

Darüber hinaus gilt die Regelung des § 50d Abs. 10 EStG als abkommensüberschreibende Vorschrift (sog. *treaty override*), sodass die verfassungsmäßigen Bedenken gegen die Regelung i. d. F. des JStG 2009 sowie i. d. F. des AmtshilfeRLUmsG bereits dem Bundesverfassungsgericht vorgelegt wurden.[17] Der Ausgang dieser Beschwerde könnte weitreichende Folgen sowohl auf die generelle Verfassungsmäßigkeit von *treaty overrides* als auch auf die grenzüberschreitende Behandlung von Sondervergütungen haben. Im Ergebnis bleibt die steuerliche Behandlung von Sondervergütungen umstritten und je nach Ausgang der Entscheidung des Bundesverfassungsgerichts könnte die Diskussion erneut von vorne beginnen und ihre Grundlagen einer wiederholten Prüfung unterliegen.

---

12 Im Folgenden § 50d Abs. 10 EStG i. d. F des JStG 2009 oder verkürzt § 50d Abs. 10 EStG a. F.

13 BFH, v. 8.9.2010, I R 74/09, BFH/NV 2011, S. 138; v. 8.11.2010, I R 106/09, BFHE 231, S. 206.

14 Gesetz zur Umsetzung der Amtshilferichtlinie sowie zur Änderung steuerlicher Vorschriften (Amtshilferichtlinie-Umsetzungsgesetz) vom 26.6.2013 m. W. v. 30.6.2013, BGBl. I 2013, S. 1809.

15 Im Folgenden § 50d Abs. 10 EStG i. d. F. des AmtshilfeRLUmsG, verkürzt § 50d Abs. 10 EStG n. F.

16 Vgl. u. a. BFH, v. 12.6.2013, I R 47/12, BFH/NV 2012, S. 1999, Rz. 15; v. 11.12.2013, I R 4/13, BFH/NV 2014, S. 614, Rz. 10.

17 Vgl. BFH, v. 11.12.2013, I R 4/13, BFH/NV 2014, S. 614, anhängig beim BVerfG mit dem Aktenzeichen 2 BvL 15/14.

II. Zielsetzung und Aufbau der Untersuchung

Anhand der vorliegenden Dissertation soll die Behandlung der abkommensrechtlichen Sondervergütungen von Personengesellschaften an ihre Gesellschafter analysiert werden. Hierfür soll vor allem auf die Regelung des 50d Abs. 10 EStG i. d. F. des JStG 2009 sowie i. d. F. des AmtshilfeRLUmsG eingegangen werden. Die betrachteten Gestaltungen umfassen dabei einerseits den Fall, dass das Besteuerungsrecht Deutschlands eingeschränkt wird, wenn die Sondervergütungen zugunsten eines im Ausland ansässigen Gesellschafters (Inbound-Fall) gezahlt werden. Andererseits werden Fallgestaltungen umfasst, in denen Sondervergütungen zugunsten einer im Ausland ansässigen Personengesellschaft mit inländisch beteiligtem Gesellschafter (Outbound-Fall) gezahlt werden. Die kritische Auseinandersetzung mit der Alt- und insbesondere der Neufassung soll klären, inwieweit die Problembereiche der Vorschrift aus 2009 beseitigt und die Absicht des Gesetzgebers und der Finanzverwaltung umgesetzt wurde. Darüber hinaus liegt die inhaltliche Analyse der Norm i. d. F. des AmtshilfeRLUmsG im Vordergrund. Die Analyse der Anrechnungsmöglichkeit ausländischer Steuern in Deutschland sowie der Zuordnungsfiktion zu einer aufwandstragenden Betriebsstätte wird durch eine umfangreiche Untersuchung hinsichtlich der Existenz einer originären Mitunternehmerbetriebsstätte und der Möglichkeit abkommensrechtlicher betriebsstättenloser Unternehmensgewinne komplettiert. Des Weiteren soll die vorliegende Arbeit die rechtliche Ausgestaltung des § 50d Abs. 10 EStG n. F. überprüfen und herausstellen, ob die abkommensüberschreibende Umqualifizierung und Zuordnung der Sondervergütungen sowie die rückwirkende Geltung der Norm rechtskonform sind. Als abschließende Herausforderung dieser Dissertation sollen die unilateralen und bilateralen Möglichkeiten zur Verhinderung der Doppelbesteuerung bzw. der doppelten Nichtbesteuerung hinterfragt werden. Hierfür werden die Anrechnungsmöglichkeiten des § 50d Abs. 10 S. 5 EStG, die Auslegung der Methodenartikel der OECD, Sonderregelungen in DBA, *subject-to-tax-* sowie *switch-over*-Regelungen und die Anwendung des § 50d Abs. 9 S. 1 Nr. 1 EStG kritisch untersucht.

Zur Erfüllung der Zielsetzung werden in einem ersten Schritt die Grundlagen der nationalen und internationalen Personengesellschaftsbesteuerung dargestellt. Ebenfalls werden die Funktionen und Arten der Sondervergütungen sowie ihre Behandlung nach nationalem Recht erörtert. Aufbauend darauf werden in einem zweiten Schritt die Regelungen der Doppelbesteuerungsabkommen zur Vermeidung der Doppelbesteuerung und Verhinderung der Steuerhinterziehung auf dem Gebiet vom Einkommen und vom Vermögen sowie die Behandlung grenzüberschreitender Sondervergütungen behandelt. Einhergehend werden die möglichen Qualifikationskonflikte bei der (steuerlichen) Behandlung grenzüberschreitend tätiger Personengesellschaften dargestellt. Daran anschließend werden in einem nächsten Schritt die generelle Behandlung der grenzüberschreitenden Sondervergütungen bei Nichtvorliegen und Vorliegen eines DBA sowie die Rechtsentwicklung vor und nach Einführung des § 50d Abs. 10 EStG i. d. F. des JStG 2009 erörtert und analysiert.

Hauptaugenmerk der vorliegenden Arbeit liegt in der folgenden kritischen Auseinandersetzung mit der Neufassung des § 50d Abs. 10 EStG. In diesem Zusammenhang wird insbesondere auf die Zuordnungsproblematik der Sondervergütungen, die rückwirkende Anwendung der Neuformulierung des § 50d Abs. 10 EStG auf alle noch nicht bestandskräftigen Fälle sowie deren völker- und verfassungsrechtsproblematischer *treaty override* eingegangen. Anhand der Untersuchung werden ebenfalls auf die Fragen nach der Existenz einer „Mitunternehmer-Betriebsstätte“[18] bzw. „Sonderbetrieb-Betriebsstätte“[19] und der Abkommensauslegung bei Sonderbetriebsvermögen zur Verhinderung von betriebsstättenlosen Unternehmensgewinnen eingegangen. Weitere Themenschwerpunkte sind u. a. das Spannungsverhältnis von § 1 AStG als Einkünftekorrekturnorm und § 50d Abs. 10 EStG bei unangemessenen Sondervergütungen durch die Ausweitung des Anwendungsbereichs des § 1 AStG auf Personengesellschaften sowie der Neufassung eines Schreibens des Bundesministerium für Finanzen (BMF)[20] zur Anwendung der Doppelbesteuerungsabkommen auf Personengesellschaften.

Aufgrund der abkommensrechtlichen Gestaltung durch § 50d Abs. 10 EStG und der daraus folgenden Behandlung der Sondervergütungen analog zum deutschen Mitunternehmerkonzept, kann eine doppelte Besteuerung oder Keinmalbesteuerung entstehen. Aus diesem Grund werden in einem darauffolgenden Kapitel die Möglichkeiten zur Vermeidung der Doppelbesteuerung bzw. der doppelten Nichtbesteuerung bei Sondervergütungen auf Abkommensebene aufgezeigt und kritisch hinterfragt. Hierzu wird untersucht, inwiefern die Auslegung der Methodenartikel eines DBA oder abkommensrechtlich vereinbarte Regelungen (Rückfall- sowie Umschaltklauseln) ihre Wirkung entfalten und unerwünschte Besteuerungsfolgen verhindern können. Zudem wird die nationale Regelung des § 50d Abs. 9 S. 1 EStG analysiert, auf die der § 50d Abs. 10 S. 8 EStG i. d. F. des AmtshilfeRLUmsG explizit verweist. Dabei wird kritisch hinterfragt, ob die Regelung auf nationaler Ebene die doppelte Nichtbesteuerung verhindern kann. Die Arbeit schließt mit einer Schlussbetrachtung zur Analyse und Kritik der Neuregelung des § 50d Abs. 10 EStG. Weiterhin wird ein Ausblick auf die zukünftige Behandlung grenzüberschreitender Sondervergütungen im Abkommensrecht vor dem Hintergrund der verfassungsmäßigen Überprüfung und weiterer Forschungsvorhaben gegeben.

---

18 Erstmals bejahend: BFH, v. 12.6.2013, I R 47/12, BFH/NV 2013, S. 1999, Rz. 16, Leitsatz.

19 Vgl. Haase/Brändel, StuW 2011, S. 56 f.; Haase/Dorn, DB 2011, S. 2116 f.

20 BMF, v. 26.9.2014, IV B 5 – S 1300/09/10003, BStBl. I 2014, S. 1258; vorhergehend der Entwurf eines BMF-Schreibens v. 5.11.2013, IV B 5 – S 1300/09/10003 sowie BMF, v. 16.4.2010, IV B 5 – S 1300/09/10003, BStBl. I 2010, S. 354.

B. Grundlagen der Untersuchung

I. Personengesellschaftsbesteuerung in Deutschland

1. Grundlagen der nationalen Personengesellschaftsbesteuerung

1.1 Zivilrechtliche Grundlagen und Rechtsstellung einer deutschen Personengesellschaft

Nach deutscher Rechtsauffassung ist eine Personengesellschaft eine privatrechtliche, vertraglich gegründete Vereinigung mehrerer Personen zur Erreichung eines gemeinsamen Zwecks.[21] Neben dem Grundtyp der Personengesellschaft, der Gesellschaft bürgerlichen Rechts (GbR), welche in § 705 BGB normiert ist, gibt es weitere von ihr abgeleitete Gesellschaftsformen mit dem Zweck des Beitreibens eines Handelsgewerbes.[22] Hierunter fallen u. a. die offene Handelsgesellschaft (OHG) nach § 105 Abs. 1 HGB und die Kommanditgesellschaft (KG) nach § 161 Abs. 1 HGB.

Im Unterschied zu Kapitalgesellschaften wird bei Personengesellschaften als Gesamthandsgemeinschaften lediglich eine zivilrechtliche Teilrechtsfähigkeit angenommen (§ 124 Abs. 1 HGB i. V. m. § 161 Abs. 2 HGB).[23] Insofern sind sie keine juristischen Personen, können allerdings als Träger von Rechten und Pflichten fungieren.[24] Weiteres Merkmal ist ihre personalistische Prägung, die u. a. durch die eingeschränkte Übertragbarkeit der Personengesellschaftsanteile, das eigenständige Führen der Gesellschaft, der Vertretung der Gesellschaft (im Außenverhältnis) sowie der persönlichen und z. T. auch unbeschränkten Haftung für die Schulden der Gesellschaft entsteht.[25] Zivilrechtlich sind Personengesellschaften des Weiteren sehr attraktiv, da sie kapitalistisch ausgestaltet werden können und aufgrund vieler

---

21 Hierin liegt der Unterschied zum Einzelunternehmen. Vgl. Zimmermann et al., PersG, 2013, Rz. A 2 ff.; Niehus/Wilke, PersG, 2013, S. 2. Der Terminus Personengesellschaften orientiert sich auch bei der steuerlichen Einordnung an den gesellschaftsrechtlichen Grundlagen, vgl. Klumpp, in: Lange/Bilitewski/Götz, PersG, 2015, Rn. 1.

22 Vgl. Klumpp, in: Lange/Bilitewski/Götz, PersG, 2015, Rn. 2; Niehus/Wilke, PersG, 2013, S. 3; Zimmermann et al., PersG, 2013, Rz. A 1.

23 Vgl. Rehm, in: Wassermeyer/Richter/Schnittker, PersG, 2015, Rz. 1.19. Für die GbR-Außengesellschaft hat der BGH ebenfalls Teilrechtsfähigkeit zugestanden, vgl. BGH, v. 29.1.2001, II ZR 331/00, BGHZ 146, S. 341; v. 16.7.2001, II ZB 23/00, BGHZ 148, S. 291; Zimmermann et al., PersG, 2013, Rz. A 16 ff.

24 Vgl. Zimmermann et al., PersG, 2013, Rz. A 19 ff.

25 Vgl. Rehm, in: Wassermeyer/Richter/Schnittker, PersG, 2015, Rz. 1.29-1.37; Zimmermann et al., PersG, 2013, Rz. A 62 ff.

dispositiver Rechtsnormen des BGB und HGB weitestgehend Vertragsautonomie im Innenverhältnis besteht.[26]

1.2 Rechtsfähigkeit und Subjekteigenschaften bei Personengesellschaften

Im internationalen Raum der Personengesellschaftsbesteuerung lassen sich verschiedene Formen der Besteuerung unterscheiden. Diese werden entweder an der Einheit der Personengesellschaft oder der Vielheit der Gesellschafter gemessen. So können Personengesellschaften als eigenständiges Steuersubjekt (Trennungsprinzip) besteuert werden oder die Besteuerung erfolgt auf Ebene der Gesellschafter (Transparenzprinzip). Ebenso bestehen Steuersysteme, in denen der Personengesellschaft bzw. den Gesellschaften ein Wahlrecht eingeräumt wird, sich nach dem Trennungs- oder Transparenzprinzip besteuern zu lassen (Optionsmodell).[27]

Die Besteuerung mit Einkommen- oder Körperschaftsteuer richtet sich nach der zivilrechtlichen Rechtsform.[28] Zivilrechtlich wurde für das deutsche Recht herausgestellt, dass Personengesellschaften nur eine Teilrechtsfähigkeit zugutekommt.[29] Insofern wird ihnen die Gleichstellung mit juristischen Personen versagt und sie sind nicht nach §§ 1 und 2 KStG körperschaftsteuerpflichtig. Ebenfalls fungieren sie nicht als einkommensteuerliches Subjekt für die von der Personengesellschaft erzielten Einkünfte, da § 1 EStG nur auf natürliche Personen anzuwenden ist.[30] Aus diesem Grund erfolgt die Besteuerung nicht auf Ebene der Gesellschaft, sondern es erfolgt ein Durchgriff auf die Ebene der Gesellschafter. Die erzielten Einkünfte der Personengesellschaft werden den Gesellschaftern anteilig als ihre eigenen Einkünfte zugerechnet und unterliegen bei ihnen der Einkommen- bzw. Körperschaftsteuer (sog. Transparenzprinzip).[31] Unabhängig von der fehlenden ertragsteuerlichen Steuersubjekteigenschaft dient die Personengesellschaft als Gewinnerzielungs- und

26 Vgl. Zimmermann et al., PersG, 2013, Rz. A 46, 56; Kessler/Schiffers, in: Prinz/Hoffmann (Hrsg.), PersG, 2014, Rz. 2, 19; Rehm, in: Wassermeyer/Richter/Schnittker, PersG, 2015, Rz. 1.22 ff.; Ebenfalls können steuerliche Verluste direkt genutzt und ggf. Publizitätspflichten vermieden werden, vgl. Niehus/Wilke, PersG, 2013, S. 4.

27 Transparenzprinzip u. a. in Deutschland, den Niederlanden, Österreich und der Schweiz; Trennungsprinzip u. a. in Bulgarien, Mexiko, Portugal und Spanien; Optionsmodelle u. a. in Frankreich und den USA. Vgl. Jacobs, PersG, 2011, S. 44 ff. m. w. N.

28 Vgl. Hennrichs, in: Tipke/Lang, Steuerrecht, 2015, § 10 Rn. 2 m. w. N.

29 Durchbruch dieses Prinzips durch die Zwitterstellung der OHG, KG und Außen-GbR, vgl. Niehus/Wilke, PersG, 2013, S. 18 f.

30 Vgl. Bode, in: Blümich, EStG, 2015, § 15 EStG Rn. 236; Zimmermann et al., PersG, 2013, Rz. B 63.

31 Vgl. BFH, v. 25.6.1984, GrS 4/82, BStBl. II 1984, S. 751; v. 3.5.1993, GrS 3/92, BStBl. II 1993, S. 616. Lediglich für die Gewerbesteuer sowie für die Umsatzsteuer ist die Personengesellschaft selbständiger Steuerschuldner, vgl. § 5 Abs. 1 S. 3 GewStG; § 2 Abs. 1 UStG.

Gewinnermittlungssubjekt.[32] Unterschieden werden dabei die Einkünfte der Gesellschaft, die sowohl Überschusseinkünfte als auch Gewinneinkünfte umfassen können.[33]

2. Konzeptionelle Grundlagen der Besteuerung gewerblicher Mitunternehmerschaften

2.1 Entwicklung der Personengesellschaftsbesteuerung in Deutschland

Die heutige Personengesellschaftsbesteuerung unterlag einigen Entwicklungen. So galten Personengesellschaften bis zum Ende des 19. Jahrhunderts zivilrechtlich als Rechtsverhältnis, welche trotz fehlender Rechtsubjekteigenschaft als Trägerin des Gesellschaftsvermögens fungierte.[34] In Bezug auf das Steuerrecht erfolgte, wie im Zivilrecht, eine Trennung der Sphären, sodass der Gewinn zwar auf Ebene der Gesellschaft ermittelt, anschließend aber den Gesellschaftern zugerechnet wurde.[35] Mit Einführung des Begriffs des Mitunternehmers in das EStG wurden die Gesellschafter als Unternehmer des Personengesellschaftsbetriebs angesehen.[36] Dennoch wurden Gesellschafter und Gesellschaft zivilrechtlich voneinander getrennt, indem die Vergütungen für die Mühewaltung der Gesellschaft auch gewerbliche Einkünfte darstellten.[37] Entsprechend der Bilanzbündeltheorie[38] stellte der Gewinn der Gesellschaft die Zusammenfassung der Einzelbilanzen aller Gesellschafter dar. Folglich führte jeder Gesellschafter anteilig den Betrieb der Gesellschaft, sodass die Personengesellschaft ein Zusammenschluss aller beteiligter Gesellschafter ist.[39] Aufgrund des ausgeprägten Transparenzprinzips und dem Leitbild der Vielheit der Gesellschafter,[40] wurden Rechtsbeziehungen zwischen Gesellschafter

32 Hierdurch kann die mehrfache Feststellung derselben Besteuerungsgrundlagen sowie die Entstehung möglicher Qualifikationskonflikte vermieden werden. Vgl. Niehus/Wilke, PersG, 2013, S. 19 ff.; BFH, v. 3.5.1993, GrS 3/92, BStBl. II 1993, S. 616; v. 3.7.1995, GrS 1/93, BStBl. II 1995, S. 617 m. w. N.

33 Vgl. Niehus/Wilke, PersG, 2013, S. 21 ff.

34 Vgl. Gierke, Privatrecht, 1895, S. 660 f.

35 Vgl. Rätke, in: Herrmann/Heuer/Raupach, EStG, 2015, § 15 EStG Rn. 84 m. w. N.

36 Vgl. Kurth, StuW 1978, S. 4.

37 Vgl. RFH, v. 31.3.1922, I A 10/22, RFHE 9, S. 167; Rätke, in: Herrmann/Heuer/Raupach, EStG, 2015, § 15 EStG Rn. 84.

38 Vgl. RFH, 20.6.1928, VI A 281/28, RStBl. 1928, S. 344. Eine erstmalige Nennung der Bilanzbündeltheorie erfolgte in BFH, v. 11.12.1956, I 194/56 U, BFHE 64, S. 275, Tatbestand.

39 Vgl. BFH, v. 14.1.1958, I 159/57 U, BStBl. III 1958, S. 75; Rätke, in: Herrmann/Heuer/Raupach, EStG, 2015, § 15 EStG Rn. 85.

40 Vgl. BFH, v. 25.6.1984, GrS 4/82, BStBl. II 1984, S. 751, Rz. 159. Hierdurch sollten Gesellschafter dem Einzelunternehmer gleichgestellt werden. Vgl. RFH, v. 14.7.1937, VI A 422/37, RStBl. 1937, S. 937; BFH, v. 19.10.1970, GrS 1/70, BStBl. II 1971, S. 177; BMF, v. 20.12.1977, IV B 2 – S 2241/231/77, BStBl. I 1978, S. 8, Tz. 2.

und Personengesellschaft genauso wie die Existenz von Sonderbetriebsvermögen steuerlich nicht anerkannt.[41] Veranlasst durch die steigende Kritik und zahlreiche Durchbrechungen der Grundsätze, urteilte der BFH[42] erstmals 1971 gegen die Bilanzbündeltheorie. Im Folgenden wurden neben der steuerlichen Anerkennung von Einbringungen und Veräußerungsgeschäften zwischen Gesellschafter und Personengesellschaft auch die rechtliche Verselbständigung gem. §§ 124, 161 Abs. 2 HGB in Form der Rechtssubjektivität von OHG und KG bestätigt.[43] Seit 1982 gilt die Bilanzbündeltheorie endgültig als überholt,[44] sodass als Folge die Personengesellschaft selbständiges Subjekt der Gewinnerzielung, Gewinnermittlung und Einkünftequalifikation und folglich eine (partielle) Steuersubjektivität innehält.[45]

Auch wenn nach Aufgabe der Bilanzbündeltheorie die Einheit der Gesellschafter im Vordergrund stand,[46] entwickelte sich ein sog. Dualismus mit der Vielheit der Gesellschafter, auf die sich ebenfalls einige Urteile des BFH beriefen.[47] Weiterhin bedeutete die Abkehr von der Bilanzbündeltheorie, dass für die Ermittlung und Verknüpfung des Gewinnanteils mit den Sondervergütungen sowie der Frage nach dem Umfang des Betriebsvermögens die Rechtfertigung fehlte.[48] Aus diesem Grund wurden im Laufe der Rechtsprechung Sonderbetriebsvermögen und Sonderbilanzen, die zusammen mit der Gesamthandsbilanz der Gesellschaft die Steuerbilanz bilden, eingeführt.[49] Weiterhin setzte sich die additive Gewinnermittlung durch, die neben der überwiegenden korrespondierenden Bilanzierung auch den Beitragsgedanken bei der Abgrenzung zum SBV berücksichtigt.[50]

---

41 Vgl. RFH, v. 7.5.1941, VI 393/40, RStBl. 1941, S. 554. Durch die steuerliche Negierung von SBV wurden die Wirtschaftsgüter dem Betriebsvermögen der Gesellschaft zugeordnet, vgl. BFH v. 3.12.1964, IV 419/62 U, BStBl. III 1965, S. 92.

42 Vgl. BFH, v. 29.9.1971, I R 161/68, BStBl. II 1972, S. 118; Rätke, in: Herrmann/Heuer/Raupach, EStG, 2015, § 15 EStG Rn. 85 m. w. N.

43 Vgl. BFH, v. 28.1.1976, I R 84/74, BStBl. II 1976, S. 744; v. 15.7.1976, I R 17/74, BStBl. II 1976, S. 748.

44 Vgl. BFH, v. 19.1.1982, VIII R 21/77, BStBl. II 1982, S. 456.

45 Vgl. BFH, v. 25.6.1984, GrS 4/82, BStBl. II 1984, S. 751, Rz. 138; Rätke, in: Herrmann/Heuer/Raupach, EStG, 2015, § 15 EStG Rn. 85 m. w. N.

46 Vgl. BFH, v. 10.6.2008, IV B 52/07, BFH/NV 2008, S. 1443; v. 26.11.1996, VIII R 42/94, BStBl. II 1998, S. 328; v. 3.7.1995, GrS 1/93, BStBl. II 1995, S. 617.

47 Vgl. Herrmann, DStZ 1998, S. 87; Haas, DStR 1997, S. 1707; Döllerer, DStZ 1983, S. 181; Schön, StuW 1988, S. 253.

48 Vgl. Haas, DStR 1997, S. 1706.

49 Vgl. BFH, v. 29.9.1971, I R 161/68, BStBl. II 1972, S. 118; v. 5.7.1972, I R 230/70, BStBl. II 1972, S. 928; v. 10.1.1973, I R 114/71, BStBl. II 1973, S. 238.

50 Vgl. BFH, v. 28.3.2000, VIII R 13/99, BStBl. II 2000, S. 612; v. 16.12.1992, I R 105/91, BStBl. II 1993, S. 792. Vertiefend siehe Schüller, PersG, 2014, S. 19 f.

2.2 Einkünftezurechnung und -qualifikation gemäß § 15 Abs. 1 S. 1 Nr. 2 EStG

Das Subjekt der Einkünftequalifikation und der Gewinnermittlung ist die Personengesellschaft an sich.[51] Nach dem für Personengesellschaften geltenden Transparenzprinzip erfolgt die Zurechnung der verwirklichten Einkunftsart, der Gewinne der Gesellschaft sowie weiterer steuerrelevanten Tatbestandsmerkmale direkt zu den Gesellschaftern, sei es eine natürliche Person als Einkommensteuersubjekt oder eine Kapitalgesellschaft als Körperschaftsteuersubjekt.[52] Von den bürgerlich-rechtlichen und handelsrechtlichen Begriffen der Gesellschaft und des Gesellschafters sind die steuerrechtlichen Begriffe des Mitunternehmers und der Mitunternehmerschaft abzugrenzen.[53] Die zentrale Norm der deutschen Mitunternehmerbesteuerung ist § 15 Abs. 1 S. 1 Nr. 2 EStG. Im Rahmen der dort genannten Komponenten setzen sich die zu besteuernden gewerblichen Einkünfte aus dem anteiligen gesamthänderischen Gewinn der Gesellschaft und den Sondervergütungen der Gesellschafter additiv zusammen (§ 15 Abs. 1 S. 1 Nr. 2 EStG). Weiterhin gilt das Sonderbetriebsvermögen, d. h. die Wirtschaftsgüter, die der Mitunternehmerschaft dienen oder zu dienen bestimmt sind, als steuerlich verhaftet.[54] Neben der Funktion als Zurechnungsnorm der Gewinnanteile zum Gesellschafter fungiert die Norm ebenfalls als Qualifikationsnorm. Die aufgezählten (Sonder-)Vergütungen stellen unter normaler Betrachtung Einkünfte aus selbständiger oder nichtselbständiger Arbeit, Kapitalvermögen oder aus Vermietung und Verpachtung dar. Lediglich § 15 Abs. 1 S. 1 Nr. 2 EStG subsumiert sie unter die gewerblichen Einkünfte der Personengesellschaft.[55]

2.3 Mitunternehmerstellung des Gesellschafters

Grundsätzlich erfüllt nicht jede Personengesellschaft die Erfordernisse einer Mitunternehmerschaft. Entsprechend kann keine Deckungsgleichheit der originär steuerlichen Begriffe des Mitunternehmers bzw. der Mitunternehmerschaft und denen des Gesellschafters einer Personengesellschaft bzw. der Personengesellschaft angenommen werden.[56] Eine Personengesellschaft ist nur als Mitunternehmerschaft

---

51 Vgl. Rätke, in: Herrmann/Heuer/Raupach, EStG, 2015, § 15 EStG Rn. 91, 93.

52 Vgl. Hennrichs, in: Tipke/Lang, Steuerrecht, 2015, § 10 Rn. 10; Rätke, in: Herrmann/Heuer/Raupach, EStG, 2015, § 15 EStG Rn. 91 ff., 97.

53 Entscheidend sind neben der Gesellschafterstellung die Unternehmerinitiative und das Unternehmerrisiko, vgl. Bode, in: Blümich, EStG, 2015, § 15 EStG Rn. 222 m. w. N.

54 Vgl. BFH, v. 10.6.2008, VIII R 79/05, BStBl. II 2008, S. 863; v. 2.12.1982, IV R 72/79, BStBl. II 1983, S. 215. Entsprechendes gilt für das Sonderbetriebsvermögen II, vgl. BFH, v. 11.12.1990, VIII R 14/87, BStBl. II 1991, S. 510; v. 14.4.1988, IV R 271/84, BStBl. II 1988, S. 667.

55 Vgl. auch zu den Folgen der Umqualifizierung Niehus/Wilke, PersG, 2013, S. 26 ff.

56 Z. B. existieren Personengesellschaften, die keine Mitunternehmerschaft sind (u. a. vermögensverwaltende, aber nicht gewerblich geprägte oder infizierte

anzusehen, wenn ihre Gesellschafter Mitunternehmer i. S. d. § 15 Abs. 1 S. 1 Nr. 2 EStG sind.[57] Rechtlich existiert keine endgültige Definition des Terminus Mitunternehmerschaft. Als zwingende Tatbestandsvoraussetzungen werden allerdings das Vorliegen eines Gesellschaftsverhältnisses[58] sowie die gemeinsame Ausübung der Mitunternehmerinitiative und die gemeinsame Übernahme des Mitunternehmerrisikos angesehen.[59] Ein Beteiligter einer Mitunternehmerschaft trägt immer dann das Mitunternehmerrisiko, wenn er am Unternehmenserfolg beteiligt ist und das Verlustrisiko mitträgt.[60] Dementsprechend liegt eine Mitunternehmerinitiative vor, wenn der Beteiligte unternehmerische Entscheidungen beeinflussen kann.[61] Sowohl Mitunternehmerrisiko als auch Mitunternehmerinitiative müssen additiv vorliegen. Allerdings entscheidet das Gesamtbild der Verhältnisse, sodass zwar beide Merkmale vorliegen müssen, ihre Ausprägung aber variieren kann.[62]

Personengesellschaft) und Mitunternehmerschaften, die keine Personengesellschaft i. S. d. Gesellschaftsrechts (u. a. atypisches partiarisches Darlehen) darstellen, siehe Klumpp, in: Lange/Bilitewski/Götz, PersG, 2015, Rn. 1.

57 Vgl. Bode, in: Blümich, EStG, 2015, § 15 EStG Rn. 242 ff.; Hennrichs, in: Tipke/Lang, Steuerrecht, 2015, § 10 Rn. 25.

58 Mitunternehmer einer Mitunternehmerschaft kann dabei jede natürliche oder juristische Person sein. Allerdings unterscheiden sich die Begriffe des bürgerlich-rechtlichen Gesellschafters und des steuerlichen Mitunternehmers, s. BFH, v. 3.5.1993, GrS 3/92, BStBl. II 1993, S. 616; v. 22.11.1955, I 139/54 S, BStBl. III 1956, S. 4; v. 29.4.1981, IV R 131/78, BStBl. II 1981, S. 663; v. 11.10.1988, VIII R 328/83, BStBl. II 1989, S. 762; v. 28.10.1999, VIII R 66-70/97, BStBl. II 2000, S. 183; v. 29.1.1976, IV R 97/74, BStBl. II 1976, S. 332. Liegt kein echtes Gesellschaftsverhältnis vor, so kann ein wirtschaftlich vergleichbares Rechtsverhältnis ausreichen, vgl. BFH, v. 25.6.1984, GrS 4/82, BStBl. II 1984, S. 751; v. 28.1.1986, VIII R 335/82, BStBl. II 1986, S. 599; v. 5.6.1986, IV R 272/84, BStBl. II 1986, S. 802; v. 10.5.2007, IV R 2/05, BStBl. II 2007, S. 927.

59 Vgl. Hennrichs, in: Tipke/Lang, Steuerrecht, 2015, § 10 Rn. 35; Haep, in: Herrmann/Heuer/Raupach, EStG, 2015, § 15 EStG Rz. 304 ff.; Zimmermann et al., PersG, 2013, Rz. B 7 ff.; Niehus/Wilke, PersG, 2013, S. 47; BFH, v. 11.12.1980, IV R 91/76, BStBl. II 1981, S. 310; v. 25.6.1984, GrS 4/82, BStBl. II 1984, S. 751.

60 Das Risiko wird z.B. durch Beteiligung am Gewinn und Verlust sowie an den stillen Reserven einschließlich GoF vermittelt. Vgl. H 15.8 Abs. 1 EStH 2013; BFH, v. 28.10.1999, VIII R 66-70/97, BStBl. II 2000, S. 183, Rz. 18 f.; Bode, in: Blümich, EStG, 2015, § 15 EStG Rn. 349 f.; Zimmermann et al., PersG, 2013, Rz. B 8; Niehus/Wilke, PersG, 2013, S. 48.

61 Vgl. H 15.8 Abs. 1 EStH 2013; BFH, v. 25.6.1984, GrS 4/82, BStBl. II 1984, S. 751. Durch die explizite Nennung der KG und insofern der Stellung des Kommanditisten als Mitunternehmer i. S. d. § 15 Abs. 1 Nr. 2 EStG, sind die Anforderungen an die Mitunternehmerinitiative gering, vgl. Niehus/Wilke, PersG, 2013, S. 49; Bode, in: Blümich, EStG, 2015, § 15 EStG Rn. 351 f.

62 Vgl. BFH, v. 25.6.1984, GrS 4/82, BStBl. II 1984, S. 751; v. 3.5.1993, GrS 3/92, BStBl. II 1993, S. 616. Die Untergrenze, bei der noch eine Mitunternehmerstellung angenommen werden kann, wird bei Erfüllung der gesetzlichen Rechte und Pflichten eines

2.4 *Gewinnermittlung und Vermögensabgrenzung bei Mitunternehmerschaften*

Gewerbliche Mitunternehmerschaften ermitteln ihren Gewinn gem. § 15 Abs. 1 S. 1 Nr. 2 EStG in einem zweistufigen Verfahren: Zuerst wird der Anteil des Mitunternehmers am Gewinn der Mitunternehmerschaft bemessen und addiert mit den sog. Sondervergütungen des Mitunternehmers.[63] Erst durch die Aggregation ergibt sich der Gesamtgewinn der Gesellschaft.[64] Die Gewinnermittlung erfolgt generell nach dem Schema der §§ 4 ff. EStG, sodass es notwendig ist, das steuerliche Betriebsergebnis abzugrenzen. Personengesellschaften stellen lediglich hinsichtlich der Erzielung und Ermittlung und nicht in Bezug auf die Besteuerung der Einkünfte ein Steuersubjekt dar, sodass das steuerliche Betriebsvermögen nicht ausschließlich durch das gesamthänderisch gebundene Vermögen der Gesellschaft gebildet wird. Zu den Wirtschaftsgütern, die der Personengesellschaft an sich gehören (steuerrechtliches Gesamthandsvermögen), wird insofern ebenfalls das Rechtsinstitut des Sonderbetriebsvermögens[65] der Mitunternehmer gerechnet.[66]

Auf der ersten Gewinnermittlungsstufe wird der erwirtschaftete Gewinn der Personengesellschaft ermittelt und entsprechend dem auf jeden Gesellschafter entfallenden Anteil abgeleitet (Ergebnis der Gesamthandsbilanz). Ebenfalls auf dieser Stufe kann die Notwendigkeit bestehen, Ergänzungsbilanzen aufzustellen und handelsrechtlich bilanzierte Wirtschaftsgüter mit von der Gesamthandsbilanz abweichenden Anteilswerten den einzelnen Mitunternehmern zuzurechnen.[67] In einem weiteren Schritt werden auf der zweiten Stufe der Gewinnermittlung die in § 15 Abs. 1 S. 1 Nr. 2 EStG genannten Vergütungen dahingehend berücksichtigt, dass sie den Gewinnanteil des entsprechenden Gesellschafters erhöhen. Darüber hinaus werden Sonderbetriebsausgaben und -einnahmen, die im Zusammenhang mit dem

---

Kommanditisten angenommen, vgl. BFH, v. 30.7.1975, I R 174/73, BStBl. II 1975, S. 818, Rz. 1.

63 Vgl. BFH, v. 10.6.1999, IV R 21/98, BStBl. II 1999, S. 715; v. 12.4.2000, XI R 35/99, BStBl. II 2001, S. 26; v. 19.10.2000, IV R 73/99, BStBl. II 2001, S. 335; v. 18.12.2001, VIII R 27/00, BStBl. II 2002, S. 733; Tiede, in: Herrmann/Heuer/Raupach, EStG, 2015, § 15 EStG Rn. 450.

64 System der additiven Gewinnermittlung mit korrespondierender Bilanzierung, vgl. Bode, in: Blümich, EStG, 2015, § 15 EStG Rn. 444, 449; Tiede, in: Herrmann/Heuer/Raupach, EStG, 2015, § 15 EStG Rn. 451, Niehus/Wilke, PersG, 2013, S. 61.

65 Siehe B.II.1; Definition vgl. R 4.2 Abs. 2 S. 2 EStR; Schneider, in: Herrmann/Heuer/Raupach, EStG, 2015, § 15 EStG Rn. 700 ff.; Bode, in: Blümich, EStG, 2015, § 15 EStG Rn. 458 ff.; Prinz, FR 2013, S. 11; ständige Rspr., u. a. BFH, v. 10.6.1999, IV R 21/98, BStBl. II 1999, S. 715; v. 19.10.2000, IV R 73/99, BStBl. II 2001, S. 335; v. 18.12.2001, VIII R 27/00, BStBl. II 2002, S. 733. Erstmalige gesetzliche Normierung in § 50d Abs. 10 S. 2 EStG i. d. F. des AmtshilfeRLUmsG.

66 Vgl. Bode, in: Blümich, EStG, 2015, § 15 EStG Rn. 444 ff.

67 Vgl. Zimmermann et al., PersG, 2013, Rz. B 74 ff.; Niehus/Wilke, PersG, 2013, S. 61 ff.

Sonderbetriebsvermögen der Gesellschafter stehen, berücksichtigt (Ergebnis der Sonderbilanz).[68] Durch die Addition der Ergebnisse aus der ersten und zweiten Gewinnermittlungsstufe kann der steuerliche Gesamtgewinn der Gesellschaft berechnet werden. Die anschließende Zuteilung ermöglicht zudem die Ermittlung der Einzelgewinne der jeweiligen Mitunternehmer.[69]

II. Sonderbetriebsvermögen sowie Sondervergütungen bei Personengesellschaften

1. Sonderbetriebsvermögen sowie Sonderbetriebseinnahmen und -ausgaben

Nach Aufgabe der Bilanzbündeltheorie stellte sich die Frage, aufgrund welcher rechtlichen Grundlage das Sonderbetriebsvermögen eines Gesellschafters besteuert werden kann.[70] So ist die Legitimation von Sonderbetriebsvermögen I (SBV I) und Sonderbetriebsvermögen II (SBV II) bis heute umstritten: Gilt das SBV I als gerechtfertigt, so können dem SBV II kaum Fürsprecher abgefunden werden.[71] Eine Unterscheidung zwischen den beiden Arten des Sonderbetriebsvermögens gibt es laut Rechtsprechung seit 1983.[72] Dabei versteht der BFH unter dem (notwendigen) SBV I jene Wirtschaftsgüter, die der (Personen-)Gesellschaft dienen oder zu dienen bestimmt sind, wohingegen das (notwendige) SBV II die Wirtschaftsgüter umfasst, die der Beteiligung des Gesellschafters an der Mitunternehmerschaft dienen oder zu dienen bestimmt sind.[73] Ist ein Wirtschaftsgut objektiv geeignet und subjektiv durch entsprechende Widmung dafür vorgesehen, dem Betrieb zu dienen oder die Beteiligung des Gesellschafters zu fördern, kann ebenfalls gewillkürtes SBV I[74] oder

---

68 Vgl. BFH, v. 20.6.1985, IV R 36/83, BStBl. II 1985, S. 654; v. 23.10.1990, VIII R 142/85, BStBl. II 1991, S. 401. Zimmermann et al., PersG, 2013, Rz. B 166; Tiede, in: Herrmann/Heuer/Raupach, EStG, 2015, § 15 EStG Rn. 520 ff.

69 Vgl. BFH, v. 14.11.1985, IV R 63/83, BStBl. II 1986, S. 58; v. 11.3.1992, XI R 38/89, BStBl. II 1992, S. 797.

70 Mit der Bilanzbündeltheorie einhergehend wurde die Besteuerung mit der Gleichbehandlung mit dem Einzelunternehmer legitimiert. Zur Qualifizierung des SBV vgl. BFH, v. 15.10.1975, I R 16/73, BStBl. II 1976, S. 188.

71 Vgl. Wichmann, DStR 2012, S. 2514 f.; Söffing, DStR 2003, S. 1106 f.; Kurth, StuW 1978, S. 22; Tipke, StuW 1978, S. 200.

72 Vgl. BFH, v. 18.5.1983, I R 5/83, BStBl. II 1983, S. 771. Die Literatur unterschied bereits früher zwischen SBV I und II, siehe u.a. Kurth, StuW 1978, S. 20.

73 Vgl. BFH, v. 19.3.1991, VIII R 76/87, BStBl. II 1991, S. 635; v. 18.5.1983, I R 5/83, BStBl. II 1983, S. 771; v. 6.5.1986, VIII R 160/85, BStBl. II 1986, S. 838; v. 23.7.1975, I R 201/73, BStBl. II 1976, S. 180; vgl. dazu Bode in: Blümich, EStG, 2015, § 15 EStG Rn. 458 ff.

74 Vgl. BFH, v. 31.1.1991, IV R 2/90, BStBl. II 1990, S. 786; v. 6.5.1986, VIII R 160/85, BStBl. II 1986, S. 838; v. 5.4.1979, IV R 48/77, BStBl. II 1979, S. 554. Im Gegensatz zum

SBV II[75] vorliegen. Aus diesen Wirtschaftsgütern entstandene Einkünfte oder Aufwendungen sind in Sonder-Gewinn- und Verlustrechnungen für jeden Gesellschafter zu erfassen und als Sonderbetriebseinnahmen oder -ausgaben zu dem jeweiligen Gewinn aus der Beteiligung der Gesellschaft zuzurechnen.[76]

Neben dem Gewinnanteil der ersten Stufe und den Sondervergütungen zählen ebenfalls alle weiteren Einnahmen, die ihre Veranlassung im Gesellschaftsverhältnis finden, zu den Einkünften eines Mitunternehmers.[77] Entsprechend sind die Ausgaben, welche in Zusammenhang mit der Beteiligung an einer Mitunternehmerschaft stehen, als Sonderbetriebsausgaben abziehbar.[78] Hierunter zählen u. a. die Aufwendungen für Erwerb und Nutzung von SBV sowie die Abschreibungen auf Wirtschaftsgüter des SBV I und II oder deren Refinanzierungszinsen.[79] Zu den Sonderbetriebseinnahmen zählen vor allem Sondervergütungen i. S. v. § 15 Abs. 1 S. 1 Nr. 2 EStG sowie weitere in Bezug zum SBV des Gesellschafters stehende Einnahmen. Für letzteres gelten beispielhaft Dividenden aus der Beteiligung des SBV II oder Gewinne aus der Veräußerung von dem SBV zugrunde liegenden Wirtschaftsgütern.[80]

Zur Legitimation und Abgrenzung der verschiedenen SBV sowie zur Klassifikation der Sonderbetriebseinnahmen und -ausgaben kann weder auf den Wortlaut noch die Entstehungsgeschichte des § 15 Abs. 1 S. 1 Nr. 2 S. 1 EStG zurückgegriffen werden.[81] Dennoch wird an der Konzeption des SBV festgehalten, was auch auf die gelöste Zuordnungsproblematik zurückzuführen ist, nach der bei Bilanzierungskonkurrenz die Sonderbilanz des SBV I und II vorrangig vor der eigenbetrieblichen Bilanz des Mitunternehmers ist.[82]

---

notwendigen SBV I muss das gewillkürte SBV zwingend in der Bilanz ausgewiesen werden, vgl. BFH, v. 19.2.1991, VIII R 65/89, BStBl. II 1991, S. 789.

75 Vgl. BFH, v. 17.5.1990, IV R 27/89, BStBl. II 1991, S. 216; Autenrieth, DStZ 1992, S. 275. Allerdings ist gewillkürtes SBV II in der Praxis eher unüblich, vgl. Knobbe-Keuk, StuW 1976, S. 216.

76 Vgl. Bode in: Blümich, EStG, 2015, § 15 EStG Rn. 529 ff.

77 Vgl. BFH, v. 22.6.2009, IV R 56/04, BStBl. II 2006, S. 838, Tz. II.4.a; v. 16.5.1995, VIII R 18/93, BStBl. II 1995, S. 714, Tz. II.3.bb; v. 15.10.1975, I R 16/73, BStBl. II 1976, S. 188, Tz. II.3.b.

78 Vgl. BFH, v. 9.11.1988, I R 191/84, BStBl. II 1989, S. 343, Tz. II.2.

79 Vgl. BFH, v. 9.11.1988, I R 191/84, BStBl. II 1989, S. 343, Tz. II.2; v. 27.11.1984, VIII R 2/81, BStBl. II 1985, S. 323, Rz. 2.

80 Vgl. BFH, v. 3.4.2008, IV R 54/04, BStBl. II 2008, S. 742, Tz. II.2.a; v. 13.2.2008, I R 63/06, BStBl. II 2009, S. 414, Tz. II.1; v. 6.11.1980, IV R 182/77, BStBl. II 1981, S. 220, Rz. 1; v. 5.12.1979, I R 184/76, BStBl. II 1980, S. 119, Tz. II; v. 15.10.1975, I R 16/73, BStBl. II 1976, S. 18, Tz. II.3.b.

81 Vgl. BFH, v. 15.10.1975, I R 16/73, BStBl. II 1976, S. 188; v. 24.9.1976, I R 149/74, BStBl. II 1977, S. 69; BVerfG, v. 22.12.1992, 1 BvR 1333/89, BB 1993, S. 402.

82 Entsprechend ergeben sich aus der Zuordnung (weitestgehend) keine unterschiedlichen Konsequenzen, vgl. BFH, v. 24.2.2005, IV R 12/03, BStBl. II 2006, S. 361, mit Ausnahme in BFH, v. 6.10.1987, VIII R 137/84, BStBl. II 1988, S. 679. Vgl. zur allgemeinen

2. Sondervergütungen bei Mitunternehmerschaften

2.1 Begriff der Sondervergütung

Gemäß § 15 Abs. 1 S. 1 Nr. 2 S. 1 Hs. 2 EStG gehören Vergütungen, die der Gesellschafter von der Gesellschaft für seine Tätigkeit im Dienst der Gesellschaft, für die Hingabe von Darlehen oder für die Überlassung von Wirtschaftsgütern bezogen hat, zu den gewerblichen Einkünften ihrer Beteiligung an der Mitunternehmerschaft. Durch die Anerkennung von schuldrechtlichen Beziehungen zwischen Gesellschafter und Personengesellschaft wird der Handels- und Steuerbilanzgewinn der Gesellschaft gemindert. Die Hinzurechnung des § 15 Abs. 1 S. 1 Nr. 2 S. 1 Hs. 2 EStG verhindert allerdings, dass der Gesamtgewinn der Personengesellschaft durch die Sondervergütungen geschmälert wird. Im Ergebnis werden die Sondervergütungen auch bei der Gewerbesteuer berücksichtigt.[83] Aufgrund der Umqualifizierungsnorm des § 15 Abs. 1 S 1 Nr. 2 EStG ist dabei irrelevant, welcher Einkunftsart die Vergütungen ohne schuldrechtliche Beziehung zu der Gesellschaft zuzuordnen wären.[84] Ziel der Hinzurechnung ist u. a. die Annäherung der Mitunternehmer der Personengesellschaft an den Einzelunternehmer, da dieser aufgrund des Selbstkontrahierungsverbots gem. § 181 BGB keine Verträge mit sich selbst schließen kann.[85] Allerdings geht die Rechtsprechung nur noch von einer partiellen Gleichstellung aus, sofern dies gesetzlich zulässig ist.[86] Die Behandlung der Sondervergütungen nach § 15 Abs. 1 S. 1 Nr. 2 EStG erstreckt sich dabei sowohl auf Fälle, bei denen inländische Gesellschafter die Sondervergütungen von ausländischen Personengesellschaften erhalten, als auch auf Fälle, bei denen inländische Personengesellschaften diese an ausländische Gesellschafter zahlen.[87]

Diskussion Hennrichs, in: Tipke/Lang, Steuerrecht, 2015, § 10 Rn. 133; Zimmermann et al., PersG, 2013, Rz. B 120.

83 Dabei stellt der Gesamtgewinn inkl. Sondervergütungen die Bemessungsgrundlage für den Gewerbeertrag dar, vgl. BFH, v. 25.2.1991, GrS 7/89, BStBl. II 1991, S. 691; v. 3.5.1993, GrS 3/92, BStBl. II 1993, S. 616, sowie H 7.1 (3) GewStH 2009; vgl. Rätke, in: Herrmann/Heuer/Raupach, EStG, 2015, § 15 EStG Rn. 81; Niehus/Wilke, PersG, 2013, S. 27 f.

84 Vgl. Tiede, in: Herrmann/Heuer/Raupach, EStG, 2015, § 15 EStG Rn. 526; Zimmermann et al., PersG, 2013, Rz. B 68; Niehus/Wilke, PersG, 2013, S. 28.

85 Vgl. BFH, v. 6.7.1999, VIII R 46/94, BStBl. II 1999, S. 720. Eine entsprechende Beanstandung bei Kapitalgesellschaften wird durch die Trennung der Ebene der Gesellschaft von den Gesellschaftern umgangen.

86 Abkehr von der Bilanzbündeltheorie zur Einheitstheorie, vgl. Rätke, in: Herrmann/Heuer/Raupach, EStG, 2015, § 15 EStG Rn. 81 ff.; Niehus/Wilke, PersG, 2013, S. 29 ff.; Zimmermann et al., PersG, 2013, Rz. B 69 ff.; BFH, v. 21.4.1988, IV R 80/86, BStBl. II 1988, S. 883; v. 28.10.1999, VIII R 41/98, BStBl. II 2000, S. 339; v. 27.4.2006, IV R 41/04, BStBl. II 2006, S. 755; v. 15.11.2011, VIII R 12/09, BStBl. II 2012, S. 207.

87 Vgl. BFH, v. 27.2.1991, I R 15/89, BStBl. II 1991, S. 444; Tiede, in: Herrmann/Heuer/Raupach, EStG, 2015, § 15 EStG Rn. 527.

2.2 Voraussetzungen und Ausnahmen der Sondervergütungen

Damit die Vergütungen gem. § 15 Abs. 1 S. 1 Nr. 2 EStG in gewerbliche Einkünfte umqualifiziert werden, muss es sich einerseits um Vergütungen im Sinne der Norm handeln und andererseits muss durch die Vergütung der Gesellschaftszweck gefördert werden.[88] Durch die abschließende Aufzählung in § 15 Abs. 1 S. 1 Nr. 2 S. 1 Hs. 2 EStG sind nur die dort genannten steuerbaren Tätigkeiten als Sondervergütungen anzusehen. Ausgeschlossen sind folglich Vergütungen für die Veräußerung eines Wirtschaftsguts[89] sowie Vergütungen, die von einem Mitunternehmer an die Gesellschaft oder die von Mitunternehmern untereinander gezahlt werden.[90] Die Veranlassung der Leistungsbeziehung durch das Gesellschaftsverhältnis resultiert in der Qualifizierung als Sondervergütung, wobei lediglich auf die wirtschaftliche Förderung des Gesellschaftszwecks abzustellen ist.[91] Bei Vergütungen aus laufender Geschäftstätigkeit zwischen Gesellschaft und Mitunternehmer kann die Veranlassung durch das Gesellschaftsverhältnis nicht automatisch negiert werden.[92] Hierbei ist unbeachtlich, ob die Sondervergütung aus gesellschaftsrechtlichen oder schuldrechtlichen Vereinbarungen gezahlt wurde.[93] Darüber hinaus ist es unbedeutsam, in welchem Umfang eine Beteiligung des Mitunternehmers an der Personengesellschaft besteht, inwiefern der Mitunternehmer eine natürliche, juristische Person oder eine andere Personengesellschaft ist, oder in welchem Ausmaß der Mitunternehmer einkommen- bzw. körperschaftsteuerpflichtig ist.[94] Ebenfalls spielt es keine Rolle, ob die Sondervergütungen unangemessen hoch bzw. niedrig sind, da durch die Hinzurechnung auf der zweiten Gewinnermittlungsstufe der steuerliche Gesamtgewinn nicht gemindert wird.[95] Werden Vergütungen lediglich mit dem Ziel vereinbart, noch nicht realisierte Gewinne der Gesellschaft vorzeitig dem

---

88 Vgl. BFH, v. 11.12.1986, IV R 222/84, BStBl. II 1987, S. 553.

89 Vgl. BFH, v. 3.5.1993, GrS 3/92, BStBl. II 1993, S. 616; v. 28.10.1999, VIII R 41/98, BStBl. II 2000, S. 339.

90 Vgl. Bode, in: Blümich, EStG, 2015, § 15 EStG Rn. 509; Niehus/Wilke, PersG, 2013, S. 117 m. w. N.; Piltz, in: Lüdicke, Besteuerungspraxis, 2003, S. 137 ff.; Stemler, Sondervergütungen, 2012, S. 37.

91 Vgl. BFH, v. 23.5.1979, I R 163/77, BStBl. II 1979, S. 757.

92 Vgl. Niehus/Wilke, PersG, 2013, S. 119; a. A. Wacker, in: Schmidt, EStG, 2015, § 15 EStG Rn. 353.

93 Vgl. BFH, v. 6.7.1999, VIII R 46/94, BStBl. II 1999, S. 720; v. 23.5.1979, I R 163/77, BStBl. II 1979, S. 757; Bode, in: Blümich, EStG, 2015, § 15 EStG Rn. 501 ff.; Niehus/Wilke, PersG, 2013, S. 115.

94 Vgl. Wacker, in: Schmidt, EStG, 2015, § 15 EStG Rn. 561; Zimmermann et al., PersG, 2013, Rz. B 299.

95 Vgl. Zimmermann et al., PersG, 2013, Rz. B 299. Der unangemessene Teil der Sondervergütung darf den Steuerbilanzgewinn der Gesellschaft nicht mindern, vgl. Tiede, in: Herrmann/Heuer/Raupach, EStG, 2015, § 15 EStG Rn. 526.

Mitunternehmer ergebniswirksam zukommen zulassen, so stellen diese Entnahmen und folglich keine Sondervergütungen dar.[96]

Eine Auslegungsherausforderung des § 15 Abs. 1 S. 1 Nr. 2 S. 1 Hs. 2 EStG ergibt sich, wenn ein Mitunternehmer der Personengesellschaft über einen eigenen Gewerbebetrieb verfügt, von dem aus er Leistungen an die Personengesellschaft erbringt. Hierbei stellt sich die Frage, inwiefern die Leistungen als Sondervergütungen der Personengesellschaft und folglich eine Bilanzierung in der Sonderbilanz des Mitunternehmers hervorruft, oder ob die aus den Leistungen erzielten Einnahmen als Betriebseinnahmen des Gewerbebetriebs des Mitunternehmers aufzufassen sind. Mit Abkehr von der Subsidiaritätstheorie verfolgt die Rechtsprechung[97] sowie die h. M.[98] die Ansicht, dass die Bilanzierungskonkurrenz zwischen dem Betriebsvermögen des Gesellschafters und seinem Sonderbetriebsvermögen zugunsten des Sonderbetriebsvermögens entschieden werden kann. Insofern ist § 15 Abs. 1 S. 1 Nr . 2 S. 1 Hs. 2 EStG nicht nur als Qualifikationsnorm, sondern auch als Zuordnungsnorm auszulegen. Originär gewerbliche Einkünfte des Mitunternehmers können folglich als Einkünfte im Zusammenhang mit seiner Mitunternehmerschaft angesehen werden.[99]

Von den Regelungen des § 15 Abs. 1 S. 1 Nr. 2 S. 1 Hs. 2 EStG werden die im Folgenden beschriebenen Sondervergütungen erfasst. Darunter zählen sowohl Tätigkeitsvergütungen, wie Leistungen anlässlich Arbeits-, Dienst-, Werk- oder Geschäftsbesorgungsverträgen, als auch Nutzungsvergütungen für die Hingabe von Darlehen sowie die Überlassung von Wirtschaftsgütern.[100]

2.3 Arten der Sondervergütung

2.3.1 Tätigkeitsvergütungen

Unter das Tatbestandsmerkmal des § 15 Abs. 1 S. 1 Nr. 2 S. 1 Hs. 2 EStG lassen sich jegliche Tätigkeiten im Dienste der Gesellschaft subsumieren, unabhängig davon, inwiefern ihre rechtliche Grundlage auf dem Gesellschaftsverhältnis oder einem anderen Rechtsgrund beruht.[101] Maßgebend ist lediglich, dass die Vergütung für die Tätigkeit durch das Gesellschaftsverhältnis veranlasst ist. Unbeachtlich ist

---

96 Diese werden auf der ersten Gewinnermittlungsstufe bereits berücksichtigt. Vgl. Niehus/Wilke, PersG, 2013, S. 115.

97 Vgl. BFH, v. 18.7.1979, I R 199/75, BStBl. II 1979, S. 750; v. 27.2.1991, I R 15/89, BStBl. II 1991, S. 444; v. 24.3.1999, I R 114/97, BStBl. II 2000, S. 399.

98 Vgl. Wacker, in: Schmidt, EStG 2015, § 15 EStG Rn. 534; vgl. BFH, v. 24.2.2005, IV R 12/03, BStBl. II 2006, S. 361. Vgl. zur allgemeinen Diskussion Hennrichs, in: Tipke/Lang, Steuerrecht, 2015, § 10 Rn. 137; Zimmermann et al., PersG, 2013, Rz. B 120.

99 Vgl. BFH, v. 27.2.1991, I R 15/89, BStBl. II 1991, S. 444; vgl. Niehus/Wilke, PersG, 2013, S. 118.

100 Vgl. BFH, v. 23.5.1979, I R 56/77, BStBl. II 1979, S. 763.

101 Vgl. Bode, in: Blümich, EStG, 2015, § 15 EStG Rn. 516; Tiede, in: Herrmann/Heuer/Raupach, EStG, 2015, § 15 EStG Rn. 536.

allerdings, inwieweit das zugrundeliegende Leistungsverhältnis bereits bei Abschluss des Gesellschaftsvertrags bestand.[102] Stellen Tätigkeitsvergütungen i. S. v. § 15 Abs. 1 S. 1 Nr. 2 S. 1 Hs. 2 EStG laufende Arbeitsverhältnisse dar, so erfolgt die Umqualifizierung des Arbeitslohns in gewerbliche Einkünfte losgelöst von dem Beteiligungsgrad des Mitunternehmers an der Gesellschaft.[103] Unerheblich ist deshalb, in welchem Umfang die Mitunternehmertätigkeit die Arbeitnehmereigenschaft überwiegt.[104] Hauptkritikpunkt bei der Erfassung der Arbeitsleistungen als Sondervergütungen ist, dass die Einkünfte dadurch der Gewerbesteuer unterliegen.[105]

Neben den Vergütungen für Arbeitsleistungen können ebenfalls die Vergütungen für freiberufliche oder sonstige Tätigkeiten unter den Sondervergütungen i. S. v. § 15 Abs. 1 S. 1 Nr. 2 S. 1 Hs. 2 EStG subsumiert werden.[106] Auch hier erfolgt eine Umqualifizierung in gewerbliche Einkünfte mit dem Effekt, dass diese in den Gewerbeertrag eingerechnet werden.[107] Zu unterscheiden ist durchaus, ob bei der Erbringung eines Werkvertrags auf eine Vergütung für eine Tätigkeit oder für die Lieferung von Waren abzustellen ist. Lediglich die Vergütung für eine Tätigkeit unterliegt der Umqualifizierung nach § 15 Abs. 1 S. 1 Nr. 2 S. 1 Hs. 2 EStG, wohingegen die Lieferung von Waren keine Sondervergütung darstellt.[108]

2.3.2 Nutzungsvergütungen

Neben den Tätigkeitsvergütungen zählen Nutzungsvergütungen, wie die Überlassung von Wirtschaftsgütern und die Hingabe von Darlehen, zu den gewerblichen Einkünften eines Gesellschafters einer Personengesellschaft i. S. v. § 15 Abs. 1 S. 1 Nr. 2 S. 1 Hs. 2 EStG.[109] Unter die Überlassung von Wirtschaftsgütern fallen vor allem jene Güter, die der Mitunternehmer in seinem Sonderbetriebsvermögen I an die Gesellschaft zur Nutzung überlässt. Andernfalls können auch Wirtschaftsgüter unter diese Vorschrift fallen, die nicht dem Sonderbetriebsvermögen des Mitunternehmers zuzuordnen sind.[110] Zu beachten ist, dass die Wirtschaftsgüter der Mitunternehmerschaft nur überlassen und nicht übertragen werden dürfen. Eine Übertragung stellt insofern ein Veräußerungsgeschäft oder eine Einlage und keine

102 Vgl. BFH, v. 28.10.1999, VIII R 41/98, BStBl II 2000, S. 339; Bode, in: Blümich, EStG, 2015, § 15 EStG Rn. 517.

103 Vgl. BFH, v. 30.8.2007, IV R 14/06, BStBl. II 2007, S. 942.

104 Vgl. BFH, v. 24.1.1980, IV R 157/78, BStBl. II 1980, S. 271.

105 Eine engere Auslegung der Norm, die gegen die gewerbesteuerlichen Nachteile plädiert, ist allerdings nicht von der Rechtsprechung zu befürworten. Vgl. BFH, v. 23.5.1979, I R 56/77, BStBl. II 1979, S. 763; Stemler, Sondervergütungen, 2012, S. 41 f. m. w. N.

106 Vgl. Bode, in: Blümich, EStG, 2015, § 15 EStG Rn. 523 f.

107 Vgl. BFH, v. 23.5.1979, I R 56/77, BStBl. II 1979, S. 763.

108 Vgl. BFH, v. 28.10.1999, I R 114/97, BStBl. II 2000, S. 339.

109 Vgl. Bode, in: Blümich, EStG, 2015, § 15 EStG Rn. 525.

110 Sofern hierunter keine Darlehen fallen, vgl. Niehus/Wilke, PersG, 2013, S. 125.

Sondervergütung dar.[111] Des Weiteren darf die Überlassung nur auf kurze Dauer ausgelegt sein.[112] Unerheblich ist, ob die Wirtschaftsgüter materiell oder immateriell sind,[113] oder ob sie im Eigentum des Mitunternehmers stehen.[114] Darüber hinaus fallen unter die Nutzungsüberlassung i. S. d. Norm die Hingabe von Darlehen[115]. Neben Darlehen i. S. v. § 607 BGB und Rechtsverhältnissen i. S. v. § 700 BGB, auf die die Darlehensvorschiften Anwendung finden, erfasst § 15 Abs. 1 S. 1 Nr. 2 S. 1 Hs. 2 EStG des Weiteren alle Vergütungen für die Hingabe von Kapital zur Nutzung mit schuldrechtlicher oder gesellschaftsrechtlicher Grundlage.[116] Hierzu zählen Habenzinsen, Avalprovisionen, Stundungszinsen sowie Gewinnanteile aus typisch stiller Beteiligung.[117]

III. Personengesellschaften im internationalen Steuerrecht

1. Vorbemerkung

Neben der deutschen ertragsteuerlichen Behandlung der Personengesellschaft nach dem Mitunternehmerkonzept gibt es divergierende Steuerrechtsordnungen im Ausland, die bei grenzüberschreitend tätigen Personengesellschaften zu Qualifikationskonflikten sowie unterschiedlicher steuerlicher Belastungen führen können.[118] Abweichend von der deutschen Qualifikation können andere Länder die Personengesellschaft als eigenständiges Rechtssubjekt nach dem Kapitalgesellschaftskonzept besteuern. Bei der Betrachtung wird oftmals nicht auf die Rechtsform abgestellt.[119] Nachfolgend sollen die Besteuerungskonzeptionen und

---

111 Vgl. Niehus/Wilke, PersG, 2013, S. 126.

112 Vgl. Bode, in: Blümich, EStG 2015, § 15 EStG Rn. 527; Wacker, in: Schmidt, EStG 2015, § 15 EStG Rn. 953.

113 Vgl. BFH, v. 23.5.1979, I R 56/77, BStBl. II 1979, S. 763.

114 Ausreichend ist auch die Überlassung durch Mieter oder Nießbrauch, vgl. BFH, v. 31.7.1985, VIII R 261/81, BStBl. II 1986, S. 304; Bode, in: Blümich, EStG, 2015, § 15 EStG, Rn. 527.

115 Vgl. Tiede, in: Herrmann/Heuer/Raupach, EStG, 2015, § 15 EStG Rn. 541.

116 Vgl. BFH, v. 13.10.1998, VIII R 78/97, BStBl. II 1999, S. 163; Bode, in: Blümich, EStG, 2015, § 15 EStG Rn. 526.

117 Vgl. BFH, v. 10.11.1983, IV R 62/82, BStBl. II 1983, S. 605; Wacker, in: Schmidt, EStG 2015, § 15 EStG Rn. 954 m. w. N.

118 Diese Problematik ist der OECD bewusst und stellt somit den Staaten frei, bilaterale Verträge so zu gestalten, dass sie eine mögliche Doppelbesteuerung verhindern. Vgl. OECD-MK, Art. 1, Rz. 6.

119 Vgl. Jacobs, Int. Unternehmensbesteuerung, 2011, S. 490. Weitere Ausführungen und einen umfassenden Überblick enthält Spengel/Schaden/Wehrße, StuW 2010, S. 44 ff.; Spengel/Schaden/Wehrße, StuW 2012, S. 105 ff. sowie Hey/Bauersfeld, IStR 2005, S. 649 ff.

einhergehend die steuerliche Behandlung der Einkünfte der Personengesellschaft anderer Staaten dargestellt werden.

2. Besteuerungskonzeptionen von Personengesellschaften

2.1 Personengesellschaften als eigenständiges Steuerrechtssubjekt

Abweichend von der deutschen Behandlung der Personengesellschaft erkennt z.B. Ungarn[120] die Personengesellschaft als Steuersubjekt an. Dementsprechend erfolgt, unabhängig von der zivilrechtlich negierten Rechtsfähigkeit, die Besteuerung nach dem Kapitalgesellschaftskonzept.[121] In anderen Ländern wird die Personengesellschaft zivilrechtlich als juristische Person qualifiziert und entsprechend steuerrechtlich als eigenständiges Steuersubjekt behandelt.[122] Als Folge des Kapitalgesellschaftskonzepts werden die Einkünfte der Personengesellschaft ausschließlich auf Gesellschaftsebene besteuert und die einzelnen Gesellschafter werden lediglich bei der Dividendenausschüttung der Besteuerung unterzogen.[123]

Grundsätzlich erfolgt eine Anerkennung schuldrechtlicher Verträge zwischen Gesellschaft und Gesellschafter in allen transparent besteuerten Staaten.[124] Werden Leistungen der Gesellschafter an eine als Körperschaftsteuersubjekt einzustufende Personengesellschaft getätigt, so sind diese Sondervergütungen der Einkunftsart zuzurechnen, durch die die Entgelte und Vergütungen veranlasst wurden. Das Trennungsprinzip verhindert folglich eine Umqualifizierung der Einnahmen.[125]

120 Vgl. Felkai, in: Mennel/Förster, Steuern, 2014, Ungarn, Rz. 125. Ebenfalls Belgien, Bulgarien, Estland, Griechenland, Litauen, Portugal, Rumnänien, Slowenien und Spanien. Vgl. die Grundlagenwerke Wassermeyer, DBA, 2015, Länderreporte sowie Mennel/Förster, Steuern, 2014, Länderreporte. Detaillierte Aufzählung siehe Schüller, PersG, 2014, S. 35 f.

121 Vgl. Machens, PersG, 2007, S. 43 m. w. N.

122 So in Spanien; vgl. Machens, PersG, 2007, S. 44 m. w. N.; Schüller, PersG, 2014, S. 35. Eine Ausnahme bildet nur Ungarn, wo die Personengesellschaft keine zivilrechtliche Rechtsfähigkeit innehat. Vgl. Felkai, in: Mennel/Förster, Steuern, 2014, Ungarn, Rz. 125.

123 Vgl. Spengel/Schaden/Wehrße, StuW 2010, S. 44 ff.; Stemler, Sondervergütungen, 2012, S. 45 m. w. N. Eine Ausnahme bildet Estland, wo Gewinnausschüttungen nicht beim Gesellschafter besteuert werden, vgl. Schellekens, Tax Handbook, 2014, S. 201 f.

124 Vgl. Spengel/Schaden/Wehrße, StuW 2010, S. 46 f., 49 f.; Spengel/Schaden/Wehrße, StuW 2012, S. 106.

125 Vgl. Piltz, in: Lüdicke, Besteuerungspraxis, 2003, S. 137, 141, 143; Stemler, Sondervergütungen, 2012, S. 46.

2.2 Besteuerung nach dem Transparenz- bzw. Mitunternehmerprinzip

Erfolgt die Besteuerung nach dem Mitunternehmerkonzept, werden die Personengesellschaften weder als juristische Person noch als Steuersubjekt qualifiziert.[126] Denkbar sind ebenfalls Fälle, in denen ausländische Kapitalgesellschaften zivilrechtlich juristische Personen darstellen, aber steuerrechtlich dennoch nach dem Mitunternehmerprinzip besteuert werden,[127] oder die steuerrechtliche Behandlung nach der Haftung der Gesellschaft unterteilt wird.[128] Ebenfalls kann sich die genaue Ausgestaltung des Mitunternehmerskonzepts unterscheiden. Die Niederlande, Dänemark und Irland stellen beispielsweise bei der Personengesellschaftsbesteuerung auf die einzelnen Gesellschafter ab, wohingegen in anderen Ländern die Personengesellschaft das Gewinnermittlungssubjekt darstellt.[129]

Eine weitere Ausgestaltung des Mitunternehmerkonzepts betrifft die Behandlung der Sondervergütungen. Die meisten ausländischen Staaten weichen von der in Deutschland erfolgten Qualifikation und Besteuerung als gewerbliche Einkünfte nach § 15 Abs. 1 S. 1 Nr. 2 EStG ab. In diesen Ländern werden Vergütungen, die der Gesellschafter von der Gesellschaft aufgrund von schuldrechtlichen Verträgen erhält, wie Zahlungen an einen außenstehenden Dritten behandelt. Dies hat zur Folge, dass die Zahlungen im Rahmen der Gewinnermittlung als abzugsfähige Betriebsausgaben der Gesellschaft anerkannt und beim Gesellschafter entsprechend seiner Einkunftsart behandelt werden.[130] Weitere Unterscheidungen beziehen sich auf die Art der schuldrechtlichen Verträge, sodass z. B. in der Schweiz und in Großbritannien Arbeitsverträge zu gewerblichen Einkünften führen.[131] Lediglich in einigen wenigen Ländern erfolgt eine Umqualifizierung der Vergütungen wie in Deutschland.[132]

2.3 Wahlrecht und Optionsmodell

Zwischen den zuvor genannten Mitunternehmer- oder Kapitalgesellschaftskonzepten kann nach einigen Rechtsordnungen optiert werden. So besteht in Frankreich die Möglichkeit, bei der Besteuerung der Personengesellschaften anstelle des

---

126 Z. B. in Österreich; in Frankreich gilt die Personengesellschaft zwar zivilrechtlich als juristische Person, allerdings wird ihr keine Steuersubjektivität zuerkannt. Vgl. Machens, PersG, 2007, S. 41 m. w. N.

127 Vgl. Steuerrecht Argentinien; Machens, PersG, 2007, S. 41 m. w. N.

128 Vgl. Tschechische und Slowakische Republik; Machens, PersG, 2007, S. 41 f. m. w. N.

129 Z. B. in Frankreich, Italien, Kanada, Österreich, Schweden, Schweiz, Südafrika und die USA. Vgl. Machens, PersG, 2007, S. 42; Hey/Bauersfeld, IStR 2005, S. 649, 655; Spengel/Schaden/Wehrße, StuW 2010, S. 44, 52; Schüller, PersG, 2014, S. 38 ff.

130 Vgl. u. a. Italien und Malta; siehe Machens, PersG, 2007, S. 42 m. w. N.

131 Anders in Südafrika, wo Sondervergütungen immer wie Vergütungen an einen Dritten behandelt wird. In Luxemburg, den Niederladen und Österreich erfolgt eine generelle Nichtanerkennung von schuldrechtlichen Verträgen. Vgl. Machens, PersG, 2007, S. 42 f. m. w. N.

132 Bspw. in Luxemburg und Österreich; vgl. Hey/Bauersfeld, IStR 2005, S. 649, 654 f.

Mitunternehmerkonzepts ebenfalls das Kapitalgesellschaftskonzept zu wählen.[133] Dem entgegen können eigenständige Steuersubjekte in Belgien zum Mitunternehmerprinzip optieren.[134] Ein weiteres Optionsmodell existiert seit 1977 in den USA. Das als „*check-the-box*"-Verfahren bezeichnete Modell erlaubt inländischen und bestimmten ausländischen Gesellschaften zwischen der Besteuerung als Personen- oder Kapitalgesellschaft zu wählen.[135]

Die Behandlung der Einkünfte aus Vergütungen für Leistungen des Gesellschafters an die Gesellschaft wird im Optionsmodell ebenfalls differenziert betrachtet. Handelt es sich beispielsweise um ein gezahltes Darlehen, so ist die Vergütung nach dem französischen Steuerrecht abzugsfähig. Anders sieht dies bei Tätigkeitsvergütungen aus, denn hier können die Vergütungen aufgrund der Besteuerung beim Gesellschafter nicht bei der Gesellschaft abgezogen werden.[136] Wurden die den Sondervergütungen zugrundeliegenden Geschäfte wie Geschäfte unter fremden Dritten behandelt, so sind diese bei der Gesellschaft abzugsfähig.[137] Wurden die schuldrechtlichen Verträge hingegen in der Eigenschaft als Gesellschafter geschlossen, so ergeben sich weitere Differenzierungen im US-amerikanischen Steuerrecht. Erfolgte die Zahlung für die Sondervergütung unabhängig vom Gewinn der Gesellschaft, ist auf die Ebene des Gesellschafters abzustellen. Anders verhält es sich, wenn die Zahlung vom Gewinn der Gesellschaft abhängig ist. Dementsprechend erfolgt auch die Einkünftequalifikation der Sondervergütung analog zu den Einkünften auf Ebene der Gesellschaft.[138]

3. Qualifikation ausländischer Rechtsgebilde im deutschen Steuerrecht

Inwiefern nach deutschen Gesichtspunkten in der ausländischen Gesellschaft eine Mitunternehmerschaft (§ 15 Abs. 1 S. 1 Nr. 2 EStG) oder ein Körperschaftsteuersubjekt (§§ 1–3 KStG) vorliegt, bestimmt sich nach dem sog. Rechtstypenvergleich.[139] Diese Qualifikation des ausländischen Rechtsgebildes nach deutscher ertragsteuerlicher

133 Vgl. Bendlinger, SWI 2000, S. 16; allerdings wurde, einhergehend mit einer Reform des französischen Steuerrechts, über die Abschaffung dieser Option diskutiert, letzten Endes aber nicht durchgeführt, vgl. BMF, Grünbuch, 2012, S. 47.

134 Vgl. Machens, PersG, 2007, S. 44 m. w. N.

135 Der Steuerzahler ist 5 Jahre an diese Wahl gebunden. Ausgeschlossen sind per se Gesellschaften, die verpflichtend als Kapitelgesellschaften beteuert werden müssen. Vgl. Machens, PersG, 2007, S. 44 f. m. w. N.

136 Vgl. Spengel/Schaden/Wehrße, StuW 2010, S. 44, 49 f.

137 Siehe Steuerrecht der USA, die Einkünfte werden der Einkunftsart der Gesellschafter ohne eine Umqualifizierung zugerechnet; vgl. Spengel/Schaden/Wehrße, StuW 2010, S. 50; Schmidt, DStR 2010, S. 2436.

138 Vgl. Hermann, PersG, 2006, S. 278; Stemler, Sondervergütungen, 2012, S. 51 m. w. N.

139 Vgl. Klumpp, in: Lange/Bilitewski/Götz, PersG, 2015, Rn. 7066 ff.; weiterführend Kopec/Katarzyna, IStR 2014, S. 164 ff.

Sicht ist unabhängig ihrer Qualifikation im Gründungsstaat oder der abkommensrechtlichen Sichtweise.[140] Entscheidend ist lediglich das deutsche Gesellschaftsrecht und insofern, ob die ausländische Struktur eher einer Kapital- oder Personengesellschaft deutschen Rechts entspricht.

Die steuerliche Einordnung basiert auf der „Venezuela-Entscheidung"[141] und wurde durch die Finanzverwaltung[142] und das Schrifttum[143] inzwischen übereinstimmend festgeschrieben. Hieraus folgt, dass eine ausländische Gesellschaft wie eine inländische Kapitalgesellschaft qualifiziert wird, wenn anhand der Gesamtwürdigung der Organisation und Struktur eine Übereinstimmung in rechtlicher und wirtschaftlicher Hinsicht angenommen werden kann.[144] Abweichend von der ursprünglichen generell-abstrakten Betrachtungsweise,[145] erfolgt eine steuerliche Einordnung nunmehr nach individuell-konkreten Gesichtspunkten.[146] Demzufolge ist bei einem Typenvergleich auf die konkrete Gestaltung nach den geltenden gesetzlichen Regelungen sowie den Vereinbarungen im Gesellschaftsvertrag abzustellen. Anhand unterschiedlicher Strukturmerkmale[147] soll eine Würdigung und Einordnung der Gesellschaft erfolgen, wobei in einem ersten Schritt die Prüfung des Gesamtbildes erfolgt und erst wenn hierdurch keine eindeutige Einordnung erfolgen kann, auf die Merkmalsmehrheit abgestellt wird.[148] Zur weiteren Hilfestellung

140 Vgl. Schnittker, in: Wassermeyer/Richter/Schnittker, PersG, 2015, Rz. 3.1 ff.; Jacobs, PersG, 2011, S. 429; Schaumburg, Steuerrecht, 2011, Rn. 6.7.

141 RFH, v. 12.2.1930, VI A 899/27, RStBl. I 1930, S. 444, Tz. III.3; dem folgend BFH, v. 4.4.2007, I R 110/05, BStBl. II 2007, S. 523; v. 20.8.2008, I R 34/08, BStBl. II 2009, S. 263.

142 Vgl. BMF, v. 26.9.2014, IV B 5 – S 1300/09/10003, BStBl. I 2014, S. 1258, Rz. 1.2; v. 19.3.2004, IV B 4 – S 1301 USA – 22/04, Abschnitt IV.

143 Zum beigelegten Meinungsstreit vgl. Graffe, in: Dötsch/Pung/Möhlenbrock, KSt, 2015, § 1 KStG Rn. 81 ff.

144 Vgl. BFH, v. 20.8.2008, I R 34/08, BStBl. II 2009, S. 263, Rz. 18 ff.

145 Vgl. Finanzministerium Baden-Württemberg, v. 17.8.1993, S 2850/1, IStR 1993, S. 524.

146 Vgl. BMF, v. 19.3.2004, IV B 4 – S 1301 USA – 22/04, BStBl. I 2004, S. 411; v. 26.9.2014, IV B 5 – S 1300/09/10003, BStBl. I 2014, S. 1258, Tz. 1.2; Lemaitre/Schnittker/Siegel, GmbHR 2004, S. 621.

147 (1) zentralisierte Geschäftsführung und Vertretung, (2) beschränkte Haftung, (3) freie Übertragbarkeit der Anteile, (4) Gewinnzuteilung, (5) Kapitalaufbringung, (6) unbegrenzte Lebensdauer der Gesellschaft, (7) Gewinnverteilung und (8) formale Gründungsvoraussetzungen, vgl. BMF, v. 19.3.2004, IV B 4 – S 1301 USA – 22/04, BStBl. I 2004, S. 411, Tz. V; bestätigt durch BFH, v. 20.8.2008, I R 34/08, BStBl. II 2009, S. 263; weitere Erläuterung siehe Lemaitre/Schnittker/Siegel, GmbHR 2004, S. 618 ff.

148 Sofern die Gewichtung aller Kriterien aus Fn. 147 nicht zu einem einheitlichen Ergebnis führt, ist die ausländische Gesellschaft lediglich aufgrund der Merkmale (1)-(5) einzustufen. Vgl. Schnittker, in: Wassermeyer/Richter/Schnittker, PersG,

wurden darauf aufbauend in amtlichen Schreiben[149] der Finanzverwaltung zahlreiche ausländische Rechtsformen nach deutschem Steuerrecht qualifiziert, die für eine Einordnung herangezogen werden können.

IV. Nationale Behandlung von Sondervergütungen international agierender Personengesellschaften

1. Beteiligung eines ausländischen Gesellschafters an einer inländischen Personengesellschaft

1.1 Vorbemerkung

Das deutsche Besteuerungsrecht an den Einkünften einer natürlichen Person aus einer Beteiligung an einer inländischen Personengesellschaft kann nur durch die unbeschränkte oder beschränkte Steuerpflicht bestehen. Handelt es sich bei dem Mitunternehmer um eine natürliche Person, die weder ihren Wohnsitz oder den gewöhnlichen Aufenthalt in Deutschland hat, ist die unbeschränkte Steuerpflicht nach § 1 Abs. 1 S. 1 EStG ausgeschlossen. Eine darüber hinausgehende Steuerpflicht Deutschlands kann nur unter den Voraussetzungen der beschränkten Steuerpflicht bestehen. Nach § 1 Abs. 4 EStG sind vorbehaltlich der § 1 Abs. 2 und Abs. 3 sowie § 1a EStG natürliche Personen dann beschränkt einkommensteuerpflichtig, sofern sie inländische Einkünfte i. S. d. § 49 EStG haben. Bei rein inländischer Betrachtung erhält der Mitunternehmer gewerbliche Einkünfte nach § 15 Abs. 1 S. 1 Nr. 2 EStG. Im Auslandsfall wären diese nach § 1 Abs. 4 i. V. m. § 49 Abs. 1 Nr. 2 EStG und Sondervergütungen nach § 15 Abs. 1 S. Nr. 2 S. 1 Hs. 2 EStG in Deutschland beschränkt einkommensteuerpflichtig.[150] Voraussetzung hierfür ist gem. § 49 Abs. 1 Nr. 2 lit. A EStG die Existenz einer Betriebsstätte.

1.2 Betriebsstätte des Mitunternehmers

Gemäß § 12 S. 1 AO liegt eine Betriebsstäte in jenen Fällen vor, in denen eine feste Geschäftseinrichtung oder Anlage der Tätigkeit des Unternehmens dient. Durch

---

2015, Rz. 3.46, 3.48; Altendorf, in: Herrmann/Heuer/Raupach, EStG/KStG, 2015, § 1 KStG Rn. 27.

149 Vgl. sog. Betriebsstättenerlass BMF, v. 24.12.1999, IV B 4 – S 1300/111/99, BStBl. I 1999, S. 1076, Anhang; v. 26.9.2014, IV B 5 – S 1300/09/10003, BStBl. I 2014, S. 1258, Anhang. Zudem enthält die MTR im Anhang eine abschließende Aufzählung von Körperschaftsteuersubjekten, vgl. Richtlinie 2011/96/EU v. 30.11.2011, ABl. EU Nr. L 345, S. 8. Hierbei muss allerdings eine Differenzierung erfolgen, da Körperschaftsteuersubjekte nicht ausschließlich Kapitalgesellschaften sein müssen, vgl. Schänzle/Engel, in: Mössner et. al., Steuerrecht, 2012, Rz. 5.18.

150 Vgl. Schaumburg, Steuerrecht, 2011, Rn. 18.67; Piltz, in: Lüdicke, Besteuerungspraxis, 2003, S. 137, 144.

eine Beteiligung an einer Personengesellschaft wird dieses Kriterium allein noch nicht erfüllt.[151] Aufgrund der steuerlich transparenten Stellung der Personengesellschaft vermittelt diese ihrem Mitunternehmer eine Betriebsstätte.[152] Hierbei ist es erforderlich, dass die Personengesellschaft selbst über eine Betriebsstätte i. S. d. § 12 AO bzw. Art. 5 Abs. 1 OECD-MA verfügt.[153]

Wird dem Mitunternehmer eine Betriebsstätte vermittelt, so ist weiterhin die Zuordnung der Erträge zu dieser zu klären. Nach h. M. werden alle erwirtschafteten Erträge der Betriebsstätte der Personengesellschaft zugeordnet.[154] Vereinzelt wird dem widersprochen, unter der Annahme, dass Sondervergütungen der Personengesellschaft nicht rechtlich zugerechnet werden können.[155] Mit der Ablehnung der Bilanzbündeltheorie und einhergehend mit der derzeit praktizierten additiven Gewinnermittlung,[156] erfolgt faktisch aber eine rechtliche Zuordnung, sodass dieser Einzelansicht nicht zu folgen ist. Die Ermittlung der Einkünfte der Betriebsstätte erfolgt nach der direkten Methode, sofern sie in einem wirtschaftlichen Zusammenhang mit der Betriebsstätte stehen.[157] Dem folgend ist allerdings fraglich, ob Sondervergütungen zwingend zu einer inländisch vermittelten Betriebsstätte zuzuordnen sind. Einerseits kann darauf abgestellt werden, dass die Sondervergütungen einer eigenen Betriebsstätte des Mitunternehmers zuzuordnen sind.[158] Andererseits muss eine Zurechnung der Sondervergütungen zu einer Betriebsstätte nach den Grundsätzen sog. *floating income* nicht gegeben sein.[159]

1.3 Existenz einer eigenen Betriebsstätte des Gesellschafters

Neben der anteilig durch die Personengesellschaft vermittelten Betriebsstätte wird in der Literatur auch von der Existenz einer Geschäftsleitungsbetriebsstätte i. S. d. § 12 S. 2 Nr. 1 AO und (ggf.) Art. 5 Abs. 2 OECD-MA ausgegangen.[160] In dieser kann der Mitunternehmer die Geschäftsleitung der Personengesellschaft ausüben.

---

151 Vgl. Jacobs, Int. Unternehmensbesteuerung 2011, S. 370; Wassermeyer, in: Wassermeyer/Richter/Schnittker, PersG, 2015, Rz. 2.35.

152 Übereinstimmung in Schrifttum, Finanzverwaltung und Rechtsprechung, vgl. u. a. BFH, v. 26.2.1992, I R 85/91, BStBl. II 1992, S. 937; v. 19.5.2010, I B 191/09, BStBl. II 2011, S. 156; Schaumburg, Steuerrecht, 2011, Rn. 5.151; BMF, v. 26.9.2014, IV B 2 – S. 1300/09/10003, BStBl. I 2014, S. 1258, Tz. 2.2.3.

153 Vgl. Wassermeyer, Der Konzern 2008, S. 338 ff.; Wassermeyer, in: Wassermeyer/Richter/Schnittker, PersG, 2015, Rz. 2.35.

154 Vgl. BFH, v. 17.10.2007, I R 5/06, BStBl. II 2009, S. 356; Jacobs, Int. Unternehmensbesteuerung 2011, S. 333 ff.

155 Vgl. Rüd, IStR 2010, S. 725 f.

156 Vgl. BFH, v. 25.6.1984, GrS 4/82, BStBl. II 1984, S. 751, 761.

157 Vgl. BFH, v. 17.11.1999, I R 7/99, BStBl. II 2000, S. 605, Rz. 18.

158 Sog. Mitunternehmerbetriebsstätte, vgl. Wassermeyer, IStR 2010b, S. 241 f.; Meretzki, IStR 2009, S. 217 ff.

159 Vgl. Kramer, IStR 2010, S. 239; Kramer, DB 2011, S. 1882 ff.

160 Ausführlich Wassermeyer, IStR 2010a, S. 40; Frotscher, IStR 2009, S. 596.

Darüber hinaus ist seit einiger Zeit in der Diskussion, ob eine eigene Betriebsstätte des Mitunternehmers sowie eine „Sonderbetrieb-Betriebsstätte“[161] existiert.

Befürworter einer eigenen Betriebsstätte des Mitunternehmers, eine sog. Mitunternehmerbetriebsstätte,[162] begründen ihre Auffassung damit, dass § 15 Abs. 1 S. 1 Nr. 2 EStG nicht explizit auf eine durch die Personengesellschaft vermittelte Betriebsstätte verweist.[163] Dementsprechend können Mitunternehmer eine Darlehensforderung in einer Mitunternehmerbetriebsstätte verwalten.[164]

Generell kann eine Mitunternehmerbetriebsstätte nur existieren, sofern § 12 AO oder abkommensrechtlich Art. 5 Abs. 1 OECD-MA erfüllt ist. Weitere Voraussetzungen sind, dass die feste Geschäftseinrichtung des Mitunternehmers für eigene, auf Dauer angelegte, unternehmerische Zwecke genutzt werden[165] und unmittelbar dem Unternehmen dient,[166] d.h. sie wird für unternehmerische Zwecke des Betriebsstätteninhabers genutzt.[167] Für eine Existenz einer Mitunternehmerbetriebsstätte spricht vor allem, dass der Mitunternehmer gewerbliche Einkünfte gem. § 15 Abs. 1 S. 1 Nr. 2 EStG erwirtschaftet und dass er die Wirtschaftsgüter, die den Sondervergütungen zugrunde liegen, in der eigenen Betriebsstätte verwaltet. Teile der Literatur sehen die Mitunternehmerbetriebsstätte lediglich als durch die Beteiligung an der Personengesellschaft vermittelte Betriebsstätte, die alle Wirtschaftsgüter des SBV umfasst. Hiervon ist die Sonderbetrieb-Betriebsstätte abzugrenzen, die den Sonderbetrieb des Gesellschafters und alle notwendigen Wirtschaftsgüter i. S. d. Fiktion des § 15 Abs. 1 S. 1 Nr. 2 S. 1 Hs. 2 EStG umfasst.[168] M. E. entspricht die von diesem Teil der Literatur genannte Sonderbetrieb-Betriebsstätte dem hier zugrunde gelegten Verständnis einer Mitunternehmerbetriebsstätte.

Auch der BFH bejahte erstmals in seinem Urteil vom 12.6.2013[169] die mögliche Existenz einer Mitunternehmerbetriebsstätte. Dennoch geht der BFH von einer geringen Bedeutung der originären Betriebsstätte des Sonderbetriebs des Mitunternehmers aus, da sie nur in den Grenzen des Art. 5 OECD-MA anzuerkennen ist. Entsprechend

---

161 U. a. Haase/Brändel, StuW 2011, S. 56; Haase/Dorn, DB 2011, S. 2116 f.

162 Erstmals Wassermeyer, IStR 2006, S. 273 f.; Wassermeyer, IStR 2007b, S. 415; eine rein nationale Mitunternehmerbetriebsstätte unterstützen ebenfalls Boller/Eilinghoff/Schmidt, IStR 2009, S. 109, 112 f.; Kramer, DB 2011, S. 1882, 1887; Roth, in: Lüdicke, Zurechnung, 2000, S. 87, 109.

163 Vgl. Wassermeyer, IStR 2006, S. 273 f.; Boller/Eilinghoff/Schmidt, IStR 2009, S. 109, 112 f.

164 Vgl. Wassermeyer, IStR 2010b, S. 241 f.; Meretzki, IStR 2009, S. 219.

165 Vgl. BFH, v. 30.10.1996, II R 12/97, BStBl. II 1997, S. 12; Koenig, in: Koenig, AO, 2014, § 12 AO Rn. 17.

166 Vgl. BFH, v. 28.8.1986, V R 20/79, BStBl. II 1987, S. 162; v. 10.2.1988, VIII R 159/84, BStBl. II 1988, S. 653.

167 Vgl. BFH, v. 10.2.1988, VIII R 159/84, BStBl. II 1988, S. 653.

168 Entsprechend Haase/Brändel, StuW 2011, S. 56; Haase/Dorn, DB 2011, S. 2116 f.

169 BFH, v. 12.6.2013, I R 47/12, BFH/NV 2013, S. 1999; bestätigt durch BFH, v. 11.12.2013, I R 4/13, BFH/NV 2014, S. 614.

muss eine unternehmerische Tätigkeit in der Betriebsstätte ausgeübt werden, da eine reine Vermögensverwaltung nicht ausreichend ist.[170] § 15 Abs. 1 S. 1 Nr. 2 EStG umfasst allerdings nur nicht unternehmerische Tätigkeiten, sodass diesbezüglich in den seltensten Fällen von einer Mitunternehmerbetriebsstätte auszugehen ist.[171] Ausgeschlossen ist darüber hinaus, dass die Übernahme der Geschäftsleitung der Personengesellschaft eine Mitunternehmerbetriebsstätte begründet, da diese in der Geschäftsleitungsbetriebsstätte ausgeübt wird.[172] Des Weiteren stellt die Überlassung von Wirtschaftsgütern als eigenständige unternehmerische Tätigkeit, sofern sie nicht nur i. R. des Sonderbetriebs des Mitunternehmers ausgeführt wird, einen von der Mitunternehmerbetriebsstätte abzugrenzenden Unternehmensgegenstand dar.[173] Dennoch stellte der Erste Senat im zu entscheidenden Sachverhalt fest, dass, obgleich vermögensverwaltende Tätigkeiten vorliegen, diese (entweder i. S. d. Art. 7 DBA-Thailand oder nach § 50d Abs. 10 EStG) als abkommensrechtliche Unternehmensgewinne zu qualifizieren sind.[174]

Ist allerdings davon auszugehen, dass die Qualifikation der Sondervergütungen als Gewinne i. S. d. Art. 7 OECD-MA auf die zugrundeliegende Tätigkeit durchschlägt,[175] so muss diese auch als unternehmerisch angesehen werden. Demzufolge können auch vermögensverwaltende Tätigkeiten des Sonderbetriebsbereichs unter den weiteren Betriebsstättenvoraussetzungen (Art. 5 Abs. 1 OECD-MA) zu einer Mitunternehmerbetriebsstätte führen. Ebenfalls kann nicht vorgebracht werden, dass lediglich Hilfsfunktionen nach Art. 5 Abs. 4 OECD-MA vorliegen, die eine (Mitunternehmer-)Betriebsstätte negieren, da Sondervergütungen generell der Personengesellschaft oder der Beteiligung an ihr dienen sollen. Zumindest mittelbar ist insofern von der Erfüllung des Geschäftszwecks der Gesellschaft und nicht von einer Hilfs- oder Nebentätigkeit auszugehen.[176]

Ein weiteres Argument für die Existenz einer originären Mitunternehmerbetriebsstätte ist die Negierung betriebsstättenloser Wirtschaftsgüter und Unternehmensgewinne. Werden diese abgelehnt, so müssen die Wirtschaftsgüter zwangsläufig der einzig existenten (Personengesellschafts-)Betriebsstätte zugeordnet werden.[177] Sofern davon auszugehen ist, dass betriebsstättenlose Unternehmensgewinne unzulässig sind, kann einhergehend die Existenz einer Mitunternehmerbetriebsstätte angenommen werden. Dennoch müssen in diesem Zusammenhang die

---

170 Vgl. BFH, v. 12.6.2013, I R 47/12, BFH/NV 2013, S. 1999, Tz. 16; v. 11.12.2013, I R 4/13, BFH/NV 2014, S. 614, Tz. 24.

171 Vgl. Kahlenberg/Hagemann, BB 2014, S. 216; Hagemann/Kahlenberg, Ubg 2013, S. 771.

172 Vgl. Wassermeyer, IStR 2010a, S. 40; Frotscher, IStR 2009, S. 596.

173 Ebenso Kahlenberg/Hagemann, BB 2014, S. 216.

174 Vgl. BFH, v. 12.6.2013, I R 47/12, BFH/NV 2013, S. 1999, Tz. 16.

175 Zutreffend Meretzki, IStR 2009, S. 219. Ebenfalls Wassermeyer, in: Wassermeyer/Richter/Schnittker, PersG, 2015, Rz. 2.36.

176 Zu alledem Kahlenberg/Hagemann, BB 2014, S. 216 f.

177 Vgl. Meretzki, IStR 2009, S. 220; Kahlenberg/Hagemann, BB 2014, S. 217.

Voraussetzungen des Art. 5 OECD-MA erfüllt werden, oder die Anforderung an die Betriebsstättenbegründung dürfen nicht zu hoch angesetzt werden.[178]

1.4 *Nationale Zulässigkeit von* floating income

1.4.1 *Begriff der betriebsstättenlosen Unternehmensgewinne*

Die bisherigen Ausführungen zeigen, dass sowohl eine Zuordnung der Sondervergütungen zu der vermittelten Betriebsstätte der Personengesellschaft als auch eine Zuordnung zur Mitunternehmerbetriebsstätte strittig sein kann. Aus diesem Grund vertreten Teile der Literatur die Auffassung, dass gewerbliche Einkünfte im innerstaatlichen und (ggf.) internationalen Steuerrecht existieren, die weder der einen noch der anderen Betriebsstätte zugeordnet werden können.[179] Insofern werden gewerbliche Einkünfte, die weder einer im Inland noch einer im Ausland belegenen Betriebsstätte zuzuordnen sind, betriebsstättenlose Unternehmensgewinne oder englisch *floating income* genannt.[180] Im Folgenden soll geklärt werden, ob betriebsstättenlose Einkünfte ebenfalls eine zulässige Lösung des Zuordnungsproblems von Sondervergütungen sind.

1.4.2 *Zulässigkeit nach deutschem Recht*

§ 49 Abs. 1 Nr. 2 lit. a EStG besagt, dass gewerbliche Einkünfte einer inländischen Betriebsstätte eine beschränkte Einkommensteuerpflicht in Deutschland auslösen. Eine Aussage zu betriebsstättenlosen Einkünften und deren Auswirkungen auf die inländische Steuerpflicht ergibt sich hierdurch nicht. Dennoch gehen die Finanzverwaltung[181] und Teile des Schrifttums[182] von einer grundsätzlichen Existenz solcher *floating income* aus. Dies wäre darauf zurückzuführen, dass Gewerbebetriebseinkünfte nicht immer eine Betriebsstätte voraussetzen und Wirtschaftsgüter existieren, die keiner Betriebsstätte zuzuordnen sind.[183]

---

178 Dies fordernd Kahlenberg/Hagemann, BB 2014, S. 217.

179 Vgl. Kramer, IStR 2010, S. 239; Kramer, DB 2011, S. 1882.

180 Vgl. BFH, v. 19.12.2007, I R 19/06, BStBl. II 2010, S. 398, Rz. 47; Meretzki, IStR 2009, S. 217, 220; Wassermeyer, IStR 2010b, S. 241.

181 Vgl. BMF, v. 2.12.1994, IV C 7 – S 1340 – 20/94, BStBl. 1995, Sondernummer 1, Tz. 2.5.0.1 a; BMF, v. 14.5.2004, IV B 4 – S 1340 – 11/04, BStBl. I 2004, Sondernummer 1, S. 3, Tz. 2.5.0.1 a. Übereinstimmend BR-Drs. 545/08, S. 65 f.; BT-Drs. 16/11108, S. 43 f.

182 Vgl. Hidien, in: Kirchhof/Söhn/Mellinghoff, EStG, 2015, § 49 EStG Rn. D 1380; Kraft, in: Kraft, AStG, 2009, § 2 AStG Rn. 144 f.; Kramer, IStR 2004a, S. 674; Kramer, IStR 2004b, S. 677; Kramer 2010, S. 240 f.; Kramer, DB 2011, S. 1882.

183 Vgl. Kramer, IStR 2004a, S. 674 f.; Kramer, DB 2011, S. 1882 f., 1887.

Demgegenüber gehen die Rechtsprechung[184] und die h. M. der Literatur[185] von einer Unzulässigkeit der *floating income* aus. Ihrer Ansicht nach erfordert jeder Gewerbebetrieb zumindest eine Geschäftsleitung,[186] welche nach § 12 S. 2 Nr. 1 AO wiederum eine Betriebsstätte darstellt.[187] Entsprechend müssen alle Einkünfte der Geschäftsleitungsbetriebsstätte zugeordnet werden, wenn keine andere Betriebsstätte besteht.[188] Die Existenz einer Geschäftsleistungsbetriebsstätte ist dabei nicht an eine feste Einrichtung gebunden,[189] auch wenn der Begriff Gewerbebetrieb auf eine Stätte des Betriebs hinweist.[190] Dem entgegen wird vorgebracht, dass auch Gewerbeeinkünfte gem. § 49 Abs. 1 Nr. 2 litt. b bis f EStG ohne Betriebsstätte eine beschränkte Steuerpflicht auslösen können,[191] der Steuerpflichtige nicht an einen festen Ort gebunden ist, um seine Entscheidungen zu treffen und die Auslegung des § 12 S. 2 AO durch den BFH nicht dem eigentlichen Wortlaut entspreche.[192]

Grundsätzlich ist nach hier vertretener Auffassung zu unterstützen, dass jeder Gewerbebetrieb von einem Ort aus betrieben werden muss, d.h. eine Stelle, an der die Tätigkeiten des Unternehmens ausgeführt und kontrolliert werden. Allerdings ist fraglich, ob dies voraussetzt, dass jeder Gewerbebetrieb auch eine Betriebsstätte innehält. In der Regel erfüllen Personengesellschaften die Voraussetzungen eines stehenden Gewerbes nach § 2 Abs. 1 GewStG, § 1 GewStDV, wobei § 2 Abs. 1 GewStG eine Betriebsstätte voraussetzt.[193] Für die Existenz betriebsstättenloser Einkünfte spricht, dass es der Regelung des § 49 Abs. 1 Nr. 2 litt. b bis f EStG nicht bedurft hätte, wenn die beschränkte Steuerpflicht allein auf das Bestehen einer Betriebsstätte abzustellen wäre. Insofern fingiert die Regelung eine Steuerpflicht betriebsstättenloser Einkünfte,[194] wobei die Steuerpflicht aus § 49 Abs. 1 Nr. 2 lit. a EStG Vorrang

184 Vgl. BFH, v. 19.12.2007, I R 19/06, BStBl. II 2010, S. 398, Rz. 47; v. 28.7.1993, I R 15/93, BStBl. II 1994, S. 148.

185 Vgl. Wassermeyer, in: Wassermeyer/Richter/Schnittker, PersG, 2015, Rz. 2.14; Frotscher, in: Kaminski/Wassermeyer/Strunk, GS Krüger, 2006, S. 95, 109 ff.; Gosch, BFH-PR 2008a, S. 234 ff.; Haase/Brändel, StuW 2011, S. 49; Karla, IStR 2012, S. 52, 56; Kessler/Eicke, TNI 2009, S. 875; Meretzki, IStR 2009, S. 220; Prinz, in: Drüen, JbFfSt 2009/2010, S. 465; Schauhoff/Idler, IStR 2008, S. 342.

186 Vgl. BFH, v. 19.12.2007, I R 19/06, BStBl. II 2010, S. 402; v. 15.10.1997, I R 76/95, BFH/NV 1998, S. 434; Wassermeyer, in: Wassermeyer/Richter/Schnittker, PersG, 2015, Rz. 2.12; Schauhoff, IStR 1995, S. 110 f.

187 Vgl. BFH, v. 28.7.1993, I R 15/93, BStBl. II 1994, S. 148; v. 19.12.2007, I R 19/06, BStBl. II 2010, S. 402.

188 Vgl. BFH, v. 19.12.2007, I R 19/06, BStBl. II 2010, S. 402.

189 Vgl. BFH, v. 28.7.1993, I R 15/93, BStBl. II 1994, S. 149.

190 Vgl. Frotscher, in: Kaminski/Wassermeyer/Strunk, GS Krüger, 2006, S. 110 f.

191 Vgl. Kramer, IStR 2010, S. 240; Kramer, DB 2011, S. 1883; Hidien, in: Kirchhof/Söhn/Mellinghoff, EStG, 2015, § 49 EStG Rn. D 1367.

192 Vgl. Kramer, DB 2011, S. 1883; Kramer IStR 2010, S. 240.

193 Vgl. Güroff, in: Glanegger/Güroff, GewStG, 2014, § 2 GewStG Rn. 5.

194 Vgl. Haase/Brändel, StuW 2011, S. 54.

vor den anderen Einkünften des § 49 Abs. 1 Nr. 2 EStG hat.[195] Sind die Einkünfte nach § 49 Abs. 1 Nr. 2 litt. b bis f EStG steuerpflichtig, soll eine Zurechnung stets zu der inländischen und nicht zu der ausländischen (Geschäftsleitungs-)Betriebsstätte erfolgen.[196] Allerdings kann hieraus eine Doppelbesteuerung entstehen, sofern der ausländische Wohnsitzstaat ebenfalls nach diesem Prinzip verfährt.[197]

Nach § 2 Abs. 1 S. 2 AStG sind jene Einkünfte von Personen ohne eigene ausländische Betriebsstätte oder ausländischen ständigen Vertreter einer inländischen Geschäftsleitungsbetriebsstätte zuzuordnen. Insofern geht auch der Gesetzgeber durch diese Fiktion von dem Erfordernis einer Betriebsstätte bzw. einem Ort der geschäftlichen Leitung des Gewerbebetriebs aus.[198]

Strittig ist weiterhin, ob jedes gewerbliche Unternehmen von sich aus auch eine Betriebsstätte unterhält. Hierfür ist der Wortlaut des § 12 S. 2 AO von Bedeutung. Die darunter enthaltene Aufzählung möglicher Betriebsstätten wird als nicht abschließend erachtet.[199] Durch die aufgeführten Beispiele kann davon ausgegangen werden, dass der Gesetzgeber in diesen Fällen den Betriebsstättenbegriff als erfüllt ansieht.[200] Allerdings verfolgt die Rechtsprechung keine klare Linie,[201] sodass Unsicherheiten bestehen und im Schrifttum nur von einer einschränkenden Auslegung des § 12 S. 2 AO ausgegangen wird.[202] Einer Erweiterung des Betriebsstättenbegriffs durch § 12 S. 2 AO entgegen spricht weiterhin die Formulierung „insbesondere".[203] Allerdings spricht für eine teilweise Erweiterung, dass nicht in allen Fällen des § 12 S. 2 AO eine Betriebsstätte nach S. 1 der Vorschrift vorliegt.[204] Aus diesem Grund ist, entgegen der Auffassung von Kramer, davon auszugehen, dass in den Fällen des § 12 S. 2 AO eine Betriebsstätte vorliegt und folglich jeder (stehende) Gewerbebetrieb mindestens eine Betriebsstätte besitzen muss, der die Einkünfte zugerechnet

---

195 Vgl. Wied, in: Blümich, EStG, 2015, § 49 EStG Rn. 95.

196 Vgl. Kramer, IStR 2010, S. 240 f.

197 Vgl. Stemler, Sondervergütungen, 2012, S. 65 m. w. N.

198 Vgl. Kraft, in: Kraft, AStG, 2009, § 2 Rn. 157 ff.; Zimmermann/Könemann, in: Strunk/Kaminski/Köhler, AStG, 2013, § 2 AStG Rn. 90.1; Schmidt/Heinz, IStR 2009, S. 43 f., 46 f.

199 Vgl. BFH, v. 17.9.2003, I R 12/02, BStBl. II 2004, S. 396 f.; Musil, in: Hübschmann/Hepp/Spitaler, AO, 2015, § 12 AO Rn. 25; Werth, in: Von Wedelstädt, AO, 2015, § 12 AO Rn. 10.

200 Vgl. Jacobs, Int. Unternehmensbesteuerung, 2011, S. 290; Kahle/Ziegler, DStZ 2009, S. 839. Zum Begriff der Betriebsstätte und den Entwicklungen vgl. Schnitger/Bildstein, Ubg 2008, S. 444 ff.

201 So muss im Falle des § 12 S. 2 Nr. 6 AO zwingend eine Geschäftseinrichtung oder Anlage vorliegen, vgl. BFH, v. 17.9.2003, I R 12/02, BStBl. II 2004, S. 397 f.

202 Insofern müssen die Merkmale des § 12 S. 1 AO zwingend gegeben sein. Vgl. Jacobs, Int. Unternehmensbesteuerung, 2011, S. 290; Kumpf, Besteuerung, 1982, S. 35 f.; Kramer, IStR 2010, S. 240.

203 Vgl. Musil, in: Hübschmann/Hepp/Spitaler, AO, 2015, § 12 AO Rn. 11.

204 Vgl. Musil, in: Hübschmann/Hepp/Spitaler, AO, 2015, § 12 AO Rn. 11; Werth, in: Von Wedelstädt, AO, 2015, § 12 AO Rn. 4.

werden können.[205] Sofern davon auszugehen ist, dass jeder Gewerbebetrieb eine Betriebsstätte unterhält, muss weiterhin geklärt werden, ob dieser jegliche Einkünfte zugerechnet werden. Dies sollte im Einzelfall geprüft werden, da eine Betriebsstätte im nationalen Recht keine Attraktivkraft besitzt und insofern die Einkünfte ihr nur zugerechnet werden können, wenn sie in einem wirtschaftlichen Zusammenhang mit der Betriebsstätte stehen.[206]

Der Ausschluss von betriebsstättenlosen gewerblichen Einkünften wird weiterhin begründet mit den Auswirkungen auf die Gewerbesteuer.[207] Nach § 9 Nr. 3 GewStG werden alle ausländischen Gewerbeerträge ausländischer Betriebsstätten von der deutschen Bemessungsgrundlage ausgenommen. Entsprechend müssten alle gewerblichen Einkünfte einer Betriebsstätte zugerechnet werden, denn andernfalls kommt es aufgrund von *floating income* zu Gewerbesteuereinnahmenverlusten in Deutschland.[208] Allerdings kann dem entgegen gebracht werden, dass alle nicht einer ausländischen Betriebsstätte unterworfenen Einkünfte in Deutschland gewerbesteuerpflichtig sind.[209] Dennoch kann anhand nationaler Vorschriften argumentiert werden, dass der Gesetzgeber nicht von der Existenz betriebsstättenloser Einkünfte ausgeht. So enthalten z. B. die §§ 4 Abs. 1 S. 2, 28 Abs. 1 S. 1 GewStG immer das Erfordernis, dass die gewerblichen Einkünfte einer Betriebsstätte zugeordnet werden müssen, aber keine Regelung für Fälle, in denen der Gewerbeertrag keiner Gemeinde zugerechnet werden kann. Hieraus kann angenommen werden, dass dem Gesetzgeber kein Fall vorliegt, in denen betriebsstättenlose Einkünfte existieren.[210]

Zur weiteren Begründung des innerstaatlichen Ausschlusses werden die Normen der §§ 34d, 49 EStG, § 4 Abs. 1 S. 3 EStG, § 12 Abs. 1 KStG und §§ 90 Abs. 3 S. 4, 162 Abs. 3, 4 AO vorgebracht.[211] In Bezug auf die Regelung des § 4 Abs. 1 S. 3 EStG ist festzuhalten, dass die Entstrickungsbesteuerung nach der Aufgabe der sog. finalen Entnahmetheorie[212] durch die Vorschrift des § 4 Abs. 1 S. 4 EStG[213] ergänzt wurde. Entsprechend ist von einer steuerpflichtigen Entnahme auszugehen, wenn inländische Wirtschaftsgüter in eine ausländische Betriebsstätte überführt werden. Nach dem Wortlaut des § 4 Abs. 1 S. 3 EStG werden Wirtschaftsgüter, die vor Überführung keiner inländischen Betriebsstätte zugeordnet wurden, nicht explizit vom

205 Zum selben Schluss kommt Stemler, Sondervergütungen, 2012, S. 67 f.
206 Vgl. Kramer, IStR 2010, S. 240 f.; BFH, v. 17.11.1999, I R 7/99, BStBl. II 2000, S. 607 m. w. N.
207 Vgl. Wassermeyer, IStR 2010b, S. 241; Karla, IStR 2012, S. 56.
208 Vgl. Wassermeyer, IStR 2010b, S. 241 f.
209 Vgl. BFH, v. 9.7.2003, I R 4/02, BFH/NV 2004, S. 83.
210 Vgl. Stemler, Sondervergütungen, 2012, S. 69.
211 Vgl. Wassermeyer, IStR 2010b, S. 242; die Anerkennung betriebsstättenloser Einkünfte habe erheblichen Einfluss auf die Anwendung und Auslegung dieser Vorschriften, vgl. BFH, v. 21.4.1971, I R 200/67, BStBl. II 1971, S. 745.
212 Vgl. BFH, v. 17.7.2008, I R 77/06, BStBl. II 2009, S. 464.
213 Vgl. Jahressteuergesetz 2010 v. 8.12.2010, BGBl. I 1768.

Regelungsinhalt ausgeschlossen.[214] Ist von der Existenz von *floating income* auszugehen, spricht dies nicht gegen eine Auslegung des § 4 Abs. 1 S. 3 EStG. Als Folge kann die Regelung des § 4 Abs. 1 S. 3 EStG nicht als Argument gegen betriebsstättenlose Unternehmensgewinne herangezogen werden. Nach den §§ 90 Abs. 3 S. 4, 162 Abs. 3, 4 AO wird die Verletzung von Dokumentationspflichten zur Betriebsstättengewinnermittlung unbeschränkt Steuerpflichtiger mit Strafzuschlägen bestraft. Sollte *floating income* bestehen, so wäre allerdings eine Dokumentation dieser Einkünfte nicht erforderlich.

Des Weiteren muss der Sinn und Zweck der Vorschrift des § 90 Abs. 3 AO herangezogen werden. Demnach kann das Leerlaufen dieser Norm nur verhindert werden, wenn Gewinnverschiebungen durch ausreichende Kontrolle vermieden werden kann.[215] Insofern könnte durch den Sinn und Zweck dieser Vorschrift begründet werden, dass betriebsstättenlose gewerbliche Einkünfte nicht existieren.

Ein weiteres Argument, das gegen die Existenz von betriebsstättenlosen Einkünften angeführt wird, ist die Herausforderung, diese Einkünfte nach verlässlichen Kriterien dem Steuersubstrat eines Landes zuzuordnen.[216] Eine Zurechnung ist dabei bedeutend, da sowohl für beschränkt als auch unbeschränkt Steuerpflichtige die gewerblichen Einkünfte zur Festsetzung der Steuerlast genau ermittelt werden müssen.[217] Nach deutschem Steuerrecht erfolgt eine Zuordnung von Einkünften nach dem Veranlassungsprinzip, wenngleich in Bezug auf *floating income* geltend gemacht wird, dass hierfür kein Prinzip der wirtschaftlichen Zugehörigkeit vorliegt.[218] Ist davon auszugehen, dass alle Einkünfte einer Betriebsstätte zugeordnet werden,[219] kann bei fehlendem Aufteilungsmaßstab keine sachgerechte Aufteilung in inländische und ausländische Einkünfte erfolgen.[220] Liegt ein solcher Maßstab wie z.B. im Fall des § 49 Abs. 1 Nr. 2 lit. f EStG vor, so kann betriebsstättenloses Vermögen ausnahmsweise anerkannt werden.

Schließlich erwähnt der Gesetzgeber in § 2 Abs. 1 S. 2 AStG explizit die Zuordnung der betriebsstättenlosen Einkünfte im Ausland zur fiktiven inländischen Geschäftsleitungsbetriebsstätte. Bei der Gesetzesbegründung zu § 2 Abs. 1 S. 2 AStG ging der Gesetzgeber weiterhin von der Existenz von *floating income* aus.[221] Dieser Wille wird allerdings in § 2 Abs. 1 S. 2 AStG nicht wiedergegeben, da nicht nur eine Betriebsstätte fingiert wird, sondern dieser auch explizit die betriebsstättenlosen

214 Vgl. Heinicke, in: Schmidt, EStG, 2015, § 4 EStG Rn. 329.
215 Vgl. BT-Drs. 15/119, S. 52; Wünsch, in: Koenig, AO, 2014, § 90 AO Rn. 25 f.
216 Vgl. Schauhoff/Idler, IStR 2008, S. 341; Wassermeyer, IStR 2010b, S. 242.
217 Vgl. Kumpf/Roth, FS Raupach, 2006, S. 581, 585, Burmester, Gewinn- und Verlustrealisierung, 1986, S. 68, 72. Für beschränkt Steuerpflichtige ergibt sich diese Pflicht nach §§ 1 Abs. 4, 49 EStG, für unbeschränkt Steuerpflichtige nach §§ 34c, 34d EStG.
218 Vgl. Wassermeyer, IStR 2010b, S. 242.
219 Vgl. BFH, 19.12.2007, I R 19/06, BStBl. II 2010, S. 402.
220 Vgl. Schauhoff/Idler, IStR 2008, S. 342.
221 Vgl. BR-Drs. 545/08, S. 65 f.; BT-Drs. 16/11108, S. 43 f.

Einkünfte zugeordnet werden. Letztlich werden hierdurch die Rechtsprechung des BFH und die Negierung von betriebsstättenlosen gewerblichen Einkünften akzeptiert.[222]

1.5 *Zurechnung der Sondervergütung*

Ist von der Existenz einer Mitunternehmerbetriebsstätte auszugehen, so muss es auch möglich sein, die Sondervergütungen dieser Betriebsstätte zuzurechnen.[223] Gemäß dem Veranlassungsprinzip und der Rechtsprechung müssen bei der Anwendung des § 49 Abs. 1 Nr. 2 lit. a EStG die Einkünfte durch die Betriebsstätte veranlasst werden.[224] Vieles spricht demzufolge für eine Zurechnung zu einer Betriebsstätte, sofern die Wirtschaftsgüter zum Betriebsvermögen der Betriebsstätte gehören und diese im wirtschaftlichen Zusammenhang zur Tätigkeit der Betriebsstätte stehen.[225] Fraglich ist allerdings, ob die Zurechnung zu einer Mitunternehmerbetriebsstätte der Zurechnung zu der vermittelten Betriebsstätte der Personengesellschaft vorgeht. Dieser Problematik liegt vor allem der Fall zugrunde, dass der Mitunternehmer eine Darlehensforderung oder ein Wirtschaftsgut, das er der Personengesellschaft zur Nutzung überlässt und für das er im Gegenzug Zahlungen erhält, in einer eigenen Betriebsstätte verwaltet.

In 2006 sprach sich das FG Münster[226] im Fall einer Darlehensüberlassung für eine Zuordnung zur vermittelten Betriebsstätte der Personengesellschaft aus, da hier der Ort der Verwendung des Darlehens wäre.[227] Hauptargumente für diese These sind, dass die überlassenen Wirtschaftsgüter als Sonderbetriebsvermögen I bei der Personengesellschaft behandelt werden und bei ihr ebenfalls genutzt werden, sodass eine Zuordnung nur zur Betriebsstätte der Personengesellschaft erfolgen kann.[228] Dem entgegen besitzt eine Betriebsstätte innerstaatlich keine Attraktivkraft,[229] sodass bei Bestehen mehrerer Betriebsstätten eine automatische Zuordnung zu der vermittelten Betriebsstätte der Personengesellschaft nicht gegeben ist.[230] Im Fall einer Darlehensvergabe werden die entstehenden Zinsen von dem Mitunternehmer erwirtschaftet und müssen nach wirtschaftlichem Zusammenhang seiner

---

222 Vgl. Baßler, in: Flick/Wassermeyer/Baumhoff/Schönfeld, AStG, 2014, § 2 AStG Rn. 144.

223 Vgl. Kramer, DB 2011, S. 1882, 1887.

224 Vgl. BFH, v. 17.11.1999, I R 7/99, BStBl. II 2000, S. 605, Rz. 2, 18. Zum Veranlassungsprinzip siehe Hruschka/Lüdemann, IStR 2005, S. 76.

225 Vgl. BFH, v. 17.11.1999, I R 7/99, BStBl. II 2000, S. 605, Rz. 2, 18.

226 FG Münster, v. 12.12.2006, 13 K 5352/01 F, EFG 2007, S. 1025.

227 Vgl. FG Münster, v. 12.12.2006, 13 K 5352/01 F, EFG 2007, S. 1025, Rz. 32, 44.

228 Vgl. ebenfalls BMF, v. 16.4.2010, IV B 2 – S. 1300/09/10003, BStBl. I 2010, S. 354, Tz. 5.1; Hruschka, DStR 2010, S. 1357, 1361; Pohl, IWB 2012, S. 120, 122; Vees, DB 2010, S. 1422, 1428; Liebchen, PersG, 2008, S. 88 ff.

229 Vgl. Wied, in: Blümich, EStG, 2015, § 49 EStG Rn. 77; Kramer, DB 2011, S. 1883 f.

230 Vgl. Wassermeyer, IStR 2010b, S. 242.

Betriebsstätte zugeordnet werden.[231] Weiterhin spricht gegen eine automatische Zuordnung zur Personengesellschaftsbetriebsstätte, dass § 15 Abs. 1 S. 1 Nr. 2 S. 1 Hs. 2 EStG lediglich eine rechtliche Zuordnung der Sondervergütungen zum Betrieb der Mitunternehmerschaft vornimmt.[232] Eine explizite Betriebsstättenzurechnung wird durch die Regelung nicht getroffen.[233]

Insgesamt sollte eine Zuordnung danach erfolgen, wo die entsprechenden Einkünfte am ehesten verwaltet werden.[234] Folglich wäre dies für die Überlassung eines Wirtschaftsguts die Betriebsstätte der Personengesellschaft,[235] es sei denn, die Verwaltung erfolgt durch den Mitunternehmer in seiner Betriebsstätte.[236] Ausgehend davon spricht für eine Zuordnung zur Mitunternehmerbetriebsstätte, dass dem Mitunternehmer frei steht, wo er die Verwaltung des Betriebsvermögens organisiert.[237]

Ist allerdings vergleichbar anzunehmen, dass nach § 15 Abs. 1 S. 1 Nr. 2 S. 1 H s. 2 EStG gezahlte Vergütungen der Mitunternehmerschaft für Leistungen des Mitunternehmers der Mitunternehmerschaft zugeordnet werden und eine Zuordnung beim Betrieb des Mitunternehmers ausgeschlossen ist, so spricht diese Bilanzierungskonkurrenz gegen eine Zuordnung zur Mitunternehmerbetriebsstätte.[238] Dies wird aufgrund der Ablehnung der Subsidiaritätsthese im Fall von beschränkt Steuerpflichtigen durch die Rechtsprechung unterstützt.[239] Allerdings ist hier eine Zuordnung zum eigenen Gewerbebetrieb des Mitunternehmers von der Zurechnung zur Mitunternehmerbetriebsstätte abzugrenzen. Wohingegen die Zurechnung von Sondervergütungen zum eigenen Gewerbebetrieb des Mitunternehmers bei der Gewinnermittlung der Personengesellschaft außer Ansatz bleibt, ist die Mitunternehmerbetriebsstätte grundsätzlich bei der Gewinnermittlung zu berücksichtigen. Ebenfalls sprechen die Gründe zur Ablehnung der Subsidiaritätsthese und die Nähe der Sondervergütungen zu einem bestimmten Betriebsteil eher für eine Zuordnung zur Mitunternehmerbetriebsstätte. Lediglich in Auslandssachverhalten, bei denen die Gewinnermittlung aufgrund der unterschiedlichen Vorschriften schwieriger ist

231 Vgl. Kramer, IStR 2010, S. 239 f.; Kramer, DB 2011, S. 1883 f.

232 Vgl. Wassermeyer, IStR 2010a, S. 37, 41.

233 Vgl. Liebchen, PersG, 2008, S. 260, Wassermeyer, IStR 2009, S. 239; Wassermeyer, IStR 2010a, S. 41; Kramer, DB 2011, S. 1886; BFH, v. 8.9.2010, I R 74/09, BFHE 231, S. 84.

234 Vgl. Kempermann, in: Wassermeyer/Richter/Schnittker, PersG, 2015, Rz. 2.77.

235 Vgl. BFH, v. 8.9.2010, I R 74/09, BFHE 231, S. 85.

236 Vgl. Blumers/Zillmer, BB 2010, S. 1375, 1380 f.; Wassermeyer, IStR 2011, S. 89.

237 Vgl. Kramer, DB 2011, S. 1885; unerheblich ist jedoch, wo die Buchführung der Sondervergütungen erfolgt, vgl. Kempermann, in: Wassermeyer/Richter/Schnittker, PersG, 2015, Rz. 2.77; Stemler, Sondervergütungen, 2012, S. 57 f. m. w. N.

238 Vgl. Rosenberg, in: Wassermeyer/Richter/Schnittker, PersG, 2015, Rz. 11.15; Pohl, IWB 2012, S. 122.

239 Vgl. BFH, v. 18.7.1979, I R 199/75, BStBl. II 1989, S. 750.

und tatsächliche Verhältnisse geklärt werden müssen, erscheint eine Zuordnung zur Mitunternehmerbetriebsstätte nicht automatisch sinnvoll.[240]

Einer Ablehnung der Mitunternehmerbetriebsstättenzuordnung aufgrund fehlender einkommensteuerrechtlicher Vorschriften oder Regelungen der AO ist m. E. nicht zu folgen.[241] Zwar wird die Mitunternehmerbetriebsstätte bisher nicht explizit im deutschen Steuerrecht definiert bzw. genannt; dennoch geht die Finanzverwaltung von einer Zurechnung nach wirtschaftlichen Maßstäben aus.[242] Dies würde je nach Veranlassung der durch die Sondervergütungen entstandenen Erträge und Aufwendungen für eine Zuordnung zur eigenen Betriebsstätte des Mitunternehmers sprechen.

1.6 Zwischenfazit

Im Rahmen des nationalen Steuerrechts kann davon ausgegangen werden, dass *floating income* nur im Ausnahmefall (z. B. § 49 Abs. 1 Nr. 2 lit. f EStG) existiert. Weiterhin sollen Sondervergütungen nur in begründeten Fällen der vermittelten Personengesellschaftsbetriebsstätte zugerechnet werden. Im Regelfall soll nach vorstehenden Ausführungen eine Zuordnung zu der eigenen Mitunternehmerbetriebsstätte erfolgen. Liegt diese allerdings nicht in Deutschland, so geht das innerstaatliche Besteuerungsrecht an den Einkünften verloren. Begründet ist dies durch die Regelung des § 49 Abs. 1 Nr. 2 lit a EStG, nach der inländische Einkünfte bei Sondervergütungen nur dann vorliegen, wenn der ausländische Mitunternehmer die den Vergütungen zugrundeliegenden Wirtschaftsgüter in Deutschland verwaltet oder die Sondervergütungen keiner durch die Personengesellschaft vermittelten Betriebsstätte zugeordnet werden können.[243]

2. Beteiligung eines inländischen Gesellschafters an einer ausländischen Personengesellschaft

Liegt eine Beteiligung eines inländischen Gesellschaftes an einer ausländischen Personengesellschaft vor, so sind die entstandenen Einkünfte gem. § 1 Abs. 1 S. 1 EStG unbeschränkt in Deutschland steuerpflichtig. Von der Einordnung der ausländischen Personengesellschaft abhängig, wird in einem weiteren Schritt die Einkunftsart der erzielten Einkünfte nach § 2 Abs. 1 EStG ermittelt. Die unbeschränkte Einkommensteuerpflicht subsumiert dabei alle Einkünfte des § 2 Abs. 1 EStG, unabhängig davon,

240 Ebenso Stemler, Sondervergütungen, 2012, S. 59.

241 Für eine Ablehnung aus diesem Grund Kessler/Eicke, TNI 2009, S. 871, 875.

242 Entsprechend den Grundsätzen des § 15 Abs. 1 S. 1 Nr. 2 EStG, vgl. BMF, v. 26.9.2014, IV B 5 – S 1300/09/10003, BStBl. I 2014, S. 1258, Tz. 5.1.2.

243 Im Ergebnis zu einem eingeschränkten deutschem Besteuerungsrecht unter anderer Begründung kommen Liebchen, PersG, 2008, S. 95 f.; Kramer, IStR 2010, S. 241.

ob sie im In- oder Ausland anfallen.[244] Die Entscheidung nach der Einordnung der ausländischen Personengesellschaft im deutschen Recht erfolgt nach dem Rechtstypenvergleich[245]. Hierbei wird festgestellt, ob die ausländische Personengesellschaft am ehesten mit einer deutschen Personen- oder Kapitalgesellschaft vergleichbar ist und daraus folgend, ob sie ihrer Behandlung nach selbst abkommensberechtigt oder transparent ist.[246] Die zivil- oder steuerrechtliche Einordnung des Sitzstaates spielt dabei keine Rolle.[247]

Kann die ausländische Personengesellschaft anhand der Gewichtung mit einer deutschen Personengesellschaft vergleichbar eingestuft werden, so ist sie kein eigenständiges Steuersubjekt und es gilt das Transparenzprinzip.[248] Entsprechend erfolgt eine Besteuerung der Einkünfte gem. § 15 Abs. 1 S. 1 Nr. 2 EStG bzw. der Sondervergütungen gem. § 15 Abs. 1 S. 1 Nr. 2 S. 1 Hs. 2 EStG auf Ebene des Mitunternehmers.[249] Voraussetzung hierfür ist, dass die inländischen Gesellschafter als Mitunternehmer anzusehen sind. Die Gewinne der ausländischen Gesellschaft werden den inländischen Gesellschaftern in Anlehnung an ihre Beteiligungsquote als Einkünfte aus Gewerbebetrieb zugerechnet.[250] Dies gilt sowohl für den Gewinnanteil als auch für die Sondervergütung. Im Ergebnis werden schuldrechtliche Vertragsbeziehungen, unabhängig ihrer Behandlung im Sitzstaat der Personengesellschaft, steuerlich nicht anerkannt.[251] In Deutschland unterliegen die Einkünfte aus Gewerbebetrieb dem persönlichen Einkommensteuersatz des Gesellschafters bzw.

---

244 Gleiches gilt auch für die unbeschränkte Körperschaftsteuerpflicht nach § 1 Abs. 2 KStG, sofern die juristischen Personen ihren Sitz oder ihre Geschäftsleitung im Inland haben.

245 Vgl. RFH, v. 12.2.1930, VI A 899/27, RStBl. I 1930, S. 444.

246 Vgl. B.III.3; RFH, v. 12.2.1930, VI A 899/27, RStBl. I 1930, S. 444, Tz. III.3; BFH, v. 4.4.2007, I R 110/05, BStBl. II 2007, S. 523.

247 Eine Entscheidung beruht dabei allein auf dem deutschen Steuerrecht, vgl. Piltz, PersG, 1981, S. 57–76; BFH, v. 16.12.1992, I R 32/92, BStBl. II 1993, S. 399, Rz. B.2.c. Auch ein mögliches ausländisches Optionsrecht ändert nichts an Kriterien, die für einen Rechtstypenvergleich herangezogen werden, vgl. Haase, IStR 2010, S. 47; BMF, v. 26.9.2014, IV B 5 – S 1300/09/10003, BStBl. I 2014, S. 1258, Tz. 1.2.

248 Vgl. Becker/Loose, BB 2011, S. 1559. Die Gesellschaft ist entsprechend mit ihrem Welteinkommen im Inland unbeschränkt steuerpflichtig.

249 Neben der gewerblichen Betätigung nach § 15 Abs. 3 Nr. 1 EStG i. V. m. § 15 Abs. 2 EStG kann auch eine gewerbliche Prägung der Gesellschaft nach § 15 Abs. 3 Nr. 2 EStG in Frage kommen, vgl. Piltz, PersG, 1981, S. 78 f.

250 Als Voraussetzung müssen die Gesellschafter allerdings als Mitunternehmer angesehen werden. Vgl. BFH, v. 26.4.1966, I 216/63, BStBl. III 1966, S. 465.

251 Überlassene Wirtschaftsgüter stellen SBV dar, Aufwendungen in zusammenhang mit ihnen oder der Sondervergütung sind Sonderbetriebsausgaben. Vgl. Schüller, PersG, 2014, S. 56 f.

dem Körperschaftsteuersatz.[252] Eine Anrechnung der im Ausland gezahlten Steuer ergibt sich durch §§ 34c, 34d Nr. 2 lit. a EStG bzw. § 26 Abs. 1 oder Abs. 6 KStG. Problematisch ist bei dieser Ansicht, dass die Zuordnung der Sondervergütungen zu der inländischen Mitunternehmerbetriebsstätte erfolgt. Liegt diese ebenfalls in Deutschland, so sind keine ausländischen Einkünfte vorhanden, die angerechnet werden können.[253] Eine Abmilderung der Doppelbesteuerung ergibt sich allerdings durch § 34c Abs. 3 3. Var. EStG, nachdem ein Abzug der ausländischen Steuer bei der Ermittlung der Einkünfte, auch im Fall der aus deutscher Sicht fehlenden ausländischen Einkünfte, möglich ist.[254]

Wird die ausländische Personengesellschaft hingegen als inländische Kapitalgesellschaft angesehen, so liegt das Trennungsprinzip zugrunde und die Einkünfte werden der Gesellschaft selbst zugerechnet. Erzielt die ausländische Gesellschaft zudem inländische Einkünfte i. S. d. § 49 EStG, kann sie selbst im Inland der beschränkten Steuerpflicht unterliegen. Halten die inländischen Gesellschafter ihre Beteiligung im Privatvermögen, erzielen sie aus der Gewinnausschüttung der ausländischen Gesellschaft Einkünfte aus Kapitalvermögen nach § 20 Abs. 1 S. 1 Nr. 1 EStG. Diese unterliegen der Abgeltungssteuer oder dem persönlichen Steuersatz des Gesellschafters.[255] Schuldrechtliche Verträge und Beziehungen zwischen der ausländischen Personengesellschaft und dem inländischen Gesellschafter werden anerkannt, sofern sie fremdüblich sind. Dem entsprechend unterliegen Vergütungen der Gesellschaft an ihre Gesellschafter der jeweiligen Einkunftsart. Der persönliche Einkommensteuertarif kommt insofern bei Vergütungen für Tätigkeiten im Dienst der Gesellschaft als Einkünfte aus nichtselbständiger Arbeit sowie für Vergütungen aus der Überlassung von Wirtschaftsgütern als Einkünfte i. S. v. § 21 EStG zur Anwendung. Werden der Gesellschaft Darlehen überlassen, so stellen die Vergütungen hierauf Einkünfte aus Kapitalvermögen dar, die entweder dem Abgeltungsteuersatz oder dem persönlichen Steuersatz des Gesellschafters unterliegen (§ 32d Abs. 1 oder Abs. 2 EStG). Etwas anderes ergibt sich, wenn die Beteiligung an der ausländischen Gesellschaft im Betriebsvermögen gehalten wird. Je nach Art des Betriebs des Gesellschafters unterliegen die Gewinnausschüttungen z. B. den Einkünften aus Gewerbebetrieb, die zu 60 % nach § 3 Nr. 40 a EStG dem persönlichen Einkommensteuersatz besteuert werden. In Zusammenhang mit der Beteiligung stehende Aufwendungen sind entsprechend ebenfalls nur zu 60 % abzugsfähig. Ist der

252 Ist die ausländische Personengesellschaft nicht buchführungspflichtig, so ist der Gewinn nach § 4 Abs. 1 EStG oder auf Antrag nach § 4 Abs. 3 EStG zu ermitteln. Dies setzt auch die Erstellung eventuell notwendiger Sonderbilanzen voraus.

253 Vgl. mit anderer Begründung ebenfalls Kramer, DB 2011, S. 1884 f.

254 Vgl. Kramer, DB 2011, S. 1884 f.

255 Die Veräußerung einer Beteiligung unterliegt bei Beteiligungshöhe unter 1 % der Abgeltungssteuer oder dem persönlichen Steuersatz. Ist die Beteiligung hingegen höher, so unterliegt der Veräußerungsgewinn einer wesentlichen Beteiligung i. S. v. § 17 EStG als gewerblicher Gewinn zu 60 % gem. § 3 Nr. 40 c i. V. m. § 3c Abs. 2 EStG dem persönlichen Steuersatz des Gesellschafters.

Gesellschafter eine juristische Person, so fallen nach § 8 Abs. 2 KStG ausschließlich Einkünfte aus Gewerbebetrieb an. Gewinnausschüttungen bleiben nach § 8b Abs. 1 KStG i. V. m. Abs. 5 KStG zu 95 % steuerfrei.

Ist aufgrund des Rechtstypenvergleichs von einer ausländischen Kapitalgesellschaft auszugehen und wendet der ausländische Staat das Trennungsprinzip an, so unterliegt die Gesellschaft im Ausland selbst der unbeschränkten Körperschaftsteuerpflicht mit ihrem Welteinkommen. Da es sich um zwei verschiedene Steuersubjekte handelt, ist die ausländische Körperschaftsteuer nicht auf die inländische Einkommensteuer des Gesellschafters anrechenbar. Eine mögliche Doppelbesteuerung der Gewinnausschüttungen und Leistungsbeziehungen außerhalb des Anwendungsbereichs der Mutter-Tochter-Richtlinie oder der Zins- und Lizenzgebührenrichtlinie kann durch die Anrechnungsmethode des § 26 Abs. 1 KStG bzw. § 34c Abs. 1 EStG oder durch die Abzugsmethode des § 26 Abs. 6 KStG bzw. § 34c Abs. 2 und 3 EStG gemildert bzw. vermieden werden.[256] Wendet der ausländische Staat hingegen das Tranzparenzprinzip an, ist die Gesellschaft selbst im Ausland kein eigenständiges Steuersubjekt. Es erfolgt ein Durchgriff auf die Gesellschafter, die im Ausland aufgrund ihrer inländischen Steueranknüpfungsmerkmale (wie z. B. der Ansässigkeit) nicht der unbeschränkten sondern lediglich der beschränkten Steuerpflicht unterliegen. Durch Anwendung der Anrechnungsmethode nach § 26 Abs. 1 KStG oder § 34c Abs. 1 EStG bzw. der Abzugsmethode nach § 26 Abs. 6 KStG oder § 34c Abs. 2 und 3 EStG kann eine Doppelbesteuerung auf Vergütungen der ausländischen Personengesellschafter an ihre inländischen Gesellschafter vermieden oder zumindest gemildert werden. Sind natürliche Personen Anteilseigner kann aus deutscher Sicht ein Problem der Steuersubjektidentität entstehen. Dies ist darauf zurückzuführen, dass die Gewinnentstehung bei der Gesellschaft als Steuersubjekt im Ausland und die Gewinnausschüttung/Entnahme bei dem Gesellschafter im Inland der Besteuerung unterliegt. Da die Gesellschaft de facto aber Steuerschuldner in beiden Fällen ist, kann eine Anrechnung erfolgen. Hierfür kann der Gewinnanteil des Gesellschafters als Gewinnausschüttung gewertet werden, sodass die darauf anfallende ausländische Steuer eine anrechnungsfähige Quellensteuer darstellt.[257]

256 Unterliegen die Einkünfte in Deutschland der Abgeltungsteuer, kann eine Doppelbesteuerung durch die Anrechnungsmethode nach § 32d Abs. 5 EStG gemildert bzw. vermieden werden.

257 Siehe für eine differenzierte Betrachtung Schüller, PersG, 2014, S. 57 ff. m. w. N.

C. Grenzüberschreitende Abkommen und Qualifikationskonflikte

I. Grundlagen der Doppelbesteuerungsabkommen

1. Qualifikationskonflikte durch die Behandlung internationaler Personengesellschaften

Nach dem Souveränitätsprinzip hat jeder Staat die Besteuerungshoheit für die auf seinem Staatsgebiet verwirklichten Steuertatbestände, die er nach eigenem Ermessen besteuern kann.[258] Allerdings kann eine Doppelbesteuerung[259] entstehen, wenn zwei Staaten aufgrund ihrer Besteuerungsprinzipien auf dasselbe Steuergut zugreifen. Dies geschieht z. B. dann wenn der eine Staat nach dem Territorialitätsprinzip besteuert, nach dem im Rahmen der beschränkten Steuerpflicht Einkünfte am Ort ihrer Entstehung besteuert werden, und der andere Staat das Universalitätsprinzip anwendet, um im Rahmen der unbeschränkten Steuerpflicht das Welteinkommen vollumfänglich der Besteuerung zu unterwerfen.[260]

Generell liegen Qualifikationskonflikte vor, wenn Vertragsstaaten bei der Qualifikation von Einkünften auf verschiedene Verteilungsnormen abstellen und hieraus eine Doppelbesteuerung oder eine doppelte Nichtbesteuerung (auch Keinmalbesteuerung) entsteht.[261] In diesen Fällen wird auch von objektiven Qualifikationskonflikten oder Zuordnungskonflikten gesprochen.[262] Subjektive Qualifikationskonflikte bzw. Zurechnungskonflikte liegen hingegen vor, wenn die beteiligten Staaten die Einkünfte unterschiedlichen Personen zuordnen.[263] Je nach Auswirkung kann weiterhin differenziert werden, ob positive oder negative Qualifikationskonflikte vorliegen. So haben positive Qualifikationskonflikte eine Doppelbesteuerung zur

---

258 Vgl. Jacobs, Int. Unternehmensbesteuerung, 2011, S. 911.

259 Eine Definition des Begriffs ist nur eingeschränkt möglich, da es sich weder um einen eindeutigen Rechtsbegriff, noch um einen terminus technicus handelt, vgl. Lehner, in: Vogel/Lehner, DBA, 2015, Grundlagen Rn. 6. Grundsätzlich wird unter der Doppelbesteuerung die „Erhebung vergleichbarer Steuern in zwei (oder mehreren) Staaten von demselben Steuerpflichtigen für denselben Steuergegenstand und denselben Zeitraum“ verstanden, OECD-MA, Einleitung, Ziffer 1.

260 Vgl. Jacobs, Int. Unternehmensbesteuerung, 2011, S. 225, 456.

261 Vgl. Lang, IStR 2010, S. 117. Siehe ebenfalls Wassermeyer, in: Wassermeyer/Richter/Schnittker, PersG, 2015, Rz. B 4.4 f. mit weiteren Differenzierungen und Auffassung der Begrifflichkeit.

262 Vgl. Haase, IWB 2013, S. 163; Jacobs, Int. Unternehmensbesteuerung, 2011, S. 537; Seidel, Ertragsbesteuerung, 2011, S. 155.

263 Vgl. Haase, IWB 2013, S. 163; Lang, IStR 2010, S. 117; Schaumburg, Steuerrecht, 2011, Rn. 16.81; Jacobs, Int. Unternehmensbesteuerung, 2011, S. 498.

Folge, während negative Konflikte eine doppelte Nichtbesteuerung nach sich ziehen.[264] Zuordnungskonflikte lassen sich ebenfalls differenzieren:[265] Ergibt sich ein Konflikt aufgrund des Rückgriffs auf das originär innerstaatliche Recht der Vertragsstaaten, so liegt ein echter Qualifikationskonflikt vor. Sachverhaltskonflikte oder Subsumtionskonflikte ergeben sich durch Zugrundelegung unterschiedlicher Sachverhalte bei der Besteuerung der Vertragsstaaten. Zuletzt können Auslegungskonflikte durch die unterschiedliche Auslegung der Abkommensbestimmungen der beteiligten Staaten entstehen.[266] Werden die Ursachen der Qualifikationskonflikte unterschieden, so liegen im Falle von Subsumtionskonflikten oder Auslegungskonflikten Qualifikationskonflikte im weiteren Sinne vor. Durch den Rückgriff auf innerstaatliches Recht nach Art. 3 Abs. 2 OECD-MA wird auch von einem Qualifikationskonflikt im engeren Sinne gesprochen.[267]

Die genannten Qualifikationskonflikte können in Bezug auf international tätige sowie ausländische Personengesellschaften in mehrfacher Weise eintreten. Einerseits muss die ausländische Gesellschaft qualifiziert werden, sodass entweder auf das nationale Steuerrecht oder bilaterale Abkommensrecht abzustellen ist (Subjektqualifikation). Andererseits ergibt sich eine weitere Problematik bei der Qualifikation der Einkünfte des inländischen Mitunternehmers, die er von seiner ausländischen Personengesellschaft erhält und vice versa. Hierbei steht die Beantwortung der Frage im Vordergrund, ob die Einkünfte abkommensrechtlich gewerbliche Gewinne oder Einkünfte aus Dividenden, Zinsen oder Lizenzgebühren darstellen (Objektqualifikation).[268]

Die Verhinderung der Doppelbesteuerung ist in Bezug auf grenzüberschreitendes Wirtschaften ein wichtiges Ziel, da ansonsten die internationalen Aktivitäten natürlicher und juristischer Personen gehemmt werden. Um entsprechend eine doppelte Belastung durch die Doppelbesteuerung zu vermeiden oder zu mildern, kann ein Staat mehrere Schritte, alleine oder parallel, vornehmen:

- einseitige (unilaterale) Maßnahmen im Wege nationaler Gesetzgebung zur Vermeidung bzw. Milderung der Doppelbesteuerung,[269]
- zweiseitige (bilaterale) Maßnahmen durch Zuweisung von Besteuerungsrechten im Rahmen gegenseitiger Abkommen, sog. Abkommen zur Vermeidung der Doppelbesteuerung (DBA),

264 Vgl. Haase, IWB 2013, S. 163; Mössner, in: Mössner et. al., Steuerrecht, 2012, Rn. 1.185.

265 Vgl. Seidel, Ertragsbesteuerung, 2011, S. 155 m. w. N.

266 Vgl. Schaumburg, Steuerrecht, 2011, Rn. 16.79; Seidel, Ertragsbesteuerung, 2011, S. 155.

267 Vgl. Wilhelm, SteuK 2010, S. 383.

268 Vgl. Jacobs, Int. Unternehmensbesteuerung, 2011, S. 490 ff.

269 Z. B. durch (im deutschen Steuerrecht) Freistellung mit Progressionsvorbehalt (§ 32b EStG), Anrechnung der ausländischen Steuer (§ 34c Abs. 1 EStG, § 32d Abs. 5 EStG, § 26 Abs. 1 KStG), Abzug bei Ermittlung der Einkünfte (§ 34c Abs. 2, 3 EStG).

- mehrseitige (multilaterale) völkerrechtliche Verträge und Vereinbarungen,[270]
- supranationale Maßnahmen durch überstaatlich berechtigte Organisationen, die für ihre Mitgliedsstaaten verbindlich sind.[271]

Im Folgenden soll diesbezüglich kurz auf die Möglichkeiten der Vermeidung der Doppelbesteuerung durch nationales Steuerrecht eingegangen werden, um anschließend die Wesensmerkmale der Doppelbesteuerungsabkommen darzustellen.

2. Vermeidung der Doppelbesteuerung durch nationales Recht

Um Doppelbesteuerung durch den Wohnsitzstaat zu vermeiden, haben mehrere Methoden in das deutsche Steuerrecht Eingang gefunden. Grundsätzlich beruht eine innerstaatliche Regelung zur Vermeidung der Doppelbesteuerung auf dem Verzicht der Besteuerung grenzüberschreitender Sachverhalte.[272] Wurde mit einem beteiligten Staat kein DBA geschlossen, oder enthält dieses keine Grundsätze zur Vermeidung der Doppelbesteuerung, ist nach den folgenden unilateralen Maßnahmen zu verfahren. So ist die Anrechnungsmethode als Regelmethode anzusehen und stellt folglich die Hauptmaßnahme zur Vermeidung der doppelten Besteuerung dar, gefolgt von den Freistellungs-, Steuerabzugs-, -pauschalierungs- und -erlassmethoden, die hauptsächlich auf eine Verminderung der Doppelbesteuerung abzielen.[273]

Im Bereich der Einkommensteuer wird im deutschen Steuerrecht primär auf die Methode der Steueranrechnung abgestellt (§§ 34c Abs. 1 i. V. m. § 34d EStG, 32d Abs. 5 EStG). Hierbei wird bei unbeschränkt Steuerpflichtigen das Welteinkommen berechnet, sodass die ausländischen Einkünfte in die Bemessungsgrundlage zur deutschen Einkommensteuer einfließen und entsprechend die inländische Steuer unter Berücksichtigung aller Einkünfte berechnet wird. Durch Abzug der im Ausland gezahlten Steuer von der deutschen Einkommensteuer, die auf die ausländischen Einkünfte entfällt, wird insofern eine Doppelbesteuerung vermieden.[274] Allerdings ist eine Anrechnung durch die §§ 34c Abs. 1 EStG, 26 Abs. 1 KStG sowie § 68a EStDV begrenzt.[275] Hier ist u.a. der Anrechnungshöchstbetrag festgeschrieben, der für jeden Staat gesondert zu ermitteln ist (sog. *per-country limitation*). Entfällt

---

270 Z. B. Wiener Übereinkommen über diplomatische und konsularische Beziehungen, vgl. BMF-Schreiben, v. 20.8.2007, IV B 3 – S 1311/07/0039, BStBl. I 2007, S. 656.

271 Beispiele sind hier die Steuerharmonisierungsbestrebungen innerhalb der EU sowie die Mutter-Tochter-Richtlinie.

272 Vgl. Lehner, in: Vogel/Lehner, DBA, 2015, Grundlagen Rn. 31a.

273 Vgl. Jacobs, Int. Unternehmensbesteuerung, 2011, S. 34.

274 Vgl. Jacobs, Int. Unternehmensbesteuerung, 2011, S. 38 ff.

275 Die Vorschrift des § 34c Abs. 1 S. 2 und 3 Hs. 1 EStG wurden im Rahmen des JStG 2015 (Zollkodex-Anpassungsgesetz) dahingehend geändert, dass nicht mehr auf das Verhältnis zwischen den ausländischen Einkünften und der Summe der Einkünfte abgestellt wird. Ab dem VZ 2015 können höchstens ausländsiche Steuern, mit der durchschnittlichen tariflichen deutschen Einkommensteuer auf die ausländischen Einkünfte angerechnet werden. Vgl. BGBl. I 2014, S. 2417.

die ausländische Steuer auf im Inland steuerpflichtige ausländische Einkünfte, kann ein unbeschränkt Steuerpflichtiger nach § 34c Abs. 2 und 3 EStG die Abzugsmethode in Anspruch nehmen. Bei der Ermittlung der inländischen Einkünfte wird jede Einkunftsart aus jedem Herkunftsland (*per-county limitation*) mit der im Ausland angefallenen Steuern gekürzt, wodurch sich die Bemessungsgrundlage der inländischen Einkommensteuer vermindert.

Die Anrechnungsmethode ist in den meisten Fällen der Abzugsmethode vorzuziehen, da durch letztere lediglich eine Milderung der Doppelbesteuerung erreicht wird.[276] Ist die Anwendung der Anrechnungsmethode besonders schwierig, oder ist es aus volkswirtschaftlichen oder sonstigen Gründen zweckmäßig, kann die deutsche Einkommensteuer auf ausländische Einkünfte ganz oder teilweise erlassen bzw. auf einen festen Betrag pauschaliert werden.[277] Nach § 32b EStG findet ebenfalls die Freistellungsmethode mit Progressionsvorbehalt Anwendung. Lediglich in begrenzten Fällen wird diese Methode im deutschen Steuerrecht verwirklicht, nach der Einkünfte, die im Ausland besteuert werden, von der inländischen Besteuerung freigestellt werden.[278]

In Bezug auf die deutsche Körperschaftsteuer wird auf die einkommensteuerlichen unilateralen Maßnahmen zur Vermeidung bzw. Milderung der rechtlichen Doppelbesteuerung verwiesen. Insofern gelten nach § 26 Abs. 1 und 6 KStG die Anrechnungs- , Abzugs- und Pauschalierungs- bzw. Erlassmethode auch für inländische juristische Personen.[279] Gemäß § 8b Abs. 1 und 2 KStG kann darüber hinaus im Falle von Beteiligungserträgen und Veräußerungen von Anteilen an ausländischen Körperschaften auf die Freistellungsmethode abgestellt werden.[280]

Die genannten einseitigen Maßnahmen helfen bei der Vermeidung der grenzüberschreitenden Doppelbesteuerung. Jedoch können sie diese nicht umfassend beseitigen, sodass es bilateraler Maßnahmen und Verträge bedarf.[281] Diese werden im Folgenden näher beschrieben.

---

276 Vgl. Jacobs, Int. Unternehmensbesteuerung, 2011, S. 54 ff.

277 Sog. Pauschalierungs- bzw. Erlassmethode nach § 34c Abs. 5 EStG. Vgl. Jacobs, Int. Unternehmensbesteuerung, 2011, S. 59 f.

278 Im Fall eines abgeschlossenen DBA kommt die Methode häufiger zur Anwendung, vgl. Art. 23 A OECD-MA.

279 Allerdings ist die Pauschalierungs- und Erlassmethode für die Körperschaftsteuer unbedeutend. Dies ist auf die Einführung des körperschaftsteuerlichen Schachtelprivilegs und einhergehend der Absenkung des Körperschaftsteuersatzes sowie der Aufhebung des Pauschalierungserlasses für die Körperschaftsteuer im VZ 2004 zurückzuführen. Letzteres vgl. BMF, v. 24.11.2003, IV B 4 – S 2293/46/03, BStBl. I 2003, S. 747. Im deutschen GewStG existiert keine unilaterale Anrechnungsvorschrift.

280 Vgl. Jacobs, Int. Unternehmensbesteuerung, 2011, S. 60 ff.

281 Vgl. Lehner, in: Vogel/Lehner, DBA, 2015, Grundlagen Rn. 31a m. w. N.

3. Vermeidung der Doppelbesteuerung durch Abkommensrecht

3.1 Grundlagen der Doppelbesteuerungsabkommen

Gegenüber unilateralen Maßnahmen zur Vermeidung der Doppelbesteuerung haben bilaterale Abkommensregelungen den Vorteil, dass sie sowohl gezielt die wirtschaftlichen Verhältnisse und Steuersysteme der Vertragsstaaten berücksichtigen können, als auch verbindlich sind und auf Gegenseitigkeit beruhen.[282] Im Falle kollidierender Steueransprüche zweier Staaten regeln DBA, welchem der Länder das vorrangige Besteuerungsrecht zusteht und inwiefern das andere Land auf seinen Anspruch zur Erhebung von Steuern verzichtet.[283] Insofern wird mit dem Abschluss eines DBA das Ziel verfolgt, die Doppelbesteuerung international zu vermeiden oder zumindest zu mildern.[284] Ferner gehen der Steuerausschuss der OECD[285] sowie Teile der Literatur[286] davon aus, dass die Vermeidung der (internationalen) Minderbesteuerung sowie der doppelten Nichtbesteuerung bzw. Keinmalbesteuerung ebenfalls zu den Zielen eines DBA gehören.[287] Demgegenüber verdeutlichte der BFH in seinem Urteil vom 24.8.2011[288], dass lediglich die Vermeidung der virtuellen Doppelbesteuerung im Vordergrund steht und insofern eine Freistellung im Ansässigkeitsstaat unabhängig

282 Vgl. Jacobs, Int. Unternehmensbesteuerung, 2011, S. 64. Neben dem OECD-MA existieren weiterhin das UN-Musterabkommen zur Berücksichtigung der Interessen der Länder mit niedrigem wirtschaftlichen Entwicklungsstand (Schwellen- und Entwicklungsländer) sowie länderspezifische Abkommen. Besondere Berücksichtigung gilt dem US-Musterabkommen, der deutschen Verhandlungsgrundlage für DBA sowie länderübergreifender Maßnahmen zur Verbesserung der Steuerehrlichkeit und Umsetzung des Foreign Account Tax Compliance Act (FATCA), siehe Lehner, in: Vogel/Lehner, DBA, 2015, Grundlagen Rn. 36–39a.

283 Dabei werden bestehende Besteuerungsrechte eingeschränkt oder versagt, aber nicht neu geschaffen, vgl. Prokisch, in: Vogel/Lehner, DBA, 2015, Art. 1 MA Rn. 4; Piltz, PersG, 1981, S. 118.

284 Dies bezieht sich zumindest auf die juristische Doppelbesteuerung, die durch die Erhebung vergleichbarer Steuern in zwei oder mehreren Staaten von demselben Steuerpflichtigen im selben Zeitraum und für denselben Steuergegenstand erhoben wurde. Vgl. Lehner, in: Vogel/Lehner, DBA, 2015, Text: OECD-Kommentar, S. 114.

285 Vgl. OECD-MK zu Einführung MA, Rz. 56.1.

286 Vgl. Jacobs, Int. Unternehmensbesteuerung, 2011, S. 21; Gündisch, PersG, 2004, S. 35; Weggenmann, IStR 2002, S. 616; Piltz, PersG, 1981, S. 134; a. A. Lang, Partnership-Report, 2000, S. 29; Lang, IStR 2002, S. 611 f.; Günkel/Lieber, FR 2000, S. 857.

287 Vgl. BT-Drs. 16/2712, S. 61; Pohl, in: Schönfeld/Ditz, DBA, 2013, Art. 3 OECD-MA, Rz. 63; kritisch Lüdicke, FR 2011, S. 1077 f., der zumindest darauf hinweist, dass es nicht das Ziel eines DBA sein kann, eine doppelte Nichtbesteuerung herbeizuführen. Strittig Müller-Gatermann, FR 2012, S. 1033; Schoueri, in: Kirchhof/Lehner/Raupach/Rodi, FS Vogel, 2000, S. 935; Lieber, IWB 2010, S. 361.

288 Vgl. BFH, v. 24.8.2011, I R 46/10, BFH/NV 2011, S. 2156.

ist von einer Besteuerung im Quellenstaat.[289] Hierzu kann festgehalten werden, dass eine Keinmalbesteuerung generell nicht von einem bilateralen Vertrag, wie einem DBA, vermieden werden kann, da diese keine Besteuerungsansprüche schaffen, die national nicht bereits bestehen.[290]

DBA sind im Wesen darauf gerichtet, Besteuerungsbefugnisse der Vertragsstaaten aufzuteilen und zu beschränken (sog. Schrankenwirkung[291]).[292] Dabei kann eine Beschränkung der Steuerbefugnisse nur Wirkung entfalten, wenn nach innerstaatlichen Grundsätzen ein Steueranspruch besteht.[293] Die Abkommen haben, unabhängig des materiellen Gehalts der nationalen Besteuerungsbefugnisse, Einfluss darauf, ob ein Vertragsstaat seinen Steueranspruch uneingeschränkt, eingeschränkt oder überhaupt nicht ausüben kann. Grundsätzlich stellen nationales Steuerrecht und Abkommensrecht zwei isolierte nebeneinander stehende Normenbereiche dar. Die Schrankenwirkung führt allerdings dazu, dass das nationale Recht gedanklich bei der Analyse zuerst betrachtet werden muss.[294] Hieraus ist allerdings nicht abzuleiten, dass das innerstaatliche Recht vorrangig ist.[295] Vielmehr sind DBA völkerrechtliche Verträge, die von den Vertretern der jeweiligen Regierung ausgehandelt werden und die auf derselben hierarchischen Stufe wie das innerstaatliche Recht stehen.[296] Nach Art. 9 Abs. 1 WÜRV kommen diese völkerrechtlichen Verträge durch die Zustimmungserklärung der beiden Vertragsstaaten zustande. Um allerdings auch für die in den Vertragsstaaten ansässigen Steuerpflichtigen ihre Verbindlichkeit zu entfalten, ist ein Zustimmungsgesetz gem. Art. 59 Abs. 2 S. 1 GG notwendig. Hieraus folgt, dass DBA Bundesgesetzen gleichstehen und materiell nicht über nationalen

---

289 Ebenfalls BFH, 10.1.2012, I R 66/09, BFH/NV 2012, S. 1056, Rz. 28; v. 14.12.1988, I R 148/87, BStBl. II 1989, S. 319, Rz.16. Dennoch sollen die DBA keine Regelungen vereinbaren, die die doppelte Nichtbesteuerung bezwecken, vgl. BFH v. 11.10.2000, I R 44-51/99, BStBl. II 2002, S. 271, Rz. 21–24.

290 Vgl. Lüdicke, FR 2011, S. 1078; Wolff, IStR 2004, S. 545. Dennoch enthalten einige DBA wie z. B. Griechenland, Italien sowie ab 2010 abgeschlossene (u. a. Bulgarien, Irland, Niederlande) bereits im Titel das Ziel der Vermeidung der Steuerverkürzung bzw. Steuerhinterziehung, sodass zumindest für diese die missbräuchliche Komponente der Vermeidung der Minderbesteuerung oder Doppelfreistellung angenommen werden kann. Vgl. Schüller, PersG, 2014, S. 67 f.

291 Vgl. Schaumburg, Steuerrecht, 2011, Rz. 16.39.

292 Vgl. Vogel, StuW 1982, S. 117; Debatin, DB 1985, S. 2 ff.

293 Das Abkommensrecht kann hingegen keine Steuerpflicht begründen oder erhöhen, vgl. Debatin, DB 1985, S. 3; Vogel, StuW 1982, S. 117.

294 Vgl. Gündisch, PersG, 2004, S. 64; diese Ansicht stellt keine rechtlich bindende Vorgehensweise dar, vgl. Wassermeyer, StuW 1990, S. 411.

295 Vgl. Wassermeyer, StuW 1990, S. 411. Zur generellen Auslegung von DBA vgl. Anger/Wagemann, IStR 2014, S. 611 ff.

296 DBA unterliegen neben dem Völkerrecht auch dem supranationalen Recht der Europäischen Union sowie den Vorgaben des innerstaatlichen Verfassungs- und Gesetzesrecht der Vertragsstaaten, vgl. Lehner, in: Vogel/Lehner, DBA, 2015, Grundlagen Rn. 4 ff.

Steuerrechtsnormen stehen.[297] Jedoch gehen die abkommensrechtlichen Regelungen als lex specialis dem originär innerstaatlichen Recht vor.[298] Lediglich später erlassene Gesetze können einem DBA den Vorrang nehmen (*treaty override*), sofern aus dem Gesetz der gesetzgeberische Wille zur Abkommensverdrängung entnommen werden kann.[299] Entsprechend ist das Rangverhältnis immer dann von Interesse, wenn sich Abkommensrecht und innerstaatliches Recht widersprechen[300], ein DBA durch nationales Recht für unanwendbar erklärt wird (z. B. § 20 Abs. 2 AStG), oder für die Anwendung des DBA zusätzliche Voraussetzungen normiert werden (z. B. § 50d Abs. 3 EStG).

Die abgeschlossenen deutschen DBA richten sich in ihrer Struktur nach dem OECD-Musterabkommen (OECD-MA), welches eine eigene Systematik der Einkunftsarten i. R. d. Verteilungsartikel vorsieht und bestehende Doppelbesteuerung durch Anwendung der Freistellungs- oder Anrechnungsmethode zu verhindern versucht.[301] Das Musterabkommen wird ständig weiterentwickelt und liegt in der neuesten Fassung aus 2014 vor.[302] Ein DBA kann nur angewendet werden, sofern dessen persönlichen und sachlichen Anwendungsvoraussetzungen vorliegen. Insofern erfolgt eine Beschränkung auf bestimmte Steuerarten und jene Steuerpflichtige, die mindestens in einem der Vertragsstaaten ansässig sind. Die persönliche Anwendungsvoraussetzung ist ebenfalls von genereller Bedeutung für die Zuteilung der Besteuerungsbefugnisse, da sich hiernach der Wohnsitz- oder Ansässigkeitsstaat bestimmt, bzw. der andere lediglich als „anderer Staat“[303] in Erscheinung tritt. Nach den Verteilungsnomen (Art. 6–22 OECD-MA) wird folglich in Verbindung mit dem Methodenartikel (Art. 23A, 23B OECD-MA) bestimmt, welcher Staat welche

297 Vgl. Wassermeyer, in: Wassermeyer, DBA, 2015, Art. 1 MA Rn. 8. Dem steht § 2 AO nicht entgegen.

298 Vgl. Schaumburg, Steuerrecht, 2011, Rz. 16.37. Zudem handelt es sich immer noch um Völkerrecht, die neben dem nationalen Recht stehen und einen eigenständigen geschlossenen Rechtskreis bilden, vgl. BVerfG, v. 14.10.2004, 2 BvR 1481/04, in: BVerfGE 111, S. 307, Rz. 37; BFH, v. 15.1.1971, III R 125/69, BStBl. II 1971, S. 380.

299 Vgl. Wassermeyer, in: Wassermeyer, DBA, 2015, Art. 1 MA Rn. 12; Vogel, in: Vogel/Lehner, DBA, 2015, Grundlagen Rn. 194 ff.

300 Dieser Fall tritt immer dann ein, wenn gegen das Diskriminierungsverbot des Art. 24 OECD-MA verstoßen wird.

301 Vgl. Autzen, PersG, 2006, S. 98. Die Einkunftsarten der DBA sind strikt zu unterschieden von innerstaatlichen Regelungen der Anwenderstaaten wie z. B. § 2 Abs. 1 S. 1 EStG und Sachverhalte müssen entsprechend losgelöst vom nationalen Recht nach der Systematik der DBA betrachtet werden.

302 Allerdings sind nicht alle Neuerungen in den abgeschlossen DBA enthalten, sodass z. T. auch die Version des OECD-MA 2008 oder 2010 relevant ist. Zu den wichtigsten Änderungen siehe Lehner, in: Vogel/Lehner, DBA, 2015, Grundlagen Rn. 35d f.

303 Auch als „Quellenstaat“ bezeichnet, für jene Einkünfte, die nach abkommensrechtlichen Kriterien aus seinem Territorium aus ihm zuzurechnenden Einkunftsquellen stammen, vgl. Vogel, in: Lang/Jirousek, FS Loukota, 2005, S. 624.

Einkünfte besteuern bzw. ganz oder teilweise auf die Besteuerung verzichten muss. Die Verteilungsnormen sollen dabei entweder vom „anderen Staat“ oder von beiden anzuwenden sein, wohingegen der Methodenartikel generell auf den Vertragsstaat abzielt.[304]

Eine weitere Unterscheidung der Verteilungsnormen erfolgt in solche mit abschließender oder offener Rechtsfolge.[305] Im ersteren Fall weist die Verteilungsnorm einem Vertragsstaat ein ausschließliches Besteuerungsrecht zu und schließt somit das Besteuerungsrecht des anderen Staates aus.[306] Eines Methodenartikels bedarf es in diesem Fall nicht. Im anderen Fall, der Verteilungsnorm mit offener Rechtsfolge, wird generell dem Quellenstaat das Besteuerungsrecht zugeteilt, ohne eine Folge für das Besteuerungsrecht des Wohnsitzstaates auszusprechen.[307] Erst durch Anwendung des Methodenartikels ergibt sich eine Anrechnung der ausländischen Steuer oder Freistellung der Einkünfte.[308] Gemäß dem Fall, dass dennoch eine Doppelbesteuerung entsteht, kann diese durch ein Verständigungsverfahren der beteiligten Staaten abgewendet werden. Eine doppelte Nichtbesteuerung ist hingegen final, es sei denn, sie wird durch abkommensrechtliche[309] oder innerstaatliche[310] *switch-over*-Klauseln verhindert.

3.2 Auslegung der Doppelbesteuerungsabkommen

Werden Begriffe nicht definiert oder sind Bestimmungen unklar, so kommt es auf die Auslegung des Abkommens an. Insofern sind die Bestimmungen eines DBA, wie jede andere Rechtsquelle auch, auslegungsbedürftig. Dabei bilden DBA einen autonomen Regelungskreis mit eigenen Begriffsbestimmungen, welche nicht gänzlich unabhängig vom nationalen Recht sind.[311] Die meisten deutschen DBA enthalten entsprechend eine dem Art. 3 Abs. 2 OECD-MA vergleichbare Auslegungsklausel,

---

304 Vgl. Autzen, PersG, 2006, S. 98; Liebchen, PersG, 2008, S. 107. Eine Ausnahme besteht in Dreieckssachverhalten in Bezug auf den Methodenartikel, vgl. Firlinger, in: Gassner, Vermeidung der Doppelbesteuerung, 1995, S. 314.

305 Vgl. Vogel, in: Vogel/Lehner, DBA, 2015, Vor Art. 6–22 MA Rn. 7.

306 Vgl. Vogel, in: Vogel/Lehner, DBA, 2015, Vor Art. 6–22 MA Rn. 5–7. Das Besteuerungsrecht fällt dabei weitestgehend an den Wohnsitzstaat mit Ausnahme des Art. 8 Abs. 1 und 2 OECD-MA, wo das Besteuerungsrecht dem Quellenstaat zugewiesen wird.

307 Vgl. Vogel, in: Vogel/Lehner, DBA, 2015, Vor Art. 6–22 MA Rn. 5–7.

308 Vgl. zu alledem Schaumburg, Steuerrecht, 2011, Rn. 16.212 f.; Autzen, PersG, 2006, S. 99 f.; Liebchen, PersG, 2008, S. 108 f.

309 Z. B. Art. 23A Abs. 4 OECD-MA i. d. F. von 2010, welche allerdings bisher in wenigen deutschen DBA Eingang gefunden hat.

310 Für Deutschland z. B. durch den umstrittenen § 50d Abs. 9 EStG.

311 Vgl. BFH, v. 15.1.1971, III R 125/69, BStBl. II 1971, S. 380; v. 15.6.1973, III R 118/70, BStBl. II 1973, S. 811.

die auf das nationale Steuerrecht verweist.[312] In Bezug auf diese Rechtsnorm besteht allerdings Unklarheit, wann eine abkommensautonome Auslegung erfordert wird.[313] Vertreter der völkerrechtlichen Theorie[314] sind diesbezüglich der Ansicht, dass DBA als bilaterale Verträge „aus sich heraus"[315] auszulegen sind. Aufgrund des möglichen unterschiedlichen Begriffsverständnisses der Vertragsstaaten nach innerstaatlichem Recht könnte eine divergierende Abkommensauslegung folgen, die in Doppelbesteuerung oder der doppelten Nichtbesteuerung endet.[316] Um dieses zu verhindern, soll bei der Auslegung von DBA nachstehende Auslegungsreihenfolge beachtet werden:

1. Wortlaut und Begriffsdefinition des DBA,
2. Sinn- und Vorschriftenzusammenhang des DBA,
3. Begriffsbestimmungen und -verständnis des innerstaatlichen Rechts.[317]

Dem entgegen wollen Vertreter der landesrechtlichen Theorie[318] den Sinnzusammenhang des Abkommens nur subsidiär anwenden und folglich abkommensrechtlich nicht bestimmte Begriffe unter Rückgriff auf das innerstaatliche Recht auslegen. Entsprechend erfolgt die obige Aufzählung in umgekehrter Reihenfolge (1., 3., 2.).[319] Diese Ansicht sehen die Vertreter darin begründet, dass der Wortlaut des Art. 3 Abs. 2 OECD-MA im Regelfall eine Auslegung nach innerstaatlichem Recht darstellt.[320] Zwischen diesen beiden Auffassungen vertritt Vogel die Meinung, dass der Abkommenszusammenhang lediglich in den Fällen zu betonen ist, in denen „Gründe besonderen Gewichts"[321] dafür sprechen.[322] Beide Theorien verbindet, dass Art. 3 Abs. 2 OECD-MA keine vollständige Übertragung allgemeiner Rechtsgedanken und -konstruktionen vorsieht.[323] Entsprechend können verwendete

---

312 Vgl. Vogel, IStR 2003, S. 524. Ebenfalls lex-fori-Klausel oder Öffnungsklausel genannt vgl. Knobbe-Keuk, RIW 1991, S. 309 f.

313 Vgl. insgesamt Pohl, in: Schönfeld/Ditz, DBA, 2013, Art. 3 OECD-MA, Rz. 74.

314 Auch abkommensrechtliche Theorie genannt. Dieser folgt die überwiegende Mehrheit des Schrifttums, vgl. Schaumburg, Steuerrecht, 2011, Rn. 16.56 m. w. N.; Lang, IWB 2011, S. 288; Piltz, PersG, 1981, S. 121. Siehe BFH, v. 29.8.1984, I R 154/81, BStBl. II 1985, S. 160; v. 27.1.1972, I R 37/70, BStBl. II 1972, S. 459.

315 Debatin, DStZ 1987, S. 212.

316 Vgl. Lang, in: Burmester/Endres, AStG, DBA und EU-Recht, 1997, S. 285 f.

317 Zu alledem BFH, v. 30.5.1990, I R 179/86, BStBl. II 1990, S. 907; Lang, IWB 2011, S. 281 f.

318 U. a. Courage, IWB 1998, S. 1245; Kluge, Steuerrecht, 2000, Rz. 56 ff.; Mössner, in: Böckstiegel/Folz/Mössner/Zemanek, FS Seidl-Hohenveldern, 1988, S. 422.

319 Vgl. Djanani/Brähler/Hartmann, IStR 2004, S. 482; Seidel, Ertragsbesteuerung, 2011, S. 41.

320 Ausführlich hierzu Courage, IWB 1998, S. 1245; Kluge, Steuerrecht, 2000, Rz. 56 ff.

321 Vogel, in: Vogel/Lehner, DBA, 2015, Art. 3 MA Rn. 120.

322 Ebenfalls Wassermeyer, in: Wassermeyer, DBA, 2015, Art. 3 MA Rn. 82.

323 Vgl. Vogel, in: Vogel/Lehner, DBA, 2015, Art. 3 MA Rn. 102; Pohl, in: Schönfeld/Ditz, DBA, 2013, Art. 3 OECD-MA Rn. 59.

Begriffe im Abkommen nur unter gewissen Voraussetzungen nach nationalen Verständnis ausgelegt werden, wobei innerstaatliche Fiktionen und Vermutungen ebenfalls umfasst werden. Dennoch dürfen (vermeintliche) Lücken der Abkommen nicht einseitig durch Rückgriff auf innerstaatliches Recht geschlossen werden, da diese bereits bei den Verhandlungen hätten beachtet werden müssen.[324]

Die Auslegung von DBA führte auch zu einem Meinungsstreit zwischen Finanzverwaltung und Rechtsprechung, da erstere die landesrechtliche Sichtweise vertritt, wohingegen der BFH der völkerrechtlichen Theorie anhängt.[325] Da der BFH bis 2007 nur in Outbound-Fällen zu entscheiden hatte, ergab sich trotz der Meinungsdivergenz keine unterschiedliche abkommensrechtliche Würdigung der Sondervergütungen, da stets das gleiche Ergebnis aufkam.[326] Erst mit Übertragung der Rechtsprechungsgrundsätze auf Inbound-Konstellationen führte die differierende Auslegung zu unterschiedlichen Ergebnissen und schlussendlich zur gesetzlichen Normierung der Finanzverwaltungsgrundsätze in § 50d Abs. 10 EStG i. d. F. des JStG 2009.[327]

Generell sprechen m. E. mehr Gründe für eine Auslegung nach der völkerrechtlichen Theorie. So stellt eine abkommensautonome Auslegung ein Hauptargument für das Wesen und Ziel eines DBA, die Vermeidung der Doppelbesteuerung, dar. Hieraus ergibt sich ebenfalls das Gegenargument der landesrechtlichen Theorie, denn gerade eine Auslegung aus sich selbst führt zu einer einheitlichen Auslegung und spricht somit dem Wortlautargument[328] entgegen. Zu einer ganzheitlichen Vermeidung der Doppelbesteuerung bedarf es aber einem einheitlichen vorgehen. Sofern Qualifikationskonflikte anhand von Qualifikationsverkettungen vermieden werden sollen, so muss dieser Zusammenhang sowohl auf Ebene des Steuersubjekts als auch auf Ebene der Einkünfte gelten.[329] Wird allerdings die anwenderstaatsorientierte bzw.

---

324 Vgl. Pohl, in: Schönfeld/Ditz, DBA, 2013, Art. 3 OECD-MA Rn. 59, 81.

325 Vgl. zur Sichtweise der Finanzverwaltung BMF, v. 24.12.1999, IV B 4 – S 1300 – 111/99, BStBl. I 1999, S 1076, Tz. 1.2.3; v. 26.9.2014, IV B 5 – S 1300/09/10003, BStBl. I 2014, S. 1258, Tz. 2.2.4; Rechtsprechung des BFH vgl. BFH, v. 27.2.1991, I R 15/89, BStBl. II 1991, S. 444; v. 31.5.1995, I R 74/93, BStBl. II 1995, S. 683; v. 16.10.2002, I R 17/01, BStBl. II 2003, S. 631; v. 17.10.2007, I R 5/06, BStBl. II 2009, S. 356. In seinem Urteil vom 25.5.2011 bekundete der Erste Senat die Unterstützung der anwenderstaatsorientierten Abkommensauslegung, vgl. BFH, v. 25.5.2011, I R 95/10, BStBl. II 2014, S. 760.

326 Entsprechend werden im sog. Betriebsstättenerlass der Finanzverwaltung auch Urteile des BFH genannt, die trotz unterschiedlicher rechtlicher Würdigung zum gleichen Ergebnis führen, vgl. BMF, v. 24.12.1999, IV B 4 – S 1300 – 111/99, BStBl. I 1999, S. 1076, Tz. 1.2.3. Ebenfalls Boller/Sliwka/Schmidt, DB 2008, S. 1004.

327 Vgl. BFH, v. 17.10.2007, I R 5/06, BStBl. II 2009, S. 356; Schmidt, DStR 2013, S. 1704 f.; Boller/Eilinghoff/Schmidt, IStR 2009, S. 114.

328 Vgl. Lang, in: Burmester/Endres, AStG, DBA und EU-Recht, 1997, S. 288 f. m. w. N.

329 Bei der Qualifikationsverkettung ist ein Vertragsstaat (zumeist der Ansässigkeitsstaat) an die Auslegung des anderen Staats gebunden. Insofern erfolgt eine

landesrechtliche Abkommensauslegungstheorie favorisiert, so muss diese für eine konsequente Auslegung der DBA für den Inbound- und Outbound-Fall gelten.[330]

Als Hilfsmittel zur Auslegung von DBA kommt dem Musterabkommen der OECD sowie dem OECD-Musterkommentar (MK) eine herausragende Bedeutung zu. Das MA stellt ein Vertragsmuster dar, welches als Grundlage für die Verhandlung bilateraler Abkommen verwendet wird. Wurde das abgeschlossene DBA an dem MA angelehnt und enthält gleichlautende Begriffe, so ist ebenfalls von derselben Bedeutung wie derjenigen des MA auszugehen.[331] Wird eine andere Terminologie verwendet, lässt dies lediglich in den Fällen, in denen das Abkommen auch im Übrigen auf ein anderes Verständnis verweist, auf eine abweichende Bedeutung schließen.[332] Mithilfe der offiziellen Kommentierung einiger Vorschriften des MA der OECD durch den OECD-MK soll eine einheitliche Interpretation erleichtert werden.[333] Der MK und das MA sind dabei eine Auslegungshilfe, der nach h. M. keine Rechtsverbindlichkeit für den Steuerpflichtigen zukommt.[334] Der MK ist darüber hinaus nicht mit innerstaatlichen Verwaltungsvorschriften gleichzusetzen und erlangt seine Bedeutung lediglich aus der Überzeugungskraft der Argumente sowie der Autorität der Verfasser.[335] Insofern ist die Frage, ob Änderungen im MK Auswirkungen auf bestehende DBA haben oder sich erst auf Abkommen auswirken, die nach der Änderung in Kraft treten, überflüssig.[336] Verstößt ein Staat allerdings gegen die Verpflichtungen, die sich aus einem DBA ergeben, in dem eine abkommenswidrige Besteuerung[337] vorliegt, so stellt dies eine Verletzung des pacta sunt

---

Vermeidung der Qualifikationskonflikte auf Abkommensebene. Hierfür ist ein Gleichlauf der Verkettungen im Inbound- und Outbound-Fall unabdingbar.

330 Systembrüche, wie die Implementierung des § 50d Abs. 10 EStG, lassen sich systematisch nicht rechtfertigen. Der deutsche Besteuerungsverlust an den Sondervergütungen wäre bei anwenderstaatsorientierten Auslegung ohne die Regelung hinzunehmen, um eine Doppelbesteuerung effektiv zu vermeiden. Vgl. Haase, IStR 2015, S. 315.

331 Vgl. Wassermeyer, in: Wassermeyer, DBA, 2015, Vor Art. 1 MA Rn. 51; Schaumburg, Steuerrecht, 2011, Rz. 16.75 m. w. N.

332 Vgl. Wassermeyer, in: Wassermeyer, DBA, 2015, Vor Art. 1 MA Rn. 51; Schaumburg, Steuerrecht, 2011, Rz. 16.77 m. w. N.

333 Vgl. Liebchen, PersG, 2008, S. 122; Gündisch, PersG, 2004, S. 42.

334 Vgl. Schaumburg, Steuerrecht, 2011, Rn. 16.75 f.; Liebchen, PersG, 2008, S. 129; Gündisch, PersG, 2004, S. 42 f.; Autzen, PersG, 2006, S. 107.

335 Vgl. Schaumburg, Steuerrecht, 2011, Rn. 16.75; Gündisch, PersG, 2004, S. 44 f.; a. A. Autzen, PersG, 2006, S. 107; Vogel, IStR 2003, S. 527; Günkel/Lieber, FR 2000, S. 857.

336 Zutreffend Gündisch, PersG, 2004, S. 45. Grundsätzlich hierzu siehe Lang, IStR 2001, S. 536 ff.; Lang, IWB 2011, S. 285; Vogel, in: Vogel/Lehner, DBA, 2015, Grundlagen Rn. 127; Vogel, SWI 2000, S. 110; Schaumburg, Steuerrecht, 2011, Rn. 16.77; Avery Jones/Fontaneau/Ellis et al., BTR 1984, S. 18.

337 Diese kann bei einer falschen Auslegung oder Anwendung des DBA, einer fehlerhaften Anwendung des nationalen Rechts oder einer falschen Sachverhaltsdarstellung vorliegen. Vgl. Albert, DBA-Verständigungsverfahren, 2009, S. 16.

servanda-Grundsatzes des Art. 26 WÜRV dar. Als Folge muss der entsprechende Staat eine Wiedergutmachung oder Genugtuung unternehmen,[338] bei erheblicher Verletzung ist der andere Vertragsstaat gem. Art. 60 WÜRV sogar berechtigt, den Vertrag zu beenden. Weiterhin können Steuerpflichtige nach Art. 25 Abs. 1 und 2 OECD-MA bei Vorliegen einer abkommenswidrigen Besteuerung oder Drohung solcher einen Antrag auf ein Verständigungsverfahren in ihrem Ansässigkeitsstaat stellen.[339] Darüber hinaus gibt es nach Art. 25 Abs. 3 OECD-MA die Möglichkeit zur Einleitung von Konsultationsverfahren[340] bzw. Schiedsverfahren[341] nach Art. 25 Abs. 5 OECD-MA.

4. Ausgewählte Einkunftsarten und Besteuerungsrechte

4.1 Spezialitätenvorrang und Betriebsstättenvorbehalt

Einhergehend mit der Feststellung und Verteilung der Besteuerungsrechte müssen die Einkünfte im grenzüberschreitenden Sachverhalt unter die abkommensrechtlichen Einkünfteartikel der Art. 6–21 OECD-MA subsumiert werden. Hieran anschließend gibt der anzuwendende Verteilungsartikel darüber Aufschluss, welchem Staat ein Quellenbesteuerungsrecht nach bestimmten Umfang eingeräumt wird. Die Einkunftsartikel des OECD-MA sind dabei nicht mit den Einkunftsarten des § 2 EStG vergleichbar, da sie eigenständig nach dem Regelungs- und Begriffsinhalt der DBA zu betrachten und auszulegen sind.[342] Im Unterschied zum innerstaatlichen Recht haben die abkommensrechtlichen Unternehmensgewinne keinen Vorrang vor den Einkunftsartikeln; vielmehr sind diese vice versa nach Art. 7 Abs. 4 OECD-MA vorrangig zu prüfen.[343] Dieses Spezialitätsprinzip wird lediglich durch Betriebsstättenvorbehalte unterbrochen, nach denen Art. 7 OECD-MA dann primär anzuwenden ist, wenn die betreffenden Einkünfte einer im Quellenstaat belegenen Betriebsstätte

---

338 Vgl. Gloria, Verständigungsverfahren, 1988, S. 195.

339 Vgl. Lehner, in: Vogel/Lehner, DBA, 2015, Art. 25 MA Rn. 21–23.

340 Gem. Art. 25 Abs. 3 S. 1 OECD-MA zur Auslegung oder Anwendung von DBA oder gem. Abs. 2 zur Schließung von Lücken, vgl. Loukota, SWI 2000, S. 300.

341 Diese wurden eingeführt, da die meisten Verfahren zu lange dauern, allerdings wurde eine solche Klausel seit ihrer Einführung in den OECD-MK in 2008 nur in wenige DBA aufgenommen, vgl. DBA Großbritannien, Luxemburg und den Niederlanden. Trotz bestehender (fakultativer oder obligatorischer) Regelungen in älteren Abkommen ist es bisher noch nie zu einem Schiedsverfahren gekommen. Vgl. Flüchter, IStR 2012, S. 698; Schüller, PersG, 2014, S. 84 f. m. w. N.

342 Vgl. Vogel, in: Vogel/Lehner, DBA, 2015, Grundlagen Rn. 83; Debatin, DB 1985, S. 3.

343 Vgl. Wassermeyer, in: Wassermeyer, DBA, 2015, Vor Art. 6–22 MA Rn. 21. Dieser abkommensrechtliche Spezialitätenvorrang wird allerdings durch die Regelung des § 50d Abs. 10 EStG suspendiert. Vgl. Zuber/Ditsch, in: Littmann/Bitz/Pust, ESt, 2015, § 50d EStG, Rn. 187.

des Unternehmens zuzurechnen sind.[344] Dennoch kommt der Betriebsstätte keine grundsätzliche Attraktionskraft bezüglich aller Einkünfte des Betriebsstättenstaats zu, sondern es wird eine Zugehörigkeit bzw. ein Zusammenhang zur Betriebsstätte gefordert.[345] Als Folge darf der Quellenstaat die Betriebsstätteneinkünfte voll besteuern.[346] Eine sich hieraus möglicherweise ergebende Doppelbesteuerung wird durch die Anwendung des Methodenartikels, der für die Betriebsstätteneinkünfte vorgesehen ist, vermieden.[347]

Im Folgenden werden die für den weiteren Verlauf der Arbeit wichtigsten Einkunftsartikel der DBA vorgestellt und deren steuerlichen Folgen erläutert. Aufgrund fehlender Relevanz für die weitere Untersuchung wird auf die Analyse der Art. 6, 8, sowie 13–20 OECD-MA verzichtet.

4.2 Unternehmensgewinne nach Artikel 7 OECD-MA

Liegen Gewinne im Sinne des Art. 7 Abs. 1 S. 1 Hs. 1 OECD-MA vor, so können diese nur in dem Vertragsstaat des Unternehmens besteuert werden. Ein Besteuerungsrecht des anderen Vertragsstaats ergibt sich nur, wenn das Unternehmen seine Geschäftstätigkeit in diesem Vertragsstaat durch eine dort belegene Betriebsstätte ausübt (Art. 7 Abs. 1 S. 1 Hs. 2 OECD-MA). Was unter einer abkommensrechtlichen Betriebsstätte zu verstehen ist, bestimmt sich dabei nach den Vorgaben des Art. 5 OECD-MA. Die Definition des Begriffs des Unternehmens wird in Art. 3 Abs. 1 lit. c OECD-MA näher bestimmt, wobei es sich um die Ausübung einer Geschäftstätigkeit handelt, die ebenfalls die freiberuflichen und sonstigen selbständigen Tätigkeiten umfasst (Art. 3 Abs. 1 lit. h OECD-MA). Eine genauere Begriffsbestimmung ist nicht zu finden, sodass auf das innerstaatliche Recht des Vertragsstaats zurückgegriffen werden muss.[348] Entsprechend dem innerstaatlichen Verständnis muss insofern eine Abgrenzung der gewerblichen Einkünfte zur Vermögensverwaltung vorgenommen

344 U. a. Art. 10 Abs. 4, 11 Abs. 4, 12 Abs. 3, 13 Abs. 2, 21 Abs. 2 OECD-MA, vgl. BMF, v. 26.9.2014, IV B 5 – S 1300/09/10003, BStBl. I 2014, S. 1258, Tz. 2.2.4.1; Kramer, IStR 2013, S. 285.

345 Vgl. OECD-MK, Art. 10, Nr. 31; Art. 11, Nr. 24; Art. 12, Nr. 20. Siehe auch Klumpp, in: Lange/Bilitewski/Götz, PersG, 2015, Rn. 7181 ff.

346 Vgl. Vogel, in: Vogel/Lehner, DBA, 2015, Vor Art. 10–12 MA Rn. 32. Ansonsten wäre nur ein beschränktes Besteuerungsrecht des Quellenstaats gegeben, vgl. C.I.4.3.

347 Dies ist in den meisten Fällen eines Vertrages mit Deutschland die Freistellungsmethode, vgl. ausführlich Liebchen, PersG, 2008, S. 236–247; Vogel, in: Vogel/Lehner, DBA, 2015, Vor Art. 10–12 MA Rn. 32; Lang, SWI 2003, S. 322 f; a. A. Wassermeyer, in: Wassermeyer, DBA, 2015, Art. 7 MA Rn. 160.

348 Vgl. OECD-MK, Art. 3, Nr. 4. Art. 3 Abs. 1 lit. h OECD-MA wurde erst 2000 eingeführt und ist keinesfalls als abschließende Definition zu verstehen, sodass nicht auf das innerstaatliche Recht zurückgegriffen werden darf. Hierbei handelt es sich lediglich um eine Konkretisierung, die inhaltlich keine Neuerung darstellt. Vgl. Lang, SWI 2011, S. 16; Lang, IStR 2007, S. 609.

werden.[349] Dennoch liegt dem Begriff nur das Verständnis des § 15 Abs. 2 EStG zugrunde und nicht die Gewerblichkeitsfiktion nach § 15 Abs. 3 EStG.[350]

Liegen Unternehmensgewinne i. S. d. Art. 7 OECD-MA vor, so stellt Deutschland als Ansässigkeitsstaat die Betriebsstättengewinne des anderen Vertragsstaats (unter Progressionsvorbehalt) frei. Sofern Deutschland der Betriebsstättenstaat ist, rechnet er im überwiegenden Falle die ausländischen Steuern an. Nach welchen Vorgaben allerdings eine Einkunftsermittlung und folglich auch des Unternehmens- bzw. Betriebsstättengewinns zu erfolgen hat, ist nicht in den Regelungen der DBA enthalten. Hieraus ergibt sich, dass eine entsprechende Ermittlung nach dem innerstaatlichen Recht des Anwenderstaats zu erfolgen hat.[351]

4.3 Spezielle Einkunftskategorien

4.3.1 Dividenden

Abkommensrechtliche Dividenden werden nach Art. 10 Abs. 1 OECD-MA im Staat des Empfängers besteuert. Nach Art. 10 Abs. 2 OECD-MA darf der Staat, in dem die Gesellschaft ansässig ist, ein Quellenbesteuerungsrecht ausüben, sofern dieses nicht 15 %, bzw. 5 % bei Schachteldividenden[352], übersteigt. Eine Konkretisierung des Begriffs der Dividenden befindet sich in Art. 10 Abs. 3 OECD durch Aufzählung einiger Eigenschaften. Dennoch erhält der Staat der ausschüttenden Gesellschaft das Recht zu entscheiden, was genau unter Dividenden subsumiert werden kann.[353]

Liegen Dividenden i. S. d. Art. 10 OECD-MA vor, so erfolgt eine (begrenzte) Anrechnung der ausländischen Quellensteuer auf die inländische (Ertrag-)Steuerschuld.[354] In Anlehnung an den Betriebsstättenvorbehalt des Art. 10 Abs. 4

---

349 Vgl. die h. M. Piltz/Wassermeyer, in: Wassermeyer, DBA, 2015, Art. 7 MA Rn. 49; Spengel/Schaden/Wehrße, StuW 2012, S. 109; Wassermeyer, FR 2010, S. 539; Hemmelrath, in: Vogel/Lehner, DBA, 2015, Art. 7 MA Rn. 33, 57; Weggenmann, Einordnungskonflikte, 2002, S. 213.

350 Vgl. BFH, v. 17.12.1997, I R 34/97, BStBl. II 1998, S. 296; v. 24.8.2011, I R 46/10, BFH/NV 2011, S. 2165; v. 25.5.2011, I R 95/10, BStBl. II 2014, S. 760; v. 4.5.2011, II R 51/09, BFHE 233, S. 517; v. 9.12.2010, I R 49/09, BFH/NV 2011, S. 698; v. 19.5.2010, I B 191/09, BStBl. II 2011, S. 156, Tz. 15; v. 28.4.2010, I R 81/09, BFH/NV 2010, S. 1550.

351 Vgl. Wassermeyer, in: Wassermeyer, DBA, 2015, Vor Art. 6–22 MA Rn. 55; Bendlinger, SWI 2007, S. 496 ff.

352 Eine Schachtelbeteiligung liegt vor, wenn die Muttergesellschaft, welche nicht in der Rechtsform der Personengesellschaft vorliegen darf, an ihrer Tochtergesellschaft zu mindestens 25 % beteiligt ist. Bei EU-Abkommen liegt die Beteiligungshöhe z. T. bei 10 %, welche auch in diesen Fällen der Schachteldividende entspricht.

353 Vgl. Tischbirek, in: Vogel/Lehner, DBA, 2015, Art. 10 MA Rn. 184.

354 Lediglich bei Schachteldividenden besteuert Deutschland als Ansässigkeitsstaat die ausländische Dividende nicht.

OECD-MA ist der Quellenstaat nicht an die Begrenzung des Quellensteuersatzes gebunden.[355]

4.3.2 Zinsen

Gemäß Art. 11 Abs. 3 OECD-MA liegen Zinsen bei Einkünften aus Forderungen jeder Art vor. Diese abkommensrechtliche Definition ist erschöpfend, sodass nicht auf das innerstaatliche Recht des Anwenderstaats abgestellt werden kann.[356] Eine Besteuerung darf, wie im Falle von Dividenden, sowohl im Empfängerstaat, als auch im Ansässigkeitsstaat des Schuldners besteuert werden. Lediglich die Quellenbesteuerungsgrenze von 10 % nach Art. 11 Abs. 2 OECD-MA darf nicht überschritten werden.

Eine Doppelbesteuerung wird auch in diesem Fall durch die (begrenzte) Anrechnung der ausländischen Quellensteuer im Ansässigkeitsstaat des Empfängers vermieden. Nach Art. 11 Abs. 4 OECD-MA erfolgt keine Beschränkung der Höhe des Steuersatzes, wenn die Forderung, für die die Zinsen gezahlt wird, der Betriebsstätte im Quellenstaat zugerechnet werden kann.

4.3.3 Lizenzen

Vergütungen für die Nutzung bzw. das Recht auf Nutzung von Patenten, Urheberrechten, Marken (Warenzeichen), Mustern o. ä. sowie für die Mitteilung gewerblicher, kaufmännischer oder wissenschaftlicher Erfahrungen werden nach Art. 12 Abs. 2 OECD-MA unter den Begriff der Lizenzgebühren subsumiert.[357] Gemäß Art. 12 Abs. 1 OECD-MA darf lediglich der Ansässigkeitsstaat des Nutzungsberechtigten der Lizenzgebühren eine Besteuerung vornehmen.[358] Entsprechend kann es in diesen Fällen nicht zu einer Doppelbesteuerung kommen. Allerdings kann bei Vorliegen der Voraussetzungen des Betriebsstättenvorbehalts (Art. 12 Abs. 3 OECD-MA) der Quellenstaat eine Besteuerung vornehmen.

---

355 Allerdings muss innerhalb der EU die Mutter-Tochter-Richtlinie (MTR) beachtet werden, sodass keine Quellensteuer auf Ausschüttungen erhoben werden darf, wenn die EU-Mutterkapitalgesellschaft zu mindestens 10 % an einer EU-Tochterkapitalgesellschaft beteiligt ist (Art. 2 Abs. 1 lit. a MTR).

356 Vgl. OECD-MK, Art. 11, Nr. 21.

357 Vergütungen für die Nutzung oder das Recht auf Benutzung gewerblicher, kaufmännischer oder wissenschaftlicher Ausrüstungen fielen bis 1992 unter den Lizenzbegriff und sollen nach Wegfallen der Konkretisierung unter Art. 7 bzw. Art. 14 OECD-MA erfasst werden, vgl. OECD-MK, Art. 12, Nr. 9; Wassermeyer, in: Wassermeyer, DBA, 2015, Art. 12 MA Rn. 84.

358 Gleiches gilt für den Fall, dass andere Einkünfte nach Art. 21 Abs. 1 OECD-MA vorliegen, vgl. OECD-MK, Art. 21 Nr. 1. Hierunter fällt z. B. die Überlassung von beweglichem Vermögen, das abkommensrechtlich nicht zu den Lizenzgebühren zählt.

II. Qualifikationskonflikte bei internationalen Mitunternehmerschaften

1. Qualifikationskonflikte bei grenzüberschreitenden Personengesellschaften

1.1 Entstehung von Qualifikationskonflikten

In Bezug auf grenzüberschreitend agierende Mitunternehmerschaften kann es zu den verschiedensten Qualifikationskonflikten kommen.[359] Begründet werden subjektive Qualifikationskonflikte vor allem darin, dass Personengesellschaften abweichend der deutschen Regelung, in anderen Staaten selbständige Steuersubjekte sein können, oder abhängig ihrer Ausgestaltung oder des Wahlrechts des Steuerpflichtigen das Trennungs- oder Transparenzprinzip bei der Besteuerung anzuwenden ist. Entsprechend regelt sich auch die Abkommensberechtigung der Personengesellschaft je nach anzuwendendem Steuerrecht, sodass entweder die Gesellschaft oder nur die dahinterstehenden Gesellschafter den Abkommensschutz eines DBA in Anspruch nehmen können.[360] Je nach abweichender Würdigung der beteiligten Staaten können aufgrund dieser Probleme subjektive Qualifikationsprobleme entstehen. Dem gegenüber unterliegen grenzüberschreitende Mitunternehmerschaften häufig auch objektiven Qualifikationskonflikten.[361]

In Bezug auf Sondervergütungen stellt dies sogar das „Schulbeispiel“[362] des Qualifikationskonflikts dar und bildet folglich auch die Grundlage für die weitere Betrachtung dieser Arbeit. Grenzüberschreitend gezahlte Sondervergütungen stellen nach deutscher Sichtweise gewerbliche Einkünfte nach § 15 Abs. 1 S. 1 Nr. 2 S. 1 EStG dar. In anderen Ländern hingegen ist diese Qualifikation unbekannt und Zahlungen der Gesellschafter an den Gesellschafter werden ertragsteuerlich anerkannt,[363] sodass die Staaten die Vergütungen entsprechend ihrer zivilrechtlichen Natur einordnen. Ein Qualifikationskonflikt und daraus folgend eine Doppelbesteuerung ergibt sich in diesen Fällen immer dann, wenn beide Staaten aufgrund ihrer nationalen Steuerrechtsordnung auf die Sondervergütungen als Steuergut zugreifen.[364] Existiert ein DBA zwischen den beteiligten Ländern, so ist unabhängig vom Steuerrecht des Anwenderstaats die Subsumtion des Verteilungsartikels bzw. des Einkunftsartikels zu klären. Insofern kommen die spezielleren Verteilungsartikel u.a. für Dividenden (Art. 10 OECD-MA), Zinsen (Art. 11 OECD-MA), Lizenzgebühren (Art. 12 OECD-MA)

---

359 Vor allem subjektive wie objektive Qualifikationskonflikte, vgl. Prokisch, in: Vogel/Lehner, DBA, 2015, Art. 1 MA Rn. 15; Lüdicke, in: Herzig/Günkel/Niemann, StBJB 1997/98, S. 451.

360 Vgl. Prokisch, in: Vogel/Lehner, DBA, 2015, Art. 1 MA Rn. 15.

361 Vgl. Prokisch, in: Vogel/Lehner, DBA, 2015, Art. 1 MA Rn. 15.

362 Haase, IWB 2013, S. 168.

363 Vgl. Müller, BB 2009, S. 752.

364 U. A. durch die Konkurrenz des Universalitäts- und Territorialitätsprinzips.

oder Einkünfte aus unselbständiger Arbeit (Art. 15 OECD-MA) in Betracht.[365] Erfolgt durch Art. 3 Abs. 2 OECD-MA ein Rückgriff auf nationales Steuerrecht, sodass unter Zugrundelegung der innerstaatlichen Fiktion abkommensrechtliche Sondervergütungen gewerbliche Einkünfte darstellen, können unterschiedliche Besteuerungsprinzipien Anwendung finden.[366] Einerseits kann das Besteuerungsrecht von beiden Staaten beansprucht werden, sodass eine Doppelbesteuerung entsteht, die nach Art. 25 OECD-MA im Verständigungsverfahren beseitigt werden könnte.[367] Andererseits können beide Staaten dem jeweils anderen das Besteuerungsrecht zuweisen und eine doppelte Nichtbesteuerung kann entstehen.

1.2 Subjektive Qualifikationskonflikte

Kommt im grenzüberschreitenden Sachverhalt bei einem Staat das Transparenz- und beim anderen beteiligten Staat das Trennungsprinzip zum Tragen, so erfolgt, basierend auf dem innerstaatlichen Recht, eine divergierende Beurteilung der Steuersubjektivität von Mitunternehmerschaften. Als Folge werden die Einkünfte der international agierenden Gesellschaft unterschiedlichen Steuersubjekten zugeordnet.368 Aus der Besteuerungskonzeption abgeleitet, werden die Einkünfte bei eigenständiger Steuersubjekteigenschaft der Personengesellschaft ihr, oder im anderen Fall ihren Gesellschaften zugeordnet. Hieraus ergibt sich, dass die Einkünftezurechnung nicht auf dem Abkommensrecht, geregelt durch das OECD-MA, sondern auf dem jeweiligen Recht des Anwenderstaats basiert.[369]

Besonders problematisch ist in diesem Sinne, ob die betreffende Personengesellschaft persönlich abkommensberechtigt ist und folglich Abkommensschutz und die

365 Einkünfte aus der Vermietung von Grundstücken fällt grundsätzlich unter Art. 6 OECD-MA und Art. 21 OECD-MA ist eine grundsätzliche Auffangnorm für alle übrigen Einkünfte.

366 Gem. Art. 7 OECD-MA ist dies das Betriebsstättenprinzip, die spezielleren Verteilungsartikel verweisen hingegen auf das Besteuerungsrecht des Ansässigkeitsstaats des Zahlungsempfängers. Allerdings kann der Betriebsstättenvorbehalt Anwendung finden und folglich ein Rückverweis auf Art. 7 OECD-MA die Sondervergütungen als Unternehmensgewinne qualifizieren. Vgl. Vogel, in: Vogel/Lehner, DBA, 2015, Vor Art. 10–12 MA Rn. 30 ff.

367 Vgl. Weggenmann, IStR 2002, S. 615; OECD, Partnership Report, 1999, Rz. 108, 112.

368 Vgl. Pott, Qualifikationsproblem, 1982, S. 48 f. Diese Problematik liegt ebenfalls der Diskussion um hybride Gesellschaften zugrunde, vgl. Schüller, PersG, 2014, S. 113 f; a. A. Spengel/Schaden/Wehrße, StuW 2012, S. 106: hier wird bei hybriden Gesellschaften auf die Wahlmöglichkeit zwischen transparenter und intransparenter Besteuerung abgestellt.

369 Vgl. BFH, v. 25.5.2011, I R 95/10, BStBl. II 2014, S. 760, Tz. 16–21; v. 4.4.2007, I R 110/05, BStBl. II 2007, S. 521, Tz. 13; v. 16.2.1996, I R 43/95, BStBl. II 1997, S. 128, Tz. II.2; Lüdicke, in: Dötsch/Herlinghaus/Hüttemann/Lüdicke/Schön, Personengesellschaft im Steuerrecht, 2011, S. 118; Wassermeyer, in: Wassermeyer, DBA, 2015, Vor Art. 6–22 MA Rn. 15.

Vergünstigungen der DBA beanspruchen kann. Hieran anknüpfend ist strittig, ob die Gesellschaft nach Art. 1 OECD-MA als Person i. S. d. Abkommens gilt und darüber hinaus in (mindestens) einem der Vertragsstaaten ansässig ist.[370] Wird die Personengesellschaft in ihrem Sitzstaat transparent besteuert, so ist sie keine Gesellschaft des Art. 3 Abs. 1 lit. b OECD-MA, aber eine „andere Personenvereinigung“ i. S. d. Art. 3 Abs. 1 lit. a OECD-MA.371 Enthält das anzuwendende DBA keine Sonderregelung, so fehlt es allerdings an dem Kriterium der Ansässigkeit, denn eine transparente Personengesellschaft ist in ihrem Sitzstaat nicht unbeschränkt steuerpflichtig.[372] Wird eine Personengesellschaft hingegen in ihrem Sitzstaat intransparent besteuert, erfüllt sie sowohl die Voraussetzungen des Art. 1 sowie Art. 4 Abs. 1 OECD-MA.[373] Liegt ein Mischfall vor, d. h. die Besteuerung der Personengesellschaft ähnelt der einer deutschen KGaA, richtet sich eine Beurteilung der notwendigen Kriterien nach der Steuersubjekteigenschaft der Personengesellschaft.[374] Besteuert ein Staat die Personengesellschaft, ähnlich wie Deutschland transparent und wendet der andere Vertragsstaat ganz oder teilweise das Trennungsprinzip an, so ist strittig, ob die Beurteilung des Sitzstaats der Gesellschaft Bindungswirkung entfalten kann.[375] Generell richtet sich eine steuerliche Klassifizierung nach dem jeweiligen nationalen Recht des Sitzstaates, wobei dieses auch für den anderen Vertragsstaat maßgeblich ist.[376] Dem entgegen sehen Finanzverwaltung und Rechtsprechung des BFH nur die deutsche innerstaatliche Sichtweise für die Beurteilung der Abkommensberechtigung einer

370 Hieraus stellt sich weiterhin die Frage, inwiefern die Beurteilung des Sitzstaates der Gesellschafter auf die Beurteilung des Ansässigkeitsstaats der Gesellschafter durchschlägt und verbindlich ist.

371 Vgl. OECD-MK, Art. 3 Nr. 2; Vogel, in: Vogel/Lehner, DBA, 2015, Art. 3 MA Rn. 17–18. Dies gilt nur für den Fall, dass das betreffende DBA eine dem Art. 3 Abs. 1 lit. a OECD-MA vergleichbare Regelung enthält.

372 Vgl. Schaumburg, Steuerrecht, 2011, Rn. 16.178 ff. Es wird stattdessen auf ihre Gesellschafter durchgegriffen, die den Abkommensschutz genießen, vgl. Riemenschneider, Abkommensberechtigung, 1995, S. 73. Ausnahmen siehe Art. 4 Abs. 4 DBA-Finnland, Art. 4 Abs. 4 S. 1 DBA-Polen, Protokoll zum DBA, Abschnitt 2 DBA-Italien, Protokoll zum DBA, Abschnitt I Nr. 2 DBA-Niederlande, mit vergleichbarer Regelung in Art. 1 Abs. 7 DBA-USA.

373 Vgl. Brähler/Mayer, IStR 2010, S. 681; Schüller, PersG, 2014, S. 119.

374 Vgl. Wehrße, PersG, 2011, S. 105–107; Spengel/Schaden/Wehrße, StuW 2012, S. 109.

375 Übereinstimmung gäbe es in diesem Fall bezüglich des Personenkriteriums. Deutschland sieht die Personengesellschaft als „alle anderen Personenvereinigungen“, der transparent besteuernde andere Vertragsstaat zählt sie hingegen unter „Gesellschaft“. In beiden Fällen wäre die Gesellschaft eine Person i. S. des Abkommens. Vgl. Schmidt, IStR 2010a, S. 416. Es ergeben sich allerdings weitreichende Folgen bei der Auslegung z.B. bei der Anwendung von Art. 10 OECD-MA.

376 Vgl. Riemenschneider, Abkommensberechtigung, 1995, S. 79–86; Piltz, PersG, 1981, S. 130–135; Wassermeyer, in: Wassermeyer, DBA, 2015, Art. 3 MA Rn. 17 f.; Kluge, Steuerrecht, 2000, Rz. R 164 Liebchen, PersG, 2008, S. 165 ff.; Knobbe-Keuk, RIW 1991, S. 314–316. OECD-MK, Art. 1 Nr. 2–6; Art. 3 Nr. 2; Art. 4, Nr. 8.8.

Personengesellschaft als verbindlich an.[377] Bezogen auf den Outbound-Fall würde dies bedeuten, dass sich Deutschland dennoch nach der ausländischen Beurteilung der Abkommensberechtigung der intransparent besteuerten Gesellschaft richten müsste.[378] In Bezug auf den Inbound-Fall würde eine Abkommensberechtigung der Gesellschaft verworfen, da die Sichtweise Deutschlands als Sitzstaat maßgeblich ist.[379]

Als Ableitung hieraus vertreten einige Autoren die Auffassung, eine Bindungswirkung bestehe zusätzlich auch in Bezug auf die Einkunftskategorie und der Zurechnung der Einkünfte zur Gesellschaft.[380] Dennoch erfolgt nicht zwangsweise ein Zusammenhang zwischen Abkommensberechtigung und der Zurechnung der Einkünfte.[381] Besonderer Bedeutung kommt daher die Abkommensberechtigung im Dreieckssachverhalt zu, da hierbei zuerst die Frage nach dem anzuwendenden DBA zu beantworten ist.382

1.3 Objektive Qualifikationskonflikte

Neben den subjektiven Qualifikationskonflikten, welche die Beurteilung des Steuersubjekts und einhergehend die Besteuerung der Gewinnentstehung und -verteilung umfassen, können ebenfalls objektive Qualifikationskonflikte vorliegen. Diese entstehen im grenzüberschreitenden Sachverhalt bei der unterschiedlichen Behandlung der schuldrechtlichen Vertragsbeziehungen zwischen Gesellschafter und Gesellschaft. Neben Beteiligungserträgen können dies auch Vergütungen sein, die aus der Überlassung von Arbeitskraft, Darlehen und Wirtschaftsgüter resultieren. Darüber hinaus zählen weitere Sonderbetriebseinnahmen zu den Beteiligungserträgen des Gesellschafters einer Personengesellschaft.[383] Aufgrund fehlender

---

377 Vgl. BMF, v. 16.4.2010, IV B 5 – S 1300/09/10003, BStBl. I 2010, S. 354, Tz. 2.1.1, 4.1.4.1; v. 26.9.2014, IV B 5 – S 1300/09/10003, BStBl. I 2014, S. 1258, Tz. 4.1.4.1; BFH, v. 25.5.2011, I R 95/10, BStBl. II 2014, S. 760, Tz. 16–21. Zur generellen Abkommensberechtigung transparenter Rechtsträger vgl. Lang, IStR 2011, S. 1 ff.

378 Vgl. Spengel/Schaden/Wehrße, StuW 2012, S. 108; Knobbe-Keuk, RIW 1991, S. 314; Leitner/Gahleitner, SWI 1998, S. 571. Diese Sichtweise ist nicht unumstritten und konnte sich bisher nicht durchsetzen, vgl. Haase/Brändel, IStR 2011, S. 258 f.

379 Kommen allerdings Ausnahmeregelungen zur Anwendung, so sind diese zu berücksichtigen, vgl. Art. 4 Abs. 1 DBA-Belgien, Art. 4 Abs. 4 DBA-Slowenien, Art. 4 Abs. 4 DBA-Portugal, Art. 4 Abs. 3 DBA-Bulgarien.

380 Vgl. Fischer, in: Kirchhof/Lehner/Raupach/Rodi, FS Vogel, 2000, S. 965; Knobbe-Keuk, RIW 1991, S. 314 f. A. A. BFH, v. 25.5.2011, I R 95/10, BStBl. II 2014, S. 760,Tz. 16–21; v. 4.4.2007, I R 110/05, BStBl. II 2007, S. 521, Tz. 13; Prokisch, in: Vogel/Lehner, DBA, 2015, Art. 1 MA Rn. 34b.

381 Vgl. Wehrße, PersG, 2011, S. 111; Lang, in: Kleineidam, FS Fischer, 1999, S. 717.

382 Vgl. ausführlich Kremer, Dreieckskonstellationen, 2011, S. 1 ff.; Schüller, PersG, 2014, S. 129 f. m.w.N.

383 Aus SBV I oder II, z. B. Gewinne aus der Veräußerung von Wirtschaftsgütern des SBV, Gewinnausschüttungen aus Beteiligungen an Kapitalgesellschaften im SBV oder Zinsen aus Wertpapieren des SBV.

Regelungen im DBA kann durch die Lex-fori-Klausel des Art. 3 Abs. 2 OECD-MA auf das innerstaatliche Besteuerungskonzept und damit zusammenhängende Einkünftequalifikationen zurückgegriffen werden. Diese objektiven Qualifikationskonflikte können bei divergierenden Besteuerungskonzeptionen zweier beteiligter Staaten zu Doppel- oder Minderbesteuerung führen. Hinzu kommt, dass aufgrund der anwenderstaatsorientierten Auslegung der DBA einige Länder die Einkünfte aus Personengesellschaften unter Rückgriff auf ihr innerstaatliches Recht einordnen, wohingegen sich aus Wortlaut und Sinnzusammenhang eines Abkommens eine abweichende Auslegung ergeben kann.

2. Bedeutung des OECD-Partnership Reports

Den Besonderheiten der internationalen Personengesellschaftsbesteuerung wurde 1999 der Fiskalausschuss der OECD gerecht, in dem er seinen Bericht „The Application of the OECD Model Tax Convention to Partnerships“[384] (Partnership Report) veröffentlichte. Hierbei sollten die Schwierigkeiten internationaler Sachverhalte unter Mitwirkung von Personengesellschaft, vor allem die Anwendung verschiedener Abkommensbestimmungen der Vertragsstaaten, präsentiert und anhand fallbezogener Lösungsbeispiele erörtert werden. Ziel war nicht nur die Vermeidung der Doppelbesteuerung, sondern auch die Verhinderung der doppelten Nichtbesteuerung durch die unterschiedlichen Besteuerungskonzeptionen, für die das bis dahin geltende OECD-MA keine einheitliche Lösung aufzeigte.[385] Die vorgeschlagenen Lösungskonzeptionen fanden in der Revision des MK der OECD im Jahr 2000 Eingang, in dem u. a. Änderungen und Erweiterungen, wie z. B. die Neueinführung des Art. 23 Abs. 4 OECD-MA, vorgenommen wurden. Dabei ging es nicht um die Darlegung eines allgemeingültigen in sich stimmigen Regelungsentwurfs, sondern lediglich darum, praxisorientierte und induktiv ableitbare Lösungsvorschläge vorzubringen, die sich am bisherigen Wortlaut des OECD-MA orientierten.[386]

3. Innerstaatliche Anwendung der DBA auf Personengesellschaften

Die deutsche Finanzverwaltung gab ihre Rechtsauffassung zur Behandlung von Personengesellschaften mit grenzüberschreitenden Strukturen mit dem BMF-Schreiben zur „Anwendung der Doppelbesteuerungsabkommen auf Personengesellschaften“[387] wieder. Hierbei nahm sie u. a. Stellung zur Auffassung der OECD unter Bezugnahme der Auslegungskonzeption des Partnership Reports, der ebenfalls Eingang in

---

384 Vgl. OECD, Partnership-Report, 1999.

385 Vgl. Loukota, in: Gassner/Lang/Lechner, PersG, 2000, S. 17.

386 Vgl. Loukota, in: Gassner/Lang/Lechner, PersG, 2000, S. 17; Lüdicke, Besteuerung, 2000, S. 5; Lang, in: Kirchhof/Lehner/Raupach/Rodi, FS Vogel, 2000, S. 909; Gündisch, PersG, 2004, S. 71.

387 BMF, v. 16.4.2010, IV B 2 – S 1300/09/10003, BStBl. I 2010, S. 354.

den MK fand, sowie der Rechtsprechung des BFH. Dabei war die erste Fassung des Schreibens als Entwurf bereits 2007 veröffentlicht, aber aufgrund divergierender Rechtsprechungsurteile in seiner finalen Fassung erst 2010 publiziert. Kritik aus Judikatur[388] und Schrifttum[389] sowie weiterführende Gesetzesänderungen[390] führten zu einer weiteren Überarbeitung des BMF-Schreibens, das seit 26.9.2014 in einer aktualisierten Fassung[391] vorliegt. Im Folgenden soll die Auffassung der Finanzverwaltung in Bezug auf die Abkommensberechtigung von Personengesellschaften erörtert werden.

Personengesellschaften sind im deutschen Steuerrecht selbst nicht körper- oder einkommensteuerpflichtig. In diesem Sinne werden nach § 15 Abs. 1 S. 1 Nr. 2 EStG die erzielten Einkünfte den Gesellschaftern der Personengesellschaft anteilig zugerechnet. An dieses Transparenzprinzip anknüpfend ist fraglich, inwiefern eine ausländische Gesellschaft für steuerliche Zwecke als Personengesellschaft oder Körperschaft zu behandeln ist. In Übereinstimmung mit dem neuen BMF-Schreiben gilt weiterhin der Rechtstypenvergleich und mithin das deutsche Steuerrecht als maßgeblich bei dieser Entscheidung.[392] Grundsätzlich ist hierbei auf das Recht des Anwenderstaats abzustellen (sog. anwenderstaatsorientierte Sichtweise).[393] Generell sind Personen, die in einem der beiden Vertragsstaaten ansässig sind, abkommensberechtigt. Unter den Begriff der „Person" fallen gem. Art. 3 Abs. 1 lit. a OECD-MA neben natürlichen Personen auch Personenvereinigungen wie z. B. Personengesellschaften.[394] Die Ansässigkeit als weitere Voraussetzung (Art. 4 Abs. 1 S 1. OECD-MA) setzt in der Regel die unbeschränkte Steuerpflicht voraus. Aus deutscher Sicht

---

388 Widersprechende Urteile u. a. BFH, 28.4.2010, I R 81/09, BFH/NV 2010, S. 1550; v. 19.5.2010, I B 191/09, BStBl. II 2011, S. 156; v. 8.9.2010, I R 74/09, IStR 2011, S. 32 m. Anm. Kammenter; v. 8.11.2010, I R 106/09, BFH/NV 2001, S. 365; v. 25.5.2011, I R 95/10, BStBl. II 2014, S. 760.

389 Vgl. Schmidt, IStR 2010a, S. 413 ff.; Schmidt, IStR 2010b, S. 520 ff.; Blumers/Zillmer, BB 2010, S. 1375 ff.; Brähler/Mayer, IStR 2010, S. 678 ff.; Schmitt-Homann, DStR 2010, S. 2545.

390 Zuletzt durch AmtshilfeRLUmsG v. 26.6.2013, BGBl. I 2013, S. 1809.

391 BMF, v. 26.9.2014, IV B 5 – S 1300/09/10003, BStBl. I 2014, S. 1258. Zur Analyse des ersten Entwurfs einer Neufassung vgl. Haase/Steierberg, IWB 2014, S. 4 ff.; Sonnleitner, BB 2014, H. 10 I; Luckhaupt, StuB 2014, S. 150 f.; vgl. zur veröffentlichten Neufassung Schmidt, PIStB 2014a, S. 66 ff; Schmidt, PIStB 2014b, S. 103 ff.; Weggenmann, DB 2014, H. 6 M 1.

392 Vgl. BMF, v. 26.9.2014, IV B 5 – S 1300/09/10003, BStBl. I 2014, S. 1258, Tz. 1.2; ebenfalls BFH, v. 20.8.2008, I R 34/08, BStBl. II 2009, S. 263; v. 25.5.2011, I R 95/10, BStBl. II 2014, S. 760. Kritisch hierzu Kahlenberg, Ubg 2014a, S. 231 f.

393 U. a. BFH, v. 13.11.2013, I R 67/1, BFH/NV 2014, S. 248 sowie zum generellen Meinungsstreit Wilczko, PersG, 2014, S. 130 ff.

394 Vgl. Wassermeyer, in: Wassermeyer, DBA, 2015, Art. 1 MA Rn. 16; 27 m. w. N.; OECD-MK Nr. 2 zu Art. 3 OECD-MA. Im Gegensatz hierzu definiert Art. 3 Abs. 1 lit. b OECD-MA „Gesellschaften" so, dass hierunter nur die Personengesellschaften mit eigenständigem Steuersubjekt fallen.

können Personengesellschaften aus diesem Grund zwar als Personen im Sinne eines Abkommens gelten, doch wird ihnen aufgrund der inländischen transparenten Besteuerung eine Ansässigkeit verwehrt. Insofern gilt eine Abkommensberechtigung der Personengesellschaft nach Art. 1 OECD-MA als gescheitert und sie kann grundsätzlich keinen Abkommensschutz beanspruchen.[395] Weiterhin können Qualifikations- und Zurechnungskonflikte entstehen, sofern der andere Vertragsstaat die Personengesellschaft als abkommensberechtigt ansieht.[396] Die Gesellschafter hinter der Personengesellschaft können sich hingegen auf den Abkommensschutz berufen, sofern sie Personen i. S. des Art. 3 Abs. 1 lit. a OECD-MA und in einem Vertragsstaat ansässig sind (Art. 4 Abs. 1 OECD-MA). Dies hat ebenfalls zur Folge, dass unterschiedliche DBA zur Anwendung kommen können, wenn ein Gesellschafter in verschiedenen Staaten ansässig ist.

Wird eine Abkommensberechtigung der Personengesellschaft negiert, können sich grundsätzlich auch nur die Gesellschafter auf die Entlastung von deutschen Abzugssteuern unter Rückgriff auf das einschlägige DBA berufen. Eine Ausnahme trifft allerdings zu, wenn die Personengesellschaft mit ihren der Abzugssteuer unterliegenden Einkünften im entsprechenden DBA als ansässige Person angesehen wird.[397] Korrespondierend wurde der neue § 50d Abs. 1 S. 11 EStG im Zuge des AmtshilfeRLUmsG aufgenommen und wird mit Verweis im neuen BMF-Schreiben explizit genannt.[398] Abweichend von der bisherigen Ansicht der Finanzverwaltung ist durch die Neuregelung des § 50d Abs. 1 S. 11 EStG nicht mehr darauf abzustellen, ob die Personengesellschaft an sich mit den zum Abzug infrage kommenden Einkünften im anderen Vertragsstaat als ansässige Person der Steuerpflicht unterliegt. Vielmehr ist die Zurechnung der Einkünfte der Personengesellschaft einer im anderen Vertragsstaat nach ausländischem Recht ansässigen Person entscheidend. Durch das neue BMF-Schreiben sowie den Gesetzeswortlaut bleibt allerdings ungeklärt, ob die Vorschrift des § 50d Abs. 1 S. 11 EStG nur auf die nachträgliche Erstattung oder auch auf die vorherige Freistellung von Abzugssteuern nach § 50d Abs. 2 EStG Anwendung findet.[399] Weiterhin ist fraglich, ob nur noch der Personengesellschaft oder (wahlweise) dem Gesellschafter eine Erstattung unter den Voraussetzungen des

---

395 Vgl. BMF, v. 16.4.2010, IV B 2 – S 1300/09/10003, BStBl. I 2010, S. 354, Tz. 2.1.1; BMF, v. 26.9.2014, IV B 5 – S 1300/09/10003, BStBl. I 2014, S. 1258, Tz. 2.1.1 jeweils unter Hinweis auf OECD-MK Nr. 6.4 zu Art. 1.

396 Vgl. Kahlenberg, Ubg 2014a, S. 232 m. w. N.; Sonnleitner/Winkelhog, BB 2014, S. 474.

397 Vgl. BMF, v. 16.4.2010, IV B 2 – S 1300/09/10003, BStBl. I 2010, S. 354, Tz. 2.1.2; BMF, v. 26.9.2014, IV B 5 – S 1300/09/10003, BStBl. I 2014, S. 1258, Tz. 2.1.2.

398 Vgl. BMF, v. 26.9.2014, IV B 5 – S 1300/09/10003, BStBl. I 2014, S. 1258, Tz. 2.1.2 Abs. 2.

399 Für eine Freistellung von Abzugssteuern Wagner, in: Blümich, EStG, 2015, § 50d EStG Rn. 34; Kahlenberg, Ubg 2014a, S. 233 m. w. N.; a. A. Klein/Hagena, in: Herrmann/Heuer/Raupach, EStG, 2015, § 50d EStG Rn. 24, 36.

§ 50d Abs. 1 S. 11 EStG gewährt wird.[400] Abschließend ist in diesem Zusammenhang ungeklärt, inwiefern die Regelung materiell-rechtlichen oder verfahrensrechtlichen Charakters hat.[401]

4. Deutsche Verhandlungsgrundlage für DBA

Am 22.8.2013 veröffentlichte das BMF eine „Verhandlungsgrundlage für Doppelbesteuerungsabkommen im Bereich der Steuern vom Einkommen und Vermögen“[402]. Dieses Musterabkommen sollte u.a. bei Vertragsverhandlungen mit anderen Staaten helfen, die fiskalischen Interessen Deutschlands einheitlich durchzusetzen. Allerdings wird in diesem innerstaatlichen Musterkommentar keine Lösung für die eintretenden Fälle von Qualifikationskonflikten aufgrund der unterschiedlichen Behandlung von Personengesellschaften als transparent oder intransparent vorgestellt. Dies ist vor allem erstaunlich, da Deutschland einen entsprechenden Vorbehalt im OECD-MK geltend gemacht hat.[403] Bisher verfährt Deutschland bei Vertragsverhandlungen neuer DBA in zwei Weisen. Einerseits wird versucht, solche Qualifikationskonflikte zu umgehen, indem die Personengesellschaft als fiktiv ansässig angesehen wird.[404] Andererseits wird in die zu verhandelnden Abkommen eine Klausel aufgenommen, die den Quellenstaat verpflichtet, Regelungen über die Einkünftezurechnung zu einer abkommensberechtigten Person zu treffen, sofern diese Einkünfte über eine Gesellschaft bezogen werden, die in den betroffenen Staaten jeweils unterschiedlich qualifiziert wird.[405]

Fraglich ist allerdings, warum auf eine klärende Regelung in der innerstaatlichen Verhandlungsgrundlage verzichtet wird. Eine entsprechende Norm zur Klärung des Erstattungsanspruchs und -berechtigung bei hybriden und vergleichbaren Gesellschaftsformen wurde zwar inzwischen durch § 50d Abs. 1 S. 11 EStG[406] eingeführt,

400 Dies ist vor allem in dem Fall kritisch, wenn ein Gesellschafter im Drittstaat ansässig ist und das abgeschlossene DBA einen begünstigenden Quellensteueranspruch vorsieht. Vgl. Sonnleitner/Winkelhog, BB 2014, S. 474 m. w. N.

401 Vgl. Kahlenberg, Ubg 2014a, S. 233 m. w. N.

402 BMF, v. 22.8.2013, IV B 2 – S 1301/13/10009, BStBl. I 2013, S. 980. Kurzanalyse der Verhandlungsgrundlage siehe Lay/Stoecker, IWB 2013, S. 368, ausführlich siehe Rotter/Welz/Lammers, Verhandlungsgrundlage, 2014, S. 1 ff.

403 Vgl. OECD-MK, Art. 4 Tz. 32. Auch aufgrund der Vielzahl deutscher Abkommen hätte es einer expliziten Regelung mit dem Umgang von diesbezüglichen Qualifikationskonflikten bedurft.

404 Vgl. Art. 3 Abs. 4 DBA-Albanien, Art. 4 Abs. 4 DBA-Algerien, Protokoll Nr. 2 DBA-Syrien, Art. 4 Abs. 5 DBA-Taiwan, Art. 4 Abs. 4 DBA-Uruguay.

405 Anlehnung an das US-Abkommensmuster und den dort enthaltenen Art. 1 Abs. 7 OECD-MA. Vgl. Art. 4 Abs. 3 DBA-Bulgarien, Protokoll Nr. 1 lit. b DBA-Mexiko, Protokoll Nr. I Abs. 2 S. 1 DBA-Niederlande.

406 Eingeführt durch Artikel 2 des AmtshilfeRLUmsG, BGBl. I 2013, S. 1809; erstmals anzuwenden auf Zahlungen, die nach dem 30.6.2013 erfolgen, siehe § 52 Absatz 59a Satz 7 EStG.

dieser vermag aber nicht alle offenen Problemstellungen bezüglich der abkommensrechtlichen Behandlung von Personengesellschaften zu lösen.[407] Infolge dessen bleibt eine einheitliche Regelung für die zukünftige Abkommenspraxis weiterhin von Nöten, um die Rechtssicherheit bei Qualifikationskonflikten aufgrund der unterschiedlichen Behandlung von Personengesellschaften im Abkommensrecht herzustellen.[408]

407 Dies ist vor allem durch das Scheitern der Einführung dieser Regelung im Zuge des JStG 2013 zu sehen und an der Kritik in der Stellungnahme der BStBK, Stellungnahme JStG 2013, 2012, Anlage zu Nr. 25.

408 Vgl. zu alledem Lüdicke, IStR-Beihefter 2013, S. 43 f. m. w. N.; Brunsbach/Endres/Lüdicke/Schnitger, IFSt-Schrift 492, 2013, S. 10 ff.

D. Steuerrechtliche Behandlung von grenzüberschreitenden Sondervergütungen

I. Behandlung grenzüberschreitender Sondervergütungen

1. Steuerliche Behandlung von Sondervergütungen bei Nichtvorliegen von DBA

In der vorliegenden Arbeit liegt das Hauptaugenmerk auf der Behandlung von Sondervergütungen international tätiger Personengesellschaften im Abkommensrecht. Entsprechend können die Qualifikationskonflikte erst bei Bestehen von DBA auftreten. Aus diesem Grund unterliegt die Betrachtung der steuerlichen Behandlung bei Nichtvorliegen eines DBA nur einer grundsätzlichen Untersuchung. Allerdings sollte die Behandlung grenzüberschreitender Sondervergütungen ohne bilaterale Verträge hier kurz analysiert werden, da DBA bestehende Besteuerungsrechte lediglich einschränken oder ausschließen. Insofern können sie das Besteuerungsrecht an diesen Sondervergütungen nicht originär begründen,[409] sodass unabhängig der abkommensrechtlichen Sichtweise geprüft werden muss, ob ein nationales Besteuerungsrecht an grenzüberschreitenden Sondervergütungen vorliegt. Darüber hinaus kann es sowohl im Inbound- als auch im Outbound-Fall ohne DBA zu einer Doppelbesteuerung kommen, da der Gesellschafter im Betriebsstättenstaat der Personengesellschaft beschränkt steuerpflichtig ist, bei gleichzeitiger unbeschränkter Steuerpflicht im Ansässigkeitsstaat.[410] Aufgrund des Fehlens eines DBA kann nur auf unilaterale Maßnahmen zur Vermeidung dieses Doppelbesteuerungskonflikts zurückgegriffen werden.[411] Entsprechende Regelungen sollen im Folgenden ebenfalls kurz vorgestellt werden.

Eine deutsche unbeschränkte Steuerpflicht in Outbound-Konstellationen ergibt sich durch § 1 Abs. 1 S. 1 EStG bzw. § 1 Abs. 1 KStG, wenn der deutsche Gesellschafter an einer im Ausland ansässigen Personengesellschaft beteiligt ist. Hierbei ist auf das Welteinkommen des Gesellschafters abzustellen.[412] Im Rahmen des Universalitätsprinzips werden auch die Einkünfte das ausländischen Steuersystemen im Inland unbeschränkt steuerpflichtiger Personen erfasst.[413] Dies ist von immanenter Bedeutung, auch wenn der Gesellschafter als Zahlungsempfänger in Deutschland ansässig und entsprechend mit seinen inländischen Einkünften der Besteuerung

409 Vgl. Prokisch, in: Vogel/Lehner, DBA, 2015, Art. 1 MA Rn. 4.

410 Vgl. Frotscher, IStR 2009, S. 593, Fn. 4; Franz/Voulon, BB 2011b, S. 1112.

411 Vgl. Rosenberg, in: Wassermeyer/Richter/Schnittker, PersG, 2015, Rz. 11.10.

412 Umkehrschluss aus § 2 Abs. 1 S. 1 EStG für natürliche Personen bzw. explizit § 1 Abs. 2 KStG.

413 Vgl. Ebling, in: Blümich, EStG 201, § 1 EStG Rn. 40; Jacobs, Int. Unternehmensbesteuerung, 2011, S. 345.

unterliegt. Sondervergütungen werden hingegen gem. der Gewerblichkeitsfiktion des § 15 Abs. 1 S. 1 Nr. 2 S. 1 EStG der Betriebsstätte (der Personengesellschaft) zugeordnet, die die Zahlungen geleistet hat. Die Betriebsstätte wird im Besteuerungsverfahren anteilig den Gesellschaftern zugerechnet, sodass die Einkünfte der Betriebsstätte Einkünfte des einzelnen Gesellschafters aus dem Belegenheitsstaat der Betriebsstätte darstellen. Entsprechend können die Sondervergütungen im Outbound-Fall nur über das Universalitätsprinzip erfasst werden, da die Betriebsstätte nicht in Deutschland belegen ist. Aufgrund des Nichtvorliegens eines DBA kann dieses Besteuerungsrecht weder beschränkt noch ausgeschlossen werden. Eine Vermeidung der Doppelbesteuerung ergibt sich im Outbound-Fall lediglich durch die Anrechnung der ausländischen Steuern auf die deutsche Steuer nach § 34c Abs. 1 EStG.[414] Die Norm ist anwendbar, sofern der Gesellschafter in beiden Staaten steuerpflichtig ist, denn Sondervergütungen stellen ausländische Einkünfte i. S. d. § 34d Nr. 2 lit. a Hs. 2 EStG dar.[415] Von der Anwendung unabhängig ist die Beantwortung der Frage, ob gewerblich tätige, geprägte oder infizierte Einkünfte vorliegen. Ebenfalls sollte die Steueranrechnung möglich sein, wenn keine Steuersubjektidentität aufgrund einer intransparenten Behandlung der Personengesellschaft vorliegt.[416] Die vollständige Beseitigung der Doppelbesteuerung ist dennoch häufig durch den gem. § 34c Abs. 1 S. 2 EStG gesondert zu ermittelnden Anrechnungshöchstbetrag ausgeschlossen. Insofern kann im Outbound-Fall ohne Betrachtung eines DBA lediglich eine Milderung der Doppelbesteuerung erreicht werden.

Anders sieht dies bei der Betrachtung im Inbound-Fall aus. Mangels Ansässigkeit des ausländischen Gesellschafters kann dieser nur beschränkt einkommen- oder körperschaftsteuerpflichtig sein (§ 1 Abs. 4 i. V. m. § 49 EStG bzw. § 2 KStG i. V. m. § 49 EStG). Wird von dem Gewerbebetrieb, aus dem die Sondervergütungen stammen, eine inländische Betriebsstätte unterhalten, so liegen inländische gewerbliche Einkünfte gem. § 49 Abs. 1 Nr. 2 lit. a EStG vor.[417] Dieses durch das Territorialitätsprinzip verursachte Besteuerungsrecht steht dabei regelmäßig in Konkurrenz mit dem Besteuerungsrecht des ausländischen Staates, sodass es zur Doppelbesteuerung kommen kann. Die Lösung dieses Besteuerungskonflikts unterliegt dabei dem ausländischen Staat und seinen korrespondierenden Regelungen, da das deutsche

414 Gleiches gilt nach § 26 Abs. 6 S. 1 KStG für den Fall, dass juristische Personen als Gesellschafter einer ausländischen Personengesellschaft fungieren. Gem. § 34c Abs. 2, 5 EStG kann ebenfalls auf Antrag die Abzugs- oder Pauschalierungsmethode gewählt werden.

415 Vgl. Denninger/Gillamariam/Stoll, StuB 2011, S. 950; Franz/Voulon, BB 2011b, S. 1112.

416 Vgl. Franz/Voulon, BB 2011b, S. 1112.

417 Eine deutsche Mitunternehmerschaft vermittelt ihren ausländischen Mitunternehmern dabei regelmäßig eine inländische Betriebsstätte. Vgl. BFH, v. 20.8.2008, I R 34/08, BStBl. II 2009, S. 263. A. A. Kramer, der die Tatbestandsmerkmale des § 49 Abs. 1 Nr. 2 lit. a EStG unberechtigter Weise als nicht erfüllt ansieht. Vgl. Kramer, IStR 2014, S. 21 ff.

Recht im Inbound-Fall keine Verhinderung der Doppelbesteuerung vorsieht. Ist ein ausländischer Gesellschafter an einer deutschen Personengesellschaft beteiligt, so müssen die unilateralen Rechtsnormen des ausländischen Ansässigkeitsstaats eine Doppelbesteuerung verhindern. Andernfalls trifft den Steuerpflichtigen die uneingeschränkte Besteuerung in beiden Staaten.[418]

2. Steuerliche Behandlung von Sondervergütungen bei Vorliegen von DBA

2.1 Einfluss der DBA auf die Behandlung von Sonderbetriebsvermögen

Im Folgenden soll geklärt werden, wie Sondervergütungen in das Recht der Doppelbesteuerungsabkommen eingeordnet werden können. Die Einordnung von Sondervergütungen im Abkommensrecht wird durch die unterschiedliche Behandlung in den verschiedenen Rechtssystemen erschwert. Zum einen können Probleme entstehen, wenn zwei Rechtsordnungen verschiedene Konzepte zur Besteuerung der Personengesellschaft haben. Andererseits können die verschiedenen Rechtsordnungen zwar im Besteuerungskonzept von Personengesellschaften übereinstimmen, Sondervergütungen aber unterschiedlich qualifizieren.[419] Zu einem Qualifikationsproblem bei der Behandlung von Sondervergütungen kommt es nur dann nicht, wenn die Steuerrechtsordnungen der betroffenen Vertragsstaaten die gleiche Einstufung zugrunde legen. Werden die Sondervergütungen von beiden beteiligten Staaten als Unternehmensgewinne angesehen, steht einer einheitlichen Einordnung nichts entgegen.[420] Gleiches gilt, wenn das anzuwendende DBA eine ausdrückliche Regelung zur Behandlung der Sondervergütung (zu den Unternehmensgewinnen) enthält.[421] In den verbleibenden Fällen, in denen eine gleichlaufende Behandlung der Sondervergütungen aufgrund unterschiedlicher nationaler Steuerrechtsordnungen nicht gegeben ist, besteht die Gefahr der Doppelbesteuerung.

Mögliche Einordnungskriterien der Sondervergütungen im Abkommensrecht ergeben sich durch das Zusammenspiel von der Einordnung nach innerstaatlichem Recht und den (Einkunfts-)Kategorien des anzuwendenden DBA. Ein Rückgriff auf die Regelung des Art. 3 Abs. 2 OECD-MA ist dabei in jenen Fällen erforderlich, in denen das DBA keine ausdrückliche Qualifikation der Sondervergütungen vornimmt und entsprechend auf nationales Recht zurückgegriffen werden muss. Verweist das nationale Recht bei der Einordnung von Sondervergütungen auf die Einkunftsart,

418 Vgl. Franz/Voulon, BB 2011b, S. 1112.

419 Vgl. Schmidt, DStR 2010, S. 2436.

420 Vgl. BFH, v. 23.4.1999, I R 114/97, BStBl. II 2000, S. 401; Knobbe-Keuk, Steuerrecht, 1993, S. 550.

421 Vgl. Piltz, in: Lüdicke, Besteuerungspraxis, 2003, S. 152; eine Übersicht der DBA mit Sonderregelungen findet sich in BMF, v. 26.9.2014, IV B 2 – S. 1300/09/10003, BStBl. I 2014, S. 1258, Tz. 5.2; zur Auslegung der Sonderregelung s. Pohl, IWB 2012, S. 120 ff.

durch die die Sondervergütung verursacht wurde, so erfolgt eine abkommensrechtliche Zuordnung in die jeweiligen Einkunftskategorien der Art. 6–21 OECD-MA.[422] Entsprechend der Auslegung nach Art. 3 Abs. 2 OECD-MA ergibt sich im Fall von originären gewerblichen Einkünften die Zurechnung zu Art. 7 OECD-MA. Voraussetzung für die Nichtanwendung von Art. 7 Abs. 4 OECD-MA ist hierbei, dass es sich um gewerbliche Einkünfte im eigentlichen Sinne handelt, die vorher nicht aus einer anderen Einkunftsart umqualifiziert wurden.[423] Sofern Einkünfte nach nationalem Recht gewerbliche Einkünfte darstellen, abkommensrechtlich allerdings den speziellen Einkunftskategorien unterliegen, ergeben sich einige Schwierigkeiten. In diesen Fällen werden diese (zuerst) als gewerblich qualifizierte Einkünfte Art. 7 Abs. 4 OECD-MA unterworfen, sodass sie doch den speziellen Einkunftskategorien zugeordnet werden (Prinzip der Subsidiarität).[424]

In Bezug auf das deutsche Steuerrecht ergeben sich besondere Herausforderungen bei der Einordnung und Behandlung von abkommensrechtlichen Sondervergütungen. Dies ist darauf zurückzuführen, dass Einkünfte i. S. d. § 15 Abs. 1 S. 1 Nr. 2 S. 1 Hs. 2 EStG automatisch in gewerbliche Einkünfte umqualifiziert werden. Diese Umqualifizierung ist unabhängig von der Einordnung als Überschusseinkünfte i. S. d. § 2 Abs. 2 S. 1 Nr. 2 EStG und wird nur in wenigen Sonderregelungen im Abkommensrecht aufgegriffen. Insofern ist die abkommensrechtliche Behandlung der Sondervergütungen aus deutscher Sicht erschwert. Die folgenden Ausführungen sollen aufzeigen, wie eine sachgerechte Auslegung der Verteilungsnormen zu einer einheitlichen Qualifikation der Sondervergütungen führen soll.

2.2 Zurechnungs- und Qualifikationskonflikte im Sonderbetriebsbereich

Die zuvor dargestellten innerstaatlichen Regelungen zur Vermeidung der Doppelbesteuerung im In- und Outbound-Fall werden durch Abschluss eines DBA durch dessen Regelungen überlagert. Grundsätzlich können allerdings im Zusammenhang mit Auslandsachverhalten und Sondervergütungen Qualifikations- und Zurechnungskonflikte auftreten, die sich zu drei Gruppierungen zusammenfassen lassen: Qualifikation der Personengesellschaft, Behandlung der Sondervergütungen nach innerstaatlichem Recht sowie Zurechnung von Einkünften.[425]

In Bezug auf die Qualifikation der Personengesellschaft kann es zu Zurechnungs- und Qualifikationskonflikten kommen, wenn die Vertragsstaaten der steuerlichen Behandlung der Personengesellschaft eine andere Einordnung zugrunde legen. So ergeben sich vor allem Konflikte, wenn ein Vertragsstaat die Personengesellschaft als transparent, der andere als intransparent ansieht und entsprechend die Besteuerung beim Gesellschafter oder auf Ebene der Gesellschaft vornimmt. Sondervergütungen

422 Vgl. Gündisch, PersG, 2004, S. 267.
423 Vgl. Machens, PersG, 2007, S. 296 f.
424 Vgl. Spengel/Schaden/Wehrße, StuW 2012, S. 112.
425 Vgl. Rosenberg, in: Wassermeyer/Richter/Schnittker, PersG, 2015, Rz. 11.18 ff.

können vor diesem Hintergrund entweder überhaupt nicht oder sogar doppelt einbezogen werden.[426]

Nach innerstaatlichem Recht werden Sondervergütungen als Einkünfte aus Gewerbebetrieb qualifiziert und der Mitunternehmerschaft zugeordnet (§ 15 Abs. 1 S. 1 Nr. 2 EStG). Tritt ein Gesellschafter allerdings international in Leistungsbeziehungen mit einer Personengesellschaft, so ist dieser eigenständige Einkünfteerzielungstatbestand jeweils nach dem Steuerrecht des Anwenderstaats zu beurteilen.[427] Denkbar wären in diesem Zusammenhang alle Konstellationen von der steuerlichen Negierung der schuldrechtlichen Beziehungen bis hin zur umfassenden Anerkennung der Leistungsbeziehungen. Aufgrund der unterschiedlichen innerstaatlichen steuerlichen Behandlung der Sondervergütungen ergeben sich entsprechende Zuordnungsprobleme und Qualifikationskonflikte im Abkommensrecht.[428]

Eine weitere Möglichkeit der Entstehung von Qualifikations- und Zuordnungsproblemen entsteht durch die unterschiedliche Zuordnung der Einkünfte zu Betriebsstätten. Knüpft der eine Vertragsstaat die Besteuerung an die Zuordnung zu einer Betriebsstätte an und der andere Staat folgt dieser Beurteilung nicht und knüpft die Zuordnung der Besteuerungsrechte an eine andere Betriebsstätte, so ergibt sich ein abkommensrechtlicher Qualifikationskonflikt.[429]

2.3 Sonderregelungen zum Sonderbetriebsbereich in DBA

Um die Entstehung von Zurechnungs- und Qualifikationskonflikten zu verringern, hat Deutschland, anknüpfend an die innerstaatliche Behandlung von Sondervergütungen, in einigen (neu abgeschlossenen) DBA Sonderregelungen vereinbart. Zu diesen zählen u. a. Algerien, Ghana, Kasachstan, Liechtenstein, Mauritius, Österreich, Oman, Schweiz, Singapur, Syrien, Tadschikistan, Türkei, Uruguay, Usbekistan, Weißrussland sowie Zypern.[430] Die Abkommen mit der Türkei sowie Zypern enthalten dabei die Besonderheit, dass im Artikel über Unternehmensgewinne auch Sondervergütungen eingeschlossen sind, die dem Wortlaut des § 15 Abs. 1 S. 1 Nr. 2 S. 1

426 Vgl. Wassermeyer, in: Wassermeyer/Richter/Schnittker, PersG, 2015, Rz. 4.1, 4.23 ff.; Rosenberg, in: Wassermeyer/Richter/Schnittker, PersG, 2015, Rz. 11.20.

427 Vgl. Rosenberg, in: Wassermeyer/Richter/Schnittker, PersG, 2015, Rz. 11.19.

428 Vgl. Wassermeyer, in: Wassermeyer/Richter/Schnittker, PersG, 2015, Rz. 4.8 ff.

429 U. a. Stichwort Mitunternehmerbetriebsstätte und Geschäftsleitungsbetriebsstätte, vgl. Rosenberg, in: Wassermeyer/Richter/Schnittker, PersG, 2015, Rz. 11.21.

430 Vgl. Art. 7 Abs. 7 DBA-Algerien, Art. 7 Abs. 7 DBA-Ghana, Art. 7 Abs. 6 DBA-Kasachstan, Art. 7 Abs. 4 DBA-Liechtenstein, Art. 7 Abs. 7 DBA-Mauritius, Art. 7 Abs. 7 DBA-Österreich, Art. 7 Abs. 7 DBA-Oman, Art. 7 Abs. 7 DBA-Schweiz, Art. 7 Abs. 7 DBA-Singapur, lit. d Protokoll zu Art. 7 DBA-Syrien, Art. 7 Abs. 7 DBA-Tadschikistan, Abs. 2 lit. a Protokoll zu Art. 7 DBA-Türkei, Art. 7 Abs. 7 DBA-Uruguay, Art. 7 Abs. 7 DBA-Usbekistan, Art. 7 Abs. 7 DBA-Weißrussland, Abs. 2 Protokoll zum DBA-Zypern; BMF, v. 26.9.2014, IV B 2 – S 1300/09/10003, BStBl. I 2014, S. 1258, Tz. 5.2.

EStG entsprechen. Hieraus ergibt sich die gleiche abkommensrechtliche Fiktion wie im deutschen Steuerrecht, sodass die Sondervergütungen nicht den spezielleren Verteilungsartikeln zuzuordnen sind.[431] Gemäß den anderen Sonderregelungen erfolgt ein Rückgriff auf das Steuerrecht des Anwenderstaates, wobei ausschließlich Sondervergütungen von gewerblich tätigen Personengesellschaften eingeschlossen sind. Entsprechend werden Sondervergütungen nur als Unternehmensgewinne qualifiziert, wenn der Belegenheitsstaat der Betriebsstätte nach nationalem Steuerrecht die Sondervergütungen den Einkünften des Gesellschafters aus dieser Betriebsstätte zuordnet.[432] Ist Deutschland der Belegenheitsstaat, so wird diese Voraussetzung durch § 15 Abs. 1 S. 1 Nr. 2 S. 1 EStG erfüllt. Die meisten der jeweils anderen Staaten kennen diese Zuordnung nicht, sodass in Outbound-Konstellationen die Spezialvorschrift nicht zum Tragen kommt und entsprechend der Artikel über Unternehmensgewinne als nicht einschlägig angesehen wird.[433] Als Folge wird Deutschland in Outbound-Fällen das Besteuerungsrecht zugesprochen, da der andere Staat den Anwendungsbereich des Betriebsstättenprinzips nicht als eröffnet ansieht.[434] Die gleiche Argumentation würde dazu führen, dass das Betriebsstättenprinzip greift und Deutschland entsprechend in Inbound-Fällen das Besteuerungsrecht beanspruchen könnte.[435]

Grundsätzlich erfolgt durch die genannten Spezialvorschriften nur eine Zuordnung der abkommensrechtlichen Sondervergütungen zu dem Artikel über Unternehmensgewinne. Der BFH[436] hat in dieser Angelegenheit entschieden, dass der in Art. 7 OECD-MA verankerte Spezialitätenvorrang nicht eingeschlossen ist und entsprechend die speziellen Verteilungsartikel keine Anwendung finden. Allerdings führt die abkommensrechtliche Übertragung der Gewerblichkeitsfiktion ohne Abstraktion des Betriebsstättenprinzips zu einem Besteuerungsverlust Deutschlands

431 Vgl. Abs. 2 lit. a Protokoll zum DBA-Türkei; Abs. 2 Protokoll zum DBA-Zypern.

432 Vgl. BFH, v. 17.10.1990, I R 16/89, BStBl. II 1990, S. 211; BMF, v. 26.9.2014, IV B 2 – S 1300/09/10003, BStBl. I 2014, S. 1258, Tz. 5.2. Trotz der Ungenauigkeit dieses Verweises ist von der durch die Personengesellschaft vermittelten Betriebsstätte auszugehen.

433 Eine Ausnahme stellt in diesem Zusammenhang Österreich dar, die eine gleichbedeutende Umqualifizierungsnorm kennen. Vgl. Müller, BB 2009, S. 755; Kudert/Kahlenberg, IStR 2013, S. 807 m. w. N.

434 Dies gilt zumindest in Bezug auf Darlehenszinsen, Lizenzgebühren und Einkünften nach Art. 21 OECD-MA.

435 Vgl. Müller, BB 2009, S. 755 f.

436 Vgl. BFH, v. 17.10.1990, I R 16/89, BStBl. II 1991, S. 211. Gleicher Ansicht Müller, BB 2009, S. 755.

im Inbound-Fall.[437] Lediglich durch die neu ergangene BFH-Rechtsprechung[438] wird von der bisherigen tatsächlich-funktionalen Zugehörigkeit abgewichen und in Bezug auf das Betriebsstättenprinzip auf eine wirtschaftliche Veranlassung abgestellt. Hieraus ergibt sich die Anwendung des Betriebsstättenprinzips bei DBA mit Spezialregelungen für abkommensrechtliche Sondervergütungen.[439] Entsprechend wird das Besteuerungsrecht dem Betriebsstättenstaat zugewiesen, welcher in Inbound-Konstellationen Deutschland ist.

II. Rechtsentwicklung vor Einführung des § 50d Abs. 10 EStG

1. Nationale Behandlung der Sondervergütung vor § 50d Abs. 10 EStG

Inboundinvestitionen in Form einer Mitunternehmerschaft führen durch die im Inland belegene Betriebsstätte gemäß Art. 7 Abs. 1 OECD-MA zu einem deutschen Besteuerungsrecht. Problematisch war und ist allerdings die damit zusammenhängende Beurteilung von Sondervergütungen, die an die im Ausland ansässigen Mitunternehmer gezahlt werden. Die deutsche Finanzverwaltung und der BFH beschreiten in dieser Frage unterschiedliche Wege und kommen somit zu ungleichen Schlussfolgerungen für Besteuerungszwecke. Aus diesem Grund sollen im Folgenden die verschiedenen Ansichten sowohl vor Einführung des § 50d Abs. 10 i. d. F. des JStG 2009 sowie i. d. F. des AmtshilfeRLUmsG wiedergegeben und kritisch analysiert werden.

2. Auffassung der Finanzverwaltung und des BFH

Die Finanzverwaltung vertritt die Auffassung, dass Vergütungen von Personengesellschaften nichts anderes als eine disquotale Gewinnverteilung darstellen. Entsprechend sind die Sondervergütungen wie originäre Anteile am Gewinn unter Art. 7 Abs. 1 OECD-MA zu subsumieren und in Deutschland zu versteuern.[440] Zur Begründung wird angeführt, dass diese Einkünfte nach innerstaatlichem Recht zu

---

437 Dies ist darauf zurückzuführen, dass der Besteuerungsanspruch dem Ansässigkeitsstaat der durch die Personengesellschaft vermittelten Betriebsstätte des Gesellschafters zugewiesen wird. Vgl. Kudert/Kahlenberg, IStR 2013, S. 808 mit Verweis auf BFH, v. 17.10.2007, I R 5/06, BStBl. II 2009, S. 356, v. 8.9.2010, I R 74/09, BFH/NV 2011, S. 138.

438 BFH, v. 12.6.2013, I R 47/12, BFH/NV 2013, S. 1999; v. 11.12.2013, I R 4/13, BFH/NV 2014, S. 614.

439 Vgl. Hagemann/Kahlenberg/Kudert, Ubg 2014, S. 85.

440 Vgl. Debatin, BB 1992, S. 1187 f.; BMF, v. 24.12.1999, IV B 4 – S 1300/111/99, BStBl. I 1999, S. 1076, Tz. 1.2.3; v. 16.4.2010, IV B 2 – S 1300/09/10003, BStBl. I 2010, S. 354, Tz. 2.2.1, 5.1.

den Einkünften aus Gewerbebetrieb gehören und deshalb analog zu behandeln sind.[441] Ihrer Ansicht nach ist die Regelung des Art. 7 Abs. 4 OECD-MA unabwendbar und soll lediglich das Besteuerungsrecht des Quellenstaats im Falle des Fehlens einer Betriebsstätte erhalten.[442] Diese Auffassung sieht die Finanzverwaltung darin begründet, dass Art. 3 Abs. 2 OECD-MA den Rückgriff auf das nationale Recht ermöglicht, wenn ein Begriff im Doppelbesteuerungsabkommen nicht definiert wird.[443]

Entgegen dieser Ansicht argumentiert die ständige Rechtsprechung des BFH, dass Sondervergütungen unter die speziellen Regelungen der Art. 6, 8–21 OECD-MA fallen.[444] Nach Auffassung des BFH sind Sondervergütungen im Abkommensrecht nicht automatisch den Unternehmensgewinnen hinzuzurechnen. Art. 7 OECD-MA ist dementsprechend nur einschlägig, wenn die Betriebsstättenvorbehalte z. B. der Art. 11 Abs. 4, Art. 12 Abs. 3 OECD-MA zutreffen.[445] Seine Auffassung sieht der BFH darin begründet, dass Art. 3 Abs. 2 OECD-MA zwar bei fehlender abkommensrechtlicher Definition anzuwenden sei, dies aber nur insoweit mit dem Wortlaut vereinbar sei, als der Abkommenszusammenhang keine andere Auslegung erfordere.[446] Entsprechend ergibt sich in Bezug auf Sondervergütungen, dass diese aus dem Abkommenszusammenhang heraus den speziellen Einkunftskategorien zuzuordnen sind und keine Unternehmensgewinne darstellen.[447] Die Regelung des Art. 7 Abs. 4 OECD-MA wird entsprechend als deklaratorisch angesehen, da eine Zuordnung zu den speziellen Einkunftskategorien auch in jenen Fällen erfolgen soll, in denen es keine der Art. 7 Abs. 4 OECD-MA vergleichbare Regelung im einschlägigen Doppelbesteuerungsabkommen gibt.[448]

3. Auffassung des Schrifttums

In Anlehnung an das nationale Recht, welches nach Art. 3 Abs. 2 OECD-MA Anwendung findet, sofern keine abkommensrechtliche Definition vorliegt, unterwerfen Teile des Schrifttums die Sondervergütungen ausschließlich den Regelungen des

---

441 Vgl. Vees, DB 2010, S. 1427.

442 Vgl. BMF, v. 16.4.2010, IV B 2 – S 1300/09/10003, BStBl. I 2010, S. 354, Tz. 2.2.1.

443 Vgl. Korn, IStR 2009, S. 641 f.; BMF, v. 16.4.2010, IV B 2 – S 1300/09/10003, BStBl. I 2010, S. 354, Tz. 2.2.1.

444 Vgl. BFH, v. 27.2.1991, I R 15/89, BStBl. II 1991, S. 444, Rz. 27; v. 31.5.1995, I R 74/93, BStBl. II 1995, S. 683, Rz. 21 ff.; v. 17.10.2007, I R 5/06, BStBl. II 2009, S. 356; v. 8.9.2010, I R 74/09, BFHE 231, S. 84; v. 8.11.2010, I R 106/09, BFHE 231, S. 206.

445 Vgl. BFH, v. 27.2.1991, I R 15/89, BStBl. II 1991, S. 444, Rz. 27; v. 31.5.1995, I R 74/93, BStBl. II 1995, S. 683, Rz. 21 ff.

446 Vgl. BFH, v. 27.2.1991, I R 15/89, BStBl. II 1991, S. 444, Rz. 27.

447 Vgl. BFH, v. 9.8.2006, II R 59/05, BStBl. II 2009, S. 758, Rz. 65.

448 Vgl. BFH, v. 9.8.2006, II R 59/05, BStBl. II 2009, S. 758, Rz. 65; v. 20.12.2006, I B 47/05, BStBl. II 2009, S. 766. Wobei der heutige Art. 7 Abs. 4 OECD-MA dem Art. 7 Abs. 7 OECD-MA 2008 entspricht.

Art. 7 OECD-MA.[449] Begründet wird dies u. a. dadurch, dass im deutschen Steuerrecht keine Schuldverhältnisse zwischen Mitunternehmer und Personengesellschaft bestehen und folglich Art. 7 OECD-MA anwendbar ist.[450] Sondervergütungen würden somit als Teil des Betriebsstättengewinns angesehen.[451] Darüber hinaus wird insoweit eine andere Auffassung in der Literatur vertreten, nach der die Sondervergütungen ebenfalls nach Art. 7 OECD-MA Unternehmensgewinne darstellen.[452] Fallen die Sondervergütungen allerdings unter die speziellen Einkunftsartikel, so ist Art. 7 Abs. 4 OECD-MA vorrangig anzuwenden.[453]

Die speziellen Einkunftsartikel sind darüber hinaus von Teilen der Literatur anzuwenden, wenn nicht originär gewerbliche Einkünfte autonom nach dem Begriff der Unternehmensgewinne ausgelegt werden und nicht nach Art. 3 Abs. 2 OECD-MA auf das nationale Recht zurückgegriffen wird.[454] Einer anderen Auffassung folgend, sind ausschließlich die speziellen Einkunftskategorien anwendbar, wenn es sich um Einkünfte handelt, die unter diese Kategorien subsumiert werden können.[455] Als Begründung führen die Vertreter dieser Auffassung an, dass Art. 7 Abs. 4 OECD-MA

---

449 Vgl. Hemmelrath, in: Vogel/Lehner, DBA, 2015, Art. 7 MA Rn. 58; Prokisch, in: Vogel/Lehner, DBA, 2015, Art. 1 MA Rn. 44 ff.; Debatin, BB 1992, S. 1184 f., 1187 ff.; Krabbe, IWB 2000; S. 866 f.; Wolff, in: Gocke/Gosch/Lang, FS Wassermeyer, 2005, S. 659 f.; Wolff, in: Wassermeyer, DBA, 2015, USA Rn. 97; Kappe, DStR 1987, S. 482. Generelle Darstellung der Besteuerungskonflikte Denninger/Gillamariam/Stoll, StuB 2011, S. 948 ff.

450 Vgl. Riemenschneider, Abkommensberechtigung, 1995, S. 149 ff.; Burmester, in: Haarmann, Unternehmensstrukturen, 1996, S. 122, 137.

451 Vgl. Prokisch, in: Vogel/Lehner, DBA, 2015, Art. 11 MA Rn. 44; Burmester, in: Haarmann, Unternehmensstrukturen, 1996, S. 122, 137; Debatin, BB 1992, S. 1187; Hemmelrath, IStR 1995, S. 572; Wolff, in: Gocke/Gosch/Lang, FS Wassermeyer, 2005, S. 659 f.

452 Vgl. Wehrße, PersG, 2011, S. 135; Boller/Eilinghoff/Schmidt, IStR 2009, S. 110; Fischer, in: Kirchhof/Lehner/Raupach/Rodi, FS Vogel, 2000, S. 963; Spengel/Schaden/Wehrße, StuW 2012, S. 112.

453 Vgl. Piltz/Wassermeyer, in: Wassermeyer, DBA, 2015, Art. 7 MA Rn. 109; Wehrße, PersG, 2011, S. 135; Boller/Eilinghoff/Schmidt, IStR 2009, S. 110; Spengel/Schaden/Wehrße, StuW 2012, S. 112.

454 Vgl. Gschwandtner, Unternehmensgewinne, 2007, S. 320; Knobbe-Keuk, Steuerrecht, 1993, S. 549 f.; Crezelius, in: AdFfStR/BDA, JbFfSt 2003/04, S. 353; Franz/Voulon, BB 2011b, S. 1114 f.; Gosch, BFH-PR 2011; S. 70; Günkel/Lieber, FR 2000, S. 854; Lüdicke, in: Herzig/Günkel/Niemann, StBJB 1997/98, S. 474 f.; Mössner, in: Lüdicke, Unternehmenssteuerreform, 2001, S. 43; Rottgardt, in: Urtz/Züger, PersG, 2001, S. 155; Schaden/Franz, Ubg 2008, S. 456 f.

455 Vgl. Jacobs, Int. Unternehmensbesteuerung, 2011, S. 380 f.; Ostendorf, Sondervergütungen, 1994, S. 145; Schaumburg, Steuerrecht, 2011, Rn. 16.233, 16.237; Gebhardt/Quilitzsch, BB 2011, S. 672; Lüdemann/Hruschka, IStR 2000, S. 27, Schmidt, IStR 2010a, S. 419.

die speziellen Einkünfte aus den Unternehmensgewinnen herauslöse und nicht nur als einschränkender Verweis zu sehen ist.[456]

4. Auffassung des OECD-Partnership-Reports

Die OECD vertritt in ihrem Partnership-Report die Auffassung, dass Sondervergütungen sowohl unter die gewerblichen Einkünfte nach Art. 7 OECD, als auch unter die speziellen Einkunftskategorien gefasst werden können.[457] Entsprechend der Regelung des Art. 3 Abs. 2 OECD-MA soll, bei nicht im Abkommen definierten Begriffen, auf das nationale Steuerrecht zurückgegriffen werden.[458] Sofern allerdings die Anwendung eines speziellen Einkunftsartikels gegen eine Subsumtion der Einkünfte spricht, soll auf die Regelung des Art. 7 OECD-MA zurückgegriffen werden.[459] Diese Auslegung ist abkommenskonform und eine mögliche Doppelbesteuerung soll durch Art. 23A bzw. 23B OECD-MA vermieden werden.[460]

5. Analyse der vertretenen Auffassungen

In einem ersten Schritt muss festgestellt werden, inwiefern eine Qualifikation der Sondervergütungen nach Art. 7 OECD-MA möglich ist. Sofern die Voraussetzungen der Regelung nicht gegeben sind, scheidet eine Zuordnung aus.[461] Aufgrund des Fehlens einer abkommensrechtlichen Definition des Begriffs Unternehmensgewinne,[462] kann gem. Art. 3 Abs. 2 OECD-MA auf das deutsche Steuerrecht zurückgegriffen werden. Kann den Unternehmensgewinnen die Vorschrift des § 15 Abs. 1 S. 1 N r. 2 S. 1 Hs. 2 EStG zugrunde gelegt werden, so stellen Sondervergütungen gewerbliche Einkünfte nach Art. 7 OECD-MA dar. Ist allerdings davon auszugehen, dass Doppelbesteuerungsabkommen autonom aus sich heraus auszulegen sind, kann erst auf nationales Recht zurückgegriffen werden, wenn das einschlägige Doppelbesteuerungsabkommen keine Definition aufweist oder sich keine andere Auslegung aus dem Abkommenszusammenhang ergibt.[463] Aus diesem Grund sind die vorhandenen Definitionen vorrangig vor dem Abkommenszusammenhang und vor dem nationalen Recht zu prüfen.[464] In diesem Zusammenhang ist allerdings fraglich, inwiefern Sondervergütungen von originär gewerblich handelnden Personengesellschaften, die sowohl die Voraussetzungen des Art. 7 OECD-MA als

456 Vgl. Schmidt, IStR 2010a, S. 419.
457 Vgl. OECD, Partnership Report, 1999, Rn. 97, 121.
458 Vgl. OECD, Partnership Report, 1999, Rn. 97, 121.
459 Vgl. OECD, Partnership Report, 1999, Rn. 121.
460 Vgl. OECD, Partnership Report, 1999, Rn. 102 ff., 122.
461 Vgl. Liebchen, PersG, 2008, S. 181.
462 Vgl. Wassermeyer, in: Wassermeyer, DBA, 2015, Art. 7 MA Rn. 15.
463 Vgl. Debatin, in: Fischer, FS Scherpf, 1983, S. 306, 309.
464 Vgl. Debatin, in: Fischer, FS Scherpf, 1983, S. 313 f., 316.

auch die speziellen Einkunftskategorien erfüllen, bereits tatbestandlich nicht unter Art. 7 Abs. 1 OECD-MA fallen.

Nach Auffassung des BFH ist Art. 7 Abs. 4 OECD-MA deklaratorisch, sodass die speziellen Einkunftskategorien immer vorgehen, auch wenn das DBA keine entsprechende Regelung enthält.[465] Begründet wird dies dadurch, dass die speziellen Einkunftsartikel eben keine Unternehmensgewinne darstellen, da ansonsten die Betriebsstättenvorbehalte sinnlos wären.[466] Dementgegen erfüllen die Vorbehalte auch ihren Zweck, wenn Sondervergütungen ebenfalls Unternehmensgewinne ergründen,[467] da durch die Betriebsstättenvorbehalte in diesen Fällen lediglich der Vorrang der spezielleren Einkunftskategorie dementiert wird.[468] Zutreffender Weise liegen insofern bei Anwendung des Methodenartikels auch Unternehmensgewinne vor,[469] sodass bei Fehlen des Betriebsstättenvorbehalts die Einkünfte der speziellen Einkunftskategorie zugeordnet werden.[470] Nicht zuzustimmen ist der Auffassung, nach der erst durch die Erfüllung der Voraussetzungen des Betriebsstättenvorbehalts der Art. 7 OECD-MA konstitutiv eröffnet wird.[471] Einer vollständigen Ablösung der auch unter die speziellen Einkunftsartikel fallenden Einkünfte von den Unternehmensgewinnen steht entgegen, dass der Wortlaut des Art. 7 Abs. 4 OECD-MA die speziellen Einkunftsartikel nicht ausschließt.[472] Ein Ausschluss der Voraussetzungen des Art. 7 OECD-MA bei Vorliegen einer speziellen Einkunftskategorie ist ebenfalls nicht gegeben.[473] Insofern können Unternehmensgewinne einer dem Art. 7 OECD-MA entsprechenden Regelung sowie einer Einstufung in die speziellen

465 Vgl. BFH, v. 9.8.2006, II R 59/05, BStBl. II 2009, S. 764, Rz. 65; v. 20.12.2006, I B 47/05, BStBl. II 2009, S. 770.

466 Vgl. BFH, v. 9.8.2006, II R 59/05, BStBl. II 2009, S. 764, Rz. 65.

467 Vgl. Hemmelrath, in: Vogel/Lehner, DBA, 2015, Art. 7 MA Rn. 168; Kleineidam, IStR 2004, S. 3; Wassermeyer, in: Achatz, FS Ruppe, 2007, S. 684 f.

468 Vgl. Liebchen, PersG, 2008, S. 194; Toifl, PersG, 2003, S. 81 f.; Wassermeyer, in: Wassermeyer/Richter/Schnittker, PersG, 2015, Rz. 2.44; Kleineidam, IStR 2004, S. 3; Lang, SWI 2003, S. 320.

469 Vgl. BFH, v. 24.8.2011, I R 46/10, BFH/NV 2011, S. 2165; Vogel, in: Vogel/Lehner, DBA, 2015, Vor Art. 10–12 MA Rn. 32; Gschwandtner, Unternehmensgewinne, 2007, S. 187; Kleineidam, IStR 2004, S. 3; Lang, SWI 2003, S. 322; Strunk/Kaminski, IStR 2003, S. 185 f.; a. A.: Kluge, in: Gocke/Gosch/Lang, FS Wassermeyer, 2005, S. 676 f. Ausführlich zur Thematik s. Liebchen, PersG, 2008, S. 235 ff.

470 Vgl. Weitbrecht, IStR 2010, S. 827.

471 Dieser Ansicht folgt der BFH, v. 9.8.2006, II R 59/05, BStBl. II 2009, S. 764.

472 „Gehören zu den Gewinnen Einkünfte, die in anderen Artikeln dieses Abkommens behandelt werden, so werden die Bestimmungen jener Artikel durch die Bestimmungen dieses Artikels nicht berührt.“, Art. 7 Abs. 4 OECD-MA; vgl. Hemmelrath, in: Vogel/Lehner, DBA, 2015, Art. 7 MA Rn. 168.

473 Vgl. Liebchen, PersG, 2008, S. 181; Wassermeyer, IStR 2006, S. 273. Hierfür spricht auch, dass einige DBA explizit auf den Ausschluss bestimmter Einkünfte von den Unternehmensgewinnen hinweisen, vgl. Buciek, IStR 2000, S. 151; Peter, SWI 2010, S. 579.

Einkunftskategorien unterliegen.[474] Folglich können Sondervergütungen unter den Voraussetzungen des Art. 7 Abs. 1 OECD-MA vorliegen.

Eine weitere Prüfung muss dahingehend erfolgen, ob ausschließlich Art. 7 OECD-MA zur Anwendung kommt oder ob vorrangig die speziellen Einkunftskategorien zu beachten sind. Die speziellen Regelungen können nicht automatisch von ihrer Anwendung ausgeschlossen werden, da in Art. 7 Abs. 4 OECD-MA gerade bei Vorliegen der Voraussetzungen beider Einkunftskategorien auf den Vorrang der spezielleren Normen verwiesen wird.[475] Ebenfalls kann keine einschränkende Auslegung des Abs. 4 des Art. 7 OECD-MA angenommen werden, sodass diese Regelung nur greife, wenn sonst keine Quellenbesteuerung mangels Vorliegen einer Betriebsstätte möglich wäre.[476] Folglich wäre eine Zuordnung der Sondervergütungen zu den Unternehmensgewinnen erst dann möglich, wenn die spezielleren Vorschriften ausgeschlossen wurden.[477]

Eine Nichtanwendung der spezielleren Einkunftskategorien würde daraus resultieren, dass die steuerliche Anerkennung von Vertragsbeziehungen zwischen Mitunternehmer und der Personengesellschaft negiert wird.[478] In diesem Fall käme der Vorrang der Art. 6, 8–21 OECD-MA nicht in Betracht und Art. 7 Abs. 4 OECD-MA liefe ins Leere. Grundsätzlich ist allerdings eine differenziertere Betrachtung der einzelnen speziellen Einkunftskategorien notwendig. Art. 6 OECD-MA enthält keinerlei Angaben zur Person des Schuldners, sondern spricht beim Überlassenden lediglich von einer ansässigen Person.[479] Im Falle einer Überlassung von unbeweglichem Vermögen des Mitunternehmers an die Personengesellschaft ist insofern Art. 6 OECD-MA vorrangig.[480] In Bezug auf Art. 11 OECD-MA ist problematisch, dass das Erfordernis einer ansässigen, steuerpflichtigen Person bei einer transparenten Personengesellschaft nicht vorliegt.[481] In Teilen des Schrifttums wird entgegen vorgebracht, dass unabhängig von der Ansässigkeit des Schuldners, das Erfordernis einer Betriebsstätte nach Art. 11 Abs. 5 S. 2 OECD-MA ausreiche.[482] Da eine steuerlich transparente Personengesellschaft im Abkommensrecht über eine

474 Vgl. Hemmelrath, in: Vogel/Lehner, DBA, 2015, Art. 7 MA Rn. 168.

475 Vgl. Gschwandtner, Unternehmensgewinne, 2007, S. 233.

476 Vgl. Schmidt, IStR 2010a, S. 419.

477 So Piltz, in: Lüdicke, Besteuerungspraxis, 2003, S. 172; Riemenschneider, Abkommensberechtigung, 1995, S. 148.

478 Vgl. Riemenschneider, Abkommensberechtigung, 1995, S. 149 ff; Krabbe, FR 2001, S. 130.

479 Vgl. Reimer, in: Vogel/Lehner, DBA, 2015, Art. 6 MA Rn. 18.

480 Vgl. Machens, PersG, 2007, S. 294 f.; Ostendorf, Sondervergütungen, 1994, S. 151; Weggenmann, Einordnungskonflikte, 2002, S. 279.

481 Vgl. Burmester, in: Haarmann, Unternehmensstrukturen, 1996, S. 133 f.; Schmidt, IStR 2010a, S. 430; Lang, in: Kleineidam, FS Fischer, 1999, S. 724 f.

482 Vgl. Gschwandtner, Unternehmensgewinne, 2007, S. 231; Weggenmann, Einordnungskonflikte, 2002, S. 274 f.; Franz/Voulon, BB 2011b, S. 1115 m. w. N.; a. A. Lang, Finanzierungen, 1991, S. 95.

eigene Betriebsstätte verfügt,[483] ist der Auffassung zu folgen, dass Art. 11 OECD-MA auf Zinszahlungen einer transparenten Personengesellschaft an den Gesellschafter anwendbar ist. Aufgrund der Vergleichbarkeit mit Art. 12 OECD-MA gelten die vorgebrachten Argumente des Art. 11 OECD-MA ebenfalls für Sondervergütungen aus Lizenzgebühren.[484] In Bezug auf Art. 15 OECD-MA liegen die Einwände der Anwendbarkeit bei der grundsätzlichen Einigung der Personengesellschaft als Arbeitgeber[485] und bei der Ansässigkeit.[486] Die h. M. vertritt diesbezüglich die Ansicht, dass Personengesellschaften Arbeitgeber i. S. d. Art. 15 OECD-MA sein können.[487] Hierfür spricht ebenfalls, dass der Wortlaut des Art. 15 Abs. 2 lit. b OECD-MA gerade nicht von dem Erfordernis der Ansässigkeit in Bezug auf den Arbeitgeber spricht und folglich transparente sowie intransparente Personengesellschaften in seinen Anwendungsbereich aufnimmt.[488]

Sofern, wie vorstehend ausgeführt, die Voraussetzungen der speziellen Einkunftskategorien bei Sondervergütungen erfüllt sind, sind diese nach Art. 7 Abs. 4 OECD-MA vorrangig anzuwenden. Eine Anwendung der Art. 7 Abs. 1, Abs. 2 OECD-MA kommt nur in Betracht, sofern der Betriebsstättenvorbehalt erfüllt ist oder wenn es sich bei den Sondervergütungen um originär gewerbliche Einkünfte handelt, die nicht in den Tatbestand einer speziellen Einkunftskategorie fallen.

III. Einführung des § 50d Abs. 10 EStG i. d. F. des JStG 2009

1. Entstehung und Würdigung der Regelung

1.1 Entstehung und Gesetzesbegründung

Grundlage der Regelung des § 50d Abs. 10 EStG ist der Meinungsstreit zwischen Finanzverwaltung und Rechtsprechung bezüglich der steuerlichen Behandlung von abkommensrechtlichen Sondervergütungen bei Personengesellschaften.

483 Vgl. BFH, v. 7.8.2002, I R 10/01, BStBl. II 2002, S. 849; Toifl, PersG, 2003, S. 139 f.

484 Vgl. Machens, PersG, 2007, S. 291 f.; Weggenmann, Einordnungskonflikte, 2002, S. 278 f.; Problematisch s. Lang, in: Kleineidam, FS Fischer, 1999, S. 725.

485 Vgl. BFH, v. 29.1.1986, I R 109/85, BStBl. II. 1986, S. 444.

486 Vgl. OECD, Partnership Report, 1999, S. 91; Gündisch, PersG, 2004, S. 174.

487 Vgl. BFH, v. 21.7.1999, BStBl. II 2000, S. 338, Machens, PersG, 2007, S. 302; Schaumburg, Steuerrecht, 2011, Rn. 16.436; Weggenmann, S. 283; ebenfalls Einwände Deutschlands zur Negierung der Personengesellschaft als Arbeitgeber in OECD, Partnership Report, 1999, Annex II, Rn. 19. A. A. OECD, Partnership Report, 1999, Rn. 91; Gündisch hingegen geht davon aus, dass die Ansässigkeit eines Gesellschafters ausreichend ist, um den Arbeitslohn aufzuteilen, wenn die Arbeitgebereigenschaft der Personengesellschaft verneint wird, vgl. Gündisch, PersG, 2004, S. 177.

488 Vgl. Zehetner, in: Gassner/Lang/Lechner, PersG, 2000, S. 153, 168.

Ursprünglich gingen der RFH[489] und darauffolgend der BFH[490] davon aus, dass Sondervergütungen Unternehmensgewinne nach Art. 7 Abs. 1 S. 2 OECD-MA darstellen. Davon abweichend stellte der BFH in seinem Urteil vom 27.2.1991[491] den Vorrang des Spezialitätsprinzips im Abkommensrecht heraus. Der Sachverhalt des Urteils betraf allerdings den Outbound-Fall, sodass Deutschland als Ansässigkeitsstaat des Gesellschafters das Besteuerungsrecht der Sondervergütungen erhielt.[492] Entsprechend ergaben sich keine divergierenden Steueransprüche und trotz unterschiedlicher Auffassung von Finanzverwaltung und Rechtsprechung bedurfte es keiner gesetzgeberischen Eingriffe.

Dies änderte sich, als die Rechtsprechung des BFH mit Urteil vom 17.10.2007[493] erstmals Stellung zur abkommensrechtlichen Qualifikation von Sondervergütungen in Inbound-Konstellationen nahm. Hiernach vertrat der BFH die Auffassung, dass im Fall eines ausländischen Gesellschafters einer deutschen Personengesellschaft die speziellen Einkunftskategorien Vorrang vor Art. 7 OECD-MA haben.[494] Entsprechend stand Deutschland als Quellenstaat nur noch ein eingeschränktes Besteuerungsrecht zu bzw. verlor bei fehlender Quellenbesteuerungsberechtigung das Besteuerungsrecht vollständig.[495] Im Outbound-Fall kamen Rechtsprechung und Finanzverwaltung trotz Anwendung unterschiedlicher Vorschriften zu demselben Ergebnis:[496] Nach der BFH-Rechtsprechung verblieb das Besteuerungsrecht an den Sondervergütungen im Outbound-Fall in Deutschland (Ansässigkeitsstaat des Mitunternehmers).[497] In diesen Konstellationen sprach die Finanzverwaltung in der Regel das Besteuerungsrecht dem Betriebsstättenstaat (Ausland) zu. Da der ausländsiche Staat allerdings in den meisten Fällen die speziellen Verteilungsartikel als maßgeblich ansieht, spricht er im Gegenzug Deutschland das Besteuerungsrecht zu. Aufgrund der fehlenden Besteuerung im Ausland schloss die Finanzverwaltung den Methodenartikel zur Freistellung der Einkünfte im Inland aus. Im Endergebnis

489 Vgl. RFH, v. 28.7.1937, VI A 432/37, RStBl. 1938, S. 851; v. 30.11.1938, I 42/38, RStBl. 1939, S. 54.

490 Vgl. BFH, v. 29.1.1964, I 153/61 S, BStBl. III 1964, S. 165.

491 BFH, v. 27.2.1991, I R 15/89, BStBl. II 1991, S. 444.

492 Die Finanzverwaltung hielt an ihrer Auffassung, Sondervergütungen seien Unternehmensgewinne i. S. v. Art. 7 OECD-MA fest, vgl. BMF, v. 24.12.1999, IV B 4 – S 1300/111/99, BStBl. I 1999, S. 1076, Tz. 1.2.3.

493 Vgl. BFH, v. 17.10.2007, I R 5/06, BStBl. II 2009, S. 356.

494 Vgl. BFH, v. 17.10.2007, I R 5/06, BStBl. II 2009, S. 356. Zur Analyse des Urteils vgl. Schmidt, IStR 2008, S. 290 ff.; Salzmann, IStR 2008, S. 399 ff. Zum Überblick siehe auch Heurung/Bresgen/Sauer, Intertax 2014, S. 644 ff.

495 Vgl. Goebel/Eilinghoff/Schmidt, DStZ 2011, S. 75; Schmidt, DStR 2010, S. 2437.

496 Vgl. Mössner, DB 2010, Heft 21 M 1.

497 Demnach stellen Sondervergütungen getrennt vom Gewinnanteil des Mitunternehmers gesonderte Einkünfte dar. Abkommensrechtlich ergibt sich hieraus der Vorrang der speziellen Einkunftsartikel. Sog. Gewinntrennungstheorie vgl. BFH, v. 27.2.1991, I R 15/89, BStBl. II 1991, S. 444.

konnte Deutschland auch nach Auffassung der Finanzverwaltung und trotz des fehlenden abkommensrechtlichen Besteuerungsrechts die Sondervergütungen besteuern.[498]

In Anlehnung an diese Entscheidung zum Inbound-Fall und die Auswirkungen auf die Besteuerungspraxis, z. B. dass Sondervergütungen nicht als Fremdkapital gelten und insofern die Zinsschranke des § 4h Abs. 3 S. 2 EStG unterlaufen werden konnte, wurde durch das Jahressteuergesetz 2009 (JStG 2009) die Regelung des § 50d Abs. 10 EStG geschaffen.[499] Dies kann als eine Art Nichtanwendungsgesetz der o. g. BFH-Rechtsprechung verstanden werden,[500] welches der Gesetzgeber „ferngesteuert"[501] in Anlehnung an die Auffassung der Finanzverwaltung erlies. In seiner Fassung des JStG 2009 umfasste der § 50d Abs. 10 EStG zwei Sätze. Der erste Satz umfasste den Kern der Regelung mit der Fiktion, grenzüberschreitende Sondervergütungen in Sachverhalten, auf die ein DBA ohne Sonderregelungen bzgl. Sondervergütungen anzuwenden ist, ausschließlich als abkommensrechtliche Unternehmensgewinne zu behandeln.[502] Weiterhin stellte § 50d Abs. 10 S. 1 EStG i. d. F. des JStG 2009 klar, dass die innerstaatliche *switch-over*-Klausel des § 50d Abs. 9 S. 1 Nr. 1 EStG anwendbar bleibt, sodass Deutschland sowohl in Outbound- als auch Inbound-Fällen das Besteuerungsrecht der abkommensrechtlichen Sondervergütungen erhält.[503]

Ziel dieser neu eingeführten Regelung war die Sicherstellung des deutschen Besteuerungsrechts unabhängig davon, ob dem zu besteuernden Sachverhalt ein ausländischer Gesellschafter einer inländischen Personengesellschaft oder ein inländisch unbeschränkt steuerpflichtiger Gesellschafter einer ausländischen Personengesellschaft zu Grunde lag.[504] In der Begründung dieser Regelung wurden jedoch nicht die fiskalischen Interessen der Sicherung des Steueraufkommens genannt, sondern eine dogmatische Argumentation zugrunde gelegt. Entsprechend wurde die Einführung des § 50d Abs. 10 EStG i. d. F. des JStG 2009 mit der angestrebten

498 Dies geschah zum Teil unter dem Argument der Verhinderung der doppelten NIchtbesteuerung. Vgl. zum Vorgehen Hils, DStR 2009, S. 888 f.

499 Vgl. BR-Drs. 545/08, S. 3; Prinz, DB 2011, S. 1417.

500 Vgl. BT-Drs. 16/11108, S. 23.

501 Gosch, in: Kirchhof/Söhn/Mellinghoff, EStG, 2015, § 50d EStG Rn. 44.

502 Hierdurch wurde die von der Finanzverwaltung vertretene Auffassung der landesrechtlichen Theorie auf eine gesetzliche Grundlage gestellt. Vgl. Wagner, in: Blümich, EStG, 2015, § 50d EStG Rn. 126; Frotscher, in Frotscher/Geurts, EStG, 2014, § 50d EStG Rn. 235.

503 Vgl. Boller/Eilinghoff/Schmidt, IStR 2009, S. 112. Folge war eine diametrale Verteilung der Besteuerungsrechte, da Deutschland in den allermeisten Fällen auf die abkommensrechtlichen Sondervergütungen zugreifen könnte. Vgl. Lohbeck/Wagner, DB 2009, S. 426.

504 Vgl. BT-Drs. 16/11108, S. 23. Besonders die Sicherstellung der Besteuerung der Sondervergütungen mit Gewerbesteuer standen nach verwaltungsnahen Auffassungen im Schrifttum im Vordergrund, vgl. Hörster, IWB 2013, S. 1970.

Gleichstellung von Einzelunternehmer und Mitunternehmern gerechtfertigt.[505] Die auf nationaler Ebene in § 15 Abs. 1 S. 1 Nr. 2 S. 1 EStG festgesetzte Gewerblichkeitsfiktion der Sondervergütungen müsse auch für abkommensrechtliche Zwecke gelten, um Gesellschafter grenzüberschreitender Mitunternehmerschaften ebenso zu behandeln wie Gesellschafter inländischer Mitunternehmerschaften. Nach Auffassung der Finanzverwaltung wäre diese Übernahme der innerstaatlichen Fiktion auf der Abkommensebene langjährige Praxis, müsse aber durch die anderslautende BFH-Rechtsprechung gesetzlich kodifiziert werden.[506] Die in § 52 Abs. 59a S. 11 EStG enthaltene Rückwirkung des § 50d Abs. 10 EStG i. d. F. des JStG 2009 soll im gleichen Sinne eine Belastungsgleichheit herstellen und verfassungsmäßige Bedenken beseitigen. Entsprechend handelt es sich bei der kodifizierten Regelung lediglich um eine Auslegungshilfe oder Festschreibung der bisherigen Meinung, um die unzutreffende Ansicht des BFH zu unterlaufen. Besteuerungskonflikte werden durch diese Neuregelung nicht gesehen, da dem Ansässigkeitsstaat unabhängig von § 50d Abs. 10 EStG i. d. F. des JStG 2009 immer die Pflicht zur Vermeidung der Doppelbesteuerung zukommt.[507]

1.2 Würdigung der dogmatischen Gesetzesbegründung

Gegen eine rein dogmatische Begründung spricht vor allem, dass der Meinungsstreit zwischen BFH und Finanzverwaltung bereits über 20 Jahre währt und eine klarstellende Regelung[508] nicht erst nach einem Steuersubstrat gefährdendem Urteil hätte eingeführt werden müssen. Fraglich ist zudem, ob es einer generellen Gleichstellung des Mitunternehmers mit einem Einzelunternehmer bedarf. Im Vergleich zu Gesellschaftern einer Kapitalgesellschaft werden hier Sondervergütungen steuerlich anerkannt und sind abzugsfähig. Es könnte argumentiert werden, ob eine entsprechende Gleichstellung der Mitunternehmerschaften mit Gesellschaftern einer Kapitalgesellschaft einschließlich der Aufgabe der inländischen Sonderstellung der Besteuerung gewerblich tätiger Personengesellschaften angesichts der fortschreitenden Internationalisierung nicht eher einer Anpassung an die international übliche Praxis entspräche.[509] Allerdings wird hier die zivilrechtliche Natur und Behandlung der Personengesellschaften außer Acht gelassen, nach der

---

505 Vgl. BT-Drs. 16/11108, S. 23.

506 Vgl. BT-Drs. 16/11108, S. 23, 25.

507 Dies würde auch die Auffassung des OECD Partnership Reports zeigen. Verständigungsvereinbarungen mit den anderen Vertragsstaaten wären darüber hinaus ebenfalls nicht ausgeschlossen. Zu alledem vgl. BT-Drs. 16/11108, S. 23, 25.

508 Fraglich ist mithin, inwiefern eine Klarstellung vorliegen kann. Grundsätzlich darf auch eine Klarstellung den im Rechtsstaatsprinzip und in den Grundrechten verankerten Vertrauensschutz einer Rechtslage nicht entgegenstehen. Dementsprechend wirkt die Regelung einer offenen Auslegungsfrage für die Vergangenheit konstitutiv. Vgl. BVerfG, 17.12.2013, 1 BvL 5/08, BFH/NV 2014, S. 653.

509 Dieser Ansicht folgend Prinz, DB 2011, S. 1419.

Personengesellschaften und Einzelunternehmen weitaus mehr gemeinsam haben als Personen- und Kapitalgesellschaften.[510]

Darüber hinaus ist fraglich, inwiefern eine dogmatische Begründung der Behandlung inländischer Sondervergütungen eine Würdigung länderübergreifend gezahlter Sondervergütungen bedarf. Generell dürfen grenzüberschreitende wirtschaftliche Aktivitäten nicht schlechter gestellt werden als rein nationale Sachverhalte. Hiermit soll die steuerliche Schlechterstellung der grenzüberschreitenden Geschäftstätigkeiten verhindert und entsprechend der internationale Wettbewerb gefördert und nicht unterbunden werden.[511] Einerseits kann hieraus für eine rechtliche Gleichbehandlung argumentiert werden, sodass Sondervergütungen national wie international als Einkunftsbestandteile der Personengesellschaftsbetriebsstätte zu behandeln sind.[512] Andererseits sollte zutreffender Weise eine Belastungsgleichheit nationaler und grenzüberschreitender Sondervergütungen erreicht werden, um internationale Geschäftstätigkeiten nicht deswegen von vorneherein zu unterbinden.[513] Demzufolge kann die Ungleichbehandlung, die durch die Vernachlässigung einer abkommensautonomen Auslegung hervorgerufen wird, zu einer Doppelbesteuerung führen, die es aber gerade zu verhindern gilt. So führt die dogmatische Begründung des § 50d Abs. 10 EStG i. d. F. des JStG 2009 zur Durchbrechung dieser abkommensautonomen Auslegung der Behandlung grenzüberschreitender Sondervergütungen. Dies kann vor allem darin gesehen werden, dass Sondervergütungen dem ausländischen Zivilrecht nicht unbedingt bekannt sein müssen und folglich nicht zu derselben abkommensrechtlichen Auslegung führen.

Insgesamt vermag die Auffassung des Gesetzgebers, die Einführung des § 50d Abs. 10 EStG i. d. F. des JStG 2009 dogmatisch zu begründen, nicht zu überzeugen.

2. Auffassung der Finanzverwaltung

Der Gesetzgeber sowie die Finanzverwaltung vertraten die Auffassung, dass der § 50d Abs. 10 S. 1 EStG i. d. F. d. JStG 2009 sämtliche Sondervergütungen nicht nur unter den Art. 7 OECD-MA fassen würde, sondern auch eine Zuordnung gem. Art. 7 Abs. 1 S. 2, Abs. 2 OECD-MA zu der Betriebsstätte vornimmt, die der Mitunternehmer durch die Personengesellschaft vermittelt bekommt.[514] Hierdurch sei ebenfalls die Zuordnung zu den speziellen Einkunftskategorien ausgeschlossen, da

510 Entsprechende Unterscheidungen in Schücking, in: Gummert/Weipert, Gesellschaftsrecht, 2009, § 2 Rn. 23.

511 Dies gilt als grundlegendes Prinzip der zunehmenden Internationalisierung, vgl. Jacobs, Int. Unternehmensbesteuerung, 2011, S. 4 f.

512 Eine entsprechende Argumentation verfolgt die Gesetztesbegründung, vgl. BT-Drs. 16/11108, S. 23.

513 Dieser Ansicht folgend Frotscher, IStR 2009, S. 599.

514 Vgl. BT-Drs. 16/11108, S. 23; BMF, v. 16.4.2010, IV B 2 – S 1300/09/10003, BStBl. I 2010, S. 354, Tz. 5.1.

dies dem Sinn des Art. 7 Abs. 4 OECD-MA widersprach, die Quellenbesteuerung auch ohne Betriebsstätte zu gewährleisten.[515] Über § 7 Satz 6 GewStG erhielt § 50d Abs. 10 EStG a. F. entsprechende Geltung für Zwecke der Gewerbesteuer. Nach § 52 Abs. 59a Satz 8 EStG war die Regelung auf alle noch offenen Verfahren anzuwenden.

3. Auffassung der Rechtsprechung

In einem ersten Urteil durch das Finanzgericht München[516] am 30.6.2009 wurden die gezahlten Lizenzvergütungen einer deutschen KG an eine in den USA ansässige Kommanditistin Art. 7 OECD-MA zugeordnet. Ebenso wurde, unabhängig davon, ob es sich um ein *treaty override* handelt, die rückwirkende Anwendung des § 50d Abs. 10 EStG a. F. bestätigt. Lediglich die Frage der Zuordnung der Sondervergütungen wird nach Auffassung des Finanzgerichts Münchens nicht automatisch durch Art. 7 OECD-MA der vermittelten Betriebsstätte der Personengesellschaft zugeordnet, sondern soll eigenständig geprüft werden.[517] In der Revision gegen dieses Urteil entschied der BFH[518], dass § 50d Abs. 10 EStG i. d. F. des JStG 2009 zwar die Sondervergütungen den gewerblichen Einkünften zuordnet, aber keine Aussage über die Existenz oder die Zuordnung zu einer Betriebsstätte getroffen wird.[519] Im Ergebnis erhält Deutschland nicht automatisch durch die Umqualifizierung der Sondervergütungen in gewerbliche Gewinne das Besteuerungsrecht an diesen und die Regelung läuft ins Leere. Darüber hinaus geht der BFH nicht auf den Ausschluss der Regelung des § 50d Abs. 10 EStG a. F. aufgrund anderer Formulierungen ein und wirft die Frage auf, ob durch die Vorschrift auch der Anwendungsbereich der speziellen Einkunftskategorien eröffnet sei, da Art 7 Abs. 4 OECD-MA auf diese verweist.[520] Strenggenommen bewirkt dies einen Zirkelschluss, denn hierdurch werden die „spezielleren" Artikel 10 bis 12 OECD-MA wieder bevorzugt.[521] Des Weiteren lässt der BFH offen, ob die „Umwandlungsfiktion" des § 50d Abs. 10 EStG i. d. F. des JStG 2009 auch auf DBA anwendbar ist, die statt des Begriffs „Unternehmensgewinne" den Begriff „gewerbliche Gewinne" beinhalten.[522]

In einem weiteren Urteil des Finanzgerichts Baden-Württemberg vom 9.10.2009[523] wurde über die Zuordnung und damit verbunden das Besteuerungsrecht der Pensionszahlung eines in den USA lebenden Geschäftsführers einer Komplementär GmbH einer deutschen GmbH & Co. KG entschieden. In diesem Verfahren war u. a. strittig, ob § 50d Abs. 10 EStG a. F. auf Einkünfte nachträglicher Tätigkeiten

515 Vgl. BMF, v. 16.4.2010, IV B 2 – S 1300/09/10003, BStBl. I 2010, S. 354, Tz. 2.2.1.
516 Vgl. FG München, v. 30.7.2009, 1 K 1816/09, EFG 2009, S. 1954.
517 Vgl. FG München, v. 30.7.2009, 1 K 1816/09, EFG 2009, S. 1954.
518 Vgl. BFH, v. 8.9.2010, I R 74/09, BFHE 231, S. 84.
519 Vgl. BFH, v. 8.9.2010, I R 74/09, BFHE 231, S. 84, Rz. 13 f.
520 Vgl. BFH, v. 8.9.2010, I R 74/09, BFHE 231, S. 84, Rz. 18.
521 Vgl. BFH, v. 8.9.2010, I R 74/09, BFHE 231, S. 84, Rz. 18.
522 Vgl. BFH, v. 8.9.2010, I R 74/09, BFHE 231, S. 84, Rz. 17.
523 Vgl. FG Baden-Württemberg, v. 9.10.2009, 10 K 3312/08, EFG 2010, S. 238.

i. S. d. § 24 Nr. 2 EStG anzuwenden ist. Nach Ansicht des FG ist dies nicht der Fall, da dies weder dem Wortlaut noch der Gesetzesbegründung entspricht und zudem durch das Ausscheiden des Gesellschafters auch keine Begründung besteht, den Anwendungsbereich dieser Regelung zur Sicherung des Gewerbesteuersubstrats auf nachträglichen Einkünfte auszuweiten.[524] Weiterhin wird in einem obiter dictum zu der Frage der Zuordnung der Sondervergütung Stellung genommen. Das FG ist der Auffassung, dass § 50d Abs. 10 EStG i. d. F. des JStG 2009 keine automatische Zuordnung der Sondervergütungen zur Betriebsstätte der Personengesellschaft begründet. Hierbei käme es nach Art. 7 Abs. 1 S. 2, Abs. 2 OECD-MA nicht nur auf die Zuordnung zu den gewerblichen Einkünften, sondern auch zu einer inländischen Betriebsstätte an. Dies wäre aber eben durch § 50d Abs. 10 EStG a. F. nicht gegeben, da hier lediglich die Zuordnung zu der Einkunftskategorie der Unternehmensgewinne geregelt sei.[525] In der Revision des BFH[526] bestätigt dieser die Auffassung, nach der § 50d Abs. 10 EStG i. d. F. des JStG 2009 nicht auf nachträgliche Einkünfte anzuwenden ist. Nach Sicht des BFH können Sondervergütungen nicht ehemaligen Mitunternehmern zugeordnet werden, was wiederum bereits durch den fehlenden Bezug von § 50d Abs. 10 EStG a. F. auf § 15 Abs. 1 S. 2 EStG begründet werden kann.[527]

Streitgegenstand des Verfahrens des Finanzgerichts Nürnberg vom 3.12.2009[528] war die Frage, ob ein Darlehen von einer inländischen atypisch stillen Gesellschafterin an ihre deutsche Geschäftsinhaberin zur Verwendung in ihren operativ tätigen Betriebsstätten in Großbritannien dem Einheitswert des Betriebsvermögens[529] der atypisch stillen Gesellschaft zugehörig ist oder gem. § 50d Abs. 10 EStG i. d. F. des JStG 2009 ausländisches Betriebsvermögen darstellt, das von der Erfassung ausgeschlossen ist. Hinsichtlich der Anwendbarkeit des § 50d Abs. 10 EStG a. F. entschied das FG, dass vorrangig die Regelungen der DBA Geltung erhalten und erst wenn diese keine andere Qualifikation aus dem Inhalt sowie dem Kontext enthalten, auf § 50d Abs. 10 EStG i. d. F. des JStG 2009 abgestellt werden kann.[530] Weiterhin wird durch die Regelung keine Zuordnung zu einer Betriebsstätte unternommen, sondern lediglich angeordnet, Sondervergütungen als Unternehmensgewinne nach

524 Vgl. FG Baden-Württemberg, v. 9.10.2009, 10 K 3312/08, EFG 2010, S. 238.
525 Vgl. FG Baden-Württemberg, v. 9.10.2009, 10 K 3312/08, EFG 2010, S. 238.
526 Vgl. BFH, v. 8.11.2010, I R 106/09, BFHE 231, S. 206.
527 Vgl. BFH, v. 8.11.2010, I R 106/09, BFHE 231, S. 206.
528 Vgl. FG Nürnberg, v. 3.12.2009, IV 322/2005, JurionRS 2009, 31048.
529 Für den Streitzeitraum 1989–1999 waren gem. § 19 Abs. 1 Nr. 2 i. V. m. Abs. 4 BewG (i. d. F. des Steuerreformgesetzes 1990 vom 25.7.1988) die Einheitswerte für inländische Gewerbebetriebe festzustellen. Ein zweiter Einheitswert war entsprechend festzustellen, wenn sich der Gewerbebetrieb auch auf das Ausland erstreckte und der ausländische Teil zum Gesamthandsvermögen gehörte.
530 Vgl. FG Nürnberg, v. 3.12.2009, IV 322/2005, JurionRS 2009, 31048, Rz. 39.

Art. 7 OECD-MA zu behandeln.[531] Mit dem Urteil des BFH vom 19.7.2012[532] zum vorgenannten Urteil des Finanzgerichts Nürnberg bestätigt dieser die bisherige Rechtsprechung, nach der § 50d Abs. 10 EStG a. F. keine Aussage über die Existenz und die Zuordnung zu einer Betriebsstätte vornimmt. Die Regelung ordnet die Sondervergütungen lediglich den gewerblichen Einkünften zu und qualifiziert diese um, nimmt aber darüber hinaus keine Stellung zur Behandlung des SBV vor.[533]

In dem Rechtsstreit des FG Düsseldorfs vom 7.12.2010[534] wurde darüber entschieden, ob Pensionszahlungen einer deutschen KGaA an den ehemaligen persönlich haftenden Gesellschafter mit US-amerikanischem Wohnsitz und Staatsbürgerschaft der USA Sondervergütungen darstellen und wem das Besteuerungsrecht zusteht. Entgegen bisheriger Rechtsprechung entschied das FG, dass § 50d Abs. 10 EStG i. d. F. des JStG 2009 auch auf Doppelbesteuerungsabkommen anzuwenden sei, die in Art. 7 OECD-MA den Unternehmensgewinnen abweichende Formulierungen enthalten.[535] Des Weiteren erstreckt sich die analoge Anwendung auch auf nachträgliche Einkünfte i. S. d. § 15 Abs. 1 S. 2 EStG, um eine planwidrige Regelungslücke zu schließen; ein steuerrechtliches Analogieverbot liegt hingegen nicht vor.[536] Darüber hinaus erfolgt nach Sicht des FG, aufgrund der einheitlichen Behandlung von Sondervergütung und Gewinnanteil, eine automatische Zuordnung dieser zu einer vermittelten Betriebsstätte der Personengesellschaft ohne isolierte Prüfung.[537] In der Revision widerspricht der BFH[538] dieser Ansicht und bestätigt die bisherige Rechtsprechung, dass § 50d Abs. 10 EStG a. F. nicht auf nachträgliche Einkünfte i. S. d. § 24 Nr. 2 EStG anzuwenden ist. Diese Auffassung sieht der BFH darin begründet, dass die Regelung nicht für ehemalige Mitunternehmer gilt und eine analoge Anwendung des § 50d Abs. 10 EStG i. d. F. des JStG 2009 i. S. d. § 15 Abs. 1 S. 2 EStG ausgeschlossen sei.[539]

Aufgrund der vorstehenden Beschlüsse und Urteile der Rechtsprechung kann festgehalten werden, dass das Ziel der Finanzverwaltung, der automatischen Zuordnung zu einer vermittelten Betriebsstätte der Personengesellschaft durch § 50d Abs. 10 EStG a. F. verfehlt wurde. Es bedarf weiterhin der Zurechnung zu einer inländischen Betriebsstätte, damit Deutschland ein Besteuerungsrecht erhält.

---

531 Vgl. FG Nürnberg, v. 3.12.2009, IV 322/2005, JurionRS 2009, 31048, Rz. 39.
532 Vgl. BFH, v. 19.7.2012, I R 5/10, BFH/NV 2012, S. 1942.
533 Vgl. BFH, v. 19.7.2012, I R 5/10, BFH/NV 2012, S. 1945.
534 Vgl. FG Düsseldorf, v. 7.12.2010, 13 K 1214/06 E, EFG 2011, S. 878.
535 Vgl. FG Düsseldorf, v. 7.12.2010, 13 K 1214/06 E, EFG 2011, S. 878, Rz. 24.
536 Vgl. FG Düsseldorf, v. 7.12.2010, 13 K 1214/06 E, EFG 2011, S. 878, Rz. 27 ff.
537 Vgl. FG Düsseldorf, v. 7.12.2010, 13 K 1214/06 E, EFG 2011, S. 878, Rz. 39 ff.
538 Vgl. BFH, v. 7.12.2011, I R 5/11, BFH/NV 2012, S. 556.
539 Vgl. BFH, v. 7.12.2011, I R 5/11, BFH/NV 2012, S. 556.

4. Auffassung des Schrifttums

In der Literatur gibt es keine einheitliche Meinung, sodass im Folgenden die verschiedenen Einwendungen differenziert dargestellt werden. Gegen eine generelle Anwendung des § 50d Abs. 10 EStG i. d. F. des JStG 2009 spricht der Vorrang der abkommensautonomen Auslegung gem. Art. 3 Abs. 2 OECD-MA, aufgrund dessen die innerstaatliche Regelung bei der Abkommensauslegung nicht berücksichtigt werden dürfte.[540] Andere Teile der Literatur sehen § 50d Abs. 10 EStG a. F. nur anwendbar, sofern das Doppelbesteuerungsabkommen in der Kategorie der gewerblichen Einkünfte von Unternehmensgewinnen spricht.[541] Eine erweiterte Auslegung ist aufgrund der Eindeutigkeit des Wortlauts ausgeschlossen und nicht im Sinne des Gesetzgebers.[542] Andernfalls hätte der Begriff der Unternehmensgewinne nur beispielhaft genannt werden[543] und nicht im Sinne des Gesetzgebers bei der Begrifflichkeit auf jedes einzelne Abkommen abgestellt werden müssen.[544] Wieder andere Teile der Literatur sehen § 50d Abs. 10 EStG i. d. F. des JStG 2009 auch anwendbar, wenn das anzuwendende DBA andere Begrifflichkeiten als den der Unternehmensgewinne verwendet.[545] Dies wird darauf zurückgeführt, dass „Unternehmensgewinne" lediglich als Oberbegriff verstanden werden soll und darüber hinaus eine Differenzierung zwischen den verschiedenen Formulierungen nicht zielführend ist.[546]

Weiterhin ist strittig, ob aufgrund von Art. 7 Abs. 4 OECD-MA und vergleichbarer Regelungen ein Vorrang der spezielleren Einkunftskategorien besteht (Zirkelschlussproblematik). In weiten Teilen des Schrifttums wird dies mit der Begründung abgelehnt, dass die Regelung des § 50d Abs. 10 EStG a. F. gerade den Vorrang des Art. 7 OECD-MA auslegen soll[547] und es im Sinne des Gesetzgebers

540 Vgl. Korn, IStR 2009, S. 641, 643 f.

541 Vgl. Goebel/Eilinghoff/Busenius, DStZ 2010, S. 742, 748 f.; Goebel/Eilinghoff/Schmidt, DStZ 2011, S. 74, 77; Korn, IStR 2009, S. 643; Pinkernell, IStR 2010, S. 785, 788.

542 Vgl. Goebel/Eilinghoff/Schmidt, DStZ 2011, S. 74, 77. Zur Begründung wird der Wortlaut „ausschließlich" angeführt, vgl. Boller/Eilinghoff/Schmidt, IStR 2009, S. 109, 111; Goebel/Liedtke/Schmidt, IWB 2010, S. 7, 9. Zur generellen Kritik vgl. Boller/Schmidt, IStR 2009, S. 109 ff.

543 Vgl. Pinkernell, IStR 2010, S. 788.

544 Vgl. Boller/Eilinghoff/Schmidt, IStR 2009, S. 111; Goebel/Liedtke/Schmidt, IWB 2010, S. 9.

545 Vgl. Frotscher, in Frotscher/Geurts, EStG, 2014, § 50d EStG Rn. 285; Rosenberg, in: Wassermeyer/Richter/Schnittker, PersG, 2015, Rz. 11.25; Franz/Voulon, BB 2011a, S. 166 f.; Gebhardt/Quilitzsch, BB 2011, S. 671; Günkel/Lieber, Ubg 2009, S. 304; Hruschka, DStR 2010, S. 1358; Salzmann, IWB 2009, S. 1547.

546 Vgl. Franz/Voulon, BB 2011a, S. 166 f.

547 Vgl. Klein/Hagena, in: Herrmann/Heuer/Raupach, EStG, 2015, § 50d EStG Rn. 131; Wolff, in: Wassermeyer, DBA, 2015, USA Rn. 97; Weggenmann, in: Wassermeyer/Richter/Schnittker, PersG, 2015, Rz. 6.60; Goebel/Eilinghoff/Schmidt, DStZ 2011,

ist, Sondervergütungen grundsätzlich als Unternehmensgewinne anzusehen.[548] So wird im Schrifttum einerseits diskutiert, sofern es sich bei § 50d Abs. 10 EStG i. d. F. des JStG 2009 um ein *treaty override* handelt, könne der Vorrang der speziellen Einkunftskategorien ausgeschaltet werden.[549] Andererseits kann § 50d Abs. 10 EStG a. F. diesen Vorrang nicht vollkommen ausschließen, da ein Verweis auf den ganzen Art. 7 OECD-MA und somit auch auf Art. 7 Abs. 4 OECD-MA erfolgt[550] und z. B. in Bezug auf Einkünfte aus unbeweglichem Vermögen eine teleologische Reduktion des § 50d Abs. 10 EStG i. d. F. des JStG 2009 in der Hinsicht gegeben ist, dass eine Besteuerung im Belegenheitsstaat nach Art. 6 Abs. 4, 13 Abs. 1 OECD-MA möglich ist.[551]

Den Ansichten von Pohl folgend, könnte Deutschland im Inboundfall durch den § 50d Abs. 10 EStG a. F. sein Besteuerungsrecht an Sondervergütungen durch die Umqualifizierung in Unternehmensgewinne sogar verlieren.[552] Würde ein ausländischer Mitunternehmer einer deutschen Personengesellschaft ein Darlehen zur Verfügung stellen und dafür Sondervergütungen in Form von Zinszahlungen erhalten, hätte Deutschland nach allgemeinem Verständnis und der BFH-Auffassung ein Quellenbesteuerungsrecht gemäß Art. 11 Abs. 2 OECD-MA. Über § 50d Abs.10 EStG a. F. werden die Zinsen jedoch innerstaatlich als Unternehmensgewinne behandelt, die aber aufgrund der missverständlichen Formulierung der deutschen Betriebsstätte nicht zugerechnet werden und somit nicht über Art. 7 OECD-MA besteuert werden können. Trotzdem liegen Unternehmensgewinne vor, für die ein Quellenbesteuerungsrecht ausgeschlossen ist.[553]

Strittig ist weiterhin die Anwendung des § 50d Abs. 10 EStG i. d. F. des JStG 2009 bei freiberuflichen Mitunternehmerschaften.[554] Diese wird im Schrifttum u. a. deshalb abgelehnt, da der Wortlaut des § 50d Abs. 10 EStG a. F. die Anwendung des § 18 Abs. 4 S. 2 EStG nicht erwähnt.[555] Wird § 18 Abs. 4 S. 2 EStG allerdings deklaratorisch ausgelegt, erfasst § 15 Abs. 1 S. 1 Nr. 2 S. 1 Hs. 2 EStG auch ohne

---

S. 76; Hils, DStR 2009, S. 890; Hruschka, DStR 2010, S. 1358 f.; Kammeter, IStR 2011, S. 36; Lohbeck/Wagner, DB 2009, S. 423; Pohl, IWB 2012, S. 123.

548 Vgl. Häck, IStR 2011, S. 72; Salzmann, IWB 2009, S. 1550.

549 Vgl. Lange, GmbH-StB 2009, S. 132 f, 134; Klein/Hagena, in: Herrmann/Heuer/Raupach, EStG, 2015, § 50d EStG Rn. 131.

550 Vgl. Gebhardt/Quilitzsch, BB 2011, S. 671; Wehrße, PersG, 2011, S. 138; Denninger/Gillamariam/Stoll, StuB 2011, S. 954; a. A Frotscher, in Frotscher/Geurts, EStG, 2014, § 50d EStG Rn. 278.

551 Vgl. Schmitt-Homann, DStR 2010, S. 2549.

552 Vgl. Pohl, IWB 2013, S. 379.

553 Vgl. Pohl, IWB 2013, S. 379.

554 Ablehnend: Rosenberg, in: Wassermeyer/Richter/Schnittker, PersG, 2015, Rz. 11.71; Schaumburg, Steuerrecht, 2011, Rn. 18.74; Günkel/Lieber, Ubg 2009, S. 304; Salzmann, IWB 2009, S. 1549; Cloer/Kudert, PIStB 2010, S. 113.

555 Vgl. Cloer/Kudert, PIStB 2010, S. 113; Salzmann, IWB 2009, S. 1549 sowie Prinz, in: Drüen, JbFfSt 2009/10, S. 472, Fn. 65.

ausdrückliche Anordnung entsprechende Sondervergütungen aus freiberuflichen Mitunternehmertätigkeiten.[556] Als weiterer Einwand wird vorgebracht, dass Einkünfte aus freiberuflicher Tätigkeit, wie in Art. 14 a. F. OECD-MA beschrieben, nicht dem Begriff der Unternehmensgewinne zugeordnet werden können.[557] Diese Ansicht wurde allerdings durch die Abschaffung des Art. 14 a. F. OECD-MA sowie die Erweiterung des Art. 7 OECD-MA auf Einkünfte aus freiberuflicher Tätigkeit überholt.[558]

Der Einbezug mittelbarer Beteiligungen in die tatbestandliche Reichweite des § 50d Abs. 10 EStG i. d. F. des JStG 2009 ist zudem umstritten. Teile der Literatur plädieren für eine Anwendung der Regelung auch auf mittelbar Beteiligte gezahlte Sondervergütungen aufgrund der Erfassung dieser nach § 15 Abs. 1 S. 1 Nr. 2 S. 2 EStG in § 15 Abs. 1 S. 1 Nr. 2 S. 1 Hs. 2 EStG.[559] Dagegen spricht sich allerdings die h. M.[560] aus, da sie den Verweis nicht anerkennt. Weder Gesetzesbegründung noch Wortlaut des § 50d Abs. 10 EStG a. F. lassen auf eine Einbeziehung mittelbarer Beteiligungen schließen.[561] Die Rechtsprechung vertritt ebenfalls die Ansicht, dass § 50d Abs. 10 EStG i. d. F. des JStG 2009 lediglich eine enge Verweisung auf § 15 A bs. 1 S. 1 Nr. 2 S. 1 Hs. 2 EStG enthält und nicht automatisch alle Sachverhalte und Vorschriften des § 15 Abs. 1 S. 1 Nr. 2 S. 2 EStG einbezieht.[562] Eine deklaratorische Auslegung des § 15 Abs. 1 S. 1 Nr. 2 S. 2 EStG ist nicht gegeben, da dies dem Sinn des Gesetzgebers und der Rechtsprechung widersprechen würde.[563]

Keine klare Linie im Schrifttum wird darüber hinaus in Bezug auf die Anwendung von § 50d Abs. 10 EStG a. F. bei Sondervergütungen aus ehemaligen Mitarbeiterstellungen vertreten. Teile der Literatur beziehen nachträgliche Einkünfte i. S. d. § 15 Abs. 1 S. 2 i. V. m. § 24 Nr. 2 EStG in den Anwendungsbereich ein, wohingegen

---

556 Bejahend: Vgl. BFH, v. 2.12.1982, IV R 72/79, BStBl. II 1983, S. 215, 218; v. 25.6.1984, GrS 4/82, BStBl. II 1984, S. 751, 759; Wacker, in: Schmidt, EStG, 2015, § 18 EStG Rn. 39.

557 Vgl. Günkel/Lieber, Ubg 2009, S. 304.

558 Vgl. ausdrückliche Anordnung in Art. 3 Abs. 1 lit. h OECD-MA.

559 Vgl. Boller/Eilinghoff/Schmidt, IStR 2009, S. 111; Günkel/Lieber, Ubg 2009, S. 306.

560 Vgl. Gosch, in: Kirchhof/Söhn/Mellinghoff, EStG, 2015, § 50d EStG Rn. 46, Klein/Hagena, in: Herrmann/Heuer/Raupach, EStG, 2015, § 50d EStG Rn. 131; Schaumburg, Steuerrecht, 2011, Rn. 18.73; Rosenberg, in: Wassermeyer/Richter/Schnittker, PersG, 2015, Rz. 11.45 ff.; Franz/Voulon, BB 2011b, S. 1116; Hils, DStR 2009, S. 891; Salzmann, IWB 2009, S. 1549; Prinz, in: Drüen, JbFfSt 2009/10, S. 472; Fn. 65.

561 Vgl. Gosch, in: Kirchhof/Söhn/Mellinghoff, EStG, 2015, § 50d EStG Rn. 46; Hils, DStR 2009, S. 891.

562 Vgl. FG Baden-Württemberg, v. 9.10.2009, 10 K 3312/08, EFG 2010, S. 238.

563 Vgl. BT-Drs. 12/1108, S. 58 f.; BFH, v. 31.8.1999, VIII B 74/99, BStBl. II 1999, S. 794, Rz. 12; v. 6.9.2000, IV R 69/99, BStBl. II 2001, S. 731, Rz. 16; Hils, DStR 2009, S. 891 in Bezug auf die Nichterfassung der Sondervergütungen an mittelbar Beteiligte durch § 17 Abs. 3 S. 3 REITG.

andere dem entgegenstehen.[564] Gleiches gilt für den Einbezug von gewerblich geprägten Personengesellschaften. Teile der Literatur verweisen auf die Anwendung durch § 15 Abs. 3 Nr. 2 EStG.[565] Allerdings ist fraglich, ob diese Regelung in den Anwendungsbereich des § 50d Abs. 10 EStG i. d. F. des JStG 2009 fällt und ob nicht gewerblich geprägte Personengesellschaften schon deshalb ausgeschlossen werden, da sie in den speziellen Einkunftskategorien behandelt und nicht unter Art. 7 OECD-MA subsumiert werden.[566] Im Falle des § 15 Abs. 3 Nr. 2 EStG entfaltet dieser aber konstitutive Wirkung,[567] sodass ohne zusätzlichen Verweis in § 50d Abs. 10 EStG a. F. nicht auf seine Anwendung abgestellt werden kann.

Vereinzelt wird im Schrifttum davon ausgegangen, dass sich der Anwendungsbereich des § 50d Abs. 10 EStG i. d. F. des JStG 2009 auch auf Dividendeneinkünfte aus SBV II erstreckt.[568] Problematisch ist allerdings, dass Dividenden in der abschließenden Aufzählung des § 15 Abs. 1 S. 1 Nr. 2 S. 1 Hs. 2 EStG nicht erwähnt werden und Sonderbetriebseinnahmen des SBV II grundsätzlich weder unter die Regelung des § 15 Abs. 1 S. 1 Nr. 2 S. 1 Hs. 2 EStG noch unter § 50d Abs. 10 EStG a. F. fallen.[569]

Die Hauptproblematik in Bezug auf § 50d Abs. 10 EStG i. d. F. des JStG 2009 besteht allerdings aus der Zuordnung zu einer inländischen Betriebsstätte des Mitunternehmers, die er durch die Personengesellschaft vermittelt bekommt. Teile der Literatur gehen diesbezüglich von einer Zuordnung zur vermittelten Betriebsstätte aus.[570] Begründet wird diese Ansicht in dem Willen des Gesetzgebers.[571] Die h. M. geht jedoch nicht von einer automatischen Zurechnung zur vermittelten Betriebsstätte, sondern lediglich von der Zurechnung der Sondervergütungen zu

564 Für eine Anwendung bei Sondervergütungen aus ehemaliger Mitarbeiterstellung vgl. Pinkernell, IStR 2010, S. 788 f.; Pohl, IWB 2012, S. 125; Pohl, IStR 2012, S. 225 f.; a. A. Klein/Hagena, in: Herrmann/Heuer/Raupach, EStG, 2015, § 50d EStG Rn. 132; Schaumburg, Steuerrecht, 2011, Rn. 18.73; Franz/Voulon, BB 2011b, S. 1116; Prinz, DB 2011, S. 1417; Gosch, BFH-PR 2011, S. 118.

565 Vgl. Salzmann, IWB 2009, S. 1548; a. A Rosenberg, in: Wassermeyer/Richter/Schnittker, PersG, 2015, Rz. 11.68.

566 Vgl. BFH, v. 17.12.1997, I R 47/97, BStBl. II 1998, S. 296, Rz. 7; v. 28.4.2010, I R 81/09, BFH/NV 2010, S. 1550; Wassermeyer, in: Wassermeyer, DBA, 2015, Art. 7 MA Rn. 16a; Vogel, in: Vogel/Lehner, DBA, 2015, Art. 3 MA Rn. 41a; Liebchen, PersG, 2008, S. 178 f.; Blumers/Zillmer, BB 2010, S. 1375, 1376; Haun/Reiser/Mödinger, GmbHR 2010, S. 639.

567 Vgl. Wacker, in: Schmidt, EStG, 2015, § 15 EStG Rn. 212.

568 Vgl. Salzmann, IWB 2010, 905.

569 Vgl. Pohl, IStR 2012, S. 226. Kempermann, in: Wassermeyer/Richter/Schnittker, PersG, 2015, Rz. 2.78 geht allerdings davon aus, dass Dividenden zwar keine Sondervergütungen aber Sonderbetriebseinnahmen sein können.

570 Vgl. Karla, IStR 2012, S. 56; Mitschke, DB 2010, S. 304; Mitschke, FR 2011, S. 182 f.

571 Vgl. Karla, IStR 2012, S. 56. Mitschke begründet seine Ansicht mit Verweis auf die Ausführungen von Frotscher; dieser geht aber keinesfalls von einer automatischen Zuordnung zur vermittelten Betriebsstätte aus, vgl. Frotscher, IStR 2009, S. 596; Frotscher, in: Piltz/Günkel/Niemann, StBJB 2009/2010, S. 168.

den Unternehmensgewinnen aus.[572] Diese Sichtweise stützt sich auch darauf, dass § 50d Abs. 10 EStG a. F. keine automatische Zurechnung entnommen werden kann.[573]

5. Stellungnahme zum § 50 Abs. 10 EStG i. d. F. des JStG 2009

5.1 Kritik der Auffassungen zum § 50d Abs. 10 EStG i. d. F. des JStG 2009

Der Auffassung, dass § 50d Abs. 10 EStG i. d. F. des JStG 2009 lediglich auf solche Abkommen Anwendung findet, die den Begriff der Unternehmensgewinne verwenden, ist m. E. nicht zu folgen. Von einer „ausschließlichen" Anwendung der Regelung auf DBA mit entsprechendem Verweis auf „Unternehmensgewinne" kann nicht ausgegangen werden, denn ansonsten würde § 50d Abs. 10 EStG a. F. in allen anderen Fällen, in denen ein DBA eine andere Begrifflichkeit zugrunde legt, leer laufen. Durch den Ausdruck „ausschließlich" soll lediglich der Ausschluss der speziellen Einkunftsartikel durch Art. 7 Abs. 4 OECD-MA verhindert werden.[574] Dennoch ist fraglich, wie eng der Wortlaut des § 50d Abs. 10 EStG i. d. F. des JStG 2009 gefasst werden kann und ob andere Begriffe, wie z.B. gewerbliche Gewinne[575] oder Einkünfte aus einem gewerblichen Unternehmen[576] hierunter gefasst werden können. In der Gesetzesbegründung ist vom „DBA-Ausdruck ‚Unternehmensgewinne'"[577] die Rede, sodass davon ausgegangen werden kann, dass der Gesetzgeber ebenfalls Synonyme und andere Formulierungen des Begriffs der Unternehmensgewinne dem Wortsinn des § 50d Abs. 10 EStG a. F. nach zulässt.[578]

---

572 Vgl. Klein/Hagena, in: Herrmann/Heuer/Raupach, EStG, 2015, § 50d EStG Rn. 133; Piltz/Wassermeyer, in: Wassermeyer, DBA, 2015, Art. 7 MA Rn. 109a; Kempermann, in: Wassermeyer/Richter/Schnittker, PersG, 2015, Rz. 2.77; Schaumburg, Steuerrecht, 2011, Rn. 18.74; Wehrße, PersG, 2011, S. 138; Boller/Eilinghoff/Schmidt, IStR 2009, S. 113 f.; Franz/Voulon, BB 2011b, S. 1116 f.; Lohbeck/Wagner, DB 2009, S. 425; Prinz, in: Drüen, JbFfSt 2009/10, S. 472 f.: Salzmann, IWB 2009, S. 1550 ff.; Schmidt, DStR 2010, S. 24367 f.; Schmitt-Homann, DStR 2010, S. 2548 f.; Spengel/Schaden/Wehrße, StuW 2012, S. 107; Dörfler/Rautenstrauch/Adrian, BB 2009, S. 584.

573 Vgl. Gebhardt/Quilitzsch, BB 2011, S. 672; Goebel/Eilinghoff/Schmidt, DStZ 2011, S. 76; Häck, IStR 2011, S. 72.

574 Vgl. Franz/Voulon, BB 2011a, S. 167; Franz/Voulon, BB 2011b, S. 1116. Auch wenn im Wortlaut der Regelung der Ausdruck „ausschließlich" verwendet wird, würde dies der Sichtweise des Gesetzgebers entgegenstehen, der von einer Anwendbarkeit des § 50d Abs. 10 EStG a. F. ausgeht.

575 Vgl. Art. 7 Abs. 1 DBA-USA 1989/2008.

576 Vgl. Art. 5 Abs. 1 DBA-Luxemburg.

577 Vgl. BT-Drs. 16/11108, S. 23.

578 Vgl. Günkel/Lieber, Ubg 2009, S. 304; Gebhardt/Quilitzsch, BB 2011, S. 671; Salzmann, IWB 2009, S. 1547.

Des Weiteren soll die Frage geklärt werden, ob § 50d Abs. 10 EStG i. d. F. des JStG 2009 den Vorrang der speziellen Einkunftskategorien nach Art. 7 Abs. 4 OECD-MA ausschließt. Der Gesetzgeber versucht, durch § 50d Abs. 10 EStG a. F. die Regelungen betreffend der Unternehmensgewinne anzuordnen;[579] dennoch soll gerade durch die Vorschrift der Vorrang der speziellen Artikel ausgeschlossen werden.[580] Dies soll auch durch die Verwendung des Wortes ausschließlich gezeigt werden, da insofern eine Verweisung auf Art. 7 Abs. 1 OECD-MA verstanden wird.[581] M. E. ergibt sich auch kein regelungshemmender Zirkelschluss aus § 50d Abs. 10 S. 1 EStG i. d. F. des JStG 2009.[582] Von einem generellen Ausschluss der speziellen Einkunftsartikel kann aufgrund der nicht vorhandenen teleologischen Reduktion von § 50 Abs. 10 EStG a. F. nicht ausgegangen werden.[583]

Fraglich ist, ob § 50d Abs. 10 EStG i. d. F. des JStG 2009 überhaupt zur Anwendung kommt, wenn von einem Vorrang der abkommensautonomen Auslegung ausgegangen wird.[584] Durch die fehlende Definition des Begriffs der Unternehmensgewinne kann nach Art. 3 Abs. 2 OECD-MA innerstaatliches Recht zur Auslegung verwendet werden, sofern keine andere Auslegung nach dem Abkommenszusammenhang erforderlich ist. Ebenso kann durch *treaty overrides* des nationalen Gesetzgebers eine abweichende Auslegung angeordnet werden.[585] Sollte sich durch eine Auslegung nach Art. 3 Abs. 2 OECD-MA durch das nationale Recht der Vorrang von Art. 7 Abs. 4 OECD-MA ergeben, wird dies durch § 50d Abs. 10 EStG a. F. konterkariert. Hierbei ist unerheblich, ob nationale Regelungen zu einem Vorrang des Art. 7 OECD-MA führen oder ob das Anwendungsverbot der speziellen Einkunftsartikel auf die Anwendung des Art. 7 OECD-MA verweist.[586]

In Bezug auf die Beantwortung der Frage, ob § 50d Abs. 10 EStG i. d. F. des JStG 2009 ebenfalls Sondervergütungen aus ehemaliger Mitunternehmerstellung erfasst, ist auf den Wortlaut abzustellen. Dieser schließt diese Sondervergütungen aufgrund des Fehlens eines Verweises auf § 15 Abs. 1 S. 2 EStG nicht explizit ein.[587] Ebenfalls kann keine vollständige Verweisung des § 15 Abs. 1 S. 1 Nr. 3 EStG auf alle Vorschriften, die mit den Sondervergütungen in Zusammenhang stehen,

---

579 Entsprechend für eine Gesamtverweisung des Art. 7 einschließlich des Abs. 4 OECD-DBA spricht sich Gebhardt/Quilitzsch, BB 2011, S. 671 aus.

580 Vgl. Franz/Voulon, BB 2011a, S. 167; Frotscher, IStR 2009, S. 595; Hils, DStR 2009, S. 890; BT-Drs. 16/11108, S. 23.

581 Vgl. zutreffend Häck, IStR 2011, S. 72.

582 Vgl. Franz/Voulon, BB 2011a, S. 167.

583 Vgl. Stemler, Sondervergütungen, 2012, S. 116.

584 Vgl. FG Nürnberg, v. 3.12.2009, IV 322/2005, JurionRS 2009, 31048, Rn. 39; Korn, IStR 2009, S. 643 f.

585 Zweck des § 50d Abs. 10 EStG ist es, gerade den Vorrang der speziellen Artikel auszuschließen, vgl. BT-Drs. 16/11108, S. 23. Über die Zulässigkeit der Treaty Overrides wird in E.IV.1 diskutiert.

586 Vgl. Stemler, Sondervergütungen, 2012, S. 118.

587 Vgl. Prinz, DB 2011, S. 1417; Franz/Voulon, BB 2011b, S. 1116.

angenommen werden, da § 50d Abs. 10 EStG a. F. lediglich eine genaue Verweisung auf § 15 Abs. 1 S. 1 Nr. 2 S. 1 Hs. 2 und Abs. 1 S. 1 Nr. 3 EStG enthält. Der Ansicht, dass § 15 Abs. 1 S. 2 EStG deklaratorischer Natur ist und deswegen Sondervergütungen aus ehemaliger Mitunternehmerstellung erfasst, ist ebenfalls aufgrund des nicht vorhandenen Verweises nicht zu folgen. Insofern ist der Ansicht zuzustimmen, die sich gegen eine erweiterte Auslegung über den Wortlaut hinaus bei Sondervergütungen ausspricht und dementsprechend diese nicht zulässt.[588]

Letzter Streitpunkt behandelt die Frage, ob sich die Reichweite des § 50d Abs. 10 EStG i. d. F. des JStG 2009 auch auf die Zuordnung zu einer inländischen Betriebsstätte erstreckt.[589] Dem Wortlaut des § 50d Abs. 10 EStG a. F. entsprechend ist von keiner solchen Zuordnung auszugehen. Wird der Sinn und Zweck des Gesetzgebers zugrunde gelegt, so kann von dieser Fiktion gesprochen werden; allerdings wird diese durch das Verbot der steuerverschärfenden Analogie zutreffend abgelehnt.[590]

5.2 Stellungnahme zur Rückwirkung der Regelung

§ 50d Abs. 10 EStG i. d. F. des JStG 2009 ist nach § 52 Abs. 59a S. 11 EStG auf alle noch offenen Einkommen- und Körperschaftsteuerveranlagungen anzuwenden. Hierunter fallen bei Einführung des Gesetzes auch bereits abgelaufene Veranlagungszeiträume, sodass eine echte Rückwirkung vorliegt. Diese Art von Rückwirkung ist lediglich unter besonderen Voraussetzungen verfassungsrechtlich zulässig, sodass in der Gesetzesbegründung gesondert darauf eingegangen wird. Dabei wird herausgestellt, dass kein schutzwürdiges Vertrauen des Steuerpflichtigen bestehen konnte, da die Rechtslage klar war. Entsprechendes gilt vor allem, da laut Ansicht des Gesetzgebers lediglich eine bereits gefestigte Praxis gesetzlich festgeschrieben wurde.[591] Allerdings wird dieser Auffassung nach verkannt, dass gerade nicht die Argumentation der Finanzverwaltung der langjährigen Praxis entsprach, sondern die anderslautende BFH-Rechtsprechung. Diese Rechtslage, welche seit 1991 vorherrschend ist, sieht Sondervergütungen abkommensrechtlich eben nicht als Unternehmensgewinne, sondern ordnet sie den spezielleren Verteilungsartikeln zu.[592] Ebenso konnte der Steuerpflichtige durch das BFH-Urteil vom 17.10.2007[593] von einer geklärten Sachlage ausgehen, da die bisherige BFH-Rechtsprechung auch für Inbound-Sachverhalte konsistent umgesetzt wurde. Einhergehend mit dieser

---

588 Vgl. BFH, v. 8.11.2010, I R 106/09, BFHE 231, S. 206; FG Baden-Württemberg, v. 9.10.2009, 10 K 3312/08, EFG 2010, S. 238.

589 Zustimmend BT-Drs. 16/11108, S. 23; BMF, v. 16.4.2010, IV B 2 – S 1300/09/10003, BStBl. I 2010, S. 354, Tz. 5.1; Karla, IStR 2012, S. 56; Mitschke, DB 2010, S. 304.

590 Vgl. Häck, IStR 2011, S. 72; Prinz, in: Drüen, JbFfSt 2009/10, S. 474.

591 Vgl. BT-Drs. 16/11108, S. 25; Frotscher, in Frotscher/Geurts, EStG, 2014, § 50d EStG Rn. 258, Kritisch zur Verfassungsmäßigkeit BFH, v. 11.12.2013, I R 4/13, BFH/NV 2014, S. 614.

592 Kritisch vgl. Frotscher, in Frotscher/Geurts, EStG, 2014, § 50d EStG Rn. 259, 261.

593 BFH, v. 17.10.2007, I R 5/06, BStBl. II 2009, S. 356.

Rechtssicherheit konnte nicht erwartet werden, dass eine anderslautende verwaltungsseitige Auffassung im Sinne einer „rechtsprechungsbrechenden Regelung“[594] eingeführt würde.[595] Weiterhin kann nicht nur aufgrund der Gesetzesbegründung von einer Klarstellung ausgegangen werden. Das BVerfG bestätigt in seinem Beschluss vom 17.12.2013[596], dass eine gesetzliche Regelung, auch wenn der Gesetzgeber von einer deklaratorischen Klarstellung ausgeht, rechtsbegründend wirkt, wenn sie eine offene Auslegungsfrage für die Vergangenheit regelt. Aus diesem Grund verstößt die Rückwirkung des § 50d Abs. 10 EStG i. d. F. des JStG 2009 gegen schutzwürdiges Vertrauen, sodass sie als nichtig anzusehen ist und die Regelung ihre Wirkung somit erst ab dem Veranlagungszeitraum 2009 entfaltet.[597]

5.3 Stellungnahme zum enthaltenen treaty override *der Norm*

Der Gesetzgeber sah den § 50d Abs. 10 EStG i. d. F. des JStG 2009 in Bezug auf eine mögliche abkommensüberschreibende Vorschrift ebenfalls nicht als verfassungskritisch an, da es sich seiner Meinung nach lediglich um eine Auslegungshilfe des in DBA verwendeten Begriffs der Unternehmensgewinne handelte.[598] Im Verhältnis zu bereits vorher abgeschlossenen DBA stellt die Regelung ein nachträgliches innerstaatliches Gesetz dar. Entscheidend für die Einordnung als *treaty override* ist zusätzlich, ob die kodifizierte innerstaatliche Einordnung der Sondervergütungen eine Art nationaler Abkommensauslegung entspricht oder ob sie im Konflikt zu einer DBA-Norm steht. Wird eine abkommensautonome Auslegung zugrunde gelegt, sind abkommensrechtliche Sondervergütungen unter die speziellen Verteilungsartikel zu subsumieren, da die innerstaatliche Gewerblichkeitsfiktion des § 15 Abs. 1 S. 1 Nr. 2 S. 1 EStG nicht auf die Abkommensebene durchschlägt. Dies entspricht auch der vom BFH vertretenen völkerrechtlichen Theorie, dass neben dem schriftlich festgehaltenen Vertragsinhalt ebenfalls die entsprechende Auslegung eines DBA zum verpflichtenden Vertragsinhalt gehört.[599] Folglich kann erst nachrangig eine nationale Begriffsauslegung über Art. 3 Abs. 2 OECD-MA erfolgen, um einer abkommenskonforme Auslegung gerecht zu werden.

Diesem Auslegungsprinzip entgegen, stellen *treaty overrides* einen Bruch des DBA-Vertragsinhaltes dar (pacta sunt servanda)[600] und stehen somit im Konflikt

594 Loschelder, in: Schmidt, EStG, 2015, § 50d EStG Rn. 60.
595 Vgl. Boller/Sliwka/Schmidt, DB 2008, S. 1005.
596 Vgl. BVerfG, v. 17.12.2013, 1 BvL 5/08, BFH/NV 2014, S. 653, Tz. 82 ff.
597 Ebenso siehe Frotscher, in Frotscher/Geurts, EStG, 2014, § 50d EStG Rn. 259.
598 Vgl. BT-Drs. 16/11108, S. 23. Siehe ebenfalls die Formulierung des § 50d Abs. 8 S. 1 EStG, welcher bereits aufgrund von verfassungsrechtlichen Bedenken dem BVerfG vorgelegt wurde. Vgl. BFH, v. 10.1.2012, I R 66/09, BFH/NV 2012, S. 1056.
599 Vgl. hierzu Frotscher, IStR 2009, S. 597.
600 Vgl. Herdegen, Völkerrecht, 2015, § 15, Rn. 16 „Verträge sind einzuhalten“.

zur abkommensrechtlichen Vorschrift.[601] In Bezug auf § 50d Abs. 10 EStG i. d. F. des JStG 2009 bedeutet dies, dass die Regelung die abkommensautonome Auslegung der Behandlung grenzüberschreitender Sondervergütungen entsprechend ihrer zivilrechtlicher Natur durchbricht und eine Einordnung in den Artikel über Unternehmensgewinne vorschreibt. Dies hat zur Folge, dass der andere beteiligte Staat aufgrund des Fehlens der durchschlagenden Gewerblichkeitsfiktion eine andere Einordnung der Sondervergütungen vornehmen würde und entsprechend die entstehende Doppelbesteuerung die durch DBA bezweckte Begünstigung des Steuerpflichtigen durch den deutschen Gesetzgeber konterkariert wird. Dieser Auffassung folgend handelt es sich bei dem § 50d Abs. 10 EStG i. d. F. des JStG 2009 um ein „lupenreines treaty override“[602].

5.4 *Vermeidung der Doppelbesteuerung aufgrund von § 50d Abs. 10 EStG a. F.*

Entstehen abkommensrechtlich Qualifikationskonflikte, die auf die Auslegung aufgrund von anderslautenden innerstaatlichen Vorschriften zurückzuführen sind, so trifft den Ansässigkeitsstaat stets die Pflicht zur Vermeidung der möglicherweise entstehenden Doppelbesteuerung.[603] Steht dem Quellenstaat das abkommensrechtliche Besteuerungsrecht an den fraglichen Einkünften zu, so hat der Ansässigkeitsstaat im Falle eines positiven Qualifikationskonflikts die Auffassung des Quellenstaates zu übernehmen (sog. Qualifikationsverkettung[604]) und durch Art. 23 OECD-MA die entsprechenden Einkünfte freizustellen oder die Quellensteuer anzurechnen.[605]

Missachtet wird in diesem Zusammenhang allerdings, dass Deutschland im Inbound-Fall aber gerade nur durch die abkommensüberschreibende Norm das Besteuerungsrecht an grenzüberschreitenden Sondervergütungen erhält. Wird der abkommensautonomen Auslegung gefolgt, wird das Besteuerungsrecht durch die Einordnung der Sondervergütungen in die speziellen Verteilungsartikel dem Ansässigkeitsstaat zugesprochen, sodass die Grundsätze der Qualifikationsverkettung

---

601 Vgl. zur Verfassungsmäßigkeit eines *treaty override* Stein, IStR 2006, S. 507. Prinz, DB 2011, S. 1417; Jansen/Weidmann, IStR 2010, S. 603; Schmidt, DStR 2013, S. 1710.

602 Gosch, in: Kirchhof/Söhn/Mellinghoff, EStG, 2015, § 50d EStG Rn. 44b. Da der *treaty override* allerdings im Gesetz nicht kenntlich gemacht wird, handelt es sich um ein verstecktes *treaty override*. Vgl. Gosch, IStR 2008, S. 415.

603 In Übereinstimmung mit der Auffassung des OECD Partnership Report vgl. BT-Drs. 16/11108, S. 23.

604 Kritisch ggü. diesem Begriff Prokisch, in: Vogel/Lehner, DBA, 2015, Art. 1 MA Rn. 39.

605 Vgl. Weggenmann, IStR 2002, S. 614 f.; ebenfalls dem zustimmend BMF, v. 16.10.2010, IV B 2 – S 1300/09/10003, BStBl. I 2010, S. 354, Tz. 5.1. Im Falle eines negativen Qualifikationskonflikts kommt Art. 23A Abs. 4 OECD-MA oder mit gleichlautender Wirkung die nationale *switch-over*-Klausel des § 50 Abs. 9 S. 1 Nr. 1 EStG zum Tragen.

keine Anwendung finden können.[606] Darüber hinaus sollte kritisch gesehen werden, dass die Auffassung der OECD, auf die sich der Gesetzgeber in seiner Gesetzesbegründung vorbehaltslos stützt, keineswegs bindend und zudem nicht unumstritten ist.[607] Als Folge bleibt es nach § 50d Abs. 10 EStG i. d. F. des JStG 2009 bei einer definitiven Doppelbesteuerung. Durch die Neufassung der Norm im Rahmen des AmtshilfeRLUmsG wurde eine Anrechnungsmöglichkeit der ausländischen Steuer bis zur Höhe der anteilig auf diese Einkünfte entfallenden deutschen Einkommensteuer eingeführt (§ 50d Abs. 10 S. 5 EStG i. d. F. des AmtshilfeRLUmsG). Da es diese Möglichkeit in der Altfassung der Regelung nicht gibt, verbleibt dem von der Doppelbesteuerung betroffenen Steuerpflichtigen nur die Einleitung eines Verständigungsverfahrens nach Art. 25 Abs. 1, 2 OECD-MA.608

606 Dem zustimmend Frotscher, IStR 2009, S. 599. Der Gesetzgeber und die Finanzverwaltung haben daraufhin in der Begründung zur Neufassung der Norm eben nicht mehr dem Ansässigkeitsstaat die Pflicht zur Verhinderung der Doppelbesteuerung zugesprochen. Vgl. BR-Drs. 632/1/12, S. 14; BMF, v. 26.9.2014, IV B 5 – S 1300/09/10003, BStBl. I 2014, S. 1258, Tz. 5.1.3.1.

607 Vgl. Gosch, in: Kirchhof/Söhn/Mellinghoff, EStG, 2015, § 50d EStG Rn. 44a.

608 Allerdings steht das Verständigungsverfahren in der Kritik, da das Verfahren umständlich ist, meist über mehrere Jahre andauern kann und in seinem Ausgang für den Steuerpflichtigen unvorhersehbar ist. Vgl. Albert, DBA-Verständigungsverfahren, 2009, S. 2.

E. Regelung des § 50d Abs. 10 EStG i. d. F. des AmtshilfeRLUmsG

I. Einführung des § 50d Abs. 10 EStG i. d. F. des AmtshilfeRLUmsG

1. Grund der Neuregelung

1.1 Ausgestaltung und Gesetzesbegründung

Die dargestellten Mängel des § 50d Abs. 10 EStG i. d. F. des JStG 2009 versuchte der Gesetzgeber durch eine Neufassung des § 50d Abs. 10 EStG im Rahmen des AmtshilfeRLUmsG[609] auszuräumen und gleichsam die verfassungsrechtlichen Bedenken zu beseitigen.[610] Außerdem sollte mit der Neuregelung die Intention (Sicherung des Besteuerungsrechts an grenzüberschreitenden Sondervergütungen) erreicht werden, um der Auffassung der Finanzverwaltung und des Gesetzgebers gerecht zu werden und eine anderslautende BFH-Rechtsprechung zur Behandlung von grenzüberschreitenden Sondervergütungen zu durchbrechen.[611]

Der persönliche und sachliche Regelungsbereich des § 50d Abs. 10 EStG n. F. bezieht sich auf Sondervergütungen i. S. v. § 15 Abs. 1 S. 1 Nr. 2 S. 1 Hs. 2 EStG bzw. § 15 Abs. 1 Nr. 3 EStG.[612] Entsprechend muss die Personengesellschaft die Voraussetzungen einer Mitunternehmerschaft erfüllen und zusätzlich die genannten Vergütungen an ihre Mitunternehmer zahlen. Sofern die Personengesellschaft diese Voraussetzung nicht erfüllt oder die Gesellschafter nicht als Mitunternehmer

---

609 Vgl. Gesetz zur Umsetzung der Amtshilferichtlinie sowie zur Änderung steuerlicher Vorschriften vom 26.6.2013 (AmtshilfeRLUmsG), BStBl. I 2013, S. 1809–1846. Hierbei wurde die Norm von zwei auf insgesamt acht Sätze erweitert.

610 Vgl. Schmidt, DStR 2013, S. 1705. Als treibende Kraft hinter der Adjustierung gelten die Länder, vgl. BT-Drs. 17/10604, Tz. 27. Allerdings scheiterte die Nachbesserung der Regelung zuerst an den unterschiedlichen Vorstellungen von Bund und Ländern, sodass eine Neuregelung nicht bereits im JStG 2013 vom 6.7.2012 erreicht werden konnte. Vgl. BR-Drs. 302/1/12, S. 60 f., BR-Drs. 302/12, S. 51 f., BR-Drs. 139/13. Erst ein Vermittlungsverfahren zum AmtshilfeRLUmsG brachte Einigung und die verabschiedete Neuregelung, siehe BT-Drs. 17/13722. Vgl. Pohl, IWB 2013, S. 382; Schmidt, DStR 2013, S. 1705; Zuber/Ditsch, in: Littmann/Bitz/Pust, ESt, 2015, § 50d EStG, Rn. 180, 186.

611 Vgl. BR-Drs. 632/1/12, S. 15; BR-Drs. 302/12, S. 51 f. Folglich wurde dieselbe dogmatische Begründung auch für die überarbeitete Fassung verwendet, die dergleichen Kritik unterliegt wie die ursprüngliche Regelung.

612 Die Norm wird durch den Verweis auf § 15 Abs. 1 Nr. 3 EStG auch auf die Vergütungen ausgedehnt, die ein persönlich haftender Gesellschafter einer KGaA von seiner Gesellschaft erhält.

angesehen werden können, ist die Norm nicht anwendbar. § 50d Abs. 10 EStG i. d. F. des AmtshilfeRLUmsG unterscheidet nicht, ob sich die Geschäftsleitung der Personengesellschaft im Inland oder im Ausland befindet bzw. die KGaA inländisch oder in einem ausländischen Staat ansässig ist. Die Vorschrift ist somit sowohl auf Inbound- als auch Outbound-Fälle anwendbar.[613]

Ist § 50d Abs. 10 EStG n. F. einschlägig, ergibt sich als Rechtsfolge nach Satz 1 die Umqualifizierung der Sondervergütungen für Zwecke der Anwendung des Abkommensrechts als Teil des Unternehmensgewinns.[614] Der neue § 50d Abs. 10 EStG umfasst hierdurch weiterhin die bereits enthaltende Fiktion der Qualifikation der Sondervergütungen als Teil des Unternehmensgewinns des vergütungsberechtigten Gesellschafters. Durch § 50d Abs. 10 S. 2 EStG werden fortan auch sonstige Erträge und Aufwendungen aus dem SBV erfasst.[615] Den Kern der revidierten Fassung bildet die Fiktion des § 50d Abs. 10 S. 3 EStG, der die bisher bemängelte Zuordnungsproblematik löst, indem er die Sondervergütungen jener Betriebsstätte zuordnet, die die tatsächlichen Aufwendungen trägt.[616] Dies gilt entsprechend dem Wortlaut der Norm ungeachtet anderer Vorschriften des DBA, sodass an dieser Stelle ein *treaty override* offen gekennzeichnet ist. Die Erweiterung des § 50d Abs. 10 S. 4 EStG schließt explizit auch nachträglich gezahlte Vergütungen i. S. d. § 15 Abs. 1 S. 2 EStG[617] sowie Sondervergütungen eines mittelbaren Gesellschafters aus doppel- oder mehrstöckigen Personengesellschaften i. S. d. § 15 Abs. 1 S. 1 Nr. 2 S. 2 EStG ein.

Entgegen der bisherigen Auffassung, der Ansässigkeitsstaat hätte die Pflicht, eine Doppelbesteuerung aufgrund abweichender nationaler Qualifikation zu beseitigen, wird dieser Ansicht in der Neufassung durch § 50d Abs. 10 S. 5 u 6 EStG widersprochen und eine Möglichkeit zur Anrechnung der ausländischen Steuer geschaffen. Dies diene ebenfalls der verfassungsmäßigen Ausgestaltung des in § 50d Abs. 10 S. 3

---

613 Hieraus ergibt sich auch, dass bei Vorliegen einer ausländischen Personengesellschaft mit inländischem Gesellschafter aufgrund der Anwendung des § 50d Abs. 10 S. 8 EStG n. F. nicht die Freistellungsmethode, sondern die Anrechnungsmethode des § 50d Abs. 9 Nr. 1 EStG zum Tragen kommt.

614 Durch die Verwendung des Ausdrucks „ausschließlich“ kommt die Subsumtion der Sondervergütungen unter die speziellen Einkunftsartikel nicht in Betracht. Weiterhin wird durch die Formulierung „Teil“ des Unternehmensgewinns deutlich, dass es sich um eine einheitliche Größe handelt. Vgl. Frotscher, in Frotscher/Geurts, EStG, 2014, § 50d EStG, Rn. 278.

615 Vgl. zu alledem Kudert/Kahlenberg, IStR 2013, S. 802 f. Kritisch gesehen kann hier allerdings, dass der Entwurf eines neuen BMF-Schreibens die Anwendung von § 50d Abs. 10 EStG explizit negiert, vgl. BMF, v. 5.11.2013, IV B 5 – S 1300/09/10003, Tz. 5.1.1. Die veröffentlichte Fassung enthält diese Negierung aber nicht mehr vgl. BMF, v. 26.9.2014, IV B 5 – S 1300/09/10003, BStBl. I 2014, S. 1258, Tz. 5.1.1.

616 Vgl. Kudert/Kahlenberg, IStR 2013, S. 803. Sog. Doppelfiktion. Vgl. Klein/Hagena, in: Herrmann/Heuer/Raupach, EStG, 2015, § 50d EStG Rn. 131.

617 Dies umfasst insbesondere als Sondervergütungen qualifizierte Pensionszahlungen.

EStG enthaltenen *treaty override*.[618] Eine Anrechnung ist hingegen ausgeschlossen, wenn das einschlägige DBA eine ausdrückliche Regelung für Sondervergütungen enthält (§ 50d Abs. 10 S. 6 EStG).

Abweichend von der bisherigen Auffassung der Finanzverwaltung[619] wurde in § 50d Abs. 10 S. 7 Nr. 1 EStG festgelegt, dass die Regelung nicht auf Sondervergütungen gewerblich geprägter Personengesellschaften anwendbar ist.[620] In Übereinstimmung mit der ergangenen BFH-Rechtsprechung[621] ist weiterhin die Fiktion der gewerblich infizierten Gewinne auf Abkommensebene ausgeschlossen.[622] Des Weiteren ist die Vorschrift durch § 50d Abs. 10 S. 7 Nr. 2 EStG auf Einkünfte aus selbständiger Arbeit nach § 18 EStG anzuwenden. Unverändert bleibt die Anwendbarkeit des § 50d Abs. 9 S. 1 Nr. 1 EStG durch § 50d Abs. 10 S. 8 EStG i. d. F. des AmtshilfeRLUmsG.

Im Rahmen des § 50d Abs. 10 EStG i. d. F. des AmtshilfeRLUmsG wurde ebenfalls die Einführungsverordnung des § 52 Abs. 59a S. 10 EStG festgeschrieben. Diese Vorschrift sieht eine echte Rückwirkung für alle noch offenen Veranlagungen vor, die gem. den Ansichten des Gesetzgebers explizit zulässig ist, da kein schutzwürdiges Vertrauen der Steuerpflichtigen bestand. Einerseits wird dies mit der erst kurzen Spruchpraxis des BFH begründet, sodass bisher kein schutzwürdiges Vertrauen entstehen konnte. Andererseits sei mit einer Neuregelung zu rechnen gewesen, denn die Revision von § 50d Abs. 10 EStG spiegelt nur den gesetzgeberischen Willen wider, der nicht durch die anderslautende Rechtsprechung erreicht wurde.[623]

1.2 Überblick über die kritische Würdigung der Gesetzesbegründung

In mehrfacher Hinsicht werden auch an der Neuregelung des § 50d Abs. 10 EStG n. F. ernsthafte Zweifel gehegt. Nicht nur die unveränderte dogmatische Gesetzesbegründung, sondern auch die Begründung der Zulässigkeit der echten Rückwirkung und die verfassungskonforme Ausgestaltung der Anrechnungsmöglichkeit stehen in

618 Vgl. die Begründung in BR-Drs. 632/1/12, S. 15. Allerdings sind hohe Anforderungen an die Zulässigkeit zur Anrechnung geknüpft. Vgl. Kudert/Kahlenberg, IStR 2013, S. 806.

619 Vgl. BMF, v. 16.4.2010, IV B 2 – S 1300/09/10003, BStBl. I 2010, S. 354, Tz. 5.1.

620 Bisher galten sowohl gewerblich infizierte (§ 15 Abs. 3 Nr. 1 EStG) als auch gewerblich geprägte Einkünfte (§ 15 Abs. 3 Nr. 2 EStG) in DBA-Fragen regelmäßig als Bestandteile der Unternehmensgewinne bzw. der gewerblichen Gewinne einer Personengesellschaft. Als Fiktion galt dies ebenfalls für die von ihnen gezahlten Sondervergütungen. Vgl. BMF, v. 16.4.2010, IV B 2 – S 1300/09/10003, BStBl. I 2010, S. 354, Tz. 5.1.

621 Vgl. BFH, v. 24.4.1997, IV R 60/95, BStBl. II 1997, S. 567.

622 Tätigt eine Personengesellschaft gemischte Aktivitäten, so sind diese auf Abkommensebene, wenn möglich, in gewerbliche und vermögensverwaltende Tätigkeiten zu trennen. Vgl. BMF, v. 26.9.2014, IV B 5 – S 1300/09/10003, BStBl. I 2014, S. 1258, Tz. 2.2.1.

623 Vgl. zu alledem BR-Drs. 632/1/12, S. 15.

der Kritik. In Bezug auf die Rückwirkung der Norm wird argumentiert, dass diese verfassungsmäßig unbedenklich sei, da kein schutzwürdiges Vertrauen des Steuerpflichtigen hätte bestehen können.[624] Allerdings wurde der § 50d Abs. 10 EStG i. d. F. des AmtshilfeRLUmsG dahingehend geändert, dass ebenfalls eine Zuordnungsfiktion zur Betriebsstätte der Personengesellschaft und eine Verschärfung durch die Zulassung von nachträglichen und mittelbaren Sondervergütungen erreicht werden sollte. Insofern ist schwer vorstellbar, dass die Neuregelung ausschließlich eine Klarstellung der bisherigen Rechtslage war, die bereits durch die langjährige BFH-Rechtsprechung durchbrochen wurde.[625]

1.3 Outbound-Gestaltungen des § 50d Abs. 10 EStG n. F.

In Outbound-Fällen, in denen eine im Inland ansässige Person an einer ausländischen Personengesellschaft beteiligt ist, ergeben sich die gleichen Auswirkungen wie in Inbound-Sachverhalten. Entsprechend wären Sondervergütungen der ausländischen Betriebsstätte zuzuordnen.[626] Ist dem ausländischen Staat die Systematik der Sondervergütungen unbekannt, so werden die meisten Staaten die Einkünfte dem Art. 11 OECD-MA zuordnen und Deutschland das Besteuerungsrecht zuweisen.[627] Aus dieser Konstellation entsteht immer dann ein negativer Qualifikationskonflikt, wenn der ausländische Staat sein durch Deutschland zugewiesenes Besteuerungsrecht nicht oder nur zum Teil ausnutzt und Deutschland gleichzeitig die Einkünfte der ausländischen Betriebsstätte zurechnet und entsprechend ebenfalls nicht besteuert.[628] Um eine derartige doppelte Nichtbesteuerung zu verhindern, ist die Neufassung des § 50d Abs. 10 EStG auch auf Outbound-Fälle anzuwenden, indem der § 50d Abs. 10 S. 8 EStG n. F. auf die Anwendung des § 50d Abs. 9 S. 1 Nr. 1 EStG verweist.[629] Allerdings kann bei dieser Verfahrensweise nicht mehr von einer spiegelbildlichen Behandlung von Inbound- und Outbound- Gestaltungen durch

---

624 Vgl. BR-Drs. 632/1/12, S. 15.

625 Vgl. Frotscher, in Frotscher/Geurts, EStG, 2014, § 50d EStG Rn. 259, 261, 266, 272. Folge wäre die Nichtanwendung auf offene Veranlagungszeiträume bzw. die Erstanwendung der Vorschrift ab dem Veranlagungszeitraum 2013.

626 Fraglich ist allerdings, ob der ausländische Staat die zweistufige Gewinnermittlung der Sondervergütungen kennt und anwendet. Wäre dem so, stellen die Sondervergütungen im ausländischen Staat gewerbliche Gewinne dar und Deutschland würde die Einkünfte gem. Art. 23A Abs. 1 OECD-MA (i. d. R. unter Progressionsvorbehalt) freistellen. Vgl. Prinz, DB 2011, S. 1417 f.

627 Sie selbst hätten (soweit die europäische Zins-Lizenz-Richtlinie nicht greift) lediglich ein Quellenbesteuerungsrecht. Vgl. Richtlinie 2003/49/EG vom 3.6.2003.

628 Folge wären die nur teilweise Besteuerung oder weiße Einkünfte. Vgl. Vees, DB 2010, S. 1427; vertiefend Gosch, IStR 2008, S. 416.

629 Gleiches galt durch § 50d Abs. 10 S. 2 EStG a. F. Hierbei sieht die Finanzverwaltung einen Übergang der Freistellungs- auf die Anrechnungsmethode vor. Vgl. Haase/Steierberg, IWB 2014, S. 11. Alternativ ist eine DBA-rechtliche *switch-over*-Klausel anzuwenden. Ebenfalls Heurung/Bresgen/Sauer, Intertax 2014, S. 648 ff.

die deutsche Finanzverwaltung gesprochen werden.[630] Weitere Gestaltungsmöglichkeiten ergeben sich durch die derzeitige Diskussion um den Einkünftebegriff des § 50d Abs. 9 EStG, die dazu führen könnte, dass die Rechtsfolge der Norm nicht eintritt oder die Besteuerung der Sondervergütungen vollständig umgangen wird.[631]

2. Auffassung der Gesetzgebung und der Finanzverwaltung

In Übereinstimmung mit der bisherigen BFH-Rechtsprechung[632] gehen sowohl Gesetzgebung[633] als auch Finanzverwaltung[634] davon aus, dass die innerstaatliche Fiktion der gewerblichen Prägung nicht auf die Abkommensebene übertragbar ist. Entsprechend können gewerblich geprägte Gesellschaften keine Unternehmensgewinne im abkommensrechtlichen Sinne erzielen. Diesbezüglich fraglich ist allerdings die Handhabung abkommensrechtlicher Sondervergütungen von Mitunternehmern einer Personengesellschaft, bei denen die Einkünfte nach deutschem Recht zu gewerblichen Einkünften umqualifiziert werden. Beispiele wären diesbezüglich die gewerbliche Infektion nach § 15 Abs. 3 Nr. 1 EStG oder eine Betriebsaufspaltung i. S. v. H 15.7 Abs. 4 EStH. Nach Auffassung der Finanzverwaltung würden diese Einkünfte ebenfalls nicht in den Anwendungsbereich des § 50d Abs. 10 EStG n. F. fallen, da dieser lediglich auf Personengesellschaften, die abkommensrechtlich Unternehmensgewinne erzielen, beschränkt ist.[635]

Nach Ansicht der Finanzverwaltung ist § 50d Abs. 10 EStG nicht auf die vollständige unentgeltliche Überlassung von Wirtschaftsgütern durch einen Mitunternehmer anwendbar.[636] Als weitere Folge des neuen BMF-Schreibens stellen Refinanzierungsaufwendungen, die beim ausländischen Mitunternehmer anfallen,

630 Dem zustimmend vgl. Prinz, DB 2011, S. 1418. Der BFH kommt unter abweichender Begründung zu einer ähnlichen Sachlage: Der Betriebsstättenstaat erhält ein beschränktes Quellensteuerrecht, während Deutschland die Sondervergütungen unter Anrechnung der ausländischen Quellensteuer besteuert. Vgl. ausführlich Frotscher, IStR 2009, S. 594.

631 Hierbei soll § 50d Abs. 9 EStG nur Anwendung finden, wenn Einkünfte einer Einkunftsart i. S. d. § 2 Abs. 1 EStG im Ausland nicht besteuert werden oder einem durch das Abkommen begrenzten Steuersatz unterliegen. Kritisch hierzu Pohl, DB 2013, S. 1577 m. w. N. Eine weitere Analyse des § 50d Abs. 9 EStG erfolgt im Kapitel F.II.2.2.

632 Vgl. BFH, v. 28.4.2010, I R 81/09, BFH/NV 2010, S. 1550; v. 9.12.2010, I R 49/09, BFH/NV 2011, S. 698.

633 Erkennbar durch die Einführung des § 50i EStG.

634 Vgl. BMF, v. 26.9.2014, IV B 5 – S 1300/09/10003, BStBl. I 2014, S. 1258, Tz. 2.2.1.

635 Weiteres auch zur Anwendung des § 50i EStG, der durch das AmtshilfeRLUmsG 2013 eingeführt wurde, vgl. BMF, v. 26.9.2014, IV B 5 – S 1300/09/10003, BStBl. I 2014, S. 1258, Tz. 2.3.3 ff.; 5.1.1.

636 Bei der teilweisen unentgeltlichen Überlassung von Wirtschaftsgütern ist § 50d Abs. 10 EStG n. F. nur auf den entgeltlichen Teil der Überlassung anzuwenden, vgl. BMF, v. 26.9.2014, IV B 5 – S 1300/09/10003, BStBl. I 2014, S. 1258, Tz. 5.1.1.

nicht mehr Sonderbetriebsausgaben dar, sodass die Steuerschuld der Auslandsbetriebsstätte des Mitunternehmers zugewiesen wird.[637] Zu beachten ist weiterhin, dass die deutsche DBA-Verhandlungsgrundlage vom 17.4.2013[638] die Regelungen zur Behandlung von Sondervergütungen im Abkommensrecht aufgrund von Akzeptanzproblemen im Ausland nicht behandelt.[639] Begründet wird dies nicht durch die Abkehr der von der Finanzverwaltung und dem Gesetzgeber vertretenen Auffassung zur abkommensrechtlichen Behandlung von Sondervergütungen. Vielmehr sieht das BMF eine Erschwerung der Verhandlung von neuen DBA, wenn explizite Regelungen diesbezüglich aufgenommen und folglich das Risiko von Qualifikationskonflikten zu hoch wäre.[640]

3. Auffassung der Rechtsprechung

Entsprechend der bisherigen BFH-Rechtsprechung erforderte die Erfüllung des Betriebsstättenprinzips, dass den Sondervergütungen zugrundeliegende Wirtschaftsgüter und Forderungen einer Betriebsstätte tatsächlich-funktional zugeordnet wurden.[641] Aus diesem Grund stand die ursprüngliche Fassung des § 50d Abs. 10 EStG i. d. F. des JStG 2009 in der Kritik. Grund hierfür war, dass die Umqualifizierung der Vergütungen in abkommensrechtliche Unternehmensgewinne nicht ausreicht, um die Voraussetzungen des Betriebsstättenprinzips zu erfüllen. In der Neufassung der Vorschrift ist deswegen eine weitere Fiktion enthalten, die den Zurechnungsmaßstab des § 15 Abs. 1 S. 1 Nr. 2 S. 1 EStG und damit einen wirtschaftlichen Veranlassungs- bzw. Verursachungsmaßstab zugrunde legt. Dieser Zuordnungsmaßstab stand in der aktuellen Rechtsprechung des BFH[642] zur Diskussion.

In seinem Urteil vom 12.6.2013[643] befasste sich der BFH mit grenzüberschreitenden Erträgen aus dem SBV II in einem Dreieckssachverhalt. Dem Fall lag folgende Entscheidungsfrage zugrunde: Welcher Staat erhält das Besteuerungsrecht

---

637 Vgl. BMF, v. 26.9.2014, IV B 5 – S 1300/09/10003, BStBl. I 2014, S. 1258, Tz. 5.1.2 Beispiel 2; siehe auch Prinz, GmbHR 2014, S. 731. Es ergeben sich nach Ansicht von Prinz weiterhin Auswirkungen auf das Zusammenspiel mit § 1 AStG, bei dem Personengesellschaften für Zwecke steuererhöhender Einkünfteberichtigungen ab dem VZ 2013 selbst Steuerpflichtige sind und folglich das Transparenzprinzip ausgeschaltet wird. Hruschka sieht aufgrund der Zuordnungsproblematik der negierten funktionalen Zuordnung durch § 1 Abs. 5 S. 7 AStG und der Untersagung des Betriebsausgabenabzugs nach § 3c Abs. 1 EStG im Falle der Refinanzierungskosten keine Möglichkeit des Betriebsausgabenabzugs. Vgl. Hruschka, IStR 2014, S. 792 f.; Hruschka, DStR 2014, S. 2426.

638 Vgl. BMF, v. 22.8.2013, IV B 2 – S 1301/13/10009, BStBl. I 2013, S. 980.

639 Vgl. Prinz, GmbHR 2014, S. 731; Kreienbaum, WPg 2014, S. 494.

640 Vgl. Lüdicke, IStR-Beihefter 2013, S. 44.

641 Vgl. BFH, v. 8.9.2010, I R 74/09, BFHE 231, S. 84.

642 U. a. BFH, v. 12.6.2013, I R 47/12, BFH/NV 2012, S. 1999; v. 11.12.2013, I R 4/13, BFH/NV 2014, S. 614.

643 BFH, v. 12.6.2013, I R 47/12, BFH/NV 2012, S. 1999.

für Zinsen, die auf ein Darlehen gezahlt werden, dass der in Thailand ansässige Gesellschafter einer Personengesellschaft mit Betriebsstätte in Deutschland einer in einem Drittland (Großbritannien) ansässigen Schwesterkapitalgesellschaft gewährt hat?[644] Nach Auffassung des Ersten Senats können die Zinseinkünfte aus Großbritannien nicht unter Art. 11 des DBA zwischen Deutschland und Thailand fallen. Grund hierfür war, dass die Einkünfte nicht aus einem der beiden Vertragsstaaten stammen.[645] Ebenfalls war die Zuordnung zur Auffangvorschrift des Art. 21 OECD-MA ausgeschlossen, da das DBA-Thailand nicht über einen solchen verfügt.[646] Grundsätzlich wurde festgestellt, dass kein Anspruch auf Vermeidung möglicher eintretender Doppelbesteuerung besteht, wenn das zugrunde liegende DBA nicht auf die Einkünfte anwendbar ist. Insofern könnte hier eine Besteuerung Deutschlands erfolgen.[647] Wäre allerdings das DBA hilfsweise über Art. 7 Abs. 1 S. 2 i. V. m. Art. 3 Abs. 2 DBA-Thailand anwendbar, ist weiterhin die Zuordnung der Zinseinkünfte fraglich. Da keine Betriebsstätte in Thailand vorliegt und die Existenz von betriebsstättenlosen Einkünften negiert wird, könnten die Einkünfte der deutschen Personengesellschaft zugerechnet werden. Gleiches gilt, wenn von vorneherein eine Anwendung des § 50d Abs. 10 EStG i. d. F. des JStG 2009 angenommen würde.[648] Dafür spricht ebenfalls, dass die Einkünfte der inländischen Gesellschaft auch wirtschaftlich zugeordnet wurden und eine Mitunternehmerbetriebsstätte des in Thailand ansässigen Gesellschafters aufgrund der bloßen Vermögensverwaltung ausgeschlossen ist.[649] Die Begründung lässt hingegen eine verfassungsrechtliche Betrachtung des § 50d Abs. 10 EStG i. d. F. des JStG 2009 vollkommen außer Betracht.

---

644 Ähnliche Dreieckssachverhalte bzgl. gezahlter Dividenden sowie Gewinne, die beim Verkauf der Beteiligung an der Schwesterkapitalgesellschaft erzielt wurden, waren Streitgegenstand weiterer Entscheidungen, vgl. BFH, v. 19.12.2007, I R 66/06, BStBl. II 2008, S. 510; v. 13.2.2008, I R 63/06, BStBl. II 2009, S. 414.

645 Vgl. BFH, v. 12.6.2013, I R 47/12, BFH/NV 2012, S. 1999, Rz. 11 f.

646 Vgl. BFH, v. 12.6.2013, I R 47/12, BFH/NV 2012, S. 1999, Rz. 11 f.

647 Zur Begründung wird angeführt, dass das Gesellschafterdarlehen innerstaatlich als SBV II gelten könnte und entsprechend die vereinnahmten Zinsen zu den gewerblichen Einkünften zählen. Vgl. BFH, v. 12.6.2013, I R 47/12, BFH/NV 2012, S. 1999, Rz. 13.

648 Dies stimmt auch mit der Zurechnungsfiktion des § 50d Abs. 10 EStG i. d. F. des AmtshilfeRLUmsG überein, sodass nicht von einer „abkommensüberschreibenden" Norm ausgegangen werden kann. Vgl. BFH, v. 12.6.2013, I R 47/12, BFH/NV 2012, S. 1999, Rz. 13.

649 Vgl. BFH, v. 12.6.2013, I R 47/12, BFH/NV 2012, S. 1999, Rz. 15 f. Die tatsächliche Zugehörigkeit der Zinsen zu einer Betriebsstätte wird in Art. 7 Abs. 1 Satz 2 DBA-Thailand nicht verlangt, vgl. Hagemann/Kahlenberg/Kudert, Ubg 2014, S. 81. Dies steht allerdings in Abweichung der bisherigen Rechtsprechung, nach der es einer tatsächlichen Zugehörigkeit bedarf, vgl. BFH, v. 19.12.2007, I R 66/06, BStBl. II 2008, S. 510. Jedoch liegt ein anderer Sachverhalt vor, da die Beteiligung der Schwestergesellschaft im genannten Urteil nicht zum notwendigen SBV der deutschen Muttergesellschaft gehörte. Hierzu auch Kempermann, FR 2014, S. 61.

Nach Ansichten des BFH ist dies allerdings nicht notwendig, da Deutschland das Besteuerungsrecht bereits durch die genannten Möglichkeiten erhält.[650]

In einer weiteren Entscheidung vom 11.12.2013[651] hatte der BFH zu entscheiden, ob Zinszahlungen aus einem grenzüberschreitend gewährten Darlehen sowie aus der Verzinsung des Verrechnungskontos einer deutschen Personengesellschaft an ihren in Italien ansässigen atypisch stillen Gesellschafter einem deutschen Besteuerungsrecht unterliegen. Grundsätzlich stellen die Zinsen Sondervergütungen dar, die entsprechend § 15 Abs. 1 S. 1 Nr. 2 EStG als gewerbliche Einkünfte zu qualifizieren sind und für die eine beschränkte deutsche Steuerpflicht besteht (§ 49 Abs. 1 Nr. 2 lit. a EStG). Die Darlehensforderungen sind folglich der inländischen Betriebsstätte zuzuordnen, da es aufgrund der abkommensrechtlichen Negierung von betriebsstättenlosen Einkünften einer Zurechnung bedarf.[652] Eine Einschränkung erfährt das deutsche Besteuerungsrecht durch Art. 11 DBA-Italien, welche das Besteuerungsrecht dem Ansässigkeitsstaat zuspricht.[653] Dies gilt ungeachtet der inländischen Betriebsstätte, da dieser die in Rede stehende Darlehensforderung aufgrund des fehlenden Aktivpostens nicht tatsächlich zugeordnet werden kann.[654] Dies bekräftigt ebenfalls die ablehnende Haltung des BFH gegenüber betriebsstättenlosen Einkünften, sodass im Falle nur einer vorhandenen Betriebsstätte i. S. d. Art. 5 OECD-MA dieser eine uneingeschränkte Attraktivkraft zukommt.[655]

Allerdings kommt es zur Anwendung von § 50d Abs. 10 EStG i. d. F. des JStG 2009.[656] Durch diesen erfolgt eine wirtschaftliche Zurechnung der Zinsen zu den Unternehmensgewinnen der Inlandsbetriebsstätte und eine entsprechende Anwendung des Art. 7 Abs. 1 OECD-MA.[657] Entsprechendes ergebe sich durch § 50d Abs. 10 EStG n. F., wobei die Zurechnungsfiktion des Satzes 3 gleichlautend ist mit der

650 Vgl. BFH, v. 12.6.2013, I R 47/12, BFH/NV 2012, S. 1999, Rz. 19.

651 BFH, v. 11.12.2013, I R 4/13, BFH/NV 2014, S. 614.

652 Vgl. BFH, v. 11.12.2013, I R 4/13, BFH/NV 2014, S. 614, Rz. 10. Entsprechend begründet eine bloße Vermögensverwaltung keine Betriebsstätte. Vgl. BFH, v. 11.12.2013, I R 4/13, BFH/NV 2014, S. 614, Rz. 25.

653 Insofern wird der Spezialitätenvorrang bejaht und der Betriebsstättenvorbehalt tritt hinter den speziellen Verteilungsartikeln zurück. Vgl. BFH, v. 11.12.2013, I R 4/13, BFH/NV 2014, S. 614, Rz. 14 ff.

654 Vgl. BFH, v. 11.12.2013, I R 4/13, BFH/NV 2014, S. 614, Rz. 18 m. w. N. der übereinstimmenden Rechtsprechung. Vgl. zum Zurechnungsmaßstab Kahlenberg/Hagemann, BB 2014, S. 215, 217 f.; Hagemann/Kahlenberg, IStR 2014, S. 234 f.; Hagemann/Kahlenberg/Kudert, Ubg 2014, S. 85 f.; Kahlenberg, StuB 2014, S. 223; Hagemann/Kahlenberg, ISR 2014, S. 94 f.

655 Vgl. BFH, v. 12.6.2013, I R 47/12, BFH/NV 2012, S. 1999, Rz. 15.

656 Gleichzeitig negiert der BFH den Zirkelschluss durch den Rückverweis auf die spezielleren Verteilungsartikel. Vgl. BFH, v. 11.12.2013, I R 4/13, BFH/NV 2014, S. 614, Rz. 22.

657 Bestätigung der Spruchpraxis durch BFH, v. 13.2.2008, I R 63/06, BStBl. II 2009, S. 414; v. 12.6.2013, I R 47/12, BFH/NV 2013, S. 1999. Eine Zuordnung zur Mitunternehmerbetriebsstätte scheint in diesem Fall ausgeschlossen, da es sich um eine

abkommensrechtlichen Zuordnung, sodass es sich nicht um eine abkommensüberschreibende Regelung handelt.[658] Nach Überzeugung des BFH verstoße die Regelung des § 50d Abs. 10 EStG allerdings gegen das Völkervertragsrecht, ohne dass tragfähige Gründe dafür sprechen. Weiterhin verstoße auch die rückwirkende Geltung beider Fassungen gegen das Rechtsstaatsgebot des Art. 20 Abs. 3 GG. Entgegen bisheriger Rechtsprechung, unilaterale Überschreitungsvorschriften stellten keinen verfassungsrelevanten Vorgang dar, ist der Erste Senat der Ansicht, Völkerrechtsverträge seien verpflichtend einzuhalten.[659] So könne das primär autonome Verständnis von völkerrechtlichen Verträgen nicht mithilfe authentischer Interpretationen des deutschen Gesetzgebers überlagert werden.[660] Gleichwohl kritisiert der BFH die Gesetzesbegründung zu § 50d Abs. 10 EStG n. F., nach der es durch die Einführung dieser Regelung zu einer Gleichstellung von inländischen und ausländischen Mitunternehmern kommt. Dies wiederspreche dem allgemeinen Gleichheitsgrundsatz, sofern nicht auf ein einschlägiges Vergleichspaar abgestellt werden kann. Und dies läge in Bezug auf in- und ausländische Mitunternehmer nur dann vor, wenn kein DBA bzw. ein DBA mit Anrechnungsmethode bestehe. Entsprechend sieht der Erste Senat von vorne herein keine vergleichbare Situation zwischen Einzel- und Mitunternehmern.[661] Weiterhin hätte der Gesetzgeber kurzfristig auf einen Missstand aufmerksam machen können oder einem Steuerausfall bei Sondervergütungen entgegen wirken können, indem er das einschlägige DBA (hier Italien) hätte kündigen können.[662] Folglich war das Revisionsverfahren aufgrund der angenommenen Verfassungswidrigkeit der § 50d Abs. 10 EStG a. F./n. F. gem. Art. 100 Abs. 1 GG auszusetzen und eine entsprechende Entscheidung des BVerfG einzuholen.

Die bisherige Rechtsprechung könnte überdies Einfluss auf das beim BFH anhängige Verfahren des FG Münster[663] haben. Streitig ist hier, inwiefern Sondervergütungen in Form von Darlehenszinsen, die von einer mittelbar über eine Holding KG an einer inländischen GmbH & Co. KG beteiligten französischen Körperschaft (S.A.)

---

reine vermögensverwaltende Tätigkeit handelt, die keine Betriebsstätte begründet. Vgl. BFH, v. 11.12.2013, I R 4/13, BFH/NV 2014, S. 614, Rz. 24.

658 Vgl. BFH, v. 11.12.2013, I R 4/13, BFH/NV 2014, S. 614, Rz. 25.

659 Dies ist in der Rechtsprechungsentwicklung des BVerfG begründet. Vgl. BFH, v. 11.12.2013, I R 4/13, BFH/NV 2014, S. 614, Rz. 30 f. Anschluss an BFH, v. 10.1.2012, I R 66/09, BFH/NV; 2012, S. 1056.

660 Vgl. BFH, v. 11.12.2013, I R 4/13, BFH/NV 2014, S. 614, Rz. 37 f.

661 Vgl. BFH, v. 11.12.2013, I R 4/13, BFH/NV 2014, S. 614, Rz. 40, 42, mit der Folge, dass einige DBA als Lösung eine Sonderregelung bzgl. der Behandlung von Sondervergütungen enthalten.

662 Nach Ansichten des Ersten Senats handele es sich hierbei um ein milderes Mittel im Gegensatz zu einem unilateral geschaffenen *treaty override*, vgl. BFH, v. 11.12.2013, I R 4/13, BFH/NV 2014, S. 614, Rz. 46.

663 Vgl. FG Münster, v. 13.6.2013, 13 K 3679/12, EFG 2013, S. 1418; anhängig beim BFH, I B 142/13.

erzielt wurden, Deutschland als Sonderbetriebseinnahmen zugerechnet werden können. Das Finanzamt war diesbezüglich der Ansicht, dass die Zinsen Sonderbetriebseinnahmen der S.A. aus der Beteiligung der deutschen KG darstellen. Es ergebe sich darüber hinaus ein inländisches Besteuerungsrecht für die Zinsen, da durch das Darlehen eine deutsche Betriebsstätte der S.A. gegründet worden sei. Grundsätzlich ist das FG Münster der Ansicht, dass die Zinserträge gewerbliche Einkünfte gem. § 15 Abs. 1 S. 1 Nr. 2 S. 1 EStG darstellen, die aufgrund der Tatsache, dass der mittelbare Gesellschafter dem unmittelbar beteiligten Gesellschafter gleichsteht (§ 15 Abs. 1 Nr. 2 S. 2 EStG), ebenfalls als Sondervergütungen der französischen S.A. gelten. Dennoch wurde die Zurechnung dieser Sondervergütungen zu der inländischen KG negiert, sodass Deutschland nach Ansicht des FG kein Besteuerungsrecht innehält. Dies stellt ebenfalls eine Folge von Art. 10 Abs. 1 DBA-Frankreich dar, nachdem Zinsen nur im Ansässigkeitsstaat besteuert werden können.[664] Die Begründung des FG stützt sich dabei auf die tatsächlich-funktionale Zurechnung des Darlehens, denn die deutsche KG hält keinen entsprechenden Aktivposten.[665] Es ergebe sich auch keine abweichende Beurteilung durch § 50d Abs. 10 EStG a. F., denn hierdurch gelten die Zinsen zwar als Unternehmensgewinne, jedoch seien sie im Sinne der Vorschrift nicht fiktiv der inländischen Betriebsstätte zuzuordnen. Insofern greife die Fiktion der Vorschrift zu kurz und Deutschland erhält kein Besteuerungsrecht.[666] Auch die Neuregelung des § 50d Abs. 10 EStG fand keine Beachtung, da diese nach Auffassung des Senats inhaltlich und zeitlich offen war. Entsprechend entschied das Finanzgericht Münster, dass die Bescheide über die gesonderte und einheitliche Feststellung von Besteuerungsgrundlagen für die GmbH und Co. KG in den Streitjahren in Bezug auf die Gewerbesteuereinkünfte zu mindern sei, sodass auf die S.A. keine inländischen Einkünfte aus Gewerbebetrieb entfallen.[667]

Das neueste Urteil in Bezug auf die abkommensrechtliche Behandlung von Einnahmen aus dem SBV II stammt vom 2.7.2014 des FG Münsters und betrifft einen Outbound-Fall mit einer mehrstöckigen Personengesellschaftsstruktur.[668] Gegenstand dieser finanzgerichtlichen Entscheidung war die Frage, ob die in den

---

664 Der Betriebsstättenvorbehalt greife hier nicht.

665 Vgl. FG Münster, v. 13.6.2013, 13 K 3679/12, EFG 2013, S. 1418, Rz. 41 m. w. N.

666 Vgl. FG Münster, v. 13.6.2013, 13 K 3679/12, EFG 2013, S. 1418, Rz. 45.

667 Vgl. FG Münster, v. 13.6.2013, 13 K 3679/12, EFG 2013, S. 1418, Rz. 45. Die Entscheidungsgründe stehen hier in Kontrast zur Entscheidung des FG München, v. 8.11.2012, 10 K 1984/11, EFG 2013, S. 455. Zu beachten ist weiterhin, dass die Neufassung bereits im Entwurf des JStG 2013 vom 6.7.2012 enthalten und keinesfalls von unbekanntem Inhalt war. Vgl. BR-Drs. 302/1/12, S. 60 f.; BR-Drs. 302/12, S. 51 f. Aufgrund der Vorlage zur verfassungsmäßigen Überprüfung der Regelung des § 50d Abs. 10 EStG a. F. sowie n. F., wird die Revisionsentscheidung bis zum Urteil des BVerfG ausgesetzt. Vgl. BFH, v. 11.12.2013, I R 4/13, BFHE 244, S. 1; ebenfalls BVerfG 2 BvL 15/14 (anhängig).

668 Vgl. FG Münster, v. 2.7.2014, 12 K 2707/10 F, EFG 2014, S. 2043; BFH, I R 49/14 (anhängig).

Streitjahren (2003, 2004) von der spanischen Komplementär-Kapitalgesellschaft an die inländische Kommanditistin ausgeschütteten Dividenden von der deutschen Einkommensteuer freizustellen oder die in Spanien gezahlten Quellensteuern i. H. v. 10 % anzurechnen sind. Die Klägerin, eine im Inland ansässige GmbH & Co. KG, war an einer gewerblich tätigen der deutschen Personengesellschaft vergleichbaren Vereinigung in Spanien zu 69,88 % sowie an deren spanischen Komplementärin zu 70 % beteiligt. Die Komplementärin schüttete in den Jahren 2003 und 2004 Dividenden an die deutsche Klägerin aus, welche in Deutschland zunächst als von der deutschen Besteuerung unter Progressionsvorbehalt freigestellte Einkünfte einer im Ausland belegenen Betriebsstätte erfasst wurden. Die Steuerbescheide wurden nach einer bei der Klägerin durchgeführten Außenprüfung dahingehend geändert, dass die Zahlungen nun als Einkünfte aus Dividendenzahlungen i. S. d. Art. 10 Abs. 1–3 DBA Spanien (a. F.) galten. Hiergegen richtete sich das Klageverfahren vor dem FG, bei dem die Klägerin geltend machte, dass die Dividendenzahlungen als ausländische Betriebsstätteneinkünfte freizustellen seien.[669] Das FG Münster urteilte hierzu, dass die Dividenden ausnahmslos in Spanien zu besteuern und demzufolge in Deutschland freizustellen sind. Nach Auffassung des FG stellen die Dividenden Sonderbetriebseinnahmen aus dem SBV II dar, für die der Betriebsstättenvorbehalt nach Art. 10 Abs. 5 DBA Spanien a. F. erfüllt ist. Mithin liegen Unternehmensgewinne i. S. v. Art. 7 DBA Spanien a. F. vor.[670] Zu demselben Ergebnis gelangt das FG, wenn § 50d Abs. 10 S. 1 i. v. m. S. 2 EStG zugrunde gelegt wird.[671] Allerdings fingiert Art. 4 Abs. 4 S. 1 DBA-Spanien a. F. die Ansässigkeit eines Gesellschafters in dem Vertragsstaat, in dem der tatsächliche Ort der Geschäftsleitung der Personengesellschaft liegt.[672] Im Sachverhalt ist dies Spanien, sodass die Dividenden als Unternehmensgewinne eines spanischen Unternehmens nach Art. 4 Abs. 4 S. 1 i. V. m. Art. 7 Abs. 1 S. 1 DBA-Spanien a. F.[673] lediglich in Spanien besteuert werden können.[674] Zu einer Anwendung von § 50d Abs. 9 S. 1 Nr. 1 EStG kommt es im Sachverhalt nicht,

---

669 Vgl. FG Münster, v. 2.7.2014, 12 K 2707/10 F, EFG 2014, S. 2043, Rz. 2–18.

670 Vgl. FG Münster, v. 2.7.2014, 12 K 2707/10 F, EFG 2014, S. 2043, Rz. 119 ff.

671 Das FG geht ferner davon aus, dass keine verfassungsrechtlichen Bedenken gegen die Regelung vorliegen können. Dies ergibt sich daraus, dass keine Umqualifizierung der Dividenden in Unternehmensgewinne vorliegt – da diese bereits nach abkommensrechtlichen Vorschriften gegeben sind – und mithin der echten Rückwirkung nur klarstellende Bedeutung zukommt. Vgl. FG Münster, v. 2.7.2014, 12 K 2707/10 F, EFG 2014, S. 2043, Rz. 126–136.

672 Vgl. FG Münster, v. 2.7.2014, 12 K 2707/10 F, EFG 2014, S. 2043, Rz. 138 ff.

673 Durch die Revision des DBA-Spanien erfolgt ab VZ 2013 ein Übergang von der Freistellungs- auf die Anrechnungsmethode (switch-over Klausel des Art. 22 Abs. 2 lit. e (i) DBA Spanien n. F.).

674 Mithin liegt ein rein spanischer Sachverhalt vor, vgl. FG Münster, v. 2.7.2014, 12 K 2707/10 F, EFG 2014, S. 2043, Rz. 148 ff., 155.

weil die tatbestandliche Voraussetzung – die Anwendung der Freistellungsmethode aufgrund des Methodenartikels – nicht vorliegt.[675]

4. Auffassung des Schrifttums

Nach Ansichten des Schrifttums könnte die adjustierte Regelung des § 50d Abs. 10 EStG an einigen terminologischen Ungenauigkeiten scheitern. So wird in § 50d Abs. 10 S. 3 EStG i. d. F. des AmtshilfeRLUmsG der Terminus Vergütung verwendet, wobei hierunter lediglich diejenigen Vergütungen des § 15 Abs. 1 S. 1 Nr. 2 S. 1 Hs. 2 und Nr. 3 Hs. 2 sowie S. 2 EStG zu subsumieren sind.[676] Weiterhin enthält § 50d Abs. 10 S. 1 EStG n. F. die Begrifflichkeit „Teil des Unternehmensgewinns des vergütungsberechtigten Gesellschafters", wobei diese im Abkommensrecht nicht existieren.[677] Ebenfalls wird auch in der Neuregelung auf Unternehmensgewinne abgestellt, sodass eine wortgetreue Auslegung der Norm ins Leere läuft, wenn das anzuwendende Abkommen einen anderslautenden Begriff verwendet.[678]

Die bisherige Diskussion zu den Qualifikationskonflikten bei abkommensrechtlichen Sonderbetriebsvermögen lässt außer Ansatz, dass im Falle einer natürlichen Person als Gesellschafter, die das den Sondervergütungen zugrundeliegende Stammrecht[679] aus ihrem Privatvermögen verwendet, keine Unternehmensgewinne vorliegen. Dies entspricht zumindest der Sachlage ohne Berücksichtigung des § 50d Abs. 10 EStG und damit auch dem Hintergrund der möglichen Verfassungswidrigkeit dieser Norm.[680] Insofern wäre nach Teilen der Literatur der Anwendungsbereich des Art. 7 OECD-MA nicht berührt und entsprechend nicht maßgeblich.[681] Folglich wäre der Verteilungsartikel aufgrund der zivilrechtlichen

---

675 Vgl. FG Münster, v. 2.7.2014, 12 K 2707/10 F, EFG 2014, S. 2043, Rz. 142, 166. Hierzu kritisch Hagemann/Kahlenberg, IStR 2015, S. 56.

676 Vgl. Kudert/Kahlenberg, IStR 2013, S. 804, sodass sonstige Sonderbetriebserträge sowie Erträge aus SBV II nicht unter eine solche Zurechnung fallen dürften.

677 Vgl. Dorn, BB 2013, S. 3040 m. w. N., der ebenfalls kritisiert, dass eine Zuordnung in den Sätzen 1–3 der Regelung zu den Sondervergütungen und nicht zum Sonderbetriebsvermögen erfolgt.

678 Wie z. B. „gewerbliche Gewinne". Vgl. Schmidt, DStR 2013, S. 1705 f. Eine Klärung des BFH ist ebenfalls nicht erfolgt, was darauf zurückzuführen ist, dass dies nur wenige DBA betrifft, vgl. Pohl, DB 2013, 1573 f. m. w. N.

679 Die Forderung, für die die Zinsen gezahlt werden, oder das zur Nutzung überlassene Wirtschaftsgut sind als Stammrecht anzusehen.

680 Das Gesetz wurde sowohl in der Fassung des JStG 2009, als auch des AmtshilfeRLUmsG dem BVerfG vorgelegt. U. a. BFH, v. 11.12.2013, I R 4/13, BFH/NV 2014, S. 614.

681 Vgl. Hemmelrath, in: Vogel/Lehner, DBA, 2015, Art. 7 MA Rn. 2. In der Folge kommt es zu keinem Konflikt des Art. 7 OECD-MA mit den speziellen Verteilungsartikeln oder dem Art. 7 Abs. 4 OECD-MA.

Natur der Sondervergütungen zu wählen.[682] Handelt es sich bei dem Gesellschafter um eine Kapitalgesellschaft, dessen Stammrecht sich aus dem Betriebsvermögen ergibt, wären die erzielten Einkünfte Unternehmensgewinne. Allerdings käme es zu einem Konflikt zwischen Art. 7 OECD-MA und dem jeweiligen speziellen Verteilungsartikel. Dabei ist als Lösung des Konflikts auf den Spezialitätenvorrang des speziellen Verteilungsartikels abzustellen.[683]

Besonders kritisch wird die neu geschaffene Anrechnungsmöglichkeit des § 50d Abs. 10 EStG n. F. gesehen. Grundsätzlich wird eine solche Möglichkeit begrüßt, da hierdurch erstmalig im Ansässigkeitsstaat gezahlte Steuer vom Quellenstaat angerechnet werden kann.[684] Zwar soll hierdurch eine Doppelbesteuerung verhindert werden können, allerdings wird gleichzeitig ein Zirkelproblem geschaffen. Dies ist auf die bisherige Vorgehensweise zurückzuführen, nach der der Ansässigkeitsstaat die Steuer erst festsetzt, wenn der Steuerpflichtige nachgewiesen hat, welche Steuer im Quellenstaat tatsächlich gezahlt wurde. Bedenklich ist diesbezüglich, dass die Festsetzung der ausländischen und der deutschen Steuer voneinander abhängig gemacht wird. Wäre zuerst eine inländische Steuer ohne Anrechnung der im Ausland festgesetzten Steuer festzusetzen, so könnte daraufhin eine Festsetzung der Steuer im Ansässigkeitsstaat erfolgen. Erst nach diesem Schritt wäre eine nachträgliche Anrechnung auf die deutsche Einkommensteuer, bzw. über § 26 Abs. 2 KStG auch auf die deutsche Körperschaftsteuer möglich. Voraussetzung wäre allerdings, dass die ursprüngliche Festsetzung unter dem Vorbehalt der Nachprüfung gem. § 164 Abs. 1 AO gestanden hätte.[685] Die durch dieses Verfahren ausgelösten Zins- und Liquiditätsnachteile führen des Weiteren zu Kritik.[686] Zudem ist eine Anrechnung auf die Gewerbesteuer ausgeschlossen.[687]

---

682 Sollte eine Anwendung der speziellen Verteilungsnorm aufgrund von z. B. Dreieckssachverhalten ausfallen, gilt Art. 21 OECD-MA als Auffangnorm. Vgl. Lehner, in: Vogel/Lehner, DBA, 2015, Art. 21 MA Rn. 3–5.

683 Vgl. Vogel, in: Vogel/Lehner, DBA, 2015, Vor Art. 10–12 MA Rn. 1. Sollte in diesem Fall der speziellere Verteilungsartikel aufgrund von Dreieckskonstellationen nicht anwendbar sein, greift Art. 21 OECD-MA vor dem Art. 7 OECD-MA. Vgl. Hemmelrath, in: Vogel/Lehner, DBA, 2015, Art. 7 MA Rn. 175.

684 Vgl. Kudert/Kahlenberg, IStR 2013, S. 805 ff. Ob dies aber auch eine Anrechnung von Drittstaatensteuern erfasst, ist fraglich, vgl. Hagemann/Kahlenberg/Kudert, Ubg 2014, S. 83 m. w. N.

685 Denkbar wäre auch eine Änderung nach § 175 Abs. 1 Nr. 2 AO aufgrund eines rückwirkenden Ereignisses, wenn der Verwaltungsakt bereits materiell bestandskräftig ist.

686 Vgl. Kudert/Kahlenberg, IStR 2013, S. 805 f.; Kahlenberg/Melkonyan, ISR 2013, 344 f. Gleiches gilt für die rückwirkende Anwendung der Regelung, vgl. Sieker, in: Rödder/Bahns/Schönfeld, FS Piltz, 2014, S. 106 f.

687 Dies dürfte u. a. der größte Kritikpunkt der Anrechnungsmöglichkeit der Neuregelung sein, vgl. Kahlenberg, PIStB 2014, S. 129 f.; Hagemann/Kahlenberg/Kudert, Ubg 2014, S. 84.

Gleichermaßen wird die Anrechnungsvorschrift problematisch gesehen, da sie sich wörtlich nur auf jene Steuerpflichtigen bezieht, die nach anzuwendendem DBA in dem anderen Vertragsstaat als ansässig gelten. Fraglich ist, ob hierdurch originär ansässige Personen i. S. d. Art 4 Abs. 1 OECD-MA ausgeschlossen und auf eine fiktive abkommensrechtliche Ansässigkeit nach Art. 4 Abs. 2, 3 OECD-MA abgestellt wird.[688] Darüber hinaus wird kritisch gesehen, dass eine Anrechnung nur geltend gemacht werden kann, wenn der Steuerpflichtige nachweist, dass die auf die Sondervergütungen anfallenden Steuern vom anderen Staat angerechnet werden. Nimmt der ausländische Staat eine von der deutschen Regelung abweichende Qualifikation der Einkünfte vor, nach der Deutschland prinzipiell das Quellenbesteuerungsrecht innehat, könnte folglich die vermeintliche deutsche Quellensteuer vom ausländischen Staat angerechnet werden. In diesen Fällen wird von Teilen des Schrifttums angenommen, dass eine Teilanrechnung unter Berücksichtigung der partiell angerechneten Steuer zu erfolgen hat.[689] Teilweise wird eine komplette Anrechnung für möglich gehalten, da die im Ausland angerechnete Quellensteuer nicht übereinstimmend ist mit der inländisch angefallenen Steuer auf die Sondervergütungen.[690] Dies ist allerdings kritisch zu sehen, da Deutschland die Einkünfte nicht der Quellenbesteuerung unterwirft, sondern die Sondervergütungen vollumfänglich mit der deutschen Ertragsbesteuerung belegt. Wird diese Steuer vom ausländischen Vertragsstaat als Quellensteuer angerechnet, liegt dennoch in beiden Fällen eine Steuer vor, die auf die Sondervergütungen angefallen ist. Der Unterschied ist lediglich, dass Deutschland nicht sein durch das abkommensrechtliche Quellenbesteuerungsrecht eingeschränktes deutsches Besteuerungsrecht anwendet, sondern von seinem uneingeschränkten inländischen Besteuerungsrecht Gebrauch macht.[691]

Des Weiteren sieht das Schrifttum die Erweiterung des § 50d Abs. 10 EStG i. d. F. des AmtshilfeRLUmsG auf Sonderbetriebseinnahmen und -ausgaben kritisch. Diese Berücksichtigung des Nettoprinzips geht explizit davon aus, dass nicht die Einkünfte an sich, sondern die Gewinne, gemindert um die zur Erzielung der Einkünfte benötigten Aufwendungen, der (Ertrags-)Besteuerung unterliegen.[692] Dennoch liegt für jene Fälle eine Ungleichbehandlung vor, auf die ein DBA mit Sonderregelung

---

688 Vgl. Gosch, in: Kirchhof/Söhn/Mellinghoff, EStG, 2015, § 50d EStG Rn. 48a; Pohl, DB 2013, S. 1576. Als Folge wird eine teleologische Extension des Wortlauts gefordert. Vgl. Holthaus, in: Lippross/Seibel, Basiskommentar, 2015, § 50d EStG Rn. 37.

689 Dem zustimmend Frotscher, in Frotscher/Geurts, EStG, 2014, § 50d EStG Rn. 299; Kahlenberg/Melkonyan, ISR 2013, S. 344, die von einer teleologischen Reduktion der Norm diesbezüglich ausgehen; Kudert/Kahlenberg, IStR 2013, S. 807; a. A Gosch, in: Kirchhof/Söhn/Mellinghoff, EStG, 2015, § 50d EStG Rn. 48a; Holthaus, in: Lippross/Seibel, Basiskommentar, 2015, § 50d EStG Rn. 37.

690 Dieser dogmatischen Begründung folgend Frotscher, in Frotscher/Geurts, EStG, 2014, § 50d EStG Rn. 299.

691 Besteuerungsgrundlage ist jeweils das innerstaatliche Steuerrecht, welches nur in einem der Fälle abkommensrechtlich eingeschränkt wird.

692 Vgl. aus dem Umkehrschluss aus Schmidt, DStR 2013, S. 1706.

anzuwenden ist. Grund hierfür ist, dass die meisten Sonderregelungen Sonderbetriebseinnahmen und - ausgaben nicht einbeziehen. Die Zuordnungsfiktion des § 50d Abs. 10 S. 3 Hs. 2 EStG ist ferner bedenklich, als sie sich an der Sondervergütungszuordnung orientiert. Werden keine Sondervergütungen gezahlt oder sind diese ihrem Aufwand entsprechend verschiedenen Betriebsstätten zuzuordnen, ist keine eindeutige Zurechnung zu einer Betriebsstätte möglich.[693] Könnte eine Zuordnung zu der Betriebsstätte erfolgen, die den Aufwand aus dem wirtschaftlichen Zusammenhang der Sonderbetriebsein- und ausgaben trägt, muss in einem weiteren Schritt eine prozentuale Aufteilung auf die Betriebsstätten, in Abhängigkeit der getragenen Aufwendungen, erfolgen. Gleiches gilt auch, wenn eine Zuordnung zu einer Betriebsstätte nicht eindeutig ist.[694] Kann jedoch keine Zuordnung erfolgen, weil keine Sondervergütungen bezahlt wurden, so ist die Zuordnungsregel nicht anwendbar und es verbleibt bei der bloßen Umqualifizierung der Sonderbetriebseinnahmen und -ausgaben in abkommensrechtliche Unternehmensgewinne.[695]

Auch in Bezug auf die Gewerblichkeitsfiktion der Betriebsaufspaltung sowie die gewerbliche Prägung von Personengesellschaften negiert die Literatur die Anwendung von § 50d Abs. 10 EStG n. F.[696] Strittig ist allerdings, inwiefern die Gewerblichkeitsfiktion von Betriebsaufspaltungen oder gewerblich infizierten Gesellschaften in Bezug auf gezahlte Sondervergütungen an ihre Gesellschafter auf die Abkommensebene durchschlägt.[697]

Zu begrüßen war die explizite Stellungnahme des BFH zur Existenz von Mitunternehmer-Betriebsstätten.[698] Allerdings wird laut zutreffender Ansicht bemängelt, dass die Existenz dieser Betriebsstätten nach Ansicht des BFH keine praktische Bedeutung entfalten wird. Dies liegt daran, dass neben den Voraussetzungen des Art. 5 Abs. 1 OECD-MA für die Existenz einer Mitunternehmer-Betriebsstätte eine dort ausgeführte unternehmerische Tätigkeit vorliegen muss.[699] Wird allerdings der § 15 Abs. 1 S. 2 Nr. 2 EStG betrachtet, so werden hier ausschließlich nicht-unternehmerische Tätigkeiten aufgezählt. Die im Urteil genannten Ausnahmen dieser Grundregel würden allerdings zur Existenz von Geschäftsleitungsbetriebsstätten

---

693 Vgl. Pohl, DB 2013, S. 1575; Frotscher, in Frotscher/Geurts, EStG, 2014, § 50d EStG Rn. 295.

694 Dieser Ansicht jedoch mit offenem Ergebnis Pohl, DB 2013, S. 1575.

695 Dies widerspricht einer bloßen Aufteilung nach Anzahl der Betriebsstätten. Vgl. Frotscher, in Frotscher/Geurts, EStG, 2014, § 50d EStG Rn. 295.

696 Vgl. Mitschke, FR 2013, S. 696. Übereinstimmend BFH, v. 25.5.2011, I R 95/10, BStBl. II 2014, S. 760.

697 Negierung des Durchschlags der Gewerblichkeitsfiktion Frotscher, in Frotscher/Geurts, EStG, 2014, § 50d EStG Rn. 277; Gosch, in: Kirchhof/Söhn/Mellinghoff, EStG, 2015, § 50d EStG Rn. 47; unentschieden Kudert/Kahlenberg, IStR 2013, S. 809, da verneinend ggü. Betriebsaufspaltung aber teilweiser Durchbruch bei gewerblich infizierten Gesellschaften möglich; zustimmend Pohl, DB 2013, S. 1576.

698 Bejahend BFH, v. 12.6.2013, I R 47/12, BFH/NV 2013, S. 1999.

699 Vgl. BFH, v. 12.6.2013, I R 47/12, BFH/NV 2013, S. 1999, Leitsatz.

oder Personengesellschaftsbetriebsstätten führen und keinen Spielraum für die Auslegung als Mitunternehmer- oder Sonderbetrieb-Betriebsstätte haben.[700] Kritisch ist diesbezüglich allerdings, dass § 50d Abs. 10 EStG die vermögensverwaltende Erzielung von Zinsen per Fiktion den Unternehmensgewinnen zurechnet. Diese Fiktion sollte laut Auffassung des Schrifttums ebenfalls auf die zugrunde liegende Verwaltungstätigkeit durchschlagen.[701] Entsprechend würde von der Verwaltung einer festen Geschäftseinrichtung des Gesellschafters am Wohnort des Steuerpflichtigen eine partielle Geschäftstätigkeit des Unternehmens ausgeübt. Dies verneint der BFH allerdings erneut.[702] Weitere Folge der Negierung der Mitunternehmerbetriebsstätte war in dem Urteil die Annahme, dass abweichende Zuordnungsmaßstäbe in Art. 7 und Art. 13 Abs. 2 OECD sowie den Betriebsstättenvorbehalten vorliegen. So ist von einem wirtschaftlichen Veranlassungszusammenhang in Art. 7 Abs. 1 S. 2 und Art. 13 Abs. 2 OECD-MA auszugehen, wohingegen es bei den Betriebsstättenvorbehalten der strengeren tatsächlich-funktionalen Zuordnung bedarf.[703] Weiterhin wird vom Schrifttum bemängelt, dass der BFH § 50d Abs. 10 EStG n. F. auch auf SBV II anwendet, obwohl dies seitens der Finanzverwaltung (teilweise) ausgeschlossen wurde.[704]

---

700 Zutreffend vgl. Kahlenberg/Hagemann, BB 2014, S. 216 f.; Hagemann/Kahlenberg, Ubg 2013, S. 771.

701 Die Verwaltungstätigkeit entspräche dann einer fiktiven Geschäftstätigkeit und auch eine Darlehensverwaltung würde sich unternehmerisch färben, vgl. Hagemann/Kahlenberg, IStR 2014, S. 235; Kahlenberg/Hagemann, BB 2014, S. 216 ff; in diesem Sinne Meretzki, IStR 2009, S. 219.

702 Entsprechend kann der Mitunternehmer zwar einer Betriebsstätte in seinem Ansässigkeitsstaat unterhalten, diese bezieht sich allerdings auf seine Mitunternehmerstellung und das damit verbundene SBV und stellt keine Mitunternehmerbetriebsstätte dar. Ausführlich vgl. Hagemann/Kahlenberg/Kudert, Ubg 2014, S. 86 f. m. w. N. in Bezg auf das Urteil des BFH vom 12.6.2013, I R 47/12, BFH/NV 2013, S. 1999.

703 Vgl. Kahlenberg/Hagemann, BB 2014, S. 217 m. w. N.; Salzmann, IWB 2013b, S. 847 f. Diese Ansicht ist im Schrifttum umstritten, vgl. für einen einheitlichen Zuordnungsmaßstab Pijl, WTJ 2013, S. 3 ff; Meretzki, in: Flick/Wassermeyer/Kempermann, DBA Deutschland-Schweiz, 2014, Art. 13 DBA Schweiz, Rn. 94; Korff, Besteuerungskonflikte, 2011, S. 364.

704 Vgl. BMF-Entwurf, v. 5.11.2013, IV B 5 – S 1300/09/10003, Tz. 5.1.1. Ebenfalls Schmidt, DStR 2013, S. 1709 f.; Kudert/Kahlenberg, PIStB 2013, S. 101 f.; Kudert/Kahlenberg, IStR 2013, S. 804; Kahlenberg/Melkonyan, ISR 2013, S. 343 f.; Hagemann/Kahlenberg/Kudert, Ubg 2014, S. 83 f.; Behrenz, IStR 2015, S. 782. Allerdings hat das veröffentlichte BMF-Schreiben den Passus bzgl. der Behandlung von SBV II gestrichen und schließt diese somit nicht mehr explizit von der Anwendung des § 50d Abs. 10 EStG n. F. aus, im Vergleich BMF, v. 26.9.2014, IV B 5 – S 1300/09/10003, BStBl. I 2014, S. 1258, Tz. 5.1.1.

Die kürzlich ergangene Rechtsprechung vom 11.12.2013[705] erfährt im Schrifttum dahingehend Kritik, als der Erste Senat von seiner bisherigen Rechtsauffassung abweicht und explizit darauf hinweist, dass der Zuordnungsmaßstab des Art. 7 OECD-MA keine tatsächliche Zuordnung erfordere und folglich mit der Zurechnung in § 15 Abs. 1 S. 1 EStG übereinstimmt.[706] Diese Ansicht überrascht in der Hinsicht, als eine Zuordnung der den Sondervergütungen zugrunde liegenden Wirtschaftsgüter bereits im Urteil vom 8.9.2010[707] zur Personengesellschaftsbetriebsstätte hätte erfolgen können. Entsprechend wäre allerdings eine Neuregelung des § 50d Abs. 10 EStG gerade aufgrund dieser Zuordnungsfiktion nicht notwendig gewesen.[708] Allerdings weisen Betriebsstättenvorbehalte keine Besteuerungsrechte zu, sondern weisen lediglich auf Art. 7 OECD-MA hin und bilden hierdurch ein „einheitliches, in sich stringentes Konzept, welches auf der tatsächlichen Zuordnung aufbaut"[709]. Folglich geht das Schrifttum davon aus, dass beiden Normen auch ein identischer Maßstab zugrunde liegen sollte, da ansonsten die Betriebsstättenvorbehalte konterkariert werden.[710]

5. Stellungnahme zum § 50d Abs. 10 EStG i. d. F. des AmtshilfeRLUmsG

5.1 Notwendigkeit des § 50d Abs. 10 EStG n. F. zur Steuersubstratsicherung

Aufgrund der Neufassung des § 50d Abs. 10 EStG lässt sich vermuten, dass sich der Streit um die Behandlung grenzüberschreitender Sondervergütungen gelegt haben könnte. Die erfolgte Auswertung und Wiedergabe der verschiedenen Auffassungen aus Literatur und Rechtsprechung kommt allerdings nicht umhin, auch die neuerliche Regelung zu kritisieren und vor allem ihre Fähigkeit, Rechtssicherheit herzustellen, zu hinterfragen.[711]

---

705 Vgl. BFH, v. 11.12.2013, I R 4/13, BFH/NV 2014, S. 614.

706 Vgl. BFH, v. 11.12.2013, I R 4/13, BFH/NV 2014, S. 614, Rz. 37. Vorher abweichend vgl. BFH, v. 8.9.2010, I R 74/09, BFH/NV 2011, S. 138; v. 17.10.2007, I R 5/06, BStBl. II 2009, S. 356.

707 BFH, v. 8.9.2010, I R 74/09, BFH/NV 2011, S. 138.

708 Vgl. Hagemann/Kahlenberg, IStR 2014, S. 234; Hagemann/Kahlenberg/Kudert, Ubg 2014, S. 86.

709 Gosch, in: Gosch/Kroppen/Grotherr, DBA-Kommentar, 2015, Art. 13 Rn. 82.

710 Aufgrund der unterschiedlichen Maßstäbe konnte ein Wirtschaftsgut tatsächlich zu einer Betriebsstätte gehören, ihr aber nicht nach Art. 7 Abs. 1 S. 2 OECD-MA zugerechnet werden. Vgl. Korff, Besteuerungskonflikte, 2011, S. 364; Hagemann/Kahlenberg/Kudert, Ubg 2014, S. 86 ff.; Hagemann/Kahlenberg, IStR 2014, S. 234 f.

711 Vor allem in Bezug auf die Zurechnungsfiktion des § 50d Abs. 10 S. 3 EStG scheint eine heftige Diskussion entbrannt, vgl. Dorn, BB 2013, S. 3040. Auch auf nur beschränkt Steuerpflichtige ist der § 50d Abs. 10 EStG nicht anwendbar, vgl. die

Besonders kritisch ist die Frage, ob es der Regelung des § 50d Abs. 10 EStG (a. F. wie n. F.) bedurft hätte, um das Ziel des Gesetzgebers – die Sicherung des Besteuerungssubstrats – sicherzustellen. Wird der Fall betrachtet, in dem eine solche Regelung nicht existiert und auch keine Sonderregelungen i. S. eines Sondervergütungskonzepts bestehen, so verliert Deutschland im abkommensrechtlichen Inbound-Fall das Besteuerungsrecht an den Sondervergütungen. Handelt es sich bei den Sondervergütungen um Zinsaufwendungen, so sind diese auf Ebene der inländischen Personengesellschaft als Zinsaufwand steuerlich abzugsfähig.[712] Fraglich ist nun, inwiefern die Regelung der Zinsschranke (§ 4h EStG) in diesen Konstellationen einschlägig ist und mithin den steuerwirksamen Zinsabzug bei der Personengesellschaft beschränkt. Fest steht, dass Darlehen eines Gesellschafters an seine Gesellschaft für diese Vergütungen Fremdkapital (Zinsaufwendungen) darstellen.[713] Im Rahmen der Zinsschranke legt § 4h Abs. 3 S. 1–3 EStG den Gewinnbegriff fest, nach dem Sondervergütungen i. S. v. Zinserträgen – sofern sie nach DBA freigestellt werden – nicht im steuerpflichtigen Gewinn enthalten sind. Demzufolge haben die Zinsaufwendungen den maßgeblichen Gewinn nach § 4h Abs. 3 S. 2 EStG der gewerblichen Personengesellschaft gemindert und es kann grundsätzlich zur Anwendung der Zinsschranke kommen.[714]

Unter der Voraussetzung der Anwendung der Zinsschranke hätte es allerdings der Regelung des § 50d Abs. 10 EStG nicht bedurft. Die Gewinne der inländischen Personengesellschaft könnten hierbei i. H. des maximalen Abzugs von 30 % des steuerlichen EBITDA die inländische Besteuerung sichern. In diesem Zusammenhang käme es nicht, wie durch die Anwendung des § 50d Abs. 10 EStG, zu einer Überschreibung von Abkommensrecht. Insgesamt erscheint der Ansatz, den Abzug etwaiger Aufwendungen zu begrenzen, sinnvoller als systemwidrig Erträge für die inländische Besteuerung zu erfassen.[715] Da im derzeitigen System der § 50d Abs. 10

---

ausführlichen Fallbeispiele von Kramer, IStR 2014, S. 21 f.; Heurung/Bresgen/Sauer, Intertax 2014, S. 648 ff.

712 Vgl. BFH, v. 17.10.2007, I R 5/06, BStBl. II 2009, S. 356, Rz. 14. Obwohl die Zinsen ebenfalls Zinsaufwendungen i. S. d. § 8 Nr. 1 lit. a GewStG darstellen, werden sie dem Gewinn aus Gewerbebetrieb nach § 7 GewStG nicht wieder hinzugerechnet. Dies ist darin begründet, dass die Sondervergütungen auf der 2. Gewinnermittlungsstufe der Gesellschaft wieder hinzugerechnet werden und somit den Gewinn nach § 7 GewStG nicht mindern. Vgl. H 7.1 (3) GewStR; Kollruss, FR 2015, S. 353.

713 Dies bestätigt die Rechtsprechung, indem der BFH davon ausgeht, dass auch im Falle des § 15 Abs. 1 S. 1 Nr. 2 EStG Forderungen und Verbindlichkeiten zwischen Gesellschafter und Gesellschaft gegeben sein kann. Vgl. BFH, v. 17.10.2007, I R 5/06, BStBl. II 2009, S. 356, Rz. 13.

714 Hierbei ist lediglich erforderlich, dass die dem Zinsaufwand korrespondierenden Erträge (Sondervergütungen) bei der Personengesellschaft keine gewinnwirksame Berücksichtigung finden. Im Umkehrschluss aus BFH, 12.2.2014, IV R 22/10, BStBl. II 2014, S. 621, Rz. 19–21, 30 f. Zutreffend Kollruss, FR 2015, S. 354.

715 So zutreffend Kollruss, FR 2015, S. 354.

EStG n. F. einschlägig ist, werden die Zinserträge steuerwirksam erfasst und führen folglich zu einer Nichtanwendung der Zinsschrankenregelung in DBA-Fällen.

5.2 Anrechnungsmöglichkeit des § 50d Abs. 10 S. 5 EStG n. F.

Dem Meinungswandel – bezüglich der Kritik der in der Vorschrift enthaltenen Anrechnungsmöglichkeit – ist grundsätzlich zuzustimmen. So sollte m. E. nicht dem Ansässigkeitsstaat die Pflicht obliegen, die infolge einer Qualifikationsverkettung abweichender nationaler Qualifikationen entstehende Doppelbesteuerung zu beseitigen. Die diesbezüglich in § 50 Abs. 10 S. 5 EStG n. F. festgehaltene Anrechnungsmöglichkeit vermag allerdings die verfassungsmäßigen Bedenken nicht gänzlich auszuräumen. Beziehen ausländische Mitunternehmer Sondervergütungen aus inländischen Personengesellschaften, stellen sich diese durch die abkommensdurchbrechende Vorschrift des § 50d Abs. 10 EStG insoweit schlechter, als sie ein aufwendiges Beweisverfahren durchlaufen müssen.[716] Beispielsweise kann der ausländische Steuerbescheid die Sondervergütungen bzw. die Aufwendungen und Erträge nicht als selbständig zu besteuernde Einkommensteile, sondern lediglich als Gesamteinkommen aufzeigen. In diesen Fällen kann der Steuerpflichtige lediglich nachweisen, dass die auf den Sondervergütungen bzw. den Aufwendungen und Erträgen beruhenden Einkünfte in das Gesamteinkommen eingegangen sind. Welcher Teil der ausländischen Steuer allerdings auf diese Einkommensteile entfällt, ist kaum nachweisbar. Die Bedenken in Bezug auf die mangelnde Durchführbarkeit sind insofern zu teilen. Größter Kritikpunkt diesbezüglich stellt allerdings die einschränkende Anrechnung der Einkommen- und Körperschaftsteuer mit Ausschluss der Gewerbesteuer dar. Verfassungsmäßig ist dies bedenklich, da eine mögliche Doppelbesteuerung nicht vollkommen verhindert werden kann.[717]

Fraglich ist auch, ob die geschaffene Anrechnungsmöglichkeit des Quellenstaates dem grundsätzlichen Prinzip der DBA zuwiderläuft, nachdem grundsätzlich die gezahlte Quellensteuer im Anrechnungsstaat angerechnet werden soll. Entsprechend stellt die Regelung des § 50d Abs. 10 EStG n. F. einen Durchbruch des deutschen gesetzgeberischen Willens dar, der mit dem geltenden Prinzip der in den DBA enthaltenen Verteilung der Besteuerungsrechte m. E. unvereinbar ist. Weiterhin ist kritisch, ob originär ansässige Personen i. S. d. Art 4 Abs. 1 OECD-MA ausgeschlossen und im neuen § 50d Abs. 10 S. 5 EStG auf eine fiktive abkommensrechtliche Ansässigkeit nach Art. 4 Abs. 2, 3 OECD-MA abgestellt wird. M. E. ist hierbei von einer gesamten Fiktion der Ansässigkeit gegenüber der innerstaatlichen Ansässigkeit i. S. d. Ertragsteuerrechts auszugehen. Dies entspräche dem Wortlaut „als im anderen Staat ansässig gilt“[718] und ist zudem dem Sinn und Zweck der Vorschrift entsprechend. Folglich würde sich die Anrechnungsmöglichkeit aufgrund einer

716 Gleicher Auffassung Frotscher, in Frotscher/Geurts, EStG, 2014, § 50d EStG Rn. 298.
717 Vgl. BFH, v. 11.12.2013, I R 4/13, BFH/NV 2014, S. 614.
718 § 50d Abs. 10 S. 5 EStG i. d. F. des AmtshilfeRLUmsG.

teleologischen Erweiterung des § 50d Abs. 10 S. 5 EStG auch auf jene Personen erstrecken, die tatsächlich ansässig sind, aber deren abkommensrechtliche Ansässigkeit als fiktiv im Verhältnis zur nationalen ertragsteuerlichen Ansässigkeit angesehen wird.

Weiterer Kritikpunkt im Hinblick auf die Anrechnungsmöglichkeit des § 50d Abs. 10 S. 5 EStG n. F. ist die Formulierung „[...] ohne die darauf entfallene deutsche Steuer anzurechnen". Durch die Neuregelung des § 50d Abs. 10 EStG werden hauptsächlich Sondervergütungen wie Zinsen oder Lizenzgebühren erfasst, der deutschen (Personengesellschafts-) Betriebsstätte zugeordnet und beim ausländischen Mitunternehmer im Rahmen der beschränkten Steuerpflicht festgestellt. Demgegenüber qualifiziert der ausländische Staat die Sondervergütungen regelmäßig unter den speziellen (Zins- bzw. Lizenzgebühren-)Artikel, sodass Deutschland nur ein beschränktes Quellensteuerrecht zusteht. Aufgrund dieser Einordnung begrenzt der ausländische Staat seine Anrechnung auf die im Prozentsatz begrenzte deutsche Quellensteuer, da eine diesen Wert übersteigende Steuer von Deutschland zu erstatten ist.[719] Entsprechend wird in diesen Fällen ein Teil der deutschen Steuer angerechnet, ohne dass Deutschland eine Anrechnung der fehlenden Differenz vornimmt. Um eine Doppelbesteuerung wirksam zu verhindern, sollte der Gesetzgeber die Regelung des § 50d Abs. 10 S. 5 EStG auf diese Sachverhalte der Teilanrechnung erweitern. Weiterhin scheitert eine Anrechnung vollkommen, wenn Sondervergütungen sowie Aufwendungen und Erträge des SBV in das ausländische Einkommen einbezogen sind, allerdings aufgrund anderweitiger Verluste keine Steuer festgesetzt wird. Infolge der Zeitverschiebung kann auch die in einem späteren Veranlagungszeitraum entstehende Steuer auf diese Einkünfte nicht in Deutschland angerechnet werden, da diese keiner deutschen Steuer auf diese Einkunftsteile gegenübersteht. Gleiches gilt, wenn aufgrund anderweitiger Verluste in Deutschland keine deutsche Steuer entsteht, auf die die im Ausland erhobene Steuer angerechnet werden kann. Entsprechend fehlt es der Regelung an einer Möglichkeit, die Steuer vor- oder rückzutragen, oder andernfalls, dass die ausländische Steuer von der Bemessungsgrundlage abgezogen wird.[720]

Entgegen der Meinung im Schrifttum, es könne nur eine Teilanrechnung der ausländischen Steuer erfolgen, ist darüber hinaus m. E. auch ohne teleologische Reduktion eine volle Anrechnung möglich. Ausschlaggebendes Argument ist, dass laut Gesetz eine Anrechnung nur möglich ist, wenn der ausländische Staat nicht die auf die Einkünfte entfallende deutsche Steuer anrechnet. Folglich wäre die Voraussetzung erfüllt und eine Anrechnung ohne Einschränkung m. E. möglich, wenn nicht die gesamte inländische auf diese Einkünfte anfallende Steuer vom ausländischen Vertragsstaat angerechnet wird.

Grundsätzlich ist die Anrechnungsmöglichkeit des § 50d Abs. 10 S. 5 EStG als unsystematisch zu kritisieren. Deutschland sieht seine Pflicht zur Vermeidung der

---

719 Vgl. Holthaus, in: Lippross/Seibel, Basiskommentar, 2015, § 50d EStG, Rn. 37.

720 Vgl. Frotscher, in Frotscher/Geurts, EStG, 2014, § 50d EStG, Rn. 300.

Doppelbesteuerung als subsidiär an und verpflichtet durch die abkommenswidrige Regelung des § 50d Abs. 10 EStG den ausländischen Staat, eine entstehende Doppelbesteuerung durch Anrechnung zu vermeiden. Dem widerspricht allerdings, dass Deutschland durch Einführung der Regelung und daraus folgender abkommenswidersprechender Qualifizierung der Sondervergütungen für die Doppelbesteuerung verantwortlich ist. Folglich wird Deutschland in praxi die Doppelbesteuerung durch Anrechnung verhindern müssen, da ein ausländischer Staat wohl kaum eine dem Abkommensrecht entgegenstehende Steuer anrechnen wird. Ebenso führt die Anrechnungsmethode aufgrund ihrer Konzeption immer zu einer Hochschleusung auf das höhere Steuerniveau der Vertragsstaaten. Zusätzlich verbleibt die deutsche Gewerbesteuer als Zusatzbelastung, die nicht durch die Anrechnung des § 50d Abs. 10 S. 5 EStG n. F. gemindert wird.[721]

5.3 Grenzüberschreitende Betriebsaufspaltungen und gewerblich infizierte Personengesellschaften i. S. v. § 15 Abs. 3 Nr. 1 EStG

Gemäß § 50d Abs. 10 S. 7 Nr. 1 EStG ist die Regelung des § 50d Abs. 10 EStG n. F. nicht auf gewerblich geprägte Personengesellschaften i. S. v. § 15 Abs. 3 Nr. 2 EStG anwendbar. Nach innerstaatlichem Recht erzielen gewerblich geprägte Personengesellschaften Einkünfte aus Gewerbebetrieb. Allerdings ist diese Zuordnung lediglich auf die Qualifizierung nach § 15 Abs. 3 Nr. 2 EStG zurückzuführen, da diese Gesellschaften ansonsten originäre Einkünfte aus Vermögensverwaltung erwirtschaften. Im grenzüberschreitenden Sachverhalt unter Anwendung des Abkommensrechts stellen diese Einkünfte keine Unternehmensgewinne nach Art. 7 OECD-MA, sondern spezielle Einkünfte der Art. 10–13, 21 des einschlägigen DBA dar. Deswegen ist es folgerichtig, dass abkommensrechtlich keine Umqualifizierung der gezahlten Sondervergütungen als Teile des Unternehmensgewinns vorgenommen wird. Im Falle einer grenzü[b]erschreitenden Betriebsaufspaltung erzielt das Besitzunternehmen abkommensrechtlich ebenfalls Einkünfte aus Vermögensverwaltung.722 Dementsprechend konsequent ist die erweiterte Interpretation der Regelung über gewerblich geprägte Personengesellschaften auf Besitzunternehmen.723 Etwas anderes ergibt sich bei der Betrachtung von gewerblich infizierten Personengesellschaften. Diese erwirtschaften innerstaatlich originäre Einkünfte aus Gewerbebetrieb, die abkommensrechtlich als Unternehmensgewinne i. S. v. § 50d Abs. 10 EStG qualifiziert werden können.[724] Entsprechend könnten die gewerblichen oder

721 Vgl. Zuber/Ditsch, in: Littmann/Bitz/Pust, ESt, 2015, § 50d EStG, Rn. 192. Zu alledem kritisch Mössner, IStR 2015, S. 204 f.

722 Vgl. BFH, v. 25.5.2011, I R 95/10, BStBl. II 2014, S. 760.

723 Eine andere Auslegung wäre sinnwidrig, vgl. ebenfalls die Regelungen des § 50i EStG; Pohl, DB 2013, S. 1572; Mitschke, FR 2013, S. 697; Prinz, DB 2013, S. 1381 f.

724 Dieser Ansicht folgend Frotscher, in Frotscher/Geurts, EStG, 2014, § 50d EStG, Rn. 277; a. A. Pohl, DB 2013, S. 1572; Schmidt, DStR 2013, S. 1709.

freiberuflichen Tätigkeiten von der vermögensverwaltenden nicht gewerblichen Tätigkeit für die Abkommensanwendung getrennt werden.[725]

Weiterhin ist m. E. strittig, inwiefern eine explizite Erwähnung des Ausschlusses von gewerblich geprägten Personengesellschaften in § 50d Abs. 10 S. 7 Nr. 1 EStG n. F. nötig ist.[726] Die abkommensrechtliche Behandlung originär gewerblicher Personengesellschaften ist seither abweichend von Betriebsaufspaltungen und gewerblich infizierten Gesellschaften geregelt.[727] Eine entsprechende Nennung, ohne die in Frage stehenden Personengesellschaften[728] anzugeben, kann zu Rechtsunsicherheiten führen.

Abweichend von der Auffassung der Finanzverwaltung[729], käme nach hier vertretener Ansicht allerdings keine prozentuale Aufteilung gezahlter Sondervergütungen nur teilweiser gewerblich tätiger Personengesellschaften in Betracht. Vielmehr dürften nur die Teile der Sondervergütungen unter den Anwendungsbereich des § 50d Abs. 10 EStG n. F. fallen, die mit der originär gewerblichen Tätigkeit der Mitunternehmerschaft in wirtschaftlichem Zusammenhang stehen. Diese Ansicht lässt sich dogmatisch begründen und ist systemgerecht, wäre allerdings mit vielen Auslegungsspielräumen behaftet und daher impraktikabel.

5.4 Aufwendungen und Erträge aus dem Sonderbetriebsvermögen

In § 50d Abs. 10 S. 2 EStG n. F. wird ergänzend bestimmt, dass die durch das SBV veranlassten Erträge und Aufwendungen ebenfalls als Teil des Unternehmensgewinns qualifiziert werden sollen. Erfasst werden hierdurch allerdings nur die Einkunftsteile und nicht die Vermögensebene. Aufgrund der fehlenden abkommensrechtlichen Qualifikation des SBV ist unklar, ob es grenzüberschreitend der jeweiligen Betriebsstätte zuzuordnen ist. Weiterhin fehlt es an einer ausdrücklichen innerstaatlichen Regelung bzgl. der Qualifikation, sodass das SBV dem Grunde nach nicht der Betriebsstätte der Personengesellschaft zugeordnet werden kann.[730]

Eindeutig von der Regelung erfasst werden Wirtschaftsgüter des SBV I, für die die Vergütungen i. S. d. § 50d Abs. 10 S. 1 EStG gezahlt werden. Fraglich ist allerdings, ob

---

725 Problematisch sind allerdings die Fälle, in denen sich die Tätigkeitsbereiche bedingen und eine Aufteilung deswegen ausscheidet. Hier käme es auf das Gesamtbild der Verhältnisse an, was allerdings im Einzelfall wieder zu Qualifikationskonflikten und Doppelbesteuerungen führen kann. Vgl. Möller, NWB 2014, S. 3888 f.

726 In § 50d Abs. 10 EStG i. d. F. des JStG 2009 wurden nachträgliche Sondervergütungen nicht erwähnt und folglich aus dem Anwendungsbereich ausgeschlossen.

727 Vgl. BFH, v. 25.5.2011, I R 95/10, BStBl. II 2014, S. 760; v. 24.4.1997, IV R 60/98, BStBl. II 1997, S. 567; BMF, v. 26.9.2014, IV B 5 – S 1300/09/10003, BStBl. I 2014, S. 1258, Tz. 2.2.1.

728 U. a. Besitzunternehmen von Betriebsaufspaltungen (wie z. B. explizit in § 50i S. 3 EStG aufgeführt) und gewerblich infizierte Personengesellschaften.

729 Vgl. BMF, v. 26.9.2014, IV B 5 – S 1300/09/10003, BStBl. I 2014, S. 1258, Tz. 5.5.1.

730 Zustimmend Frotscher, in Frotscher/Geurts, EStG, 2014, § 50d EStG, Rn. 287.

Aufwendungen und Erträge des SBV II ebenfalls unter die Regelung fallen.[731] Gegen eine mögliche Einbeziehung des SBV II spricht, dass in § 50d Abs. 10 S. 2 EStG die Begrifflichkeit „das" SBV verwendet wird. Hierunter könnte lediglich jenes SBV verstanden werden, für dessen Überlassung in S. 1 der Norm Vergütungen gezahlt werden. Überzeugender ist allerdings das Argument für die Einbeziehung von SBV II, nachdem der Gesellschafter in internationalen Sachverhalten dem inländischen Gesellschafter gleichgestellt werden sollte. Erst durch diese Anwendung tragender Grundsätze des innerstaatlichen Steuerrechts kann eine symmetrische Besteuerung der Mitunternehmer sichergestellt werden.[732] Es wäre demnach konsequent, neben Abschreibungen im Rahmen des SBV I ebenfalls Veräußerungsgewinne aus den daraus entstandenen stillen Reserven des SBV II in den Regelungskreis der Norm aufzunehmen. Als Folge dessen stellt die Verweisung des § 50d Abs. 10 S. 1 EStG eine Rechtsfolgenverweisung dar. Entsprechend wird für das SBV die Rechtsfolge der Qualifikation als Teil des Unternehmensgewinns angenommen und nicht auf den Rechtsgrund, das Vorliegen von Sondervergütungen, abgestellt. Folglich werden Aufwendungen und Erträge des SBV von § 50d Abs. 10 EStG auch dann erfasst, wenn keine Sondervergütungen vorliegen, da das SBV der Personengesellschaft beispielsweise unentgeltlich überlassen wird.[733]

5.5 Anwendung bei Einkünften aus selbständiger Arbeit

Problematisch ist darüber hinaus die ausdrückliche Erweiterung des Anwendungsbereichs in § 50d Abs. 10 S. 7 Nr. 2 EStG n. F. auf Mitunternehmerschaften mit selbständigen Einkünften. Rechtssystematisch ist die Ausdehnung auf sog. Freiberufler-Sozietäten folgerichtig, allerdings ist die Umsetzung in der vorgenommenen Formulierung kritisch zu sehen. Ein entsprechendes Besteuerungsrecht für Einkünfte aus selbständiger Arbeit ergibt sich aus § 50d Abs. 10 S. 1–6 EStG. Weiterhin bestimmt § 50d Abs. 10 S. 7 Nr. 2 EStG, dass an die Stelle des Artikels bzgl. der Unternehmensgewinne im einschlägigen DBA derjenige über selbständige Arbeit tritt. Vor allem ältere DBA enthalten weder einen eigenen Artikel zur abkommensrechtlichen Behandlung von „selbständiger Arbeit" oder nennen diesen

---

731 Streitig ist hierbei, ob die Änderung der Entwurfsfassung hin zum finalen BMF v. 26.9.2014, IV B 5 – S 1300/09/10003, BStBl. I 2014, S. 1258, als Meinungswechsel der Finanzverwaltung angesehen kann. Allein das Fehlen eines expliziten Ausschlusses von SBV II kann nicht als Zustimmung gewertet werden. Vgl. Schulz-Trieglaff, IStR 2015, S. 157 f.; Hagemann/Kahlenberg, IStR 2015, S. 57.

732 Vgl. BR-Drs. 157/1/13 mit Verweis auf BR-Drs. 632/1/12, S. 14.

733 Vgl. ebenfalls Frotscher, in Frotscher/Geurts, EStG, 2014, § 50d EStG, Rn. 287–292. Allerdings kann bei unentgeltlicher Überlassung dennoch ein Tatbestand der Einkünftekorrektur nach § 1 Abs. 1 S. 1 AStG vorliegen. Vgl. Rosenberg/Placke, DB 2014, S. 2435.

anders.[734] Des Weiteren kann auch der Artikel über die Unternehmenseinkünfte anders tituliert werden.[735] Diesbezüglich ist allerdings fraglich, inwiefern die ausdrückliche Verweisung des § 50d Abs. 10 S. 7 Nr. 2 EStG auf „selbständige Arbeit" und „Unternehmensgewinne" bei anderslautenden Begrifflichkeiten von der Anwendung ausgeschlossen ist.[736] Neuere DBA, die dem OECD-MA folgen, erfassen die selbständigen Einkünfte ebenfalls im Art. 7 über Unternehmensgewinne und umgehen somit die Problematik.

5.6 DBA mit Sonderregelungen und Betriebsstättenzugehörigkeit

Grundsätzlicher Kritik können sich auch die Sonderregelungen in DBA ausgesetzt sehen, da diese deutlich hinter dem § 50d Abs. 10 EStG i. d. F. des AmtshilfeRLUmsG zurückbleiben. So regeln sie weder eine Zurechnung zu einer inländischen Betriebsstätte, noch klären sie, ob sie bei nachträglichen Sondervergütungen und sonstigen Sonderbetriebseinnahmen anwendbar sind. Zwar besagt § 50d Abs. 10 S. 1 EStG n. F., dass dieser nicht auf DBA mit Sonderregelungen anwendbar ist, jedoch ist fraglich, ob die Sätze 2 ff. der Vorschrift nicht als Ergänzung herangezogen werden sollen.[737]

Darüber hinaus unterliegt die Rechtsprechung einigen offenen Kritikpunkten. Vor allem die Entscheidung des BFH vom 11.12.2013[738] kann m. E. keine aussagekräftige Stellungnahme zur Zuordnungsproblematik der Neufassung des § 50d Abs. 10 EStG treffen. So kann aus dem streitgegenständlichen Sachverhalt nicht automatisch geschlossen werden, dass die Rechtsprechung von ihrem bisherigen Zuordnungsmaßstab in Art. 7 OECD-MA abkehrt. Die Entscheidung könnte lediglich darauf zurückzuführen sein, dass in dem entsprechenden Fall keine anderweitige Betriebsstätte vorlag, dem die Sondervergütungen hätten zugeordnet werden können. Eine Klärung ist diesbezüglich von dem beim BFH anhängigen Verfahren des FG Münster[739] zu erwarten.[740]

---

734 So enthält das DBA Thailand lediglich einen Artikel 14 für selbständige und unselbständige Einkünfte, der Art. 14 DBA-Belgien wird mit „freie Berufe" tituliert. Vgl. Holthaus, in: Lippross/Seibel, Basiskommentar, 2015, § 50d EStG, Rn. 36 m. w. N.

735 Z. B. als gewerbliche Einkünfte, vgl. Art. 4 DBA-Südafrika oder Art. III DBA-Griechenland.

736 Diese Fragestellung wurde bisher höchstrichterlich offen gelassen, vgl. BFH, v. 8.9.2010, I R 74/09, BFH/NV 2011, S. 138.

737 Hierfür ebenfalls Pohl, DB 2013, S. 1572; Pohl, IWB 2012, S. 120.

738 BFH, v. 11.12.2013, I R 4/13, BFH/NV 2014, S. 614.

739 Vgl. FG Münster, v. 13.6.2013, 13 K 3679/12, EFG 2013, S. 1418; anhängig beim BFH, I B 142/13.

740 Der Sachverhalt des anhängigen Verfahrens ist vergleichbar mit dem Vorliegenden, allerdings verfügt die beschwerte französische Körperschaft (S. A.), welche mittelbar an einer inländischen KG beteiligt ist, über eine eigene Betriebsstätte im Ansässigkeitsstaat (Frankreich).

Die dargestellte Kritik an der Neuregelung der Vorschrift wird nicht ohne weitere gesetzgeberische Eingriffe oder abschließende Klärung durch die Rechtsprechung zu einer Rechtssicherheit führen können. Aus diesem Grund soll im Folgenden die durch die Revision eingeführte Zurechnungsfiktion auf ihre Wirkungsweise untersucht werden. Weiterhin stellen die rechtlichen Bedenken in Form eines *treaty overrides* sowie der rückwirkenden Geltung der Norm den Gegenstand der folgenden kritischen Auseinandersetzung dar.

II. Zuordnungsproblematik der abkommensrechtlichen Sondervergütungen

1. Zuordnungsfiktion des § 50d Abs. 10 S. 3 EStG i. d. F. des AmtshilfeRLUmsG

§ 50d Abs. 10 S. 3 EStG n. F. bestimmt, dass die unter die Regelung gefassten Sondervergütungen der Betriebsstätte der Personengesellschaft zuzuordnen sind, der der entsprechende Aufwand zugerechnet wurde. Gleiches gilt für die mit dem SBV zusammenhängenden Aufwendungen und Erträge. In der Regel dürfte die Betriebsstätte der Personengesellschaft mit der Geschäftsleitungsbetriebsstätte gleichzusetzen sein. Anderes gilt lediglich, wenn explizit auf eine andere Betriebsstätte verwiesen wird. Damit die Sondervergütungen im Inland besteuert werden können, ordnet § 50d Abs. 10 S. 3 EStG n. F. die Vergütungen der inländischen Betriebsstätte zu, sofern sich die Geschäftsleitung der Personengesellschaft im Inland befindet und ihre Gesellschafter im Ausland ansässig sind. Die Zuordnung der Sondervergütungen zur Betriebsstätte ergibt sich durch das Prinzip der Verursachung. Weiterhin ist eine Zurechnung aufgrund der Bilanzierung als Betriebsvermögen der Betriebsstätte denkbar.[741] Generell ist eine Zurechnung aufgrund der Betriebsstättenbilanzierung immer gegeben, da es im innerstaatlichen Steuerrecht kein nichtbilanziertes (Sonder-)Betriebsvermögen gibt. Lediglich im Abkommensrecht kann es, aufgrund der Wortfassung des Art. 7 Abs. 1 S. 1 OECD-MA, zu Betriebsvermögen außerhalb der Betriebsstätte kommen.[742] Aufgrund des Konzepts der „Zentralfunktion"[743] des

741 Z. B. ist ein Darlehen als handelsrechtliche Verbindlichkeit im Gesamthandsvermögen der Personengesellschaft bzw. wenn es für den Finanzierungsbedarf einer speziellen Betriebsstätte aufgenommen wurde, in der entsprechenden Betriebsstätte zu passivieren. Vgl. Frotscher, in Frotscher/Geurts, EStG, 2014, § 50d EStG, Rn. 293.

742 Vgl. BFH, 13.2.2008, I R 63/06, BStBl. II 2009, S. 414; v. 19.12.2007, I R 19/06, BStBl. II 2010, S. 398; Wassermeyer, IStR 2010b, S. 241; Meretzki, IStR 2009, S. 217. Dem widersprechend Kramer, IStR 2004a, S. 672; Kramer, IStR 2010, S. 239; Frotscher, in: Kaminski/Wassermeyer/Strunk, GS Krüger, 2006, S. 95 ff.; Günkel/Lieber, Ubg 2009, S. 305.

743 Vgl. BMF, v. 24.12.1999, IV B 4 – S 1300 – 111/99, BStBl. I 1999, S. 1076, Tz. 2.4. Die Zentralfunktionsthese ist allerdings durch die Umsetzung des AOA in nationales

Stammhauses sind SBV und entsprechend daraus stammende Sondervergütungen grundsätzlich der Geschäftsleitungsbetriebsstätte der Personengesellschaft zuzuordnen.[744]

Gemäß § 50d Abs. 10 S. 3 EStG n. F. beruht die Zuordnung auf dem Aufwand für die zugrundeliegende Leistung und nicht auf der durch den Vermögenswert veranlassten Sondervergütung. Eine Zuordnung kann folglich auch in jeden Fällen vorgenommen werden, in denen kein Vermögenswert existiert.[745] Aufgrund der Zuordnung anhand von Vergütungen und nicht des SBV läuft die Fiktion des § 50d Abs. 10 S. 3 EStG n. F. bei unentgeltlich überlassenen Vermögenswerten ins Leere. Entsprechend können die Aufwendungen und Erträge bei unentgeltlich überlassenen Vermögensgegenständen und -werten zwar entsprechend der Norm als Teil des Unternehmensgewinns qualifiziert werden; dennoch scheitert die Zuordnung zu einer inländischen Betriebsstätte. Dies entspricht der Rechtslage vor der Neufassung des § 50d Abs. 10 EStG.[746]

Weiterhin problematisch ist die Zuordnung des SBV, die sich durch § 50d Abs. 10 S. 3 Hs. 2 EStG ergibt.[747] Gilt die Regelung ebenfalls für SBV II, so sollte eine Zuordnung zu der Geschäftsleitungsbetriebsstätte der Personengesellschaft erfolgen. Begründet wird diese Zuordnung durch die Veranlassung und den Bezug des SBV II zur Beteiligung der Personengesellschaft. § 50d Abs. 10 S. 3 Hs. 2 EStG bestimmt allerdings, dass die Erträge und Aufwendungen des SBV II derselben Betriebsstätte zuzuordnen sind wie die (Sonder-)Vergütungen des ersten Halbsatzes. Handelt es sich hierbei um eine Zuordnung zur Geschäftsleitungsbetriebsstätte, kommen beide Zuordnungen zu dem sachlich richtigen Ergebnis. Anderes ergibt sich durch eine Zuordnung der Sondervergütungen und nach § 50d Abs. 10 S. 3 Hs. 2 EStG folglich auch der Erträge und Aufwendungen, die aus dem SBV II veranlasst sind, zu einer anderen Betriebsstätte. Die hierauf beruhende Zuordnung ordnet die Aufwendungen

---

Recht nicht länger haltbar, vgl. Wassermeyer, IStR 2012, S. 280; Baldamus, IStR 2012, S. 319; Kraft/Dombrowski, FR 2014, S. 1109 m. w. N.

744 Die Zuordnung der Vergütung zu einem Einzelunternehmer, sofern der Gesellschafter selbst ein gewerbliches Unternehmen innehält, ist dabei immer nachrangig zur Zuordnung zur Betriebsstätte der Personengesellschaft. Vgl. Frotscher, in Frotscher/Geurts, EStG, 2014, § 50d EStG, Rn. 294; a. A. Boller/Eilinghoff/Schmidt, IStR 2009, S. 113; Wassermeyer, IStR 2010b, S. 242.

745 Z. B. eine Vergütung im Dienste der Gesellschaft, bei der die Sondervergütung derjenigen Betriebsstätte zuzuordnen ist, bei der die Betriebsausgaben für den Aufwand der Vergütung anfallen. Vgl. Frotscher, in Frotscher/Geurts, EStG, 2014, § 50d EStG, Rn. 295; a. A. Pohl, DB 2013, S. 1572.

746 Besonders bedeutsam ist in diesem Sinne der Veräußerungsgewinn für unentgeltlich überlassenes SBV, der mitsamt der ihm zugrunde liegenden Aufwendungen und Erträgen nicht unter § 50d Abs. 10 EStG, sondern unter die speziellen Einkunftskategorien fällt. Vgl. Frotscher, in Frotscher/Geurts, EStG, 2014, § 50d EStG, Rn. 295.

747 Vgl. u. a. Kudert/Kahlenberg, IStR 2013, S. 803 ff.

des SBV II einer Betriebsstätte zu, in der sie nicht bilanziert werden und der sie entsprechend auch nicht gehören. Um diese ungewünschte Folge der Fiktion zu umgehen, sollte eine Auslegung des § 50d Abs. 10 S. 3 Hs. 2 EStG in dem Maße erfolgen, dass der zweite Halbsatz aufgrund einer teleologischen Reduktion nicht auf das SBV II Anwendung findet. Gilt dies zumindest für alle Fälle, in denen ansonsten eine Zuordnung zu einer anderen Betriebsstätte als der Geschäftsleitungsbetriebsstätte erfolgen würde, kann somit die nicht gewollte sachlich fragwürde und falsche Rechtsfolge umgangen werden.[748]

Eine weitere Unklarheit bzgl. der Zurechnungsfiktion des § 50d Abs. 10 S. 3 EStG ergibt sich durch das enthaltene *treaty overriding*. Die Fiktion soll dementsprechend ungeachtet der entsprechenden Bestimmungen des DBA gelten. Allerdings weist S. 3 der Norm Vergütungen einer bestimmten Betriebsstätte zu, wohingegen die durch die Fiktion verdrängten abkommensrechtlichen Regelungen die Zuordnung von Vermögenswerten bestimmen. Unter diese Regelungen des Abkommensrechts fallen Art. 7 Abs. 1, 2 OECD-MA sowie Art. 7 Abs. 7 OECD-MA. Die Abs. 1 und 2 des Artikels über Unternehmensgewinne des Musterabkommens erfordern eine Zuordnung des Vermögens sowie der Verbindlichkeiten, wohingegen Absatz 7 auf die Zuordnung der vorrangigen speziellen Einkunftsartikeln verweist, ohne die den Vergütungen zugrunde liegenden Verbindlichkeiten zu beachten. Unabhängig der Unklarheiten sollte § 50d Abs. 10 S. 3 EStG so verstanden werden, dass eine Zuordnung der infrage stehenden Vergütungen ohne Rücksicht auf die Zuordnung der Vermögenswerte bzw. Verbindlichkeiten des einschlägigen DBA erfolgen sollte.[749]

2. Zurechnung der Vergütung zur Personengesellschaft

Die Regelung des § 50d Abs. 10 S. 1 EStG i. d. F. des AmtshilfeRLUmsG qualifiziert grenzüberschreitend gezahlte Sondervergütungen einer Mitunternehmerschaft an ihre Mitunternehmer als Teile des Unternehmensgewinns i. S. v. Art. 7 OECD-MA. Sofern eine dem Art. 7 OECD-MA vergleichbare Regelung auf einen Sachverhalt zwischen zwei Vertragsstaaten angewendet werden kann, bestimmt sich nach Art. 7 Abs. 1 S. 1 Hs. 1 i. V. m. Art. 3 Abs. 1 lit. b OECD-MA welchem Staat das Besteuerungsrecht zusteht. Dies ist regelmäßig der Vertragsstaat, in dem das Unternehmen betrieben wird, es sei denn, das Unternehmen übt seine Tätigkeit im anderen Vertragsstaat mittels einer dortigen Betriebsstätte aus (Art. 7 Abs. 1 S. 1 Hs. 2 OECD-MA). Problematisch ist in diesem Falle, wer als ansässige Person und Betreiber einer Personengesellschaft angesehen werden kann. Einerseits kann die Personengesellschaft in ihrem Sitzstaat als Steuersubjekt behandelt werden und infolgedessen als ansässige Person und Betreiber des Unternehmens gelten. Andererseits besteht die Möglichkeit, dass die Personengesellschaft kein eigenes Steuersubjekt darstellt und transparent besteuert wird. In diesem Fall würde zwar die Personengesellschaft an

748 Zutreffend Frotscher, in Frotscher/Geurts, EStG, 2014, § 50d EStG, Rn. 296.

749 Vgl. Frotscher, in Frotscher/Geurts, EStG, 2014, § 50d EStG, Rn. 297.

sich als tatsächlicher Betreiber des Unternehmens angesehen werden; allerdings würden die dahinterstehenden Gesellschafter gem. Art. 3 Abs. 1 lit. d OECD-MA als rechtliche Betreiber und ansässige Personen gelten.[750] Nach der Entscheidung des Unternehmensbetreibers richtet sich ebenfalls die Zurechnung einer Betriebsstätte, sodass im Folgenden die Unterscheidung der Steuersubjekte differenzierter betrachtet werden soll.[751]

Stellt die Personengesellschaft ein Steuersubjekt dar, ist sie grundsätzlich Unternehmensbetreiber gem. Art. 7 i. V. m. Art. 3 Abs. 1 lit. d OECD-MA. Entsprechend ist es ihr selbst möglich, eine Betriebsstätte innezuhaben.[752] Handelt es sich um eine transparent besteuerte Personengesellschaft, spricht die überwiegende Meinung aus Schrifttum und Rechtsprechung dieser ebenfalls die Fähigkeit zu, eine Betriebsstätte zu führen und inne zu haben.[753] Zur Begründung wird u. a. angeführt, dass es einem Mitunternehmer an der Verfügungsmacht fehlt, die zur Begründung einer Betriebsstätte erforderlich ist.[754] Dem kann m. E. nicht entgegen gehalten werden, dass es auch möglich wäre, dass mehreren Gesellschaftern gemeinsam die Verfügungsgewalt zusteht.[755] Dies scheitert bereits daran, dass nicht davon ausgegangen werden kann, dass in diesen Fällen jedem Gesellschafter auch tatsächlich die Verfügungsgewalt über die Geschäftseinrichtung zusteht bzw. er diese innehat. Ebenfalls wird unzutreffender Weise angenommen, dass es nicht möglich sei, die Betriebsstätte einer transparent besteuerten Personengesellschaft zuzurechnen, wenn diese kein Unternehmen betreibt.[756] Diese Meinung ist allerdings abzulehnen, da selbst bei fehlender rechtlicher Qualifikation zum Betreiben des Unternehmens die Personengesellschaft in tatsächlicher Hinsicht der Betreiber des Unternehmens ist und entsprechend die Betriebsstätte innehat.[757]

Das Betreiben einer Betriebsstätte ist zudem an das Erfordernis gebunden, dass auch tatsächlich eine Betriebsstätte i. S. d. Art. 5 Abs.1 OECD-MA vorliegt. Liegt eine gewerblich tätige Personengesellschaft vor, so ist davon auszugehen, dass diese eine Geschäftseinrichtung und -leitung besitzt, von der ihre Geschäftstätigkeit ausgeübt

---

750 So zutreffend Wassermeyer, in: Wassermeyer/Richter/Schnittker, PersG, 2015, Rz. 2.33 f.; Vogel, in: Vogel/Lehner, DBA, 2015, Art. 3 MA Rn. 44.

751 Zu beachten ist, dass DBA(-Verteilungsnormen), im Gegensatz zu §§ 38 f. AO des nationalen Steuerrechts, keine Regelungen über die Zuordnung von Wirtschaftsgütern zu einem Steuerpflichtigen enthalten, vgl. Haase, ISR 2014, S. 187 ff.

752 Vgl. Wassermeyer, in: Wassermeyer/Richter/Schnittker, PersG, 2015, Rz. 2.33; Riemenschneider, Abkommensberechtigung, 1995, S. 114.

753 Vgl. BFH, v. 7.8.2002, I R 10/01, BStBl. II 2002, S. 848; Schaumburg, Steuerrecht, 2011, Rn. 16.243; Ostendorf, Sondervergütungen, 1994, S. 139; Toifl, PersG, 2003, S. 133, 139 f.

754 Vgl. Wassermeyer, in: Wassermeyer/Richter/Schnittker, PersG, 2015, Rz. 2.33.

755 So Görl, in: Vogel/Lehner, DBA, 2015, Art. 5 MA Rn. 18.

756 Dies spricht entsprechend für eine Zurechnung der Betriebsstätte zum Gesellschafter, vgl. Riemenschneider, Abkommensberechtigung, 1995, S. 114 f.

757 Vgl. Wassermeyer, in: Wassermeyer/Richter/Schnittker, PersG, 2015, Rz. 2.33.

wird und folglich Art. 5 Abs. 2 lit. a OECD-MA erfüllt.[758] Fraglich ist hingegen, inwiefern die Erfüllung einer oder mehrerer Kriterien des Art. 5 Abs. 2 OECD-MA ausreichen, um eine Betriebsstätte zu begründen, oder ob zudem auch Art. 5 Abs. 1 OECD-MA erfüllt sein muss. Die h. M. geht diesbezüglich davon aus, dass neben dem Eingreifen eines Kriteriums des Art. 5 Abs. 2 OECD-MA auch die Erfüllung der Voraussetzungen des Art. 5 Abs. 1 OECD-MA erforderlich sind.[759] Entsprechend ist anzunehmen, dass die Geschäftsleitungsbetriebsstätte einer den Geschäftsbetrieb führenden Personengesellschaft die Voraussetzungen des Art. 5 Abs. 1 OECD-MA erfüllt. Weiterhin vermittelt die Personengesellschaft jedem an ihr beteiligten Gesellschafter eine Betriebsstätte, sofern die transparent besteuerte Personengesellschaft ihre Geschäftstätigkeit durch eine Betriebsstätte ausführt.[760]

Im Folgenden soll zuerst die Rechtsprechung des BFH und die Auffassung des Schrifttums bzgl. der Auslegung der abkommensrechtlichen Betriebsstättenvorbehalte[761] analysiert werden, bevor in einem weiteren Schritt die Kriterien für die Zuordnung der Sondervergütungen nach Art. 7 OECD-MA dargestellt werden.

3. Auswirkungen der Betriebsstättenvorbehalte auf die Zuordnung der Sondervergütungen

3.1 Auffassung der Rechtsprechung

Nach ständiger Rechtsprechung geht der BFH davon aus, dass eine rechtliche Zuordnung der Sondervergütungen nicht ausreicht, um die Einkünfte einer Betriebsstätte der Personengesellschaft zuzurechnen.[762] Folglich sind die einschlägigen Betriebsstättenvorbehalte erfüllt, wenn eine tatsächliche Zuordnung der Sondervergütungen zur Personengesellschaftsbetriebsstätte vorliegt, auch wenn diese dem Wortlaut nach keine ausdrückliche tatsächliche Zuordnung fordern.[763] Demzufolge sind im Art. 7 Abs. 2 sowie Art. 13 Abs. 2 OECD-MA der Verursachungs- und

758 Vgl. Görl, in: Vogel/Lehner, DBA, 2015, Art. 5 MA Rn. 39 f.; Riemenschneider, Abkommensberechtigung, 1995, S. 114; Toifl, PersG, 2003, S. 135 f.

759 Vgl. RFH, v. 30.4.1935, I A 13/35, RStBl. 1935, S. 840; BMF, v. 16.4.2010, IV B 2 – S 1300/09/10003, BStBl. I 2010, S. 354, Tz. 2.2.3; Görl, in: Vogel/Lehner, DBA, 2015, Art. 5 MA Rn. 37; Günkel/Lieber, Ubg 2009, S. 305; Richter, FR 2010, S. 552. A. A. Toifl, PersG, 2003, S. 135 f., der davon ausgeht, dass die Erfüllung einer Einrichtung i. S. d. Art. 5 Abs. 2 OECD-MA ausreichend ist.

760 Vgl. BFH, v. 9.8.2006, II R 59/05, BStBl. II 2009, S. 758; Ostendorf, Sondervergütungen, 1994, S. 140; Weggenmann, Einordnungskonflikte, 2002, S. 228; Spengel/Schaden/Wehrße, StuW 2012, S. 109.

761 Vgl. Art. 10 Abs. 4, Art. 11 Abs. 4, Art. 12 Abs. 3 OECD-MA.

762 Vgl. BFH, v. 27.2.1991, I R 15/89, BStBl. II 1991, S. 444; v. 30.8.1995, I R 112/94, BStBl. II 1996, S. 563; v. 17.10.2007; I R 5/06, BStBl. II 2009, S. 356; v. 19.12.2007, I R 66/06, BStBl. II 2008, S. 510.

763 Vgl. BFH, v. 17.10.2007; I R 5/06, BStBl. II 2009, S. 356; v. 20.12.2006, I B 47/05, BStBl. II 2009, S. 766.

Veranlassungszusammenhang und dem entgegen in den Betriebsstättenvorbehalten die tatsächlich-funktionale Zuordnung zugrunde zu legen.[764]

Liegt das Schwergewicht der ausgeübten Unternehmenstätigkeit in der Betriebsstätte, so wird das Erfordernis des funktionalen Zusammengangs erfüllt.[765] Zudem muss das Wirtschaftsgut einen Aktivposten in der Betriebsstätte bilden, um dieser zugerechnet werden zu können.[766] Unbeachtlich ist hingegen, ob das Wirtschaftsgut in der Betriebsstätte genutzt wird.[767] Zudem geht der BFH davon aus, dass die Hingabe von Fremdkapital beispielsweise i. S. eines Gesellschafterdarlehens nicht der Betriebsstätte der Personengesellschaft zugerechnet werden kann.[768] Dies gilt ebenfalls für die einer Sondervergütung zugrunde liegenden Forderung, die Fremdkapital darstellt; denn das Stammrecht ist dem Vermögen des Gesellschafters und nicht dem der Personengesellschaft zugehörig.[769] Dem entgegen vertritt das FG Baden-Württemberg die Ansicht, dass in den Fällen, in denen keine tatsächliche Zugehörigkeit im einschlägigen Betriebsstättenvorbehalt gefordert wird, eine rechtliche Zugehörigkeit des Stammrechts bzw. der Sondervergütung ausreichend ist.[770]

3.2 Auffassung des Schrifttums

Die überwiegende Auffassung des Schrifttums folgt der Rechtsprechung des BFH, nach der nur eine tatsächliche Zugehörigkeit des Stammrechts zu einer Personengesellschaftsbetriebsstätte den Betriebsstättenvorbehalt erfüllt.[771] Auf eine Zurechnung nach innerstaatlichen Vorgaben kommt es dementsprechend nicht an, da das deutsche Steuerrecht lediglich eine Indizwirkung innehat.[772] Darüber hinaus gelten Betriebsstättenvorbehalte nur bei Sachverhalten mit Personengesellschaftsbeteiligung, sofern die Gesellschaft Inhaber der Forderung ist und nicht, wenn der Gesellschafter gegenüber der Personengesellschaft eine Forderung innehält.[773]

Allerdings kritisieren Teile des Schrifttums die uneinheitliche BFH-Rechtsprechung hinsichtlich der Zuordnung von Stammrechten zu einer Betriebsstätte.[774]

---

764 Vgl. BFH, v. 12.6.2013, I R 47/12, BFH/NV 2013, S. 1999; v. 11.12.2013, I R 4/13, BFH/NV 2014, S. 614.

765 Vgl. BFH, v. 30.8.1995, I R 112/94, BStBl. II 1996, S. 563.

766 Vgl. ständige Rechtsprechung BFH, v. 17.10.2007; I R 5/06, BStBl. II 2009, S. 356; v. 8.9.2010, I R 74/09, BFH/NV 2011, S. 138.

767 Vgl. BFH, v. 19.7.2012, I R 5/10, BFH/NV 2012, S. 1942.

768 Vgl. BFH, v. 27.2.1991, I R 15/89, BStBl. II 1991, S. 444, Rz. 29 ff.; v. 19.7.2012, I R 5/10, BFH/NV 2012, S. 1942, Rz. 25 f.

769 Vgl. BFH, v. 27.2.1991, I R 15/89, BStBl. II 1991, S. 444, Rz. 29 ff.

770 Vgl. FG Baden-Württemberg, v. 22.11.2005, 8 K 400/97, EFG 2006, S. 677, Rz. 58.

771 U. a. Jacobs, Int. Unternehmensbesteuerung, 2011, S. 381 f.; Gosch, in: Mellinghoff/Schön/Viskorf, FS Spindler, 2011, S. 422; Prinz, DB 2011, S. 1418.

772 Vgl. Goebel/Boller/Ungemach, IStR 2008, S. 647 f.

773 Vgl. Burmester, in: Haarmann, Unternehmensstrukturen, 1996, S. 137 f.; Debatin, BB 1992, S. 1187; Frotscher, IStR 2009, S. 595 f.

774 Vgl. Blumers, DB 2008, S. 1771; Schmitt-Homann, DStR 2010, S. 2547.

Dies wird darauf zurückgeführt, dass der BFH unterschiedliche Kriterien bei der Auslegung des Art. 7 OECD-MA und der Betriebsstättenvorbehalte sowie des Art. 13 Abs. 2 OECD-MA anwendet.[775] So stellt der BFH zum einem auf die rechtliche Zurechnung im Rahmen von Art. 13 Abs. 2 OECD-MA ab, wohingegen er in Bezug auf Betriebsstättenvorbehalte, unabhängig ihrer jeweiligen Wortlaute, eine tatsächlich-funktionale Zuordnung voraussetzt.[776] Hier kann angeführt werden, dass die Auslegung des Art. 13 Abs. 2 OECD-MA dem Wortlaut entsprechend ist.[777] Erfordern Betriebsstättenvorbehalte ihrem Wortlaut entsprechend keine explizite tatsächliche Zuordnung, sind sie inhaltsgleich mit Art. 13 Abs. 2 OECD-MA.[778] Entsprechend ist der Auffassung zuzustimmen, nach der eine tatsächliche Zugehörigkeit zum Betriebsvermögen ausreichend ist, wenn der Wortlaut des anzuwendenden Betriebsstättenvorbehalts keine tatsächliche Zugehörigkeit erfordert.[779] Folglich sind die Voraussetzungen der Betriebsstättenvorbehalte ohne das Erfordernis der tatsächlichen Zugehörigkeit erfüllt, da Sondervergütungen bzw. das Stammrecht dem SBV I gehören. In allen anderen Fällen ist der BFH-Rechtsprechung zu folgen.[780]

Teile der Literatur gehen darüber hinaus davon aus, dass sich eine Zuordnung zur Betriebsstätte nicht nur bei Aktivvermögen, sondern bei generellem Betriebsvermögen (und damit auch Passiva) sowie durch die Zurechnung des Vermögens des Gesellschafters ergeben kann.[781] Einer Zurechnung bedarf es insofern, dass die dem Stammrecht zugrundeliegenden Mittel im Sitzstaat der Personengesellschaft durch diese verwendet werden. Hieraus ergibt sich, dass das Besteuerungsrecht nicht aufgespalten und die Aufwendungen von ihren entsprechenden Erträgen nicht getrennt werden können.[782] Dem kann allerdings entgegen gehalten werden, dass der Wortlaut des Art. 11 Abs. 4 OCD-MA explizit von einer Forderung spricht. Folglich fällt unter diesen Betriebsstättenvorbehalt keine Verbindlichkeit, die bei Einbezug

775 Vgl. Blumers/Zillmer, BB 2010, S. 1381; Gosch, BFH-PR 2008b, S. 329; Fischer, in: Schaumburg/Piltz, Veräußerungsgewinne, 2004, S. 39 f.

776 Vgl. BFH, v. 13.2.2008, I R 63/06, BStBl. II 2009, S. 414, Rz. 48 ff. v. 9.8.2006, II R 59/05, BStBl. II 2009, S. 758, Rz. 17 f.; v. 17.10.2007, I R 5/06, BStBl. II 2009, S. 356, Rz. 22 ff.; v. 19.12.2007, I R 66/06, BStBl. II 2008, S. 510, Rz. 17 ff. Zur weiteren Diskussion vgl. Stemler, Sondervergütungen, 2012, S. 126 m. w. N.

777 Vgl. Goebel/Boller/Ungemach, IStR 2008, S. 649.

778 Einer anderslautenden Argumentation des BFH, v.13.2.2008, I R 63/06, BStBl. II 2009, S. 414, Rz. 48 ff., kann nicht gefolgt werden. Zutreffend Schmidt, StBJB 2008/2009, S. 185 f.

779 Entsprechend Wassermeyer, in: Achatz, FS Ruppe, 2007, S. 687. Vereinzelt ebenfalls BFH, v. 17.11.1999, I R 7/99, BStBl. II 2000, S. 605, Rz. 20 f.

780 Sofern eine tatsächliche Zugehörigkeit im Wortlaut gefordert wird, kann auch kein Rückgriff auf innerstaatliches Recht herangezogen werden. Unzutreffend somit Wolff, in: Gocke/Gosch/Lang, FS Wassermeyer, 2005, S. 662.

781 Vgl. Ismer/Kost, IStR 2007, S. 123 f.; bzgl. des Vermögens des Gesellschafters vgl. ebenfalls Burmester, in: Klein/Stihl/Wassermeyer, FS Flick, 1997, S. 665.

782 Vgl. die Argumentation in Ismer/Kost, IStR 2007, S. 124.

des gesamten Betriebsvermögens ebenfalls möglich wäre.[783] Handelt es sich bei der Betriebsstätte um eine durch die Personengesellschaft vermittelte und nicht um eine eigene Betriebsstätte des Gesellschafters,[784] so stellen Darlehen aus Sicht der Personengesellschaft Verbindlichkeiten dar. Diese fallen zutreffender Weise nicht unter den Anwendungsbereich der Betriebsstättenvorbehalte.[785]

Um die Betriebsstättenvorbehalte in ihrer Anwendung nicht zu weit einzuschränken, gehen Teile der Literatur davon aus, dass eine Gleichstellung des Eigen- und Fremdkapitals, das der Gesellschaft zugeführt wird, denkbar ist.[786] Bezogen auf ein eigenkapitalersetzendes Darlehen soll dies nach Auffassung von Wassermeyer kein Fremdkapital darstellen.[787] Grundsätzlich würde dafür sprechen, dass das Abkommensrecht getrennt vom innerstaatlichen Recht zu sehen ist. Allerdings werden für (eigenkapitalersetzende) Gesellschafterdarlehen Zinsen bezahlt, sodass eine abweichende abkommensrechtliche Behandlung des Darlehens nicht von Nöten ist.[788] Entsprechend wird nach hier vertretener Auffassung der Anwendungsbereich der Betriebsstättenvorbehalte durch eigenkapitalersetzende Gesellschafterdarlehen nicht ausgeweitet.

Eine weitere Anwendung der Betriebsstättenvorbehalte wird von Teilen der Literatur in Bezug auf das Dotationskapital aufgeworfen, indem eine Zurechnung der Darlehensforderung zur Betriebsstätte erfolgen soll.[789] Steuerlich handelt es sich bei dem Dotationskapital einer Betriebsstätte um Eigenkapital,[790] es sei denn, das Dotationskapital ist nicht ausreichend, sodass bis zur Höhe des angemessenen Dotationkapitals Fremdkapital als Eigenkapital behandelt wird.[791] Folglich wäre

---

783 Insofern gibt es neben dem aktiven auch passives Betriebsvermögen, vgl. BFH, v. 27.6.2006, VIII R 31/04, BStBl. II 2006, S. 874, Rz. 62.

784 Diese Auffassung wird hier unterstützt. Vgl. ebenfalls BFH, v. 7.8.2002, I R 10/01, BStBl. II 2002, S. 848, Rz. 16; Wassermeyer, in: Wassermeyer/Richter/Schnittker, PersG, 2015, Rz. 2.33; Ostendorf, Sondervergütungen, 1994, S. 139; Schaumburg, Steuerrecht, 2011, Rn. 16.243; Toifl, PersG, 2003, S. 139 f.

785 Vgl. Burmester, in: Haarmann, Unternehmensstrukturen, 1996, S. 137 f.; Debatin, BB 1992, S. 1187.

786 Vgl. Wassermeyer, IStR 2007a, S. 335; Wassermeyer, IStR 2007b, S. 417, bezogen auf Art. 11 Abs. 4 OECD-MA.

787 Vgl. Wassermeyer, IStR 2007a, S. 335; Wassermeyer, IStR 2007b, S. 417. A. A. BFH, v. 17.10.2007, I R 5/06, BStBl. II 2009, S. 356, Rz. 25.

788 National stellen solche Darlehen Fremdkapital dar, vgl. BFH, v. 5.2.1992, I R 127/90, BStBl. II 1992, S. 532, Rz. 23 ff.; v. 28.3.2000, VIII R 28/98, BStBl. II 2000, S. 347, Rz. 13.

789 Vgl. Wassermeyer, in: Kessler/Kröner/Köhler, Konzernsteuerrecht, 2008, § 7 Rn. 361; Wassermeyer, IStR 2007a, S. 335; Wassermeyer, IStR 2007b, S. 417. Eine entsprechende Anwendung, allerdings ohne klare Aussage, erwägt auch das FG Münster, v. 12.12.2006, 13 K 5352/01 F, EFG 2007, S. 1025.

790 Vgl. BFH, v. 25.6.1986, II R 213/83, BStBl. II 1986, S. 785.

791 Dies entspricht der Auffassung der Finanzverwaltung, vgl. BMF, v. 24.12.1999, IV B 4 – S 1300/111/99, BStBl. I 1999, S. 1076, Tz. 2.5.1.

eine wirtschaftlich-tatsächliche Zurechnung des Kapitals zur Betriebsstätte denkbar. Diesbezüglich ist allerdings zuerst zu klären, ob die Prinzipien des Dotationskapitals auch uneingeschränkt auf Personengesellschaften anwendbar sind. Nach Auffassung der Finanzverwaltung soll dies zumindest für den Inbound-Fall gelten.[792] Teile des Schrifttums verneinen allerdings eine generelle Anwendbarkeit dieser Grundsätze.[793] Zur Begründung wird u. a. darauf verwiesen, dass die Unterschiede in Bezug auf Personengesellschaft und Betriebsstätte dazu führen, dass bei ersterer steuerlich anerkannte Vertragsbeziehungen zwischen Gesellschaft und Gesellschafter möglich sind.[794] Weiterhin widerspreche eine Nichtübernahme der Grundsätze bzgl. des Dotationskapitals gegen die Finanzierungsfreiheit bei Personengesellschaften.[795] Gerade letzteres Argument gilt laut BFH-Rechtsprechung[796] allerdings auch für Einzelunternehmer und kann entsprechend nicht als Argument für eine Übernahme der Grundsätze des Dotationskapitals auf Personengesellschaften herangezogen werden. Darüber hinaus spricht gegen eine Übernahme der Grundsätze, dass bei Personengesellschaften mehrere Gesellschafter ihre geschäftlichen Interessen vertreten, sodass das Risiko der Unterkapitalisierung relativ gering sein wird.[797]

3.3 Zwischenfazit

Abkommensrechtliche Sondervergütungen werden nach hier vertretener Auffassung regelmäßig nicht wirtschaftlich-tatsächlich der Betriebsstätte der Personengesellschaft, sondern der Betriebsstätte des Gesellschafters zugerechnet. Insofern sind die Voraussetzungen der Betriebsstättenvorbehalte in Bezug auf Sondervergütungen regelmäßig nicht erfüllt, es sei denn, der Betriebsstättenvorbehalt des einschlägigen DBA stellt nicht auf eine tatsächliche Zugehörigkeit ab.[798]

Durch die Einführung und Neufassung von § 50d Abs. 10 EStG wurde durch den deutschen Gesetzgeber vorgegeben, dass abkommensrechtliche Sondervergütungen als gewerbliche Unternehmensgewinne i. S. d. Art. 7 Abs. 1, Abs. 2 OECD-MA zu behandeln sind. Entsprechend ist der Vorrang der spezielleren Einkunftskategorien

---

792 Vgl. den Wortlaut des BMF, v. 24.12.1999, IV B 4 – S 1300/111/99, BStBl. I 1999, S. 1076, Tz. 2.5.2.

793 Vgl. Löwenstein/Heinsen, IStR 2007, S. 306. A. A. Schmidt, IStR 2001, S. 491, Fn. 23.

794 Personengesellschaften sind im Gegensatz zur Betriebsstätte in begrenztem Umfang Steuersubjekt und zivilrechtlich rechtsfähig. Vgl. Löwenstein/Heinsen, IStR 2007, S. 306.

795 Vgl. Löwenstein/Heinsen, IStR 2007, S. 306. Weiteres Argument ist hier, dass § 4 Abs. 4a EStG bei Personengesellschaften der Grundlage entzogen sei. Dem ist nicht zuzustimmen, da die Regelung auch auf Personengesellschaften Anwendung findet, vgl. Goebel/Eilinghoff/Busenius, DStZ 2010, S. 749.

796 Vgl. BFH, v. 8.12.1997, GrS 1–2/95, BStBl. II 1998, S. 193, Rz. 42 ff.

797 Zutreffend Strunk/Kaminski, IStR 2000, S. 41.

798 Entsprechend auch Wassermeyer, in: Achatz, FS Ruppe, 2007, S. 687.

durch Art. 7 Abs. 4 OECD-MA ausgeschlossen. Im Weiteren soll deswegen geklärt werden, anhand welcher Kriterien eine Zuordnung nach Art. 7 OECD-MA vorgenommen wird.

4. Zuordnungskriterien des Art. 7 OECD-MA

4.1 Zuordnungsgrundsätze des Art. 7 OECD-MA

Im Schrifttum wird die Meinung vertreten, die Zuordnungskriterien des Art. 7 OECD-MA orientieren sich an einer rechtlichen Zurechnung.[799] Einerseits spreche für eine Zuordnung nach rechtlichen Kriterien, dass Art. 7 Abs. 1 und 2 OECD-MA ebenfalls eine Zuordnung von passivem Betriebsvermögen, wie z. B. Verbindlichkeiten zulässt. Zudem kann durch die Abwesenheit eigener Regelungsgrundsätze des Art. 7 OECD-MA mithilfe von Art. 3 Abs. 2 OECD-MA auf nationales Recht zurückgegriffen werden, sodass die Sondervergütungen der Personengesellschaft zugewiesen werden.[800] Diese Auffassung wird auch damit begründet, dass die Einführung des § 50d Abs. 10 EStG i. d. F. des JStG 2009 eine solche rechtliche Zuordnung vorsieht und entsprechend nicht davon ausgegangen werden kann, dass der Gesetzgeber eine nicht anwendbare Vorschrift erlässt.[801] Gegen eine Begründung des Rückgriffs auf nationales Recht spricht allerdings, dass dieser nur nach Art. 3 Abs. 2 OECD-MA möglich ist, wenn abkommensrechtlich keine Regelungen vorgegeben werden. Art. 7 Abs. 1, Abs. 2 OECD-MA regelt aber die Gewinnabgrenzung von Betriebsstätten bzw. die Zuordnung von Wirtschaftsgütern, sodass nicht auf anderslautende nationale Vorschriften zurückgegriffen werden kann.[802] Ist hingegen von einem Rückgriff auf innerstaatliche Zuordnungskriterien auszugehen, ist dies nicht gleichbedeutend mit einer Zuordnung der Sondervergütungen zu einer Betriebsstätte des Mitunternehmers, die er durch die Personengesellschaft vermittelt bekommt. Grundsätzlich wäre auch eine Zuordnung zur eigenen Betriebsstätte des Mitunternehmers möglich, da § 15 Abs. 1 S. 1 Nr. 2 EStG keine generelle Zurechnung zur von der Personengesellschaft vermittelten Betriebsstätte des Mitunternehmers vornimmt. Ebenfalls konstatiert die Rechtsprechung, dass die innerstaatlichen Zuordnungskriterien des § 15 Abs. 1 S. 1 Nr. 2 EStG nicht auf die abkommensrechtliche Betriebsstättenzurechnung übertragen werden können und zudem eine rechtliche Zuordnung des Art. 7 Abs. 1, Abs. 2 OECD-MA nicht gegeben ist.[803]

---

799 Vgl. Frotscher, IStR 2009, S. 596; Kleineidam, IStR 2004, S. 3; Mitschke, DB 2009, S. 304.

800 Vgl. Frotscher, IStR 2009, S. 595 f.

801 Vgl. Frotscher, IStR 2009, S. 596, Hruschka, DStR 2010, S. 1360; Kammeter, IStR 2011, S. 37.

802 Vgl. Gosch, in: Mellinghoff/Schön/Viskorf, FS Spindler, 2011, S. 423; Schmitt-Homann, DStR 2010, S. 2549; Roth, in: Lüdicke, Zurechnung, 2000, S. 97.

803 Vgl. BFH, v. 8.9.2010, I R 74/09, BFH/NV 2011, S. 138, Rz 19.

4.2 *Anwendung des Fremdvergleichsgrundsatzes*

Einige Teile der Literatur vertreten die Auffassung, dass der in Art. 7 Abs. 2 OECD-MA enthaltende Fremdvergleichsgrundsatz[804] nicht auf Personengesellschaften anwendbar ist.[805] Dieser soll die willkürliche Gewinnverteilung zwischen Betriebsstätte und Stammhaus verhindern, wobei dies nicht für Sachverhalte mit Personengesellschaften gelten soll. Grundsätzlich sind die Gesellschafter abkommensrechtlich Betreiber des Unternehmens; allerdings fallen bei grenzüberschreitenden Fällen der Ort der abkommensrechtlichen Zuordnung (Ansässigkeitsstaat des Gesellschafters) und der Ort der gesellschaftlichen Organisation (Sitzstaat des Unternehmens) auseinander.[806] Weiterhin ist problematisch, dass Wirtschaftsgüter, die nur der Betriebsstätte oder dem Stammhaus zuzurechnen sind, dazu führen, dass diese, wenn sie zum Betriebsvermögen der Personengesellschaft gehören, nicht dieser, sondern dem Gesellschafter zugerechnet werden.[807] Ist davon auszugehen, dass die Personengesellschaft der Unternehmensbetreiber ist und folglich als Stammhaus angesehen werden kann, so würden im grenzüberschreitenden Fall der inländischen Gesellschaft die Wirtschaftsgüter zugerechnet und im Inland besteuert.[808]

Diese Auffassung beachtet hingegen nicht, dass abkommensrechtlich die Gesellschafter Unternehmensbetreiber nach Art. 3 Abs. 1 lit. d OECD-MA sind, da es der Personengesellschaft an der Abkommensberechtigung fehlt.[809] Demzufolge ist nicht die Personengesellschaft rechtlicher Betreiber und Stammhaus, sondern die Gesellschafter in ihrer Gesamtheit. Diese Ansicht überzeugt, da ansonsten zwischen der transparent besteuerten Personengesellschaft als Stammhaus und einer tatsächlich abkommensberechtigten Gesellschaft kein Unterschied bestehen würde.[810] Auch kann in diesem Zusammenhang nicht darauf abgestellt werden, dass eine Behandlung der Gesellschafter als Stammhaus dazu führt, dass dies zu einer Vielzahl von Stammhäusern führt, denn dies ist die Konsequenz der fehlenden

---

804 Die darauf basierende direkte Gewinnermittlung stellte bisher die favorisierte Methode zur Betriebsstättengewinnermittlung dar. Vgl. BMF, v. 24.12.1999, IV B 4 – S 1300/111/99, BStBl. I 1999, S. 1076, Tz. 2.3.

805 Vgl. Machens, PersG, 2007, S. 233ff.; Ostendorf, Sondervergütungen, 1994, S. 180 f.

806 Entsprechend kann nicht von Stammhaus und folglich dem Unternehmen des Vertragsstaates gesprochen werden, vgl. Ostendorf, Sondervergütungen, 1994, S. 180 f.; Machens, PersG, 2007, S. 234 ff.

807 Vgl. Machens, PersG, 2007, S. 234; der Fremdvergleichsgrundsatz könnte nur bei der Gewinnabgrenzung zwischen Personengesellschaft und ihren Betriebsstätten angewendet werden, vgl. Machens, PersG, 2007, S. 238; Weggenmann, Einordnungskonflikte, 2002, S. 232 f.

808 Vgl. Schmidt, IStR 2010a, S. 431. Das Ziel des § 50d Abs. 10 EStG wäre folglich erreicht.

809 Vgl. Wassermeyer, in: Wassermeyer/Richter/Schnittker, PersG, 2015, Rz. 2.33 f.; Schmidt, IStR 2010a, S. 422. Liebchen, PersG, 2008, S. 183 f.

810 Vgl. die Argumentation Stemler, Sondervergütungen, 2012, S. 135.

Abkommensberechtigung einer transparenten Gesellschaft.[811] Hieraus ergibt sich, dass gewichtigere Gründe für eine Anwendung des Fremdvergleichsgrundsatzes auf Personengesellschaften sprechen.[812]

Dieser Ansicht folgend, wurde im Rahmen des AmtshilfeRLUmsG der Anwendungsbereich des § 1 AStG durch § 1 Abs. 1 S. 2 AStG auf Personengesellschaften ausgeweitet. Einhergehend werden Personengesellschaften nach § 1 Abs. 1 S. 2 AStG für Zwecke der Einkünfteabgrenzung im internationalen Steuerrecht mit Kapitelgesellschaften gleichgestellt. Problematisch ist allerdings die rechtsformneutrale Anwendung des Fremdvergleichsgrundsatzes (*arm's length*-Prinzip) aufgrund der transparenten Besteuerung der Personengesellschaften sowie der Rechtsfolgen aus § 50d Abs. 9 und 10 EStG für die Einkommen- und Körperschaftsteuer und § 9 Nr. 2 GewStG für die Gewerbesteuer.[813] Tatbestandsvoraussetzungen zur Sicherung des inländischen Steuersubstrats sind gem. § 1 Abs. 1 AStG eine

- bestehende Geschäftsbeziehung zum Ausland (§ 1 Abs. 1 i. V. m. Abs. 4 AStG)
- mit einem inländischen Steuerpflichtigen und einer ihm „nahe stehenden" Person (§ 1 Abs. 1 i. V. m. 2 AStG),
- die aufgrund vereinbarter fremdunüblichen Bedingungen zu einer Einkünfteminderung beim im Inland ansässigen Steuerpflichtigen führen (§ 1 Abs. 1 S. 1 AStG).[814]

§ 1 Abs. 4 AStG wurde im Rahmen des AmtshilfeRLUmsG neu gefasst und stellt auf den wirtschaftlichen Vorgang ab und umfasst somit auch Betriebsstättenfälle des § 1 Abs. 5 AStG.[815] Durch Klarstellung des § 1 Abs. 1 S. 2 Hs. 2 AStG können Personengesellschaften in Übereinstimmung mit der langjährigen Auffassung der Finanzverwaltung[816] nahe stehende Personen i. S. d. § 1 Abs. 1 AStG sein.[817] Eine Einkünfteminderung kann sowohl mittelbar (z. B. Verzicht auf Einnahmenerzielung) als auch unmittelbar (z. B. verringerte Betriebseinnahmen oder erhöhte

811 Vgl. Liebchen, PersG, 2008, S. 184, a. A. Weggenmann, Einordnungskonflikte, 2002, S. 269; Machens, PersG, 2007, S. 233 f.

812 Zutreffend vgl. Schmidt, IStR 2010a, S. 431.

813 Zum generellen Spannungsverhältnis von § 50d Abs. 9 und 10 EStG sowie § 9 Nr. 2 GewStG siehe Ditz/Tcherveniachki, DB 2014, S. 203 ff.

814 Erfolgt die Einkünfteminderung im Ausland, sind die Tatbestandsvoraussetzungen des § 1 AStG nicht einschlägig und die Norm nicht anwendbar. Vgl. Ditz/Tcherveniachki, DB 2014, S. 203.

815 Allerdings ist in diesem Zusammenhang die Problematik der anzunehmenden schuldrechtlichen Beziehungen des § 1 Abs. 4 Nr. 2 AStG und den tatsächlich schuldrechtlichen Sondervergütungen zu beachten.

816 Vgl. BMF, v. 14.5.2004, IV B 4 – S 1340 – 11/04, BStBl. I 2004, S. 3, Tz. 1.4.3.

817 Entsprechend konstitutiv ergibt sich die Einbeziehung von Personengesellschaften als Steuerpflichtige i. S. v. § 1 AStG, vgl. Ditz/Tcherveniachki, DB 2014, S. 204.

Betriebsausgaben) vorliegen.[818] Durch Anwendung des § 50d Abs. 10 EStG auf Auslandssachverhalte mit Sondervergütungen kann es aufgrund der Zuordnungsregel des § 50d Abs. 10 S. 3 EStG n. F. zu einer Freistellung der einschlägigen Einkünfte durch den inländischen wie den ausländischen Staat kommen (Qualifikationskonflikt). Folglich läge keine Einkünfteminderung i. R. d. § 1 AStG i. V. m. § 50d Abs. 10 EStG vor. Fraglich ist in diesem Zusammenhang, ob sich durch Anwendung der *switch-over* Klausel des § 50d Abs. 10 S. 8 i. V. m. § 50d Abs. 9 EStG eine Einkünfteminderung ergibt. Liegt beispielsweise ein zinsloses Darlehen vor, werden ausländische Einkünfte aufgrund dieser unangemessen niedrigen Vergütung und des nicht vorgenommenen Betriebsausgabenabzugs nicht gemindert. Fehlt es allerdings aufgrund der Unentgeltlichkeit der Darlehensüberlassung an einer Sondervergütung, ist die Zuordnungsfiktion des § 50d Abs. 10 S. 3 EStG n. F. nicht anwendbar. Erfolgt aus diesen Gründen ein Rückgriff auf bisherige Rechtsprechungsgrundsätze (ohne Betrachtung des § 50d Abs. 10 EStG), kann die Darlehensgewährung und folglich die korrespondierende Sondervergütung unter die speziellen Einkunftsartikel des Art. 11 OECD-MA subsumiert werden. Erst hierdurch kann im Inbound-Fall eine inländische Besteuerung vorgenommen und eine Einkünfteminderung im Ausland angenommen werden. Als Ergebnis kommt durch Rückgriff auf die bisherige BFH-Rechtsprechung ohne Anwendung des § 50d Abs. 10 EStG n. F. eine Einkünftekorrektur nach § 1 AStG in Betracht.[819]

Liegen alle Tatbestandsvoraussetzungen des § 1 AStG vor, ist weiterhin die Rechtsfolge für die Gewerbesteuer fraglich. Dem Korrekturbetrag des § 1 AStG liegt nicht der Vermögensvorteil der nahe stehenden Person, sondern die Einkünfteminderung des Steuerpflichtigen zugrunde. Folglich ist die Einkünftekorrektur wie diejenige Einkunftsart zu behandeln, der die Einkünfteminderung zugrunde liegt.[820] Im Falle der Sondervergütungen (z. B. Darlehenszinsen) wäre dies im Inland § 15 Abs. 1 S. 1 Nr. 2 S. 1 Hs. 2 EStG. Der neueren Auffassung in Rechtsprechung und Schrifttum folgend ist die gewerbesteuerliche Kürzungsvorschrift des § 9 Nr. 2 GewStG auch auf Sondervergütungen anzuwenden.[821] Ist demzufolge die Einkünftekorrektur nach § 1 AStG dem Sonderbetriebsbereich der ausländischen Personengesellschaft zugeordnet, ist dieser gleichzeitig vom Gewerbeertrag durch § 9 Nr. 2 GewStG ausgenommen. Schlussendlich unterliegt die Korrektur der unangemessenen Einkünfte in diesem Sachverhalt nicht der Gewerbesteuer. Als Folge ergibt sich, dass der mit § 1 AStG verbundene Einkünftekorrekturbetrag lediglich der inländischen Einkommen- und Körperschaftsteuer unterliegt. Es bestehen weiterhin Rechtsunsicherheiten bei

---

818 Die Einkünftekorrektur kann lediglich zu Ungunsten und nicht zu Gunsten des Steuerpflichtigen vorgenommen werden. Vgl. Pohl, in: Blümich, EStG 2015, § 1 AStG Rn. 44.

819 Vgl. das Beispiel bei Ditz/Tcherveniachki, DB 2014, S. 205 f. m. w. N.

820 Vgl. Kraft, in: Kraft, AStG, 2009, § 1 AStG Rn. 152 m. w. N.

821 Vgl. BFH, v. 10.6.1987, I R 301/83, BStBl. II 1987, S. 816; v. 27.2.1991, I R 15/89, BStBl. II 1991, S. 444; v. 24.3.1999, I R 114/97, BStBl. II 2000, S. 399; Gosch, in: Blümich, EStG 2015, § 9 GewStG Rn. 148.

der Besteuerung von unangemessenen Sondervergütungen und der Anwendung von § 1 AStG und § 50d Abs. 10 EStG n. F., die im Zweifel zu einer doppelten oder keiner Besteuerung der einschlägigen Einkünfte führen können.[822]

4.3 Zuordnung des Unternehmensgewinns nach AOA-Grundsätzen

Teile des Schrifttums gehen davon aus, dass der gesamte Unternehmensgewinn der vermittelten Personengesellschaftsbetriebsstätte des Mitunternehmers zuzurechnen ist.[823] Dabei wird darauf abgestellt, dass zwischen Stammhaus und Betriebsstätte kein anzuerkennender Leistungsaustausch stattfindet. Gleiches soll auch bezogen auf Gesellschafter und Personengesellschaft gelten, da es sich um ein einheitliches Unternehmen handelt.[824] Dieser Ansicht kann nicht gefolgt werden, denn nach dem *Authorised OECD Approach* (AOA), der bereits in Art. 7 Abs. 2 OECD-MA 2010 durch den *„Functionally Separate Entity Approach"* berücksichtigt wurde, sind fremdübliche Vertragsbeziehungen auch auf die Leistungsbeziehung zwischen Stammhaus und Betriebsstätte steuerlich anzuerkennen.[825] Seither wird Betriebsstätten eine uneingeschränkte Selbständigkeit zugeschrieben, sodass interne Leistungsbeziehungen (auch Quasi-Schuldverhältnisse bzw. *dealings*) zwischen Stammhaus und Betriebsstätte – ebenso wie schuldrechtliche Beziehungen zwischen rechtlich selbstständigen Konzerneinheiten – dem Fremdvergleichsmaßstab unterliegen.[826] Gleiches muss entsprechend auch für Sondervergütungen gelten, sodass die Leistungsbeziehungen grundsätzlich steuerlich anzuerkennen sind.[827] Hieraus ergibt sich allerdings, dass eine Zuordnung der Sondervergütungen nicht generell zu einer vermittelten Personengesellschaftsbetriebsstätte des Mitunternehmers

---

822 Übereinstimmend Ditz/Tcherveniachki, DB 2014, S. 205 f.

823 Vgl. Prokisch, in: Vogel/Lehner, DBA, 2015, Art. 1 MA Rn. 44; Krabbe, FR 2001, S. 130, Wolff, in: Gocke/Gosch/Lang, FS Wassermeyer, 2005, S. 659 f.

824 Vgl. Prokisch, in: Vogel/Lehner, DBA, 2015, Art. 1 MA Rn. 44; Debatin, BB 1992, S. 1184; Krabbe, FR 2001, S. 130, Wolff, in: Gocke/Gosch/Lang, FS Wassermeyer, 2005, S. 659 f.

825 Vgl. Wehrße, PersG, 2011, S. 137; Schmidt, IStR 2010a, S. 431. Weiterführende Literatur und Funktionsweise des AOA siehe Baldamus, IStR 2012, S. 318; Barig, IWB 2013, S. 801 f.; Buchner, IStR 2013, S. 228 ff.; Hruschka, IStR 2013, S. 830 ff.; Kroppen, DB 2014, S. 2134 f.; Schnorberger/Sassmann/Shekhovtsova, IStR 2014, S. 81 ff.

826 Vgl. Hemmelrath/Kepper, IStR 2013, S. 37 f. Bis dahin unterlag die Betriebsstättengewinnermittlung keiner gesetzlichen Normierung, sodass die Gewinnabgrenzung dem Veranlassungsprinzip unterlag. Vgl. Wassermeyer, DB 2006, S. 1177; Wassermeyer, IStR 2015, S. 38. Der AOA löst somit die eingeschränkte Selbstständigkeitsfiktion der Betriebsstätte ab, die bis dahin von der deutschen Finanzverwaltung vertreten wurde. Im Ergebnis sind Betriebsstätten nun weitestgehend wie eine Tochterkapitalgesellschaft zu behandeln. Vgl. Girlich/Müller, ISR 2015, S. 169 f.

827 Vgl. Wehrße, PersG, 2011, S. 137; Franz/Voulon, BB 2011b, S. 1113; Wassermeyer, IStR 2012, S. 281.

angenommen werden kann. Zu beachten ist allerdings, dass nur wenige der 95 abgeschlossenen und ratifizierten DBA Deutschlands zum 1.1.2015 die Neufassung des Art. 7 OECD-MA i. S. d. AOA beinhalten.[828]

Neben der Neufassung von § 50d Abs. 10 EStG wurde 2013 durch das AmtshilfeRLUmsG ebenfalls der AOA in § 1 AStG aufgenommen. Gemäß § 21 Abs. 20 S. 3 AStG ist die auf den AOA-Grundsätzen basierende Betriebsstättengewinnermittlung nach § 1 Abs. 5 AStG auf die Wirtschaftsjahre anzuwenden, die nach dem 31.12.2012 beginnen. Im Verhältnis zwischen Personengesellschaft (oder KGaA) und ihren Gesellschaftern regelt § 50d Abs. 10 EStG n. F. die Zuordnung von Einkünften aus Sondervergütungen. Im Vergleich dazu regelt der neu eingeführte § 1 Abs. 5 AStG ebenso die Zuordnung von Einkünften.[829] Einziger Unterschied ist, dass die Regelung des § 1 Abs. 5 AStG allgemein auf die Einkünftezuordnung bezogen ist und nicht speziell auf Sondervergütungen. Dennoch kann sich ein überschneidender Regelungskreis ergeben, wenn der Gesellschafter einer Personengesellschaft selbst gewerblich tätig ist, z. B. in Form einer Kapitalgesellschaft, die die Beteiligung an der Mitunternehmerschaft hält. In diesen Fällen entspricht das Verhältnis zwischen Personengesellschaft und Gesellschafter dem zwischen Stammhaus und Betriebsstätte. Werden darüber hinaus Sondervergütungen gezahlt, so sind beide Regelungen grundsätzlich anwendbar. Allerdings bestimmt § 1 Abs. 5 S. 1 AStG, dass die Regelungen nur auf „anzunehmende schuldrechtliche Beziehungen" i. S. v. § 1 Abs. 4 S. 1 Nr. 2 AStG Anwendung finden. Dem entgegen sind Sondervergütungen nicht fiktiv, sondern zivilrechtlich wirksame schuldrechtliche Beziehungen, sodass sie von der Behandlung nach § 1 Abs. 5 AStG durch § 1 Abs. 5 S. 7 AStG ausgeschlossen sind. Entsprechend fallen Sondervergütungen lediglich unter § 50d Abs. 10 EStG.[830]

Die Methodik des AOA findet sich auch in der deutschen Verhandlungsgrundlage für DBA wieder.[831] Obwohl § 50d Abs. 10 EStG i. d. F. des AmtshilfeRLUmsG und der AOA gleichzeitig eingeführt wurden, sind die Auswirkungen der beiden Vorschriften im Ergebnis konträr. Einerseits erlaubt der AOA durch die Selbstständigkeitsfiktion der Betriebsstätte bei deren Gewinnermittlung fiktive Lizenzgebühren an das Stammhaus abzuziehen. Andererseits wird jedoch genau diese Möglichkeit

---

828 Die deutschen DBA mit Lichtenstein und Luxemburg sind die einzigen, die den Art. 7 OECD-MA i. d. F. von 2010 beinhalten. Das DBA mit den Niederlanden enthält ebenfalls den neuen AOA, ist allerdings noch nicht ratifiziert. Die deutsche Verhandlungsgrundlage für DBA orientiert sich allerdings in Bezug auf die Unternehmensgewinne an der in 2010 revidierten Fassung des Art. 7 OECD-MA. Vgl. Kraft/Dombrowski, IWB 2015, S. 88.

829 Zur Problematik der Transformation des AOA in innerstaatliches Recht und sich dadurch ergebende Abweichungen im Vergleich zur bisherigen Methodik der Betriebsstättenbesteuerung vgl. u. a. Kraft/Dombrowski, Ubg 2015, S. 143 ff. m. w. N.; Kraft/Dombrowski, FR 2014, S. 1105 ff.; Roeder/Friedrich, BB 2015, S. 1053 ff.

830 Vgl. Frotscher, in Frotscher/Geurts, EStG, 2014, § 50d EStG, Rn. 238a.

831 Vgl. BMF, v. 22.8.2013, IV B 2 – S 1301/13/10009, BStBl. I 2013, S. 980, Art. 7 Abs. 2.

durch § 50d Abs. 10 EStG verhindert, da die umqualifizierten Sondervergütungen dem Personengesellschaftsgewinn wieder hinzugerechnet werden müssen. Faktisch wird von daher im Inbound-Fall ein steuerlich wirksamer Abzug bei Personengesellschaften untersagt.[832] Nicht ersichtlich ist, wieso „fiktiv gezahlte Zinsen“ in Deutschland zum Abzug zugelassen werden, tatsächlich gezahlte Zinsen einer Personengesellschaft jedoch der Abzug verwehrt wird.[833]

Im Zuge der Umsetzung des AOA in innerstaatliches Recht durch Änderung des § 1 AStG i. d. F. des AmtshilfeRLUmsG wurde ebenfalls als Konkretisierungs- und Auslegungshilfe die Betriebsstättengewinnaufteilungsverordnung (BsGaV)[834] anhand der Ermächtigung des § 1 Abs. 6 AStG erlassen. Diese beinhaltet allerdings einige Abweichungen zum AOA-Konzept hinsichtlich der Zuordnung von Dotationskapital (§§ 12, 13 BsGaV) sowie der Allokation von Beteiligungen, Finanzanlagen und ähnlichen Vermögenswerten (§ 7 BsGaV).[835] Richtet sich eine abkommensrechtliche Zuordnung nach § 1 Abs. 5 AStG, so setzt dies die tatsächliche Zugehörigkeit zu einer Betriebsstätte voraus[836]. Zwar findet die Regelung des § 1 Abs. 5 AStG auf Personengesellschaften explizit durch § 1 Abs. 5 S. 7 AStG keine Anwendung; dennoch sollte dies nicht für die Zuordnungsgrundsätze gelten. Dementsprechend geht die Finanzverwaltung davon aus, dass eine tatsächliche Zugehörigkeit i. S. v. § 1 Abs. 5 AStG durch § 7 BsGaV ergänzt wird. Nach § 7 BsGaV wird der Nutzungsbegriff entgegen den Grundsätzen des § 1 Abs. 5 AStG speziell definiert, sodass partiell von einer Umkehr (zurück) zu den funktionalen Maßstäben einer Zurechnung ausgegangen werden kann. In Zukunft soll sich eine Zuordnung nur noch an § 1 Abs. 5 AStG i. V. m. § 7 BsGaV orientieren.[837] Fraglich ist hingegen, wie zu verfahren ist, wenn die hierdurch festgelegten Zuordnungsgrundsätze von der abkommensrechtlichen Zuordnung des beteiligten Vertragsstaats abweichen.[838] Weiterhin können Zuordnungsprobleme entstehen, wenn das der Sondervergütung zugrundeliegende Wirtschaftsgut in mehreren Betriebsstätten verwendet wird bzw. eine Nutzungsüberlassung nicht ausschließlich zur Personengesellschaft erfolgt. Die BsGaV halten eine anteilige Zuordnung immaterieller Wirtschaftsgüter für möglich

---

832 Vgl. Schmidt, DStR 2013, S. 1710 f.; vertiefend Hruschka, IStR 2013, S. 830 ff.

833 Vgl. Pohl, DB 2013, S. 1573.

834 BGBl. I 2014, S. 1603, veröffentlicht am 17.10.2014, erstmals anwendbar auf alle Wirtschaftsjahre, die nach dem 31.12.2014 beginnen.

835 Weiterhin steht die Umkehr der Beweislast nach § 1 Abs. 5 S. 8 AStG in der Kritik, wofür in der Literatur auch der Begriff des *reverse treaty override* geprägt wurde. Vgl. Kraft/Dombrowski, IWB 2015, S. 90 f. m. w. N.

836 Vgl. BMF, v. 26.9.2014, IV B 5 – S 1300/09/10003, BStBl. I 2014, S. 1258, Tz. 2.2.4.1; Häck, ISR 2015, S. 117 f.

837 Die tatsächliche Zugehörigkeit wird dabei durch einen weiten funktionalen Begriff der Nutzung ergänzt. Zu alledem Häck, ISR, S. 118 ff. m. w. N.

838 Dies liegt insbesondere dann vor, wenn der andere Vertragsstaat keine den § 1 Abs. 5 AStG i. V. m. § 7 BsGaV entsprechenden Regelungen kennt und seine Zuordnung ausnahmslos an den AOA-Grundsätzen des Art. 7 OECD-MA ausrichtet.

(§ 6 Abs. 4 S. 2 BsGaV), wohingegen materielle Wirtschaftsgüter, Finanzanlagen und ähnliche Vermögenswerte, Beteiligungen sowie sonstige Vermögenswerte von einer anteiligen Zuordnung zu einer Betriebsstätte ausgeschlossen sind (§§ 5 Abs. 4, 7 Abs. 4, 8 Abs. 4 BsGaV).

4.4 Zuordnung nach wirtschaftlichen-funktionalen Grundsätzen

Nach der h. M. im Schrifttum und Rechtsprechung erfolgt die Zuordnung in Art. 7 OECD-MA nach wirtschaftlich-funktionalen Kriterien.[839] Art. 7 Abs. 2 EStG rechnet die Sondervergütung einer durch die Personengesellschaft vermittelten Betriebsstätte des Mitunternehmers zu, sofern die Einkünfte die Gewinne eines selbständigen unabhängigen Unternehmens erhöht haben.[840] Die Rechtsprechung geht zudem davon aus, dass eine Zurechnung zu der Betriebsstätte erfolgen kann, wenn ihr die Wirtschaftsgüter in wirtschaftlicher Hinsicht zustehen bzw. wenn sie in der Betriebsstätte vermarktet und verwaltet werden.[841] In Teilen der Literatur und der Rechtsprechung gelten für die Zuordnung von Sondervergütungen nach Art. 7 OECD-MA die gleichen Grundsätze wie bei den Betriebsstättenvorbehalten, unabhängig davon, ob Art. 7 OECD-MA dem Wortlaut nach keine tatsächliche Zuordnung erfordert.[842] Hierfür wird aufgezählt, dass sowohl Art. 7 OECD-MA als auch die Betriebsstättenvorbehalte auf dem Fremdvergleichsgrundsatz beruhen und zusätzlich die Vorbehalte ohne eine Zurechnung zum Betriebsstättenstaat leerlaufen würden.[843] Ebenfalls sei es für die BFH-Rechtsprechung unbeachtlich, ob die Betriebsstättenvorbehalte dem Wortlaut nach eine tatsächliche Zuordnung erfordern, sodass gleiche Grundsätze für die Zurechnung der Sondervergütungen nach Art. 7 OECD-MA angenommen werden könnten.[844] Aus diesen Grundsätzen lässt sich jedoch nicht eindeutig klären, ob eine Zurechnung der Sondervergütungen zu der Betriebsstätte des Mitunternehmers, die er durch die Personengesellschaft vermittelt bekommt, zu erfolgen hat.

---

839 Vgl. BFH, v. 8.9.2010, I R 74/09, BFH/NV 2011, S. 138; FG München, v. 30.7.2009, 1 K 1816/09, EFG 2009, S. 1954; Schaumburg, Steuerrecht, 2011, Rn. 16.264; Blumers/Zillmer, BB 2010, S. 1380; Boller/Eilinghoff/Schmidt, IStR 2009, S. 113; Lieber, IWB 2010, S. 359. Gosch, in: Kirchhof, EStG, 2015, § 50d EStG Rn. 45c. Neu ist lediglich die Zuordnung unter Verweis auf § 1 Abs. 5 AStG. Vgl. Hruschka, IStR 2014, S. 791 f.; Hruschka, DStR 2014, S. 2425.

840 Vgl. Kudert/Jarzynska, RIW 2009, S. 794.

841 Vgl. BFH, v. 8.9.2010, I R 74/09, BFH/NV 2011, S. 138.

842 Vgl. BFH, v. 8.9.2010, I R 74/09, BFH/NV 2011, S. 138; FG München, v. 30.7.2009, 1 K 1816/09, EFG 2009, S. 1954; Schaumburg, Steuerrecht, 2011, Rn. 16.264; Franz/Voulon, BB 2011b, S. 1117; Gebhardt/Quilitzsch, BB 2011, S. 672; Hils, DStR 2009, S. 890 f.; Prinz, in: Drüen, JbFfSt 2009/2010, S. 473; Schmidt, DStR 2010, S. 2437 f.; Wassermeyer, IStR 2010a, S. 41; Kollruss, FR 2014, S. 591.

843 Vgl. Günkel/Lieber, Ubg 2009, S. 304; Meretzki, IStR 2009, S. 219.

844 Vgl. Günkel/Lieber, Ubg 2009, S. 304; Salzmann, IWB 2009, S. 1550 f.

Entgegen einer Zurechnung der Sondervergütungen zu einer von der Personengesellschaft vermittelten Betriebsstätte, sieht die überwiegende Meinung im Schrifttum das Verhältnis von Unternehmen und Betriebsstätte nicht vergleichbar zu einer selbstständigen Personengesellschaft.[845] Denn gerade diese Selbstständigkeit erlaubt vertragliche Leistungsbeziehungen zwischen Personengesellschaft und ihren Gesellschaftern.[846] Weiterhin kommt eine Zurechnung zu der Personengesellschaftsbetriebsstätte nicht in Betracht, denn durch die Betriebsstätte als hypothetisch selbstständiges Unternehmen stellen die Sondervergütungen für die Personengesellschaft Aufwand dar, sodass es zudem auch an dem Erfordernis der Gewinnerwirtschaftung fehlt.[847] Dem entgegen wird für eine Zurechnung zur vermittelten Betriebsstätte des Mitunternehmers bei wirtschaftlicher Betrachtung angeführt, dass diese auch ohne korrespondierende Bilanzierung möglich sei, sofern die Wirtschaftsgüter eine wesentliche Betriebsgrundlage darstellen.[848]

Die Zurechnung der Sondervergütung orientiert sich in der Regel an den Grundsätzen des Art. 7 Abs. 2 OECD-MA. Ob die Einkünfte dem Stammhaus der Personengesellschaft oder ihrer vermittelten Betriebsstätte des Gesellschafters zugeordnet werden, richtet sich dabei danach, ob die Betriebsstätte die aus den Sondervergütungen stammenden Gewinne auch als selbständiges Unternehmen erwirtschaftet hätte. Erzielt die Personengesellschaft mit dem ihr überlassenen Wirtschaftsgut einen Gewinn,[849] so ist weiterhin zu prüfen, ob das Wirtschaftsgut ihr auch in wirtschaftlicher Weise zuzurechnen ist bzw. in einem funktionalen Zusammenhang zu ihr steht.[850] Bei Anwendung dieser Grundsätze kann allerdings nicht davon ausgegangen werden, dass die Wirtschaftsgüter der Personengesellschaft zugerechnet werden können.[851] Folglich ist die Zuordnung zur vermittelten Betriebsstätte nicht möglich, wofür auch spricht, dass die Einkünfte der Sondervergütungen aus der Überlassung durch den Gesellschafter und nicht von der Personengesellschaft an sich stammen.[852] In Ausnahmefällen kann hingegen von einer Zuordnung zur

845 Vgl. Meretzki, IStR 2009, S. 219; Lieber, IWB 2010, S. 359 m. w. N.; Schmidt, IStR 2010a, S. 431.

846 Vgl. Roth, in: Lüdicke, Zurechnung, 2000, S. 109; Schmidt, IStR 2010a, S. 431.

847 Vgl. Meretzki, IStR 2009, S. 219; Lange, GmbH-StB 2009, S. 133 f.

848 Vgl. Haun/Reiser/Mödinger, GmbHR 2010, S. 642. Dies bestätigt zumindest in Bezug auf Lizenzgebühren das FG München, v. 30.7.2009, 1 K 1816/09, EFG 2009, S. 1954.

849 Vgl. Schaumburg, in: Lüdicke, Zurechnung, 2000, S. 79; entsprechend auch FG München, v. 30.7.2009, 1 K 1816/09, EFG 2009, S. 1954.

850 Vgl. BFH, v. 8.9.2010, I R 74/09, BFH/NV 2011, S. 138. Die Sondervergütungen müssen Nebenerträge sein, die aus der Unternehmenstätigkeit der Betriebsstätte entstehen, vgl. BFH, v. 30.8.1995, I R 112/94, BStBl. II 1996, S. 563, Rz. 17.

851 Vgl. innerstaatliches Recht in BFH, v. 21.12.1978, III R 20/77, BStBl. II 1979, S. 466, Rz. 20 ff. So ist z.B. nicht davon auszugehen, dass die Darlehensüberlassung den Tätigkeitsschwerpunkt der Betriebsstätte darstellt.

852 Vgl. Meretzki, IStR 2009, S. 219.

vermittelten Betriebsstätte ausgegangen werden, wenn das überlassene Wirtschaftsgut eine wesentliche Betriebsgrundlage darstellt und entsprechend von wesentlicher Bedeutung für die Personengesellschaft ist.[853] Hierbei wird allerdings verkannt, dass die Sondervergütungen, die die Personengesellschaft erhält, bei dieser Aufwand darstellen, sodass eine Zurechnung unter diesen Gesichtspunkten nur möglich ist, wenn das zugrunde liegende Wirtschaftsgut ausschließlich in der vermittelten Betriebsstätte verwaltet wird.[854]

In Bezug auf Lizenzüberlassungen urteilte die Rechtsprechung, dass eine Zuordnung der Sondervergütungen vom Ort der Vermarktung und Verwaltung abhängig ist.[855] So ergibt sich eine Zurechnung zur Geschäftsleitungsbetriebsstätte nach Art. 7 Abs. 2 OECD-MA, wenn in dieser die tatsächliche Verwaltung des überlassenen Wirtschaftsguts (hier: Lizenzen) erfolgt. Im Ungewissen ist allerdings die Frage nach der Zuordnung von Tätigkeitsvergütungen. Im Schrifttum wird davon ausgegangen, dass eine Zurechnung der Einkünfte aus unselbständiger Arbeit zu einer vermittelten Geschäftsleitungsbetriebsstätte möglich ist.[856] Gleiches gilt auch nach der BFH-Rechtsprechung, sofern die Tätigkeit am Sitz der Personengesellschaft verrichtet wird.[857] In Bezug auf selbstständige Tätigkeiten ist für eine Zurechnung darauf abzustellen, in welchen Betriebsstätten die fragliche Tätigkeit verrichtet wird, wobei auch eine Aufteilung erfolgen kann.[858] Das Schrifttum geht hingegen davon aus, dass die Zuordnung nach den Kriterien des Art. 7 Abs. 2 OECD-MA zu erfolgen hat, sodass eine Zurechnung der Sondervergütungen aus selbstständiger Tätigkeit nicht zu der durch die Gesellschaft vermittelten Betriebsstätte möglich ist, da sich hierdurch ihr Gewinn nicht erhöht.[859] Dieser Auffassung ist allerdings insofern nicht zuzustimmen, als die Tätigkeitsvergütung von der Rechtsprechung der Betriebsstätte zugerechnet wird, in der der Gesellschafter seine Tätigkeit ausübt.[860]

Abschließend kann festgehalten werden, dass eine Zurechnung der Sondervergütung zu einer durch die Personengesellschaft vermittelten Betriebsstätte nur möglich ist, wenn das der Sondervergütung zugrunde liegende Wirtschaftsgut in der betreffenden Betriebsstätte verwaltet wird bzw. dort die der Sondervergütung zugrunde liegende Tätigkeit ausgeübt wird.

---

853 Vgl. Haun/Reiser/Mödinger, GmbHR 2010, S. 642. Ebenfalls FG München, v. 30.7.2009, 1 K 1816/09, EFG 2009, S. 1954.

854 Vgl. die Argumentation bei Meretzki, IStR 2009, S. 219.

855 Vgl. BFH, v. 8.9.2010, I R 74/09, BFH/NV 2011, S. 138.

856 Vgl. Günkel/Lieber, Ubg 2009, S. 304 f.; Salzmann, IWB 2000, S. 1552. Mit dem Erfordernis der tatsächlichen Zuordnung einschränkend auch Schaumburg, Steuerrecht, 2011, Rn. 18.74.

857 Vgl. BFH, v. 10.7.2002, I R 71/01, BStBl. II 2003, S. 191, Rz. 19 f.

858 Vgl. BFH, v. 10.7.2002, I R 71/01, BStBl. II 2003, S. 191, Rz. 19 f.

859 Vgl. Kudert/Jarzynska, RIW 2009, S. 794; Schaumburg, Steuerrecht, 2011, Rn. 18.74.

860 Vgl. BFH, v. 10.7.2002, I R 71/01, BStBl. II 2003, S. 191, Rz. 19 f.

5. Zuordnung der Sondervergütung zur Mitunternehmerbetriebsstätte

5.1 Existenz einer abkommensrechtlichen Mitunternehmerbetriebsstätte

Ist es nicht möglich, die Sondervergütungen bzw. die ihr zugrunde liegenden Wirtschaftsgüter oder Tätigkeiten eindeutig einer durch Personengesellschaft vermittelten Betriebsstätte des Mitunternehmers zuzurechnen, ist eine weitere Zurechnung fraglich. Wie im innerstaatlichen Steuerrecht wird im Schrifttum die Ansicht vertreten, dass eine Zuordnung zur eigenen Betriebsstätte des Mitunternehmers erfolgen könnte.[861] Teile der Literatur sehen es allerdings als fraglich an, ob das Vorliegen von SBV ausreicht, um die Voraussetzungen einer eigenständigen Betriebsstätte nach Art. 5 OECD-MA zu erfüllen.[862] Zutreffend ist, dass die bloße Existenz von SBV nicht ausreicht, um eine Geschäftstätigkeit zu begründen.[863] Allerdings könnte diese angenommen werden, wenn das komplette SBV in einer Geschäftsleitungsbetriebsstätte gem. Art. 5 Abs. 2 lit. a OECD-MA vom Mitunternehmer verwaltet wird.[864] Teile des Schrifttums sehen allerdings die automatische Annahme der Existenz eines Ortes der Leitung nach Art. 5 Abs. 2 lit. a OECD-MA kritisch, da es auch Fälle geben wird, in denen eine Zurechnung aufgrund des Fehlens einer eigenen Betriebsstätte ausgeschlossen ist.[865]

Weiteres Argument für die Existenz von Mitunternehmerbetriebsstätten ist, dass davon ausgegangen werden kann, dass eine Geschäftstätigkeit vorliegt. Durch die Vorschrift des § 50d Abs. 10 EStG i. d. F. des AmtshilfeRLUmsG werden die Sondervergütungen als Unternehmensgewinne fingiert, sodass entsprechend hierdurch von einer fiktiven Geschäftstätigkeit der Mitunternehmerbetriebsstätte ausgegangen werden kann. Zudem gelten nach Art. 3 Abs. 1 lit. d. OECD-MA die Gesellschafter als Betreiber des Unternehmens einer transparent besteuerten

---

861 Vgl. Wassermeyer, Der Konzern 2008, S. 342; Wassermeyer, in: Wassermeyer/Richter/Schnittker, PersG, 2015, Rz. 2.36; Wassermeyer, IStR 2007b, S. 413; Wassermeyer, IStR 2010a, S. 41 f.; Blumers/Zillmer, BB 2010, S. 1380; Boller/Eilinghoff/Schmidt, IStR 2009, S. 112 f.; Häck, IStR 2011, S. 73; Kudert/Jarzynska, RIW 2009, S. 794; Meretzki, IStR 2009, S. 219 f.; Schmidt, StBJB 2008/2009, S. 189; Gosch, BFH-PR 2008b, S. 329; Prinz zu Hohenlohe/Rautenstrauch/Wittmann, BB 2012, S. 359.

862 Verneinend Roth, in: Lüdicke, Zurechnung, 2000, S. 110.

863 So auch Görl, in: Vogel/Lehner, DBA, 2015, Art. 5 MA Rn. 8.

864 Vgl. Häck, IStR 2011, S. 73; Schmidt, IStR 2010a, S. 422; wohl ebenso Prinz zu Hohenlohe/Rautenstrauch/Wittmann, BB 2012, S. 359.

865 Vgl. Meretzki, IStR 2009, S. 220, der davon ausgeht, dass ein Mitunternehmer, der auf Reisen sein SBV verwaltet, keine Betriebsstätte innehat. Nach Auffassung von Günkel/Lieber dürfte die Argumentation Meretzkis eher theoretischer Natur sein und in den überwiegenden Fällen eine eigene Mitunternehmerbetriebsstätte vorliegen. Vgl. Günkel/Lieber, Ubg 2009, S. 305.

Personengesellschaft,[866] sodass dies als weiteres Indiz für die Unternehmenstätigkeit der Mitunternehmerbetriebsstätte gesehen werden kann. Folglich kann davon ausgegangen werden, dass auch abkommensrechtlich eine eigene Betriebsstätte des Mitunternehmers existieren kann.

Über die Existenz einer Mitunternehmerbetriebsstätte urteilte auch der BFH[867] in seinem Urteil vom 12.6.2013. Hierbei bejahte er erstmals die Existenz der originären Betriebsstätte des Mitunternehmers, allerdings mit der Erfüllung der Restriktionen des Art. 5 OECD-MA. Generell dürfte die Mitunternehmerbetriebsstätte geringe praktische Bedeutung haben, da die in § 15 Abs. 1 S. 1 Nr. 2 EStG aufgeführten Tätigkeiten nicht-unternehmerischer Art sind.[868] Sofern die Überlassung von Wirtschaftsgütern im Rahmen der gewerblichen Tätigkeit liegt, würde sich eine eigene Betriebsstätte des Mitunternehmers ergeben. Diese wäre allerdings von der Betriebsstätte des Sonderbetriebsbereichs sowie von der Geschäftsleitungsbetriebsstätte des Mitunternehmers abzugrenzen. Werden die Sondervergütungen abkommensrechtlich als Unternehmensgewinne qualifiziert, so sollte nach der hier vertretenen Auffassung diese Fiktion auch auf die den Vergütungen zugrundeliegenden Tätigkeiten durchschlagen.[869] Demzufolge würden die Verwaltung des SBV sowie die den Sondervergütungen zugrundeliegenden Wirtschaftsgüter zu einer (gewerblichen) Mitunternehmerbetriebsstätte führen. Sofern die Möglichkeit der Existenz einer Mitunternehmerbetriebsstätte besteht, soll im Folgenden geklärt werden, ob die einschlägigen Vergütungen des § 50d Abs. 10 EStG n. F. dieser zugeordnet werden können.

5.2 Zurechnung der vertraglichen Sondervergütung

Kann davon ausgegangen werden, dass abkommensrechtliche Mitunternehmerbetriebsstätten existieren können, ist dennoch nicht von einer automatischen Zuordnung der Sondervergütung zu dieser auszugehen. Der BFH urteilte am 16.10.2002[870] zu einem grenzüberschreitenden Sachverhalt, dass die bloße Vermittlung einer Betriebsstätte der Personengesellschaft an ihren Gesellschafter noch keine Zurechnung der Einnahmen und Aufwendungen zu dieser Betriebsstätte bedingt. Hieraus zogen Teile der Literatur den Schluss, dass es nach Auffassung des BFH eine Zurechnung zu einer Mitunternehmerbetriebsstätte, bestehend aus lediglich einem Mitunternehmer, grundsätzlich möglich ist.[871] Nicht zu verachten ist dennoch, dass der BFH

866 Vgl. Wassermeyer, in: Wassermeyer/Richter/Schnittker, PersG, 2015, Rz. 2.33 f.; Schmidt, IStR 2010a, S. 422.

867 BFH, v. 12.6.2013, I R 47/12, BFH/NV 2013, S. 1999.

868 Vgl. Leitsatz des Urteils, indem der BFH klarstellt, dass die bloße Vermögensverwaltung keine Mitunternehmerbetriebsstätte auslöst. Vgl. BFH, v. 12.6.2013, I R 47/12, BFH/NV 2013, S. 1999.

869 Vgl. Kahlenberg/Hagemann, BB 2014, S. 216.

870 BFH, v. 16.10.2002, I R 17/01, BStBl. II 2003, S. 631.

871 Vgl. Boller/Eilinghoff/Schmidt, IStR 2009, S. 113.

eine automatische Zurechnung zu der vermittelten Betriebsstätte der Personengesellschaft weiterhin ablehnt. Zudem wird noch immer davon ausgegangen, dass betriebsstättenlose Unternehmensgewinne nicht existieren, sodass ferner nur die Möglichkeit der Zuordnung zum Stammhaus des Mitunternehmers besteht.[872]

Dem entgegen negieren die Finanzverwaltung und Teile der Literatur eine Zurechnung zu einer eigenen Mitunternehmerbetriebsstätte des Gesellschafters.[873] Begründet wird diese Annahme teilweise mit der Rechtsprechung des BFH, die dem Quellenstaat das Besteuerungsrecht in zwei Fällen zugesprochen hat, auch wenn nur die Gesellschaft an sich und nicht einzelne Gesellschafter über eine im Quellenstaat belegene Betriebsstätte verfügt haben.[874] Im ersten Urteil kam der Erste Senat zu dem Schluss, dass die Voraussetzungen einer Mitunternehmerbetriebsstätte nicht vorlagen bzw. nicht durch das vorinstanzliche FG festgestellt wurden. Dabei verweist der BFH auf die Grundsätze des Urteils vom 10.7.2002[875] zur Aufteilung der Einkünfte aus Sondervergütungen auf mehrere Betriebsstätten.[876] Aus diesem Grund kann nicht von einer generellen Negierung der Mitunternehmerbetriebsstätten durch den BFH gesprochen werden.[877] In dem darüber hinaus genannten Beschluss des BFH vertrat dieser die Auffassung, dass Wirtschaftsgüter des SBV dann der durch die Personengesellschaft vermittelten Betriebsstätte des Gesellschafters zuzurechnen sind, wenn keine weitere Betriebsstätte, wie im Sachverhalt gegeben, vorliegt.[878] Da im Sachverhalt keine Mitunternehmerbetriebsstätte gegeben war, kann auch aus diesem Beschluss nicht von einer generell ablehnenden Haltung des BFH bzgl. der Existenz eigener Betriebsstätten des Gesellschafters gesprochen werden. In einem weiteren Urteil des BFH[879] vom 12.6.2013 bestätigt dieser zwar die generelle Existenz von Mitunternehmerbetriebsstätten, lehnt diese aber im zu entscheidenden Sachverhalt ab. Diese Entscheidung scheint unbefriedigend, da lediglich auf die fehlende Gewerblichkeit der in der Mitunternehmerbetriebsstätte durchgeführten Tätigkeiten abgestellt wird. Eine Prüfung der möglichen Infizierung der Tätigkeiten aufgrund der den Sondervergütungen zugrunde liegenden Qualifikation als Teil des Unternehmensgewinns nach Art. 7 OECD-MA erfolgt hingegen nicht. Ebenso bleibt

---

872 Vgl. auch die Argumentation in Stemler, Sondervergütungen, 2012, S. 145.

873 Vgl. BMF, v. 16.4.2010, IV B 2 – S 1300/09/10003, BStBl. I 2010, S. 354, Tz. 5.1; Hruschka, DStR 2010, S. 1360; Vees, DB 2010, S. 1428. Liebchen geht bei Überlassung eines Darlehens davon aus, dass die Vergabe sowie die damit verbundene Abwicklung keine Zurechnung des Stammrechts zur Betriebsstätte begründet. Vgl. Liebchen, PersG, 2008, S. 265 f.

874 Vgl. Hruschka, DStR 2010, S. 1360 mit Verweis auf BFH, v. 19.5.2010, I B 191/09, BStBl. II 2011, S. 156; v. 13.2.2008, I R 63/06, BStBl. II 2009, S. 414.

875 BFH, v. 10.7.2002, I R 71/01, BStBl. II 2003, S. 191, Rz. 19 f.

876 Vgl. BFH, v. 13.2.2008, I R 63/06, BStBl. II 2009, S. 414, Rz. 50.

877 So auch Gosch, BFH-PR 2008b, S. 329.

878 Vgl. BFH, v. 19.5.2010, I B 191/09, BStBl. II 2011, S. 156, Rz. 39.

879 BFH, v. 12.6.2013, I R 47/12, BFH/NV 2013, S. 1999.

die Frage der Zuordnung zur Mitunternehmerbetriebsstätte aufgrund des Fehlens dieser unbeantwortet.[880]

Grundsätzlich ist in Zurechnungsfragen auf Art. 7 Abs. 2 OECD-MA abzustellen. Folglich kann eine Zurechnung der Stammrechte zu einer Mitunternehmerbetriebsstätte erfolgen, wenn der Mitunternehmer die zugrundeliegenden Wirtschaftsgüter in dieser Betriebsstätte verwaltet oder vermarktet.[881] Ist hiervon nicht auszugehen und werden die entsprechenden Wirtschaftsgüter in der durch die Personengesellschaft vermittelten Betriebsstätte verwaltet, so erfolgt eine Zurechnung zu dieser.[882] Gleiches gilt für Tätigkeitsvergütungen, die entsprechend dort zugerechnet werden, wo die Tätigkeit ausgeübt wird. Ist dies die Mitunternehmerbetriebsstätte, so sind die fraglichen Sondervergütungen dieser zuzurechnen.[883] In diesem Fall ist strittig, ob eine Tätigkeitsvergütung der vermittelten Betriebsstätte des Gesellschafters zugeordnet werden kann, da in grenzüberschreitenden Sachverhalten der Ort der Tätigkeit nicht am Sitz der Personengesellschaft, sondern voraussichtlich am Wohnort des Gesellschafters sein wird. Insofern ist eine Zurechnung der den Sondervergütungen zugrunde liegenden Wirtschaftsgüter oder Tätigkeiten zu einer eigenen Betriebsstätte des Gesellschafters grundsätzlich möglich.

5.3 Betriebsstättenlose Sondervergütungen im Abkommensrecht

Ist eine Zurechnung zu der durch die Personengesellschaft vermittelten Betriebsstätte nicht möglich und wird weiterhin eine Zurechnung zu der Mitunternehmerbetriebsstätte negiert bzw. liegt diese nicht vor, ist die weitere Zuordnung zu klären. Diesbezüglich ist festzustellen, ob die fraglichen Sondervergütungen zwingend einer Betriebsstätte zugerechnet werden müssen oder ob ggf. auch betriebsstättenlose Sondervergütungen im Abkommensrecht existieren können.

Die Ansicht, abkommensrechtlich betriebsstättenlose Unternehmensgewinne könnten existieren, wird damit begründet, dass das Vorhandensein einer Personengesellschaft nicht an das Innehaben einer Betriebsstätte gebunden ist.[884] Folglich

---

880 Vgl. die Kritik in Kahlenberg/Hagemann, BB 2014, S. 216 f.

881 Vgl. Blumers/Zillmer, BB 2010, S. 1380 f.; Wassermeyer, IStR 2011, S. 89; Schaden/Franz, Ubg 2008, S. 456.

882 Vgl. Schmitt-Homann, DStR 2010, S. 2548. In grenzüberschreitenden Sachverhalten dürfte die Verwaltung der fraglichen Wirtschaftsgüter am Sitz der Personengesellschaft den Ausnahmefall darstellen.

883 Vgl. Kudert/Jarzynska, RIW 2009, S. 794, die ebenfalls von einer Aufteilung der Vergütung sprechen, sollte die Tätigkeit mehreren Betriebsstätten zugeordnet werden können.

884 Vgl. BMF, v. 16.4.2010, IV B 2 – S 1300/09/10003, BStBl. I 2010, S. 354, Tz. 2.2.3; Hruschka, DStR 2010, S. 1360. Weiterhin bejahend bzgl. betriebsstättenloser Unternehmensgewinne: Wehrße, PersG, 2011, S. 141; Günkel/Lieber, Ubg 2009, S. 305; Kessler/Eicke, TNI 2009, S. 875; Kramer, DB 2011, S. 1887; Meretzki, IStR 2009, S. 221; Burmester, Gewinn- und Verlustrealisierung, 1986, S. 86.

müssen alle tatsächlichen Gegebenheiten geprüft werden und es darf nicht bloß auf das Vorhandensein eines Ortes nach Art. 5 Abs. 2 lit. a OECD-MA abgestellt werden.[885] Für die Existenz betriebsstättenloser Unternehmensgewinne wird in der Literatur angeführt, dass auch der BFH von diesen ausgeht, da dieser ein Besteuerungsrecht für Zinsen nicht an das Vorhandensein einer Mitunternehmerbetriebsstätte gekoppelt hat.[886] In diesem Fall liegt im Ansässigkeitsstaat des Mitunternehmers das Stammhaus, sodass eine Zurechnung gem. Art. 7 Abs. 1 S. 1 OECD zu dieser erfolgen könnte. Hierbei kommt Art. 7 Abs. 2 OECD-MA nur in den Fällen zum Einsatz, in denen ein anderer als der Ansässigkeitsstaat des Gesellschafters ein Besteuerungsrecht für eine dort belegene Betriebsstätte geltend macht.[887] Weiterhin spricht für eine Zulässigkeit betriebsstättenloser Unternehmensgewinne, dass es ansonsten an einer Zurechnung scheitert, sofern eine Zuordnung zu einer im Sitzstaat der Personengesellschaft befindlichen Betriebsstätte nicht möglich ist.[888] Darüber hinaus müsste eine Zurechnung zur Betriebsstätte der Personengesellschaft entgegen Art. 7 Abs. 2 OECD-MA erfolgen, wenn keine Mitunternehmerbetriebsstätte vorliegt und betriebsstättenlose Unternehmensgewinne negiert werden.[889]

Dem entgegen verneinen der BFH und Teile der Literatur die Zulässigkeit betriebsstättenloser Unternehmensgewinne im Abkommensrecht, da jedes Unternehmen über eine Betriebsstätte verfügen muss und dieser entsprechend die Wirtschaftsgüter und Einkünfte zugerechnet werden können.[890] Für das Argument des Bestehens einer Betriebsstätte spricht, dass ein Unternehmen nur schwierig ohne die Existenz einer Geschäftsleitung bzw. einen Ort der Entscheidungsfindung funktioniert[891] und dass gerade diese Geschäftsleitung nach Art. 5 Abs. 2 lit. a OECD-MA eine Betriebsstätte darstellt. Dennoch muss auch diese Betriebsstätte die Erfordernisse des Art. 5 Abs. 1 OECD erfüllen.[892] Darüber hinaus wird gem. Art. 7 OECD-MA keine Betriebsstätte im Wohnsitzstaat für die Begründung des

---

885 Vgl. BMF, v. 16.4.2010, IV B 2 – S 1300/09/10003, BStBl. I 2010, S. 354, Tz. 2.2.3; Günkel/Lieber, Ubg 2009, S. 305; Meretzki, IStR 2009, S. 221; Richter, FR 2010, S. 552.

886 Vgl. Meretzki, IStR 2009, S. 211, mit Verweis auf BFH, v. 17.10.2007, I R 5/06, BStBl. II 2009, S. 356.

887 Vgl. Frotscher, in: Kaminski/Wassermeyer/Strunk, GS Krüger, 2006, S. 109; Günkel/Lieber, Ubg 2009, S. 305.

888 Vgl. Kramer, DB 2011, S. 1887.

889 Vgl. ebenso Meretzki, IStR 2009, S. 211.

890 Vgl. BFH, v. 12.6.2013, I R 47/12, BFH/NV 2013, S. 1999; 13.2.2008, BStBl. II 2009, S. 414; v. 19.5.2010, BStBl. II 2011, S. 156; Wassermeyer, in: Wassermeyer, DBA, 2015, Art. 7 MA, Rn. 240; Schaumburg, in: Lüdicke, Zurechnung, 2000, S. 79; Wassermeyer, FR 2010, S. 540.

891 Vgl. BFH, v. 19.12.2007, I R 19/06, BStBl. II 2010, S. 389, Rz. 46 f. Weiterhin spricht z. B. § 114 HGB von einer zwingenden Existenz einer Geschäftsführung bei der OHG.

892 Vgl. den Wortlaut des Art. 5 Abs. 2 OECD „umfasst“, RFH, v. 30.4.1935, I A 13/35, RStBl. 1935, S. 840; BMF, v. 16.4.2010, IV B 2 – S 1300/09/10003, BStBl. I 2010, S. 414,

Besteuerungsrechts gefordert,[893] sodass die gewichtigeren Gründe für die Möglichkeit der Existenz von betriebsstättenlosen Unternehmensgewinnen im Abkommensrecht sprechen.

Ist eine Mitunternehmerbetriebsstätte nicht gegeben, so muss geprüft werden, ob eine Zurechnung der Einkünfte zu einer vermittelten Betriebsstätte des Mitunternehmers oder zum Stammhaus des Gesellschafters in Frage kommt. Grundsätzlich ist eine Zurechnung zu einer von der Personengesellschaft vermittelten Betriebsstätte möglich.[894] Nach Art. 7 Abs. 2 OECD-MA müssen die fraglichen Einkünfte allerdings von der Personengesellschaft erzielt werden, da ansonsten eine Zurechnung gem. Art. 7 Abs. 1 OECD-MA zum Stammhaus erfolgt.[895] Zur Begründung kann angeführt werden, dass nach Art. 7 Abs. 2 OECD-MA auf eine tatsächlich-funktionale Zuordnung abzustellen ist und entsprechend eine reine fiktive Zuordnung zur Personengesellschaft nicht genügt.[896] Demzufolge ist der Ansicht zu folgen, dass betriebsstättenlose Unternehmensgewinne im Abkommensrecht existieren können und in Frage kommende Gewinne nach Art. 7 Abs. 1 S. 2 OECD-MA im Ansässigkeitsstaat des Unternehmens besteuert werden.[897]

In Bezug auf Sondervergütungen heißt dies, dass ein inländisches Besteuerungsrecht regelmäßig ausscheidet, wenn Deutschland der Sitzstaat der Personengesellschaft ist. Trotz Geltung des § 50d Abs. 10 EStG käme ein inländisches Besteuerungsrecht nur in Betracht, wenn die den Sondervergütungen zugrunde liegenden Wirtschaftsgüter oder Tätigkeiten in einer durch die Personengesellschaft vermittelten Betriebsstätte in Deutschland verwaltet bzw. ausgeübt werden. Ansonsten liegt das Besteuerungsrecht dieser Sondervergütungen im Ansässigkeitsstaat des Gesellschafters bzw. in dem Staat, in dem der Gesellschafter seine Tätigkeit ausübt.

Tz. 2.2.3; Görl, in: Vogel/Lehner, DBA, 2015, Art. 5 MA Rn. 37; Günkel/Lieber, Ubg 2009, S. 305; Richter, FR 2010, S. 552; Meretzki, IStR 2009, S. 211.

893 Die Existenz einer Betriebsstätte und damit verbunden die Zurechnung der Einkünfte zu dieser sind lediglich für den Quellenstaat und eine dort belegene Betriebsstätte von Bedeutung, vgl. Kramer, IStR 2004a, S. 674.

894 Vgl. BFH, v. 13.2.2008, I R 63/06, BStBl. II 2009, S. 414; Wassermeyer, in: Wassermeyer, DBA, 2010, Art. 7 MA Rn. 240; Schaumburg, in: Lüdicke, Zurechnung, 2000, S. 79.

895 Vgl. Frotscher, in: Kaminski/Wassermeyer/Strunk, GS Krüger, 2006, S. 109; Günkel/Lieber, Ubg 2009, S. 305; Meretzki, IStR 2009, S. 221.

896 Vgl. Meretzki, IStR 2009, S. 221. Zur Zuordnung des Art. 7 OECD-MA vgl. BFH, v. 8.9.2010, I R 74/09, BFH/NV 2011, S. 138. Das BFH-Urteil vom 13.2.2008, I R 63/06, BStBl. II 2009, S. 414, kann hingegen nicht angeführt werden, da es auf Art. 13 OECD-MA basiert und folglich von einer rechtlichen Zuordnung ausgeht.

897 Bei transparent besteuerten Personengesellschaften sind dies nach Art. 3 Abs. 1 lit. d OECD-MA die Gesellschafter.

6. Fazit der Zuordnungsproblematik

Grundsätzlich bestimmt § 50d Abs. 10 S. 3 EStG n. F., dass die einschlägigen Sondervergütungen der aufwandstragenden Betriebsstätte zuzuordnen sind. Der mit den Vergütungen korrespondierende Aufwand ist entsprechend den allgemeinen Grundsätzen zuzuordnen. Insofern ergibt sich der Zuordnungsmaßstab des § 50d Abs. 10 S. 3 EStG n. F. nach der wirtschaftlichen Zuordnung (Verursachungs- und Veranlassungszusammenhang) des § 15 Abs. 1 S. 1 Nr. 2 EStG sowie der Art. 7 Abs. 2, 13 Abs. 2 OECD-MA.[898] Weiterhin sollte die BsGaV Berücksichtigung finden, nach der für die Zuordnung die Personalfunktion der zugrundeliegenden Sondervergütung maßgeblich ist.

Zuordnungsprobleme ergeben sich immer dann, wenn das der Sondervergütung zugrunde liegende Wirtschaftsgut in mehreren (in- und ausländischen) Betriebsstätten Verwendung findet bzw. nicht ausschließlich der Personengesellschaft zur Nutzung überlassen wird. Eine anteilige Zuordnung des Wirtschaftsguts kann lediglich bei unbeweglichen Wirtschaftsgütern angenommen werden.[899] Unter den Grundsätzen der BsGaV ist nur eine anteilige Zuordnung immaterieller Vermögensgegenstände möglich. Eine Zuordnung der Erträge und Aufwendungen des SBV-Bereichs nach § 50d Abs. 10 S. 3 Hs. 2 EStG ergibt sich nur, sofern das betreffende Wirtschaftsgut zum SBV gehört.[900]

Weitere Problembereiche ergeben sich, wenn die Überlassung z. B. eines Darlehens unentgeltlich erfolgt und deshalb die Zuordnungsmaßstäbe des nicht einschlägigen § 50d Abs. 10 EStG n. F. nicht greifen. Ebenfalls ist die Zuordnung von SBV II höchst strittig. Dies gilt insbesondere dann, wenn die den SBV II zugrundeliegenden Wirtschaftsgüter aufgrund der Anwendung des § 50d Abs. 10 S. 3 EStG nicht jener Betriebsstätte zugeordnet werden, zu der sie gehören. Weiterhin ergeben sich Rechtsunsicherheiten, sofern eine Zuordnung zu einer Mitunternehmerbetriebsstätte fraglich ist, abkommensrechtlich betriebsstättenlose Unternehmensgewinne aber negiert werden. Entsprechend muss eine Zuordnung zu der Betriebsstätte des Mitunternehmers, die er durch die Personengesellschaft vermittelt bekommt,

898 Vgl. BMF, v. 26.9.2014, IV B 5 – S 1300/09/10003, BStBl. I 2014, S. 1258, Tz. 5.1.2; Rosenberg/Placke, DB 2014, S. 2436 m. w. N. auch bzgl. der Rechtsprechung siehe Fn. 20. Dem entgegen beinhalten die Betriebsstättenvorbehalte die tatsächlich-funktionale Zuordnung, vgl. Hagemann/Kahlenberg, BB 2014, S. 1624. Analyse der Zuordnungsmaßstäbe siehe Hagemann, PIStB 2014a, S. 111 ff.; Hagemann, PIStB 2014b, S. 131 ff.

899 Vgl. Schmidt, DStR 2013, S. 1706; Rosenberg/Placke, DB 2014, S. 2437 m. w. N.

900 Die Finanzverwaltung geht von einer vollständigen oder keiner Zuordnung zu einer Betriebsstätte aus, vgl. BMF, v. 26.9.2014, IV B 5 – S 1300/09/10003, BStBl. I 2014, S. 1258, Tz. 5.1.2 Beispiel 3 im Vergleich zur abgeänderten Entwurfsfassung aus 2013. In Einzelfällen könnte sich auch eine Zuordnung gemäß der Vorgaben der BsGaV bzgl. der immateriellen Wirtschaftsgüter ergeben, vgl. Rosenberg/Placke, DB 2014, S. 2437. Zur BsGaV vgl. Kußmaul/Delarber/Müller, IStR 2014, S. 466.

erfolgen. Inwiefern diese Zuordnung allerdings den wirtschaftlichen Zuordnungsmaßstäben entspricht, ist strittig.[901]

Darüber hinaus sind die Rechtsfolgen der Anwendung des AOA auf Personengesellschaften, insbesondere bei Betrachtung der Sondervergütungen kritisch zu sehen. So erlaubt der AOA zum einen der selbstständigen Betriebsstätte die fiktiven Betriebsausgaben bei der Gewinnermittlung an das Stammhaus abzuführen, zum anderen wird diese Möglichkeit durch Anwendung des § 50d Abs. 10 EStG n. F. negiert, da die umqualifizierten Sondervergütungen aufgrund der Norm als Unternehmensgewinne wieder hinzuzurechnen sind. Des Weiteren führen die Wechselwirkungen des § 1 AStG i. V. m. § 50d Abs. 9 sowie Abs. 10 EStG und § 9 Nr. 2 GewStG dazu, dass unverhältnismäßige Sondervergütungen zu einer doppelten Belastung mit Einkommen- und Körperschaftsteuer führen und eine Kürzung bei der Gewerbesteuer ausgeschlossen ist.

III. Weitere Problembereiche und Gestaltungsmöglichkeiten in Bezug auf § 50d Abs. 10 EStG n. F.

1. Gestaltungsmöglichkeiten anhand des § 50d Abs. 10 EStG n. F.

Die Regelung des § 50d Abs. 10 EStG n. F. führt zu vielerlei Anwendungsschwierigkeiten und mithin zu Rechtsunsicherheiten. Eine Möglichkeit, die Folgen der Regelung zu umgehen, bietet dabei die Zwischenschaltung einer Mitunternehmer-Kapitalgesellschaft. Hierdurch wird die Anwendung des § 50d Abs. 10 EStG ausgeschlossen, weil § 50d Abs. 10 S. 4 i. V. m. § 15 Abs. 1 S. 1 Nr. 2 S. 2 EStG eine ununterbrochene Mitunternehmerkette voraussetzt.[902]

Weiterhin bedingt § 50d Abs. 10 EStG das Erfordernis einer *down-stream* Leistungsbeziehung (Personengesellschaft zahlt Sondervergütung an Gesellschafter), sodass die Regelung nicht die gezahlten Sondervergütungen zwischen Schwesterpersonengesellschaften (*side-stream* Leistungsbeziehung) erfasst. Dabei führt der Vorrang des Eigenbetriebs einer darlehensgewährenden gewerblich geprägten Personengesellschaft (vor einer etwaigen Anwendung des § 15 Abs. 1 S. 1 Nr. 2 EStG) dazu, dass die für die Hingabe des Darlehens gezahlten Zinsen nicht als Sondervergütungen i. S. v. § 15 Abs. 1 S. 1 Nr. 2 S. 1 Hs. 2 EStG qualifiziert werden können. Dies hat zur Folge, dass bei Vorliegen einer Finanzstruktur mit zwei inländischen Schwesterpersonengesellschaften und einem ausländischen Gesellschafter die Regelung des § 50d Abs. 10 EStG n. F. nicht anwendbar ist. Denn liegen innerstaatlich keine Vergütungen i. S. v. § 15 Abs. 1 S. 1 Nr. 2 S. 1 Hs. 2 EStG vor, kann die Vorschrift

901 Vgl. auch die grundsätzliche Kritik an den abweichenden Zuordnungsmaßstäben in Cloer/Hagemann, SWI 2014, S. 306 ff.

902 Die Gesellschafterstellung kann sowohl mittelbar als auch unmittelbar bestehen. Vgl. Kollruss, FR 2015, S. 352 Fn. 9.

auch keine abkommensrechtlichen Sondervergütungen konstituieren. Weiterhin ist eine abkommensrechtliche Zuordnung der Zinserträge zu der im Inland ansässigen gewerblich tätigen Personengesellschaft ausgeschlossen, da durch sie keine Unternehmensgewinne vorliegen.[903] Im Ergebnis hat die Vorschrift des § 50d Abs. 10 EStG keine Auswirkungen auf die Fremdfinanzierung einer inländischen gewerblichen Personengesellschaft über eine ebenfalls im Inland ansässige gewerblich geprägte Schwesterpersonengesellschaft, an der ein ausländischer Gesellschafter beteiligt ist.

2. Überblick über die Behandlung von Sondervergütungen in Dreieckssachverhalten

Eine besondere Herausforderung ergibt sich bei der Behandlung von Sondervergütungen in Dreieckssachverhalten. Im Zweiländerfall kann es zu Konflikten zwischen dem Abkommensrecht und den (teilweise) divergierenden DBA-Auslegungen aufgrund zweier unterschiedlicher innerstaatlicher Rechtsordnungen kommen. Erschwert wird die Behandlung grenzüberschreitender Sondervergütungen, wenn zudem noch ein Drittstaat betroffen ist.[904] Denkbar ist dabei folgende Gestaltung: Die Gesellschafter einer deutschen gewerblichen Personengesellschaft, die in einem Nicht-EU/EWR-Staat ansässig sind, unterhalten neben der Beteiligung an der inländischen Personengesellschaft eine weitere Beteiligung an einer weiteren EU/EWR-Gesellschaft. Die Beteiligung der im europäischen Ausland ansässigen Gesellschaft kann für die Gesellschafter SBV darstellen, sodass die hieraus erzielten Einkünfte einheitlich und gesondert festgestellt werden und in die Besteuerungsgrundlagen der deutschen Personengesellschaft eingehen.[905] Entsprechend ergeben sich steuerliche Anknüpfungspunkte in den drei beteiligten Staaten, sodass ein Besteuerungsrecht für

1. Deutschland als Betriebsstättenstaat,
2. den anderen EU/EWR-Staat als Quellenstaat sowie
3. den Nicht-EU/EWR-Staat als Ansässigkeitsstaat des Gesellschafters

---

903 Die gewerbliche Prägung vermittelt abkommensrechtlich keine inländische Betriebsstätte, sodass der Gesellschafter Zinsen i. d. d. Art. 11 OECD-MA erzielt. Diese unterliegen durch die abkommensrechtliche Freistellung keiner deutschen Ertragsbesteuerung. Darüber hinaus sind die Zinserträge entsprechend dem Veranlassungsprinzip der Betriebsstätte der gewerblich geprägten Gesellschaft zuzuordnen, sodass schon nach innerstaatlichem Recht eine Zuordnung zu einer anderen Betriebsstätte ausscheidet. Zutreffend Kollruss, FR 2015, S. 355. Dieser verneint ebenfalls zutreffender Weise die Anwendung des § 50d Abs. 10 EStG bei Zuordnung der Beteiligung zum SBV sowohl der gewerblich tätigen als auch der gewerblich geprägten Personengesellschaft.

904 Vgl. Wassermeyer, in: Wassermeyer/Richter/Schnittker, PersG, 2015, Rn. 2.3 f.; Schnitger, in: Wassermeyer/Richter/Schnittker, PersG, 2015, Rn. 16.1 ff.

905 Vgl. den Sachverhalt BFH, v. 12.6.2013, I R 47/12, BFH/NV 2013, S. 1999 sowie die Erläuterung des Urteils unter E.I.3.

in Betracht kommt.[906] Wird nur die innerstaatliche Ebene in diesem Sachverhalt geprüft, so unterliegen die Einkünfte – mangels Wohnsitz oder gewöhnlichen Aufenthalts des Gesellschafters in Deutschland – der beschränkten Steuerpflicht nach § 1 Abs. 4 i. V. m. § 49 Abs. 1 Nr. 2 lit. a i. V. m. § 15 Abs. 1 S. 1 Nr. 2 EStG. Fraglich ist hingegen, inwiefern ein deutsches Besteuerungsrecht durch das Abkommen mit dem Ansässigkeitsstaat des Gesellschafters beschränkt werden kann. Erschwert wird die Behandlung abkommensrechtlicher Sondervergütungen in Dreieckssachverhalten durch die Anwendung von § 50d Abs. 10 EStG.[907] Wird die Anwendung der Regelung ausgeschlossen, so muss geprüft werden, unter welchen Abkommensartikel die einschlägigen Einkünfte fallen. Aufgrund der Zahlung von Zinsen aus dem EU/EWR-Staat an den Gesellschafter im Nicht-EU/EWR-Staat, ist Art. 11 des DBA zwischen Deutschland und dem Nicht-EU/EWR-Staat nicht einschlägig. Gleiches würde für die Zahlung von Dividenden gelten, wenn sie nicht von Deutschland, sondern dem anderen EU/EWR-Staat gezahlt werden. Im Ergebnis kann nur eine Auffangnorm entsprechend einer Art. 21 OECD-MA nachgebildeten Vorschrift gelten. Fehlt diese oder eine vergleichbare Regelung, fallen die Einkünfte nicht unter das Abkommen und mithin kann kein Abkommensschutz für die Einkünfte beansprucht werden.[908] Hieraus folgt, dass weder der Ansässigkeitsstaat, der Quellenstaat noch der Betriebsstättenstaat an einer Besteuerung der entsprechenden Einkünfte gehindert ist und es zu einer Doppel- oder sogar Dreifachbesteuerung kommen kann. Eine Anrechnung der ausländischen Steuer in Deutschland kann zudem gem. § 34c i V. m. § 50 Abs. 3 Hs. 2 EStG ausscheiden, sodass lediglich eine Anrechnung der ausländischen Quellensteuer denkbar ist.[909]

Ist die Regelung des § 50d Abs. 10 EStG n. F. einschlägig, da S. 2 der Norm sämtliche Sonderbetriebsein- und -ausnahmen erfasst, ist vorrangig Art. 7 OECD-MA

---

906 Vgl. Heinsen, in: Grotherr, Steuerplanung, 2011, S. 1843; Schnitger, in: in: Wassermeyer/Richter/Schnittker, PersG, 2015, Rn. 16.2.

907 U. a. ist strittig, ob SBV II in den Anwendungsbereich des § 50d Abs. 10 EStG fällt. Vgl. die Diskussion unter E.I.5.4. Allerdings erfasst § 50d Abs. 10 S. 2 EStG n. F. sämtliche Sonderbetriebsein- und –ausnahmen, sodass (Darlehens-)Zinsen und Dividenden unter die Regelung fallen. In diesem Zusammenhang bedarf es keiner Auffangnorm entsprechend dem Art. 21 OECD-MA. Vgl. Kudert/Kahlenberg, PIStB 2013, S. 100.

908 Z. B. enthalten die DBA mit Griechenland, Irland, Sri Lanka und Thailand keine dem Art. 21 OECD-MA vergleichbare Auffangnorm. Weiterhin erfordert eine Subsumtion unter die einschlägigen Verteilungsartikel (Art. 6–20 OECD-MA) eine Zuordnung der Einkünfte. Können die Einkünfte nicht der deutschen Betriebsstätte zugerechnet werden und ist § 50d Abs. 10 EStG nicht einschlägig, so erhält der Ansässigkeitsstaat das Besteuerungsrecht an den Einkünften. Vgl. Kudert/Kahlenberg, in: Lüdicke/Mössner/Hummel, FS Frotscher, 2013, S. 359.

909 Vgl. Kudert/Kahlenberg, in: Lüdicke/Mössner/Hummel, FS Frotscher, 2013, S. 362. Eine detaillierte Erläuterung der unterschiedlichen steuerlichen Anknüpfungspunkten erfolgt in Schnitger, in: Wassermeyer/Richter/Schnittker, PersG, 2015, Rn. 16.4 ff.

anzuwenden. Allerdings kann eine Zurechnung der Einkünfte zu einer inländischen Betriebsstätte nach § 50d Abs. 10 S. 3 EStG scheitern, wenn die geforderte (Aufwands-)Buchung auf Ebene der deutschen Personengesellschaft fehlt. Dies ist z. B. der Fall, wenn die passivierte Verbindlichkeit in dem anderen EU/EWR-Staat abgebildet wird, da dieser die einschlägigen Einkünfte zahlt. Unter diesen Voraussetzungen kann das deutsche Besteuerungsrecht durch § 50d Abs. 10 S. 2 i. V. m. S. 3 EStG n. F. ausgeschlossen sein.[910] Dem entgegen vertritt der Erste Senat des BFH die Ansicht, dass – trotz fehlenden Aufwands bei der inländischen Betriebsstätte – eine Zuordnung unter wirtschaftlichem Veranlassungszusammenhang gegeben ist.[911] Im Ergebnis würde Deutschland unter diesen Konstellationen das Besteuerungsrecht an den Einkünften des SBV (I oder II) aus § 50d Abs. 10 EStG n. F. in Dreieckssachverhalten zustehen.

Neben der generellen abkommensrechtlichen Behandlung der Sondervergütungen in Dreieckssachverhalten könnte darüber hinaus die Anrechnungsmöglichkeit des § 50d Abs. 10 S. 5 EStG n. F. zu besonderen Herausforderungen führen. Da die Vorschrift lediglich eine Anrechnung ausländischer Steuern des Ansässigkeitsstaats vornimmt, könnte die Anwendung des § 50d Abs. 10 S. 5 EStG n. F. in Dreieckskonstellationen besonders problematisch sein. Auch hier besteht die Möglichkeit einer (unvermeidlichen) Doppel- oder Dreifachbesteuerung.

IV. Rechtliche Bedenken und Rechtswidrigkeit des § 50d Abs. 10 EStG

1. *Treaty override* und § 50d Abs. 10 EStG

1.1 Begriff und Einordnung einer abkommensüberschreibenden Vorschrift

1.1.1 Definition

Wird ein innerstaatliches Steuergesetz, welches Auswirkungen auf grenzüberschreitende Besteuerungstatbestände hat, geändert, so kann dies auch die Wirkung einer materiellen Änderung eines DBA entfalten.[912] Ist auf einen internationalen Sachverhalt ein völkerrechtlicher Vertrag anwendbar und liegt gleichzeitig ein nationales Gesetz vor, dessen Regelungen von dem völkerrechtlichen Vertag abweichend sind,

---

910 Vgl. Kudert/Kahlenberg, PIStB 2013, S. 103. Hagemann/Kahlenberg, IStR 2014, S. 235 m. w. N.

911 Diese Ansicht ist im Schrifttum strittig. Vgl. Hagemann/Kahlenberg, Ubg 2013, S. 771 f.

912 Diese Wirkung entspricht beispielsweise dem Fall, dass die Anwendung von DBA auf den Voraussetzungen innerstaatlicher Gesetze beruht, diese einschränken oder ihnen widersprechen, vgl. Lehner, in: Vogel/Lehner, DBA, 2015, Grundlagen Rn. 194.

so ist von einem *treaty override* die Rede.[913] Handelt es sich bei dem völkerrechtlichen Vertrag um ein DBA, so soll der anzuwendende *treaty override* die durch das entsprechende DBA gewährten Steuervorteile aufheben bzw. einschränken.[914]

Der Steuerausschuss der OECD sieht allerdings ein völkerrechtsverletzendes *treaty override* nur in jenen Fällen vor, in denen die abkommensverdrängende innerstaatliche Vorschrift mit Wissen und Wollen erlassen worden ist.[915] Allerdings ist hier kritisch zu sehen, dass ein Vorsatzerfordernis laut Definition nicht explizit erforderlich ist. So ist von einer abkommensabweichenden innerstaatlichen Norm die Rede, die sich durch den aus dem Gesetz heraus erkennbaren abkommensverdrängenden Willen auszeichnet und nicht durch den bewussten Willen des Gesetzgebers zur Schaffung einer völkerrechtlichen Verletzung.[916] Dennoch kann davon ausgegangen werden, dass dem Gesetzgeber bei Schaffung eines solchen innerstaatlichen *treaty overrides* bewusst ist, dass diese dem Völkerrecht widerspricht. Hiervon kann ausgegangen werden, denn die Einführung solcher gesetzlichen Vorschriften ist regelmäßig darauf zurückzuführen, Besteuerungsansprüche durch Durchbrechung abweichender abkommensrechtlicher Regelungen zu wahren. Auch der Ansicht, dass dem Gesetzgeber die Abkommensverletzung nicht bewusst ist, kann nicht ohne weiteres gefolgt werden.[917] So kann angenommen werden, dass dem Gesetzgeber bei Erlass der entsprechenden Vorschrift die Regelungen des DBA unbekannt sind. Dennoch ist im Regelfall davon auszugehen, dass Vorschriften, die grenzüberschreitende Sachverhalte erfassen, auch gleichzeitig in den Regelungskreis eines DBA einwirken und diesem widersprechen können.

Ob ein *treaty override* hingegen wirksam ist, sollte keine Voraussetzung zur Klassifizierung darstellen.[918] Die Existenz einer abkommensverdrängenden Vorschrift ist dabei unabhängig von ihrer Wirksamkeit, die folglich erst geprüft werden kann, wenn die Regelung als *treaty override* erkannt wurde. Dennoch kann angenommen werden, dass nicht jede nationale Regelung, die Auswirkung auf das Abkommensrecht hat, ein *treaty override* darstellt. Ist beispielsweise ein Begriff im anzuwendenden DBA nicht definiert und muss nach Art. 3 Abs. 2 OECD-MA auf nationales Recht zurückgegriffen werden, so liegt kein *treaty override* vor.[919] Entsprechend

---

913 Vgl. Frotscher, in: Spindler/Tipke/Rödder, FS Schaumburg, 2009, S. 689; Jansen/Weidmann, IStR 2010, S. 597. Der Begriff *treaty override* wird auch mit Abkommensverdrängung übersetzt, vgl. Eckert, RIW 1992, S. 386.

914 Vgl. Kluge, Steuerrecht, 2000, Rz. 8.

915 Vgl. OECD, TNI 1990, S. 25, Rn. 2, 4c, 5.

916 Vgl. FG Düsseldorf, v. 7.12.2010, 13 K 1214/06 E, EFG 2011, S. 878, Rz. 34 f.; Seer, IStR 1997, S. 486.

917 So geht der Steuerausschuss der OECD explizit davon aus, dass kein *treaty override* vorliegt, wenn dem nationalen Gesetzgeber die Abkommensverletzung nicht bewusst ist, vgl. OECD, TNI 1990, S. 25, Rn. 4c.

918 Dem entgegen, Kempf/Bandl, DB 2007, S. 1377.

919 Vgl. Musil, Deutsches Treaty Overriding, 2000, S. 32 ff.; Frotscher, in: Spindler/Tipke/Rödder, FS Schaumburg, 2009, S. 690.

handelt es sich nicht um eine Abkommensverletzung, wenn eine Interpretation bestimmter Begriffe oder Bestimmungen des DBA im Zusammenhang mit einer aus dem Wortlaut möglichen Auslegung erfolgt.[920] Dem entgegen ist von einem *treaty override* auszugehen, wenn eine innerstaatliche Vorschrift als Legaldefinition oder Fiktion bereits eindeutig geklärter Bestimmungen durch Rechtsprechung oder Schrifttum erfolgt.[921]

Weiterhin wird die Einzelmeinung vertreten, dass aufgrund der unterschiedlichen Regelungskreise sowie Adressaten von DBA und innerstaatlichem Recht eine Kollision zwischen beiden und somit die Existenz eines *treaty overrides* nicht möglich wäre.[922] Dem ist allerdings nicht zuzustimmen, denn die unterschiedlichen Regelungskreise haben sehr wohl Einfluss aufeinander. Zwar haben DBA einen eigenen Regelungskreis, indem die verwendeten Begriffe eine eigenständige Bedeutung haben; allerdings sind die Begriffe nur für die Auslegung der Verträge von Bedeutung. Zudem wäre der festgelegte Vorrang von völkerrechtlichen Verträgen gegenüber innerstaatlichem Recht hinfällig, wenn eine Kollision ausgeschlossen wäre.[923]

Ein Vertragsbruch kann beispielsweise im innerstaatlichen Recht angenommen werden, wenn eine Norm dem Gesetzeswortlaut nach „ungeachtet des Abkommens" (z. B. § 50d Abs. 8 S. 1, 9 S. 1 und 11 S. 1 EStG) anzuwenden ist. Hierdurch wird ersichtlich, dass vom Vorrang des Abkommensrechts nach § 2 Abs. 1 AO abgewichen wird. Eine solche Formulierung ist allerdings keine obligatorische Voraussetzung für die Annahme eines *treaty overrides*.[924] Ziel einer als *treaty override* zu qualifizierenden Rechtsnorm ist u. a. die Verhinderung des Missbrauchs, der Keinmalbesteuerung und in gewissen Fällen auch der Sicherstellung des Steuersubstrats.[925]

Die Rechtsprechung vertrat bisher die Ansicht, dass *treaty override*-Regelungen zwar „unerfreulich" aber verfassungskonform sind.[926] Durch die Entscheidung des BVerfG vom 14.10.2004[927] wurde diese Charakterisierung dahingehend überholt und

920 Vgl. Gosch, IStR 2008, S. 414; Lehner, IStR 2012, S. 390.

921 Vgl. Vogel, in: Vogel/Lehner, DBA, 2015, Grundlagen Rn. 196; Frotscher, in: Spindler/Tipke/Rödder, FS Schaumburg, 2009, S. 690; Franz/Voulon, BB 2011b, S. 1117; Gebhardt/Quilitzsch, BB 2011, S. 673; Lehner, IStR 2012, S. 396.

922 Vgl. Rüd, IStR 2010, S. 727.

923 Dabei werden DBA bzw. völkerrechtliche Verträge mittels Art. 59 Abs. 2 S. 1 GG per Zustimmungsgesetz in deutsches Recht transformiert und entspricht damit dem Rang eines Bundesgesetzes. Vgl. BVerfG, v. 14.10.2004, 2 BvR 1481/04, BVerfGE 111, S. 307, Rz. 34 ff.

924 Vgl. Lehner, IStR 2012, S. 390 f.; Frotscher, in: Spindler/Tipke/Rödder, FS Schaumburg, 2009, S. 689 f.; Gosch, IStR 2008, S. 418.

925 Vgl. Gosch, IStR 2008, S. 414; Lehner, IStR 2012, S. 390 ff.; Salzmann, IWB 2013a, S. 405. Zur Konkretisierung der Missbrauchsverhinderung durch *treaty overrides* siehe Lehner, in: Vogel/Lehner, DBA, 2015, Grundlagen Rn. 195 f.

926 Vgl. u. a. Jehl-Magnus, NWB 2015, S. 26; Kraft/Schreiber, FR 2015, S. 328.

927 Vgl. BVerfG, v. 14.10.2004, 2 BvR 1481/04, BVerfGE 111, S. 307.

klargestellt, dass der Gesetzgeber das Völkerrecht bereits von Verfassungs wegen einzuhalten hat und ein Verstoß nur in Ausnahmefällen verfassungskonform ist. Aus diesem Grund stehen die abkommensüberschreibenden Regelungen vermehrt auf dem Prüfstand. Sollte durch das BVerfG festgestellt werden, dass treaty overrides einen Verstoß gegen Verfassungsrecht darstellen, so hat dies sowohl Auswirkungen auf bereits geschlossene DBA als auch auf die generelle DBA-Politik Deutschlands in der Zukunft.[928]

1.1.2 Konsequenz eines Vertragsbruchs

Ist davon auszugehen, dass ein *treaty override* rechtswidrig ist, so bezieht sich dies in erster Linie auf das Völkerrecht.[929] Als Folge kann gem. Art. 60 WÜRV das betreffende Abkommen suspendiert oder gekündigt werden.[930] Allerdings wird hierfür eine erhebliche Verletzung einer wesentlichen Bestimmung zur Erfüllung des Vertragszwecks unter Beachtung der Verhältnismäßigkeit bedingt.[931] Diesbezüglich ist allerdings fraglich, ob eine innerstaatliche Regelung diese beträchtlichen Anforderungen erfüllt und zu schwerwiegenden Konsequenzen wie einer Kündigung oder Suspendierung eines völkerrechtlichen Vertrags führen kann.[932] Dennoch verstößt ein *treaty override* gegen den Grundsatz des pacta sunt servanda (Art. 26 WÜRV) sowie das Verbot, Vertragsverletzungen durch Rückgriff auf das innerstaatliche Recht zu begründen (Art. 27 WÜRV). Das Gebot des pacta sunt servanda leitet keine Bindungswirkung an den Vertragsinhalt, wohl aber an die Gültigkeitsbedingungen eines Abkommens ab.[933] Folglich soll in Anlehnung an dieses Gebot der Vertrag entweder ordentlich gekündigt oder im Rahmen einer Regierungskonsultation bzw. eines Konsultationsverfahrens nach Art. 25 Abs. 3 OECD-MA besprochen werden. Aus Art. 25 Abs. 3 OECD-MA ergibt sich nicht die Kompetenz, gegen völkerrechtliche Vereinbarungen zu verstoßen. Allerdings werden hierdurch eine

928 Vgl. Jochimsen/Gradl, IStR 2015, S. 236; Gebhardt, Tax Treaty Overriding, 2013, S. 31 f. m. w. N.

929 Vgl. Gosch, IStR 2008, S. 414; Frotscher, in: Spindler/Tipke/Rödder, FS Schaumburg, 2009, S. 689; Schaumburg, Steuerrecht, 2011, Rn. 3.26; Wassermeyer, in: Wassermeyer, DBA, 2015, Art. 1 MA Rn. 12; Lehner, IStR 2012, 389 f.

930 Weiterhin zulässig sind Gegenmaßnahmen wie die „unitary taxation" Großbritanniens, vgl. Sachverhalt und generelle Folgen eines *treaty overrides* in Lehner, in: Vogel/Lehner, DBA, 2015, Grundlagen Rn. 197.

931 Vgl. Giegerich, in: Dörr/Schmalenbach, Vienna Convention, 2012, Art. 60, Rz. 32; Feist, Multilaterale Verträge, 2001, S. 134 ff.

932 Lediglich der Verstoß gegen das Verbot der virtuellen Doppelbesteuerung bleibt hiervon ausgenommen, denn dieses ist nicht Gegenstand eines DBA und folglich kann nicht i. S. d. Art. 60 WÜRV dagegen verstoßen werden. Vgl. Lehner, in: Vogel/Lehner, DBA, 2015, Grundlagen Rn. 197.

933 Vgl. für alle Herdegen, in: Maunz/Dürig, GG, 2014, Art. 25 GG Rn. 8 f.

abkommenskonforme Auslegung der innerstaatlichen Gesetzgebung oder andere Lösungsvorschläge zur Verhinderung eines Vertragsbruchs angestrebt.[934]

Nach § 2 Abs. 1 AO erhalten völkerrechtliche Verträge im deutschen Steuerrecht den Vorrang als lex speciales. Gem. dem lex posterior-Grundsatz kann dies nicht verhindern, dass später ergangene Gesetze diese einfachgesetzliche Vorrangreglung übergehen.[935] Aufgrund des bundesgesetzlichen Charakters des § 2 Abs. 1 AO sowie der allgemeinen pacta sunt servanda-Regel des Völkerrechts können diese den DBA keinen höheren Rang verleihen.[936] Lediglich die Gültigkeitsbedingungen des Abkommens sowie die Völkerrechtsfreundlichkeit gebietet die Einhaltung völkerrechtsvertraglicher Pflichten.[937]

Die Verfassungswidrigkeit eines *treaty overrides* ist in der Literatur umstritten.[938] Vogel argumentiert für eine Verfassungswidrigkeit, das Vertragsverstöße, wenn sie nicht schwerwiegendere Verstöße gegen tragende Grundsätze der Verfassung verhindern, „dem Ziel der Völkerrechtsfreundlichkeit"[939] widersprechen. An diese Argumentation anlehnend, geht auch der BFH in seinen Vorlagebeschlüssen an

---

934 Vgl. Ismer/Bauer, IStR 2014, S. 427. Weiterhin existiert die Informationspflicht des Art. 2 Abs. 4 S. 2 OECD-MA, nach der ein Vertragsstaat den anderen über innerstaatlich bedeutende Steuergesetzesänderungen informieren muss. Hieraus kann jedoch keine Rechtfertigung einer Vertragsverletzung abgeleitet werden. Lehner, in: Vogel/Lehner, DBA, 2015, Grundlagen Rn. 199.

935 Vgl. Birk, in: Hübschmann/Hepp/Spitaler, AO, 2015, § 2 AO Rn. 174; Drüen, in: Tipke/Kruse, AO/FGO, 2015, § 2 AO Rn. 2; Musil, Deutsches Treaty Overriding, 2000, S. 72.

936 Vgl. Wassermeyer, in: Wassermeyer, DBA, 2015, Vor Art. 1 MA Rn. 9 ff. Art. 25 GG nimmt die Regelung des pacta sunt servanda als völkerrechtliches Gebot in das innerstaatliche Recht auf. Die Regelung entspricht somit einfachen Bundesgesetzen und hat keinen Verfassungsrang inne. Vgl. Herdegen, in: Maunz/Dürig, GG, 2014, Art. 25 GG Rn. 42 m. w. N.

937 Vgl. Lehner, in: Vogel/Lehner, DBA, 2015, Grundlagen Rn. 200; Drüen, in: Tipke/Kruse, AO/FGO, 2015, § 2 AO Rn. 2.

938 Für eine Verfassungswidrigkeit siehe Vogel, in: Vogel/Lehner, DBA, 2015, Grundlagen Rn. 205; Vogel, in: Blankenagel/Pernice/Schulze-Fielitz, FS Häberle, 2004, S. 499; ihm folgend Weigell, IStR 2009, S. 640; Elicker, Steuerrecht, 2006, S. 15 ff.; Stein, IStR 2006, S. 505, Rust/Reimer, IStR 2005, S. 843; indifferent Gosch, IStR 2008, S. 419; gegen eine Verfassungswidrigkeit Frotscher, in: Spindler/Tipke/Rödder, FS Schaumburg, 2009, S. 689 f., 704 f.; Frotscher, IStR 2009, S. 598; Hahn, IStR 2011, S. 867; Ismer/Bauer, IStR 2014, S. 424 ff.; Jansen/Weidmann, IStR 2010, S. 599; Lehner, IStR 2014, S. 191.; Lehner, IStR 2012, S. 397 ff., 403; Meretzki, DStR 2011, S. 2224; Musil, IStR 2014, S. 192.

939 Vogel, in: Blankenagel/Pernice/Schulze-Fielitz, FS Häberle, 2004, S. 499 in Anlehnung an BVerfG, v. 14.10.2004, 2 BvR 1481/04, BVerfGE 111, S. 307; v. 22.3.1983, 2 BvR 475/78, BVerfGE 63, S. 343; Vogel, in: Vogel/Lehner, DBA, 2015, Grundlagen Rn. 205.

das BVerfG zu § 50d Abs. 8[940], Abs. 9[941] sowie Abs. 10[942] EStG von einer Verfassungswidrigkeit der *treaty overrides* aus. Dem widerspricht allerdings, dass nach der Rechtsprechung des BVerfG Gesetze, die gegen die Völkerrechtsfreundlichkeit verstoßen, nicht automatisch verfassungswidrig sind.[943] Völkerrechtliche Verträge haben nach Art. 59 Abs. 2 GG nur den Rang eines einfachen Bundesgesetzes.[944] Dies kann auch durch die Verfassungsfreundlichkeit des Art. 25 GG nicht geändert werden.[945] Nach bisheriger Argumentation des BVerfG können DBA keinen Vorrang des Völkerrechts begründen und entsprechend ist ein Verstoß hiergegen zwar nicht verfassungswidrig, aber auch nicht erstrebenswert.[946] Lediglich aus Art. 25 S. 2 GG in Anlehnung an den pacta sunt servanda-Grundsatz kann die Verpflichtung abgeleitet werden, Völkerrechtsverstöße möglichst zu unterlassen und zu korrigieren.[947] Hieraus abgeleitet stellt die Suspendierung oder Kündigung eines völkerrechtlichen Vertrags nach Vertragsverstoß gegen höherrangiges Recht nur die Ultima Ratio dar, sofern diese *treaty overrides* nicht anderweitig verhindert oder beseitigt werden können.[948]

Einen Verstoß von *treaty overrides* gegen Unionsrecht sieht der EuGH nicht vorliegen.[949] Diesbezüglich wurde ebenfalls festgestellt, dass der EuGH weder über die Rangfolge der DBA und nationalem Recht, noch über das Verhältnis von zwei sich überschneidenden inländischen Regelungen zu entscheiden hat. Lediglich eine unionsrechtliche Diskriminierung, die das Ergebnis eines *treaty overrides* ist, könnte

940 Vgl. BFH, v. 10.1.2012, I R 66/09, BFH/NV 2012, S. 1056, BVerfG, Akz. 2 BvL 1/12 (anhängig).

941 Vgl. BFH, v. 20.8.2014, I R 86/13, BFH/NV 2014, S. 1985, BVerfG, Akz. 2 BvL 21/14 (anhängig).

942 Vgl. BFH, v. 11.12.2013, I R 4/13, BFH/NV 2014, S. 614, BVerfG, Akz. 2 BvL 15/14 (anhängig).

943 Argumentation in Anlehnung an die BVerfG-Rechtsprechung siehe Lehner, IStR 2012, S. 403 f.

944 Vgl. Birk, in: Hübschmann/Hepp/Spitaler, AO, 2015, § 2 AO Rn. 3, 5, 161; Nettesheim, in: Maunz/Dürig, GG, 2014, Art. 59 GG Rn. 173, 181 ff.

945 Vgl. Musil, Deutsches Treaty Overriding, 2000, S. 63; Birk, in: Hübschmann/Hepp/Spitaler, AO, 2015, § 2 AO Rn. 3b; Herdegen, in: Maunz/Dürig, GG, 2014, Art. 25 GG Rn. 6 f., 8.

946 Vgl. Lehner, in: Vogel/Lehner, DBA, 2015, Grundlagen Rn. 201 f.; Vogel, in: Vogel/Lehner, DBA, 2008, Einleitung Rn. 204 f.

947 Vgl. BVerfG, v. 26.10.2004, 2 BvR 955/00, 2 BvR 1038/01, BVerfGE 112, S. 1, Rz. 95 ff.; Lehner, in: Vogel/Lehner, DBA, 2015, Grundlagen Rn. 202.

948 Vgl. Lehner, IStR 2012, S. 403 ff.; Lehner, in: Vogel/Lehner, DBA, 2015, Grundlagen Rn. 202.

949 Vgl. EuGH, v. 19.9.2012, Rs. C-540/11, ECLI:EU:C:2012:581 Levy Sebbag, IStR 2013, S. 307. Zustimmend Mitschke, DStR 2011, S. 2226; Bron, IStR 2007, S. 435 f.; Verstoß gegen Unionsrecht bejahend Daragan, DB 2011, S. 2681.

Gegenstand der europäischen Gerichtsbarkeit sein.[950] Entsprechend kann kein unionsrechtliches Verbot eines *treaty overrides* aus dem Gebot der Gemeinschaftstreue (Art. 10 EG) i. V. m. der Verpflichtung zur Beseitigung der Doppelbesteuerung durch die Mitgliedstaaten der EU (u. a. Art. 293 EG) hergeleitet werden.[951] Weiterhin ist kein Verstoß gegen eine Grundfreiheit, insb. die Kapitalverkehrsfreiheit, anzunehmen,[952] sodass *treaty overrides* insgesamt mit dem Unionsrecht vereinbar sind.

1.1.3 Fallgruppen

Abkommensverdrängende Regelungen können in verschiedene Fallgruppen klassifiziert werden. Dabei wird auf den vom Gesetzgeber verfolgten Zweck bei Erlass des *treaty overrides* abgestellt.[953] Eine erste Fallgruppe umfasst jene *treaty overrides,* die missbräuchliches Verhalten der Steuerpflichtigen verhindern sollen bzw. daraus entstandene Folgen abzuwenden.[954] Darüber hinaus werden unter einer zweiten Gruppe die abkommensverdrängenden Vorschriften erfasst, die eine doppelte Nichtbesteuerung vermeiden sollen.[955] Die dritte und letzte Gruppe von *treaty overrides* enthält die Regelungen, die das deutsche Besteuerungsrecht bzw. Substrat auf Kosten des anderen Staates sichern soll.[956] Fraglich ist allerdings, ob in den genannten Fällen immer ein rechtsbrechender *treaty override* angenommen werden kann.[957]

---

950 Vgl. Lehner, in: Vogel/Lehner, DBA, 2015, Grundlagen Rn. 270a m. w. N.; Gosch, IStR 2008, S. 420 f.

951 Vgl. ausführlich Gosch, IStR 2008, S. 419 f.; Brombach-Krüger, Ubg 2008, S. 325 f.; Bron, IStR 2007, S. 434; EuGH, v. 12.5.1998, Rs. C-336/96, Slg. 1998, I-2793 Gilly, Tz. 16; v. 19.9.2012, Rs. C-540/11, ECLI:EU:C:2012:581 Levy Sebbag, Tz. 26 ff.; Tippelhofer, IStR 2013, S. 310 ff.

952 Vgl. EuGH, v. 14.11.2006, Rs. C-513/04, Slg. 2006 I-10981 Kerkhaert & Morres, Tz. 17 ff.; Forsthoff, IStR 2006, S. 510 f.; Lang, in: Lehner, Andenken an Klaus Vogel, 2010, S. 74 ff.; zu alledem Lehner, in: Vogel/Lehner, DBA, 2015, Grundlagen Rn. 270 f.

953 Vgl. Jansen/Weidmann, IStR 2010, S. 597; zur Klassifizierung von *treaty overrides* allgemein siehe Gosch, IStR 2008, S. 414 ff.; Prinz, GmbHR 2014, S. 729 f.

954 Hauptanwendungsfall ist § 50d Abs. 3 EStG, vgl. Gosch, IStR 2008, S. 414 f.; bzw. § 20 Abs. 2 AStG vgl. Prinz, GmbHR 2014, S. 730.

955 Siehe § 50d Abs. 8 und 9 EStG, vgl. Gosch, IStR 2008, S. 416; Prinz, GmbHR 2014, S. 730. Die Einordnung von § 50d Abs. 9 EStG in diese Gruppe ist allerdings umstritten, da einige Vertreter im Schrifttum davon ausgehen, dass diese Norm zum Zweck hat, das Steueraufkommen zu erhöhen bzw. das Steuersubstrat zu sichern, vgl. Liebchen, PersG, 2008, S. 362; Prinz, in: JbFfSt 2011/2012, S. 478.

956 Vgl. Gosch, IStR 2008, S. 417. Hierunter fällt nach zutreffender Ansicht die Regelung des § 50d Abs. 10 EStG i. d. F. des AmtshilfeRLUmsG, vgl. Jansen/Weidmann, IStR 2010, S. 598.

957 Vgl. Wichmann, FR 2011, S. 1082, der den Abkommensbruch in einigen Konstellationen verneint sowie die generellen Ausführungen zu deutschen treaty overrides in Pohl, ISR 2014, S. 158 ff.

Fällt eine innerstaatliche Regelung in eine der genannten Kategorien und erfüllt die Voraussetzungen an ein *treaty override*, so stellt sich weiterhin die Frage nach der Wirksamkeit der Vorschrift. Im Folgenden soll deshalb auf die innerstaatliche Zulässigkeit und Wirkung von abkommensverdrängenden Vorschriften eingegangen werden, bevor in einem weiteren Schritt explizit die Regelung des § 50d Abs. 10 EStG i. d. F. des AmtshilfeRLUmsG behandelt wird.

1.2 Innerstaatliche Zulässigkeit

1.2.1 Wirksamkeit des abkommensverdrängenden Gesetzes

Neben dem Erfordernis der abkommensverdrängenden Wirkung einer *treaty override* erfüllenden Regelung gehen Teile des Schrifttums zudem davon aus,[958] dass diese Wirkung ebenfalls hinlänglich deutlich zum Ausdruck kommen muss.[959] Entsprechend gelten völkerrechtliche Verträge als vorrangig,[960] es sei denn, innerstaatliche Regelungen zeigen ausdrücklich ihre primäre Geltung.[961] Ist eine innerstaatliche Regelung hingegen nicht hinreichend als *treaty override* gekennzeichnet, so ist der Vorrang des Völkerrechts weiterhin gegeben.[962] Anderer Auffassung sind Teile der Literatur, die davon ausgehen, dass der konkludente Wille der Abkommensüberschreibung ausreicht, damit die Regelung ihren Vorrang erhält.[963]

Zutreffender Weise gehen beide Ansichten von einem generellen Vorrang des völkerrechtlichen Abkommensrechts aus. Dennoch ist fraglich, inwiefern der Gesetzestext der Norm explizit den Vorrang einer innerstaatlichen Regelung beinhalten muss, damit diese ihre Wirkung entfaltet. Für eine ausdrückliche Hervorhebung spricht, dass eine bloße Unterstellung der Absicht zur Abkommensverletzung sich nicht aus einem abgeleiteten Willen begründen lässt und zudem auf den Vorrang

958 Vgl. BFH, v. 13.7.1994, I R 120/93, BStBl. II 1995, S. 129, Rz. 9; v. 20.3.2002, I R 38/00, BStBl. II 2002, S. 819, Rz. 23.

959 Vgl. Birk, in: Hübschmann/Hepp/Spitaler, AO, 2015, § 12 AO Rn. 174; Drüen, in: Tipke/Kruse, AO/FGO, 2015, § 2 AO Rn. 2; Rust/Reimer, IStR 2005, S. 846; Musil, Deutsches Treaty Overriding, 2000, S. 71 f.; Scherer, DBA, 1995, S. 42 f.; Langbein, RIW 1984, S. 537 f.; Eckert, RIW 1992, S. 386; Seer, IStR 1997, S. 485.

960 Dies ergibt sich aus § 2 AO sowie dem Gebot der völkerrechtsfreundlichen Auslegung, vgl. Pahlke, in: Koenig, AO, 2014, § 2 AO Rn. 20; Musil, Deutsches Treaty Overriding, 2000, S. 69; Scherer, DBA, 1995, S. 42.

961 Vgl. Musil, Deutsches Treaty Overriding, 2000, S. 71 f.; Seer, IStR 1997, S. 485.

962 Vgl. FG Köln, v. 14.3.2000, 8 K 543/99, EFG 2000, S. 1006, Rz. 49; Franz/Voulon, BB 2011b, S. 1117; Rust/Reimer, IStR 2005, S. 846; Musil, Deutsches Treaty Overriding, 2000, S. 71 f.

963 Vgl. Langbein, RIW 1988, S. 878; Pflugfelder, FR 1983, S. 320; Sauren/Schultze, RIW 1989, S. 554; Weigell, RIW 1987, S. 125. Gleicher Ansicht wohl auch Jacobs, Int. Unternehmensbesteuerung 2011, S. 83 f.; Schaumburg, Steuerrecht, 2011, Rn. 3.25; Frotscher, in: Piltz/Günkel/Niemann, StBJB 2009/2010, S. 170.

von Völkerrecht vertraut werden kann, da ein Verstoß weitreichende Folgen hätte.[964] Sollte sich eine Kenntlichmachung eines *treaty overrides* nicht direkt aus dem Gesetzeswortlaut ergeben, so muss zumindest aus der Gesetzesbegründung der Wille des Gesetzgebers zur Abkommensverdrängung ersichtlich sein.[965] Dem kann auch nicht die Verlässlichkeit des Völkerrechts entgegengehalten werden; denn unabhängig des ausdrücklichen Wortlauts der Norm oder der Nennung des Willens in der Gesetzesbegründung enthält eine solche Regelung einen *treaty override*, der gegen den Vorrang des Völkerrechts widerspricht.[966]

Somit ist davon auszugehen, dass es für die Wirksamkeit eines *treaty overrides* ausreichend ist, dass der Wille zur Abkommensverdrängung aus der Gesetzesbegründung, also nicht explizit aus dem Normenwortlaut, hervorgeht. Allerdings ist hier eine genaue Nennung erforderlich; denn ansonsten muss auch die Gesetzesbegründung ausgelegt werden, um einen *treaty override* zu erkennen. Nicht erforderlich ist es hingegen, dass die DBA aufgeführt werden, von der die abkommensüberschreibende Regelung abweicht.[967]

Weiterhin ist die Frage zu klären, ob ein *treaty override* unzulässig ist, da hiermit ein Verstoß gegen nationales Verfassungsrecht und das Recht der Europäischen Union einhergeht.[968] Dies ist im Folgenden zu prüfen.

1.2.2 Zulässigkeit völkerrechtswidriger Gesetze im innerstaatlichen Recht

1.2.2.1 Verstoß gegen das Recht der Europäischen Union

Ein Verstoß gegen Unionsrecht kann bei einem *treaty override* vorliegen, sofern durch die abkommensbrechende Regelung die Grundfreiheiten beeinträchtigt werden. Dies ist der Fall, wenn ein Steuerpflichtiger durch die den *treaty override* enthaltende Regelung schlechter gestellt wird.[969] Allerdings geht der EuGH davon aus, dass die nachteiligen Folgen nicht aus dem *treaty override* entstehen, sondern aus

---

964 Vgl. Musil, Deutsches Treaty Overriding, 2000, S. 71; Scherer, DBA, 1995, S. 42.

965 Vgl. Weigell, RIW 1987, S. 125; Langbein, RIW 1988, S. 878. Dies entspricht der Ansicht, dass zur Auslegung eines Gesetzes der Rückgriff auf die Gesetzesbegründung unerlässlich ist, um den Willen des Gesetzgebers zu erkennen. Vgl. Gündisch, PersG, 2004, S. 12.

966 Anders Scherer, DBA, 1995, S. 42 f. der eine explizite Nennung im Gesetzestext als Erfordernis der Wirkung der Abkommensüberschreibung ansieht.

967 Zutreffend Frotscher, in: Piltz/Günkel/Niemann, StbJb 2009/2010, S. 158 f.; Scherer, DBA, 1995, S. 42. A. A. Leisner, RIW 1993, S. 1019 f., der hingegen eine Verpflichtung zur Nennung aller DBA erfordert analog des Art. 19 Abs. 1 S. 2 GG.

968 So z. B. FG Münster, v. 11.11.2008, 15 K 1114/99 F, EFG 2009, S. 309. Ein Verstoß gegen Völkerrecht ändert allerdings nichts an der innerstaatlichen Wirksamkeit der völkerrechtswidrigen Gesetze, vgl. Kube, StuW 2015, S. 138.

969 Z. B. durch eine erhöhte Steuerlast. Vgl. EuGH, v. 6.12.2007, Rs. C-298/05, Slg. 2007, I-10497 Columbus Container Services, Rn. 39.

der Ausübung der Besteuerungsbefugnis der Mitgliedsstaaten, die nicht durch das Europäische Recht, sondern durch die Mitgliedsstaaten verteilt werden.[970] Zudem sind die Mitgliedsstaaten nach Auffassung des EuGH nicht dazu verpflichtet, ihr innerstaatliches Recht danach auszurichten, dass in Zusammenhang mit anderen Staaten keine Doppelbesteuerung entsteht.[971] Hieraus ergibt sich, dass ein *treaty override* nicht gegen die Grundfreiheiten verstößt.[972] Entsprechend hätte die ungewollte Doppelbesteuerung auch durch den anderen beteiligten Mitgliedsstaat beseitigt werden können, sodass nicht einem betroffenen Staat der Vorwurf gemacht werden kann.[973] Aus diesem Grund liegt bei einer abkommensüberschreibenden Regelung des innerstaatlichen Rechts kein Verstoß gegen die Grundfreiheiten der Europäischen Union vor.

1.2.2.2 Verstoß gegen nationales Verfassungsrecht

Teile der Literatur[974] sehen die Verfassungswidrigkeit eines *treaty overrides* in dem Verstoß gegen Art. 25 GG und Art. 59 Abs. 2 GG begründet. Dem ist allerdings entgegenzuhalten, dass die Rechtsprechung bereits bestätigt hat, dass eine *treaty override* enthaltende Regelung nicht gegen Art. 25 GG und Art. 59 Abs. 2 GG verstößt.[975]

In der Rede steht weiterhin ein Verstoß eines *treaty overrides* gegen das Rechtsstaatsprinzip des Art. 20 Abs. 3 GG.[976] Ein Verstoß sei dementsprechend darin zu sehen, dass die Norm Teil des Rechtsstaatsprinzips sei und mithin das Prinzip der Völkerrechtsfreundlichkeit des Grundgesetzes umfasse.[977] Folglich widersprechen

---

970 Vgl. EuGH, v. 14.11.2006, Rs. C-513/04, Slg. 2006, I-10981 Kerkhaert & Morres, Rn. 19, 22 f.; v. 6.12.2007, Rs. C-298/05, Slg. 2007, I-10497 Columbus Container Services, Rn. 39; v. 8.12.2011, Rs. C-157/10, Slg. 2011, I-13023 Banco Bilbao Vizcaya Argentaria, Rn. 31.

971 Vgl. EuGH, v. 12.2.2009, Rs. C-67/08, Slg. 2009, I-885 Block, Rn. 31; v. 16.7.2009, Rs. C-128/08, Slg. 2009, I-6826 Damseaux, Rn. 34.

972 Vgl. Lang, in: Lehner, Andenken an Klaus Vogel, 2010, S. 75 ff, 86.

973 Vgl. EuGH, v. 6.12.2007, Rs. C-298/05, Slg. 2007, I-10497 Columbus Container Services, Rn. 43, 49; Lang, in: Lehner, Andenken an Klaus Vogel, 2010, S. 75.

974 Vgl. Stein, IStR 2006, S. 508 bzgl. eines Verstoßes gegen Art. 25 GG. In Bezug auf Art. 59 Abs. 2 GG vgl. Wohlschlegel, FR 1993, S. 49 f.; Daragan, IStR 1998, S. 225 f.

975 Vgl. BFH, v. 13.7.1994, I R 120/93, BStBl. II 1005, S. 129, Rz. 9; v. 10.1.2012, I R 66/09, BFH/NV 2012, S. 1056; FG Rheinland-Pfalz, v. 30.6.2009, 6 K 1415/09, EFG 2009, S. 1649. In Bezug auf Art. 25 GG auch BVerfG, v. 26.3.1957, 2 BvG 1/55, BVerfGE 6, S. 309, Rz. 224.

976 Vertreter dieser Auffassung vgl. Daragan, IStR 1998, S. 226 f.; Gosch, IStR 2008, S. 419; Gosch, BFH-PR 2011, S. 70; Hageböke, IStR 2009, S. 475; Kempf/Bandl, DB 2007, S. 1380 f.; Weigell, IStR 2009, S. 639 f. Ebenfalls BFH, v. 10.1.2012, I R 66/09, BFH/NV 2012, S. 1056, anhängig beim BVerfG unter dem Aktenzeichen 2 BvL 1/12.

977 Vgl. Elicker, Steuerrecht, 2006, S. 18 f.; Daragan, IStR 1998, S. 226 f.; Gosch, IStR 2008, S. 418 f.; Rust/Reimer, IStR 2005, S. 845, 847; Vogel, in: Blankenagel/Pernice/Schulze-Fielitz, FS Häberle, 2004, S. 499.

treaty overrides gegen das Rechtsstaatsprinzip, da für sie keine sachbezogenen oder vertretbaren Gründe des Gesetzgebers aufgezeigt werden können.[978] Weiter wird argumentiert, dass lediglich bei Verstoß gegen tragende Verfassungsgrundsätze eine Abweichung der nationalen Regelung zum völkerrechtlichen Vertrag gerechtfertigt werden kann.[979] Dies liegt aber im Fall von DBA nicht vor, sodass das Schrifttum die Auffassung vertritt, dass ein *treaty override* gegen die Völkerrechtsfreundlichkeit des Art. 20 Abs. 3 GG verstößt.[980] Darüber hinaus sind Völkerrechtsverträge verbindlich einzuhalten und mögliche Verstöße hiergegen zu verhindern bzw. zu berichtigen.[981]

Eine Verfassungswidrigkeit kann zudem aufgrund des Verstoßes gegen die Einheit der Rechtsordnung angenommen werden; denn es läuft diesem Prinzip zuwider, dass einerseits völkerrechtliche Verträge geschlossen, diese aber andererseits durch innerstaatliche Gesetze wieder gebrochen werden.[982] Dem widerspricht allerdings, dass das BVerfG zwar dafür stimmt, keine sich widersprechenden Anordnungen zu erlassen, aber dennoch werden bei Normenkollisionen auf die Reihenfolge des zeitlichen Erlasses sowie der Spezialität der Norm abgestellt.[983] Kann insofern ein *treaty override* als lex specialis gegenüber einem DBA angesehen werden, so würde sich dieser Auffassung nach kein Verstoß gegen das Rechtsstaatsprinzips ergeben.[984]

Aufgrund der generellen Unkündbarkeit völkerrechtliche Verträge und daraus folgend der Unvereinbarkeit mit dem Demokratieprinzip gehen weiterhin Teile der Literatur davon aus, dass nicht jeder Völkerrechtsverstoß gegen das Rechtsstaatsprinzip des Art. 20 Abs. 3 GG in Form eines *treaty override* verfassungswidrig sein muss.[985] Nach der hier vertretenen Auffassung beeinträchtigt eine abkommensverdrängende Norm im Normalfall nicht das Rechtsstaatsprinzip.[986] Allerdings besteht kein Grund, das Demokratieprinzip als dem Rechtsstaatsprinzip vorrangig anzusehen, da es genügend Möglichkeiten zur Loslösung von einem völkerrechtlichen Vertrag wie einem DBA gibt.[987]

---

978 Vgl. Daragan, IStR 1998, S. 226.

979 Vgl. BFH, v. 10.1.2012, I R 66/09, BFH/NV 2012, S. 1056; BVerfG, v. 14.10.2004, 2 BvR 1481/04, BVerfGE 111, S. 307.

980 Vgl. Gosch, IStR 2008, S. 419; Vogel, IStR 2005, S. 30; Kempf/Bandl, DB 2007, S. 1380 f.; Hageböke, IStR 2009, S. 475.

981 Vgl. Elicker, Steuerrecht, 2006, S. 56; Gosch, IStR 2008, S. 419; beides in Anlehnung an BVerfG, v. 26.10.2004, 2 BvR 955/00, 2 BvR 1038/01, BVerfGE 112, S. 1, Rz. 95 ff.

982 Vgl. Schmidt, DStR 2010, S. 2440.

983 Vgl. BVerfG, v. 7.5.1998, 2 BvR 1991/95, BVerfGE 98, S. 106, Rz. 58; v. 7.5.1998, 2 BvR 1876/91, BVerfGE 98, S. 83, Rz. 121.

984 Zutreffend FG Münster, v. 11.11.2008, 15 K 1114/99 F, EFG 2009, S. 309.

985 Vgl. Rust/Reimer, IStR 2005, S. 847 f.; ebenso Elicker, Steuerrecht, 2006, S. 23 f.; Vogel, JZ 1997, S. 165.

986 Folglich liegt kein Verfassungsverstoß vor, unabhängig von der Beantwortung der Frage, ob das Rechtsstaats- oder Demokratieprinzip vorrangig ist.

987 Vgl. Elicker, Steuerrecht, 2006, S. 23 f.; Vogel, JZ 1997, S. 165; Vogel, IStR 2005, S. 30; Liebchen, PersG, 2008, S. 359; BFH, v. 10.1.2012, I R 66/09, BFH/NV 2012,

Nach Auffassung der h. M. ist sogar davon auszugehen, dass ein *treaty override* nicht gegen Art. 20 Abs. 3 GG verstößt.[988] Folglich gilt der Grundsatz der Völkerrechtsfreundlichkeit als Auslegungshilfe, die die Problematik einer abkommensverdrängenden Norm nicht erfasst.[989] Zur Begründung wird angeführt, dass der Umkehrschluss, dass nicht völkerrechtsfreundlich ausgelegte innerstaatliche Gesetze automatisch nichtig seien, nicht ohne Weiteres gelten kann.[990] Ebenfalls unterstützen die Äußerungen des BVerfG zur Abweichung von völkerrechtlichen Verträgen diese Ansicht; denn die gewichtigeren Gründe stellen auch einen Verstoß der Völkerrechtsfreundlichkeit dar und zudem seien diese Aussagen nicht explizit auf ein *treaty override* bezogen und somit nicht vergleichbar.[991] Ist weiterhin davon auszugehen, dass das Prinzip der Völkerrechtsfreundlichkeit des Grundgesetzes nicht durch Art. 20 Abs. 3 GG zum Ausdruck kommt, so kann ein abkommensdurchbrechendes Gesetz nicht gegen das Rechtsstaatsprinzip verstoßen.[992] Dem widerspricht allerdings, dass erstens ein Rechtsprinzip nicht auslegungsfähig ist und zweitens Art. 25 und Art. 59 Abs. 2 GG existieren, die einer Normierung nicht bedurft hätten, wenn das Rechtsstaatsprinzip für den Gesetzgeber bindend wäre.[993]

Diesbezüglich ist allerdings kritisch zu sehen, ob eine Nichtigkeit eines gegen Völkerrecht verstoßenden Gesetzes automatisch angenommen werden kann, wenn ein Verstoß gegen tragende Verfassungsgrundsätze fehlt. Der zur Begründung angeführten Aussage, das BVerfG beziehe explizit keine Fälle von *treaty overrides* ein, ist nicht zu folgen. Dies ist daraus zu schließen, dass das BVerfG[994] die Nichtbeachtung von Völkervertragsrecht nennt, worunter abkommensdurchbrechende oder

---

S. 1056, Tz. 29. A. A. Rust/Reimer, IStR 2005, S. 848, der einen generellen Vorrang des Demokratieprinzips annimmt. Kritisch Cloer/Trinks, IWB 2012, S. 405.

988 Vgl. FG Münster, v. 11.11.2008, 15 K 1114/99 F, EFG 2009, S. 309; FG Düsseldorf, v. 7.12.2020, 13 K 1214/06 E, EFG 2011, S. 878; FG Bremen, v. 10.2.2011, 1 K 20/10 (3), EFG 2011, S. 988, Rz. 90 ff.; Musil, Deutsches Treaty Overriding, 2000, S. 63 ff.; Brombach-Krüger, Ubg 2008, S. 329 f., Bron, IStR 2007, S. 434; Frotscher, in: Spindler/Tipke/Rödder, FS Schaumburg, 2009, S. 704 f.; Jansen/Weidmann, IStR 2010, S. 599; Hahn, IStR 2011, S. 866 f.; Hahn, BB 2012, S. 1958 f.; Mitschke, DStR 2011, S. 2224.

989 Vgl. Jansen/Weidmann, IStR 2010, S. 599; Mitschke, DStR 2011, S. 2224; Musil, RIW 2006, S. 289.

990 Vgl. Brombach-Krüger, Ubg 2008, S. 329; Bron, IStR 2007, S. 434; Forsthoff, IStR 2006, S. 509, Fn. 6; Frotscher, in: Spindler/Tipke/Rödder, FS Schaumburg, 2009, S. 704; Hahn, BB 2012, S. 1958; Musil, RIW 2006, S. 289.

991 Vgl. Musil, RIW 2006, S. 289; Brombach-Krüger, Ubg 2008, S. 329; Schwenke, FR 2012, S. 447, 449.

992 So ist Vogel der Ansicht, dass das Rechtsstaatsprinzip auch das Zusammenwirken mehrerer Staaten erfasst, vgl. Vogel, JZ 1997, S. 165.

993 Vgl. Musil, Deutsches Treaty Overriding, 2000, S. 62; Mitschke, DStR 2011, S. 2224 f.; Brombach-Krüger, Ubg 2008, S. 329.

994 Vgl. BVerfG, v. 14.10.2004, 2 BvR 1481/04, BVerfGE 111, S. 307, Rz. 61.

-überschreibende Gesetze in Form von *treaty overrides* fallen.[995] Folgerichtig ist allerdings, dass das BVerfG keine zwangsläufige Nichtigkeit einer abkommensverdrängenden Norm annimmt.[996] Weiterhin sind gem. Art. 1 Abs. 3 GG die Gesetzgebung vollziehende Gewalt und die Rechtsprechung an die Grundgesetze gebunden. Daraus ergibt sich nach jüngerer Auffassung des Schrifttums ebenfalls ein Eingriff in die Grundrechte, wenn mittels einer abkommensverdrängenden Vorschrift gegen ein DBA verstoßen wird.[997] Entsprechend könnte das einem *treaty override* zugrunde liegende Gesetz gegen Grundrechte verstoßen.[998]

1.2.2.3 Verstoß aufgrund des Vorrangs völkerrechtlicher Vereinbarungen

Vereinzelt werden abkommensverdrängende Gesetze durch den Vorrang völkerrechtlicher Vereinbarungen in § 2 AO für nichtig erklärt.[999] Dem widerspricht allerdings, dass die Abgabenordnung als einfachgesetzliches Recht nicht die Vorrangigkeit von Völkerrecht begründen kann.[1000] An diese Stelle treten die allgemeinen Regeln der Gesetzeskollision des lex posteriori (derogat legi priori) und des lex specialis (derogat legi generali), die den Widerstreit zwischen DBA und innerstaatlichem Recht lösen sollen.[1001] Werden diese Grundätze auf abkommensüberschreibende Gesetze angewandt, so ist davon auszugehen, dass diese sowohl zeitlich später als auch spezieller sind als die allgemeinen Regeln des anzuwendenden DBA. Hieraus ergibt sich, dass § 2 AO nicht geeignet ist, einen *treaty override* für nichtig zu erklären. Im Schrifttum wird allerdings die Ansicht vertreten, dass DBA aufgrund ihrer Schrankenwirkung keine Besteuerungsrechte zuweisen und mithin kein den innerstaatlichen Regelungen vorrangiges lex specialis darstellen.

---

995 Dem zustimmend Jansen/Weidmann, IStR 2010, S. 600; Jankowiak, Nichtbesteuerung, 2009, S. 266.

996 Das BVerfG spricht lediglich von einem Widerspruch solcher Normen mit der Völkerrechtsfreundlichkeit, vgl. BVerfG, v. 14.10.2004, 2 BvR 1481/04, BVerfGE 111, S. 307, Rz. 61 f. Zutreffend ebenfalls Lehner, IStR 2012, S. 401; Musil, RIW 2006, S. 289; Bron, IStR 2007, S. 434 m. w. N.; Jansen/Weidmann, IStR 2010, S. 599; FG Düsseldorf, v. 7.12.2010, 13 K 1214/06 E, EFG 2011, S. 878.

997 Vgl. Frotscher, in: Spindler/Tipke/Rödder, FS Schaumburg, 2009, S. 705 ff.; Jansen/Weidmann, IStR 2010, S. 600 ff.

998 Dies soll nicht an dieser Stelle erörtert werden, sondern unter den speziellen Vorschriften des § 50d Abs. 9 S. 1 Nr. 1 EStG und des § 50d Abs. 10 EStG. A. A Kube, StuW 2015, S. 144 f.

999 Vgl. FG Köln, v. 14.3.2000, 8 K 543/99, EFG 2000, S. 1006, Rz. 49; Leisner, RIW 1993, S. 1020.

1000 Vgl. BFH, v. 13.7.1994, I R 120/93, BStBl. II 1995, S. 129, Rz. 9; Drüen, in: Tipke/Kruse, AO/FGO, 2015, § 2 AO Rn. 1.

1001 Vgl. BFH, v. 10.1.2012, I R 66/09, BFH/NV 2012, S. 1056; Drüen, in: Tipke/Kruse, AO/FGO, 2015, § 2 AO Rn. 1; Frotscher, in: Spindler/Tipke/Rödder, FS Schaumburg, 2009, S. 700 f.; Kube, StuW 2015, S. 136 f. n. w. N.

Vielmehr charakterisieren sich DBA als lex aliud (andersartiges Recht), dessen Normenkollision lediglich anhand des lex posterior Grundsatzes gelöst werden kann.[1002]

Nach Klärung der grundsätzlichen Zulässigkeit von *treaty override*-Regelungen werden im Folgenden die vorgebrachten Auffassungen auf § 50d Abs. 10 EStG i. d. F. des AmtshilfeRLUmsG angewendet und kritisch hinterfragt.

1.3 Anwendung auf § 50d Abs. 10 EStG i. d. F. des AmtshilfeRLUmsG

1.3.1 Vorlagebeschluss des BFH an das BVerfG

Mit Beschluss des BFH vom 11.12.2013[1003] wurde § 50d Abs. 10 EStG i. d. F. des JStG 2009 sowie des AmtshilfeRLUmsG dem BVerfG zur verfassungsrechtlichen Überprüfung eines möglicherweise enthaltenen rechtswidrigen *treaty override* vorgelegt. Entgegen der Auffassung und Begründung des Gesetzgebers, es handele sich bei der Norm um eine bloße innerstaatliche Auslegungshilfe abkommensrechtlicher Vorschriften,[1004] sah der BFH eine abkommensdurchbrechende Regelung. Der entstehende Verstoß gegen das völkerrechtlich autonom auszulegende Abkommensrecht sei nur in Ausnahmefällen zulässig.[1005] Streitbefangen waren Zinsen eines Darlehens sowie die Verzinsung des Verrechnungskontos einer inländischen Personengesellschaft an ihren im Ausland (hier: Italien) ansässigen atypisch still beteiligten Gesellschafter. Die in Rede stehenden Zinszahlungen wurden in Italien der Einkommensteuer unterworfen. Dennoch sah das inländische Finanzamt in den Zahlungen Sondervergütungen vorliegen, für die Deutschland nach § 50d Abs. 10 EStG (a. F.) das Besteuerungsrecht hat. Gegen diese Feststellung des Finanzamtes richtete sich das Klagebegehren, welchem das Finanzgericht München stattgab.[1006]

Grundsätzlich stellt der BFH im Streitfall fest, dass Deutschland lediglich durch die Regelung des § 50d Abs. 10 EStG das Besteuerungsrecht an den als Sondervergütungen anzusehenden Zinszahlungen zusteht. Allerdings verstößt die Vorschrift nach Ansicht des BFH gegen Völkerrecht, ohne hierfür tragfähige Gründe zu nennen. Hierdurch wird der Beklagte in seinem subjektiven Grundrecht auf die Einhaltung der verfassungsmäßigen Ordnung verletzt (Art. 2 Abs. 1 i. V. m. Art. 20 Abs. 3 GG). Zudem stellt die rückwirkende Geltung der Vorschrift einen Verstoß

1002 Vgl. Jochimsen/Gradl, IStR 2015, S. 237 f. m. w. N.

1003 BFH, v. 11.12.2013, I R 4/13, BFH/NV 2014, S. 614, anhängig beim BVerfG, Az. 2 BvL 15/14.

1004 Siehe BT-Drs. 16/11108, S. 23.

1005 Hierzu zählt laut BFH, wenn der Abkommenszusammenhang nicht eine andere Auslegung erfordert. Er verbleibt damit bei der Unterstützung der völkerrechtlichen Theorie. Weiterhin wird durch § 50d Abs. 10 EStG n. F. zum einen das Subsidiaritätsprinzip des Art. 7 Abs. 4 OECD-MA außer Kraft gesetzt und zum anderen aufgrund der Zuordnungsfiktion der S. 3 und 4 der Norm der Grundsatz des Art. 3 Ziff. 13 OECD-MK konterkariert. Vgl. Hagena/Klein, ISR 2013, S. 272 f.

1006 Vgl. BFH, v. 11.12.2013, I R 4/13, BFH/NV 2014, S. 614, Sachverhalt; Vorinstanz FG München, v. 8.11.2012, 10 K 1984/11EFG 2013, S. 455.

gegen das verfassungsrechtlich gewährte Vertrauensschutzgebot und einhergehend dem Rechtsstaatsgebot des Art. 20 Abs. 3 GG dar.[1007]

Der BFH stellt bezüglich des § 50d Abs. 10 EStG (a. F. und n. F) fest, dass der Grundsatz des pacta sunt servanda nicht geeignet ist, in einem DBA, welches durch Transformation den Stand eines einfachen Bundesgesetzes hat, einen Völkerrechtsverstoß zu begründen. Darüber hinaus ist § 2 Abs. 1 AO nicht anwendbar, da der Grundsatz des lex posterior derogat legi priori gilt. Ebenfalls wird kein den Art. 25 GG im Einzelfall änderndes Gesetz vorausgesetzt, sodass es dem Gesetzgeber grundsätzlich frei steht, im Zustimmungsgesetz einzelne Vorbehalte gegenüber der Anwendung abkommensrechtlicher Vorschriften festzulegen.[1008] Abweichend von der bisherigen Spruchpraxis sieht der BFH in dem durch ein *treaty override* hervorgerufenen Bruch einen Völkerrechtsverstoß. Begründet durch die zwischenzeitliche Rechtsentwicklung[1009] bestätigt der erkennende Senat, dass der Gesetzgeber aufgrund des Rechtsstaatsgebots des Art. 20 Abs. 3 GG an die Einhaltung von Völkerrecht gebunden ist.[1010] Hieraus ergibt sich weiterhin ein Verstoß gegen das subjektive Recht des steuerpflichtigen Gesellschafters aus Art. 2 Abs. 1 i. V. m. Art 3 Abs. 1 GG.[1011] Darüber hinaus ist die rückwirkende Geltung der Vorschrift weder in der Fassung aus 2009 noch in der Fassung des AmtshilfeRLUmsG verfassungskonform. In beiden Fassungen wird durch Anwendung der Regelung des § 50d Abs. 10 EStG Abkommensrecht zum Nachteil des Steuerpflichtigen überschrieben. Auch wenn die Neufassung der Regelung durch die Anrechnungsmöglichkeit weniger belastend ist als die Ursprungsfassung, ist dennoch immer ein Verstoß gegen das geschützte Vertrauen des Steuerpflichtigen in die gesetzte Rechtsordnung festzustellen, der dem Rechtsstaatsgebot des Art. 20 Abs. 3 GG widerspricht.[1012]

Der Ausgang der verfassungsrechtlichen Beschwerde kann weitreichende Folgen auf die abkommensrechtliche Behandlung der Sondervergütungen und § 50d Abs. 10 EStG haben. Möglich wäre einerseits, dass das BVerfG die vom BFH konstatierte Verfassungswidrigkeit der Regelung negiert. In diesem Fall verbliebe es bei der bisherigen Rechtslage. Andererseits kann das BVerfG die Auffassung des BFH zur Verfassungswidrigkeit der *treaty overrides* teilen. Dabei wären zwei mögliche Konstellationen denkbar. Zum einen könnte das BVerfG die komplette Norm für nichtig erklären, in dem beide in § 50d Abs. 10 EStG n. F. enthaltenen Fiktionen ein nicht verfassungskonformes *treaty override* darstellen. Als Folge würden abkommensrechtliche Sondervergütungen ohne Berücksichtigung des § 50d Abs. 10 EStG behandelt, sodass eine abkommensautonome Auslegung zur Zuordnung der

---

1007 Vgl. BFH, v. 11.12.2013, I R 4/13, BFH/NV 2014, S. 614, Rz. 27, 29.

1008 Vgl. BFH, v. 11.12.2013, I R 4/13, BFH/NV 2014, S. 614, Rz. 30.

1009 U. a. BVerfG, v. 14.10.2004, 2 BvR 1481/04, BVerfGE 111, S. 307; v. 26.10.2004, 2 BvR 955/00, 2 BvR 1038/01, BVerfGE 112, S. 1; v. 4.5.2011, 2 BvR 2365/09, 2 BvR 740/10, 2 BvR 2333/08, 2 BvR 1152/10, 2 BvR 571/10, BVerfGE 128, S. 326.

1010 Vgl. BFH, v. 11.12.2013, I R 4/13, BFH/NV 2014, S. 614, Rz. 31–34.

1011 Vgl. BFH, v. 11.12.2013, I R 4/13, BFH/NV 2014, S. 614, Rz. 48.

1012 Vgl. BFH, v. 11.12.2013, I R 4/13, BFH/NV 2014, S. 614, Rz. 51.

speziellen Verteilungsartikel führen würde, ohne die Beachtung etwaiger Betriebsstättenvorbehalte. Zum anderen wäre denkbar, dass das BVerfG dem BFH folgend, nur die Zuordnungsfiktion des § 50d Abs. 10 S. 3 EStG n. F. für nichtig erklärt. Konsequenz wäre die Weiterbeachtung der generellen Vorschrift des § 50d Abs. 10 EStG lediglich mit der Fiktion der Umqualifizierung in Unternehmensgewinne.[1013] Unter Beachtung der neueren Rechtsprechung des BFH läge ein ähnliches Ergebnis vor, da Art. 7 Abs. 1 OECD-MA mit dem Zurechnungsmaßstab des § 50d Abs. 10 S. 3 EStG n. F. übereinstimmt. Aufgrund dieser gleichlautenden Auffassung des Zuordnungsmaßstabs liegt entsprechend auch kein *treaty override* vor, sodass m. E. eine Kenntlichmachung entfallen könnte.

Neben diesem Verfahren gibt es einen weiteren Vorlagebeschluss an das BVerfG, der sich mit dem Rangverhältnis von nationalem Recht im Rahmen des § 50d Abs. 8 EStG und Völkerrecht beschäftigt.[1014] Der Ausgang dieses Verfahrens könnte weiteren Aufschluss über das Verfahren der verfassungsrechtlichen Beschwer durch § 50d Abs. 10 EStG a. F./n. F. geben, dessen Entscheidung später zu erwarten ist.

1.3.2 Einstufung als treaty override

Einerseits sehen Teile der Literatur sowie der Rechtsprechung und der Gesetzgeber die Regelung des § 50d Abs. 10 EStG nicht als abkommensüberschreibende Norm an, da die erforderlichen Voraussetzungen zur Erfüllung eines *treaty overrides* fehlen.[1015] Mithin würde durch die Regelung ein nicht durch DBA ausgelegter Begriff interpretiert, sodass hier keine Abweichung von einem DBA vorliegt.[1016] Zudem wird angeführt, dass kein Verfassungsverstoß in der *treaty override*-Regelung gegeben ist, da ein Ausgleich durch die Anrechnung ausländischer Steuern nach § 50d Abs. 10 S. 5 EStG n. F. gegeben ist.[1017] Die h. M sieht andererseits die Voraussetzungen eines treaty *overrides* als erfüllt an, sodass § 50d Abs. 10 EStG ein abkommensüberschreibendes Gesetz darstellt.[1018] Für sie stellt die Regelung nicht

1013 Beschränkung der Doppelfunktion und Rückkehr zur einfachen Fiktion.

1014 BFH, v. 10.1.2012, I R 66/09, BFH/NV 2012, S. 1056, anhängig beim BVerfG, Az. 2 BvL 1/12.

1015 Vgl. Boller/Eilinghoff/Schmidt, IStR 2009, S. 111; Korn, IStR 2009, S. 643; Mitschke, DB 2010, S. 305; BT-Drs. 16/11108, S. 23; FG München, v. 30.7.2009, 1 K 1816/09, EFG 2009, S. 1954. Zumindest in Bezug auf die ursprüngliche Fassung der Vorschrift aus 2009 wird festgestellt, dass aufgrund der fehlenden Reichweite des § 50d Abs. 10 EStG a. F. kein materieller *treaty override* vorliegt und sich mithin eine rechtliche Überprüfung erübrigt. Vgl. Gebhardt, Tax Treaty Overriding, 2013, S. 280.

1016 Vgl. BT-Drs. 16/11108, S. 23; FG München, v. 30.7.2009, 1 K 1816/09, EFG 2009, S. 1954.

1017 Vgl. Reiß, in: Kirchhof, EStG, 2015, § 15 EStG Rn. 313.

1018 Vgl. FG Düsseldorf, v. 7.12.2010, 13 K 1214/06 E, EFG 2011, S. 878, 880; Klein/Hagena, in: Herrmann/Heuer/Raupach, EStG, 2015, § 50d EStG Rn. 131; Jacobs, Int. Unternehmensbesteuerung 2011, S. 381; Franz/Voulon, BB 2011b, S. 1117; Günkel/

lediglich eine Auslegungshilfe,[1019] sondern eine unilaterale Überschreibung dar, die die innerstaatliche Interpretation der Behandlung von Sondervergütungen auf die zwischenstaatlich anerkannte Auslegung überspielt.[1020]

Grundsätzlich ist zuzustimmen, dass das OECD-MA sowie die meisten mit Deutschland verhandelten DBA keine Definition des Begriffs der Unternehmensgewinne beinhalten.[1021] Insofern ist ein Rückgriff auf innerstaatliches Recht gem. Art. 3 Abs. 2 OECD-MA gerechtfertigt, soweit es der Auslegung bzw. Definition des Begriffs der Unternehmensgewinne dient. Dennoch sind die spezielleren Einkunftskategorien dem Art. 7 Abs. 1–3 OECD-MA durch Art. 7 Abs. 4 OECD-MA vorrangig. Dieser Vorrang wird jedoch durch § 50d Abs. 10 EStG überschrieben. Darüber hinaus kann die Regelung aufgrund der Überschreibung des Abkommensrechts zu einer Doppelbesteuerung führen, was den Kern der Rechtfertigung eines treaty overrides bildet.[1022] Entsprechend ist die Regelung des § 50d Abs. 10 EStG zutreffend als *treaty override* einzustufen.

1.3.3 Erfüllung der ausreichenden Kennzeichnungspflicht

Fraglich ist weiterhin, ob die Regelung des § 50d Abs. 10 EStG n. F. die erforderliche Kenntlichmachung für ein *treaty override* enthält.[1023] Der Wortlaut in § 50d Abs. 10 S. 1 EStG besagt, dass die Sondervergütungen im Rahmen der Auslegung durch DBA „ausschließlich als Teil des Unternehmensgewinns des vergütungsberechtigten Gesellschafters“ anzusehen ist. Zwar werden in diesem Zusammenhang keine eindeutigen Formulierungen verwendet, wie z.B. ungeachtet der Regelungen eines DBA, dennoch kann sich die abkommensabweichende Absicht bereits durch die Auslegung einer betreffenden Regelung ergeben.[1024] Nach Auffassung des Gesetzgebers stellt die Regelung des § 50d Abs. 10 EStG keinen *treaty override* dar,[1025]

Lieber, Ubg 2009, S. 306; Hils, DStR 2009, S. 882; Lange, GmbH-StB 2009, S. 132 f.; Lehner, IStR 2012, S. 396; Salzmann, IWB 2009, S. 1548; Schwenke, FR 2012, S. 444; Schmidt, StBJB 2008/2009, S. 176; Salzmann, IWB 2014, S. 228 f.

1019 Vgl. Cloer/Kudert, PIStB 2010, S. 112; Frotscher, in: Piltz/Günkel/Niemann, StBJB 2009/2010, S. 168 f.

1020 Vgl. Gosch, in: Kirchhof/Söhn/Mellinghoff, EStG, 2015, § 50d EStG Rn. 44; Frotscher, IStR 2009, S. 597; Gebhardt/Quilitzsch, BB 2011, S. 673. Dies gilt auch in Bezug auf den Vorrang von Art. 7 OECD-MA, vgl. Klein/Hagena, in: Herrmann/Heuer/Raupach, EStG, 2015, § 50d EStG Rn. 131; Goebel/Eilinghoff/Schmidt, DStZ 2011, S. 74; Lehner, IStR 2012, S. 396.

1021 Hiervon ausgenommen ist Art. 3 Abs. 1 lit. c OECD-MA.

1022 Vgl. Frotscher, in Frotscher/Geurts, EStG, 2014, § 50d EStG, Rn. 239–245.

1023 Zustimmend FG Düsseldorf, v. 7.12.2010, 13 K 1214/06 E, EFG, 2011. S. 878, Rz. 34; Wagner, in: Blümich, EStG, 2015, § 50d EStG Rn. 114. Ablehnend Gosch, in: Kirchhof/Söhn/Mellinghoff, EStG, 2015, § 50d EStG Rn. 44; Günkel/Lieber, Ubg 2009, S. 306; Hils, DStR 2009, S. 892.

1024 Vgl. FG Düsseldorf, v. 7.12.2010, 13 K 1214/06 E, EFG, 2011. S. 878, Rz. 34.

1025 Für § 50d Abs. 10 EStG i. d. F. des JStG 2009 vgl. BT-Drs. 16/11108, S. 23.

wohingegen bei der Feststellung, ob es sich um eine abkommensverdrängende Regelung handelt, lediglich auf den objektiv erkennbaren Willen zur Überspielung eines DBA abzustellen ist.[1026] Liegt allerdings ein unklarer Wortlaut vor, kann die Auffassung des Gesetzgebers zur Klärung des gesetzgeberischen Willens herangezogen werden.[1027] Nach zutreffender Ansicht enthält § 50d Abs. 10 S. 1 EStG n. F. keinen unklaren Wortlaut, sodass davon ausgegangen werden kann, dass der Gesetzgeber mit dieser Regelung eine Überschreibung bestehender abkommensrechtlicher Vorschriften verfolgt. Dies wird weiterhin durch die Ansicht unterstützt, dass auch bei Unkenntnis des Gesetzgebers über die Formulierung des Wortlauts als abkommensüberschreibende Regelung der Wortlaut an sich nicht negiert werden kann.[1028]

Weiterhin erfüllt § 50d Abs. 10 S. 3 EStG n. F. die Anforderungen an ein *treaty override*, da hier explizit vom Wortlaut auf den abkommensüberschreibenden Willen geschlossen werden kann. In diesem Sinne enthält § 50d Abs. 10 S. 3 EStG i. d. F. des AmtshilfeRLUmsG die Formulierung der Gültigkeit „ungeachtet der Vorschriften eines Abkommens zur Vermeidung der Doppelbesteuerung".

Kann davon ausgegangen werden, dass § 50d Abs. 10 EStG i. d. F. des AmtshilfeRLUmsG einen *treaty override* darstellt, ist im Folgenden die innerstaatliche Zulässigkeit der Regelung zu prüfen. Dabei wird vorerst nur ein Verstoß gegen die Grundrechte geprüft; denn die weiteren aufgezählten Gründe in Kapitel E.IV.1.2.2 können die Verfassungskonformität nicht ausschließen.

1.3.4 Vereinbarkeit mit innerstaatlichem Recht

1.3.4.1 Verstoß gegen die Eigentumsfreiheit nach Art 14 Abs. 1 GG

Grundsätzlich werden durch Art. 14 Abs. 1 GG alle vermögenswerten Rechtspositionen sowie Ansprüche und Forderungen des privaten Rechts geschützt.[1029] Der Schutzbereich ist jedoch nicht für das Vermögen als solches eröffnet,[1030] was dadurch unterstützt wird, dass bei der Erhebung von Steuern die Steuerbelastung auf das Vermögen zugreift.[1031] Dennoch sehen Teile der Literatur die zivilrechtlichen Ansprüche und Forderungen bei der Steuererhebung als schutzwürdiges Interesse

---

1026 Vgl. FG Düsseldorf, v. 7.12.2010, 13 K 1214/06 E, EFG, 2011. S. 878, Rz. 34 ff.; Seer, IStR 1997, S. 486.

1027 Vgl. Seer, IStR 1997, S. 486; FG Düsseldorf, v. 7.12.2010, 13 K 1214/06 E, EFG, 2011. S. 878, Rz. 34 ff.

1028 Vgl. FG Düsseldorf, v. 7.12.2010, 13 K 1214/06 E, EFG, 2011. S. 878, Rz. 34 ff.; Seer, IStR 1997, S. 486.

1029 Vgl. BVerfG, v. 15.7.1981, 1 BvL 77/78, BVerfGE 58, S. 300, Rz 46 ff.; v. 18.1.2006, 2 BvR 2194/99, BVerfGE 115, S. 97, Rz. 5 ff.; v. 9.1.1991, 1 BvR 929/89, BVerfGE 83, S. 201, Rz. 25; Papier, in: Maunz/Dürig, GG, 2014, Art. 14 GG Rn. 55.

1030 Vgl. BVerfG, v. 8.4.1997, 1 BvR 48/94, BVerfGE 95, S. 267, Rz. 133 f.; Papier, in: Maunz/Dürig, GG, 2014, Art. 14 GG Rn. 160.

1031 Vgl. BVerfG, v. 8.4.1987, 2 BvR 909/82, BVerfGE 75, S. 108, Rz. 61 ff.; v. 8.4.1997, 1 BvR 48/94, BVerfGE 95, S. 267, Rz. 133 f.

an.[1032] Dieser Ansicht ist zuzustimmen; denn auch schuldrechtliche Ansprüche, zu denen Sondervergütungen gehören, fallen laut Auffassung des BVerfG unter den Schutzbereich des Art. 14 Abs. 1 GG.[1033]

Zusätzlich zu der Eröffnung des Schutzbereiches des Art. 14 GG bedarf es eines Eingriffes in diesen gem. Art. 14 Abs. 1 S. 2 oder Abs. 3 GG, damit ein Grundrechtsverstoß vorliegt. Die Enteignung nach Art. 14 Abs. 3 GG setzt voraus, dass zur Erfüllung öffentlicher Aufgaben konkrete Rechtspositionen entzogen werden.[1034] Dies liegt aber im Fall der Pflicht zur Steuerzahlung nicht vor, sodass hier lediglich der Eingriff in Inhalts- und Schrankenbestimmungen gem. Art. 14 Abs. 1 S. 2 GG zur Anwendung gelangen kann.[1035] Teile des Schrifttums verneinen einen Eingriff mit der Begründung, dass der Schutz schuldrechtlicher Ansprüche nicht die Steuerfreiheit dieser umfasst.[1036] Darüber hinaus sei ein Eingriff nach Art. 14 GG ausgeschlossen, da ein Eingriff in Form einer Doppelbesteuerung auf Ebene der abkommensrechtlichen Regelungen mit der Bindung des Ansässigkeitsstaats des Gesellschafters an die Einkunftszuordnung des Quellenstaates zu lösen ist.[1037] Dem entgegen wird angeführt, dass das Recht auf Vermeidung von Doppelbesteuerung, welches abkommensberechtigten Steuerpflichtigen zusteht, durch die Regelung des § 50d Abs. 10 EStG und die entstehende Doppelbesteuerung verwehrt wird.[1038] Folglich soll ein Eingriff in Art. 14 Abs. 1 GG vorliegen.

Aufgrund der Zuordnungsproblematik des § 50d Abs. 10 EStG wird auch nach dessen Einführung ein Besteuerungsrecht Deutschlands nur in wenigen Fällen gegeben sein, was auch die Gefahr der daraus resultierenden Doppelbesteuerung mindert. Diese Ausnahmefälle ergeben sich dann, wenn sowohl der Quellenstaat der Sondervergütungen als auch der Ansässigkeitsstaat des Gesellschafters ein Besteuerungsrecht für sich beanspruchen und auch durchsetzen. Dem kann nur entgegengewirkt werden, wenn der Ansässigkeitsstaat durch Fixierung ausdrücklicher Vorschriften im DBA an die Abkommensauslegung des Quellenstaates gebunden ist.[1039] Wurden keine speziellen Regelungen erlassen, so kann die rechtsunsichere Auslegung des Art. 23A Abs. 1 OECD-MA nicht ohne weiteres die Doppelbesteuerung verhindern. Dem widerspricht allerdings, dass schuldrechtliche Verträge als geschützte Rechtspositionen nach Art. 14 Abs. 1 GG keinen steuerfreien Zufluss

---

1032 Vgl. Frotscher, IStR 2009, S. 593; Jansen/Weidmann, IStR 2010, S. 603.

1033 Vgl. BVerfG, v. 18.1.2006, 2 BvR 2194/99, BVerfGE 115, S. 97, Rz. 37 ff.

1034 Vgl. BVerfG, v. 22.5.2001, 1 BvR 1512/97, BVerfGE 104, S. 1; v. 21.7.2010, 1 BvL 8/07, BVerfGE 126.

1035 Vgl. BVerfG, v. 18.1.2006, 2 BvR 2194/99, BVerfGE 115, S. 97, Rz. 37 ff.

1036 Vgl. Jansen/Weidmann, IStR 2010, S. 603; Wernsmann, NJW 2006, S. 1171 f.

1037 Vgl. Mitschke, DB 2009, S. 306; Wolff, in: Wassermeyer, DBA, 2015, USA, Art. 7 Rn. 100; FG Düsseldorf, v. 7.12.2010, 13 K 1214/06 E, EFG, 2011. S. 878, 881.

1038 Vgl. Frotscher, IStR 2009, S. 598; Frotscher, in: Piltz/Günkel/Niemann, StBJB 2009/2010, S. 171 ff.

1039 So zutreffend Mitschke, DB 2009, S. 305.

garantieren können.[1040] Ist insofern davon auszugehen, dass ein schuldrechtlicher Vertrag keine Steuerfreiheit garantieren kann, so ist auch ein Schutz des Art. 14 GG vor Doppelbesteuerung ausgeschlossen. Folglich ist bei § 50d Abs. 10 EStG i. d. F. des AmtshilfeRLUmsG kein Verstoß gegen Art. 14 GG gegeben, da kein Eingriff in den Schutzbereich vorliegt.

1.3.4.2 Verstoß gegen die allgemeine Handlungsfreiheit des Art. 2 Abs. 1 GG

Neben jedem menschlichen Handeln umfasst der Schutzbereich des Art. 2 Abs. 1 GG auch die wirtschaftliche Betätigung und den Schutz vor der Auferlegung von Steuern.[1041] Um in diesen Schutzbereich einzugreifen, bedarf es auf den Einzelnen gerichteten normierten Vorschriften.[1042] Zwar umfassen diese Vorschriften auch die Steuerzahlungspflicht; dennoch ist diese i. d. R. gerechtfertigt und deshalb ausgenommen.[1043] Ebenfalls wird der Eingriff in Art. 2 Abs. 1 GG durch ein *treaty override* verneint, denn dieser verletze weder subjektive Rechte des Einzelnen noch die Rechte aus nationalem Recht.[1044] Begründet wird diese Auffassung dadurch, dass der Steuerpflichtige selbst nicht Vertragspartner eines DBA ist;[1045] denn ein DBA entfaltet nur seine Wirkung gegenüber einem Steuerpflichtigen, indem es mittels Zustimmungsgesetz nach Art. 59 Abs. 2 S. 1 GG in nationales Gesetz transformiert wird.[1046] Hieraus ergibt sich ebenfalls, dass DBA durch die Transformation auf einer Stufe mit nationalen Gesetzen stehen und folglich eine Abweichung von ihnen zulässig ist.[1047]

Teile des Schrifttums sehen weiterhin in der durch das *treaty override* verursachten Doppelbesteuerung einen Eingriff in Art. 2 Abs. 1 GG.[1048] Dem wird entgegengehalten, dass keine Doppelbesteuerung entstehen kann, wenn der Ansässigkeitsstaat

1040 Vgl. Jansen/Weidmann, IStR 2010, S. 603.

1041 Vgl. BVerfG, v. 6.6.1989, 1 BvR 921/85, BVerfGE 80, S. 137, Rz. 61 ff.

1042 Vgl. Di Fabio, in: Maunz/Dürig, GG, 2014, Art. 2 Abs. 1 GG Rn. 77.

1043 Vgl. Frotscher, in: Spindler/Tipke/Rödder, FS Schaumburg, 2009, S. 706.

1044 Vgl. FG Bremen, v. 10.2.2011, 1 K 20/10 (3), EFG 2011, S. 988; Frotscher, in: Spindler/Tipke/Rödder, FS Schaumburg, 2009, S. 706; Mitschke, DStR 2011, S. 2224.

1045 Vgl. FG Bremen, v. 10.2.2011, 1 K 20/10 (3), EFG 2011, S. 988; Frotscher, in: Spindler/Tipke/Rödder, FS Schaumburg, 2009, S. 706; Mitschke, DStR 2011, S. 2224.

1046 Vgl. BVerfG, v. 14.10.2004, 2 BvR 1481/04, BVerfGE 111, S. 307, Rz. 34 ff.

1047 Vgl. FG Bremen, v. 10.2.2011, 1 K 20/10 (3), EFG 2011, S. 988; Frotscher, in: Spindler/Tipke/Rödder, FS Schaumburg, 2009, S. 706; Mitschke, DStR 2011, S. 2224.

1048 Vgl. Frotscher, in: Spindler/Tipke/Rödder, FS Schaumburg, 2009, S. 708 f. Dies könnte einerseits durch Auslegung des § 50d Abs. 10 EStG erfolgen oder durch den anderen Staat, der eine unzutreffende Anwendung des DBA vornimmt, in dem er nicht der deutschen Ansicht folgt. Dem kann nicht gefolgt werden; denn eine sachgerechte Auslegung des DBA erfasst auch Art. 7 Abs. 4 OECD-MA, sodass nicht dem anderen Vertragsstaat, sondern Deutschland die Vermeidung der Doppelbesteuerung obliegt.

an die Auslegung des Quellenstaates gebunden ist.[1049] Darüber hinaus wird bezweifelt, ob ein *treaty override* überhaupt einen Grundrechtsverstoß verursacht; denn auch ohne ein DBA würde durch Zusammenwirken mit einem ausländischen Staat eine Doppelbesteuerung entstehen.[1050] Diese Ansicht ist allerdings kritisch zu sehen, denn auch dann, wenn eine Doppelbesteuerung durch die Kollision des Welteinkommens- und Quellenprinzips entsteht, können die §§ 34c Abs. 1, Abs. 3 3 Var., 34d Nr. 2 lit. a Hs. 1 EStG oder ihnen vergleichbare Regelungen die Doppelbesteuerung durch Anrechnung kompensieren.

Dennoch kann von einem Eingriff in die allgemeine Handlungsfreiheit nach Art. 2 Abs. 1 GG ausgegangen werden; denn diese umfasst auch den Schutz der Freiheitsrechte eines jeden Einzelnen, der durch die öffentliche Gewalt in Form eines nicht verfassungskonformen Gesetzes bedroht wird.[1051] Dieser Schutz umfasst des Weiteren auch die Beachtung der Existenz völkerrechtlicher Verträge durch den Gesetzgeber.[1052] Dem ist insofern zuzustimmen, dass ein *treaty override* und folglich die Missachtung des völkerrechtlichen Vertrags zu einer Doppelbesteuerung führt. Entsteht allerdings keine Doppelbesteuerung durch den Völkerrechtsverstoß, so ist weiterhin auch nicht davon auszugehen, dass dieser in die allgemeine Handlungsfreiheit nach Art. 2 Abs. 1 GG eingreift.[1053]

Ist entsprechend dem letztgenannten Argument von einem Eingriff in die Grundrechte des Art. 2 Abs. 1 GG auszugehen, so ist dieser nur gerechtfertigt, sofern der Eingriff der verfassungsgemäßen Ordnung[1054] entspricht. Dementsprechend liegt kein Verstoß gegen Art. 2 Abs. 1 GG vor, wenn die durch § 50d Abs. 10 EStG n. F. verursachte Doppelbesteuerung verfassungskonform ist. Einerseits könnte argumentiert werden, dass ein *treaty override* nicht gegen das Rechtsstaatsprinzip verstößt[1055] und folglich auch kein Verstoß gegen Art. 2 Abs. 1 GG vorliegt. Andererseits gelten völkerrechtliche Verträge als Auslegungshilfen in Bezug auf die „Bestimmungen von Inhalt und Reichweite von Grundrechten und rechtsstaatlichen Grundsätzen des

---

1049 Vgl. Mitschke, DB 2009, S. 305; Franz/Voulon, BB 2011b, S. 1118; a. A. FG Düsseldorf, v. 7.12.2010, 13 K 1214/06 E, EFG, 2011. S. 878; Wolff, in: Wassermeyer, DBA, 2015, USA, Art. 7 Rn. 100.

1050 Vgl. Mitschke, DB 2009, S. 305 speziell zu Art. 14 GG.

1051 Vgl. BVerfG, v. 26.10.2004, 2 BvR 955/00, 2 BvR 1038/01, BVerfGE 112, S. 1, Rz. 78 ff.; Schwenke, FR 2012, S. 447 f.

1052 Vgl. BFH, v. 10.1.2012, I R 66/09, BFH/NV 2012, S. 1056; Lüdicke, DB 2012, M 1; Schwenke, FR 2012, S. 447 f.

1053 Vgl. zutreffend Frotscher, in: Spindler/Tipke/Rödder, FS Schaumburg, 2009, S. 708 f.; Frotscher, in: Piltz/Günkel/Niemann, StBJB 2009/2010, S. 178.

1054 Hiermit sind alle formell und materiell verfassungsgemäßen Gesetze zu verstehen, vgl. BVerfG, v. 16.1.1957, 1 BvR 253/56, BVerfGE 6, S. 32, Rz. 14 ff.

1055 Vgl. zutreffend Frotscher, IStR 2009, S. 599 f.; Frotscher, in: Piltz/Günkel/Niemann, StBJB 2009/2010, S. 177.

Grundgesetzes [...]"[1056]. Somit führt der Verstoß gegen das Prinzip des pacta sunt servanda sowie gegen das Rechtsstaatsprinzip in Bezug auf die Grundrechte dazu, dass innerstaatliche Gesetze den Eingriff in Art. 2 Abs. 1 GG nicht rechtfertigen können.[1057] Eine Ausnahme besteht nur für tragende Grundsätze der Verfassung,[1058] die aber bei der Einführung von § 50d Abs. 10 EStG a. F. nicht vorlagen.[1059]

Ein weiterer tragender Grund kann sich durch die Sicherstellung der Belastungsgleichheit ergeben.[1060] Bei diesem Argument wird allerdings missachtet, dass ohne die Regelung des § 50d Abs. 10 EStG im Outbound-Fall keine Ungleichbehandlung inländischer und ausländischer Gesellschafter vorliegt.[1061] Etwas anderes ergibt sich auch nicht, wenn die Steuerbelastung im Ausland geringer ausfällt, da dies keine verfassungswidrige Ungleichbehandlung darstellt. Als Begründung kann angeführt werden, dass auf Seiten der Verfassung keine Pflicht zur Beseitigung einer Ungleichbehandlung besteht, sofern sich diese aus dem Zusammentreffen mehrerer Rechtsordnungen ergibt.[1062] Weiterhin ist fraglich, inwiefern § 50d Abs. 10 EStG n. F. eine Abweichung von einem DBA rechtfertigen kann, da die Regelung in einigen Fällen leer läuft.[1063] Die Erfüllung des angestrebten Zwecks ist allerdings die Voraussetzung, um einen Grundrechtseingriff zu rechtfertigen.[1064]

Gemäß der hier vertretenen Auffassung verstößt der § 50d Abs. 10 EStG i. d. F. des AmtshilfeRLUmsG gegen das in Art. 2 Abs. 1 GG enthaltene Grundrecht der allgemeinen Handlungsfreiheit und ist somit nicht zulässig.[1065]

1056 BVerfG, v. 4.5.2011, 2 BvR 2365/09, 2 BvR 740/10, 2 BvR 2333/08, 2 BvR 1152/10, 2 BvR 571/10, BVerfGE 128, S. 326, 2.a, Rz. 88.

1057 Vgl. Frotscher, IStR 2009, S. 599 f.; Frotscher, in: Piltz/Günkel/Niemann, StBJB 2009/2010, S. 176 f.

1058 Vgl. BVerfG, v. 14.10.2004, 2 BvR 1481/04, BVerfGE 111, S. 307, Rz 35.

1059 Die Einführung diente lediglich der Sicherstellung von Steuersubstrat und verfolgte somit finanzpolitische Ziele, die nicht als tragende Grundsätze angesehen werden können. Vgl. Jansen/Weidmann, IStR 2010, S. 603 f.; Franz/Voulon, BB 2011b, S. 1118; Franz/Voulon, BB 2011a, S. 168.

1060 Vgl. BT-Drs. 16/11108, S. 25.

1061 Werden die Sondervergütungen den speziellen Einkunftskategorien zugeordnet, so steht dem Ansässigkeitsstaat des Gesellschafters das Besteuerungsrecht zu. Im Outbound-Fall kann entsprechend keine Ungleichbehandlung festgestellt werden.

1062 Vgl. BVerfG, v. 8.6.2004, 2 BvL 5/00, BVerfGE 110, S. 412, Rz. 83, jedoch hat das BVerfG die Frage nach der Beseitigung der Ungleichbehandlung in einer späteren Entscheidung offen gelassen, siehe BVerfG, v. 13.6.2006, 1 BvR 1160/03, BVerfGE 116, S. 135, Rz. 29 ff.

1063 Vgl. Jansen/Weidmann, IStR 2010, S. 603 f.

1064 Vgl. Voßkuhle, JuS 2007, S. 429 f.

1065 Zutreffend vgl. Franz/Voulon, BB 2011a, S. 168; Franz/Voulon, BB 2011b, S. 1118; Jansen/Weidmann, IStR 2010, S. 604; Stemler, Sondervergütungen, 2012, S. 181.

1.3.4.3 Verstoß gegen die Gleichbehandlung nach Art. 3 Abs. 1 GG

Eine Ungleichbehandlung i. S. d. Art. 3 Abs. 1 GG liegt vor, wenn Personen eines vergleichbaren Personenkreises in Art und Weise rechtlich unterschiedlich behandelt werden.[1066] In Bezug auf § 50d Abs. 10 EStG könnte eine Ungleichbehandlung

- von Einzel- gegenüber Mitunternehmern,
- von beschränkt steuerpflichtigen Mitunternehmern gegenüber unbeschränkt steuerpflichtigen Mitunternehmern oder
- gegenüber anderen beschränkt Steuerpflichtigen vorliegen.

Ist der Auffassung des Gesetzgebers zu folgen, so führt § 50d Abs. 10 EStG zu einer Gleichbehandlung von Einzel- und Mitunternehmern,[1067] sodass kein Verstoß gegen Art. 3 Abs. 1 GG vorliegen kann. Dem ist allerdings zu widersprechen. Im Schrifttum wird zur Begründung angeführt, dass der Auffassung des Gesetzgebers eine falsche Vergleichsgruppe zugrunde liegt, eine Gleichbehandlung generell nicht durchgesetzt werden konnte und eine Doppelbesteuerung auf Ebene der Mitunternehmer nicht vollends beseitigt wurde.[1068]

Weiterhin wird eine Gleichbehandlung beschränkt und unbeschränkt steuerpflichtiger Mitunternehmer angenommen, da beide Personengruppen vergleichbar sind und die Behandlung der Sondervergütungen übereinstimmend ist.[1069] Teile der Literatur widersprechen dieser Auffassung und sehen die beschränkt steuerpflichtigen Mitunternehmer dahingehend benachteiligt, dass in ihrem Fall die Doppelbesteuerung nicht effektiv ausgeglichen wird, auch wenn gleiche Besteuerungsprinzipien vorliegen.[1070] Darüber hinaus wird die Annahme der vergleichbaren Personengruppe mit dem Argument verneint, dass die verfassungsrechtliche Bindung des Gesetzgebers bei unbeschränkt Steuerpflichtigen stärker ist und diese Vergleichbarkeit auch nicht durch die Anwendung eines DBA entstehen kann.[1071] Ebenso kann nicht von einer vergleichbaren Personengruppe von in- und ausländischen Mitunternehmern einer inländischen Personengesellschaft gesprochen werden, denn nur im Fall der Beteiligung eines ausländischen Gesellschafters erfolgt

1066 Vgl. BVerfG, v. 13.3.2000, 2 BvR 860/95, BVerfGE 102, S. 41.

1067 Vgl. BT-Drs. 16/11108, S. 23 zu § 50d Abs. 10 EStG i. d. F. des JStG 2009.

1068 Vgl. Frotscher, IStR 2009, S. 599; Frotscher, in: Piltz/Günkel/Niemann, StBJB 2009/2010, S. 174 f. Eine Ungleichbehandlung rühre bereits daraus, dass § 50d Abs. 10 EStG die Anwendung von Art. 7 Abs. 4 OECD-MA für Mitunternehmer ausschließt, diese aber für Einzelunternehmer weiterhin gilt.

1069 Vgl. FG Düsseldorf, v. 7.12.2010, 13 K 1214/06 E, EFG 2011, S. 878, Rz. 36; a. A. Frotscher, in: Piltz/Günkel/Niemann, StBJB 2009/2010, S. 175.

1070 Vgl. Frotscher, IStR 2009, S. 598 f.; Frotscher, in: Piltz/Günkel/Niemann, StBJB 2009/2010, S. 175.

1071 Die Existenz eines DBA kann nicht darüber hinwegtäuschen, dass nationale Gesetze keine Verpflichtung zur Beseitigung der Doppelbesteuerung als Systementscheidung enthalten. Vgl. Jansen/Weidmann, IStR 2010, S. 604 f.

die Anwendung eines DBA, ansonsten wird auf innerstaatliches Recht abgestellt. Dementsprechend kommt eine Ungleichbehandlung nicht in Betracht.[1072]

Teile der Literatur sehen auch andere beschränkt steuerpflichtige Personen als vergleichbaren Personenkreis an. Eine Ungleichbehandlung ist hier gegeben, wenn doppelt besteuerte Sondervergütungen mit anderen (negativen) Einkünften von beschränkt Steuerpflichtigen ausgeglichen werden können, wohingegen dies bei beschränkt steuerpflichtigen Mitunternehmern nicht möglich ist.[1073] Dem widerspricht das FG Düsseldorf, indem es die Ungleichbehandlung beschränkt Steuerpflichtiger mit beschränkt steuerpflichtigen Mitunternehmern einer inländischen Personengesellschaft für nicht relevant hält.[1074] Dem ist dahingehend zuzustimmen, dass im innerstaatlichen Steuerrecht eine Gleichbehandlung aller beschränkt steuerpflichtiger Personen nicht immer gewährleistet werden kann.[1075]

Ist dennoch von einer Ungleichbehandlung auszugehen, so vertreten Teile des Schrifttums die Ansicht, dass ein rechtsstaats- und völkerrechtswidriges Gesetz wie § 50d Abs. 10 EStG die Ungleichbehandlung nicht legitimieren kann.[1076] Dem entgegen wird vorgebracht, dass eine Ungleichbehandlung sehr wohl durch die Einhaltung des Willkürverbots gerechtfertigt werden kann.[1077] Der Prüfungsmaßstab orientiert sich im Fall von § 50d Abs. 10 EStG an dem Entscheidungsspielraum des Gesetzgebers, der begrenzt wird durch das Leistungsfähigkeitsprinzip und dem Gebot der Folgerichtigkeit.[1078] Entsprechend dem Einschätzungsspielraum ist nicht von einer ungerechtfertigten Ungleichbehandlung durch § 50d Abs. 10 EStG auszugehen, da weder die Grenzen der Leistungsfähigkeit überschritten werden, noch ein Verstoß gegen das Gebot der Folgerichtigkeit vorliegt.[1079]

1072 Ebenso Jansen/Weidmann, IStR 2010, S. 605.

1073 Vgl. Frotscher, in: Piltz/Günkel/Niemann, StBJB 2009/2010, S. 174 f.; Frotscher, IStR 2009, S. 598 f.

1074 Vgl. FG Düsseldorf, v. 7.12.2010, 13 K 1214/06 E, EFG 2011, S. 878, Rz. 36.

1075 Vgl. Jakob, ESt, 2008, S. 1209; Stemler, Sondervergütungen, 2012, S. 184.

1076 Vgl. Frotscher, in: Piltz/Günkel/Niemann, StBJB 2009/2010, S. 174 f.; a. A. FG Düsseldorf, v. 7.12.2010, 13 K 1214/06 E, EFG 2011, S. 878, Rz. 36.

1077 Vgl. FG Düsseldorf, v. 7.12.2010, 13 K 1214/06 E, EFG 2011, S. 878, Rz. 36.

1078 Dies ist darauf zurückzuführen, dass es sich bei § 50d Abs. 10 EStG um eine steuerrechtliche Regelung handelt. Andernfalls hätte eine strengere Verhältnismäßigkeitsprüfung stattfinden müssen. Vgl. BVerfG, v. 7.11.2006, 1 BvL 10/02, BVerfGE 117, S. 1, Rz. 94 ff.; FG Düsseldorf, v. 7.12.2010, 13 K 1214/06 E, EFG 2011, S. 878, Rz. 36.

1079 Vgl. FG Düsseldorf, v. 7.12.2010, 13 K 1214/06 E, EFG 2011, S. 878, Rz. 36. Ein Verstoß gegen das Gebot der Folgerichtigkeit liegt nur dann vor, wenn der Gesetzgeber ohne sachlichen Grund von seiner Belastungsentscheidung abweicht. Vgl. BVerfG, v. 7.11.2006, 1 BvL 10/02, BVerfGE 117, S. 1, Rz. 94 ff.

1.4 Verfassungswidrigkeit des treaty overrides

Eine Einstufung der Regelung des § 50d Abs. 10 EStG i. d. F. des AmtshilfeRLUmsG als *treaty override* ist aufgrund der abkommensüberschreibenden Rechtsfolge gegeben. Weiterhin ist der *treaty override* nach hier vertretener Ansicht aufgrund seiner Formulierung in § 50d Abs. 10 S. 1 und S. 3 EStG n. F. („für Zwecke der Anwendung des Abkommens" sowie „ausschließlich") genügend kenntlich gemacht und lässt die Absichten des Gesetzgebers erkennen, hierdurch eine abkommensverdrängende Norm einzuführen. Entsprechend den Ausführungen verstößt die Regelung in der Neufassung gegen das in Art. 2 Abs. 1 GG enthaltende Grundrecht der allgemeinen Handlungsfreiheit. Folgerichtig ist § 50d Abs. 10 EStG i. d. F. des AmtshilfeRLUmsG aufgrund des enthaltenen *treaty override* unzulässig. Von Teilen des Schrifttums wird weiterhin ein Verstoß der Vorschrift gegen Art. 3 und Art. 14 GG angenommen. Grundsätzlicher Beachtung sollte hier die Grundrechtsberechtigung der verschiedenen Akteure eines grenzüberschreitenden Sachverhalts finden. Inländische Personengesellschaften sowie ausländische natürliche Personen sind in der Regel grundrechtsberechtigt. Handelt es sich bei der ausländischen Gesellschaft um eine juristische Person, die in der EU ansässig ist, darf der Schutz der Grundrechte unabhängig von Art. 19 Abs. 3 GG nicht negiert werden. Lediglich für ausländische juristische Personen, die in einem Drittstaat ansässig sind, wird der Grundrechtsschutz durch Art. 19 Abs. 3 GG versagt, es sei denn, Diskriminierungsverbote internationaler Verträge oder der Europäischen Menschenrechtskonvention ergeben anderes.[1080]

Ebenfalls geht der BFH laut seiner Vorlage an das BVerfG von einer gegen das Völkerrecht und die Völkerrechtsfreundlichkeit verstoßenden Regelung des § 50d Abs. 10 EStG n. F. aus (Verstoß gegen Art. 2 Abs. 1 i. V. m. Art. 20 Abs. 3 und Art. 25 GG). Im Folgenden soll des Weiteren die rückwirkende Geltung der Norm auf ihre Rechtskonformität untersucht werden.

2. Rückwirkende Geltung des § 50d Abs. 10 EStG

2.1 § 50d Abs. 10 EStG und Rückwirkung

Neben der verfassungsrechtlichen Überprüfung des möglicherweise enthaltenen rechtswidrigen *treaty overrides* in § 50d Abs. 10 EStG n. F. wurde im Beschluss des BFH vom 11.12.2013[1081] ebenfalls die Frage aufgeworfen, ob die zeitlich rückwirkende Anwendung dieser Regelung durch § 52 Abs. 59a S. 10 bzw. S. 11 EStG[1082] verfassungswidrig ist. § 52 Abs. 59a S. 10 EStG verfügt dabei, dass § 50d Abs. 10 EStG

1080 Vgl. Frotscher, in Frotscher/Geurts, EStG, 2014, § 50d EStG, Rn. 246–257.

1081 BFH, v. 11.12.2013, I R 4/13, BFH/NV 2014, S. 614, anhängig beim BVerfG, Az. 2 BvL 15/14.

1082 § 52 Abs. 59a S. 8 EStG 2002 i. d. F. des JStG 2009, nunmehr § 52 Abs. 59a S. 11 EStG 2009 i. d. F. des AmtshilfeRLUmsG.

i. d. F. des AmtshilfeRLUmsG von 2013 auf alle Fälle anzuwenden ist, in denen die Einkommen- und Körperschaftsteuer noch nicht (materiell) bestandskräftig festgesetzt worden ist.[1083] Im Hinblick auf das Rechtsstaatsprinzip des Art. 20 Abs. 3 GG ist eine rückwirkende Anwendung einer steuerlichen Norm verfassungsrechtlich bedenklich.[1084] Aus diesem Grund soll im Folgenden die Prüfung erfolgen, ob die Rückwirkung verfassungsrechtlich zulässig ist.

2.2 Art der Rückwirkung

Eine zeitlich rückwirkende Anwendung einer Rechtsnorm kann in Form einer echten oder unechten Rückwirkung vorliegen.[1085] Je nach Ausgestaltung der Norm ergeben sich unterschiedliche Prüfkriterien an die Zulässigkeit einer solchen Rechtsnorm.[1086] Dabei liegt eine echte Rückwirkung vor, wenn sich die Änderung der Steuerschuld auf bereits beendete Veranlagungszeiträume bezieht, wohingegen sich eine unechte Rückwirkung auf laufende Veranlagungszeiträume auswirkt.[1087] Nach h. M.[1088] handelt es sich bei § 50d Abs. 10 EStG i. d. F. des JStG 2009, § 52 Abs. 59a S. 11 EStG für Veranlagungszeiträume bis 2007 um eine echte Rückwirkung, für den Veranlagungszeitraum 2008 um eine unechte Rückwirkung.[1089] Gleiches gilt entsprechend für die Neufassung des § 50d Abs. 10 EStG i. d. F. des AmtshilfeRLUmsG, dessen echte Rückwirkung sich auf Veranlagungszeiträume bis 2012 und dessen unechte Rückwirkung sich auf den Veranlagungszeitraum 2013 bezieht.

1083 Gleiches gilt durch § 52 Abs. 59a S. 11 EStG für die Anwendung von § 50d Abs. 10 EStG i. d. F. des JStG 2009.

1084 Vgl. Fehrenbacher, Steuerrecht, 2008, § 1, Rz. 6.

1085 Zwar schlägt Kirchhof vor, die Unterscheidungen zwischen „echter/unechter Rückwirkung, Rückbewirkung von Rechtsfolgen/tatbestandliche Rückanknüpfung und Rechtsvertrauen/Dispositionsvertrauen" aufzugeben, da das schutzwürdige Vertrauen sich nicht auf eine gesetzesbewusste Disposition, sondern auf den Inhalt eines Gesetzes stützt. Dennoch hält das BVerfG (noch) an seiner terminologischen Unterscheidung fest. Siehe Kirchhof, DStR 2015, S. 718 f.

1086 Vgl. BVerfG, v. 7.7.2010, 2 BvL 14/02, 2 BvL 2/04, 2 BvL 13/05, BVerfGE 127, S. 1, Rz. 56 ff.

1087 Vgl. BVerfG, v. 7.7.2010, 2 BvL 14/02, 2 BvL 2/04, 2 BvL 13/05, BVerfGE 127, S. 1, Rz. 56 ff.; v. 10.10.2012, 1 BvL 6/07, BVerfGE 132, S. 302, Tz. 58 ff.

1088 Vgl. FG München, v. 30.7.2009, 1 K 1816/09, EFG 2009, S. 1954; FG Düsseldorf, v. 7.12.2010, 13 K 1214/06 E, EFG 2011, S. 878; BFH, v. 8.9.2010, I R 74/09, BFH/NV 2011, S. 138; v. 19.7.2012, I R 5/10, BFH/NV 2012, S. 1942, wobei die Art der Rückwirkung offen gelassen wird. Vgl. Lieber, in: Herrmann/Heuer/Raupach, EStG/KStG, 2015, § 50d EStG Rn. J 08–3; Franz/Voulon, BB 2011a, S. 167; Franz/Voulon, BB 2011b, S. 1118; Gebhardt/Quilitzsch, BB 2011, S. 672 f.; Goebel/Eilinghoff/Schmidt, DStZ 2011, S. 77; Hils, DStR 2009, S. 891 f.; Schmidt, DStR 2010, S. 2438.

1089 Vgl. Hahn-Joecks, in: Kirchhof/Söhn/Mellinghoff, EStG, 2015, § 50d EStG Rn. L 2, K 5; Salzmann, IWB 2010, S. 904 f.

2.3 Zulässigkeit der Rückwirkung des § 50d Abs. 10 EStG i. d. F. 2009

2.3.1 Echte Rückwirkung (Veranlagungszeiträume bis einschließlich 2007)

Im Folgenden soll geprüft werden, ob eine zeitlich rückwirkende Anwendung des § 50d Abs. 10 EStG a. F. verfassungsrechtlich zulässig ist. Grundsätzlich kann eine echte Rückwirkung dabei nur zulässig sein, wenn der Steuerpflichtige auf eine bestimmte Rechtslage nicht mehr vertrauen kann.[1090] Dabei legt das BVerfG mit seinem Urteil vom 17.12.2013[1091] eine Neuausrichtung der verfassungsrechtlichen Bewertung von Gesetzen hinsichtlich ihrer echten Rückwirkung vor. Die Senatsmehrheit[1092] stellt in der Entscheidung den Ausnahmecharakter klar, unter denen Gesetze mit echter Rückwirkung zulässig sind. Bisher galten hingegen (meist) alle Gesetze als zulässig, wenn ihre Auslegung durch die Rechtsprechung und die Finanzverwaltung nicht eindeutig war.[1093] Zudem stellt der Erste Senat in Bezug auf Nichtanwendungsgesetze heraus, dass eine Klarstellung den im Rechtsstaatsprinzip und in den Grundrechten verankerten Vertrauensschutz einer Rechtslage nicht entgegenstehen darf. Mithin wirkt eine gesetzliche Regelung – auch wenn der Gesetzgeber von einer klarstellenden Wirkung ausgeht – konstitutiv, wenn eine unklare bzw. offene Anwendungsfrage für die Vergangenheit geregelt wird.[1094]

Insofern wird für die Begründung der echten Rückwirkung des § 50d Abs. 10 EStG a. F. für die Veranlagungszeiträume bis 2007 angeführt, dass diese eine unklare Rechtslage auflöst.[1095] Dem entgegen gehen Teile des Schrifttums davon aus, dass die Rückwirkung gerade nicht gerechtfertigt werden kann; denn es habe ein schutzwürdiges Vertrauen seitens des Steuerpflichtigen auf die vorherrschende Auffassung der BFH-Rechtsprechung zur Behandlung von Sondervergütungen bestehen können.[1096]

1090 Vgl. BVerfG, v. 19.12.1961, 2 BvL 6/59, BVerfGE 13, S. 261, Rz. 53 ff. In allen anderen Fällen ist eine echte Rückwirkung grundsätzlich verfassungsrechtlich unzulässig. Vgl. BVerfG, v. 7.7.2010, 2 BvL 14/02, 2 BvL 2/04, 2 BvL 13/05, BVerfGE 127, S. 1, Rz. 56 ff.

1091 Vgl. BVerfG, 17.12.2013, 1 BvL 5/08, BFH/NV 2014, S. 653.

1092 Besonderheit dieses Urteils ist die direkte Klarstellung der abweichenden Meinung des Richters Masing, die mit dem Urteil veröffentlicht wurde. Vgl. BVerfG, 17.12.2013, 1 BvL 5/08, BFH/NV 2014, S. 653, Rz. 85 ff.

1093 Eine Aufzählung der vier nach BVerfG möglichen Fallgruppen von Gesetzen mit echter Rückwirkung vgl. Schönfeld/Bergmann, DStR 2014, S. 258 f.

1094 Vgl. BVerfG, v. 17.12.2013, 1 BvL 5/08, BFH/NV 2014, S. 653, Tz. 82 ff.

1095 Vgl. FG München, v. 30.7.2009, 1 K 1816/09, EFG 2009, S. 1954; FG Düsseldorf, v. 7.12.2010, 13 K 1214/06 E, EFG 2011, S. 878; Frotscher, IStR 2009, S. 867; Gebhardt/Quilitzsch, BB 2011, S. 673.

1096 Vgl. Franz/Voulon, BB 2011b, S. 1118; Günkel/Lieber, Ubg 2009, S. 303; Goebel/Eilinghoff/Schmidt, DStZ 2011, S. 79; Hils, DStR 2009, S. 891 f.; Schmidt, DStR 2010, S. 2438. In dem Sinne wäre die BFH-Rechtsprechung ebenfalls von der Finanzverwaltung „akzeptiert“ worden, siehe Goebel/Liedtke/Schmidt, IWB 2010, S. 9; ebenfalls Hahn, IStR 2011, S. 444 f.

Entsprechend hätte von einer vergleichbaren Rechtslage für In-und Outbound-Fälle ausgegangen werden können, sodass die Auffassung der Finanzverwaltung lediglich eine ungesicherte Verwaltungsmeinung darstellt.[1097] Dieser Ansicht kann nach hier vertretener Auffassung gefolgt werden, zumal der Meinungsstreit zwischen BFH und Finanzverwaltung bereits seit über zwei Jahrzehnten besteht. Mit Entscheidung vom 27.2.1991[1098] äußerte der BFH erstmals seine Sichtweise zur Behandlung von Sondervergütungen und verfestigte diese in weiteren Urteilen.[1099] Aus diesem Grund ist davon auszugehen, dass eine gefestigte Rechtslage bestand, auf die ein Steuerpflichtiger vertrauen konnte.[1100] Abweichende Ansichten im Schrifttum oder anderslautende Entscheidungen von Finanzgerichten sollten diesbezüglich keine Rolle spielen; denn die Letztentscheidungskompetenz obliegt den obersten Gerichten bei der Gesetzesauslegung.[1101]

Weiterhin könnte sich eine Begründung der echten Rückwirkung durch die Sicherstellung der verfassungsrechtlich gebotenen, rechtlichen und tatsächlichen steuerlichen Belastungsgleichheit ergeben.[1102] Eine echte Rückwirkung ist aber nur zulässig, wenn eine nichtige Gesetzesnorm durch eine nicht zu beanstandende Regelung rückwirkend ersetzt wird und wenn eine Ungleichbehandlung in diesem Fall hinsichtlich der steuerlichen Behandlung von in- und ausländischen Gesellschaftern besteht.[1103] In Bezug auf das erste Erfordernis kann gesagt werden, dass keine nichtige Rechtsnorm vorlag, durch die § 50d Abs. 10 EStG a. F. ersetzt wurde. Lediglich die Bestimmungen der DBA kommen in Betracht, welche jedoch nicht nichtig sind. Darüber hinaus wurde bereits festgestellt, dass keine steuerliche Ungleichbehandlung in- und ausländischer Gesellschafter vorliegt, sodass keine Rechtfertigung der echten Rückwirkung hierdurch erfolgen kann. Von einer Zulässigkeit aufgrund von

---

1097 Vgl. Franz/Voulon, BB 2011b, S. 1118; Goebel/Liedtke/Schmidt, IWB 2010, S. 10; Salzmann, IWB 2010, S. 904; Hils, DStR 2009, S. 892.

1098 BFH, v. 27.2.1991, I R 15/89, BStBl. II 1991, S. 444.

1099 Vgl. u. a. BFH, v. 31.5.1995, I R 74/93, BStBl. II 1995, S. 683; v. 21.7.1999, I R 71/98, BStBl. II 2000, S. 336.

1100 Vgl. Hils DStR 2009, S. 892. Auch die Niederlegung der Ansichten der Finanzverwaltung in den Betriebsstättengrundsätzen vom 24.12.1999 oder dem BMF-Schreiben vom 16.4.2010 änderten nichts an der gefestigten BFH-Rechtsprechung, vgl. BFH, v. 9.8.2006, II R 59/05, BStBl. II 2009, S. 758; v. 20.12.2006, I B 47/05, BStBl. II 2009, S. 766; v. 17.10.2007, I R 5/06, BStBl. II 2009, S. 356; v. 8.9.2010, I R 74/09, BFH/NV 2011, S. 138; v. 8.11.2010, I R 106/09, BFHE 231, S. 206.

1101 Vgl. Franz/Voulon, BB 2011b, S. 1119, Hahn, IStR 2011, S. 444; BFH, v. 7.12.2010, IX R 70/07, BStBl. II 2011, S. 346, Rz. 7. Anderslautende FG-Urteile vgl. FG München, v. 11.9.2001, 13 V 1705/01, JurionRS 2001, 14192, Rz. 17; FG Baden-Württemberg, v. 22.11.2005, 8 K 400/97, EFG 2006, S. 677, Rz. 81.

1102 Für diese Begründung spricht sich der Gesetzgeber aus, vgl. BT-Drs. 16/11108, S. 25.

1103 Vgl. BVerfG, v. 19.12.1961, 2 BvL 6/59, BVerfGE 13, S. 261, Rz. 44 ff.

zwingenden Gründen des Allgemeinwohls, die der Rechtssicherheit übergeordnet sind,[1104] ist in diesem Fall aufgrund identischer Begründung nicht abzustellen.

Unter Berücksichtigung der neueren BVerfG-Rechtsprechung vom 17.12.2013 kann im Ergebnis festgehalten werden, dass keine „Klarstellung" einer offenen Rechtslage erfolgte und die echte Rückwirkung mithin verfassungswidrig ist.[1105]

2.3.2 Unechte Rückwirkung (Veranlagungszeitraum 2008)

Die bisherige Rechtsprechung des BVerfG, nach der eine unechte Rückwirkung grundsätzlich zulässig und lediglich in gewissen Fällen unzulässig sei,[1106] wurde durch neuere Urteile dahingehend verschärft, dass auch die unechte Rückwirkung zur Sicherstellung des schutzwürdigen Vertrauens den Gesetzeszweck fördern und hierfür erforderlich sein muss.[1107] Hieraus lässt sich schließen, dass die Voraussetzungen der unechten an die der echten Rückwirkung angepasst wurden.[1108] Insofern soll im Folgenden geprüft werden, ob die unechte Rückwirkung des § 50d Abs. 10 EStG a. F. für den Veranlagungszeitraum 2008 der verfassungsrechtlichen Zulässigkeitsprüfung standhält.

Nach Rechtsprechung des BVerfG wird ein schutzwürdiges Vertrauen einer bestehenden Rechtslage in Frage gestellt oder entfällt vollkommen, wenn eine dem widersprechende Neuregelung in den Bundestag eingebracht und über das Gesetz beschlossen wird, spätestens jedoch mit der Verkündung im Bundesgesetzblatt.[1109] Entsprechend ausgeschlossen ist ein schutzwürdiges Vertrauen für

---

1104 Als Rechtfertigungsgrund durch BVerfG anerkannt, siehe BVerfG, v. 19.12.1961, 2 BvL 6/59, BVerfGE 13, S. 261, Rz. 55.

1105 Zustimmend Birkenfeld/Dötsch/Fuest/Hey/Kanzler/Kempermann/Ortmann-Babel/Spengel/Wassermeyer, DB 2015, S. 518 f. unter Berücksichtigung von BVerfG, v. 17.12.2013, 1 BvL 5/08, BFH/NV 2014, S. 653.

1106 Vgl. BVerfG, v. 14.5.1986, 2 BvL 2/83, BVerfGE 72, S. 200.

1107 „[...] bei einer Gesamtabwägung zwischen dem Gewicht des enttäuschten Vertrauens und dem Gewicht und der Dringlichkeit der die Rechtsänderung rechtfertigenden Gründe [müsse] die Grenze der Zumutbarkeit gewahrt bleiben", BVerfG, v. 7.7.2010, 2 BvL 14/02, 2 BvL 2/04, 2 BvL 13/05, BVerfGE 127, S. 1, Leitsatz; BVerfG, v. 10.10.2012, 1 BvL 6/07, BVerfGE 132, S. 302.

1108 Vgl. BVerfG, 10.10.2012, 1 BvL 6/07, BVerfGE 132, S. 302, Tz. 62; Förster, DB 2011, S. 260; Gelsheimer/Meyen, DStR 2011, S. 197; Musil/Lammers, BB 2011, S. 156; Werth, DStZ 2010, S. 713. Es verbleibt jedoch bei einem unterschiedlichen Zeitpunkt für die Beendigung des Vertrauensschutzes. Im Falle einer echten Rückwirkung besteht ein schutzwürdiges Vertrauen bis zum endgültigen Gesetzesbeschluss des Bundestags. Befindet sich die (zu festigende) Rechtslage noch in der Entwicklung, so wird der Vertrauensschutz hierauf bereits durch die Einbringung des Gesetzesentwurfs in den Bundestag zerstört. Vgl. Kirchhof, DStR 2015, S. 720 m. w. N.

1109 Vgl. BVerfG, v. 3.12.1997, 2 BvR 882/97, BVerfGE 97, S. 67, Rz. 20; v. 7.7.2010, 2 BvL 14/02, 2 BvL 2/04, 2 BvL 13/05, BVerfGE 127, S. 1, Rz. 38 ff.; v. 10.10.2012, 1 BvL 6/07, BVerfGE 132, S. 302, Tz. 72.b).

Sondervergütungen, die nach der Verkündung des § 50d Abs. 10 EStG a. F. am 24.12.2008 gezahlt wurden.[1110]

Fraglich ist allerdings, ob ein schutzwürdiges Vertrauen des Steuerpflichtigen für gezahlte Sondervergütungen zwischen dem endgültigen Gesetzesbeschluss durch den Bundesrat[1111] und der Verkündung im Bundesgesetzblatt[1112] bestand, da in den meisten Fällen ein Vertragsabschluss über die Zahlung der Sondervergütungen vorab getroffen wurde.[1113] Grundsätzlich ist ein Vertrauensschutz nur bis zum endgültigen Gesetzesbeschluss anzunehmen,[1114] es sei denn, die der Zahlung zugrundeliegenden Vereinbarungen wurden vor Einbringung der Gesetzesinitiative, aber maximal zwei Veranlagungszeiträume vor Zahlung, geschlossen.[1115] Folglich besteht für die Behandlung von Sondervergütungen, die auf vor 2007 geschlossenen Verträgen beruhen, kein Vertrauensschutz.

Weiterhin besteht ein geringerer Vertrauensschutz nach Ansicht des BVerfG für Verträge, die erst geschlossen wurden, nach dem eine Neuregelung als Gesetzesentwurf bekannt geworden ist.[1116] Hieraus ergibt sich eine geringere Schutzwürdigkeit der Steuerpflichtigen für nach dem Beschluss des Bundesrates am 19.9.2008[1117] geschlossene Verträge. Allerdings ist fraglich, ob die BVerfG-Grundsätze, die zu Arbeitnehmerentschädigungen ergangen sind, auf das Unternehmenssteuerrecht angewendet werden können.[1118] Dem erteilte das BVerfG eine Absage und zwar mit der Begründung, dass sich Arbeitnehmer bei Entschädigungszahlungen in einer besonders schutzwürdigen Situation befinden, die nicht auf andere Fallkonstellationen übertragen werden können.[1119] Werden diese Grundsätze angewendet, besteht kein Vertrauensschutz bei den (den Zahlungen von Sondervergütungen) zugrundeliegenden Verträgen, die vor dem Jahr 2007 bzw. nach dem 19.9.2008

1110 Zutreffend Salzmann, IWB 2010, S. 904.

1111 Am 19.12.2008, vgl. Plenarprotokoll 853, S. 459.

1112 Am 24.12.2008, vgl. JStG 2009 vom 19.12.2008, BGBl. I 2008, S. 2794.

1113 Vgl. Salzmann, IWB 2010, S. 904, der für einen Vertrauensschutz für bereits abgeschlossene Verträge plädiert.

1114 Vgl. BVerfG, v. 7.7.2010, 2 BvL 14/02, 2 BvL 2/04, 2 BvL 13/05, BVerfGE 127, S. 1, Rz. 38 ff.

1115 Vgl. in Bezug auf Arbeitnehmerentschädigungen, BVerfG, v. 7.7.2010, 2 BvL1/03, 2 BvL 57/06, 2 BvL 58/06, BVerfGE 127, S. 31, Rz. 56 ff.

1116 Vgl. BVerfG, v. 7.7.2010, 2 BvL1/03, 2 BvL 57/06, 2 BvL 58/06, BVerfGE 127, S. 31, Rz. 56 ff.; v. 10.10.2012, 1 BvL 6/07, BVerfGE 132, S. 302, Tz. 76 ff.

1117 Prüfbitte des Bundesrates zur Überdenkung einer Neuregelung des § 50d Abs. 10 EStG aufgrund der ergangenen BFH-Rechtsprechung, vgl. BR-Drs. 545/08.

1118 Vgl. Desens, StuW 2011, S. 118.

1119 Vgl. BVerfG, v. 10.10.2012, 1 BvL 6/07, BVerfGE 132, S. 302, Tz. 83. Zudem handelt es sich bei der Zahlung von Sondervergütungen i. d. R. nicht um schutzbedürftige Unternehmer, da keine derart starke Disposition wie für Arbeitnehmerentschädigungszahlungen besteht. Zutreffend, Stemler, Sondervergütungen, 2012, S. 193 f.

geschlossen wurden, sodass die unechte Rückwirkung in diesen Fällen zulässig erscheint.[1120]

Allerdings ist fraglich, wie der Zahlungszeitpunkt noch schutzwürdiger Interessen eines Steuerpflichtigen ermittelt werden kann, wenn auf ein Unternehmen nicht das Zuflussprinzip des § 11 Abs. 1 S. 5 EStG anzuwenden ist. Nach teilweiser im Schrifttum vertretenen Ansicht ist dann auf den Zeitpunkt abzustellen, zu dem die Verwirklichung des entsprechenden Geschäftsvorfalls erfolgt.[1121] Dem widerspricht jedoch, dass der relevante Zeitraum eines bilanzierenden Steuerpflichtigen regelmäßig dem Wirtschaftsjahr entspricht und folglich eine mögliche Entsprechung mit dem nicht anzuwendenden Zuflussprinzip bestehen würde.[1122] Gemäß der Ansicht des BVerfG ist dennoch auch in den Fällen, in denen das Zuflussprinzip nicht anzuwenden ist, auf den Zufluss einer Zahlung abzustellen, um eine einheitliche Handhabung bzgl. des Zeitpunkts des Bestehens des schutzwürdigen Vertrauens festzustellen.[1123] Ist allerdings in den Fällen der Behandlung von Sondervergütungen von einem Fehlen der Schutzwürdigkeit auszugehen, so ist es auch unbeachtlich, inwiefern die Verwirklichung eines Geschäftsvorfalls den Erforderlichkeiten des BVerfG entspricht.

Hieraus ergibt sich, dass in den Fällen, in denen Sondervergütungen bis zum Beschluss des Bundesrates am 19.12.2008 gezahlt worden sind, bzw. die zwischen dem 19. und 24.12.2008 gezahlt wurden und deren Zahlung einem Vertragsabschluss zwischen 1.1.2007 und 19.9.2008 zugrunde liegt, eine Abwägung zwischen „dem Gewicht des enttäuschten Vertrauens und dem Gewicht der Dringlichkeit der die Rechtsänderung rechtfertigenden Gründe die Grenze der Zumutbarkeit gewahrt bleiben“[1124] zu erfolgen hat. Zur Rechtfertigung der Rückwirkung des § 50d Abs. 10 EStG. i. d. F. des JStG 2009 bringt der Gesetzgeber vor, die steuerliche Ungleichbehandlung der Gesellschafter beseitigen zu wollen.[1125] Diese Ungleichbehandlung existiert, wie bereits zutreffend festgestellt, allerdings nicht, sodass hierdurch weder eine echte noch eine unechte Rückwirkung gerechtfertigt werden kann. Ebenfalls kann als Rechtfertigungsgrund nicht die unklare Rechtslage vorgebracht werden; denn diese bestand bis zur Neuregelung am 24.12.2008 nicht. Darüber hinaus kann auch die Vermeidung von Missbräuchen als Rechtfertigungsgrund einer Rückwirkung nur vorgebracht werden, wenn eine explizite Dringlichkeit existiert.[1126]

1120 A. A. Salzmann, IWB 2010, S. 904, der von einem Vertrauensschutz für alle Verträge, die bis zum 24.12.2008 geschlossen werden, ausgeht.

1121 Vgl. Desens, StuW 2011, S. 121.

1122 Vgl. Lang, in: Tipke/Lang, Steuerrecht, 2013, § 4, Rz. 179.

1123 In diesen Fällen stellt der Zufluss der Zahlung einen „gesteigerten Grad an Abgeschlossenheit“ dar, der entsprechend erforderlich sei, BVerfG, v. 10.10.2012, 1 BvL 6/07, BVerfGE 132, S. 302, Tz. 87.a) f.

1124 Vgl. BVerfG, v. 10.10.2012, 1 BvL 6/07, BVerfGE 132, S. 302, Tz. 63.

1125 Vgl. BT-Drs. 16/11108, S. 25.

1126 Vgl. BVerfG, v. 7.7.2010, 2 BvR 748/05, 2 BvR 753/05, 2 BvR 1738/05, BVerfGE 127, S. 61, Rz. 5, 29 ff; v. 7.7.2010, 2 BvL1/03, 2 BvL 57/06, 2 BvL 58/06, BVerfGE 127, S. 31, Rz. 92.

Kann auf eine ständige Rechtsprechung zurückgegriffen werden, die dem streitigen Regelungsgegenstand zugrunde liegt, so ist nicht von einer Dringlichkeit auszugehen.[1127] In Bezug auf den § 50d Abs. 10 EStG a. F. ist zutreffender Weise zu schließen, dass es an dieser Dringlichkeit fehlt, da die Rechtsprechung bereits seit dem BFH-Urteil vom 27.2.1991[1128] bestand.

Weitere Rechtfertigungsgründe können nicht zu einer Zulässigkeit der unechten Rückwirkung führen. So scheidet als Grund die Gewährleistung von Steuergerechtigkeit aus, da diese nur das allgemeine Änderungsinteresse betrifft und keine Rückwirkung rechtfertigt.[1129] Weiterhin kann die Deckung des Finanzbedarfs bzw. die Erhöhung des Steueraufkommens durch den § 50d Abs. 10 EStG ein rückwirkend gültiges Gesetz nicht rechtfertigen.[1130] Da kein Rechtfertigungsgrund vorliegt, der eine unechte Rückwirkung erlaubt, ist eine weitere Interessensabwägung nicht von Nöten.[1131] Auf Sondervergütungen, deren Zahlung bis zum Beschluss des Bundesrates am 19.12.2008 erfolgt ist, kann somit § 50d Abs. 10 EStG i. d. F. 2009 nicht angewendet werden, da die Rückwirkung unzulässig ist. Zulässig ist die Rückwirkung lediglich für Sondervergütungen, deren Zahlung zwischen dem 19. und dem 24.12.2008 erfolgt ist unter der Voraussetzung, dass der der Zahlung zugrunde liegende Vertrag vor 2007 bzw. nach dem 19.9.2008 abgeschlossen wurde.

2.4 Zulässigkeit der Rückwirkung des § 50d Abs. 10 EStG i. d. F. des AmtshilfeRLUmsG

2.4.1 Echte Rückwirkung (Veranlagungszeiträume bis einschließlich 2012)

Wie § 52 Abs. 59a S. 11 EStG für den § 50d Abs. 10 EStG i. d. F. des JStG 2009, so soll die Regelung des § 52 Abs. 59a S. 10 EStG die rückwirkende Geltung der Neufassung des § 50d Abs. 10 EStG gesetzlich festlegen. Erfasst werden auch hier alle Fälle der noch nicht bestandskräftig festgesetzten Einkommen- und Körperschaftsteuerveranlagungen. Der Finanzausschuss äußerte diesbezüglich die Auffassung, dass es sich lediglich um eine Klarstellung handle, da ein Vertrauen des Steuerpflichtigen aufgrund der anderslautenden Auffassung von Gesetzgeber und Verwaltung in Bezug auf die abkommensrechtliche Behandlung von Sondervergütungen nicht bestehen könne.[1132] Ebenfalls läge keine vertrauenswürdige Rechtsprechung vor, da diese

1127 Vgl. Desens, StuW 2011, S. 126.
1128 BFH, v. 27.2.1991, I R 15/89, BStBl. II 1991, S. 444.
1129 Vgl. BVerfG, v. 7.7.2010, 2 BvL 14/02, 2 BvL 2/04, 2 BvL 13/05, BVerfGE 127, S. 1, Rz. 46 ff.
1130 Vgl. BVerfG, v. 5.2.2002, 2 BvR 305/93, 2 BvR 348/93, BVerfGE 105, S. 17, Rz. 56.
1131 Vgl. BVerfG, v. 10.10.2012, 1 BvL 6/07, BVerfGE 132, S. 302, Tz. 93.
1132 Vgl. BT-Drs. 16/11108, S. 29.

noch nicht langjährig gefestigt sei[1133] und zudem durch die Nichtveröffentlichung der neueren Beschlüsse und Urteile im BStBl. im Zusammenhang mit § 50d Abs. 10 EStG durch die Finanzverwaltung keine Anwendung findet.[1134]

Der Auffassung, die echte Rückwirkung des § 50d Abs. 10 EStG i. d. F. des AmtshilfeRLUmsG der Veranlagungszeiträume bis 2012 sei zulässig, ist nicht zu folgen. Ein Ausnahmefall, der zu einer Zulässigkeit der Rückwirkung führen könnte, liegt nicht vor. Einerseits bestand keine verworrene oder unklare Rechtslage, auf die sich die Zulässigkeit hätte stützen können. Die Rechtsauffassung der Finanzverwaltung und des Gesetzgebers entspricht lediglich nicht derjenigen der Rechtsprechung. Dieser Zustand rechtfertigt allerdings noch keine (echte) Rückwirkung der Vorschrift. Andererseits konnte das Vertrauen eines Steuerpflichtigen nicht dadurch erschüttert werden, dass Verwaltung und Rechtsprechung eine andere Auffassung vertreten. Es kann in so einem Fall lediglich davon ausgegangen werden, dass durch den Gesetzgeber eine Änderung der Rechtslage mithilfe eines Änderungsgesetzes mit Wirkung für die Zukunft veranlasst wird.[1135] Auch auf die Entscheidung des FG München[1136] konnte nicht vertraut werden. Zwar geht das Finanzgericht von einer Zulässigkeit der unechten Rückwirkung aus; dennoch wird dies auf die unklare Rechtslage im Streitjahr zurückgeführt. Diese lag aber nach der hier vertretenen Auffassung nicht vor. Eine Rechtslage kann entsprechend nur verworren oder unklar sein, wenn sie anhand der zulässigen Auslegungsmethoden nicht abschließend geklärt werden kann. Hinsichtlich der abkommensrechtlichen Behandlung von grenzüberschreitend gezahlten Sondervergütungen gab es allerdings eine gefestigte Rechtsprechung, die lediglich durch die Regelung des § 50d Abs. 10 EStG durchbrochen wurde. Zudem lief die Altregelung in den meisten Fällen leer, sodass dennoch auf die abkommenskonforme Rechtsauslegung vor Einführung des § 50d Abs. 10 EStG zurückgegriffen werden konnte.

Darüber hinaus steht der echten Rückwirkung des § 50d Abs. 10 EStG n. F. kein rechtfertigender Entlastungsgrund zur Seite, da aufgrund der nicht auf die Ermangelung der gefestigten und darüber hinaus langjährigen höchstrichterlichen Rechtsprechung abgestellt werden kann. Folgerichtig kann auch keine Klarstellung des gesetzgeberischen Willens vorliegen. Die durch die Neuregelung geschaffene Anrechnungsmöglichkeit kann des Weiteren nicht als Rechtfertigungsgrund herangezogen werden. Zwar ist die Neuregelung aufgrund dieser Anrechnungsmöglichkeit weniger belastend für den Steuerpflichtigen; jedoch wird auch hier eine abkommensrechtliche Vorschrift zu Lasten des Steuerpflichtigen überschrieben. Entsprechend kann nicht von einer zulässigen echten Rückwirkung ausgegangen

---

1133 Vgl. zur echten Rückwirkung BT-Drs. 16/11108, S. 29 sowie zur Neufassung des § 50d Abs. 10 EStG vgl. BR-Drs. 632/1/12, S. 15 im Rahmen des gescheiterten JStG 2013.

1134 Vgl. Frotscher, in Frotscher/Geurts, EStG, 2014, § 50d EStG, Rn. 258.

1135 Vgl. Frotscher, in Frotscher/Geurts, EStG, 2014, § 50d EStG, Rn. 259.

1136 FG München, v. 30.7.2009, 1 K 1816/09, EFG 2009, S. 1954.

werden.[1137] Dies wird auch unter Zugrundelegung der Entscheidung des BVerfG vom 17.12.2013[1138] bestätigt, nach der die Regelung des § 50d Abs. 10 EStG n. F. konstitutiv und mithin nicht klarstellenden Charakter hat.[1139]

Fraglich ist allerdings, warum in den übereinstimmenden Anwendungsregelungen § 52 Abs. 59a S. 10 sowie S. 11 EStG eine unterschiedliche Wortwahl bzw. Zeitform verwendet wird. In S. 11 wird insofern darauf abgestellt, dass die Einkommen- und Körperschaftsteuer noch nicht bestandskräftig „festgesetzt ist", S. 10 hingegen verweist darauf, dass die besagte Steuer noch nicht bestandskräftig „festgesetzt worden ist". Einen sachlichen Grund dieser bewusst getroffenen Unterscheidung stellt die Rechtsprechung nicht fest.[1140]

2.4.2 Unechte Rückwirkung (Veranlagungszeitraum 2013)

Die unechte Rückwirkung des § 52 Abs. 59a S. 10 EStG zur Anwendung des § 50d Abs. 10 EStG i. d. F. des AmtshilfeRLUmsG bezieht sich auf den Veranlagungszeitraum 2013. Ist darauf abzustellen, dass sich nach neuester Rechtsprechung die Voraussetzungen der Zulässigkeit einer unechten an diejenigen einer echten Rückwirkung angenähert haben, so darf ebenfalls die unechte Rückwirkung weder das schutzwürdige Vertrauen missbrauchen noch zur Sicherung des Gesetzeszwecks hinderlich sein.[1141]

Die Ansicht, die unechte Rückwirkung sei zulässig, missachtet allerdings, dass durch die ständige Spruchpraxis des BFH ein Vertrauen in die Rechtslage geschaffen wurde. Die Einführung des § 50d Abs. 10 EStG a. F. widersprach der bisherigen abkommensrechtlichen Behandlung und konnte wie in obigen Ausführungen festgestellt, erst ab dem Veranlagungszeitraum 2009 Wirkung entfalten. Bis dahin galt der Spezialitätenvorrang der Einkunftsartikel 10, 11, und 12 OECD-MA in Bezug auf die Einordnung der grenzüberschreitenden Sondervergütungen. Auch die Einführung des § 50d Abs. 10 EStG a. F. überzeugte in der Vorrangregelung des Art. 7 OECD-MA für die Zuordnung der Vergütungen kaum und lief in vielen Fällen leer. Aus diesem Grund war auch nach der Einführung der Vorschrift in 2009 von einer Gültigkeit der bisherigen Rechtsauffassung auszugehen.

Aufgrund der diametralen Ansichten von Rechtsprechung und Gesetzgebung sowie Finanzverwaltung konnte der Steuerpflichtige weiterhin davon ausgehen, dass es zu einer erneuten gesetzlichen Änderung der Altfassung des § 50d Abs. 10

1137 Vgl. BFH, v. 11.12.2013, I R 4/13, BFH/NV 2014, S. 614, Tz. 51–54; Pohl, DB 2013, S. 1572; Schmidt, DStR 2013, S. 1710.

1138 Vgl. BVerfG, v. 17.12.2013, 1 BvL 5/08, BFH/NV 2014, S. 653, Rz. 82 ff.

1139 Zutreffend Birkenfeld/Dötsch/Fuest/Hey/Kanzler/Kempermann/Ortmann-Babel/Spengel/Wassermeyer, DB 2015, S. 518 f.

1140 Vgl. BFH, v. 11.12.2013, I R 4/13, BFH/NV 2014, S. 614, Tz. 51, darüber hinaus wird die gleichzeitige Anwendung beider Anwendungsregeln moniert, der kein systematischer Sinn zugrunde liegt.

1141 Siehe die Ausführungen in E.IV.2.3.2.

EStG kommen würde. Diese Gesetzesänderung führt allerdings nicht zu einer Ungültigkeit der bisherigen Spruchpraxis. Gelten mithin die gleichen Maßstäbe an die Zulässigkeit der unechten und echten Rückwirkung, so muss die unechte Rückwirkung gleichwohl als unverhältnismäßig und verfassungsmäßig unzulässig verworfen werden. Dem kann auch nicht entgegen gehalten werden, dass bereits durch das gescheiterte JStG 2013 der Versuch der Implementierung der Neufassung unternommen wurde.

Erst mit der finalen Veröffentlichung der gesetzlichen Neufassung des § 50d Abs. 10 EStG i. d. F. des AmtshilfeRLUmsG im Bundesgesetzblatt am 29.6.2013 konnte ein schutzwürdiges Vertrauen in die neue Rechtslage geschaffen werden. Folgerichtig läuft auch die unechte Rückwirkung durch § 52 Abs. 59a S. 10 EStG dem Rechtsstaatsgebot des Art. 20 Abs. 3 GG zuwider und die Neuregelung konnte erst ab dem 29.6.2013 ihre Wirkung entfalten. Lediglich für Fälle zwischen dem Beschluss des Bundesrats und der finalen Veröffentlichung im Bundessteuerblatt besteht eine Ausnahme. Entsprechend ist die angeordnete unechte Rückwirkung für Sondervergütungen zulässig, deren Zahlungen zwischen dem 7.6.2013 und dem 26.6.2013[1142] erfolgt sind, sofern der der Zahlung zugrunde liegende Vertrag vor 2012 bzw. nach dem 7.6.2013 abgeschlossen wurde. Dies ist darauf zurückzuführen, dass zwischen diesen Zeiträumen nur ein eingeschränktes schutzwürdiges Vertrauen der Steuerpflichtigen bestand. Der Zeitraum zwischen dem 7.6.2013 und dem 26.6.2013 kennzeichnet folglich die Unsicherheit in die alte Rechtslage aufgrund des Scheiterns des § 50d Abs. 10 EStG a. F. und daraus folgend den Spezialitätenvorrang bezüglich der Zuordnung der Sondervergütungen und der Veröffentlichung der Neufassung inklusive des Vorrangs von Art. 7 OECD-MA aufgrund von § 50d Abs. 10 EStG n. F.

V. Ergebnis der Behandlung abkommensrechtlicher Sondervergütungen

Zusammenfassend ist festzuhalten, dass die Regelung des § 50d Abs. 10 EStG i. d. F. des JStG 2009 nur in wenigen Fallkonstellationen zu dem vom Gesetzgeber gewünschten Zweck führt. Hinzu kommt, dass der enthaltene *treaty override* gegen Art. 2 Abs. 1 GG verstößt und auch die in der Regelung enthaltene Rückwirkung in den meisten Fällen verfassungsrechtlich unzulässig ist. Entsprechend verbleibt es im überwiegenden Maße bei der vor der (Neu-)Regelung des § 50d Abs. 10 EStG ergangenen Rechtslage der steuerlichen Behandlung abkommensrechtlicher Sondervergütungen. Die steuerliche Behandlung grenzüberschreitend gezahlter Sondervergütungen nach dem Abkommensrecht bleibt auch nach der Neufassung des § 50d Abs. 10 EStG i. d. F. des AmtshilfeRLUmsG 2013 von weitreichender Rechtsunsicherheit geprägt.

1142 Das Gesetz wurde am 26.6.2013 verkündet, am 29.6.2013 in das Bundesgesetzblatt Teil I 2013 Nr. 32 auf Seite 1809 aufgenommen.

Neben der Umqualifizierung der abkommensrechtlichen Sondervergütungen in Teile des Unternehmensgewinns (§ 50d Abs. 10 S. 1 EStG n. F.) enthält die Vorschrift eine zusätzliche Zuordnungsfiktion. So bestimmt § 50d Abs. 10 S. 3 EStG n. F., dass die einschlägigen Sondervergütungen der aufwandstragenden Betriebsstätte zuzuordnen sind. Der mit den Vergütungen korrespondierende Aufwand ist entsprechend den allgemeinen Grundsätzen zuzuordnen. Der zugrunde zulegende Zuordnungsmaßstab des § 50d Abs. 10 S. 3 EStG n. F. ergibt sich somit nach der wirtschaftlichen Zuordnung (Verursachungs- und Veranlassungszusammenhang) des § 15 Abs. 1 S. 1 Nr. 2 EStG sowie der Art. 7 Abs. 2, 13 Abs. 2 OECD-MA. Die aufwandstragende Betriebsstätte ist nach Auffassung der Rechtsprechung die Betriebsstätte des Mitunternehmers, die er von der Personengesellschaft vermittelt bekommt. Zwar wird nach neuester Rechtsprechung auch die Existenz einer originären Mitunternehmerbetriebsstätte für möglich gehalten, jedoch wird diese gleichzeitig in ihre Schranken verwiesen. Die reine Vermögensverwaltung z. B. von SBV genügt folglich nicht für die Betriebsstättenbegründung. Aufgrund des Verweises auf die Zuordnungsmaßstäbe des § 50d Abs. 10 EStG n. F. genügt dem BFH neuerdings ein wirtschaftlicher Veranlassungszusammenhang. Das tatsächliche Zugehören zu einer Betriebsstätte wird mithin nicht mehr vorausgesetzt. Weiterhin gilt nach der Rechtsprechung, dass alle Wirtschaftsgüter einer Betriebsstätte zuzuordnen sind, um abkommensrechtlich betriebsstättenlose Einkünfte zu vermeiden.

In Bezug auf die in § 52 Abs. 59a S. 11 EStG formierte Rückwirkung des § 50d Abs. 10 EStG a. F. ist festzuhalten, dass sie in den meisten Fällen unzulässig ist. Dabei verstößt die Regelung gegen das Verbot der Rückwirkung belastender Steuergesetze aufgrund des Rechtsstaatsprinzips des Art. 20 Abs. 3 GG. Entsprechend ist die Regelung des § 50d Abs. 10 EStG i. d. F. des JStG 2009 lediglich auf Sondervergütungen, die nach dem 24.12.2008 gezahlt wurden, anzuwenden. Weiterhin kann sich eine Anwendung des § 50d Abs. 10 EStG a. F. ergeben, sofern die den Zahlungen zugrundeliegenden Verträge vor dem 1.1.2007 bzw. nach dem 19.9.2008 abgeschlossen wurden und die Vergütungen entsprechend zwischen dem 19.12.2008 und 24.12.2008 zuflossen.

Auch die Rückwirkung der Neufassung des § 50d Abs. 10 EStG i. d. F. des AmtshilfeRLUmsG ist mithin nur konstitutiv und deshalb lediglich ab dem VZ 2013 gültig. Es konnte insofern nachgewiesen werden, dass die echte Rückwirkung aufgrund des Rechtsstaatsgebots des Art. 20 Abs. 3 GG unzulässig ist. Die unechte Rückwirkung der Neufassung ist mithin nur in jenen Fällen zulässig, in denen eine Zahlung der Sondervergütung zwischen dem 7.6.2013 und dem 26.6.2013 erfolgt war, sofern der einschlägige Vertrag vor 2012 bzw. nach dem 7.6.2013 geschlossen wurde. In allen anderen Fällen bestand keine unklare Rechtslage, die eine Rückwirkung hätte rechtfertigen können.

Aufgrund der Unzulässigkeit der echten Rückwirkung und der nur eingeschränkten Zulässigkeit der unechten Rückwirkung besteht erhebliche Rechtsunsicherheit. Diese wird durch den in der Vorschrift enthaltenen *treaty override* verschärft. Selbst unter den Umständen, dass das BVerfG zu der Entscheidung gelangt, es läge eine verfassungskonforme Ausgestaltung vor, ist darüber hinaus die Zuordnung der Vergütungen zur vermittelten Betriebsstätte der Personengesellschaft fraglich. Aufgrund dieser Zuordnung und des zugrunde liegenden Qualifikationskonflikts erfolgt bei Anwendung der Norm eine definitive Doppelbesteuerung, in Fällen mit Drittlandsbezug womöglich sogar eine Dreifachbesteuerung. Auch die neu implementierte Anrechnungsvorschrift vermag diese nicht vollends zu verhindern bzw. zu beseitigen, da letzten Endes die belastende Wirkung der Gewerbesteuer nicht umgangen wird. Zur Schaffung von Rechtssicherheit bis zu einer Entscheidung des BVerfG über die Verfassungsmäßigkeit des § 50d Abs. 10 EStG n. F. sollte für offene und künftige Veranlagungen ein Antrag auf vorläufige Steuerfestsetzung gem. § 165 Abs. 1 Nr. 3 AO gestellt werden. Zusätzlich sollte ein Einspruch gegen den Feststellungsbescheid sowie ein Antrag auf Ruhen des Verfahrens nach § 363 Abs. 2 AO und die Aussetzung der Vollziehung nach § 361 Abs. 2 AO beantragt werden.

F. Lösungsansätze zur Vermeidung einer Doppelbesteuerung bzw. doppelten Nichtbesteuerung

I. Entstehung von Doppelbesteuerung

1. Entstehung und Bestehenbleiben trotz Anwendung von Abkommensrecht

Für die Existenz von Doppelbesteuerung ist es entscheidend, dass ein und „derselbe Steuerpflichtige mit denselben Einkünften [...] gleichzeitig in zwei oder mehreren Staaten zu gleichen oder vergleichbaren Steuern herangezogen wird“[1143]. Unerheblich ist die doppelte Belastung verschiedener Steuerpflichtiger mit den gleichen Einkünften. In diesen Fällen liegt eine Doppelbelastung oder wirtschaftliche Doppelbesteuerung vor. Im abkommensrechtlichen Sinne steht allerdings die Vermeidung bzw. Milderung der juristischen Doppelbesteuerung, nicht der Doppelbelastung, im Vordergrund.[1144]

Unilaterale Maßnahmen im innerstaatlichen Steuerrecht eines betroffenen Staates oder bilaterale Regelungen der Doppelbesteuerungsabkommen sollen das Entstehen von Doppelbesteuerung vermeiden bzw. die entstandene doppelte Besteuerung abmildern.[1145] Hierzu kann es erforderlich sein, dass der Steuerpflichtige nur in einem der Vertragsstaaten Steuern zahlt, i. d. R. verbunden mit der Freistellung der Steuern im anderen Staat,[1146] oder dass die Steuern des Quellenstaates auf die Steuern im Wohnsitzstaat des Steuerpflichtigen angerechnet werden.[1147] Ist allerdings ein Ausgleich der Doppelbesteuerung nicht möglich, da beispielsweise beide Staaten das Besteuerungsrecht für sich beanspruchen, greift auch die nationale Anrechnungsnorm aufgrund des Vorrangs des Abkommensrechts nicht (§ 34c Abs. 6 S. 1 EStG).[1148]

In Bezug auf die abkommensrechtliche Behandlung von Sondervergütungen kann sich zum einen ein solcher positiver Qualifikationskonflikt ergeben, wenn Deutschland als Ansässigkeitsstaat der Personengesellschaft diese Sondervergütungen gem. dem Transparenzprinzip besteuert und gleichzeitig eine Umqualifizierung der Sondervergütungen in gewerbliche Unternehmensgewinne vornimmt, der andere ausländische Staat als Wohnsitzstaat des Gesellschafters aber ebenfalls von einer

1143 Jacobs, Int. Unternehmensbesteuerung, 2011, S. 3.
1144 Zu alledem vgl. Jacobs, Int. Unternehmensbesteuerung, 2011, S. 3, 10.
1145 Vgl. Burmester, Gewinn- und Verlustrealisierung, 1986, S. 65.
1146 Vgl. Freistellungsmethode in Art. 23A Abs. 1 OECD-MA.
1147 Vgl. Anrechnungsmethode in Art. 23B OECD-MA bzw. § 34c Abs. 1 EStG.
1148 Allerdings kann in bestimmten Fällen § 34c Abs. 6 S. 6 i. V. m. § 34c Abs. 3 EStG zur Anwendung kommen.

transparenten Besteuerung der Gesellschaft ausgeht.[1149] Dementsprechend würde Deutschland von einem Besteuerungsrecht gem. Art. 7 Abs. 1 S. 1 Hs. 2 OECD-MA ausgehen, wohingegen der Ansässigkeitsstaat ohne Berücksichtigung des deutschen Sondervergütungskonzepts von seinem Besteuerungsrecht entsprechend der speziellen Einkunftskategorien ausgeht, z. B. nach Art. 6 Abs. 1, Art. 11 Abs. 1 OECD-MA. Eine Anrechnung gemäß Art. 23A, 23B OECD-MA kommt dabei grundsätzlich nicht in Betracht, es sei denn, der einschlägige spezielle Einkunftsartikel sieht eine Anrechnung gem. Art. 23A OECD-MA vor (vgl. Art. 11 OECD-MA).[1150] Etwas anderes ergibt sich, wenn beide Staaten von einer Anwendung der speziellen Einkunftskategorien gem. Art. 7 Abs. 4 OECD-MA ausgehen, sodass es zu einer identischen Auslegung und nicht zu einer Doppelbesteuerung kommt. Ebenfalls sind die Auswirkungen des § 50d Abs. 10 EStG umstritten. Teile der Literatur sehen aufgrund der eingeschränkten Reichweite der Regelung und der Negierung der Zuordnung der Sondervergütungen zur Personengesellschaft keine potentielle Doppelbesteuerung, da das Besteuerungsrecht dem Wohnsitzstaat des Gesellschafters zusteht. Andererseits sieht die Finanzverwaltung die Erfüllung der tatbestandlichen Reichweite des § 50d Abs. 10 EStG als gegeben an, sodass beim Zutreffen dieser Ansicht ein erhöhtes Risiko der Doppelbesteuerung entsteht.[1151]

Zum anderen kann eine Doppelbesteuerung aufgrund eines positiven Qualifikationskonflikts entstehen, wenn Deutschland als Ansässigkeitsstaat der Personengesellschaft diese transparent besteuert und gleichzeitig die Sondervergütungen in gewerbliche Unternehmensgewinne umqualifiziert, der Wohnsitzstaat des Gesellschafters hingegen die Gesellschaft als eigenständiges Steuersubjekt ansieht. Entsprechend wird Deutschland ein Besteuerungsrecht gem. Art. 7 Abs. 1 S. 1 Hs. 2 OECD-MA für sich beanspruchen, obwohl auch der andere ausländische Staat aufgrund der speziellen Einkunftskategorien von einem eigenen Besteuerungsrecht ausgeht (z. B. nach Art. 6 Abs. 1, Art. 11 Abs. 1 OECD-MA). Ein Ausgleich der Doppelbesteuerung ist gem. Art. 23A, 23B OECD-MA grundsätzlich nicht möglich.[1152]

Im Folgenden soll geklärt werden, ob es möglich ist, durch Auslegung der Methodenartikel die Doppelbesteuerung zu vermeiden. Dabei wird der Ansässigkeitsstaat bei der Anwendung des Methodenartikels durch die Auslegung des Quellenstaats beeinflusst. Hierfür wird davon ausgegangen, dass der § 50d Abs. 10 EStG die von Finanzverwaltung und Gesetzgeber vertretene Reichweite erfüllt und ein positiver Qualifikationskonflikt in den genannten Fällen auftritt.

1149 Vgl. OECD, Partnership Report, 1999, Rn. 120 ff.

1150 Vgl. OECD, Partnership Report, 1999, Rn. 122.

1151 Vgl. Wassermeyer, in: Wassermeyer, DBA, 2015, Art. 23A MA Rn. 46; Spengel/Schaden/Wehrße, StuW 2012, S. 118 plädieren aufgrund dieses Risikos für eine Abschaffung des § 50d Abs. 10 EStG.

1152 Es sei denn z. B. Art. 11 OECD-MA geht von einer Anrechnung der erhobenen Steuer des Sitzstaates der Personengesellschaft nach Art. 23A Abs. 2 OECD-MA aus.

2. Vermeidung durch Auslegung der Methodenartikel

2.1 Auffassung der OECD sowie deutscher Vertreter

Ist eine entstandene Doppelbesteuerung aufgrund der unterschiedlichen Qualifikation durch Rückgriff auf nationales Recht der Vertragsstaaten entstanden, so geht die OECD davon aus, dass sich der Ansässigkeitsstaat des Gesellschafters der Qualifikation des Quellenstaats unterordnen muss.[1153] Dies wird damit begründet, dass der Quellenstaat bei Rückgriff auf nationales Recht durch Art. 3 Abs. 2 OECD-MA ordnungsgemäß entsprechend den Vorschriften des DBA handelt und dies durch den Ansässigkeitsstaat anzuerkennen und folglich die Anrechnung oder Freistellung zu gewähren ist.[1154] Hieraus folgt, dass der Ansässigkeitsstaat immer dann die Verpflichtung hat, die Doppelbesteuerung zu vermeiden, wenn sich der Quellenstaat selbst, beruhend auf den unterschiedlichen Besteuerungskonzeptionen, ein Besteuerungsrecht im Abkommensrecht zuspricht. Dies gilt auch für den Fall, dass der Ansässigkeitsstaat selbst von einem ausschließlichen Besteuerungsrecht für die einschlägigen Einkünfte ausgegangen ist.[1155] Demzufolge ist der Methodenartikel auch dann anwendbar, wenn durch Verweisung des Verteilungsartikels ausschließlich der Ansässigkeitsstaat das Besteuerungsrecht innehält.[1156]

In Anlehnung an diese Grundsätze sehen auch die deutsche Finanzverwaltung und der Gesetzgeber die Verpflichtung des Ansässigkeitsstaats, die ordnungsgemäße Qualifikation des Quellenstaats zu übernehmen, sofern es zu einem positiven Qualifikationskonflikt kommt. Allerdings sei der Einordnung des Quellenstaats nur dann zu folgen und der korrespondierende Methodenartikel anzuwenden, wenn zuvor ein Verständigungsverfahren durchgeführt worden ist.[1157] Dem entgegen sieht die Rechtsprechung keine Verpflichtung des Ansässigkeitsstaates, die Abkommensanwendung des Quellenstaats zu übernehmen.[1158] Begründet wird diese Auffassung damit, dass lediglich eine Auslegung eines abkommensrechtlich verwendeten, aber nicht definierten Begriffs erfolgt[1159] und dass zudem der Methodenartikel keine

1153 Dies gilt nicht, wenn sich die unterschiedliche Qualifikation aufgrund der divergierenden Auslegung der Doppelbesteuerung oder der unterschiedlichen Auffassung zu Sachverhalten ergibt. Vgl. OECD, Partnership Report, 1999, Rn. 104 f., 108, 123; OECD-MK, Art. 23, Ziff. 32.4 f.

1154 Vgl. OECD, Partnership Report, 1999, Rn. 104 f., 123; OECD-MK, Art. 23, Ziff. 32.5.

1155 Vgl. OECD-MK, Art. 23 A/B, Ziff. 32.3.

1156 Vgl. Schüller, PersG, 2014, S. 221 m. w. N.

1157 Vgl. BMF, v. 26.9.2014, IV B 5 – S 1300/09/10003, BStBl. I 2014, S. 1258, Tz. 4.1.3.3.1; v. 16.4.2010, IV B 2 – S 1300/09/10003, BStBl. I 2010, S. 354; Tz. 4.1.3.3.1, 5.1; BT-Drs. 16/11108, S. 23.

1158 Vgl. RFH, v. 30.11.1938, I 42/38, RStBl. 1938, S. 544; BFH, v. 25.5.2011, I R 95/10, BStBl. II 2014, S. 760, Tz. 17.

1159 Vgl. RFH, v. 30.11.1938, I 42/38, RStBl. 1938, S. 544; BFH, v. 18.5.1983, I R 5/83, BStBl. II 1983, S. 771; v. 17.10.1990, I R 16/89, BStBl. II 1991, S. 211; v. 25.5.2011, I R 95/10, BStBl. II 2014, S. 760, Tz. 17 ff.

Bindungswirkung auf die Zuweisung des Besteuerungsrechts innehält.[1160] Darüber hinaus kann nicht davon ausgegangen werden, dass sich eine entsprechende Qualifikation bzw. Bindungswirkung aus Art. 3 Abs. 2 OECD-MA ergibt; denn dieser unterscheidet nicht nach Ansässigkeits- oder Quellenstaat.[1161]

2.2 Auffassung des Schrifttums

Im Schrifttum wird eine durchaus differenzierte Sichtweise vertreten. So argumentieren Vertreter des Schrifttums die Auffassung, dass Art. 3 Abs. 2 OECD-MA eine Verpflichtungsbindung des Ansässigkeitsstaats enthält, so dass dieser nur auf abkommensrechtliche Regelungen zurückgreifen kann, mit der Folge, dass sie die Anrechnung oder Freistellung der im Quellenstaat gezahlten Steuern betreffen.[1162] Folglich ist es unerheblich, wie der Ansässigkeitsstaat das Abkommensrecht auslegen würde, da er lediglich prüfen kann und darf, ob der Quellenstaat die Regelungen des DBA ordnungsgemäß angewendet hat.[1163]

Andere Teile der Literatur sehen eine Verpflichtung des Ansässigkeitsstaats durch Art. 23A Abs. 1 bzw. Art. 23B Abs. 1 OECD-MA, die Doppelbesteuerung bei Bestehen eines Qualifikationskonflikts zu vermeiden.[1164] Begründet wird diese Ansicht damit, dass lediglich aus der Perspektive des Quellenstaates zu beantworten ist, ob diesem ein Besteuerungsrecht zusteht.[1165] Entsprechend enthält Art. 23A Abs. 1 OECD-MA keine Berechtigung des Ansässigkeitsstaats zur eigenen Prüfung der Abkommensanwendung oder der Ersetzung der Auslegung des Quellenstaats durch eine eigene.[1166] Stattdessen ist der Ansässigkeitsstaat an die Auslegung des Quellenstaates gebunden, da diese in Übereinstimmung mit den Abkommensgrundsätzen erfolgt.[1167] Aufgrund des Zusammenhangs zwischen Verteilungs- und Methodenartikel erfolgt die entsprechende Folgewirkung bei Vorliegen des Besteuerungsrechts des Quellenstaats.[1168] Um das Ziel eines DBA (Verhinderung der Doppelbesteuerung) zu verfolgen, darf der Ansässigkeitsstaat nicht sein innerstaatliches Recht zugrunde

---

1160 Vgl. BFH, v. 25.5.2011, I R 95/10, BStBl. II 2014, S. 760, Tz. 17 ff.

1161 Vgl. BFH, v. 25.5.2011, I R 95/10, BStBl. II 2014, S. 760, Tz. 16 ff.

1162 Vgl. Avery Jones/Fontaneau/Ellis et al., BTR 1984, S. 50 ff.; Avery Jones, in: Beisse, FS Beusch, 1993, S. 51 ff.

1163 Vgl. Avery Jones, in: Beisse, FS Beusch, 1993, S. 52.

1164 Vgl. Vogel, in: Vogel/Lehner, DBA, 2015, Art. 23 MA Rn. 244; Piltz, PersG, 1981, S. 173; Weggenmann, Einordnungskonflikte, 2002, S. 239 f.; Avery Jones/de Broe/van de Wiele et al., BTR 1996, S. 256 ff.; Krabbe, IWB 2000, S. 867; Mitschke, DB 2010, S. 306; Wolff, in: Gocke/Gosch/Lang, FS Wassermeyer, 2005, S. 655; Benecke, in: Urtz/Züger, PersG, 2001, S. 231 f.

1165 Vgl. Avery Jones/de Broe/van de Wiele et al., BTR 1996, S. 257.

1166 Vgl. Vogel, SWI 2000, S. 112.

1167 Vgl. Piltz, PersG, 1981, S. 173; Krabbe, IWB 2000, S. 867.

1168 Vgl. Meretzki, IStR 2011, S. 216, 219; Weggenmann, Einordnungskonflikte, 2002, S. 239 f.

legen, wenn hierdurch die Möglichkeit einer Doppelbesteuerung gegeben ist.[1169] Allerdings sprechen sich Teile der Literatur dafür aus, dass die Verpflichtung zur Bindung des Ansässigkeitsstaats an die Auslegung des Quellenstaats aus dem DBA resultieren muss.[1170]

Wiederum wird im Schrifttum die Ansicht vertreten, dass eine Qualifikationsverkettung zwischen der Auslegung des Quellen- und Ansässigkeitsstaat dann gegeben ist, wenn der anzuwendende Methodenartikel einen Verweis auf den entsprechenden Verteilungsartikel enthält.[1171] Ist kein Verweis gegeben, so kommt keine Bindung des Ansässigkeitsstaats an die Abkommensauslegung des Quellenstaats in Betracht, da nur so die Verhinderung der Doppelbesteuerung zu gewährleisten sei.[1172] Weiterhin schränken andere Teile des Schrifttums die Bindungswirkung dahingehend ein, dass die entsprechende Einkunftskategorie gewisse Voraussetzungen erfüllen müsse; ansonsten scheide eine verpflichtende Bindung aus.[1173] Zu diesen Voraussetzungen zählen, dass die einschlägige Einkunftskategorie den Gegenstand der Einkünfte definiert[1174] oder zumindest eine Aussage darüber trifft, wie maßgeblich der Quellenstaat das Recht hat, den Gegenstand der Einkünfte auszulegen.[1175]

Liegen diese Voraussetzungen nicht vor, verweist der Methodenartikel aber auf einen Verteilungsartikel, so geht eine andere Auffassung davon aus, dass dennoch eine Bindung des Ansässigkeits- an die Auslegung des Quellenstaats bestehen könnte.[1176] Die Bindung auf Ebene des Methodenartikels ergibt sich dabei durch Art. 3 Abs. 2 OECD-MA, der lediglich durch den Quellenstaat und nicht durch den Ansässigkeitsstaat angewendet wird.[1177] Gegen eine Bindungswirkung des Art. 23A Abs. 2 OECD-MA wird aber zutreffend eingewendet, dass dieser, wenn

---

1169 Vgl. Avery Jones/de Broe/van de Wiele et al., BTR 1996, S. 256.

1170 Vgl. Kappe, DStR 1987, S. 481 f.

1171 Folglich sei dann die im Methodenartikel genannte Vermeidung der Doppelbesteuerung (Anrechnung oder Freistellung) anzuwenden, vgl. Debatin, in: Fischer, FS Scherpf, 1983, S. 311; Burmester, in: Haarmann, Unternehmensstrukturen, 1996, S. 132 f., 136 f.; Burmester, Unternehmensfinanzierung, 2003, Rz. 84, 90.

1172 Vgl. Burmester, in: Haarmann, Unternehmensstrukturen, 1996, S. 134; Debatin, in: Fischer, FS Scherpf, 1983, S. 311; Schlütter, in: Vogel, DStJG, 1985, S. 233; Riemenschneider, Abkommensberechtigung, 1995, S. 167.

1173 Andernfalls würden die Grenzen der Vertragsauslegung verletzt, vgl. Burmester, in: Klein/Stihl/Wassermeyer, FS Flick, 1997, S. 668; Burmester, in: Haarmann, Unternehmensstrukturen, 1996, S. 134 f.; Riemenschneider, Abkommensberechtigung, 1995, S. 170.

1174 Vgl. Burmester, in: Haarmann, Unternehmensstrukturen, 1996, S. 134 f.

1175 Vgl. Debatin, in: Fischer, FS Scherpf, 1983, S. 311; Burmester, in: Haarmann, Unternehmensstrukturen, 1996, S. 134 f.

1176 A.A. Avery Jones/de Broe/van de Wiele et al., BTR 1996, S. 241, die davon ausgehen, dass bei fehlender Benennung des Verteilungsartikels, aber Nennung der (namentlichen) Bezeichnung der Einkünften, keine Bindungswirkung gegeben ist. Vgl. Avery Jones/de Broe/van de Wiele et al., BTR 1996, S. 247 ff.

1177 Vgl. Avery Jones/de Broe/van de Wiele et al., BTR 1996, S. 241.

Deutschland Quellenstaat ist und eine Umqualifizierung der Sondervergütungen vornimmt, nicht zur Vermeidung der Doppelbesteuerung führt. Grund ist, dass durch die Behandlung der Sondervergütungen als gewerbliche Unternehmensgewinne und ihre Zuordnung zur Personengesellschaft Einkünfte nach Art. 7 OECD-MA vorliegen, auf die aber dem Methodenartikel des Art. 23A Abs. 2 OECD-MA vergleichbare Regelungen in DBA nicht anwendbar sind.[1178]

Die überwiegende Meinung im Schrifttum lehnt hingegen eine verpflichtende Bindung des Ansässigkeitsstaats an die durch den Quellenstaat vorgenommene Auslegung ab.[1179] Diese Ansicht wird damit begründet, dass der Ansässigkeitsstaat selbst prüfen soll, ob dem Sitzstaat der Personengesellschaft ein Besteuerungsrecht zusteht.[1180] Entsprechend kann nicht davon ausgegangen werden, dass der Ansässigkeitsstaat nach den Vorschriften des Quellenstaats eine Überprüfung vornimmt.[1181] Für eine verpflichtende Bindung besteht zudem keine Rechtsgrundlage.[1182] Sie ergibt sich ebenfalls nicht durch den Wortlaut;[1183] denn ansonsten bedarf es keines ausdrücklichen Verweises auf das Recht eines Anwenderstaates.[1184] Darüber hinaus muss der Ansässigkeitsstaat nur in den Fällen die Doppelbesteuerung vermeiden, in denen dem Quellenstaat rechtmäßig das Besteuerungsrecht zusteht.[1185] Erfolgt auf Ebene des Verteilungsartikels eine alleinige Zuweisung des Besteuerungsrechts zu einem Vertragsstaat, so ist ebenfalls die Anwendung des Methodenartikels ausgeschlossen und die Bindungswirkung der OECD ist hinfällig.[1186] Des Weiteren ist die Auffassung der OECD in der Kritik, die Bindungswirkung nur in jenen Fällen

1178 Zu dieser Auffassung vgl. Stemler, Sondervergütungen, 2012, S. 207.

1179 Vgl. Wassermeyer, in: Wassermeyer, DBA, 2015, Art. 23A MA Rn. 46; Frotscher, in: Piltz/Günkel/Niemann, StBJB 2009/2010, S. 172 f.; Machens, PersG, 2007, S. 279; Knobbe-Keuk, RIW 1991, S. 310; Spengel/Schaden/Wehrße, StuW 2012, S. 113; Staringer, in: Gassner/Lang/Lechner, PersG, 2000, S. 115; Lang, in: Burmester/Endres, FS Debatin, 1997, S. 286 f.; Schoueri, in: Kirchhof/Lehner/Raupach/Rodi, FS Vogel, 2000, S. 931.

1180 Vgl. Riemenschneider, Abkommensberechtigung, 1995, S. 160; Dorn, in: Haase, AStG/DBA, 2012, Art. 23A MA, Rz. 19.

1181 Vgl. Vogel, in: Vogel/Lehner, DBA, 2015, Grundlagen Rn. 160; Lang, in: Burmester/Endres, FS Debatin, 1997, S. 287; Schuch/Bauer, in: Gassner/Lang/Lechner, PersG, 2000, S. 35.

1182 Vgl. Lang, IStR 2007, S. 608, Lüdicke, Besteuerung, 2000, S. 32 f.

1183 Vgl. Günkel/Lieber, FR 2000, S. 857; Riemenschneider, Abkommensberechtigung, 1995, S. 170 f.; Lang, in: Kirchhof/Lehner/Raupach/Rodi, FS Vogel, 2000, S. 916; Lang, IWB 2011, S. 293; Küspert, RIW 1988, S. 463.

1184 Vgl. Lang, in: Burmester/Endres, FS Debatin, 1997, S. 286 f.; Günkel/Lieber, FR 2000, S. 856 f.; Schuch/Bauer, in: Gassner/Lang/Lechner, PersG, 2000, S. 36.

1185 Insofern ist eine Verpflichtung bei vertragswidriger Inanspruchnahme des Besteuerungsrechts ausgeschlossen, vgl. Frotscher, IStR 2009, S. 599; Frotscher, in: Piltz/Günkel/Niemann, StBJB 2009/2010, S. 172 f.

1186 Vgl. Schuch/Bauer, in: Gassner/Lang/Lechner, PersG, 2000, S. 36; Lang, in: Kirchhof/Lehner/Raupach/Rodi, FS Vogel, 2000, S. 919; Knobbe-Keuk, RIW 1991, S. 310.

zuzulassen, in denen ein Qualifikationskonflikt aufgrund des Rückgriffs auf divergierendes innerstaatliches Recht entsteht.[1187] Einerseits ist die Ursachenermittlung der Qualifikationskonflikte schwierig und andererseits kann aus Art. 3 Abs. 2 OECD-MA nicht gefolgert werden, dass dieser sich nur an den Quellenstaat richtet.[1188] Eine explizite Bindungswirkung des Art. 23A Abs. 2 OECD-MA wird dahingehend verneint, dass dieser lediglich die Durchführung der Doppelbesteuerungsvermeidung festlegt, sodass keine rechtliche Grundlage für die Bindung des Ansässigkeitsstaats besteht.[1189] Zudem wird angenommen, dass der Art. 23A Abs. 2 OECD-MA oder dem vergleichbare Normen so ausgelegt werden können, dass der Ansässigkeitsstaat die Auslegung des Quellenstaates mittels seinem innerstaatlichen Recht überprüfen kann und lediglich in den Fällen gebunden ist, in denen der Quellenstaat die zu erfassenden Einkünfte unter eine in der Norm genannte Einkunftsart subsumiert.[1190]

2.3 Stellungnahme

Grundsätzlich ist der Ansicht zuzustimmen, dass eine Bindungswirkung des Ansässigkeitsstaats an die Abkommensauslegung des Quellenstaats besteht, sofern der einschlägige Verteilungsartikel auf das Recht des Quellenstaats verweist oder zumindest eine abschließende, autonome Definition des Gegenstands der Einkünfte enthält.[1191] Hierfür spricht, dass bei Rückgriff auf das innerstaatliche Recht des Quellenstaates oder der abkommenseigenen Definition keine Auslegung des Ansässigkeitsstaats zulässig ist. Allerdings ist nicht davon auszugehen, dass Art. 3 Abs. 2 OECD-MA eine generelle Qualifikation durch den Quellenstaat vorschreibt.[1192] Dem widerspricht, dass auch der Ansässigkeitsstaat die Verteilungsartikel anwendet und z. B. in Art. 18 OECD-MA explizit auf das Besteuerungsrecht des Ansässigkeitsstaats verwiesen wird.[1193] Entsprechend würde der Ansässigkeitsstaat, sofern er die Verteilungsartikel nicht anwendet, auf sein Besteuerungsrecht verzichten. Dem ist nicht zu folgen, sodass keine Bindungswirkung aus Art. 3 Abs. 2 OECD-MA abgeleitet werden kann.

1187 Vgl. Lang, in: Kirchhof/Lehner/Raupach/Rodi, FS Vogel, 2000, S. 921; Keller, in: Urtz/Züger, PersG, 2001, S. 273.

1188 Vgl. Schuch/Bauer, in: Gassner/Lang/Lechner, PersG, 2000, S. 35 f. Immerhin wird das DBA auch durch den Ansässigkeitsstaat angewendet, vgl. Gosch, in: Schaumburg/Piltz, Veräußerungsgewinne, 2004, S. 111 f.

1189 Vgl. Geuenich, Qualifikationskonflikte, 2005, S. 113.

1190 Vgl. Piltz, PersG, 1981, S. 143 f.

1191 So zutreffend Wassermeyer, in: Wassermeyer, DBA, 2015, Art. 23A MA Rn. 46; Riemenschneider, Abkommensberechtigung, 1995, S. 161; Burmester, in: Haarmann, Unternehmensstrukturen, 1996, S. 134 f.; Debatin, in: Fischer, FS Scherpf, 1983, S. 311.

1192 Dem zustimmend Schuch/Bauer, in: Gassner/Lang/Lechner, PersG, 2000, S. 36; BFH, v. 25.5.2011, I R 95/10, BStBl. II 2014, S. 760, Rz. 16.

1193 Vgl. Vogel, in: Vogel/Lehner, DBA, 2015, Art. 3 MA Rn. 65.

Die Ablehnung der Bindungswirkung von Art. 3 Abs. 2 OECD-MA wird darüber hinaus damit begründet, dass der Vorteil der Freistellungsmethode hierdurch aufgehoben wird. Demzufolge kann nicht einfach die Freistellung erfolgen, sondern es muss auf die Auslegung des innerstaatlichen Rechts des Quellenstaats abgestellt werden. Die Beurteilung des Rückgriffs und die zugrunde liegenden innerstaatlichen Grundsätze sind jedoch nicht einfach zu bestimmen, sodass eine Bindungswirkung nicht sinnvoll ist.[1194] Darüber hinaus können systematische Gründe für eine ablehnende Haltung gegenüber der Bindungswirkung angeführt werden. So stärkt der Rückgriff auf das innerstaatliche Steuerrecht des Art. 3 Abs. 2 OECD-MA einerseits die Steuersouveränität der Staaten. Diese wird andererseits in Bezug auf den Ansässigkeitsstaat eingeschränkt, wenn ihm die Pflicht zukommen sollte, die Doppelbesteuerung auch zu vermeiden, wenn nach eigener Auslegung dem Quellenstaat keine Besteuerungsbefugnisse zustehen. Hieraus ergibt sich eine generelle Begünstigung des Quellenstaates, der seine Begriffe sowie die dazugehörige nationale Bemessungsgrundlage breit auslegt bzw. weit fasst.[1195]

Weiterhin ist der Auffassung, Art. 23A Abs. 1 OECD-MA bindet den Ansässigkeitsstaat an die Qualifikation des Quellenstaats, nur insoweit zuzustimmen, als dieser festschreibt, dass eine Freistellung im Ansässigkeitsstaat bei gleichzeitiger Besteuerung der entsprechenden Einkünfte im Quellenstaat zu erfolgen hat. Aus dem Wortlaut ergibt sich aber keine explizite Qualifikationsverkettung, sodass eine Bindungswirkung aus Art. 23A Abs. 1 OECD-MA grundsätzlich nicht gegeben ist. Allerdings muss berücksichtigt werden, dass nach Art. 32 Abs. 4 WÜRV dem OECD-MK eine besondere Bedeutung bei der Auslegung völkerrechtlicher Verträge zukommt.[1196] Da die Auffassung der OECD, nach der eine Bindungswirkung des Ansässigkeitsstaats besteht, sowohl im OECD Partnership Report als auch im OECD-MK vertreten wird, muss dies bei der Auslegung der DBA berücksichtigt werden.[1197] Dies gilt allerdings nur, sofern die Mitgliedsstaaten die dort vertretene Auslegung gebilligt und keine Vorbehalte geäußert haben.[1198]

1194 Vgl. Spengel/Schaden/Wehrße, StuW 2012, S. 113; Wassermeyer, IStR 2011, S. 90; Lang, IStR 2007, S. 608; Suchanek, IStR 2007, S. 656.

1195 Vgl. Günkel/Lieber, FR 2000, S. 857; Knobbe-Keuk, RIW 1991, S. 310; Schüller, PersG, 2014, S. 226.

1196 Vgl. Schaumburg, Steuerrecht, 2011, Rn. 16.76; Vogel, in: Vogel/Lehner, DBA, 2015, Grundlagen Rn. 126; Weggenmann, Einordnungskonflikte, 2002, S. 248; Lang, IWB 2011, S. 285.

1197 Vgl. Jankowiak, Nichtbesteuerung, 2009, S. 145; Vogel, in: Vogel/Lehner, DBA, 2015, Art. 3 MA Rn. 114, Grundlagen Rn. 126; Benecke/Schnitger, RIW 2002, S. 445; Gosch, in: Schaumburg/Piltz, Veräußerungsgewinne, 2004, S. 116; Schmidt, IStR 2001, S. 497; Dallwitz/Mattern/Schnitger, DStR 2007, S. 1697.

1198 Vgl. Richter, FR 2010, S. 545; Jankowiak, Nichtbesteuerung, 2009, S. 143 f.

Fraglich ist, inwiefern diese Ansichten auch für die deutsche Rechtsprechung relevant sind, da dem OECD-MK in Deutschland keine Gesetzeskraft zukommt.[1199] Ist davon auszugehen, dass die Vertragsparteien eine Auslegung des einschlägigen DBA in Anlehnung an das OECD-MK vorgenommen haben, so ist diese Bedeutung nach Art. 31 Abs. 4 WÜRV die zu berücksichtigende und folglich auch von der Rechtsprechung zu beachtende Auslegung.[1200] Demzufolge besteht eine Bindungswirkung nach Art. 23A Abs. 1 OECD-MA für alle Vertragsstaaten, die der OECD angehörig sind und ihrer Auffassung nicht widersprochen haben bzw. die dem einschlägigen DBA die Auslegungsgrundsätze des OECD-MK zugrunde gelegt haben.[1201] Eine weitere Einschränkung ergibt sich für diejenigen DBA, die vor der Änderung des OECD-MK in 2000 abgeschlossen wurden. Erst durch diese Änderung wurde die von der OECD vertretene Auslegung festgeschrieben. Da in früheren MK lediglich von möglichen Konflikten im Bereich der abkommensrechtlichen Personengesellschaftsbesteuerung die Rede ist, handelt es sich durch die Fassung des OECD-MK 2000 nicht um eine bloße Klarstellung. Allerdings wird von der OECD, Teilen des Schrifttums und dem deutschen Gesetzgeber die Auffassung vertreten, dass die Änderung des OECD-MK auch für die Auslegung früher abgeschlossener DBA relevant sei und unter seiner Zuhilfenahme erfolgen soll.[1202] Anders sehen dies die deutsche Rechtsprechung sowie der überwiegende Teil des Schrifttums, nach denen die Auslegung vor 2000 abgeschlossener DBA nicht an das geänderte OECD-MK gebunden ist.[1203] Insofern sei der Zeitpunkt des DBA-Abschlusses für die Auslegung und Bedeutung eines abkommensrechtlichen Begriffs maßgeblich,

---

1199 Vgl. Vogel, IStR 2003, S. 527. Allerdings sprechen sich einige Teile des Schrifttums für eine Berücksichtigung des OECD-MK aus, vgl. Vogel, IStR 2003, S. 527; Liebchen, PersG, 2008, S. 122 f.; Günkel/Lieber, FR 2000, S. 857.

1200 Vgl. Richter, FR 2010, S. 545; Weggenmann, Einordnungskonflikte, 2002, S. 252.

1201 Für alle anderen Fälle stellt der Kommentar lediglich eine Interpretationsmöglichkeit dar und ist nicht verbindlich. Vgl. Lüdicke, Besteuerung, 2000, S. 7; Debatin, in: Fischer, FS Scherpf, 1983, S. 308; Gündisch, PersG, 2004, S. 44 f.

1202 Vgl. OECD-MK, Einl., Rn. 33; 36.1; Thiel, in: Kessler/Förster/Watrin, FS Herzig, 2010, S. 1030; Gesetzesbegründung der Bundesregierung zu Art. 50d Abs. 9 EStG, BT-Drs. 16/2712, S. 61. Kritisch Loukota, SWI 1997, S. 342 sowie Jirousek, SWI 1998, S. 116, die eine Berücksichtigung des MK für vor 2000 abgeschlossene DBA nur für möglich halten, wenn die Auslegung im Rahmen der Wortlautgrenze erfolgt. Schaumburg, Steuerrecht, 2011, Rn. 16.77, Fn. 9 sieht hingegen nur bei klarstellenden Wirkungen eine Berücksichtigung des geänderten OECD-MK für vorher abgeschlossene DBA als relevant an.

1203 Vgl. BFH, v. 19.5.2010, I B 191/09, BStBl. II 2011, S. 156, Rz. 36 ff.; v. 25.5.2011, I R 95/10, BStBl. II 2014, S. 760, Tz. 17; Vogel, in: Vogel/Lehner, DBA, 2015, Grundlagen Rn. 127; Liebchen, PersG, 2008, S. 344 ff.; Wassermeyer, in: Wassermeyer, DBA, 2015, Art. 23A MA, Rn. 46; Weggenmann, Einordnungskonflikte, 2002, S. 249 f.; Günkel/Lieber, FR 2000, S. 857 f.; Schmidt, IStR 2010a, S. 428; Wassermeyer, Der Konzern 2008, S. 342; Graf/Bisle, IStR 2010, S. 403; Gebhardt, IStR 2011, S. 60; Kollruss, Der Konzern 2012, S. 241.

sodass eine nachträgliche Änderung des OECD-MK keinen Einfluss auf die bereits getroffenen Vorstellungen der Vertragsparteien haben könne.[1204] Zudem gibt es verfassungsrechtliche Bedenken gegen diese Art von Rückwirkung auf die Auslegung älterer DBA.[1205]

3. Vermeidung durch generelle Regelungen

3.1 Abkommensrechtliche Rückfallklauseln

Neben der Beseitigung von Qualifikationskonflikten durch Behebung der Ursachen existieren weitere Möglichkeiten, mit einer Doppelbesteuerung oder der doppelten Nichtbesteuerung bzw. Minderbesteuerung umzugehen. So besteht zudem die Option, lediglich die Ergebnisse in Form der unerwünschten doppelten oder geringeren Besteuerung anhand von Rückfallklauseln auszugleichen.[1206] Besonders um die Nichtbesteuerung aufgrund von Qualifikationskonflikten zu umgehen, wäre eine generelle Anwendung der Anrechnungsmethode anstelle der derzeit primär verwendeten Freistellungsmethode erstrebenswert.[1207] Allerdings stellt dies eine sehr radikale Maßnahme dar, die derzeit nur in vereinzelten DBA Eingang gefunden hat.[1208] Des Weiteren sollen der Export und die Auslandsinvestitionen weiter gefördert und die Ausrichtung der DBA an die Methode zur Verhinderung von Keinmalbesteuerung eher den Sonderfall darstellen.[1209] Nichtsdestotrotz wird die Freistellungsmethode in den neueren DBA um sog. *subject-to-tax* bzw. Rückfallklauseln ergänzt, die unter gewissen Voraussetzungen von der ursprünglichen Freistellung absehen und die Anrechnungsmethode vorschreiben.[1210] Folglich kann eine Freistellung der einschlägigen Einkünfte nur erfolgen, wenn sie tatsächlich auch besteuert werden. Andernfalls erfolgt lediglich eine Anrechnung, was bei vorhandener Keinmalbesteuerung im anderen Staat zu einer vollen Besteuerung der

---

1204 Vgl. Günkel/Lieber, FR 2000, S. 858; Lang, IWB 2011, S. 286; Weggenmann, Einordnungskonflikte, 2002, S. 249 f.; Vogel, SWI 2000, S. 108.

1205 Vgl. Weggenmann, Einordnungskonflikte, 2002, S. 269. Zudem kann nicht die Finanzverwaltung, sondern nur der Gesetzgeber eine Änderung des einschlägigen DBA verwirklichen, vgl. Graf/Bisle, IStR 2010, S. 403.

1206 Vgl. Fischer, in: Kirchhof/Lehner/Raupach/Rodi, FS Vogel, 2000, S. 969.

1207 Vgl. Wolff, IStR 2004, S. 542.

1208 U. a im DBA Zypern. Vgl. Letzgus, Ubg 2010, S. 428.

1209 Vgl. Lüdicke, FR 2011, S. 1078; Lehner, FR 2011, S. 1091.

1210 Vgl. BMF, v. 22.8.2013, IV B 2 – S 1301/13/10009, BStBl. I 2013, S. 980; Müller-Gatermann, FR 2012, S. 1036; Wichmann, FR 2011, S. 1083.

betroffenen Einkünfte in Deutschland führt.[1211] Insofern ist von einer Abkehr der reinen Vermeidung der virtuellen Doppelbesteuerung in deutschen DBA die Rede.[1212]

Einige der bereits abgeschlossenen DBA enthalten ebenfalls Klauseln, die mit einer der Rückfallklausel ähnlichen Regelung versehen sind. In diesen wird bestimmt, dass die einschlägigen Einkünfte lediglich dann als aus dem anderen Staat stammend gelten, wenn sie in diesem in Übereinstimmung mit dem einschlägigen DBA besteuert werden.[1213] Umstritten ist allerdings, ob solche Klauseln lediglich als Quellenregelungen auszulegen sind. Diesbezüglich vertritt die Rechtsprechung eine differenzierte Sichtweise. Einerseits stellte sie in einer Entscheidung zum DBA-Kanada fest, dass die dort enthaltenen Zusätze lediglich als Quellenregel auszulegen sei.[1214] Dem widersprechend urteilte der BFH[1215] in anderen Sachverhalten, dass diese Klauseln der Auslegung der Zuordnung von Einkünften unter die speziellen Einkunftskategorien dienen. Demzufolge stammen die Einkünfte nicht aus dem anderen Staat, wenn sie dort nicht der Besteuerung unterliegen. Daraus ergibt sich die Nichtanwendbarkeit der Freistellungsmethode.[1216]

Im Zusammenhang mit den *subject-to-tax*-Klauseln ist allerdings fraglich, wann die einschlägigen Einkünfte im anderen Staat der tatsächlichen Besteuerung unterliegen. Besteht eine generelle Steuerpflicht der Einkünfte, könnte z. B. aufgrund von Freibeträgen keine Steuererhebung stattfinden. Nach Auffassung der Rechtsprechung und der Finanzverwaltung ist allerdings die Aufnahme der Einkünfte in die Bemessungsgrundlage ausreichend, um das Kriterium der Besteuerung zu erfüllen. Gleiches sollte in dem Fall gelten, dass sich der andere Staat an einer Besteuerung aufgrund seiner abkommensrechtlichen Einordnung der Einkünfte gehindert sieht.[1217] Unklar ist in diesem Zusammenhang, ob die Einkünfte im Ergebnis der Besteuerung unterworfen werden müssen oder ob die Besteuerung auch bei demselben Steuerpflichtigen zu erfolgen hat.

Die *subject-to-tax*-Klauseln sind im Kontext der grenzüberschreitenden Personengesellschaftsbesteuerung immer dann von Bedeutung, wenn der Ansicht der

1211 U. a. Art. 22 Abs. 1 lit. a DBA-Bulgarien, Luxemburg, Niederlande sowie Ungarn; Art. 23 Abs. 2 lit. a DBA-Irland; Art. 22 Abs. 2 lit. a DBA-Spanien; Art. 23 Abs. 1 lit. a DBA-GB; vgl. zur *subject-to-tax* Klausel des DBA Luxemburg siehe Fort/Neugebauer/Willvonseder, IWB 2012, S. 396.

1212 Vgl. Holthaus, IStR 2012, S. 539 f.

1213 U. a. Art. 24 Abs. 3 DBA-Dänemark; Schlussprotokoll Nr. 16d DBA-Italien; Art. 23 Abs. 1S. 2 DBA-Schweden. Vgl. Weggenmann, Einordnungskonflikte, 2002, S. 292 ff.

1214 Vgl. BFH, v.17.12.2003, I R 14/02, BStBl. II 2004, S. 260, Rz. 12 ff.

1215 Vgl. BFH, 17.10.2007, I R 96/06, BStBl. II 2008, S. 953, Tz. II.2.b.bb; v. 11.6.1996, I R 8/96, BStBl. II 1997, S. 117, Tz. II.2; v. 5.2.1992, I R 158/90, BStBl. II 1992, S. 660, Tz. II.2.c.

1216 Vgl. BFH, 17.10.2007, I R 96/06, BStBl. II 2008, S. 953, Tz. II.2.b.bb.bbb.

1217 Vgl. BFH, v. 27.8.1997, I R 127/95, BStBl. II 1998, S. 58, Rz. 9 ff.; BMF, v. 20.6.2013, IV B 2 – S1300/09/10006, BStBl. I 2013, S. 980.

Finanzverwaltung gefolgt wird. Im Outbound-Fall würden Beteiligungserträge eines inländischen Gesellschafters mithin als ausländische Betriebsstätteneinkünfte betrachtet und entsprechend freigestellt. Qualifiziert der Sitzstaat der Personengesellschaft hingegen die Erträge unter die Spezialeinkunftsartikel, ohne dass ein Quellensteuerrecht besteht, kann es zu einer Keinmalbesteuerung kommen. Sofern allerdings eine Rückfallklausel im einschlägigen DBA verabschiedet wurde, kann anstelle der Freistellungs- sodann die Anrechnungsmethode angewendet werden und weiße Einkünfte verhindert werden. Gleichwohl bedingen die Rückfallklauseln im Outbound-Fall, dass die durch das SBV verursachten Einnahmen der ausländischen Betriebsstätte der Mitunternehmerschaft zugeordnet werden.

3.2 Abkommensrechtliche switch-over-*Klauseln*

Mit Einführung des Art. 23A Abs. 4 OECD-MA[1218] existiert eine abkommensrechtliche *switch-over*-Klausel, nach der bei begrenzter oder nicht vorgenommener Besteuerung des Quellenstaats, nunmehr die Anrechnungs- anstelle der Freistellungsmethode anzuwenden ist. Demzufolge stellt diese Regelung eine Verhinderung der Minder- oder doppelten Nichtbesteuerung dar. Allerdings ist die Umstellung der Freistellungs- auf die Anrechnungsmethode ausgeschlossen, wenn die nicht erfolgte Besteuerung auf dem Rückgriff auf das nationale Recht des Quellenstaats resultiert. Art. 23A Abs. 4 OECD-MA erfordert somit einen Qualifikationskonflikt, der auf der Auslegung des DBA besteht. Entstehende Differenzen durch den Rückgriff auf das nationale Recht eines Vertragsstaates sollen durch Art. 23A/B Abs. 1 OECD-MA geklärt werden. In diesen Fällen bedarf es eines Art. 23A Abs. 4 OECD-MA nicht.[1219]

Die in Zusammenhang mit der abkommensrechtlichen Behandlung der Sondervergütungen von Personengesellschaften stehenden Qualifikationskonflikte beruhen indessen auf dem Rückgriff auf das nationale Recht. Demzufolge liegt kein Anwendungsfall des Art. 23A Abs. 4, sondern der Art. 23A/B Abs. 1 OECD-MA vor.[1220] Die bisher in den deutschen DBA eingebrachten *switch-over*-Regelungen unterscheiden sich teilweise sehr deutlich von Art. 23A Abs. 4 OECD-MA. Folgerichtig kann für die Auslegung dieser Regelungen nicht auf das OECD-MK zurückgegriffen werden. Für die deutschen Regelungen ist es mithin unerheblich, woher die Differenzen und Qualifikationskonflikte entstehen.[1221] Hieraus lässt sich schließen, dass

---

1218 Im Rahmen der Überarbeitung von 2000 durch die Aufnahme der Empfehlungen des Partnership Reports aus 1999.

1219 Vgl. OECD-MK, Art. 23A Nr. 56.1–3; Prokisch, in: Vogel/Lehner, DBA, 2015, Art. 1 MA Rn. 136c.

1220 Vgl. Wassermeyer, in: Wassermeyer, DBA, 2015, Art. 23A MA, Rn. 56.3; Geuenich, Qualifikationskonflikte, 2005, S. 123, 144; Haase/Dorn, IStR 2011, S. 792; Spengel/Schaden/Wehrße, StuW 2012, S. 113; a. A. Weggenmann, Einordnungskonflikte, 2002, S. 243, 291.

1221 Vgl. BMF, v. 26.9.2014, IV B 5 – S 1300/09/10003, BStBl. I 2014, S. 1258, Tz. 4.1.3.2; Weggenmann, Einordnungskonflikte, 2002, S. 291.

der Ansicht der OECD nicht gefolgt wird und auch für nach 2000 abgeschlossene DBA mit *switch-over*-Regelungen nicht auf nur abkommensrechtliche Differenzen abgestellt wird.[1222]

Rechtsunsicherheiten bezüglich der Auslegung der *switch-over*-Klauseln können sich jedoch aus dem unbestimmten Ausdruck „zu niedrig" ergeben.[1223] Fraglich ist zudem, ob die Minder- oder Keinmalbesteuerung durch ein Konsultations- bzw. Verständigungsverfahren angesprochen werden muss, um einen Methodenwechsel zu bedingen. So ist umstritten, welche Rechtsfolgen eintreten, wenn keine Einigung in einem solchen Verfahren getroffen werden kann. Weiterhin ist ungeklärt, ob die Verhinderung der Auswirkungen von Qualifikationskonflikten überhaupt in den Anwendungsbereich der Verfahren fällt.[1224] Nach der hier vertretenen Auffassung muss einem Methodenwechsel im Zuge einer *switch-over*-Klausel ein gescheitertes oder abgelehntes Konsultationsverfahren vorhergehen. Ein entsprechendes Urteil des BFH[1225] bezieht sich auf das DBA-USA und den darin enthaltenen Verweis auf den gesamten Verständigungsartikel. Allerdings beinhalten einige deutsche DBA anstelle der expliziten Nennung des Absatzes zum Konsultationsverfahren einen solchen allgemeinen Verweis, der gleichzeitig auch für positive Qualifikationskonflikte einen Methodenwechsel vorsieht. Weiterhin ist das Verständigungsverfahren im engeren Sinne nach Art. 25 Abs. 1 OECD-MA ohne Relevanz, da ein Steuerpflichtiger sicherlich nicht eine Minder- oder Keinmalbesteuerung beanstanden wird. Ein Verfahren von Amts wegen ist in solchen Fällen deshalb lediglich bei grundsätzlichen Fragen relevant. Folgerichtig sollte das gescheiterte oder abgelehnte Verständigungsverfahren eine Voraussetzung des switch-overs auf die Anrechnungsmethode sein.[1226] Problematisch ist diesbezüglich allerdings, dass ein Verständigungs- oder Konsultationsverfahren einen Methodenwechsel mit Anwendungsproblemen behaften und unflexibel erscheinen lassen. Vor allem die Dauer eines solchen Verfahrens dürfte sich negativ auf die effektive Verhinderung von Keinmal- oder Minderbesteuerung auswirken.[1227]

Im Zusammenhang mit der Behandlung grenzüberschreitend gezahlter Sondervergütungen im Abkommensrecht fallen auch die hierdurch entstehenden objektiven Qualifikationskonflikte unter den Anwendungsbereich des Methodenwechsels. Der switch-over erfasst mithin auch Zurechnungskonflikte und daraus resultierende Minder- oder Keinmalbesteuerung.

1222 Vgl. Liebchen, PersG, 2008, S. 350; Schüller, PersG, 2014, S. 233.

1223 Vgl. Weggenmann, Einordnungskonflikte, 2002, S. 290; Haase/Dorn, IStR 2011, S. 795.

1224 Vgl. Haase/Dorn, IStR 2011, S. 792.

1225 Vgl. BFH, v. 28.4.2010, I R 81/09, BFH/NV 2010, S. 1550, Tz. II.4.d.

1226 Übereinstimmend Haase/Dorn, IStR 2011, S. 792; Schmidt, IStR 2010a, S. 428.

1227 Vgl. Weggenmann, Einordnungskonflikte, 2002, S. 290; Schüller, PersG, 2014, S. 235.

3.3 Verständigungsverfahren i. S. d. Art. 25 OECD-MA

Ergeben sich Schwierigkeiten bei der Auslegung oder Anwendung eines DBA, können diese durch die Verfahrensvorschriften des Art. 25 OECD-MA beseitigt werden. Die Einleitung eines Verständigungsverfahrens steht dabei der zuständigen Behörde des jeweiligen Vertragsstaats sowohl auf Antrag des Steuerpflichtigen als auch ohne Antrag im beiderseitigen Einverständnis zu. In Deutschland obliegt die Durchführung von Verständigungs- und Schiedsverfahren dem Bundeszentralamt für Steuern.[1228] Art. 25 OECD-MA unterscheidet drei Verfahrensarten:

- Verständigungsverfahren im engeren Sinne nach Art. 25 Abs. 1 und 2 OECD-MA,
- Konsultationsverfahren nach Art. 25 Abs. 3 S. 1 OECD-MA sowie
- Ergänzungs- / Konsultationsverfahren nach Art. 25 Abs. 3 S. 2 OECD-MA.[1229]

Unter einem Verständigungsverfahren im engeren Sinne wird nach Art. 25 Abs. 1 und 2 OECD-MA die Vermeidung bzw. Beseitigung einer dem Abkommen nicht entsprechenden (Doppel-)Besteuerung verstanden. Die den bilateralen Verträgen widersprechende Besteuerung kann durch Maßnahmen einer oder beider Vertragsstaaten entstehen. Es ist dabei auf den jeweiligen Einzelfall abzustellen.[1230] Im Ablauf des Verständigungsverfahrens im engeren Sinne werden das Vorprüfungs- und Abhilfeverfahren, das eigentliche Verständigungsverfahren und die Durchführung der Verständigungsregelungen unterschieden. Sofern keine abkommenswidrige Besteuerung durch die zuständige Behörde festgestellt werden kann, ist der Antrag auf Einleitung eines Verständigungsverfahrens des Steuerpflichtigen abzulehnen. Weiterhin ist eine Abhilfemöglichkeit zu prüfen, sofern die zu beanstandende Besteuerung auf einer deutschen Maßnahme beruht. Ist der Antrag zulässig und keine Abhilfe möglich bzw. die abkommenswidrige Besteuerung ist aufgrund einer Maßnahme des ausländischen Staats entstanden, ist das eigentliche Verständigungsverfahren einzuleiten.[1231] Trotz der gemeinsamen Prüfung und Analyse des

---

1228 Vgl. BMF, v. 20.6.2011, IV B – O 1000/09/10507-04, BStBl. I 2011, S. 674. Die Zuständigkeit gilt nicht für Konsultationsverfahren i. S. v. Art. 25 Abs. 3 S. 1 und 2 OECD-MA, sodass insoweit die Zuständigkeit an das BMF zurückfällt. Vgl. Lehner, in: Vogel/Lehner, DBA, 2015, Art. 25 OECD-MA Rn. 55.

1229 Vgl. Fey, in: Beck, StLex, 2015, Verständigungsverfahren, Rn. 1–6; Lehner, in: Vogel/Lehner, DBA, 2015, Art. 25 OECD-MA Rn. 2 f. Darüber hinaus enthält Art. 25 Abs. 4 OECD-MA Durchführungsbestimmungen für alle genannten Verfahrensarten. Abs. 5 der Vorschrift trifft zudem weitere Angaben zur Einleitung eines Schiedsverfahrens, auf das sich die beteiligten Vertragsstaaten vor Entstehung der Streitigkeiten geeinigt haben.

1230 Vgl. Lehner, in: Vogel/Lehner, DBA, 2015, Art. 25 OECD-MA Rn. 72 ff.; Fey, in: Beck, StLex, 2015, Verständigungsverfahren, Rn. 4, 8–11.

1231 Ein Antrag auf Einleitung eines Verständigungsverfahrens nach Art. 25 Abs. 1 S. 1 OECD-MA kann unbeschadet der innerstaatlichen Rechtsmittel gestellt werden, sodass es keiner bereits gescheiterten nationalen Streitschlichtungsmöglichkeiten bedarf. Vgl. Lehner, in: Vogel/Lehner, DBA, 2015, Art. 25 OECD-MA Rn. 34.

Sachverhalts durch die beteiligten Vertragsstaaten muss das Verständigungsverfahren nicht notwendigerweise durch eine einvernehmliche Einigung enden.[1232] Die Verständigung erfolgt grundsätzlich schriftlich und unter dem Vorbehalt der Zustimmung des Steuerpflichtigen.[1233] Wird das Verfahren für gescheitert erklärt, verbleiben zwei Möglichkeiten. Einerseits kann unter den Voraussetzungen des § 163 AO die Steuerfestsetzung aus Billigkeitsgründen zu einer Vermeidung der Doppelbesteuerung führen. Andererseits kann ein Schiedsverfahren eingeleitet werden, sofern die weiteren Voraussetzungen hierfür vorliegen.[1234]

Das Konsultationsverfahren nach Art. 25 Abs. 3 S. 1 OECD-MA dient der Klärung und Beseitigung von Zweifelsfragen oder Schwierigkeiten bei der Auslegung bzw. Anwendung von DBA. Entgegen dem Verständigungsverfahren im engeren Sinne unterliegen dem Konsultationsverfahren nicht Einzelfälle, sondern generelle Rechtsfragen. Getroffene Auslegungsvereinbarungen sind lediglich für die Finanzbehörden bindend und entfalten aufgrund ihres Rechtscharakters keine generelle Bindungswirkung für Steuerpflichtige oder Gerichte.[1235]

Im Ergänzungs- bzw. Konsultationsverfahren nach Art. 25 Abs. 3 S. 2 OECD-MA können offene Fragen zur Vermeidung von Doppelbesteuerung in jenen Fällen geklärt werden, die in den DBA nicht genannt sind. Im Ergebnis sollen die DBA um diese Fälle ergänzt werden, wobei es in Deutschland hierfür gleichlautender Ergänzungs- oder Änderungsprotokolle bedarf.[1236]

Im Rahmen eines EU-Schiedsverfahrens kommt es zu einer obligatorischen Schlichtung. Grundlage eines solchen Schlichtungsverfahrens ist die Beseitigung von Doppelbesteuerung im Zuge von Gewinnberichtigungen (u. a. Verrechnungspreise und Abgrenzung von Betriebsstättengewinnen) von verbundenen Unternehmen.[1237] Ein EU-Schiedsverfahren kann allerdings nur unter gewissen

---

1232 Eine zustande gekommene Einigung kann innerstaatlich durch § 175a AO umgesetzt werden. Die Bestandskraft der angefochtenen Bescheide ist insoweit unbeachtlich, als der Antrag auf Einleitung eines Verständigungsverfahrens als Antrag auf Änderung des Steuerbescheids gewertet wird und folglich die Festsetzungsfrist gehemmt wird (§ 169 Abs. 2 S. 1 Nr. 2 AO i. V. m. § 171 Abs. 3 AO).

1233 Der Antragsteller muss sich mit der Verständigungsregelung einverstanden erklären und innerstaatlich eingelegte Rechtsbehelfe in dem Umfang zurücknehmen oder auf deren Einlegung zu dem Teil verzichten, der sich auf den Gegenstand der Verständigungsvereinbarung bezieht (§ 354 Abs. 1a, § 362 Abs. 1 a AO sowie § 50 Abs. 1a, § 72 Abs. 1 a FGO). Vgl. BMF, v. 13.7.2006, IV B – S 1300/340/06, BStBl. I 2006, S. 461, Tz. 3.4 S. 2 i. V. m. Tz. 4.2; Lehner, in: Vogel/Lehner, DBA, 2015, Art. 25 OECD-MA Rn. 101.

1234 Insbesondere das Schiedsverfahren nach Art. 25 Abs. 5 OECD-MA oder das EU-Schiedsverfahren.

1235 Vgl. Fey, in: Beck, StLex, 2015, Verständigungsverfahren, Rn. 5, 12; Lehner, in: Vogel/Lehner, DBA, 2015, Art. 25 OECD-MA Rn. 166 ff.

1236 Vgl. Fey, in: Beck, StLex, 2015, Verständigungsverfahren, Rn. 6, 13.

1237 Vgl. Richtlinie 90/436/EWG, ABl. 1990, L 255, S. 10–24; weiterhin existiert ein Verhaltenskodex zur wirksamen Durchführung eines Schiedsverfahrens, vgl. ABl. 2009, C 322/1.

Voraussetzungen eingeleitet werden. So kommt das Verfahren lediglich in Fällen der Gewinnberichtigung von verbundenen Unternehmen und erst im Anschluss an ein gescheitertes Verständigungsverfahrens in Frage.[1238] Demgegenüber kann ein Schiedsverfahren nach Art. 25 Abs. 5 OECD-MA nach erfolglosem Verständigungsverfahren im engeren Sinne eingeleitet werden. Hierbei erstreckt sich der Gegenstand des Schiedsverfahrens auf alle noch offenen (Teil-)Fragen i. S. d. Art. 25 Abs. 1 und 2 OECD-MA.[1239]

3.4 Sonderregelungen in DBA

Aufgrund der dargestellten Probleme abkommensrechtlicher Rückfall- oder Methodenwechselklauseln ergibt sich keine Möglichkeit der ausdrücklichen Verhinderung der Auswirkungen von Qualifikationskonflikten. Eine hinreichende Lösung könnte die Vereinbarung von Sonderregelungen in DBA sein. Diese könnten die möglichen Fälle des Aufeinandertreffens divergierender Besteuerungskonzeptionen aufgreifen und effektiv Doppel-, Minder- oder Keinmalbesteuerung vermeiden.[1240]

Einige von Deutschland vereinbarte DBA enthalten Sonderregelungen, die Sondervergütungen ausdrücklich als Teil des Unternehmensgewinns ausweisen, sofern das innerstaatliche Recht des Sitzstaates der Personengesellschaft die Vergütungen unter die Personengesellschaftsgewinne fasst.[1241] Solche Regelungen und die einhergehende Ausgestaltung sind allerdings nur sinnvoll, wenn die Vertragsstaaten ein in Teilen übereinstimmendes Besteuerungskonzept in Bezug auf Personengesellschaften zugrunde legen. Von besonderer Bedeutung für deutsche DBA sind diesbezüglich die transparente Besteuerung der Personengesellschaft sowie die Nichtanerkennung von schuldrechtlichen Vertragsbeziehungen zwischen Gesellschafter und Gesellschaft. Hierdurch kann sichergestellt werden, dass die Vertragsstaaten die Sonderregelung einheitlich auslegen und Qualifikationskonflikte übereinstimmend vermieden werden.[1242] Werden die Sonderregelungen nicht auf das Steuerrecht des jeweiligen Vertragsstaates abgestimmt, kann es zu

---

1238 Eine Ausnahme besteht lediglich für jene Fälle, in denen das Verständigungsverfahren nicht innerhalb von 2 Jahren abgeschlossen ist. Vgl. BMF, v. 13.7.2006, IV B – S 1300/340/06, BStBl. I 2006, S. 461, Tz. 13.1.1; Vgl. ebenso Lehner, in: Vogel/Lehner, DBA, 2015, Art. 25 OECD-MA Rn. 299 ff. Hierbei gibt es ebenfalls die Möglichkeit im Rahmen von Vorabverständigungsvereinbarungen, sog. *Advance Pricing Agreements* (*APA*), präventiv Streitfragen im Bereich der Verrechnungspreise zu klären.

1239 Vgl. Lehner, in: Vogel/Lehner, DBA, 2015, Art. 25 OECD-MA Rn. 221 ff.

1240 Vgl. Lang, in: Kleineidam, FS Fischer, 1999, S. 728.

1241 U. a. Art. 7 Abs. 7 DBA-Österreich und Schweiz. Vgl. Pohl, IWB 2012, S. 121; Spengel/Schaden/Wehrße, StuW 2012, S. 113; Ostendorf, Sondervergütungen, 1994, S. 155 f.

1242 Siehe auch bezgl. der ausdrücklichen Ausgestaltung der einzelnen deutschen DBA mit Sonderregelungen Schüller, PersG, 2014, Kapitel I.1.3, S. 235 ff.

Zurechnungsproblemen kommen oder die Erfassung nicht explizit erwähnter Einkünfte unter die Unternehmensgewinne ist ausgeschlossen. In diesen Fällen würde die Sonderregelung nicht die Reichweite des deutschen § 50d Abs. 10 EStG bzw. § 15 Abs. 1 S. 1 Nr. 2 EStG haben und folglich in den uneinheitlich ausgestalteten Fällen zu Qualifikationskonflikten und deren Auswirkungen führen.

Darüber hinaus enthält die deutsche Verhandlungsgrundlage für DBA[1243] keine entsprechende Bestimmung zur Vereinbarung von Sonderregelungen in Bezug auf Sondervergütungen bei neu zu verhandelnden DBA. Dies kann darauf zurückzuführen sein, dass die abkommensrechtliche Behandlung der Sondervergütungen nicht abschließend geklärt ist und derzeit erhebliche Rechtsunsicherheiten bestehen. Zudem kann eine generelle Regelung im Rahmen der Verhandlungsgrundlage nicht auf die Besonderheiten jedes einzelnen ausländischen Steuerrechts eingehen und wäre somit hinfällig. Neben der fehlenden praktischen Relevanz erscheint es unrealistisch, eine generelle Sonderregelung in Anlehnung an die inländische Behandlung von Sondervergütungen zu gestalten, die ein möglicher Vertragsstaat mit abweichendem innerstaatlichem Steuerrecht akzeptiert. Die Vertragsverhandlungen könnten mithin in die Länge gezogen werden oder im Ergebnis scheitern. Gleiches gilt für die Neuverhandlung bereits abgeschlossener aber auslaufender DBA. Auch hier erscheint eine generelle Einfügung von Sonderregelungen bzgl. der Behandlung von Sondervergütungen oder der Vermeidung der aufgrund von Qualifikationskonflikten entstehenden Doppel-, Minder oder Keinmalbesteuerung kaum umsetzbar.

4. Zwischenfazit

Die hier vertretene Auffassung geht davon aus, dass die Änderungen des OECD-MK in 2000 bzgl. der Rechte und Pflichten eines Staates zur Verhinderung von Doppelbesteuerung nur berücksichtigt werden müssen, wenn bei Abschluss des einschlägigen DBA die zu dem Zeitpunkt geltende Fassung des OECD-MK als Maßstab für die Auslegung angesehen wird. Ist dies nicht der Fall, kann auch eine geänderte Fassung nicht an Bedeutung für ein bereits abgeschlossenes DBA gewinnen. Darüber hinaus sollten die Änderungen nur klarstellenden Charakter haben; denn zum Zeitpunkt des erstmaligen DBA-Abschlusses können die Vertragsparteien nicht über kommende Änderungen informiert oder über diese einig sein.[1244] Ist eine Klarstellung nicht gegeben, sondern handelt es sich um neue Änderungen, wie z. B. die Annahme einer Qualifikationsverkettung, so gilt diese lediglich als unverbindliche Interpretationshilfe.[1245] Folglich besteht für vor 2000 abgeschlossene DBA keine

---

1243 Vgl. BMF, v. 22.8.2013, IV B 2 – S 1301/13/10009, BStBl. I 2013, S. 980. Siehe ebenso C.II.4.

1244 So zutreffend Salzmann, IWB 2007, S. 1477. A. A. Lang, IStR 2001, S. 538, der der Ansicht ist, einer reinen klarstellenden Änderungen bedarf es nicht, da auf bereits bestehende Regelungen zurückgegriffen werden kann.

1245 Vgl. Lüdicke, Besteuerung, 2000, S. 7; Richter, FR 2010, S. 545; Gündisch, PersG, 2004, S. 44 f.; Debatin, in: Fischer, FS Scherpf, 1983, S. 308; Vogel, SWI 2000, S. 110.

Verpflichtung, die Änderungen des OECD-MK zu berücksichtigen.[1246] Weiterhin ist der Ansicht zuzustimmen, nach der nur bei Bestehen einer abschließenden Definition oder bei ausdrücklicher Anordnung der Maßgeblichkeit des Rechts des Quellenstaates eine Auslegungsbindung nach Art. 23A Abs. 2 OECD-MA für den Ansässigkeitsstaat besteht. Die explizite Aufzählung führt dazu, dass wesentlich engere Voraussetzungen erfüllt werden müssen, deren Auslegung aber mit dem Wortlaut der Norm vereinbar ist.[1247]

Zusammengefasst lässt sich eine Doppelbesteuerung durch ab dem Jahr 2000, in Anlehnung bzw. Übereinstimmung mit den Auffassungen des OECD-MK, geschlossene DBA durch eine Bindung des Ansässigkeitsstaats an die Qualifikation des Quellenstaats nach Art. 23A Abs. 1 OECD-MA vermeiden. Für früher abgeschlossene DBA oder DBA, die nicht an die im OECD-MK angelehnte Auffassung der OECD abgeschlossen wurden, kann eine Doppelbesteuerung nur durch die Anwendung von Art. 23A Abs. 2 OECD-MA vermieden werden. Hier gilt allerdings die Einschränkung, dass Art. 23A Abs. 2 OECD-MA nicht angewendet werden kann, wenn Deutschland der Sitzstaat der Personengesellschaft ist und wenn damit die Sondervergütungen in Unternehmensgewinne nach Art. 7 OECD-MA umqualifiziert werden.[1248]

Darüber hinaus können Rückfallklauseln, abkommensrechtliche *switch-over*-Regelungen oder Sondervereinbarungen in DBA nur in engen Grenzen eine Doppelbesteuerung vermeiden. In diesem Zusammenhang soll auf die Sinnhaftigkeit solcher Sonderregelungen zur abkommensrechtlichen Behandlung von Sondervergütungen zur Vermeidung von Doppelbesteuerungen hingewiesen werden. Gleichzeitig muss aber herausgestellt werden, dass solche Regelungen neue oder erneute Vertragsverhandlungen behindern und auf das jeweilige innerstaatliche Steuerrecht des Vertragsstaats abgestimmt werden muss, um der deutschen Behandlung von Sondervergütungen zu entsprechen. Aus diesen Gründen wurde vermutlich in der deutschen Verhandlungsgrundlage für DBA auf die Möglichkeit der Vereinbarung von Sonderregelungen bzgl. der Sondervergütungen verzichtet.

1246 Dies gilt auch nicht für eine dynamische Auslegung, die laut Pohl durch den BFH gegeben ist, da diese eine Berücksichtigung nur mit übereinstimmenden Wortlaut zulässt. Wie allerdings festgestellt, kann über Art. 23A Abs. 1 OECD-MA keine Qualifikationsverkettung festgestellt werden. Vgl. Pohl, RIW 2012, S. 678 f. mit Verweis auf BFH, v. 12.10.2011, I R 15/11, BStBl. II 2012. S. 548.

1247 Zutreffend Burmester, in: Haarmann, Unternehmensstrukturen, 1996, S. 134 f.; Debatin, in: Fischer, FS Scherpf, 1983, S. 311. A. A. Geuenich, Qualifikationskonflikte, 2005, S. 113 sowie Knobbe-Keuk, RIW 1991, S. 308, die Unsicherheiten bei der Auslegung und Bestimmung der Einkunftsarten bei Eingreifen von Betriebsstättenvorbehalten sieht.

1248 Eine Doppelbesteuerung kann in diesen Fällen nur unter Einleitung eines Verständigungsverfahrens vermieden werden. Vgl. Müller/Wangler, IStR 2003, S. 153.

II. Entstehung und Vermeidung der doppelten Nichtbesteuerung

1. Begriff und Auftreten der doppelten Nichtbesteuerung

Weder im Schrifttum noch durch gesetzliche Normierung existiert eine einheitliche Definition des Begriffs der doppelten Nichtbesteuerung oder Minderbesteuerung.[1249] Generell kann unter einer doppelten Nichtbesteuerung die nicht erfolgte Besteuerung bestimmter Einkünfte eines Steuerpflichtigen in einem Besteuerungszeitraum aufgrund des Zusammenwirkens von innerstaatlichem und Abkommensrecht verstanden werden.[1250] Erfolgt unter den genannten Voraussetzungen nur eine teilweise Besteuerung, so wird von einer Minderbesteuerung oder grauen Einkünften gesprochen.[1251]

Im Schrifttum werden systembedingte und gestaltungsbedingte Ursachen zur Entstehung einer doppelten Nichtbesteuerung angeführt.[1252] In dieser Untersuchung stehen die doppelte Nichtbesteuerung bzw. Minderbesteuerung in Bezug auf grenzüberschreitende Sondervergütungen im Fokus, die in zwei Fallgestaltungen auftreten können. Einerseits besteht die Gefahr der doppelten Nichtbesteuerung, wenn beide Vertragsstaaten die Steuersubjekteigenschaft der Personengesellschaft negieren und ihre Einkünfte transparent besteuern. Erfolgt weiterhin eine Umqualifizierung durch den Wohnsitzstaat des Gesellschafters, so wendet dieser auf die Sondervergütungen Art. 7 OECD-MA an und stellt die Einkünfte aufgrund von Art. 23A Abs. 1 OECD-MA frei.[1253] Der Sitzstaat der Personengesellschaft, dem diese Umqualifizierung unbekannt ist, besteuert die Sondervergütungen den speziellen Einkunftsartikeln entsprechend nicht oder nur in der Höhe begrenzt.[1254] Die Folge dieser Qualifikation ist ein negativer Qualifikationskonflikt bzw. eine doppelte Nichtbesteuerung oder Minderbesteuerung.[1255] Andererseits kommt es zur

1249 Mögliche Definitionen oder Umschreibungen siehe Jankowiak, Nichtbesteuerung, 2009, S. 32; Hahn, IStR 2003, S. 446 f.

1250 Vgl. Wolff, IStR 2004, S. 542; Hahn, IStR 2003, S. 447.

1251 Weiße Einkünfte liegen hingegen bei der Nichtbesteuerung vor. Vgl. Jankowiak, Nichtbesteuerung, 2009, S. 79; Burmester, in: Burmester/Endres, FS Debatin, 1997, S. 56.

1252 Siehe Übersichten Jankowiak, Nichtbesteuerung, 2009, S. 34 ff; Burmester, in: Burmester/Endres, FS Debatin, 1997, S. 56.

1253 Zu einer doppelten Nichtbesteuerung kann es nur kommen, wenn das einschlägige DBA die Freistellungsmethode vorsieht. Ist hingegen die Anrechnungsmethode nach Art. 23B Abs. 1 OECD-MA anzuwenden, steht dem Ansässigkeitsstaat ebenfalls ein eingeschränktes Besteuerungsrecht zu und es kommt nicht zur Nichtbesteuerung. Vgl. OECD, Partnership Report, 1999, Rn. 101.

1254 Eine begrenzte Steuer wird erhoben, wenn z. B. Art. 10 Abs. 2, 11 Abs. 2 OECD-MA oder eine vergleichbare Norm zur Anwendung gelangt.

1255 Vgl. Pyszka/Brauer, PersG, 2004, Rz. 63. Zur Fallgestaltung vgl. OECD, Partnership Report, 1999, Rn. 96, Beispiel 13; BMF, v. 16.4.2010, IV B 2 – S 1300/09/10003, BStBl. I 2010, S. 354, Tz. 4.1.3.3.2.

doppelten Nichtbesteuerung, wenn der Sitzstaat der Personengesellschaft diese nach dem Trennungsprinzip besteuert, wohingegen der Wohnsitzstaat des Gesellschafters von einer transparenten Besteuerung ausgeht und die Sondervergütungen darüber hinaus in gewerbliche Unternehmensgewinne nach Art. 7 OECD-MA umqualifiziert. Geht der Wohnsitzstaat weiterhin von einem Besteuerungsrecht des Sitzstaates der Personengesellschaft aus, da er die Sondervergütungen der Personengesellschaft zugeordnet hat, so stellt er die Einkünfte nach Art. 23A Abs. 1 OECD-MA frei. Der Quellenstaat nimmt hingegen eine Qualifikation anhand der speziellen Einkunftsartikel vor und weist dadurch das Besteuerungsrecht dem Wohnsitzstaat des Gesellschafters zu oder er hat selbst ein eingeschränktes Besteuerungsrecht. Die Folge der unterschiedlichen Qualifikation der Personengesellschaft und der Anwendung des Sondervergütungskonzepts wäre die doppelte Nichtbesteuerung bzw. Minderbesteuerung.[1256]

Ist allerdings von einem Vorrang der speziellen Einkunftsartikel gem. Art. 7 Abs. 4 OECD-MA auszugehen, so ergibt sich eine identische Auslegung des DBA durch beide beteiligten Staaten und das Risiko einer doppelten Nichtbesteuerung ist gering.[1257] Kommt hingegen § 50d Abs. 10 EStG zur Anwendung, führt die geringe Reichweite der Norm i. d. F. des JStG 2009 lediglich zu einer kongruenten Abkommensauslegung im Outbound-Fall. Insofern würden die Sondervergütungen dem Ansässigkeitsstaat des Gesellschafters, in diesem Fall Deutschland, zugesprochen werden, was zu einer Zuweisung des Besteuerungsrechts zu diesem durch beide beteiligten Staaten führt.[1258] Eine Gefahr der doppelten Nichtbesteuerung besteht in Bezug auf deutsche DBA lediglich in den Fällen, in denen die Sondervergütungen nicht dem Wohnsitzstaat des Gesellschafters, sondern einer Betriebsstätte im ausländischen Quellenstaat zugerechnet werden. Durch die Neufassung der Vorschrift mit dem AmtshilfeRLUmsG gelang es, einige Problemfelder der Altfassung weitestgehend zu vermeiden und einem Leerlaufen der Norm entgegenzuwirken. Kommt § 50d Abs. 10 EStG n. F. entsprechend zur Anwendung, werden Sondervergütungen abkommensrechtlich als Teil des Unternehmensgewinns angesehen und durch die Zurechnungsfiktion des § 50d Abs. 1 S. 3 EStG der aufwandstragenden Betriebsstätte zugeordnet. Sofern es aufgrund der enthaltenen Rückwirkung zu einer Erstanwendung der Neufassung im VZ 2013 bzw. aufgrund der *treaty overrides* (Umqualifizierung und Zurechnungsfiktion) zu einer generellen Negierung der Verfassungskonformität kommt, verbleibt die Behandlung der Sondervergütungen bei der alten Rechtslage ohne § 50d Abs. 10 EStG. Hier käme es nur in Ausnahmefällen zu Zuordnungs- oder Qualifikationskonflikten mit entstehender Minder- oder Nichtbesteuerung. Findet § 50d Abs. 10 EStG i. d. F. des AmtshilfeRLUmsG hingegen Anwendung, würden sich die Fälle der verminderten oder

1256 Vgl. Jankowiak, Nichtbesteuerung, 2009, S. 37 f.
1257 Zutreffend vgl. Liebchen, PersG, 2008, S. 346 f.
1258 Vgl. Prinz zu Hohenlohe/Rautenstrauch/Wittmann, BB 2012, S. 360; Meretzki, IStR 2009, S. 224.

doppelten Nichtbesteuerung aufgrund der abkommensbrechenden Behandlung der Sondervergütung häufen. Im Folgenden soll deshalb geklärt werden, wie eine doppelte Nichtbesteuerung in diesen (Ausnahme-)Fällen effektiv verhindert werden kann. Dabei wird sowohl die abkommensrechtliche Ebene als auch das nationale Steuerrecht betrachtet.

2. Vermeidung der doppelten Nichtbesteuerung oder Minderbesteuerung

2.1 Ebene der DBA

2.1.1 Auslegung der Methodenartikel

Um dem Zweck eines DBA, der neben der Vermeidung der Doppelbesteuerung auch die Verhinderung der doppelten Nichtbesteuerung umfasst,[1259] gerecht zu werden, vertritt die OECD die Auffassung, dass in den Fällen, in denen der Quellenstaat durch die Bestimmungen des DBA an einer Besteuerung gehindert ist, der Ansässigkeitsstaat nicht zu einer Freistellung der entsprechenden Einkünfte verpflichtet ist.[1260] Voraussetzung ist allerdings, dass sich die Hinderungsgründe einer Besteuerung aus dem innerstaatlichen Steuerrecht des Quellenstaats ergeben; denn basieren sie aus der unterschiedlichen Auslegung eines Sachverhalts oder des DBA, muss der Konflikt durch Art. 23A Abs. 4 OECD-MA gelöst werden.[1261] In Bezug auf den Inbound-Fall[1262] stimmen die Finanzverwaltung und der Gesetzgeber mit der von der OECD vertretenen Auffassung überein, sodass der Ansässigkeitsstaat nicht zu einer Freistellung der Einkünfte verpflichtet sei, wenn der Quellenstaat durch nationale Bestimmungen an einer Besteuerung gehindert ist.[1263]

Dem widerspricht die BFH-Rechtsprechung, indem sie davon ausgeht, dass der Ansässigkeitsstaat nicht automatisch das Besteuerungsrecht bei einer Nichtbesteuerung durch den Quellenstaat erhalten kann, wenn durch die Regelung des einschlägigen DBA lediglich festgestellt wird, dass Einkünfte aus dem Quellenstaat stammen unter der Voraussetzung, dass sie auch dort besteuert werden.[1264] Das Urteil basierte dabei auf Art. 23 Abs. 3 DBA-Kanada 1981[1265], wobei fraglich ist, ob

1259 Vgl. OECD, Partnership Report, 1999, Rn. 52.

1260 Dies gilt auch für den Fall, dass der Ansässigkeitsstaat nach eigener Auslegung das Besteuerungsrecht des Quellenstaats angenommen hätte. Vgl. OECD, Partnership Report, 1999, Rn. 109; OECD-MK, Art. 23, Ziff. 32.6.

1261 Vgl. OECD, Partnership Report, 1999, Rn. 112.

1262 Ausländischer Gesellschafter ist an einer inländischen Personengesellschaft beteiligt.

1263 Vgl. BMF, v. 24.12.1999, IV B 4 – S 1300/111/99, BStBl. I 1999, S. 1076, Tz. 1.2.3; v. 16.4.2010, IV B 2 – S 1300/09/10003, BStBl. I 2010, S. 354, Tz. 4.1.3.3.2; Gesetzesbegründung der Bundesregierung zu § 50d Abs. 9 EStG, BT-Drs. 16/2712, S. 61.

1264 Vgl. BFH, v. 17.12.2003, I R 14/02, BStBl. II 2004, S. 260, Rz. 11 ff.

1265 BStBl. II 1982, S. 802.

die vom BFH getroffenen Aussagen auch auf Art. 23A Abs. 1 OECD-MA übertragen werden können. Zu beachten ist hierbei, dass Art. 23A Abs. 1 OECD-MA bereits eine Freistellung der einschlägigen Einkünfte durch den Ansässigkeitsstaat fordert, wenn die Möglichkeit der Besteuerung im Quellenstaat besteht.[1266] Dem gegenüber enthält Art. 23 Abs. 3 i. V. m. Art. 23 Abs. 2 lit. a DBA-Kanada 1981 nur eine eingeschränkte Reichweite, sodass unter Zugrundelegung dieser Regelung bereits kein Rückfall des Besteuerungsrechts an den Ansässigkeitsstaat angenommen werden kann und dies mithin auch nicht für Art. 23A Abs. 1 OECD-MA gelten kann.[1267] Folglich kann nach Ansicht des BFH die doppelte Nichtbesteuerung nicht durch Art. 23A Abs. 1 OECD-MA vermieden werden.

Im Schrifttum wird einerseits die Ansicht vertreten, dass eine doppelte Nichtbesteuerung durch die Auslegung der OECD von Art. 23A Abs. 1 OECD-MA vermieden werden könne.[1268] Insofern müsste eine teleologische Reduktion des Art. 23A Abs. 1 OECD-MA vorgenommen werden; denn der Quellenstaat kann nicht davon ausgehen, dass bei seiner Nichtbesteuerung nunmehr der Ansässigkeitsstaat die entsprechenden Einkünfte weiterhin freistellt.[1269] Darüber hinaus widerspricht dieser Auslegung auch nicht die Tatsache, dass bestimmte DBA *switch-over*-Klauseln zur Vermeidung der doppelten Nichtbesteuerung enthalten; denn die Auslegung durch die OECD erfolgte erst nachträglich.[1270] Andererseits spricht sich der überwiegende Teil des Schrifttums gegen eine Vermeidung der doppelten Nichtbesteuerung durch die OECD-Auslegung aus.[1271] Entsprechend sollen DBA auch das Ziel verfolgen, die virtuelle Doppelbesteuerung zu vermeiden.[1272] Die Verhinderung der doppelten Nichtbesteuerung stelle hingegen kein Ziel der DBA dar, sodass eine Auslegung diesbezüglich nicht möglich und zudem die von der OECD geforderte Rückausnahme der Freistellung auch nicht durch den Wortlaut herleitbar sei.[1273]

1266 Dies geschieht unabhängig davon, ob eine Besteuerung auch tatsächlich durchgeführt wird und entspricht der Vermeidung der virtuellen Doppelbesteuerung. Vgl. BFH, v. 10.1.2012, I R 66/09, BFH/NV 2012, S. 1056, Rz 11 ff.; Debatin, BB 1991, S. 1183.

1267 So übereinstimmend Stemler, Sondervergütungen, 2012, S. 226.

1268 Vgl. Lehner, IStR 2012, S. 393 f.; Hruschka, DStR 2010, S. 1362; Jankowiak, Nichtbesteuerung, 2009, S. 143; Krabbe, FR 2001, S. 130 f.; Dorn, in: Haase, AStG/DBA, 2012, Art. 23A MA Rn. 20; Vogel, in: Vogel/Lehner, DBA, 2015, Art. 3 MA Rn. 114.

1269 Vgl. Krabbe, FR 2001, S. 130 f.

1270 Außerdem kann den Vertragsstaaten nicht unterstellt werden, durch divergierende nationale Vorgaben eine doppelte Nichtbesteuerung hervorrufen zu wollen. Vgl. Jankowiak, Nichtbesteuerung, 2009, S. 140, 142 f.

1271 Vgl. Wassermeyer, in: Wassermeyer, DBA, 2015, Art. 23A MA Rn. 46; Lüdicke, Besteuerung, 2000, S. 29 ff.; Gosch, in: Schaumburg/Piltz, Veräußerungsgewinne, 2004, S. 116 f.

1272 Vgl. Wassermeyer, in: Wassermeyer, DBA, 2015, Art. 23A MA Rn. 46. Zur Begrifflichkeit siehe auch C.I.3.1.

1273 Vgl. Günkel/Lieber, FR 2000, S. 856 f.; Günkel/Lieber, FR 2001, S. 132.

Weiterhin wird Art. 23A Abs. 4 OECD-MA die Verhinderung der doppelten Nichtbesteuerung zugesprochen, wenn sich die Qualifikationskonflikte aufgrund der unterschiedlichen Auslegung des nationalen Rechts ergeben; denn die Einschränkung der OECD auf Konflikte aufgrund divergierender Abkommensauslegung oder Behandlung von Sachverhalten sei nicht aus dem Wortlaut der Norm erkennbar.[1274] Kritisch wäre allerdings, dass die Ermittlung des Grunds eines Qualifikationskonflikts mitunter schwierig ist[1275] und die Methodenartikel generell nicht angewendet werden können, wenn das Besteuerungsrecht aufgrund des einschlägigen Verteilungsartikels nur einem Vertragsstaat zusteht.[1276] Darüber hinaus sehen Teile des Schrifttums den Anwendungsbereich des Art. 23A Abs. 4 OECD-MA als sehr eingeschränkt bzw. nicht vorhanden an; denn die Vorschrift hat einen identischen Regelungsinhalt wie Art. 23A Abs. 1 OECD und zudem greift Art. 23A Abs. 2 OECD-MA in Anwendungsfällen des Art. 10 Abs. 2, 11 Abs. 4 OECD-MA ein.[1277]

2.1.2 Stellungnahme und Zwischenfazit

Nach der hier vertretenen Ansicht kann durch die Auslegung von Art. 23A Abs. 1 OECD-MA eine doppelte Nichtbesteuerung vermieden werden. Dem Wortlaut der Norm, auf den es laut Art. 31 Abs. 1 WÜRV bei der Auslegung völkerrechtlicher Verträge ankommt, kann nicht entnommen werden, dass eine Freistellung des Ansässigkeitsstaats zu versagen ist, wenn der Quellenstaat an der Besteuerung gehindert ist.[1278] Dies ist daraus zu schließen, dass der Ansässigkeitsstaat die Anwendung des Methodenartikels aus seiner Perspektive heraus annimmt und nur in Ausnahmefällen an die Qualifikation des Quellenstaates gebunden ist. Abhängig von dem Sinn und Zweck eines DBA, sofern dieser auch die Verhinderung einer doppelten Nichtbesteuerung umfasst,[1279] kann es allerdings dazu kommen, dass der

1274 Vgl. Schuch/Bauer, in: Gassner/Lang/Lechner, PersG, 2000, S. 41 f.; Gündisch, PersG, 2004, S. 107, 386 f.; Lüdicke, Besteuerung, 2000, S. 22 f. A. A. OECD-MK, Art. 23, Rn. 56.1; Lehner, IStR 2012, S. 392. Die OECD vertritt die Auffassung, die Norm sei lediglich auf Qualifikationskonflikte aufgrund von divergierender Abkommensauslegung oder der Annahme verschiedener Sachverhalte anwendbar.

1275 Vgl. Weggenmann, Einordnungskonflikte, 2002, S. 243.

1276 Vgl. Lehner, IStR 2012, S. 392; Krabbe, IStR 2002, S. 149 f.; Liebchen, PersG, 2008, S. 238.

1277 Vgl. Schuch/Bauer, in: Gassner/Lang/Lechner, PersG, 2000, S. 44 f.

1278 Zutreffend u. a. Günkel/Lieber, FR 2001, S. 132.

1279 Dieser Ansicht OECD, Partnership Report, 1999, Rn. 52; FG Hamburg, v. 14.11.1969, II 342/67, EFG 1970, S. 214; Österreichischer VwGH v. 25.9.2001, IStR 2001, S. 754 f.; Gündisch, PersG, 2004, S. 35; Jankowiak, Nichtbesteuerung, 2009, S. 142 f.; Vogel, IStR 2003, S. 527; a. A. BFH, v. 14.12.1988, I R 148/87, I R 64/92, BStBl. II 1989, S. 319, 321; v. 19.5.1993, BFH/NV 1994; S. 11, 12; Klein/Hagena, in: Herrmann/Heuer/Raupach, EStG, 2015, § 50d EStG, Rn. J 06–17; Lang, IWB 2011, S. 282; Kappe, DStR 1987, S. 482; Schmidt, IStR 2010a, S. 427; Wolff, IStR 2004, S. 545.

Ansässigkeitsstaat nicht zur Freistellung verpflichtet ist, wenn der Quellenstaat an der Besteuerung entsprechender Einkünfte gehindert ist.[1280]

Generell kann angenommen werden, dass eine Keinmalbesteuerung nicht im Interesse der Vertragsstaaten ist und insofern DBA neben der Verhinderung der Doppelbesteuerung auch die mehrfache Nichtbesteuerung von Einkünften zum Ziel haben.[1281] Allerdings ist dies nur möglich, sofern das einschlägige DBA Bestimmungen enthält, die die Keinmalbesteuerung verhindern.[1282] Enthält das zu prüfende DBA z. B. zusätzlich *switch-over-* oder Rückfallklauseln[1283], die dafür sprechen, dass hierdurch die mehrfache Nichtbesteuerung verhindert werden soll, könnte auch eine Verpflichtung zur Vermeidung dieser aus Art. 23A Abs. 1 OECD-MA gefolgert werden. Dennoch ergibt sich diese Verpflichtung nicht hinreichend aus dem Wortlaut des Art. 23A Abs. 1 OECD-MA,[1284] sodass eine darüber hinausgehende Auslegung zu Lasten eines Steuerpflichtigen, wie die Verweigerung der Freistellung der Einkünfte, nicht erfolgen darf.[1285] Zudem kann die Existenz von Rückfall- oder *switch-over*-Klauseln nicht für eine Ableitung der Vermeidung der Nichtbesteuerung aus Art. 23A Abs. 1 OECD-MA sprechen, da diesen Klauseln kein reiner deklaratorischer Charakter zugesprochen werden kann.[1286] Darüber hinaus ist es unzutreffend, dass die Auffassung der OECD erst nach der Vereinbarung solcher Klauseln bekannt geworden sei; denn die Problematik der Keinmalbesteuerung besteht bereits länger und zudem kann eine nachträgliche Auffassung aufgrund von verfassungsrechtlichen Bedenken nicht in bereits vorher abgeschlossene völkerrechtliche Verträge hineingelesen werden.

Gegen eine Auslegung des Art. 23A Abs. 1 OECD-MA als Vermeidungsnorm einer doppelten Nichtbesteuerung spricht auch, dass einige DBA, die nach der Veröffentlichung der OECD Auffassung im OECD Partnership Report abgeschlossen wurden, spezielle Formulierungen enthalten, die eine Freistellung nur gewährleisten, wenn der andere Staat tatsächlich besteuert.[1287] Diese wären nicht notwendig, wenn

---

1280 Vgl. Krabbe, FR 2001, S. 130 f. Im Ergebnis könnte das so entstehende faktische Wahlrecht allerdings gegen Art. 3 GG verstoßen.

1281 Vgl. BFH, v. 11.10.2000, I R 44–51/99, BStBl. II 2002, S. 271.

1282 Vgl. BFH, v. 19.5.1993, I R 64/92, BFH/NV 1994, S. 11, Rz. 15 ff.; Liebchen, PersG, 2008, S. 346; Kappe DStR 1987, S. 487. Allerdings hat eine Prüfung für jedes DBA gesondert zu erfolgen, sodass eine pauschale Aussage hier nicht möglich ist.

1283 Siehe zur Begriffsbestimmung und Möglichkeiten der Vermeidung der Minder- oder Keinmalbesteuerung Kapitel F.II.

1284 Vgl. Liebchen, PersG, 2008, S. 348 f. Das Hineinlesen eines Zwecks über den Wortlaut hinaus ist nicht möglich, vgl. BFH, v. 17.12.2003, I R 14/02, BStBl. II 2004, S. 260, Rz. 18; v. 12.10.2011, I R 15/11, BStBl. II 2012, S. 548, Rz. 14 ff.

1285 Vgl. BVerfG, v. 24.1.1962, 1 BvR 232/60, BVerfGE 13, S. 318, Rz 20 ff.; v. 30.1.1985, 1 BvR 279/83, NJW 1985, S. 1891; BFH, v. 17.12.2003, I R 14/02, BStBl. II 2004, S. 260, Rz. 18; Burmester, in: Burmester/Endres, FS Debatin, 1997, S. 62.

1286 Vgl. Liebchen, PersG, 2008, S. 349 f. A. A. Krabbe, FR 2000, S. 130 f.

1287 Vgl. Art. 23 Abs. 1 lit. a DBA-GB 2010, BStBl. II 2010, S. 1333.

von vorne herein davon ausgegangen werden könnte, dass Art. 23A Abs. 1 OECD-MA eine Keinmalbesteuerung verhindert, indem die von der OECD vertretene Auffassung zutreffend sei.[1288] Entsprechend ist davon auszugehen, dass Art. 23A Abs. 1 OECD-MA keine Aussage darüber enthält, ob der Ansässigkeitsstaat in den Fällen der Nichtbesteuerung durch den Quellenstaat zu einer Freistellung verpflichtet ist oder nicht. Einschränkend muss allerdings von einer der Auffassung der OECD entsprechenden Auslegung für nach der Einführung des OECD-MK 2000 abgeschlossene DBA ausgegangen werden, sofern die Vertragsstaaten dieser Auslegung nicht explizit widersprochen haben. Gleiches gilt für den Fall, dass es sich bei der Änderung in der Auslegung um eine Klarstellung handelt. Dies ist allerdings in diesem Fall nicht anzunehmen, sodass die OECD-Auffassung nicht auf vor 2000 abgeschlossene DBA angewendet werden kann.[1289]

Der OECD-Auffassung, Art. 23A Abs. 4 OECD-MA beschränke seine Wirkung nur auf Qualifikationskonflikte, die sich aus der divergierenden Auslegung von DBA oder der unterschiedlichen Annahme von Sachverhalten ergeben, ist dahingehend nicht zu folgen, als sich diese Einschränkung nicht aus dem Wortlaut ableiten lässt. Insofern ist Art. 23A Abs. 4 OECD-MA anzuwenden, unabhängig von dem Grund des Qualifikationskonflikts. Dennoch kommt eine Anwendung der Norm nur in Betracht, wenn das einschlägige DBA eine vergleichbare Norm enthält.[1290] Allerdings ist Art. 23A Abs. 1 OECD-MA vorrangig vor der subsidiären Regelung des Art. 23A Abs. 4 OECD-MA anzuwenden, es sei denn, eine der Art. 23A Abs. 1 OECD-MA vergleichbare Regelung existiert im einschlägigen DBA nicht oder ihrer Auslegung zur Vermeidung einer mehrfachen Nichtbesteuerung wird nicht entsprochen. In diesen Fällen ist eine vorrangige Anwendung von Art. 23A Abs. 4 OECD-MA denkbar. Weiterhin ist eine Anwendung des Art. 23A Abs. 4 OECD-MA auf vor 2000 abgeschlossene DBA ausgeschlossen, da eine entsprechende Auslegung erst durch Einführung des OECD Partnership Reports festgelegt wurde und somit keine klarstellende Wirkung hat.[1291]

Weiterhin wird im Schrifttum diskutiert, dass eine Vermeidung der Keinmalbesteuerung durch Anwendung von Art. 23A Abs. 2 OECD-MA möglich ist, sofern diese nicht bereits durch Art. 23A Abs. 1 OECD-MA oder Art. 23A Abs. 4 OECD-MA beseitigt wurde.[1292] Aus dieser Norm ergäbe sich nicht nur die Verhinderung der

---

1288 Zutreffend vgl. Liebchen, PersG, 2008, S. 350 und dem folgend Stemler, Sondervergütungen, 2012, S. 233 f.

1289 Vgl. BFH, v. 19.5.2010, I B 191/09, BStBl. II 2011, S. 156, Rz. 36; Schmidt, IStR 2010a, S. 427 f.; Dallwitz/Mattern/Schnitger, DStR 2007, S. 1698; Weggenmann, Einordnungskonflikte, 2002, S. 246.

1290 Vgl. Liebchen, PersG, 2008, S. 344, der ebenfalls feststellt, dass mit Deutschland abgeschlossene DBA keine mit Art. 23A Abs. 4 OECD-MA vergleichbare Norm enthalten.

1291 Vgl. Thiel, in: Kessler/Förster/Watrin, FS Herzig, 2010, S. 1031.

1292 Vgl. Burmester, Unternehmensfinanzierung, 2003, Rz. 84; Schuch/Bauer, in: Gassner/Lang/Lechner, PersG, 2000, S. 44.

Doppelbesteuerung, sondern auch die Vermeidung der doppelten Nichtbesteuerung; denn ist der Ansässigkeitsstaat an die Qualifikation der Einkünfte des Quellenstaats durch Art. 23A Abs. 2 OECD-MA gebunden, ist dieser zwar verpflichtet, eine Anrechnung der Quellensteuer vorzunehmen, kann aber weiterhin selbst auch ein Besteuerungsrecht wahrnehmen. Darüber hinaus stuft der Quellenstaat die entsprechenden Einkünfte in den meisten Fällen unter die Verteilungsartikel ein, die der Anwendungsbereich des Art. 23A Abs. 2 OECD-MA erfasst.[1293] Lediglich in denjenigen Fallgestaltungen, in denen eine Bindung des Ansässigkeitsstaats an die Qualifikation des Quellenstaats nicht gegeben ist, kann die Keinmal- oder Minderbesteuerung nicht effektiv vermieden werden.[1294]

Zusammengefasst kann eine doppelte Nichtbesteuerung durch die verschiedenen abkommensrechtlichen Regelungen verhindert werden. Zum einen kann Art. 23A Abs. 1 OECD-MA eine Keinmalbesteuerung für nach 2000 abgeschlossene DBA verhindern, wenn die betroffenen Staaten mit der Auffassung der OECD übereinstimmen und entsprechend die Einkünfte im Ansässigkeitsstaat bei Unterbleiben der Besteuerung im Quellenstaat nicht freistellen. Weiterhin kann Art. 23A Abs. 4 OECD-MA die Keinmalbesteuerung in den Fällen vermeiden, in denen die Vertragsstaaten die Auslegung der OECD nicht unterstützen. Ist eine mit Art. 23A Abs. 4 OECD-MA vergleichbare Regelung nicht gegeben und teilen die beteiligten Staaten die Ansichten der OECD nicht oder wurde das DBA vor 2000 abgeschlossen, kann Art. 23A Abs. 2 OECD-MA eine Minderbesteuerung oder eine mehrfache Nichtbesteuerung vermeiden. Ist die Anwendung des Art. 23A Abs. 2 OECD-MA ausgeschlossen, weil die Voraussetzungen nicht eingreifen, so kann eine doppelte Nichtbesteuerung durch die Einleitung eines Verständigungs- oder Konsultationsverfahrens nach Art. 25 OECD-MA oder in letzter Instanz durch die Anwendung eventuell vorhandener Rückfall- oder *switch-over*-Klauseln erreicht werden.

2.2 Nationale Ebene i. S. d. § 50d Abs. 10 i. V. m. Abs. 9 EStG

2.2.1 Zweck der Regelung

In § 50d Abs. 10 S. 8 EStG i. d. F. des AmtshilfeRLUmsG verweist die Regelung zur steuerlichen Behandlung grenzüberschreitend gezahlter Sondervergütungen explizit auf die Anwendbarkeit von § 50d Abs. 9 S. 1 Nr. 1 EStG.[1295] Diese nationale Regelung soll die doppelte Nichtbesteuerung verhindern, die durch Anwendung

1293 Z. B. Einkünfte nach Art. 11 Abs. 2, 3 OECD-MA. Im umgekehrten Fall, der Verhinderung der Doppelbesteuerung, ist dies oft nicht gegeben, sodass der Anwendungsbereich des Art. 23A Abs. 2 OECD-MA nicht eröffnet ist.

1294 Ein Beispiel wäre die Einstufung der Einkünfte als Vergütungen aus unselbständiger Tätigkeit gem. Art. 15 Abs. 1, Abs. 2 OECD-MA.

1295 Gleiches galt für den § 50d Abs. 10 EStG i. d. F. des JStG 2009 durch § 50d Abs. 10 S. 2 EStG a. F.

von DBA entstehen, aber durch sie nicht verhindert werden können.[1296] Es handelt sich dabei um eine innerstaatliche *switch-over*-Klausel,[1297] deren Anwendung dann erfolgt, wenn das einschlägige DAB keine Möglichkeit zur Milderung oder Verhinderung der doppelten Nichtbesteuerung vorsieht. Entsprechende Bedeutung hat die Vorschrift für DBA, die vor 2000 eingeführt wurden und folglich noch nicht die Änderungen des OECD-MK enthalten. Weiterhin ist die Vorschrift für DBA von Bedeutung, die nicht mit der Auffassung der OECD übereinstimmen, z. B. in Bezug auf die Auslegung von Art. 23A Abs. 1 OECD-MA oder einem vergleichbaren Methodenartikel.[1298]

2.2.2 Reichweite der Vorschrift

Bei Anwendung von § 50d Abs. 9 S. 1 Nr. 1 EStG wird innerstaatlich nicht die Freistellungsmethode, sondern die Anrechnungsmethode nach § 34c Abs. 6 S. 5 EStG maßgeblich.[1299] Hierdurch handelt es sich bei § 50d Abs. 9 EStG um eine unilaterale *switch-over*-Klausel, die unabhängig von der Ursache der Nichtbesteuerung zur Anwendung kommt. Demzufolge soll die Regelung sowohl unterschiedliche Sachverhaltsbeurteilungen, unterschiedliche Einordnungen aufgrund von Rückgriffen auf das innerstaatliche Recht sowie divergierende Abkommensauslegungen als Grund des Qualifikationskonflikts erfassen.[1300] Der Wortlaut des § 50d Abs. 9 S. 1 Nr. 1 EStG erfordert, wie abkommensrechtliche *switch-over*-Klauseln, eine Minder- oder Nichtbesteuerung. Folglich werden keine Sachverhaltsgestaltungen erfasst, in denen aufgrund von innerstaatlichen Vorschriften keine Besteuerung erfolgt.[1301]

1296 Dies kommt u. a. dann in Betracht, wenn dem Quellenstaat aufgrund der Auslegung der Regelungen des DBA kein Besteuerungsrecht zusteht. Vgl. BT-Drs. 16/2712, S. 61.

1297 Vgl. Loschelder, in: Schmidt, EStG, 2015, § 50d EStG Rn. 55. Über DBA mit Switchover Klauseln vgl. Klein/Hagena, in: Herrmann/Heuer/Raupach, EStG, 2015, § 50d EStG Rn. 121.

1298 Vgl. zutreffend Stemler, Sondervergütungen, 2012, S. 240.

1299 Anstelle der Anrechnungsmethode kann alternativ die Abzugsmethode zur Anwendung gelangen, wenn im Quellenstaat Steuern bezahlt werden.

1300 Der Gesetzgeber geht weiterhin davon aus, dass die Regelung im Einklang mit Art. 23A/B Abs. 1 OECD-MA steht. Vgl. BT-Drs. 16/2712 v. 25.9.2006, S. 61. Zur generellen Kritik der Regelung in Bezug auf den (fehlgeleiteten) Einkünftebegriff vgl. Cloer/Hagemann, IStR 2015, S. 490 ff.

1301 Vgl. BFH, v. 24.8.2011, I R 46/10, BFH/NV 2011, S. 2165, Rz. 29 ff.; BT-Drs. 16/2712 v. 25.9.2006, S. 61; Schönfeld, in: Flick/Wassermeyer/Baumhoff/Schönfeld, AStG, 2014, § 50d Abs. 9 EStG Rn. 71 ff., 81 ff.; Jankowiak, Nichtbesteuerung, 2009, S. 231; Gosch, in: Kirchhof/Söhn/Mellinghoff, EStG, 2015, § 50d EStG Rn. 41a; Salzmann, IWB 2007, S. 1467.

Die virtuelle Doppelbesteuerung kann allerdings durch § 50d Abs. 9 S. 1 Nr. 2 EStG eingeschränkt werden.[1302]

Der Gesetzgeber ist zudem der Ansicht, dass die Regelung auch auf Fälle anwendbar ist, in denen eine Keinmalbesteuerung daraus resultiert, dass der Quellenstaat durch nationale Regelungen an einem Besteuerungsrecht gehindert ist.[1303] Dem widerspricht allerdings, dass der Wortlaut des § 50d Abs. 9 S. 1 Nr. 1 EStG lediglich von einer Verhinderung der doppelten Nicht- bzw. Minderbesteuerung aufgrund der Anwendung der Regelungen eines DBA spricht.[1304] Fraglich ist hingegen, ob bereits die doppelte Nichtbesteuerung als Folge der Auslegung von z. B. einem Art. 6 ff. OECD-MA vergleichbaren Verteilungsartikel ausreicht, um den Anwendungsbereich des § 50d Abs. 9 S. 1 Nr. 1 EStG zu eröffnen.[1305] Teile des Schrifttums sehen hierin keine Begründung des § 50d Abs. 9 S. 1 Nr. 1 EStG, da sich in Bezug auf die Vermeidung der Doppelbesteuerung auch nur ein Methodenwechsel aufgrund der Methodenartikel ergibt, sodass die gleichen Grundsätze ebenfalls für die Vermeidung der Nichtbesteuerung gelten müssten.[1306] Der überwiegende Teil des Schrifttums widerspricht dem und geht von einer Anwendung von § 50d Abs. 9 S. 1 Nr. 1 EStG im Falle einer doppelten Nichtbesteuerung, die sowohl durch die Auslegung der Verteilungs- als auch der Methodenartikel resultieren, aus.[1307] Dem ist insoweit zuzustimmen, als weder der Wortlaut noch die Gesetzesbegründung von einer einschränkenden Anwendung der Regelung ausgehen. Zudem wirkt eine Einschränkung zu Lasten eines Steuerpflichtigen und wäre deshalb aufgrund von rechtsstaatlichen Gründen zu verwerfen.

Weiterhin ist umstritten, ob die Anwendung des § 50d Abs. 9 S. 1 Nr. 1 EStG von der Ursache der doppelten Nichtbesteuerung abhängig ist. Dem folgend begrenzen die Rechtsprechung des BFH sowie Teile der Literatur die Anwendung der Regelung

1302 Die Möglichkeit zur Verhinderung der Nichtbesteuerung durch die Regelung in Nr. 2 ist mithin eng gefasst und problematisch. So müsste das innerstaatliche Recht des Quellenstaats hinsichtlich seiner Besteuerungsunterschiede zwischen beschränkt und unbeschränkt Steuerpflichtigen analysiert werden, was für andere Staaten schwierig sein wird. Vgl. Liebchen, PersG, 2008, S. 351, 355; Schüller, PersG, 2014, S. 250.

1303 Vgl. BT-Drs. 16/2712, S. 61.

1304 Vgl. BFH, v. 24.8.2011, I R 46/10, BFH/NV 2011, S. 2165, Tz. 29; Schönfeld, in: Flick/Wassermeyer/Baumhoff/Schönfeld, AStG, 2014, § 50d Abs. 9 EStG, Rz. 71 ff., 81 ff.; Jankowiak, Nichtbesteuerung, 2009, S. 231; Gosch, in: Kirchhof/Söhn/Mellinghoff, EStG, 2015, § 50d EStG, Rz. 41a; Salzmann, IWB 2007, S. 1467.

1305 Dieser Ansicht sind Gosch, in: Kirchhof/Söhn/Mellinghoff, EStG, 2015, § 50d EStG, Rz. 41; Schönfeld, in: Flick/Wassermeyer/Baumhoff/Schönfeld, AStG, 2014, § 50d Abs. 9 EStG, Rz. 55; Jankowiak, Nichtbesteuerung, 2009, S. 230. A. A. Rosenthal, IStR 2007, S. 612.

1306 Vgl. Rosenthal, IStR 2007, S. 612.

1307 Vgl. Gosch, in: Kirchhof/Söhn/Mellinghoff, EStG, 2015, § 50d EStG, Rz. 41; Schönfeld, in: Flick/Wassermeyer/Baumhoff/Schönfeld, AStG, 2014, § 50d Abs. 9 EStG, Rz. 55; Jankowiak, Nichtbesteuerung, 2009, S. 230.

auf Qualifikationskonflikte, die sich aus einer unterschiedlichen Auslegung der DBA im Vergleich zur deutschen Auslegung ergeben.[1308] Zudem sehen Teile der Literatur eine teleologische Reduktion des Wortlauts der Regelung gegeben, sodass der Anwendungsbereich nicht über den Willen des Gesetzgebers hinaus reicht.[1309] Andererseits vertreten einige Teile der Literatur die Auffassung, dass § 50d Abs. 9 S. 1 Nr. 1 EStG keiner Beschränkung unterliegen dürfe; denn die vorgeschlagene Eingrenzung der Vorschrift durch den Referentenentwurf wurde nicht in der finalen Gesetzesfassung umgesetzt.[1310] Dennoch ist strittig, welche Qualifikationskonflikte zugrunde zu legen sind. Sowohl der Gesetzgeber und die Rechtsprechung als auch Teile der Literatur wenden § 50d Abs. 9 S. 1 Nr. 1 EStG auf Qualifikationskonflikte aufgrund von unterschiedlichem innerstaatlichen Recht und aufgrund der Annahme verschiedener Sachverhalte sowie aufgrund der divergierenden Abkommensauslegung an.[1311] Teile der Literatur schränken die Anwendbarkeit des § 50d Abs. 9 S. 1 Nr. 1 EStG auf die Qualifikationskonflikte, die sich aufgrund von divergierenden innerstaatlichem Recht ergeben, mit der Begründung ein, dass auf die Auslegung und auf die maßgebliche Auffassung der OECD zu Art. 23A Abs. 1 OECD-MA abzustellen sei.[1312] Nach der hier vertretenen Auffassung ist derjenigen Ansicht zuzustimmen, die eine Beschränkung der Regelung auf die durch die drei genannten Qualifikationskonflikte resultierende doppelte Nichtbesteuerung vorsieht. Dies ist darauf zurückzuführen, dass der gesetzgeberische Wille bei der Auslegung von Gesetzen zu beachten ist.[1313]

1308 Vgl. BFH, v. 24.8.2011, I R 46/10, BFH/NV 2011, S. 2165, Tz. 29 f.; Jankowiak, Nichtbesteuerung, 2009, S. 231 f.; Dallwitz/Mattern/Schnitger, DStR 2007, S. 1698 f.; Graf/Bisle, IStR 2010, S. 402. Schönfeld, in: Flick/Wassermeyer/Baumhoff/Schönfeld, AStG, 2014, § 50d Abs. 9 EStG Rn. 72, 92 und Urbahns, INF 2007, S. 336 f. verweisen dabei auf den Wortlaut der Norm, der die Formulierung „so angewendet“ beinhaltet.

1309 Vgl. Jankowiak, Nichtbesteuerung, 2009, S. 231 f.

1310 Entsprechend würde die Regelung auch Anwendung finden, wenn kein Qualifikationskonflikt zugrunde liegt, wie etwa im Falle des Schachtelprivilegs bei Dividenden. Vgl. Grotherr, IStR 2007, S. 266; Grotherr, IWB 2006, S. 1462.

1311 Vgl. BT-Drs. 16/2712, S. 61; BFH, v. 24.8.2011, I R 46/10, BFH/NV 2011, S. 2165, Tz. 29; Schönfeld, in: Flick/Wassermeyer/Baumhoff/Schönfeld, AStG, 2014, § 50d Abs. 9 EStG Rn. 72; Salzmann, IWB 2007, S. 1469. Jankowiak, Nichtbesteuerung, 2009, S. 231 f. entspricht diesem und verwirft gleichzeitig seine zuvor aufgestellte These, die Regelung sei aufgrund seiner Ähnlichkeit zu Art. 23A Abs. 4 OECD-MA nur auf die dort zu subsumierenden Konflikte anwendbar. Dem ist uneingeschränkt zuzustimmen.

1312 Vgl. Thiel, in: Kessler/Förster/Watrin, FS Herzig, 2010, S. 1030 ff.; Schmidt, IStR 2010a, S. 428; Vogel, IStR 2007, S. 226 f.

1313 Vgl. zutreffend u. a. Schönfeld, in: Flick/Wassermeyer/Baumhoff/Schönfeld, AStG, 2014, § 50d Abs. 9 EStG, Rz. 72. Einer teleologischen Reduktion der Regelung bedarf es hingegen nicht, um den Willen des Gesetzgebers umzusetzen. Vgl. ebenfalls Gesetzesbegründung der Bundesregierung zu § 50d Abs. 9 EStG, BT-Drs. 16/2712,

2.2.3 Anwendung auf Sondervergütungen

Die Regelung des § 50d Abs. 10 S. 8 EStG i. d. F. des AmtshilfeRLUmsG bestimmt, dass die Regelung des Abs. 9 unberührt bleibt. Hierdurch soll das Entstehen weißer Einkünfte verhindert werden, indem das Besteuerungsrecht bei fehlender Besteuerung im ausländischen Staat an Deutschland zurückfällt. Einem generellen Leerlaufen des § 50d Abs. 9 S. 1 Nr. 1 EStG in Bezug auf Sondervergütungen aufgrund der Unzurechenbarkeit der Einkünfte zu einer ausländischen Personengesellschaft, wie Teile des Schrifttums konstatieren,[1314] ist abzulehnen. In Konstellationen, in denen ein deutscher Gesellschafter an einer ausländischen Personengesellschaft beteiligt ist und die Sondervergütungen dieser Gesellschaft nicht zugerechnet werden können, folgen keine negativen Besteuerungsfolgen für Deutschland. Auch wenn § 50d Abs. 9 S. 1 Nr. 1 EStG nicht angewendet werden kann, erhält in dieser Outbound-Konstellation Deutschland das Besteuerungsrecht und eine doppelte Nichtbesteuerung ist ausgeschlossen. Folglich bedarf es der unilateralen Rückfallklausel des § 50d Abs. 9 S. 1 Nr. 1 EStG lediglich in denjenigen Fällen, in denen es zu einer doppelten Nichtbesteuerung oder Minderbesteuerung kommt. Dies könnte z. B. auftreten, wenn es einer Zurechnung der Sondervergütungen zur ausländischen Betriebsstätte bedarf, ohne die es trotz sachgerechter Auslegung der DBA zu einer Keinmalbesteuerung kommen kann.

Umstritten ist hingegen, ob § 50d Abs. 9 S. 1 Nr. 1 EStG eingreift, wenn der Quellenstaat die Gewinnanteile der Personengesellschaft besteuert, die Sondervergütungen aber aufgrund der Abkommensauslegung nicht bzw. nur teilweise besteuern kann.[1315] Diesbezüglich vertreten die Finanzverwaltung und Teile der Literatur die Auffassung, dass die Regelung auch auf teilweise versteuerte Einkommen anwendbar sei, da Sondervergütung und Gewinnanteil getrennt voneinander betrachtet werden müssten.[1316] Entsprechend seien für die Auslegung des Begriffs und der Einkünfte des § 50d Abs. 9 S. 1 Nr. 1 EStG auf die Einkunftskategorien der DBA abzustellen und diese quellenbezogen auszulegen.[1317] Von einer Trennung der

S. 61. Eine einschränkende Auslegung des § 50d Abs. 9 S. 1 Nr. 1 EStG auf nur einzelne Qualifikationskonflikte könnte sich durch die Verfassungswidrigkeit der Norm ergeben, die durch eine verfassungskonforme Auslegung umgangen wird. Hiervon ist zunächst nicht auszugehen.

1314 Vgl. Prinz, DB 2009, S. 812. Für eine Aufteilung des Einkünftebegriffs zur Verhinderung des Leerlaufens der Regelung vgl. Cloer/Hagemann, IStR 2015, S. 491 f.

1315 Dies kann z. B. aufgrund der Anwendung der speziellen Einkunftsartikel erfolgen, die dem Ansässigkeitsstaat des Gesellschafters nach Art. 12 Abs. 1 OECD-MA das Besteuerungsrecht zuweisen bzw. nur eine beschränkte Besteuerung des Quellenstaats aufgrund von Art. 11 Abs. 2, Abs. 3 OECD-MA zulassen.

1316 Vgl. BMF, v. 16.4.2010, IV B 2 – S 1300/09/10003, BStBl. I 2010, S. 354, Tz. 5.1; Gebhardt, IStR 2011, S. 58.

1317 Vgl. Pohl, DB 2012, S. 260 f.; Schönfeld, in: Flick/Wassermeyer/Baumhoff/Schönfeld, AStG, 2014, § 50d Abs. 9 EStG Rn. 51; Benecke/Beinert, FR 2010, S. 1132, wobei nur Benecke dieser Ansicht ist.

Sondervergütungen und dem Gewinnanteil ist zudem immer dann auszugehen, wenn der Mitunternehmer im ausländischen Sitzstaat der Personengesellschaft eine Mitunternehmer-Betriebsstätte unterhält, der die Einkünfte zuzurechnen ist.[1318] Dem entgegen geht die überwiegende Auffassung der Literatur von einer einheitlichen Betrachtung von Gewinnanteil und Sondervergütungen als Einkünfteeinheit unter Zugrundelegung des nationalen Rechts aus.[1319] Folglich sei bei der Definition des Begriffs der Einkünfte auf § 2 Abs. 1 EStG abzustellen, sodass Gewinnanteil und Sondervergütungen gewerbliche Einkünfte nach § 15 Abs. 1 EStG darstellen.[1320] Zudem erfolgt ein Verweis auf die Rechtsprechung. Der BFH geht von Folgendem aus: Bei Vorliegen einer Einkünfteeinheit, aber nur teilweiser Besteuerung, wird eine abkommensrechtliche Rückfallklausel nicht angewendet.[1321] Dies müsse für die Regelung des § 50d Abs. 9 S. 1 Nr. 1 EStG nach Auffassung des Schrifttums entsprechend gelten.

Nach der hier vertretenen Ansicht ist nicht auf eine Einkünfteeinheit von Gewinnanteil und Sondervergütungen abzustellen. Die Rechtsprechung hat in Bezug auf andere Vorschriften des EStG in Verbindung zu einem DBA festgestellt, dass die Auslegung anhand nationaler Einkunftskategorien erfolgen soll.[1322] Darüber hinaus wurde nicht durch den Gesetzgeber kenntlich gemacht, dass § 50d Abs. 9 S. 1 Nr. 1 EStG quellenbezogen nach den abkommensrechtlichen Einkunftskategorien auszulegen ist.[1323] Zudem stellt die Auslegung der Regelung anhand der abkommensrechtlichen Einkunftskategorien im Gegensatz zum Wortlaut eine Steuerverschärfung dar, die nicht zu Lasten des Steuerpflichtigen erfolgen darf. Dennoch ist nach der hier vertretenen Ansicht darauf abzustellen, dass im Rahmen der nationalen Qualifikation gewerblicher Einkünfte zwischen Sondervergütungen nach § 15 Abs. 1 S. 1 Nr. 2 S. 1 Hs. 2 EStG und Gewinnanteil nach § 15 Abs. 1 S. 1 Nr. 2 S. 1 Hs. 1 EStG zu unterscheiden ist. Entsprechend kann keine Einkünfteeinheit zwischen Sondervergütungen und Gewinnanteilen angenommen werden, sodass bei Besteuerung der Gewinnanteile durch den Quellenstaat, aber Behinderung der Besteuerung der Sondervergütungen, eine Anwendung von § 50d Abs. 9 S. 1 Nr. 1 EStG möglich ist.

1318 Vgl. Richter, FR 2010, S. 555; Meretzki, IStR 2009, S. 224, Fn. 73.

1319 Vgl. Günkel/Lieber, Ubg 2009, S. 305; Meretzki, IStR 2008, S. 24; Gosch, in: Kirchhof/Söhn/Mellinghoff, EStG, 2015, § 50d EStG Rn. 41; Klein/Hagena, in: Herrmann/Heuer/Raupach, EStG, 2015, § 50d EStG Rn. 122; Loschelder, in: Schmidt, EStG, 2015, § 50d EStG Rn. 56; Richter, FR 2010, S. 554 f.; Schmidt, IStR 2010a, S. 428.

1320 Vgl. Meretzki, IStR 2009, S. 223 f.; Gosch, in: Kirchhof/Söhn/Mellinghoff, EStG, 2015, § 50d EStG Rn. 41.

1321 Vgl. Meretzki, IStR 2009, S. 223 mit Verweis auf BFH, v. 27.8.1997, I R 127/95, BStBl. II 1998, S. 58 f.

1322 Vgl. BFH, v. 15.5.2002, I B 73/01, BVH/NV 2002, S. 1295, Rz. 12 ff.

1323 Zum Zeitpunkt des Gesetzgebungsverfahrens des § 50d Abs. 9 EStG gab es bereits Zweifel an der Reichweite der Regelung, sodass eine Klarstellung hätte erfolgen können. Vgl. Meretzki, IStR 2008, S. 24.

2.2.4 Abkommensverdrängende Wirkung der Regelung

2.2.4.1 Einstufung und Kennzeichnung des *treaty override*

Der Gesetzgeber sieht in der Regelung des § 50d Abs. 9 EStG keinen verfassungsrechtlich bedenklichen Abkommensbruch, da die Vorschrift weder in die zugewiesenen Besteuerungsrechte eingreife noch eine Doppelbesteuerung verursache. Des Weiteren entspricht es nicht dem Sinn und Zweck der Freistellungsmethode, eine doppelte Freistellung im Abkommensrecht zu erzielen.[1324] Ebenfalls verhindert die Regelung eine Minderbesteuerung, sodass von einer Übereinstimmung mit den Zielen eines DBA ausgegangen werden kann. Diese Auffassung vernachlässigt allerdings, dass § 50d Abs. 9 EStG einen unilateralen Methodenwechsel vorsieht, sofern die Voraussetzungen erfüllt sind. Ist davon auszugehen, dass DBA keine eigene Rückfall- oder Methodenwechselklausel enthalten, verstößt § 50d Abs. 9 EStG gegen die abkommensrechtliche Pflicht zur Freistellung.[1325]

Unabhängig von der möglicherweise eingeschränkten Reichweite des § 50d Abs. 9 S. 1 Nr. 1 EStG kann die Regelung der innerstaatlichen Anwendung versagt werden, sofern ein nicht verfassungskonformer *treaty override* vorliegt. Dem widersprechen Teile des Schrifttums, indem sie in § 50d Abs. 9 S. 1 Nr. 1 EStG lediglich eine Klarstellung sehen, die in Übereinstimmung mit dem OECD-MK erfolgt und die schon dann kein treaty override darstellen kann, wenn der Ansässigkeitsstaat aufgrund der Anwendung des einschlägigen DBA nicht zu einer Freistellung der betreffenden Einkünfte verpflichtet sei.[1326] Anders beurteilen dies große Teile der Literatur und der Rechtsprechung, die in der Regelung des § 50d Abs. 9 S. 1 Nr. 1 EStG einen verfassungsrechtlich nicht zulässigen *treaty override* sehen.[1327] Dies sei daraus zu folgern, dass aufgrund des Wortlauts bereits ein *treaty override* angekündigt und weiterhin anstelle des Freistellungsverfahrens des einschlägigen DBA das Anrechnungsverfahren gelten soll.[1328]

Nach hier vertretener Auffassung erfolgt durch die Regelung des § 50d Abs. 9 S. 1 Nr. 1 EStG insofern eine Klarstellung, als die Rechtslage mit dem einschlägigen

---

1324 Vgl. BT-Drs. 16/2712 v. 25.9.2006, S. 61.

1325 Vgl. Lehner, IStR 2012, S. 395; Vogel, IStR 2007, S. 228.

1326 Vgl. Thiel, in: Kessler/Förster/Watrin, FS Herzig, 2010, S. 1029; Lehner, IStR 2012, S. 394; Vogel, IStR 2007, S. 227; Schmidt, IStR 2010a, S. 427 f.

1327 Vgl. BFH, v. 19.5.2010, I B 191/09, BStBl. II 2011, S. 156, Rz. 36; Schönfeld, in: Flick/Wassermeyer/Baumhoff/Schönfeld, AStG, 2014, § 50d Abs. 9 EStG, Rz. 34, 41; Hahn-Joecks, in: Kirchhof/Söhn/Mellinghoff, EStG, 2015, § 50d EStG, Rz. K 4; Liebchen, PersG, 2008, S. 353; Frotscher, in: Spindler/Tipke/Rödder, FS Schaumburg, 2009, S. 688; Salzmann, IWB 2007, S. 1466; Gosch, IStR 2008, S. 416; Gebhardt, IStR 2011, S. 59; Dallwitz/Mattern/Schnitger, DStR 2007, S. 1700, 1702; Gebhardt, Tax Treaty Overriding, 2013, S. 170.

1328 Vgl. Hahn-Joecks, in: Kirchhof/Söhn/Mellinghoff, EStG, 2015, § 50d EStG Rn. K 4. Entsprechend sei die Regelung konstitutiv und nicht klarstellend, vgl. Schönfeld, in: Flick/Wassermeyer/Baumhoff/Schönfeld, AStG, 2014, § 50d Abs. 9 EStG Rn. 33; Gebhardt, IStR 2011, S. 59.

DBA übereinstimmt. Ist Deutschland hingegen nicht an die Auslegung der OECD gebunden[1329] oder ist das DBA von der anderslautenden Auslegung von Art. 23A Abs. 1 OECD-MA nicht betroffen,[1330] liegt in der Regelung des § 50d Abs. 9 S. 1 Nr. 1 EStG ein nicht zulässiger *treaty override* vor. Weiterhin spricht der Wortlaut der Regelung für ein Bestehen eines *treaty overrides*, da auf das objektive Vorliegen und nicht auf die bewusste und gewollte Intention des Gesetzgebers abzustellen ist. Insofern erfolgt durch den Wortlaut der Norm („ungeachtet des Abkommens“[1331]) eine ausreichend deutliche Kenntlichmachung der abkommensverdrängenden Wirkung.[1332]

2.2.4.2 Verfassungsrechtliche Überprüfung des *treaty overrides*

Eine innerstaatliche Zulässigkeit einer abkommensüberschreibenden Regelung wird aufgrund von Verstößen gegen Unionsrecht sowie nationales Verfassungsrecht abgelehnt. In Bezug auf die Regelung des § 50d Abs. 9 S. 1 Nr. 1 EStG wird die Ansicht vertreten, dass diese Norm gegen das Recht der Europäischen Union verstoße.[1333] Allerdings sieht die Rechtsprechung des EuGH im Falle der *switch-over*-Klausel des § 20 Abs. 2 AStG keinen Verstoß gegen Grundfreiheiten, wenn die Anwendung der Regelung lediglich zur Folge habe, dass die ausländische Personengesellschaft bzw. die ihr zugrunde liegenden Gesellschafter mit dem gleichen Steuersatz besteuert werden wie eine inländische Gesellschaft.[1334] Ebenfalls liegt kein Verstoß gegen die Niederlassungsfreiheit vor,[1335] sofern keine Schlechterstellung des ausländischen Investors in Bezug zu einem inländischen Gesellschafter erfolgt.[1336] In Übereinstimmung hiermit gewährleistet die Regelung des § 50d Abs. 9 S. 1 Nr. 1 EStG lediglich eine Gleichbehandlung von in- und ausländischen Gesellschaftern. Zudem kann nicht von einem einheitlichen Steuersystem aller Mitgliedsstaaten der EU ausgegangen werden. Dies wird auch nicht gefordert, sodass eine solche Regelung nicht gegen die Grundrechte verstößt, wenn sich negative Folgen aus der Ausübung der

---

1329 Wurde der Auffassung der OECD bei Abschluss eines DBA widersprochen bzw. erfolgt der Abschluss vor Änderung des OECD-MK, so kann die entsprechende Auffassung nicht zugrunde gelegt werden.

1330 In diesen Fällen kommt es zu einer doppelten Nichtbesteuerung aufgrund der Zugrundelegung unterschiedlicher Sachverhalte oder aufgrund der divergierenden Auslegung des einschlägigen DBA, die nicht auf unterschiedliches innerstaatliches Recht zurückzuführen sind. Vgl. Gosch, IStR 2008, S. 416.

1331 § 50d Abs. 9 S. 1 EStG.

1332 Vgl. Mitschke, DStR 2011, S. 2224. Zu den Erfordernissen der Kenntlichmachung vgl. BFH, v. 13.7.1994, I R 120/93, BStBl. II 1995, S. 129, 130.

1333 Vgl. Rosenthal, IStR 2007, S. 613 f.; Gebhardt, IStR 2011, S. 58 f.

1334 Vgl. EuGH, v. 6.12.2007, Rs. C-298/05, Slg. 2007, I-10497 Columbus Container Services, Rn. 39.

1335 Dies fordernd Salzmann, IWB 2007, S. 1466 f. unter Verweis auf EuGH, v. 23.2.2006, Rs. C-471/04, Slg. 2006, I-2109 Keller Holding.

1336 So aber geschehen in EuGH, v. 23.2.2006, Rs. C-471/04, Slg. 2006, I-2109 Keller Holding, Rz. 33 f.

Besteuerungsrechte zweier Staaten aufgrund des Zusammenwirkens der zugrunde liegenden Steuerrechtsordnungen ergeben.[1337] Darüber hinaus verstößt eine innerstaatliche Regelung dann nicht gegen Grundrechte, wenn sie nicht explizit auf Steuervorteile in anderen Vertragsstaaten hinweist, sofern sie keine Diskriminierung enthält.[1338] Diesbezüglich ist festzuhalten, dass der § 50d Abs. 9 S. 1 Nr. 1 EStG keinen Steuervorteil für Steuerpflichtige enthält. Darüber hinaus erfolgt durch die Anwendung der Norm keine Diskriminierung, sondern eine Gleichbehandlung in- und ausländischer Gesellschafter. Aus diesem Grund ist der Ansicht zuzustimmen, dass die Regelung des § 50d Abs. 9 S. 1 Nr. 1 EStG nicht gegen Unionsrecht verstößt.[1339]

Ein Verstoß des § 50d Abs. 9 S. 1 Nr. 1 EStG gegen Art. 14 Abs. 1 GG ist zu verneinen; denn trotz Erfassung der schuldrechtlichen Ansprüche im Schutzbereich der Vorschrift müssen diese nicht steuerbefreit sein.[1340] Der Schutzbereich des Art. 2 Abs. 1 GG umfasst weiterhin die Tätigkeit eines Mitunternehmers sowie den Schutz vor der Auferlegung von Steuern.[1341] Allerdings liegt in der Regel ein gerechtfertigter Eingriff in diesen Schutzbereich bei den auf den Einzelnen gerichteten steuerlichen Zahlungsverpflichtungen vor.[1342] Die Überschreibung eines DBA stellt zudem keinen Eingriff in den Schutzbereich und folglich keinen Verstoß gegen Art. 2 Abs. 1 GG dar.[1343] Ist dennoch von einem Eingriff in den Schutzbereich auszugehen, so kann dieser zulässig sein.[1344] Auf Grundlage der Prüfung der Verhältnismäßigkeit ist ein Verstoß gegen nationales Verfassungsrecht dann gerechtfertigt, wenn er zur Verhinderung eines Verstoßes gegen „tragende Grundsätze der Verfassung“[1345] erfolgt.[1346] Der in § 50d Abs. 9 S. 1 Nr. 1 EStG enthaltene *treaty override* dient zur Verhinderung eines Verstoßes gegen Art. 3 Abs. 1 GG durch eine sonst entstehende doppelte Nichtbesteuerung und erfüllt somit die Voraussetzungen

---

1337 Vgl. EuGH, v. 6.12.2007, Rs. C-298/05, Slg. 2007, I-10497 Columbus Container Services, Rn. 42 f., 45.

1338 Vgl. EuGH, v. 8.12.2011, Rs. C-157/10, Slg. 2011, I-13023 Banco Bilbao Vizcaya Argentaria, Rn. 39.

1339 Zutreffend Mitschke, DStR 2011, S. 2226.

1340 Vgl. Jansen/Weidmann, IStR 2010, S. 603; Frotscher, in: Spindler/Tipke/Rödder, FS Schaumburg, 2009, S. 707; sowie die Untersuchung in E.IV.1.2.2.2.

1341 Vgl. BVerfG, v. 25.9.1992, 2 BvL 5/91, 2 BvL 8/91, 2 BvL 14/91, BVerfGE 87, S. 153, Rz. 3 ff.; zum Schutz der wirtschaftlichen Betätigung siehe Di Fabio, in: Maunz/Dürig, GG, 2014, Art. 2 Abs. 1 GG Rn. 77.

1342 Vgl. Frotscher, in: Spindler/Tipke/Rödder, FS Schaumburg, 2009, S. 706; Di Fabio, in: Maunz/Dürig, GG, 2014, Art. 2 Abs. 1 GG Rn. 48.

1343 Vgl. Untersuchung in C.II.; Frotscher, in: Spindler/Tipke/Rödder, FS Schaumburg, 2009, S. 708.

1344 Vgl. Mitschke, DStR 2011, S. 2225 f.

1345 BVerfG, v. 14.10.2004, 2 BvR 1481/04, BVerfGE 111, S. 307, Rz. 35.

1346 Vgl. Frotscher, IStR 2009, S. 599f; Frotscher, in: Piltz/Günkel/Niemann, StBJB 2009/2010, S. 176.

der Zulässigkeit.[1347] Weiterhin ist anzumerken, dass die doppelte Nichtbesteuerung dadurch entstehen kann, dass Deutschland seine innerstaatliche steuerliche Behandlung der Sondervergütungen auf die Abkommensebene überträgt. Insofern ist Deutschland für die Verhinderung der Keinmalbesteuerung verantwortlich und kann nicht vorbringen, dass diese lediglich aufgrund des Zusammenwirkens zweier Rechtsordnungen entsteht.[1348] Folglich kann der Eingriff in den Schutzbereich des Art. 2 Abs. 1 GG gerechtfertigt werden, sodass der treaty override in § 50d Abs. 9 S. 1 Nr. 1 EStG zulässig ist.[1349]

Darüber hinaus könnte ein Verstoß des § 50d Abs. 9 S. 1 Nr. 1 EStG gegen den allgemeinen Gleichheitsgrundsatz des Art. 3 Abs. 1 GG angenommen werden, sofern eine Ungleichbehandlung vorliegt.[1350] Hierbei kommen zwei Vergleichsgruppen in Betracht. Erstere besteht aus allen unbeschränkt steuerpflichtigen Mitunternehmern unabhängig vom Sitzstaat der Personengesellschaft. Die Regelung des § 50d Abs. 9 S. 1 Nr. 1 EStG würde bei dieser vergleichbaren Personengruppe aber eine Gleichbehandlung sicherstellen; denn Mitunternehmer, die aufgrund eines Qualifikationskonflikts nicht besteuert werden, erfahren dahingehend eine Gleichbehandlung mit den Mitunternehmern, die diesen Steuervorteil nicht nutzen können.[1351] Als zweite Vergleichsgruppe kommen alle Mitunternehmer in Betracht, die an einer ausländischen Personengesellschaft beteiligt und im anderen Staat unbeschränkt steuerpflichtig sind. Liegt jedoch in diesem anderen Staat keine mit § 50d Abs. 9 S. 1 Nr. 1 EStG entsprechende Regelung vor, so ist die Personengruppe nicht vergleichbar, da die Ungleichbehandlung von verschiedenen Normgebern ausgeht.[1352] Folglich kann in diesem Fall keine Ungleichbehandlung im Sinne des Art. 3 Abs. 1 GG

1347 Entsprechend wird eine Ungleichbehandlung von in- und ausländischem Investor verhindert. Vgl. Mitschke, DStR 2011, S. 2225 f. Ebenfalls FG Bremen, v. 10.2.2011, 1 K 20/10 (3), EFG 2011, S. 988; Jansen/Weidmann, IStR 2010, S. 601 ff. Die neuere Rechtsprechung sieht in der Verhinderung der Keinmalbesteuerung allerdings keinen Rechtfertigungsgrund, vgl. BFH, v. 10.1.2012, I R 66/09, BFH/NV 2012, S. 1056, anhängig beim BVerfG mit dem Aktenzeichen 2 BvL 1/12. Kritisch zur generellen Rechtfertigung von die doppelte Nichtbesteuerung vermeidenden Regelungen siehe Ribbrock, BB 2012, S. 1908.

1348 Vgl. BVerfG, v. 8.6.2004, 2 BvL 5/00, BVerfGE 110, S. 412, Rz. 21.

1349 Allerdings sieht der BFH verfassungsrechtliche Zweifel an der Regelung des § 50d Abs. 9 EStG, sodass auch die Entscheidung des BVerfG zum Vorlagebeschluss des BFH abzuwarten bleibt. Vgl. BFH, v. 19.5.2010, I B 191/09, BStBl. II 2011, S. 156, Rz. 35 f.; v. 10.1.2012, I R 66/09, BFH/NV 2012, S. 1056, Tz. 17 ff. anhängig beim BVerfG mit dem Aktenzeichen 2 BvL 1/12.

1350 Eine Ungleichbehandlung wird dann angenommen, sofern Personen eines vergleichbaren Personenkreises rechtlich unterschiedlich behandelt werden. Vgl. BVerfG, v. 13.3.2000, 2 BvR 860/95, BVerfGE 102, S. 41, Rz. 10 ff.; Jarass, in: Jarass/Pieroth, GG, 2014, Art. 3 GG Rn. 6.

1351 Vgl. zutreffend Mitschke, DStR 2011, S. 2226 f.

1352 Vgl. BVerfG, v. 21.12.1966, 1 BvR 33/64, BVerfGE 21, S. 54, Rz, 7, 9. Eine Vergleichbarkeit könnte nur angenommen werden, wenn die Mitunternehmer in

angenommen werden, sodass die Regelung des § 50d Abs. 9 S. 1 Nr. 1 EStG auch nicht hiergegen verstoßen kann.

Zusammenfassend ist festzustellen, dass die Regelung des § 50d Abs. 9 S. 1 Nr. 1 EStG einen verfassungsrechtlich zulässigen *treaty override* enthält, der weder gegen das Recht der Europäischen Union noch gegen nationales Verfassungsrecht verstößt.[1353] Inwiefern die Regelung allerdings einen Verstoß gegen das Rechtsstaatsprinzip des Art. 20 Abs. 3 GG enthält, ist fraglich und ist vor allem von der Beurteilung der anhängigen Verfahren in Bezug auf die Beurteilung der Verfassungskonformität von *treaty override*-Regelungen beim BVerfG abhängig.[1354] Zudem liegt die Vorschrift des § 50d Abs. 9 S. 1 Nr. 2 EStG in seiner derzeitigen Fassung dem BVerfG zur Entscheidung über den enthaltenen *treaty override* vor.[1355] Nach Ansicht des BFH verstößt § 50d Abs. 9 S. 1 Nr. 2 EStG gegen Art. 2 Abs. 1 i. V. m. Art. 20 Abs. 3 und Art. 25 GG, da die abkommensrechtliche Freistellung durch die Regelung verwehrt wird, wenn eine Besteuerung der einschlägigen Einkünfte im anderen Staat aufgrund der nur beschränkten Steuerpflicht des Empfängers der Einkünfte nicht erfolgt. Auch wenn § 50d Abs. 9 S. 1 Nr. 2 EStG für die abkommensrechtliche Behandlung der Sondervergütungen im Rahmen des § 50d Abs. 10 EStG n. F. nicht einschlägig ist, kann die Entscheidung des BVerfG die generelle Sichtweise über die Zulässigkeit von *treaty override*-Regelungen wiedergeben. Zudem ist weiterer Bestandteil der Vorlage an das BVerfG, inwiefern die in § 50d Abs. 9 S 3 EStG enthaltene Rückwirkung gegen das Rückwirkungsverbot des Art. 20 Abs. 3 GG verstößt. Die Entscheidung hierüber könnte ebenfalls Auswirkung auf § 50d Abs. 9 S. 1 Nr. 1 EStG haben.

2.2.5 Zulässigkeit der rückwirkenden Anwendung des § 50d Abs. 9 S. 1 Nr. 1 EStG

2.2.5.1 Art und Zulässigkeit der Rückwirkung

Die Regelung des § 52 Abs. 59a S. 6 EStG bestimmt, dass § 50d Abs. 9 S. 1 Nr. 1 EStG auf alle Veranlagungszeiträume anzuwenden ist, deren Steuerbescheide noch nicht bestandskräftig sind. Diese rückwirkende Anwendung der Vorschrift ist

---

Deutschland der unbeschränkten Steuerpflicht unterliegen, da sie ansonsten dem anderen Staat als Normgeber unterstehen.

1353 A. A. Gebhardt, der in der Vorschrift einen unverhältnismäßigen Unionsrechtsverstoß sieht. Für ihn fehlt die notwendige Rechtfertigung, da die Aufhebung der Freistellung in der derzeitigen Fassung der Vorschrift keine Ultima Ratio darstellt. Vgl. Gebhardt, Tax Treaty Overriding, 2013, S. 173 ff.

1354 Abzuwarten bleibt entsprechend die Entscheidung des BVerfG bezüglich der generellen Verfassungsmäßigkeit von *treaty override*-Regelungen, die wiederum Auswirkungen auf die Behandlung des § 50d Abs. 9 S. 1 Nr. 1 EStG haben kann. Vgl. BFH, v. 10.1.2012, I R 66/09, BFH/NV 2012, S. 1056, Tz. 17 ff. anhängig beim BVerfG mit dem Aktenzeichen 2 BvL 1/12.

1355 Vgl. BFH, v. 20.8.2014, I R 86/13, BFH/NV 2014, S. 1985, anhängig beim BVerfG mit dem Aktenzeichen 2 BvL 21/14.

verfassungsrechtlich bedenklich,[1356] sodass eine Überprüfung unabdingbar ist. Abhängig von der Art der Rückwirkung, ob unecht oder echt, erfolgt eine Überprüfung der Zulässigkeit.[1357] Aufgrund der Verkündung des § 50d Abs. 9 S. 1 Nr. 1 EStG am 13.12.2006[1358] liegt im Falle der Veranlagungszeiträume bis 2005 eine echte Rückwirkung vor, da hier eine bereits entstandene Steuer abgeändert wird.[1359] Für den folgenden Veranlagungszeitraum 2006 liegt hingegen eine unechte Rückwirkung vor, da die Änderung die laufende Veranlagung beeinflusst.[1360]

2.2.5.2 Echte Rückwirkung bis Veranlagungszeiträume 2005

Generell ist eine echte Rückwirkung nach ständiger Rechtsprechung verfassungsrechtlich unzulässig.[1361] Eine Ausnahme besteht allerdings dann, wenn das Vertrauen auf eine angenommene bestimmte Rechtslage nicht gerechtfertigt ist.[1362] Eine Rechtfertigung der Rückwirkung des § 50d Abs. 9 S. 1 Nr. 1 EStG auf Veranlagungszeiträume bis 2005 werden durch Teile des Schrifttums und des Gesetzgebers darin gesehen, dass es sich bei der Regelung lediglich um eine Klarstellung der geltenden Rechtslage handelt.[1363] Dem entgegen sehen andere Teile der Literatur und die Rechtsprechung die Schaffung einer neuen Rechtslage durch die Rechtsnorm. Dies ist darauf zurückzuführen, dass eine Freistellung der Einkünfte unabhängig davon erfolgt, ob diese im Ausland besteuert wurden und zudem eine Anwendung des

1356 Vgl. u. a. Fehrenbacher, Steuerrecht, 2008, § 1, Rz. 6. Insofern sollte § 50d Abs. 9 S. 1 Nr. 1 EStG unter Zugrundelegung der gleichen verfassungsrechtlich bedenklichen Gründe dem BVerfG vorgelegt werden wie § 50d Abs. 9 S. 1 Nr. 2 EStG, vgl. Hagemann/Kahlenberg, IStR 2015, S. 58 ff. Siehe ebenfalls FG Münster, v. 2.7.2014, 12 K 2707/10 F, EFG 2014, S. 2043, Rz. 173.

1357 Vgl. vor allem BVerfG, v. 7.7.2010, 2 BvL 14/02, 2 BvL 2/04, 2 BvL 13/05, BVerfGE 127, S. 1, Rz. 38, 46 ff.

1358 Jahressteuergesetz 2007, v. 13.12.2006, BGBl. I 2006, S. 2878.

1359 Vgl. BFH, v. 19.5.2010, I B 191/09, BStBl. II 2011, S. 156, Rz. 36; Suchanek, IStR 2007, S. 658; Gebhardt, IStR 2011, S. 60. Zur generellen Einordnung einer echten Rückwirkung siehe BVerfG, v. 7.7.2010, 2 BvL 14/02, 2 BvL 2/04, 2 BvL 13/05, BVerfGE 127, S. 1, Rz. 38, 46 ff.; v. 10.10.2012, 1 BvL 6/07, BVerfGE 132, S. 302, Rz. 42.

1360 Zur generellen Einordnung einer unechten Rückwirkung siehe BVerfG, v. 7.7.2010, 2 BvL 14/02, 2 BvL 2/04, 2 BvL 13/05, BVerfGE 127, S. 1, Rz. 38, 46 ff.; v. 10.10.2012, 1 BvL 6/07, BVerfGE 132, S. 302, Rz. 42.

1361 Vgl. BVerfG, v. 7.7.2010, 2 BvL 14/02, 2 BvL 2/04, 2 BvL 13/05, BVerfGE 127, S. 1, Rz. 38 f.

1362 Vgl. BVerfG, v. 19.12.1961, 2 BvL 6/59, BVerfGE 13, S. 261, Rz. 33, 49 ff.

1363 Vgl. Thiel, in: Kessler/Förster/Watrin, FS Herzig, 2010, S. 1030, Vogel, IStR 2007, S. 227; Gesetzesbegründung der Bundesregierung zu § 50d Abs. 9 EStG und § 52 Abs. 59a S. 6 EStG, BT-Drs. 16/2712, S. 61. A. A. BFH, v. 19.5.2010, I B 191/09, BStBl. II 2011, S. 156, Rz. 36; Schönfeld, in: Flick/Wassermeyer/Baumhoff/Schönfeld, AStG, 2014, § 50d Abs. 9 EStG Rn. 33; Gosch, IStR 2008, S. 416; Graf/Bisle, IStR 2010, S. 403.

geänderten OECD-MK nicht auf vor 2000 abgeschlossene DBA anwendbar ist.[1364] Nach hier vertretener Auffassung ist eine Klarstellung der geltenden Rechtslage nur in den Fällen anzunehmen, in denen Deutschland die einschlägigen DBA mittels der OECD-Auffassung in Art. 23A Abs. 1 OECD-MA auslegt. Eine darüber hinaus gehende neue Rechtslage wird in den Fallkonstellationen geschaffen, in denen Deutschland die Auffassung der OECD bei Abschluss des einschlägigen DBA nicht berücksichtigt hat oder die vor Änderung des OECD-MK in 2000 abgeschlossen wurden. Liegt zudem eine doppelte Nichtbesteuerung aufgrund unterschiedlicher zugrunde gelegter Sachverhalte oder anderer Ursachen, die aus divergierendem innerstaatlichen Recht resultieren, vor, ist weiterhin von einer neuen Rechtslage durch § 50d Abs. 9 S. 1 Nr. 1 EStG auszugehen. Eine Rechtfertigung ist in diesen Fällen aufgrund der konstitutiven anstelle einer klarstellenden Wirkung ausgeschlossen. Darüber hinaus regelt § 50d Abs. 9 S. 1 Nr. 2 EStG die Versagung der Freistellung, welche sich zum Nachteil auf den Steuerpflichtigen auswirkt. Dies könnte dem Vertrauensschutz und der Rechtssicherheit widersprechen.[1365]

Eine Rechtfertigung könnte weiterhin aufgrund der Gewährleistung der steuerlichen Gleichbehandlung aller unbeschränkt steuerpflichtigen Personen vorliegen. Hiervon kann allerdings nicht aufgrund der Ersetzung einer nichtigen Norm mittels einer nicht zu beanstandenden Norm ausgegangen werden;[1366] denn die DBA stellen die einzig zu ersetzende Norm in diesem Zusammenhang dar. Allerdings sind DBA insoweit nicht ungültig. Dennoch könnte eine Rechtfertigung durch die der Rechtssicherheit übergeordneten zwingenden Gründe des Allgemeinwohls erfolgen.[1367] Solche Gründe liegen beispielsweise bei der Herstellung der Besteuerungsgleichheit vor, die durch die Regelung des § 50d Abs. 9 S. 1 Nr. 1 EStG sichergestellt bzw. verfolgt wird.[1368] Fraglich ist allerdings, inwiefern eine Besteuerungsgleichheit angenommen werden kann, wenn keine Klarstellung der bisherigen Rechtslage vorliegt. Wie festgestellt handelt es sich in einigen Fällen um eine neue Rechtslage, die durch die Einführung des § 50d Abs. 9 S. 1 Nr. 1 EStG erzielt wurde. Ist hiervon auszugehen, kann keine Gleichheit bzgl. der Besteuerung noch offener Veranlagungsfälle und bereits abgeschlossener Sachverhalte vorliegen, auch wenn diese denselben VZ betreffen. Entsprechend kann ein Verstoß gegen das nationale Verfassungsrecht i. S. d. Rechtsstaatsgebot aus Art. 20 Abs. 33 GG vorliegen, sodass

1364 Vgl. BFH, v. 19.5.2010, I B 191/09, BStBl. II 2011, S. 156, Rz. 36; Gosch, IStR 2008, S. 416.

1365 Vgl. Wassermeyer, IStR 2007b, S. 414; BFH, v. 19.5.2010, I B 191/09, BStBl. II 2011, S. 156, Rz. 35; BVerfG, v. 3.12.1997, 2 BvR 882/97, BVerfGE 97, S. 67, Rz. 39.

1366 Vgl. BVerfG, v. 19.12.1961, 2 BvL 6/59, BVerfGE 13, S. 261, Rz, 55, 59.

1367 Vgl. BVerfG, v. 19.12.1961, 2 BvL 6/59, BVerfGE 13, S. 261, Rz, 55. 59. Diese liegen allerdings nicht bei der Intention des Staates vor, zusätzliches Steuersubstrat zu erlangen. Vgl. BVerfG, v. 1.7.1953, 1 BvL 23/51, BVerfGE 2, S. 380, Rz. 52, 83.

1368 Vgl. Mitschke, DStR 2011, S. 2225; Jansen/Weidmann, IStR 2010, S. 601 f.

die durch § 52 Abs. 59a S. 6 EStG angeordnete Rückwirkung nicht gerechtfertigt ist.[1369] Die Regelung ist mithin erst mit ihrer Einführung anwendbar.[1370]

2.2.5.3 Unechte Rückwirkung des Veranlagungszeitraums 2006 sowie Ergebnis

Weiterhin ist die Rechtmäßigkeit der unechten Rückwirkung des § 50d Abs. 9 S. 1 Nr. 1 EStG zu untersuchen. Die Kriterien einer Prüfung des Rechtsstaatsprinzips des Art. 20 Abs. 3 GG mittels einer unechten Rückwirkung hat die neuere Rechtsprechung des BVerfG an die Kriterien der Zulässigkeit einer echten Rückwirkung angenähert.[1371] Ist davon auszugehen, dass eine echte Rückwirkung ausnahmsweise zu rechtfertigen ist, muss dies auch für eine aus der gleichen Rechtsnorm hervorgehenden unechten Rückwirkung gelten. Da dies allerdings fraglich ist, verstößt § 50d Abs. 9 S. 1 Nr. 1 i. V. m. § 52 Abs. 59a S. 6 EStG gegen rechtsstaatliche Grundsätze und ist damit unzulässig.[1372]

Zusammenfassend ist festzustellen, dass § 50d Abs. 9 S. 1 Nr. 1 EStG durch die Anwendungsvorschrift des § 52 Abs. 59a S. 6 EStG eine echte sowie unechte Rückwirkung enthält und diese nicht gerechtfertigt werden kann. Es ist somit ein Verstoß gegen höherrangiges Recht festzustellen. Mithin soll eine Verhinderung der Verfassungswidrigkeit hier erreicht werden, indem § 50d Abs. 9 S. 1 Nr. 1 EStG nur auf Qualifikationskonflikte anzuwenden ist, die aus den Unterschieden des innerstaatlichen Rechts der Vertragsstaaten entstanden sind.[1373]

Dennoch ist anzumerken, dass die deutsche Verhandlungsgrundlage für DBA eine dem § 50d Abs. 9 EStG vergleichbare Regelung enthält. Anhand von Art. 22 Abs. 1 Nr. 5 der Verhandlungsgrundlage soll mittels einer *switch-over*-Klausel die gleiche Zielrichtung verwirklicht werden und eine doppelte Nicht- oder Minderbesteuerung vermieden werden. Einziger Unterschied der Vorschrift der Verhandlungsgrundlage ist, dass sie ebenfalls auf Sachverhalte, die eine Doppelbesteuerung verursachen, Anwendung finden soll. Inwiefern die (möglicherweise) verfassungswidrige Regelung des § 50d Abs. 9 S. 1 Nr. 1 EStG durch die Vereinbarung von einer dem Art. 22 Abs. 1 Nr. 5 der Verhandlungsgrundlage vergleichbaren Regelung ersetzt werden kann, bleibt abzuwarten. Derzeit bleibt festzuhalten, dass eine Umsetzung solcher Vorschriften aufgrund der Vereinbarung in künftigen DBA noch in weiter Ferne steht. Derzeitige bereits vereinbarte abkommensrechtliche *switch-over*-Klauseln enthalten – teilweise – zudem die Einschränkung, dass sie ihre Wirkung

1369 Vgl. Suchanek/Herbst, Ubg 2011, S. 786, Schüller, PersG, 2014, S. 262 m. w. N.
1370 Dies bestätigend FG Münster, v. 2.7.2014, 12 K 2707/10 F, EFG 2014, S. 2043, Rz. 189 ff.
1371 Vgl. BVerfG, v. 10.10.2012, 1 BvL 6/07, BVerfGE 132, S. 302, Rz. 61 ff.
1372 Dies bestätigend FG Münster, v. 2.7.2014, 12 K 2707/10 F, EFG 2014, S. 2043, Rz. 189 ff.
1373 Dies unterstützend Schmidt, IStR 2010a, S. 428; Vogel, IStR 2007, S. 226 f.

erst nach einem gescheiterten Verständigungsverfahren entfalten.[1374] Auch dies führt im Ergebnis nicht zu einer direkten Anwendung der Anrechnungsmethode.

3. Zwischenfazit

Insgesamt konnte durch die Untersuchung gezeigt werden, dass die Regelung des § 50d Abs. 9 S. 1 Nr. 1 EStG aufgrund des enthaltenen *treaty override* sowie durch die rückwirkende Geltung verfassungsrechtlich zu beanstanden ist.[1375] Entsprechend kann durch diese nationale Vorschrift eine doppelte Nichtbesteuerung bzw. eine Minderbesteuerung auf Abkommensebene nur in Teilen verhindert werden. Die Geltung des § 50d Abs. 9 S. 1 Nr. 1 EStG beschränkt sich mithin auf die VZ ab Einführung der Norm. Weiterhin ist zu beachten, dass die Fallgestaltungen, in denen eine Keinmalbesteuerung auftritt, sehr begrenzt sind.

Zusammengefasst wurden unilateral sowie auf Ebene der OECD und der Europäischen Union mehrere Maßnahmen ergriffen, die eine doppelte Nichtbesteuerung vermeiden sollen. Nichtsdestotrotz fördern einige abkommensrechtliche Bestimmungen ausdrücklich die Entstehung von Keinmalbesteuerung bzw. DBA dulden grundsätzlich die doppelte Nichtbesteuerung.[1376] Um dem entgegenzuwirken, enthält die deutsche Verhandlungsgrundlage für DBA eine switch-over-Klausel, die zumindest für neu zu verhandelnde DBA die doppelte Nichtbesteuerung vermeiden soll. Ebenso soll die Einführung des Art. 23A/B Abs. 4 OECD-MA sowie die Kommentierung zu Art. 23A OECD-MA (Ziff. 32.1–32.7 des OECD-MK) im Jahr 2000 mindestens dazu führen, dass die Vertragsstaaten aufgrund von divergierender Auslegung eines DBA nicht an der Besteuerung gehindert werden. Des Weiteren kann eine doppelte Nichtbesteuerung durch die Einleitung eines Verständigungs- oder Konsultationsverfahrens nach Art. 25 OECD-MA oder in letzter Instanz durch die Anwendung eventuell vorhandener unilateraler Rückfall- oder *switch-over*-Klauseln erreicht werden.[1377]

1374 Vgl. Jochimsen/Gradl, IStR 2015, S. 242 m. w. N.

1375 Durchaus ergibt sich anhand des *treaty override* in § 50d Abs. 9 S. 1 Nr. 1 EStG auch die Möglichkeit der Berücksichtigung negativer Einkünfte, was für ein Ergebnis zu Gunsten eines Steuerpflichtigen genutzt werden kann. Allerdings kann eine Sachverhaltsgestaltung an der verfassungswidrigen Ausgestaltung der Regelung scheitern. Vgl. Hagemann, BB 2015, S. 226 f.

1376 Vgl. Rust, ISR 2013, S. 246.

1377 Dennoch besteht generelle Kritik an der Möglichkeit zur Verhinderung der doppelten Nichtbesteuerung u. a. durch die Option der Umgehung von *subject-to-tax*-Klauseln. Zur Kritik vor allem am BMF-Schreiben, v. 20.6.2013, IV B 2 – S 1300/09/10006, BStBl. I 2013, S. 980 vgl. Kahlenberg/Mair, PIStB 2014, S. 15; Meretzki, ISR 2014, S. 48.

III. Aktuelle Entwicklungen auf Ebene der OECD

1. Bekämpfung der grenzüberschreitenden Gewinnverkürzung und Gewinnverlagerung

Das Territorialitätsprinzip führt im Ergebnis dazu, dass jeder Staat das Besteuerungsrecht als sein zentrales Hoheitsgebiet ansieht. Sofern Staaten allerdings in Wechselbeziehungen mit anderen (ausländischen) Steuervorschriften treten, kann es zu Konflikten und (Besteuerungs-)Lücken kommen. Grundprinzip abkommensrechtlicher Vereinbarungen wie z. B. der DBA, ist die Harmonisierung der Beurteilung grenzüberschreitender Sachverhalte und die Vermeidung von Doppelbesteuerung. Dennoch können diese die Differenzen mehrerer aufeinandertreffender Steuerstatute nicht vollends verhindern oder begünstigen sie sogar. Als Folge sind in den letzten Jahren vermehrt Fälle in den Blickpunkt der Öffentlichkeit geraten, in denen Unternehmen legale Steuerstrategien ausnutzen und infolgedessen steuerliche Bemessungsgrundlagen unterlaufen.

Unter dem Stichpunkt der Bekämpfung der Gewinnverkürzung und Gewinnverlagerung (*Base Erosion and Profit Shifting*, kurz: BEPS) haben die OECD in Zusammenarbeit mit den Staats- und Regierungschefs der G20-Staaten[1378] einen Aktionsplan entworfen, der die wesentlichen Handlungsmaßnahmen zur Vermeidung der Doppelbesteuerung und der Nichtbesteuerung aufgreift. Der Aktionsplan umfasst insgesamt 15 Themen, auf deren Basis die Exekutivinstitutionen der OECD und der G20-Staaten bis zum Ende des Jahres 2015 konkrete Maßnahmen beschließen sollen. Im Einzelnen handelt es sich um folgende Aktionen:

1. Lösung der mit der digitalen Wirtschaft verbundenen Besteuerungsprobleme,
2. Neutralisierung der Effekte von *Hybrid Mismatch Arrangements*,
3. Stärkung der Vorschriften zur Hinzurechnungsbesteuerung,
4. Begrenzung der Gewinnverkürzung durch Abzug von Zins- oder sonstigen finanziellen Aufwendungen,
5. Wirksame Bekämpfung schädlicher Steuerpraktiken unter Berücksichtigung von Transparenz und Substanz,
6. Verhinderung von Abkommensmissbrauch,
7. Verhinderung der künstlichen Umgehung des Statuts als Betriebsstätte,
8. Gewährleistung der Übereinstimmung zwischen Verrechnungspreisergebnissen und Wertschöpfung: Immaterielle Werte,
9. Gewährleistung der Übereinstimmung zwischen Verrechnungspreisergebnissen und Wertschöpfung: Risiken und Kapital,
10. Gewährleistung der Übereinstimmung zwischen Verrechnungspreisergebnissen und Wertschöpfung: Sonstige risikoreiche Transaktionen,

1378 Hierbei handelt es sich um ein informelles Forum der zwanzig wichtigsten Industrie- und Schwellenländer.

11. Entwicklung von Methoden zur Erfassung und Analyse von BEPS-Daten und Gegenmaßnahmen,
12. Verpflichtung von Steuerpflichtigen zur Offenlegung ihrer aggressiven Steuerplanungsmodelle,
13. Überprüfung der Verrechnungspreisdokumentation,
14. Verbesserung der Effizienz von Streitbeilegungsmechanismen,
15. Entwicklung eines multilateralen Instruments.[1379]

Im Folgenden werden insbesondere die Aktionspunkte 2, 6, 14 und 15 kurz besprochen und die Auswirkung ihrer Umsetzung auf die Behandlung abkommensrechtlicher Sondervergütungen aufgezeigt.

2. Internationale Personengesellschaften und grenzüberschreitende Sondervergütungen im Lichte der BEPS-Diskussion

2.1 *Neutralisierung der Effekte von* Hybrid Mismatch Arrangements *(Maßnahme 2)*

Im September 2014 veröffentlichte die OECD den finalen Bericht ihres Aktionsplans zur Maßnahme 2.[1380] Inhalt des Berichts sind Empfehlungen zur Neutralisierung der Effekte hybrider Gestaltungsvehikel (*hybrid mismatch arrangements*). Um dem Konfliktpotential hybrider Rechtsträger gerecht zu werden, werden im endgültigen Bericht der BEPS-Initiative (Aktion 2) sowohl bilaterale als auch nationale Vorschriften zur Problembewältigung vorgeschlagen.

Neben hybriden Finanzinstrumenten unterscheidet der Bericht die hybriden Rechtsträger in Fallgestaltungen, in denen relevante Besteuerungsfolgen eintreten. Hierunter fallen der doppelte Betriebsausgabenabzug (*double deduction*) sowie der einseitige Betriebsausgabenabzug, wenn der andere Staat die Ausgaben nicht korrespondierend als ordentliche Einnahme qualifiziert (*deduction / non-inclusion*). Zur Behebung dieser Besteuerungsinkongruenzen wird konsequent auf die Korrespondenzregel verwiesen. Demzufolge sollen im Falle des doppelten Betriebsausgabenabzugs dem Ansässigkeitsstaat des Gesellschafters der Abzug versagt werden. Wird in einem Staat der Abzug zugelassen, ohne dass der andere Staat die Einnahmen versteuert, so soll ein Betriebsausgabenabzug im Schuldnerstaat versagt werden. Weicht die Steuersubjektqualifikation der Gesellschaft von der des anderen Staats ab, so wird der Betriebsausgabenabzug insoweit beschränkt, als die doppelt erfassten Aufwendungen die ebenfalls zweifach erfassten Erträge übersteigen. Zudem soll die Möglichkeit bestehen, die in der Periode nicht mehr abzugsfähigen Aufwendungen

1379 OECD, Aktionsplan, 2014, Anhang A.
1380 Vgl. OECD, Aktion 2, 2014, S. 2.

zukünftig zu verwerten. Die genannten Regelungen greifen dabei lediglich auf Konzerngestaltungen, in denen die Beteiligungsquote i. H. v. 25 % überschritten wird.[1381]

Fraglich ist allerdings, wie die im OECD-Bericht genannten Maßnahmen in innerstaatliches Recht umgesetzt werden sollen. So hat Deutschland bereits in 2013 entsprechende Maßnahmen ergriffen und beispielsweise § 8b Abs. 1 S. 2 und § 14 Abs. 1 Nr. 5 KStG revidiert.[1382] Diese Maßnahmen wurden allerdings vor Veröffentlichung der ersten Maßnahmenkataloge der OECD implementiert, sodass sie als ersten Schritt angesehen werden können.[1383] Weiterhin wird die Einführung eines § 4 Abs. 5a EStG diskutiert.[1384] In Outbound-Sachverhalten regelt § 8b Abs. 1 S. 2 KStG die kongruente Behandlung hybrider Finanzinstrumente, sodass § 4 Abs. 5a EStG auf Ebene des Zahlenden (Inbound-Sachverhalt) eine Einmalbesteuerung sicherstellen sollte. Allerdings wird durch die Neueinführung des § 4 Abs. 5a EStG die Kapitalverkehrsfreiheit begrenzt, sodass die geplante Ausgestaltung gegen Unionsrecht verstoßen würde. Zudem weicht der Regelungsentwurf verschärfend von den empfohlenen Maßnahmen der OECD ab.[1385] Aufgrund der Kritik wurde der Regelungsentwurf bisher nicht umgesetzt.

Darüber hinaus ist fraglich, in welchem Umfang die unilateralen Empfehlungen umgesetzt werden können. Teilweise stehen diese im Konflikt mit dem Unionsrecht, sodass eine Umsetzung verneint werden muss. Insbesondere sollte hier das Diskiminierungsverbot des Art. 24 OECD-MA beachtet werden. Die OECD geht diesbezüglich davon aus, dass Art. 24 OECD-MA einen begrenzten Anwendungsbereich hat und mithin keine indirekten Diskriminierungen erfasst werden. Dem ist allerdings nach deutscher Sichtweise dahingehend zu widersprechen, dass der

---

1381 Vgl. OECD, Aktion 2, 2014, S. 13; Schnitger/Oskamp, IStR 2014, S. 391 ff.; Kahlenberg, Ubg 2014b, S. 624 f.; Staats, IStR 2014, S. 751 ff.; Kahlenberg, ISR 2015, S. 92; Kahlenberg, NWB 2015, S. 491 ff.; Kahlenberg/Kudert, SWI 2015, S. 53 ff.

1382 Vgl. Staats, IStR 2014, S. 750 f.; Schiefer, IWB 2015, S. 357 f.

1383 Die EU-Mitgliedstaaten sind verpflichtet, die auf der BEPS-Initiative resultierenden Maßnahmen der verschiedenen Aktionspläne bis 31.12.2015 in innerstaatliches Recht umzusetzen.

1384 Wortlaut des § 4 Abs. 5a EStG-Entwurf: „Aufwendungen sind nicht als Betriebsausgaben abziehbar, soweit sie beim unmittelbaren oder mittelbaren Empfänger nicht als Einnahmen in der Steuerbemessungsgrundlage berücksichtigt werden oder einer Steuerbefreiung unterliegen, weil das zugrundeliegende Rechtsverhältnis bei der Besteuerung des Leistenden und des Empfängers nicht einheitlich als Fremdkapitalüberlassung behandelt wird. Die einer Betriebsausgabe zugrundeliegenden Aufwendungen sind nur abziehbar, soweit die nämlichen Aufwendungen nicht in einem anderen Staat die Steuerbemessungsgrundlage mindern. Satz 2 gilt nicht, wenn die Berücksichtigung der Aufwendungen ausschließlich dazu dient, einen Progressionsvorbehalt im Sinne des § 32b Abs. 1 S. 1 Nr. 3 oder eine Steueranrechnung im Sinne des § 34c oder im Sinne des § 26 Abs. 1 des Körperschaftsteuergesetzes zu berücksichtigen“, BR-Drs. 432/14, S. 12. Vgl. eine erste kritische Analyse des Regelungsentwurfs Linn, IStR 2014, S. 921 ff.

1385 Vgl. Kahlenberg, ISR 2015, S. 92 f., 97.

BFH[1386] auch Fälle der verdeckten Diskriminierung unter den Schutzbereich der Vorschrift subsumiert. Im Ergebnis bleibt fraglich, in welchem Ausmaß die abkommensrechtlichen Diskriminierungsverbote eine Anwendung innerstaatlicher Regelungen überlagern.[1387]

Einen weiteren Problembereich der hybriden Gestaltungen bildet die Ansässigkeit von transparenten Gesellschaften. Wird eine Personengesellschaft der transparenten Besteuerung unterworfen, so ist sie selbst regelmäßig nicht Steuersubjekt und kann mithin für sich keine Ansässigkeit nach Art. 4 Abs. 1 OECD-MA beanspruchen.[1388] Eine Maßnahme auf bilateraler Ebene ist die Erweiterung des Art. 1 Abs. 2 OECD-MA. Ziel der neujustierten Vorschrift ist die Schaffung einer Ansässigkeitsfiktion transparenter Rechtsträger. Mithin sollen Abkommensvorteile versagt werden, wenn betroffene Einkünfte keiner nach innerstaatlichem Rechtsverständnis ansässigen Person zugerechnet werden können. Die Neufassung des Art. 1 OECD-MA wird dabei durch umfangreiche Erläuterungen im MK ergänzt. Diese stellen sicher, dass Art. 1 Abs. Abs. 2 OECD-MA sowohl auf Personengesellschaften als auch auf andere transparente Rechtsträger Anwendung findet.[1389] Eine Umsetzung des Entwurfs zu Art. 1 Abs. 2 OECD-MA ist dahingehend zu befürworten, dass die Regelung ebenfalls der Sichtweise der Finanzverwaltung entspricht.[1390] Nichtsdestotrotz erlangt die Interpretation besonderer Ansässigkeitsbestimmungen im Bereich der abkommensrechtlichen Behandlung von Personengesellschaften besondere Relevanz. Strittig ist diesbezüglich, inwiefern solche Bestimmungen nur das Besteuerungsrecht des Quellenstaats beschränken oder ob hierdurch auch das Besteuerungsrecht des Ansässigkeitsstaats geregelt wird. Das FG Münster urteilte am 2.7.2014[1391] in Bezug auf Art. 4 Abs. 4 DBA Spanien a. F., dass die Fiktion der Ansässigkeit des Gesellschafters einer Personengesellschaft ebenso Auswirkung auf den Ansässigkeitsstaat hat.[1392]

1386 Vgl. BFH, v. 16.1.2014, I R 30/12, BStBl. II 2014, S. 721.

1387 Hierzu kritisch Schnitger/Oskamp, IStR 2014, S. 392 f.; Kahlenberg/Kudert, SWI 2015, S. 64; Kahlenberg, NWB 2015, S. 496 f.

1388 Vgl. BMF, v. 26.9.2014, IV B 5 – S 1300/09/10003, BStBl. I 2014, S. 1258, Tz. 2.1.1; Hagemann/Kahlenberg, IStR 2015, S. 54.

1389 Die Neufassung orientiert sich dabei an der Ansässigkeits- und Zurechnungsfiktion des Art. 1 Abs. 2 DBA-USA. Vgl. Kahlenberg, Ubg 2014b, S. 625; Schnitger/Oskamp, IStR 2014, S. 387; Kahlenberg, NWB 2015, S. 495 f.

1390 Vgl. BMF, v. 26.9.2014, IV B 5 – S 1300/09/10003, BStBl. I 2014, S. 1258, Tz. 4.1.4; Staats IStR 2014, S. 755; Kahlenberg, NWB 2015, S. 496.

1391 Vgl. FG Münster, v. 2.7.2014, 12 K 2707/10 F, EFG 2014, S. 2043. Zum Sachverhalt siehe ebenfalls E.I.3 letzter Absatz.

1392 Vgl. Behrenz, IStR 2015, S. 782.

2.2 Verhinderung von Abkommensmissbrauch (Maßnahme 6)

Mit der Veröffentlichung der Entwurfsfassung zu dem BEPS-Aktionsplan 6 wurden Maßnahmen vorgestellt, die den Abkommensmissbrauch (*treaty shopping*) verhindern sollen.[1393] Mithin steht die Vermeidung der doppelten Nichtbesteuerung im Zentrum des Aktionsplans. Neben Änderungen des Abkommensrechts sollen die Mitgliedstaaten nationale Vorschriften umsetzen, die eine Gewährung von Abkommensvorteilen in unangemessenen Fällen verhindern.

Als Maßnahme des Gestaltungsmissbrauchs soll in zukünftigen DBA das Abkommensziel der Verhinderung der Minder- oder Nichtbesteuerung in die Präambel aufgenommen werden. Darauf aufbauend sollen bei der Abkommensauslegung durch die Rechtsprechung diese Ziele als Wertentscheidungen der beteiligten Vertragsstaaten zugrunde gelegt werden.[1394]

Darüber hinaus schlägt die OECD eine *limitation-on-benefits*-Regelung vor, die anhand von objektiven Kriterien eine Inanspruchnahme von Abkommensvorteilen festschreibt. In Kombination soll des Weiteren ein *principal purpose*-Test als allgemeine Missbrauchsvorschrift umgesetzt werden, der bei Vorliegen der Voraussetzungen ebenfalls die Abkommensvergünstigungen versagt.[1395] Größter Kritikpunkt der aufgeführten Maßnahmen ist dabei, dass sie sehr komplex ausgestaltet sind und in der Administration ebenfalls sehr aufwändig wären. Hinzu kommt, dass einige Staaten keine Erfahrungen mit allgemeinen Missbrauchsregelungen haben, sodass es zu unterschiedlichen Auslegungen des OECD-MA kommen kann. Im Ergebnis käme dies einer abweichenden Anwendung des Abkommensrechts gleich, sodass die von der OECD vorgeschlagenen Regelungen eher zu weiterer Rechtsunsicherheit und zu möglicher Doppelbesteuerung führen können. Fraglich ist zudem, ob es dieser abkommensrechtlichen Neuregelungen bedarf, da bestehende Regelungen – wie z. B. Aktivitätsvorbehalte, *switch-over-* und *subject-to-tax*-Regelungen – sowie nationale Vorschriften (allen voran § 42 AO, § 50d Abs. 3 sowie § 50d Abs. 8 und 9 EStG) bereits den Abkommensmissbrauch verhindern.[1396]

Weiterhin kann der Diskussion um die Verfassungsmäßigkeit von *treaty override*-Regelungen ein Ende gesetzt werden, wenn eine entsprechend des Aktionsplans 6

1393 Vgl. OECD, Aktion 6, 2014.

1394 Vgl. Schulz-Trieglaff, IStR 2015, S. 155.

1395 Sofern einem kombinierten Ansatz der beiden Maßnahmen nicht gefolgt wird, so sollen die Mitgliedstaaten zumindest die allgemeine Missbrauchsnorm oder eine *limitation-on-benefits*-Regelung umsetzen, die durch eine Regelung gegen Durchleitungsgesellschaften (*conduit financing arrangements*) ergänzt wird. Vgl. ebenfalls zur kritischen Analyse der einzelnen Maßnahmen Rautenstrauch, IWB 2015, S. 96 ff., 102.

1396 Hierzu Rautenstrauch, IWB 2015, S. 103 f. Siehe auch zur Umsetzung nationaler Vorschriften einer *diverted profits tax* in Großbritannien; Oppel, IStR 2015, S. 333 ff.

vorgeschlagene Klausel des Art. 1 Abs. 3 OECD-MA aufgenommen wird.[1397] Gemäß dieser Regelung verdrängt ein DBA die Besteuerung nach nationalen Vorschriften nur, sofern es hierfür in dem Abkommen entsprechende Regelungen gibt.[1398] Ist ein Bereich nicht explizit im Abkommen geregelt, so obliegt dem Vertragsstaat das Recht zum Erlass innerstaatlicher Anti-Missbrauchsklauseln. Fraglich ist in diesem Zusammenhang, ob in der Regelung des § 50d Abs. 10 EStG eine Missbrauchsklausel gesehen werden kann. Da das Ziel der Norm die Sicherung des Besteuerungssubstrats ist, wäre dies m. E. zu verneinen. Allerdings könnte der Entwurf eines Art. 1 Abs. 3 OECD-MA Auswirkungen auf die Rechtfertigung des § 50d Abs. 9 EStG haben, sodass diese Vorschrift im Ergebnis verfassungskonform sein könnte.

2.3 Verbesserung der Effizienz von Streitbeilegungsmechanismen (Maßnahme 14)

Die Aktion 14 der BEPS-Initiative umfasst die Erarbeitung von Maßnahmen, die auf abkommensrechtlicher Ebene die Streitbeilegungsmechanismen verbessern sollen. Hierunter fallen vor allem die Einfügung von Schiedsklauseln in Abkommen sowie die Erleichterung des Zugangs zu Verständigungs- und Schiedsverfahren.[1399] Der finale Bericht soll nach der derzeit laufenden offenen Diskussion im September 2015 veröffentlicht werden. In der derzeitigen Fassung des Berichts zur Maßnahme 14 schlägt die OECD vor, dass Maßnahmen getroffen werden, die einerseits die Entstehung von Verständigungsverfahren verhindern und andererseits zu einer Einigung in laufenden Verfahren führen. Als von der OECD erkanntes Hindernis steht hierbei die Begrenztheit der Ressourcen – u. a. Anzahl und Schulung von Mitarbeitern sowie die fehlende Finanzierung – im Vordergrund.[1400] Zur Behebung der Hindernisse sollen die Mitgliedstaaten vermehrt Ressourcen an die zuständigen Behörden bereitstellen.

Gemäß einer aktuellen Studie der OECD sind derzeit 4.566 Verständigungsverfahren eröffnet; im Schnitt (in 2013) benötigen diese bis zu der Erledigung des Verfahrens 23,57 Monate.[1401] Unter Zugrundelegung dieser Zahlen ist eine Verbesserung der Durchführung der Verständigungsverfahren unabkömmlich. Vor allem vor dem Hintergrund, dass in Deutschland mehr Verfahren eröffnet als beendet werden, sollte ein erhöhter Einsatz geeigneter Mitarbeiter zeitnah erfolgen.[1402] Neben

---

1397 Gleiches gilt für die Übernahme der entsprechenden Erläuterungen im OECD-MK, vgl. Schulz-Trieglaff, IStR 2015, S. 155.

1398 "*This Convention shall not affect the taxation, by a Contracting State, of its residents except with respect to the benefits granted under paragraph 3 of Article 7, paragraph 2 of Article 9 and Articles 19, 20, 23, 24 and 25 and 28*", OECD, Aktion 6, 2014, Tz. 53.

1399 Vgl. OECD, Aktionsplan, 2014, S. 38.

1400 Vgl. OECD, Aktion 14, 2014, Tz. 16 f.

1401 Vgl. OECD, Aktion 14 Diskussion, 2015, S. 205.

1402 Vgl. OECD, Aktion 14 Diskussion, 2015, S. 205.

der Verbesserung der Ressourcenausstattung sieht die OECD die Entwicklung und Veröffentlichung von Leitfäden vor. In diesen sollen den Steuerpflichtigen die zur Einleitung benötigten Unterlagen sowie die Durchführung eines Verständigungsverfahrens nach Art. 25 OECD-MA erläutert werden.[1403] In Deutschland existieren solche Leitfäden bereits, sodass es hier nur einer etwaigen Anpassung an die Vorgaben der OECD im Rahmen der BEPS-Initiative bedarf.[1404]

2.4 Entwicklung eines multilateralen Instruments (Maßnahme 15)

Grundsätzlich sollten die von der OECD vorgeschlagenen Maßnahmen kritisch gesehen werden, da sie u. a. darauf abzielen, das innerstaatliche Recht eines Vertragsstaats zu ändern. Die Verhinderung von Qualifikationskonflikten durch Rückgriff und Auslegung des innerstaatlichen Rechts wird allerdings nicht dadurch verhindert, dass weitere inländische Maßnahmen umgesetzt werden. Aus diesem Grund soll durch die Maßnahme 15 ein multilaterales Übereinkommen geschaffen werden, das auf Abkommensebene Regelungen zur Verhinderung der Steuerverlagerung einführt und auch gegenüber Staaten wirkt, die nicht an der Umsetzung der BEPS-Initiative teilnehmen.[1405] Das erwünschte Übereinkommen hat allerdings nicht den Stellenwert eines DBA, sodass dem völkerrechtlichen Vertrag lediglich Rahmencharakter beigemessen wird. Als Folge werden durch das multilaterale Übereinkommen keine bestehenden DBA ersetzt. Vielmehr soll hierdurch eine generelle Möglichkeit zur simultanen Änderung der Texte abgeschlossener DBA geschaffen werden.[1406] Dies schließt vor allem die Änderungen der Maßnahmen der Aktionen 1–15 (z. B. Einfügung eines Artikels 1 Abs. 2 OECD-MA gemäß Aktion 2) auf abkommensrechtliche Ebene ein.

Derzeit ist allerdings nur in Ansätzen erkennbar, wie ein multilaterales Übereinkommen ausgestaltet werden könnte. Im Rahmen eines zweistufigen Verfahrens sollen die Staaten, die ein solches Übereinkommen abschließen wollen, in die Lage versetzt werden, die Maßnahmen der BEPS-Initiative umzusetzen und ihre abgeschlossenen bilateralen Verträge um diese Maßnahmen zu ergänzen. Aufgrund der Analyse im ersten Schritt sollen die Staaten im darauffolgenden Schritt das Übereinkommen erarbeiten.[1407] Es sollte dabei nicht unterschätzt werden, dass sowohl in sachlicher und zeitlicher Hinsicht Konflikte zwischen dem multilateralen Übereinkommen und den abgeschlossenen DBA entstehen können. Fraglich ist in diesem Fall, inwiefern zu verfahren ist, wenn einzelne Staaten nur partiell oder modifiziert

1403 Vgl. OECD, Aktion 14, 2014, Tz. 25.

1404 Zur weiteren Erläuterung siehe F.I.3.3.

1405 Vgl. OECD, Aktion 15, 2014, S. 9 f.

1406 Vgl. Reimer, IStR 2015, S. 1. Der Autor gibt allerdings zu bedenken, dass einem solchen multilateralen Übereinkommen missbräuchlicher Weise mehr Einfluss eingeräumt werden könnte. Das Risiko der Entstehung einer globalen Steuerverfassung schätzt er indes gering ein.

1407 Vgl. OECD, Aktion 15, 2014, S. 26, 29.

an dem Übereinkommen teilnehmen. Darüber hinaus kann es zu Wechselwirkungen mit anderen Vorschriften eines bilateralen Vertrags kommen, wenn das multilaterale Übereinkommen Überschreibungen vorsieht. Mithin können diese Änderungen darüber hinausgehende Eingriffe in die DBA erfordern oder zu kurz greifen.[1408]

Grundsätzlich erfordert ein multilaterales Übereinkommen die Absprache der Vertragsstaaten untereinander, inwiefern eine bilaterale Klausel mit dem (Anhang oder Protokoll zu dem) Übereinkommen übereinstimmen und wie entsprechend die künftige Fassung der Abkommensklausel sein soll. Hierfür bedarf es vermehrter Verständigungsverfahren, die den Charakter einer Verhandlung innehaben. Zudem können die Änderungen eines Übereinkommens – sofern es sich um eine Schlechterstellung im Rahmen einer Steuererhöhung für den Steuerpflichtigen handelt – unter Zugrundelegung des Vertrauensschutzes nicht rückwirkend ergehen. Darüber hinaus ist ein innerstaatliches Zustimmungsgesetz erforderlich, um das multilaterale Übereinkommen in inländisches Recht umzusetzen.[1409] Unstreitig ist weiterhin, dass ein multilaterales Übereinkommen nur gegenüber den Signatarstaaten wirken kann und somit nicht gegenüber Drittstaaten eintritt. Auch die Einbeziehung einer Vielzahl an Staaten in den BEPS-Prozess kann nicht endgültig die dadurch möglichen Gestaltungen und den Missbrauch vermeiden.[1410] Aus den genannten Gründen ist offen, ob ein multilaterales Übereinkommen entworfen, abgeschlossen und – von einer Vielzahl der Staaten – ratifiziert wird. In Bezug auf konfliktreiche Themen, wie die Erweiterung des Betriebsstättenbegriffs oder die Definition und Behandlung von Lizenzgebühren, erscheint ein Veto wichtiger Signatarstaaten (zur Durchsetzung eigener Interessen) wahrscheinlich. Sofern allerdings die Maßnahmen aller Aktionen der BEPS-Initiative anhand des multilateralen Übereinkommens in Summe umgesetzt werden sollen, kann das Gesamtprojekt durch Ablehnung oder Behinderung des Übereinkommens scheitern. Aus diesem Grund könnte das multilaterale Instrument lediglich Rahmenwirkung mit punktuellem Einfluss haben, bevor eine umfangreiche Konstitutionalisierung scheitert.[1411]

Die derzeitige Ausgestaltung des internationalen Steuerrechts anhand der parallel vorliegenden Systeme des nationalen (Steuer-)Rechts, des DBA-Rechts und des Unionsrechts führt im Ergebnis zu strukturimmanenten Problemen. Diese spiegeln sich u. a. durch Qualifikationskonflikte – hinsichtlich des Steuersubjekts oder der erzielten Einkunftsart – wider, die sich bei der Beurteilung der Besteuerung grenzüberschreitender Sachverhalte ergeben. Als Folge kann eine Doppelbesteuerung

---

1408 Eine Konsequenz hieraus wäre erhöhte Rechtsunsicherheit. Vgl. Reimer, IStR 2015, S. 3 f. Ebenfalls kritisch gegenüber einem solchen Übereinkommen Raber, in: Oestricher, BEPS, 2015, S. 165 f.

1409 Ggf. bedarf es zudem der Zustimmung des Bundesrates nach Art. 105 Abs. 3 GG, wenn z. B. eine andere Sprache verwendet wird. Dies würde im Ergebnis den Prozess des Zustandekommens neuer Empfehlungen eines multilateralen Übereinkommens behindern.

1410 Zu alledem kritisch Reimer, IStR 2015, S. 5.

1411 Vgl. Reimer, IStR 2015, S. 7 f.

zuungunsten des Steuerpflichtigen entstehen oder Gestaltungspotential für eine Minder- oder Nichtbesteuerung gegeben sein. Im Schrifttum wird deshalb (parallel zu den Maßnahmen der BEPS-Initiative) die Einführung eines „Gesetzbuchs zur Ermittlung des Steuerstatuts bei Auslandssachverhalten“[1412] diskutiert. Hierbei soll die fehlende Abstimmung der beteiligten Besteuerungsregime mittels Kollisionsrecht vereinheitlicht werden. Allerdings vermag der Ansatz nicht vollends zu überzeugen. Neben dem Problem der Willkürfreiheit[1413] der Entscheidungen über einen grenzüberschreitenden Sachverhalt kann auch ein Kollisionsrecht Unsicherheiten und Nachteile mit sich bringen und nicht zu einer vollständigen Auflösung den der Doppel-, Minder- oder Nichtbesteuerung zugrunde liegenden Probleme führen.[1414]

3. Stellungnahme

Dem Grundsatz nach ist die aktuelle Diskussion auf Ebene der OECD unter Zusammenarbeit mit den Staats- und Regierungschefs der G20-Staaten zu begrüßen. Allerdings sollte im Fokus stehen, dass die Problemstellung der Gewinnverlagerung und Gewinnverkürzung nicht von sog. Steueroasen hervorgerufen wurde. Vielmehr sind die Einzelstaaten, die aufgrund ihrer Anreiz- und Vergünstigungspolitik eine legale Steuerplanung möglich machen, Hauptverursacher.[1415] Fraglich ist dementsprechend, inwiefern eine Diskussion unter dem Stichwort „BEPS“ dazu führen wird, dass diese Staaten ihre bisherige Gesetzgebung aufgeben und Besteuerungslücken schließen. In diesem Zusammenhang sei darauf verwiesen, dass das Ziel der BEPS-Initiative die Schaffung von Transparenz der Besteuerung internationaler Geschäftsbeziehungen ist. In diesem Sinne ist unstrittig, dass einige Staaten enormen Widerstand an einer (Um-) Verteilung des Steuersubstrats leisten werden. Dies ist vor allem der Fall, wenn sie dadurch benachteiligt werden. So könnte eine Ausweitung des Betriebsstättenbegriffs dazu führen, dass das Steueraufkommen des jeweiligen Betriebsstättenstaats erhöht wird, wohingegen der Stammhausstaat auf ein entsprechendes Aufkommen verzichten muss. Im Ergebnis könnte das Projekt BEPS scheitern, wenn sich die beteiligten Staaten nicht auf einheitliche Maßnahmen einigen und diese nicht vollumfänglich – ohne Ergänzungen oder Ausnahmen – implementieren.[1416]

Unter diesen Voraussetzungen ist fraglich, ob es der Maßnahmen der OECD im Rahmen der Verhinderung von Gewinnverkürzung und Gewinnverlagerung bedarf, oder ob auch nationale Gesetzesinitiativen ausreichen. Grundsätzlich beziehen sich

1412 Im Vordergrund steht dabei die Ausgestaltung des internationalen Steuerrechts als Kollisionsrecht. Vgl. Haase, StuW 2015, S. 151 ff.

1413 Sofern ein Recht zum Steuerstatut berufen wurde, kann der Staat unter Berücksichtigung des übergeordneten Rechts Sachverhalte nach seinem Willen besteuern (Ausprägung des Territorialitätsprinzips). Vgl. Haase, StuW 2015, S. 154.

1414 Im Einzelnen zu den Vor- und Nachteilen vgl. Haase, StuW 2015, S. 154 f.

1415 Vgl. Schnitger, in: Oestricher, BEPS, 2015, S. 4 m. w. N.

1416 Vgl. Piltz, IStR 2013, S. 681 f.

die meisten BEPS-Maßnahmen auf Gestaltungsmodelle von Unternehmen mit *Intellectual Property* und den Sitz der Muttergesellschaft in den USA.[1417] Werden darüber hinaus die derzeitigen Auswirkungen der Steuerausfälle untersucht, so ergibt sich in Bezug auf die Messung der Buchgewinnverlagerungen sowie Schätzungen der Steuerausfälle ein differenziertes Bild: In den hierzu durchgeführten Studien werden oftmals Gewinne von Steuerausländern und Steuerinländern nicht voneinander getrennt oder sogar vermischt; ebenfalls liegen den unterschiedlichen Rechnungen keine einheitliche Definition ihres Untersuchungsgegenstandes zugrunde, sodass die legale Steuerplanung unter der unerwünschten Steuerhinterziehung subsumiert wird. Mithin geben diese Studien kein aussagekräftiges Bild über die Gewinnverkürzung und Gewinnverlagerung in Deutschland ansässiger Unternehmen ab. Eine Untersuchung der (Konzern-)Steuerquoten deutscher Unternehmen hat allerdings gezeigt, dass im Inland ansässige Konzerne dem Grundsatz nach (hohe) Steuern zahlen, sofern sie nicht von übermäßigen Verlustvorträgen profitieren.[1418] Der geringe inländische Körperschaftsteuersatz i. H. v. 15 % dient dabei der Attraktivitätssteigerung Deutschlands als Investitionsstandort.[1419] Sofern andere Staaten ebenfalls von ihrem Recht Gebrauch gemacht haben, nationale Steueranreize zu schaffen, können diese im Rahmen der BEPS-Diskussion nicht als verwerfliche und ungewollte Schlupflöcher deklariert werden.[1420] Festzuhalten ist allerdings, dass Deutschland erheblich von seinem bisherigen Steueraufkommen verlieren würde, wenn im Rahmen der BEPS-Maßnahmen der Betriebsstättenbegriff ausgeweitet wird und vermehrt die Quellenbesteuerung zum Zuge kommt.[1421] Zudem zeigen die hierzu durchgeführten Studien, dass in Deutschland das Problem der Gewinnverlagerung durch z. B. Ausweitung des Korrespondenzprinzips begrenzt ist. Als Folge sollte Deutschland den Fokus im Rahmen der BEPS-Diskussion auf die Lösung von

---

1417 Demzufolge könnte auch die USA den größten Widerstand in Bezug auf die umzusetzenden Maßnahmen der BEPS-Initiative haben. Vgl. Schanz/Feller, BB 2015, S. 865.

1418 Vgl. hierzu Schanz/Feller, BB. 2015, S. 866 f., die diesbezüglich umfassende Analysen durchgeführt haben. Siehe ebenso Overesch, in: Oestricher, BEPS, 2015, S. 72 f. m. w. N.

1419 Vgl. BMF, Unternehmensteuerreform 2008, S. 92

1420 Vgl. Schanz/Feller, BB 2015, S. 866, die ebenfalls darauf hinweisen, dass europäische Maßnahmen wie die EU-Zins- und Lizenzrichtlinie sowie die Mutter-Tochter-Richtlinie maßgeblich dazu beigetragen haben, grenzüberschreitende Zahlungen zwischen den Mitgliedstaaten einfacher verlagern zu können. Allerdings wird der Missbrauch durch die Richtlinie 2015/121/EU dahingehend verschärft, dass die Vorteile der Mutter-Tochter-Richtlinie bei unangemessenen Gestaltungen zukünftig nicht mehr gewährt werden sollen.

1421 Diese Maßnahmen stehen im Zusammenhang mit der Aktion 1 und werden im Schrifttum abgelehnt. Darüber hinaus haben u. a. die umfangreiche Verrechnungspreisdokumentation sowie die Einschränkung der Abzugsfähigkeit von Fremdkapitalkosten bereits dazu geführt, dass identifizierte Lücken in Deutschland geschlossen wurden. Vgl. Schanz/Feller, BB 2015, S. 869 m. w. N.

Qualifikationskonflikten setzen und diesbezüglich u. a. für einheitliche Definitionen und Auslegungsgrundsätze stimmen.

Weiteres Problem der Maßnahmen der BEPS-Initiative ist die mögliche Unionsrechtswidrigkeit. In Bezug auf die Beseitigung hybrider Strukturen können so Grundfreiheiten – wie die Kapitalverkehrsfreiheit – eingeschränkt werden. Mithin können Maßnahmen bei angenommener Rechtswidrigkeit nicht umgesetzt werden.[1422] Dennoch existieren nationale Reformvorschläge, die nicht gegen EU-Recht verstoßen und zudem das Steueraufkommen erhöhen können und die Wettbewerbsposition im Inland ansässiger Unternehmen stärken. Zu diesen zählen z. B. die Einführung einer Quellenbesteuerung für alle Zins- und Lizenzzahlungen[1423], eine Abzugsbeschränkung für gezahlte Lizenz- und Schuldzinsen, sofern ihre Zahlung an ein Niedrigsteuerland abfließt[1424] sowie eine umfangreiche Gewerbesteuerreform für gezahlte und erhaltene Zins- und Lizenzgebühren[1425]. Weiterhin behält sich die Bundesregierung Deutschlands vor, innerstaatliche Regelungen umzusetzen, wenn die Maßnahmen der BEPS-Initiative nicht ausreichen oder nicht bis Ende 2015 verwirklicht werden.[1426]

In Bezug auf § 50d Abs. 10 EStG ist Folgendes zu konstatieren: Die Regelung dient – nach Ansicht der Gesetzgebung – der Sicherung des Steuersubstrats sowie der Vermeidung von Minderbesteuerung in grenzüberschreitenden Sachverhalten.[1427]

1422 Vgl. Kreienbaum, IStR 2014, S. 724.

1423 Alle im Inland ansässigen Unternehmen zahlen eine pauschale Quellensteuer (z. B. i. H. v. 10 %) auf alle in Deutschland gezahlten und steuerliche relevanten Schuldzinsen und Lizenzgebühren. Um die Steuerzahlung zu kompensieren, sollte eine Erstattung derjenigen Steuern anfallen, die auf die Zins- und Lizenzgebührenerträge im In- und Ausland angefallen sind. Vgl. ausführlich Jarass, IStR 2014, S. 743. Kritik an Jarass vgl. Neumann-Tomm, IStR 2015, S. 436 ff.

1424 Die Beschränkung des Abzugs sollte abhängig vom Steuersatz des Empfängers sein. Hierbei ist der tatsächlich bezahlte Steuersatz maßgeblich, sodass eine Abzugsbeschränkung nur greift, wenn der Steuerpflichtige nicht darlegen kann, dass die Zahlungen einem Steuersatz von mindestens 20 % unterlagen. Vgl. Jarass, IStR 2014, S. 744 f.

1425 Erfolgt kein Steuerabzug der gezahlten Schuldzinsen und Lizenzgebühren bei der Ermittlung der Gewerbesteuer, so kann im Gegenzug auf eine Besteuerung der erhaltenen Zinserträge und Lizenzgebühren verzichtet werden. Vgl. Jarass, IStR 2014, S. 745 f.

1426 Hierunter fallen u. a. die Beschränkungen des Betriebsausgabenabzugs bei Briefkastenfirmen und der Lizenzaufwendungen. Vgl. CDU/CSU/SPD, Koalitionsvertrag, 2013, S. 65. Für eine kritische Analyse der genannten unilateralen Maßnahmen unter Einbezug der BEPS-Initiative siehe Hummel/Knebel/Born, IStR 2014, S. 832 f.; Spengel/Nusser, in: Oestricher, BEPS, 2015, S. 134 ff.

1427 Die Ziele der Missbrauchsvermeidung und (in jüngerer Zeit) der Sicherung des Besteuerungssubstrats sowie der Verminderung der Minderbesteuerung sind Gründe für den vermehrten Einsatz von treaty overrides, vgl. Gebhardt, Tax Treaty Overriding, 2013, S. 281.

Sofern solche *treaty override*-Regelungen verfassungswidrig sind, könnten vermehrt allgemeine Missbrauchsvermeidungsnormen in die DBA implementiert werden.[1428] Unter Berücksichtigung der internationalen Besteuerungssystematik in Verbindung mit der BEPS-Initiative könnten zudem weitergehende Abzugsbeschränkungen – analog zu § 8 Nr. 1 GewStG – eine inländische Besteuerung der Sondervergütungen sicherstellen, ohne dass es der Regelung des § 50d Abs. 10 EStG (weiter) bedarf.[1429]

Im Ergebnis bleibt festzuhalten, dass die empfohlenen Maßnahmen der BEPS-Initiative nur teilweise das Konfliktpotential hybrider Rechtsträger beseitigt. Größtes Problem bleibt, dass die Projizierung nationaler Gepflogenheiten in DBA zu Qualifikations- und Zurechnungsproblemen führt. Aufgrund der Tatsache, dass die Maßnahmen der BEPS-Initiative das nationale Institut der Mitunternehmerschaft nicht tangieren, da es den meisten Staaten unbekannt ist, verbleibt es bei Rechtsunsicherheiten und unerwünschten Besteuerungsfolgen.[1430] Die Maßnahmen können lediglich die Stellung des Steuerpflichtigen bei eintretender Doppelbesteuerung verbessern. Dies setzt allerdings voraus, dass die im Rahmen der Aktion 6 zu implementierenden Reformvorschläge zur Überarbeitung von Streitschlichtungsmaßnahmen effektiv sind. Hierfür bedarf es geeigneter Ansätze, um die Verständigungsverfahren in Summe schneller zum Abschluss zu bringen, eine Einigung vorauszusetzen und grundsätzlich den administrativen Aufwand zu verringern. Ob die dazu bisher vorgestellten Vorschläge der OECD ausreichen, bleibt abzuwarten.

1428 Unter diese sind u. a. *switch-over*, *limitation-of-benefits*- oder *subject-to-tax*-Klauseln zu zählen, vgl. Schanz/Feller, BB 2015, S. 869.

1429 Insofern könnte die Zinsschranke weiterentwickelt werden, sodass Sondervergütungen als Zinsaufwand der Personengesellschaft und korrespondierend die Sonderbetriebseinnahme als Zinsertrag qualifiziert werden. Weiterhin könnte eine Lizenzgebührenschranke eingeführt werden, wie sie derzeit in Österreich nach § 12 Abs. 1 Nr. 10 öKStG existiert, vgl. hierzu Jarass, IStR 2014, S. 744; Kollruss, FR 2015, S. 359; Schnitger, in: Oestricher, BEPS, 2015, S. 12 f.

1430 Zutreffend Hagemann/Kahlenberg, IStR 2015, S. 57 m. w. N.

G. Schlussteil

I. Schlussbetrachtung

Kapitel A (Einleitender Teil)

Die internationale Personengesellschaftsbesteuerung sowie die Behandlung grenzüberschreitender Sondervergütungen stellen komplexe Problemfelder des internationalen Steuerrechts dar. Sowohl die innerstaatliche Berechtigung der Besteuerung grenzüberschreitender Sondervergütungen als auch die rechtliche Ausgestaltung der Vorschrift des § 50d Abs. 10 EStG sind in Deutschland höchst umstritten. Entsprechend wurde durch die Normierung des § 50d Abs. 10 EStG die innerstaatliche Qualifikation der Sondervergütungen als Einkünfte aus Gewerbebetrieb i. S. v. § 15 Abs. 1 Nr. 2 S. 1 Hs. 2 EStG auf die Abkommensebene hochgeschleust. Bedingt durch die divergierende innerstaatliche Besteuerungskonzeption von transparenter oder intransparenter Besteuerung der Personengesellschaft, können sich auf Abkommensebene bereits hieraus erhebliche Schwierigkeiten bei der Gewährung von Abkommensschutz und vor allem der Abkommensberechtigung ergeben. Weiter erschwert werden die Behandlung und daran anknüpfend die Besteuerung grenzüberschreitender Personengesellschaften, wenn zudem dem ausländischen Vertragsstaat unbekannte Gestaltungen in Form der Sondervergütungen verwendet werden. Im Ergebnis kann die gegensätzliche Einordnung der abkommensrechtlichen Sondervergütung in entweder den Artikel über Unternehmensgewinne oder über die Artikel zu den speziellen Einkunftskategorien eines DBA zu Qualifikations- und Zurechnungskonflikten führen. Durch die Unkenntnis der anderen Staaten über die Umqualifizierung und Zuordnung der Sondervergütungen durch die Regelungen des § 50d Abs. 10 EStG kommt es häufig zu einer unterschiedlichen Auslegung der DBA und als Folge zur Doppel-, Minder- oder Keinmalbesteuerung. Die aus steuerpolitischen Gründen motivierte Einführung des § 50d Abs. 10 EStG i. d. F. des JStG 2009 konnte aufgrund der fehlenden Zuordnung der Sondervergütungen zu einer Betriebsstätte nicht überzeugen und lief in vielen Fällen leer. Die Neufassung des § 50d Abs. 10 EStG i. d. F. des AmtshilfeRLUmsG 2013 sollte die Problembereiche der ursprünglichen Fassung beseitigen und die vom Gesetzgeber und der Finanzverwaltung verfolgte Intention, der Besteuerung der Sondervergütungen in Deutschland im Inbound-Fall, ermöglichen.

Aufgrund der Quantität der im Inland vorhandenen Personengesellschaften und der Sonderstellung Deutschlands als einer von wenigen Staaten, die ein Konzept zur Umqualifizierung und gewerblichen Besteuerung von Sondervergütungen besitzen, ist die Klärung der Problematik von herausragendem Interesse.

Kapitel B (Grundlagen der Untersuchung)

Neben der Herausarbeitung der Grundlagen der nationalen wie internationalen Personengesellschaftsbesteuerung wurden in einem ersten Schritt die Existenz einer eigenen Betriebsstätte des Mitunternehmers (sog. Mitunternehmerbetriebsstätte) sowie die Existenz betriebsstättenloser Unternehmensgewinne im nationalen Steuerrecht und Abkommensrecht erörtert. Im Rahmen des nationalen Steuerrechts kann davon ausgegangen werden, dass *floating income* nur im Ausnahmefall (z.B. § 49 Abs. 1 Nr. 2 lit. f EStG) existiert. Dem entgegen sind nach hier vertretener Auffassung betriebsstättenlose Unternehmensgewinne im Abkommensrecht möglich. Weiterhin wird festgestellt, dass eine eigene Betriebsstätte des Mitunternehmers existieren kann, diese allerdings durch die Rechtsprechung in ihre Grenzen verwiesen wurde. Insofern müssen die Mitunternehmerbetriebsstätten auf Abkommensebene die Erfordernisse des Art. 5 Abs. 1 OECD-MA erfüllen, sodass sie aufgrund der nichtgewerblichen Tätigkeiten der Aufzählung des Art. 5 Abs. 1 OECD-MA in den meisten Fällen zu negieren sind. Die gewerbliche Qualifizierung der Sondervergütungen im Sinne von § 15 Abs. 1 Nr. 2 S. 1 Hs. 2 EStG bzw. § 50d Abs. 10 S. 1 EStG schlägt nach hier vertretener Auffassung auf die zugrundeliegenden Tätigkeiten durch, sodass eine gewerblich tätige Mitunternehmerbetriebsstätte existieren kann. Allerdings bleibt, bei Existenz einer solchen Betriebsstätte, die Zurechnung zu dieser durch die Rechtsprechung ungeklärt.

Kapitel C (Grenzüberschreitende Abkommen und Qualifikationskonflikte)

Grundlage der weiteren Untersuchung bildet die Annahme, dass drei mögliche Qualifikations- und Zurechnungskonflikte bei der abkommensrechtlichen Behandlung von grenzüberschreitenden Sondervergütungen entstehen können. Die Differenzen beruhen dabei auf der Qualifikation der Personengesellschaft (Transparenz- oder Trennungsprinzip), der Einordnung der Sondervergütungen zu einer Einkunftskategorie des einschlägigen DBA (Art. 7 bzw. 10, 11, 12 OECD-MA) oder der Zurechnung der Einkünfte zu einer Betriebsstätte.

Kapitel D (Steuerrechtliche Behandlung von grenzüberschreitenden Sondervergütungen)

Aufgrund der unterschiedlichen Auffassung der Rechtsprechung und der Finanzverwaltung wurde 2009 die Regelung des § 50d Abs. 10 EStG eingeführt. Die Rechtsprechung stellte allerdings klar, dass durch die Vorschrift keine (automatische) Zuordnung zur durch die Personengesellschaft vermittelten Betriebsstätte erfolgt, sodass die Regelung in den meisten Sachverhaltsgestaltungen leer läuft. Ebenfalls umstritten war die rechtliche Ausgestaltung durch die abkommensüberschreibende Umqualifizierung der Sondervergütungen in Teile des Unternehmensgewinns sowie die rückwirkende Geltung der Norm auf alle noch nicht bestandskräftigen Fälle.

Nach hier vertretener Auffassung verstößt die Rückwirkung des § 50d Abs. 10 EStG i. d. F. des JStG 2009 gegen schutzwürdiges Vertrauen, sodass sie als nichtig anzusehen ist und die Regelung ihre Wirkung somit erst ab dem Veranlagungszeitraum 2009 entfaltet. Aufgrund des enthaltenen *treaty overrides* verstößt die Altfassung der Vorschrift im Ergebnis gegen das Rechtsstaatsprinzip des Art. 20 Abs. 3 GG und ist folglich nichtig. Es verbleibt bei der abkommensrechtlichen Behandlung der grenzüberschreitenden Sondervergütungen vor Einführung des § 50d Abs. 10 EStG a. F.

Kapitel E (Die Regelung des § 50d Abs. 10 EStG i. d. F. des AmtshilfeRLUmsG)

Zusätzlich zu der bereits in der Altfassung enthaltenen Umqualifizierung der Sondervergütungen in Teile des Unternehmensgewinns und der weiter geltenden Anwendung des § 50d Abs. 9 S. 1 Nr. 1 EStG enthält die Neufassung einige Ergänzungen. Der § 50d Abs. 10 EStG i. d. F. des AmtshilfeRLUmsG umfasst fortan sonstige Erträge und Aufwendungen aus dem SBV, nachträgliche Vergütungen i. S. v. § 15 Abs. 1 S. 2 EStG sowie Sondervergütungen eines mittelbaren Gesellschafters aus doppel- oder mehrstöckigen Personengesellschaften gem. § 15 Abs. 1 S. 1 Nr. 2 S. 2 EStG. Die Vorschrift ist weiterhin auf Einkünfte aus selbständiger Arbeit nach § 18 EStG anzuwenden. Von der Anwendung ausgeschlossen sind gewerblich geprägte Personengesellschaften i. S. v. § 15 Abs. 3 Nr. 2 EStG. Kritisch ist hierbei allerdings, dass gewerblich infizierte Personengesellschaften innerstaatlich originäre Einkünfte aus Gewerbebetrieb erwirtschaften, die abkommensrechtlich als Unternehmensgewinne i. S. v. § 50d Abs. 10 EStG qualifiziert werden können. Entsprechend könnten die gewerblichen oder freiberuflichen Tätigkeiten von der vermögensverwaltenden nicht gewerblichen Tätigkeit für die Abkommensanwendung getrennt werden. Abweichend von der Auffassung der Finanzverwaltung soll nach hier vertretender Auffassung allerdings keine prozentuale Aufteilung gezahlter Sondervergütungen bei nur teilweisen gewerblich tätigen Personengesellschaften in Betracht kommen. Vielmehr dürften nur die Teile der Sondervergütungen unter den Anwendungsbereich des § 50d Abs. 10 EStG n. F. fallen, die mit der originär gewerblichen Tätigkeit der Mitunternehmerschaft in wirtschaftlichem Zusammenhang steht. Zwar ist diese Ansicht dogmatisch richtig und systemgerecht, allerdings wäre sie mit vielen Auslegungsspielräumen behaftet und daher nicht praktikabel. Mithin strittig ist die Anwendung des § 50d Abs. 10 EStG n. F. auf Aufwendungen und Erträge des SBV II. Es wäre demnach konsequent, neben Abschreibungen im Rahmen des SBV I ebenfalls Veräußerungsgewinne aus den daraus entstandenen stillen Reserven des SBV II in den Regelungskreis der Norm aufzunehmen. Hierfür bedarf es allerdings der Auslegung des § 50d Abs. 10 S. 1 EStG als Rechtsfolgenverweisung. Entsprechend wird für das SBV die Rechtsfolge der Qualifikation als Teil des Unternehmensgewinns angenommen und nicht auf den Rechtsgrund, das Vorliegen von Sondervergütungen, abgestellt. Folglich werden Aufwendungen und Erträge des SBV von § 50d Abs. 10 EStG auch dann erfasst, wenn keine Sondervergütungen vorliegen, da das SBV der Personengesellschaft beispielsweise unentgeltlich überlassen wird.

Besonders umstritten ist die neu geschaffene Anrechnungsmöglichkeit des § 50d Abs. 10 S. 5 EStG, die eine Doppelbesteuerung aufgrund der Vorschrift verhindern soll. Eine mangelnde Durchführbarkeit der Anrechnungsmöglichkeit ergibt sich insbesondere aus dem aufwändigen Beweisverfahren und zwar vor allem dann, wenn die Sondervergütungen nicht als selbstständig zu besteuernde Einkommensteile, sondern lediglich im Gesamteinkommen aufgezählt werden. Der größte Kritikpunkt diesbezüglich ist allerdings die einschränkende Anrechnung der Einkommen- und Körperschaftsteuer mit Ausschluss der Gewerbesteuer. Als Folge kann die Doppelbesteuerung nicht vollends vermieden werden. Darüber hinaus wird der Anrechnungshöchstbetrag stets geringer sein als die innerstaatliche Steuerbelastung. Weiterhin ist fraglich, ob die geschaffene Anrechnungsmöglichkeit des Quellenstaates dem grundsätzlichen Prinzip der DBA zuwiderläuft, nachdem die gezahlte Quellensteuer im Anrechnungsstaat angerechnet werden soll. Zur Verhinderung der Doppelbesteuerung sollte § 50d Abs. 10 S. 5 EStG zudem auf Sachverhalte mit Teilanrechnung erweitert werden und einen Vor- oder Rücktrag der anrechenbaren Steuer ermöglichen. Darüber hinaus wäre eine Anrechnung im Verlustfall denkbar, wenn die ausländische Steuer von der Bemessungsgrundlage abgezogen wird.

Ebenso problembehaftet sind die Zuordnung der Sondervergütungen zu einer Betriebsstätte sowie der Maßstab für eine solche Zuordnung. Diesbezüglich widersprüchlich ist die Auslegung nach veranlassungsbezogenem wirtschaftlichem Zusammenhang zu einer Betriebsstätte oder der bisherigen Ansicht der tatsächlichen Zuordnung. Zuordnungsprobleme ergeben sich immer dann, wenn das der Sondervergütung zugrunde liegende Wirtschaftsgut in mehreren (in- und ausländischen) Betriebsstätten Verwendung findet bzw. nicht ausschließlich der Personengesellschaft zur Nutzung überlassen wird. Eine anteilige Zuordnung des Wirtschaftsguts kann lediglich bei unbeweglichen Wirtschaftsgütern im Rahmen der BsGaV angenommen werden. Weitere Problembereiche ergeben sich, wenn die Überlassung z. B. eines Darlehens unentgeltlich erfolgt und deshalb die Zuordnungsmaßstäbe des nicht einschlägigen § 50d Abs. 10 EStG n. F. nicht greifen. Ebenfalls ist die Zuordnung von SBV II höchst strittig. Dies gilt insbesondere dann, wenn die den SBV II zugrundeliegenden Wirtschaftsgüter aufgrund der Anwendung des § 50d Abs. 10 S. 3 EStG nicht jener Betriebsstätte zugeordnet werden, zu der sie gehören. Trotz der Zurechnungsfiktion der Norm sollte die Sondervergütung der durch die Personengesellschaft vermittelten Betriebsstätte nur zugeordnet werden, wenn das zugrundeliegende Wirtschaftsgut auch dort verwaltet bzw. die zugrundeliegende Tätigkeit dort ausgeführt wird. Ist es nicht möglich, die Sondervergütungen bzw. die ihr zugrunde liegenden Wirtschaftsgüter oder Tätigkeiten eindeutig einer durch Personengesellschaft vermittelten Betriebsstätte des Mitunternehmers zuzurechnen, kann eine Zurechnung zur Mitunternehmerbetriebsstätte infrage kommen. Diese originäre Betriebsstätte sollte nach hier vertretener Auffassung aufgrund des Durchschlags der als gewerblich qualifizierten Sondervergütungen auf die Tätigkeit der Betriebsstätte mithin die Erfordernisse des Art. 5 Abs. 1 OECD-MA erfüllen. Nach Art. 7 Abs. 2 OECD-MA müssen die fraglichen Einkünfte allerdings von der Mitunternehmerbetriebsstätte erzielt werden, um ihr zugeordnet zu werden. Ist aus diesen Gründen eine Zuordnung zur Mitunternehmerbetriebsstätte nicht möglich und wird die fiktive Zurechnung zu einer anderen Betriebsstätte negiert, muss von einer Existenz betriebsstättenloser Unternehmensgewinne ausgegangen werden. Diese sollten dann nach Art. 7 Abs. 1, 2 OECD-MA im Ansässigkeitsstaat des Unternehmens besteuert werden. Aufgrund der Fiktion des § 50d Abs. 10 S. 3 EStG n. F. muss allerdings eine Zuordnung zu der Betriebsstätte des Mitunternehmers, die er durch die Personengesellschaft vermittelt bekommt, erfolgen. Inwiefern diese Zuordnung jedoch den wirtschaftlichen Zuordnungsmaßstäben entspricht, ist strittig.

Darüber hinaus sind die Rechtsfolgen der Anwendung des AOA auf Personengesellschaften, insbesondere bei Betrachtung der Sondervergütungen kritisch zu sehen. So erlaubt der AOA zum einen der selbstständigen Betriebsstätte die fiktiven Betriebsausgaben bei der Gewinnermittlung an das Stammhaus abzuführen. Zum anderen wird diese Möglichkeit durch Anwendung des § 50d Abs. 10 EStG n. F. negiert, da die umqualifizierten Sondervergütungen aufgrund der Norm als Unternehmensgewinne wieder hinzuzurechnen sind. Des Weiteren führen die Wechselwirkungen des § 1 AStG i. V. m. § 50d Abs. 9 sowie Abs. 10 EStG und § 9 Nr. 2 GewStG dazu, dass unverhältnismäßige Sondervergütungen zu einer doppelten Belastung mit Einkommen- und Körperschaftsteuer führen und eine Kürzung bei der Gewerbesteuer ausgeschlossen ist.

Mit Beschluss des BFH vom 11.12.2013[1431] wurde § 50d Abs. 10 EStG i. d. F. des JStG 2009 sowie des AmtshilfeRLUmsG dem BVerfG zur verfassungsrechtlichen Überprüfung eines möglicherweise enthaltenen rechtswidrigen *treaty override* vorgelegt. Der Ausgang der verfassungsrechtlichen Beschwerde hat weitreichende Folgen auf die abkommensrechtliche Behandlung der Sondervergütungen. Einerseits kann das BVerfG die durch den BFH konstatierte Verfassungswidrigkeit der Regelung negieren. Dies hätte zur Folge, dass § 50d Abs. 10 EStG n. F. weiterhin anwendbar wäre. Andererseits kann das BVerfG die Auffassung des BFH zur Verfassungswidrigkeit des *treaty override* teilen. Denkbar sind in diesem Zusammenhang zwei mögliche Verfahrensausgänge. Zum einen könnte das BVerfG die komplette Norm einschließlich beider in § 50d Abs. 10 EStG n. F. enthaltenen Fiktionen als rechtswidriges *treaty override* für nichtig erklären. Demzufolge würden abkommensrechtliche Sondervergütungen ohne Berücksichtigung des § 50d Abs. 10 EStG behandelt, sodass eine abkommensautonome Auslegung zur Zuordnung der speziellen Verteilungsartikel führen würde, ohne die Beachtung etwaiger Betriebsstättenvorbehalte. Zum anderen wäre denkbar, dass das BVerfG in Übereinstimmung mit der Auffassung des BFH nur die Zuordnungsfiktion des § 50d Abs. 10 S. 3 EStG n. F. für nichtig erklärt. Als Folge würden in diesem Fall die Sondervergütungen in Teile des Unternehmensgewinns umqualifiziert, aber keiner Betriebsstätte zugeordnet. Unter Beachtung der neueren Rechtsprechung des BFH würde mithin eine Zuordnung unter wirtschaftlichen Maßstäben erfolgen und zum gleichen Ergebnis wie die

1431 Vgl. BFH, v. 11.12.2013, I R 4/13, BFH/NV 2014, S. 614, anhängig beim BVerfG, Az. 2 BvL 15/14.

Zurechnungsfiktion führen. Grund ist die geänderte Auffassung der Rechtsprechung mit der Aussage, dass Art. 7 Abs. 1 OECD-MA mit dem Zurechnungsmaßstab des § 50d Abs. 10 S. 3 EStG n. F. übereinstimmt.

Durch die Überprüfung der Rechtmäßigkeit von *treaty override*-Regelungen verstoßen abkommensüberschreibende Vorschriften gegen das Rechtsstaatsprinzip des Art. 20 Abs. 3 GG sowie gegen das in Art. 2 Abs. 1 GG enthaltende Grundrecht der allgemeinen Handlungsfreiheit. In seiner Vorlage an das BVerfG geht der BFH entgegen der bisherigen Rechtsprechung darüber hinaus von einer rechtswidrigen Ausgestaltung aufgrund des Art. 25 GG aus. Folgerichtig ist § 50d Abs. 10 EStG i. d. F. des AmtshilfeRLUmsG aufgrund der zwei enthaltenen *treaty override*-Regelungen unzulässig. Für die abkommensrechtliche Behandlung der grenzüberschreitenden Sondervergütungen ist somit auf die Rechtslage vor Einführung des § 50d Abs. 10 EStG a. wie n. F. abzustellen.

Zusätzlich zu der rechtlichen Überprüfung der *treaty override*-Regelungen steht der § 50d Abs. 10 EStG aufgrund seiner rückwirkenden Geltung beider Fassungen in der Kritik. Die in § 52 Abs. 59a S. 11 EStG formierte Rückwirkung des § 50d Abs. 10 EStG a. F. ist entsprechend der hier vertretenen Auffassung in den meisten Fällen unzulässig. Dabei verstößt die Regelung gegen das Verbot der Rückwirkung belastender Steuergesetze aufgrund des Rechtsstaatsprinzips des Art. 20 Abs. 3 GG. Demzufolge ist die Regelung des § 50d Abs. 10 EStG i. d. F. des JStG 2009 lediglich auf Sondervergütungen, die nach dem 24.12.2008 gezahlt wurden, anzuwenden. Weiterhin kann sich eine Anwendung des § 50d Abs. 10 EStG a. F. ergeben, sofern die den Zahlungen zugrundeliegenden Verträge vor dem 1.1.2007 bzw. nach dem 19.9.2008 abgeschlossen wurden und die Vergütungen entsprechend zwischen dem 19.12.2008 und 24.12.2008 zugeflossen waren. Auch die Rückwirkung der Neufassung des § 50d Abs. 10 EStG i. d. F. des AmtshilfeRLUmsG ist mithin nur konstitutiv und deshalb lediglich ab dem VZ 2013 gültig. Die echte Rückwirkung ist aufgrund des Rechtsstaatsgebots des Art. 20 Abs. 3 GG ebenfalls unzulässig. Die unechte Rückwirkung der Neufassung ist mithin nur in jenen Fällen zulässig, in denen eine Zahlung der Sondervergütung zwischen dem 7.6.2013 und dem 26.6.2013 erfolgt ist, sofern der einschlägige Vertrag vor 2012 bzw. nach dem 7.6.2013 geschlossen wurde. In allen anderen Fällen bestand keine unklare Rechtslage, die eine Rückwirkung hätte rechtfertigen können.

Kapitel F (Lösungsansätze zur Vermeidung einer Doppelbesteuerung bzw. einer doppelten Nichtbesteuerung)

Erfolgt auf Abkommensebene eine dem § 50d Abs. 10 EStG n. F. entsprechende Behandlung der Sondervergütungen, wohingegen der andere Vertragsstaat aufgrund seiner Besteuerungskonzeption von Personengesellschaften oder der Einordnung und Besteuerung von Sondervergütungen zu einem divergierenden Besteuerungsrecht an den Vergütungen kommt, kann es zur Doppel-, Minder- oder Keinmalbesteuerung kommen. Um diese Besteuerungsfolgen zu verhindern, wurden unilateral sowie auf Ebene der OECD und der Europäischen Union mehrere Maßnahmen ergriffen. Die Doppelbesteuerung bzw. eine doppelte Nichtbesteuerung kann durch ab dem Jahr 2000 geschlossene DBA, die in Anlehnung bzw. Übereinstimmung mit den Auffassungen des OECD-MK stehen, durch eine Bindung des Ansässigkeitsstaats an die Qualifikation des Quellenstaats nach Art. 23A Abs. 1 OECD-MA vermieden werden. In den Fällen, in denen DBA vor 2000 abgeschlossen wurden oder in denen DBA nicht mit der im OECD-MK festgeschriebenen Auffassung der OECD übereinstimmen, kann eine Doppelbesteuerung nur durch die Anwendung von Art. 23A Abs. 2 OECD-MA vermieden werden. Hier gilt allerdings die Einschränkung, dass Art. 23A Abs. 2 OECD-MA nicht angewendet werden kann, wenn Deutschland der Sitzstaat der Personengesellschaft ist und wenn die Sondervergütungen in Unternehmensgewinne nach Art. 7 OECD-MA umqualifiziert werden.

Nichtsdestotrotz fördern einige abkommensrechtliche Bestimmungen ausdrücklich die Entstehung von Keinmalbesteuerung bzw. DBA dulden grundsätzlich die doppelte Nichtbesteuerung. Um dem entgegenzuwirken, enthält die deutsche Verhandlungsgrundlage für DBA eine *switch-over*-Klausel, die zumindest für neu zu verhandelnde DBA die doppelte Nichtbesteuerung vermeiden soll. Ebenso soll die Einführung des Art. 23A/B Abs. 4 OECD-MA sowie die Kommentierung zu Art. 23A OECD-MA (Ziff. 32.1–32.7 des OECD-MK) im Jahr 2000 mindestens dazu führen, dass die Vertragsstaaten aufgrund von divergierender Auslegung eines DBA nicht an der Besteuerung gehindert werden. Des Weiteren kann eine doppelte Nichtbesteuerung durch die Einleitung eines Verständigungsverfahrens nach Art. 25 OECD-MA oder in letzter Instanz durch die Anwendung eventuell vorhandener unilateraler Rückfall- oder *switch-over*-Klauseln erreicht werden. Die Regelung des § 50d Abs. 9 S. 1 Nr. 1 EStG ist aufgrund des enthaltenen *treaty override* sowie durch die rückwirkende Geltung verfassungsrechtlich zu beanstanden. Entsprechend kann durch diese nationale Vorschrift eine doppelte Nichtbesteuerung bzw. eine Minderbesteuerung auf Abkommensebene nur in Teilen verhindert werden. Die Geltung des § 50d Abs. 9 S. 1 Nr. 1 EStG beschränkt sich mithin auf die Veranlagungszeiträume ab Einführung der Norm.

II. Ausblick

Im Ergebnis bleibt die abkommensrechtliche Behandlung grenzüberschreitender Sondervergütungen umstritten. Aufgrund dieser Zuordnung und des zugrunde liegenden Qualifikationskonflikts erfolgt bei Anwendung des § 50d Abs. 10 EStG eine definitive Doppelbesteuerung. Auch die neu implementierte Anrechnungsvorschrift vermag diese nicht vollends zu verhindern bzw. zu beseitigen, da letzten Endes die belastende Wirkung der Gewerbesteuer nicht umgangen wird. Darüber hinaus ist neben der künftigen Rechtsprechung des BFH[1432] der Ausgang der verfassungsrechtlichen Beschwerde des § 50d Abs. 10 EStG (alte und neue Fassung)

1432 Vor allem in Bezug auf das anhängige Verfahren, I B 142/13, ursprünglich FG Münster, v. 13.6.2013, 13 K 3679/12, EFG2013, S. 1418.

beim BVerfG für die künftige Behandlung von Sondervergütungen bedeutend. Im Rahmen der Untersuchung wurde festgestellt, dass die rechtliche Ausgestaltung des § 50d Abs. 10 EStG unzulässig ist. Als Folge könnte der Gesetzgeber gezwungen sein, eine erneute Revision der Vorschrift vorzunehmen oder sie in Gänze zu verneinen. Inwiefern in dem letzten Fall eine weitere abkommensrechtliche Behandlung der Sondervergütungen nach der innerstaatlichen Regelung des § 15 Abs. 1 Nr. 2 S. 1 Hs. 2 EStG anzunehmen ist, bleibt fraglich. Gegebenenfalls sieht sich der Gesetzgeber aufgrund der enormen Kritik gezwungen, den Durchbruch des inländischen Mitunternehmerkonzepts auf Abkommensebene und die häufige Durchbrechung des Abkommensrechts durch *treaty override*-Regelungen aufzugeben.

Literaturverzeichnis

Achatz, M. [zit.: FS Ruppe, 2007]: Steuerrecht, Verfassungsrecht, Europarecht: Festschrift für Hans Georg Ruppe, Maudrich 2007.

Albert, M. [zit.: DBA-Verständigungsverfahren, 2009]: DBA-Verständigungsverfahren. Probleme und Verbesserungsvorschläge, IFSt-Schrift Nr. 457, Bonn 2009.

Altendorf, K. in: Herrmann, C./Heuer, G./Raupach, A. [zit.: EStG, 2015]: Einkommensteuer- und Körperschaftsteuergesetz – Kommentar, 269. Ergänzungslieferung, Köln, April 2015.

Anger, C./Wagemann, T. [zit.: IStR 2014]: Zweifelsfragen bei der Auslegung von Doppelbesteuerungsabkommen. Praktische Hinweise unter Berücksichtigung der Rechtsprechung des BFH, in: IStR 2014, S. 611–616.

Arbeitsgemeinschaft der Fachanwälte für Steuerrecht e. V. (Hrsg.) [zit.: JbFfSt 2011/12]: Jahrbuch der Fachanwälte für Steuerrecht: 2011/2012. Aktuelle steuerrechtliche Beiträge, Referate und Diskussionen der 62. Steuerrechtlichen Jahresarbeitstagung, Wiesbaden, vom 30. Mai bis 1. Juni 2011, Herne 2011.

Arbeitsgemeinschaft der Fachanwälte für Steuerrecht e. V./Bochum Deutsches Anwaltsinstitut e.V. (Hrsg.) [zit.: JbFfSt 2003/04]: Jahrbuch der Fachanwälte für Steuerrecht: 2003/2004. Aktuelle steuerrechtliche Beiträge, Referate und Diskussionen der 54. Steuerrechtlichen Jahresarbeitstagung, Wiesbaden, vom 19. bis 21. Mai 2003, Herne 2003.

Autenrieth, K. [zit.: DStZ 1992]: Neue Entwicklungen zum Sonderbetriebsvermögen, in DStZ 1992, S. 275–279.

Autzen, T. [zit.: PersG]: Die ausländische Holding-Personengesellschaft, Berlin 2006.

Avery Jones, J. in: Beisse, H. (Hrsg.) [zit.: FS Beusch, 1993]: Festschrift für Karl Beusch zum 68. Geburtstag am 31. Oktober 1993, Berlin 1993, S. 43–62.

Avery Jones, J./de Broe, L./van de Wiele, M. et al. [zit.: BTR 1996]: Credit and Exemption under Tax Treaties in Cases of Differing Income Characterization, in: BTR 1996, S. 212–262.

Avery Jones, J./Fontaneau, P./Ellis M. et al. [zit.: BTR 1984]: The Interpretation of Tax Treaties with particular reference to Article 3(2) of the OECD Model, in: BTR 1984, S. 14–54.

Baldamus, E.-A. [zit.: IStR 2012]: Neues zur Betriebsstättengewinnermittlung, in: IStR 2012, S. 317–324.

Barig, R. [zit.: IWB 2013]: Abgrenzung der Betriebsstätteneinkünfte nach dem AOA – Die wesentlichen Änderungen durch den Authorized OECD Approach anhand eines Praxisfalls, in: IWB 2013, S. 801–812.

Baßler, J. in: Flick, H./Wassermeyer, F./Baumhoff, H./Schönfeld, J. [zit.: AStG, 2013]: Außensteuerrecht – Kommentar, 74. Ergänzungslieferung 2014, Köln, Dezember 2014.

Beck (Hrsg.) [zit.: StLex, 2015]: Beck'sches Steuer- und Bilanzrechtslexikon, Stand 1.1.2015, München 2015.

Becker, J./Loose, T. [zit.: BB 2011]: Besteuerung des Gewinnanteils aus transparent besteuerten ausländischen Gesellschaften beim inländischen Gesellschafter, in: BB 2011, S. 1559–1566.

Behrenz, F. [zit.: IStR 2015]: Deutsches Besteuerungsrecht an Einnahmen aus dem Sonderbetriebsvermögen II einer Kommanditgesellschaft spanischen Rechts nach Art. 4 Abs. 4 DBA-Spanien 1966 und § 50d Abs. 9 S. 1 Nr. 1 EStG – Verfassungswidriger Treaty Override? Anmerkung zum Urteil des FG Münster vom 2.7.2014 – 12 K 2707/10 F, in: IStR 2014, S. 773–783.

Beisse, H. (Hrsg.) [zit.: FS Beusch, 1993]: Festschrift für Karl Beusch zum 68. Geburtstag am 31. Oktober 1993, Berlin 1993.

Bendlinger, S. [zit.: SWI 2000]: Personengesellschaften im Recht der Doppelbesteuerungsabkommen, in: SWI 2000, S. 16–24.

Bendlinger, S. [zit.: SWI 2007]: Gewinnabgrenzung und Gewinnermittlung im DBA-Recht, in: SWI 2007, S. 496–503.

Benecke, A. in: Urtz, C./Züger, M. (Hrsg.) [zit.: PersG, 2001]: Personengesellschaften im Internationalen Steuerrecht, Wien 2001, S. 213–235.

Benecke, A./Beinert, S. [zit.: FR 2010]: Internationale Aspekte der Umstrukturierung von Unternehmen, in: FR 2010, S. 1120–1133.

Benecke, A./Schnitger, A. [zit.: RIW 2002]: Lösung von Qualifikationskonflikten im internationalen Steuerrecht – der „abgeleitete" Qualifikationskonflikt, in: RIW 2002, S. 439–448.

Birk, D. in: Hübschmann, W./Hepp, E./Spitaler, A. [zit.: AO, 2015]: Abgabenordnung, Finanzgerichtsordnung – Kommentar, 233. Ergänzungslieferung, Köln, Juli 2015.

Birkenfeld, W./Dötsch, E./Fuest, C./Hey, J./Kanzler, H./Kempermann, M./Ortmann-Babel, M./Spengel, C./Wassermeyer, F. [zit.: DB 2015]: Fragen zur künftigen Entwicklung der BVerfG-Rechtsprechung zur Rückwirkung von Nichtanwendungsgesetzen, in: DB 2015, S. 513–520.

Blankenagel, A./Pernice, I./Schulze-Fielitz, H. (Hrsg.) [zit.: FS Häberle, 2004]: Verfassung im Diskurs der Welt – Liber Amicorum für Peter Häberle zum 70. Geburtstag, Tübingen 2004.

Blumers, W. [zit.: DB 2008]: DBA-Betriebsstätten-Zurechnungen in der jüngsten BFH-Rechtsprechung, in: DB 2008, S. 1765–1771.

Blumers, W./Zillmer, I.-K. [zit.: BB 2010]: Das neue BMF-Schreiben zur Anwendung der DBA auf Personengesellschaften, in: BB 2010, S. 1375–1381.

Blümich, W. [zit.: EStG, 2015]: EStG, KStG, GewStG – Kommentar, 127. Ergänzungslieferung, München, März 2015.

BMF (Hrsg.) [zit.: Grünbuch, 2012]: Grünbuch der Deutsch-Französischen Zusammenarbeit – Konvergenzpunkte bei der Unternehmensbesteuerung, Stand Februar 2012, abrufbar unter: http://www.bundesfinanzministerium.de/Content/DE/Standardartikel/Themen/Steuern/gruenbuch-deutsch-franzoesische-zusammenarbeit-unternehmensbesteuerung-anlage.pdf?__blob=publicationFile&v=2, zuletzt zugegriffen am 19.8.2015.

Böckstiegel, K.-H./Folz, H.-E./Mössner, J./Zemanek, K. (Hrsg.) [zit.: FS Seidl-Hohenveldern, 1988]: Völkerrecht, Recht der Internationalen Organisationen, Weltwirtschaft, Festschrift für Ignaz Seidl-Hohenveldern, Köln 1988.

Bode, W. in: Blümich, W. [zit.: EStG, 2015]: EStG, KStG, GewStG – Kommentar, 127. Ergänzungslieferung, München, März 2015.

Boller, T./Eilinghoff, K./Schmidt, S. [zit.: IStR 2009]: § 50d Abs. 10 EStG i. d. F. des JStG 2009 – ein zahnloser Tiger?, in: IStR 2009, S. 109–115.

Boller, T./Schmidt, S. [zit.: IStR 2009]: § 50d Abs. 10 EStG ist doch ein zahnloser Tiger – Replik zu Frotscher (IStR 2009, 593), in: IStR 2009, S. 852.

Boller, T./Sliwka, T./Schmidt, S. [zit.: DB 2008]: Behandlung grenzüberschreitender Sondervergütungen im Inboundfall, in: DB 2008, S. 1003–1005.

Brähler, G./Mayer, M. [zit.: IStR 2010]: Abkommensberechtigung von Personengesellschaften – zugleich Besprechung des BMF-Schreibens vom 16.4.2010, in: IStR 2010, S. 678–683.

Brombach-Krüger, M. [zit.: Ubg 2008]: Treaty Override aus europäischer und verfassungsrechtlicher Sicht, in: Ubg 2008, S. 324–330.

Bron, J. [zit.: IStR 2007]: Das Treaty Override im deutschen Steuerrecht vor dem Hintergrund aktueller Entwicklungen, in: IStR 2007, S. 431–436.

Brunsbach, S./Endres, D./Lüdicke, J./Schnitger, A. [zit.: IFSt-Schrift 492, 2013]: Deutsche Abkommenspolitik – Trends und aktuelle Entwicklungen 2012/2013, in: IFSt-Schrift 2013, Heft 492, S. 1–199.

BStBK (Hrsg.) [zit.: Stellungnahme JStG 2013, 2012]: Stellungnahme der Bundessteuerberaterkammer an den Finanzausschuss des Deutschen Bundestages zum Entwurf eines Jahressteuergesetzes 2013, vom 17.09.2012, abruf-bar unter: https://www.bstbk.de/de/presse/stellungnahmen/archiv/20120917_stellungnahme_bstbk/index.html, zuletzt zugegriffen am 19.8.2015.

Buchner, M. [zit.: IStR 2013]: Die Ansicht der OECD zur Zurechnung von Kapital und Zinsaufwendungen zu einer Betriebsstätte: Vergleichende Gegenüberstellung vor und nach Inkrafttreten des AOA und steuerliche Gestaltungsmöglichkeiten, in: IStR 2013, S. 228–235.

Buciek, K. [zit.: IStR 2000]: Anmerkung zum BFH, Urteil vom 21.7.1999 – I R 71/98, in: IStR 2000, S. 151.

Burmester, G. [zit.: Gewinn- und Verlustrealisierung, 1986]: Probleme der Gewinn- und Verlustrealisierung, insbesondere bei grenzüberschreitenden Transaktionen zwischen inländischem Stammhaus und ausländischer Betriebsstätte, Baden Baden 1986.

Burmester, G. [zit.: Unternehmensfinanzierung, 2003]: Unternehmensfinanzierung im Internationalen Steuerrecht – Grundlagen und Gestaltungen für Einheitsunternehmen, Kapitalgesellschaftskonzerne und Personengesellschaftskonzerne, Köln 2003.

Burmester, G. in: Burmester, G./Endres, D. (Hrsg.) [zit.: FS Debatin, 1997]: Aussensteuerrecht, Doppelbesteuerungsabkommen und EU-Recht im Spannungsverhältnis – Festschrift für Helmut Debatin zum 70. Geburtstag, München 1997, S. 55–79.

Burmester, G. in: Haarmann, W. [zit.: Unternehmensstrukturen, 1996]: Unternehmensstrukturen und Rechtsformen im Internationalen Steuerrecht: Aktuelle Schwerpunkte in der Diskussion: Standortwettbewerb, Doppelansässigkeit, Personengesellschaft, stille Gesellschaft, Trust, Köln 1996, S. 122–147.

Burmester, G. in: Klein, F./Stihl, H./Wassermeyer, F. (Hrsg.) [zit.: FS Flick, 1997]: Unternehmen Steuern – Festschrift für Hans Flick zum 70. Geburtstag, Köln 1997, S. 659–678.

Burmester, G./Endres, D. (Hrsg.) [zit.: FS Debatin, 1997]: Aussensteuerrecht, Doppelbesteuerungsabkommen und EU-Recht im Spannungsverhältnis – Festschrift für Helmut Debatin zum 70. Geburtstag, München 1997.

Burmester, G./Endres, D. [zit.: AStG, DBA und EU-Recht, 1997]: Außensteuerrecht, Doppelbesteuerungsabkommen und EU-Recht im Spannungsverhältnis, München 1997.

CDU/CSU/SPD [zit.: Koalitionsvertrag, 2013]: Deutschlands Zukunft gestalten. Koalitionsvertrag zwischen CDU, CSU und SPD, 18. Legislaturperiode, abrufbar unter: https://www.cdu.de/sites/default/files/media/dokumente/koalitionsvertrag.pdf, zuletzt zugegriffen am 19.8.2015.

Cloer, A./Hagemann, T. [zit.: IStR 2015]: Der Einkünftebegriff iSv § 50d Abs. 9 EStG, in: IStR 2015, S. 489–493.

Cloer, A./Hagemann, T. [zit.: SWI 2014]: Zuordnung von Sonderbetriebsvermögen mittels Treaty Override verfassungswidrig? Is the attribution of special business property by means of treaty override unconstitutionl?, in: SWI 2014, S. 303–310.

Cloer, A./Kudert, S. [zit.: PIStB 2010]: Neues bei Sondervergütungen, in: PIStB 2010, S. 110–116

Cloer, A./Trinks, M. [zit.: IWB 2012]: § 50d Abs. 8 EStG verfassungskonform?, in: IWB 2012, S. 402–407.

Courage, C. [zit.: IWB 1998]: Steuerliche Behandlung spanischer Personenhandelsgesellschaften nach DBA, in: IWB 1998, Fach 5, Gruppe 2, S. 227–248.

Crezelius, G. in: Arbeitsgemeinschaft der Fachanwälte für Steuerrecht e. V./Bochum Deutsches Anwaltsinstitut e.V. (Hrsg.) [zit.: JbFfSt 2003/04]: Jahrbuch der Fachanwälte für Steuerrecht: 2003/2004. Aktuelle steuerrechtliche Beiträge, Referate und Diskussionen der 54. Steuerrechtlichen Jahresarbeitstagung, Wiesbaden, vom 19. bis 21. Mai 2003, Herne 2003.

Dallwitz, H./Mattern, O./Schnitger, A. [zit.: DStR 2007]: Beeinträchtigung grenzüberschreitender Finanzierung durch das JStG 2007, in: DStR 2007, S. 1697–1702.

Daragan, H.-P. [zit.: IStR 1998]: Nochmals: Treaty Override und Grundgesetz, in: IStR 1998, S. 225–227.

Daragan, H.-P. [zit.: DB 2011]: Treaty override und Rechtsstaatsprinzip, in: DB 2011, S. 2681–2684.

Debatin, H. [zit.: BB 1992]: Zur Behandlung von Beteiligungen an Personengesellschaften unter den Doppelbesteuerungsabkommen im Lichte der neueren Rechtsprechung des Bundesfinanzhofs, in: BB 1992, S. 1181–1888.

Debatin, H. [zit.: DB 1985]: System und Auslegung der Doppelbesteuerungsabkommen, in: DB 1985, S. 1–8.

Debatin, H. [zit.: DStZ 1987]: Entwicklungstendenzen im Internationalen Steuerrecht und nationalen Außensteuerrecht im Lichte der neueren höchstrichterlichen Rechtsprechung, in: DStZ 1987, S. 211–217.

Debatin, H. in: Fischer, L. [zit.: FS Scherpf, 1983]: Unternehmung und Steuer: Festschrift zur Vollendung des 80. Lebensjahres von Peter Scherpf, Wiesbaden 1983, S. 306–309.

Denninger, J./Gillamariam, D./Stoll, R. [zit.: StuB 2011]: Besteuerungskonflikte von Personengesellschaften mit grenzüberschreitendem Gesellschaftsverhältnis bei Sondervergütungen – Beispiele mit und ohne DBA im Out- und Inbound-Fall, in: StuB 2011, S. 948–955.

Desens, M. [zit.: StuW 2011]: Die neue Vertrauensschutzdogmatik des Bundesverfassungsgerichts für das Steuerrecht, in: StuW 2011, S. 113–130.

Di Fabio, U. in: Maunz, T./Dürig, G. [zit.: GG, 2014]: Grundgesetz, Loseblatt-Kommentar, 73. Ergänzungslieferung 2014, München, Dezember 2014.

Ditz, X./Tcherveniachki, V. [zit.: DB 2014]: Anwendung des § 1 AStG bei Personengesellschaften – Spannungsverhältnis zu § 50d Abs. 9 und 10 EStG und § 9 Nr. 2 GewStG, in: DB 2014, S. 203–206.

Djanani, C./Brähler, G./Hartmann, T. [zit.: IStR 2004]: Die Finanzverwaltung und die autonome Abkommensauslegung, in: IStR 2004, S. 481–485.

Döllerer, G. [zit.: DStZ 1983]: Neues Steuerrecht der Personengesellschaften, in: DStZ 1983, S. 179–184.

Dörfler, O./Rautenstrauch, G./Adrian, G. [zit.: BB 2009]: Ausgewählte Aspekte der Unternehmensbesteuerung, in: BB 2009, S. 580–587.

Dorn, K. [zit.: BB 2013]: Sondervergütungen im Abkommensrecht: Führt der „neue“ § 50d Abs. 10 EStG endlich ans gewünschte Ziel?, in: BB 2013, S. 3038–3041.

Dorn, K. in: Haase, F. (Hrsg.) [zit.: AStG/DBA, 2012]: Außensteuergesetz / Doppelbesteuerungsabkommen (Heidelberger Kommentar), 2., neu bearbeitete Auflage 2012, Heidelberg 2012.

Dörr, O./Schmalenbach, K. (Hrsg.) [zit.: Vienna Convention, 2012]: Vienna Convention on the Law of Treaties. A Commentary, Heidelberg 2012.

Dötsch, F./Herlinghaus, A./Hüttemann, R./Lüdicke, J./Schön, W. [zit.: Personengesellschaft im Steuerrecht, 2011]: Die Personengesellschaft im Steuerrecht – Gedächtnissymposium für Brigitte Knobbe-Keuk, Köln 2011.

Dötsch, F./Pung, A./Möhlenbrock, R. (Hrsg.) [zit.: KSt, 2015]: Die Körperschaftsteuer: KSt. Kommentar zum Körperschaftsteuergesetz, Umwandlungssteuergesetz und zu den einkommensteuerrechtlichen Vorschriften der Anteilseignerbesteuerung, Grundwerk mit 83. Ergänzungslieferung, Stuttgart, April 2015.

Drüen, K.-D. [zit.: JbFfSt 2009/10]: Aktuelle steuerrechtliche Beiträge, Referate und Diskussionen der 60. Steuerrechtlichen Jahresarbeitstagung, Wiesbaden, vom 11. bis 13. Mai 2009, herausgegeben im Auftrag der Arbeitsgemeinschaft der Fachanwälte für Steuerrecht e. V., Sitz Bochum, Herne 2010.

Drüen, K.-D. in: Tipke, K./Kruse, H. [zit.: AO/FGO, 2015]: Abgabenordnung – Finanzgerichtsordnung, Kommentar zur AO (ohne Steuerstrafrecht) und FGO, 140. Ergänzungslieferung, Köln, Juni 2015.

Ebling, K. in: Blümich, W. [zit.: EStG, 2015]: EStG, KStG, GewStG – Kommentar, 127. Ergänzungslieferung München, März 2015.

Eckert, R. [zit.: RIW 1992]: Rechtschutz gegen „Treaty Overriding“ – Dargestellt am Beispiel des § 50d EStG, in: RIW 1992, S. 386–388.

Elicker, M. [zit.: Steuerrecht, 2006]: Die Zukunft des deutschen internationalen Steuerrechts – Systemkritik am Welteinkommensprinzip – Vorrang des Abkommensrechts, Bonn 2006.

Fehrenbacher, O. [zit.: Steuerrecht, 2008]: Steuerrecht, 2. Auflage, Baden-Baden 2008.

Feist, C. [zit.: Multilaterale Verträge, 2001]: Kündigung, Rücktritt und Suspendierung von multilateralen Verträgen, 1. Auflage 2001, Berlin 2001.

Felkai, R. in: Mennel, A./Förster, J. [zit.: Steuern, 2014]: Steuern in Europa, Amerika und Asien, Herne 2014.

Fey, A. in: Beck (Hrsg.) [zit.: StLex, 2015]: Beck'sches Steuer- und Bilanzrechtslexikon, Stand 1.1.2015, München 2015.

Firlinger, R. in: Gassner, W. [zit.: Vermeidung der Doppelbesteuerung]: Die Methoden zur Vermeidung der Doppelbesteuerung, Wien 1995, S. 307–329.

Fischer, B. in: Schaumburg, H./Piltz, D. (Hrsg.) [zit.: Veräußerungsgewinne, 2004]: Veräußerungsgewinne im Internationalen Steuerrecht, Köln 2004, S. 29–56.

Fischer, L. [zit.: FS Scherpf, 1983]: Unternehmung und Steuer: Festschrift zur Vollendung des 80. Lebensjahres von Peter Scherpf, Wiesbaden 1983.

Fischer, L. in: Kirchhof, P./Lehner, M./Raupach, A./Rodi. M. (Hrsg.) [zit.: FS Vogel, 2000]: Staaten und Steuern: Festschrift für Klaus Vogel aus Anlass der Vollendung des 70. Geburtstages, Heidelberg 2000, S. 963–986.

Flick, H./Wassermeyer, F./Baumhoff, H./Schönfeld, J. [zit.: AStG, 2014]: Außensteuerrecht – Kommentar, 74. Ergänzungslieferung 2014, Köln, Dezember 2014.

Flick, H./Wassermeyer, F./Kempermann, M. (Hrsg.) [zit.: DBA Deutschland-Schweiz, 2014]: Doppelbesteuerungsabkommen Deutschland – Schweiz, Kommentar, 41. Ergänzungslieferung, Köln, November 2014.

Flüchter, K. [zit.: IStR 2012]: Seminar C: Verständigungsverfahren und die Beilegung grenzüberschreitender Streitigkeiten, in: IStR 2012, S. 694–703.

Förster, G. [zit.: DB 2011]: Vertrauensschutz bei der Veräußerung von Anteilen i. S. des § 17 EStG – Konsequenzen des BVerfG-Beschlusses vom 7.7.2010 und des BMF-Schreibens vom 20.12.2010, in: DB 2011, S. 259–265.

Forsthoff, U. [zit.: IStR 2006]: Treaty Override und Europarecht, in: IStR 2006, S. 509–512.

Fort, E./Neugebauer, J./Willvonseder, C. [zit.: IWB 2012]: Das neue Doppelbesteuerungsabkommen mit Luxemburg. Änderungen im DBA Deutschland-Luxemburg, in IWB 2012, S. 391–401.

Franz, E./Voulon, M. [zit.: BB 2011a]: Anmerkung zum Urteil des BFH vom 08.09.2010, Az.: I R 74/09 (Abkommensrechtliche Behandlung von Lizenzzahlungen), in: BB 2011, S. 166–168.

Franz, E.B./Voulon, M. [zit.: BB 2011b]: Abkommensrechtliche Behandlung von Sondervergütungen – Status Quo und Perspektiven, in: BB 2011, S. 1111–1119.

Frotscher, G. [zit.: IStR 2009]: Treaty Override und § 50d Abs. 10 EStG, in: IStR 2009, S. 593–600.

Frotscher, G. in: Frotscher, G./Geurts, M. (Hrsg.) [zit.: EStG, 2014]: EStG, Freiburg im Breisgau, Juni 2014.

Frotscher, G. in: Kaminski, B./Wassermeyer, F./Strunk, G. (Hrsg.) [zit.: GS Krüger, 2006]: Unternehmenssteuerrecht und internationales Steuerrecht – Gedächtnisschrift für Dirk Krüger, Bonn Berlin 2006, S. 95–112.

Frotscher, G. in: Piltz, D./Günkel, M./Niemann, U. [zit.: StbJb 2009/2010]: Steuerberater-Jahrbuch 2009/2010: Zugleich Bericht über den 61. Fachkongress der Steuerberater Köln, 6. und 7.10.2009, Köln 2010, S. 151–178.

Frotscher, G. in: Spindler, W./Tipke, K./Rödder, T. (Hrsg.) [zit.: FS Schaumburg, 2009]: Steuerzentrierte Rechtsberatung: Festschrift für Harald Schaumburg zum 65. Geburtstag, Köln 2009, S. 687–714.

Frotscher, G./Geurts, M. (Hrsg.) [zit.: EStG, 2014]: EStG, Freiburg im Breisgau, Juni 2014.

Gassner, W. [zit.: Vermeidung der Doppelbesteuerung]: Die Methoden zur Vermeidung der Doppelbesteuerung, Wien 1995.

Gassner, W./Lang, M./Lechner, E. (Hrsg.) [zit.: PersG, 2000]: Personengesellschaften im Recht der Doppelbesteuerungsabkommen: Die Auswirkungen des OECD-Reports auf die Abkommenspraxis, Wien 2000.

Gebhardt, R. [zit.: IStR 2011]: § 50d Abs. 9 S. 1 Nr. 1 EStG in der europa- und verfassungsrechtlichen Kritik, in: IStR 2011, S. 58–60.

Gebhardt, R. [zit.: Tax Treaty Overriding, 2013]: Deutsches Tax Treaty Overriding. Steuersystematische und –ökonomische Implikationen. Wiesbaden 2013.

Gebhardt, R./Quilitzsch, C. [zit.: BB 2011]: Erste höchstrichterliche Entscheidung zu § 50d Abs. 10 EStG – Implikationen und offene Fragen, in: BB 2011, S. 669–674.

Gelsheimer, B./Meyen, T. [zit.: DStR 2011]: Verfassungsrechtliche Anforderungen an steuerverschärfende Vorschriften mit rückwirkendem Anwendungsbereich, in: DStR 2011, S. 193–199.

Geuenich, M. [zit.: Qualifikationskonflikte, 2005]: Qualifikationskonflikte im OECD-Musterabkommen und dem deutschen Doppelbesteuerungsabkommen am Beispiel einer atypisch stillen Gesellschaft, Berlin 2005.

Giegerich, T. in: Dörr, O./Schmalenbach, K. (Hrsg.) [zit.: Vienna Convention, 2012]: Vienna Convention on the Law of Treaties. A Commentary, Heidelberg 2012, Article 60, S. 1021–1049.

Gierke, O. F. von [zit.: Privatrecht, 1895]: Deutsches Privatrecht: Erster Band: Allgemeiner Teil und Personenrecht, Leipzig 1895.

Girlich, G./Müller, S. [zit.: ISR 2015]: Betriebsstätte und Authorised OECD Approach, in: ISR 2015, S. 169–175.

Glanegger, P./Güroff, G. [zit.: GewStG, 2014]: Gewerbesteuergesetz – Kommentar, 8., völlig neubearbeitete Auflage, München 2014.

Gloria, C. [zit.: Verständigungsverfahren, 1988]: Das steuerliche Verständigungsverfahren und das Recht auf diplomatischen Schutz. Zugleich Beitrag zur Lehre von der Auslegung der Doppelbesteuerungsabkommen, Berlin 1988.

Gocke, R./Gosch, D./Lang, M. (Hrsg.) [zit.: FS Wassermeyer, 2005]: Körperschaftsteuer, Internationales Steuerrecht, Doppelbesteuerung – Festschrift für Franz Wassermeyer zum 65. Geburtstag, München 2005.

Goebel, S./Boller, T./Ungemach, M. [zit.: IStR 2008]: Die Zuordnung von Beteiligungen zum Betriebsvermögen im nationalen und internationalen Kontext, in: IStR 2008, S. 643–651.

Goebel, S./Eilinghoff, K./Busenius, N. [zit.: DStZ 2010]: Abgrenzung zwischen Eigen- und Fremdkapital aus steuerrechtlicher Sicht: Der „Prüfungsmarathon“ von der Finanzierungsfreiheit bis zur Zinsschranke, in: DStZ 2010, S. 742–753.

Goebel, S./Eilinghoff, K./Schmidt, S. [zit.: DStZ 2011]: Grenzüberschreitend gezahlte Sondervergütung – § 50d Abs. 10 EStG greift im Inboundfall nicht, in: DStZ 2011, S. 74–79.

Goebel, S./Liedtke, M./Schmidt, S. [zit.: IWB 2010]: FG München: Anwendung des § 50d Abs. 10 EStG im Inboundfall, in: IWB 2010, S. 7–12.

Görl, M. in: Vogel, K./Lehner, M. [zit.: DBA, 2015]: Doppelbesteuerungsabkommen: Kommentar auf der Grundlage der Musterabkommen, 6. Auflage 2015, München 2015.

Gosch, D. [zit.: BFH-PR 2008a]: Anmerkung zum Urteil des BFH vom 19.12.2007 – I R 19/06, BFH-PR 2008, S. 234–236.

Gosch, D. [zit.: BFH-PR 2008b]: Anmerkung zum Urteil des BFH vom 13.2.2008 – I R 63/06, BFH-PR 2008, S. 328–330.

Gosch, D. [zit.: BFH-PR 2011]: Anmerkung zum Urteil des BFH vom 13.2.2008 – I R 63/06, BFH-PR 2011, S. 328–330.

Gosch, D. [zit.: IStR 2008]: Über das Treaty Overriding, in: IStR 2008, S. 413–421.

Gosch, D. in: Blümich, W. [zit.: EStG, 2015]: EStG, KStG, GewStG – Kommentar, 127. Ergänzungslieferung, München, März 2015.

Gosch, D. in: Gosch, D./Kroppen, H.-K./Grotherr, S. (Hrsg.) [zit.: DBA-Kommentar, 2015]: DBA-Kommentar, 25. Ergänzungslieferung, Herne, Januar 2015.

Gosch, D. in: Kirchhof, P. (Hrsg.) [zit.: EStG, 2015]: Einkommensteuergesetz Kommentar, 14. neu bearbeitete Auflage 2015, Köln 2015.

Gosch, D. in: Kirchhof, P./Söhn, H./Mellinghoff, R. [zit.: EStG, 2015]: Einkommensteuergesetzt – Kommentar, 260. Ergänzungslieferung, Heidelberg, August 2015.

Gosch, D. in: Mellinghoff, R./Schön, W./Viskorf, H.-U. (Hrsg.) [zit.: FS Spindler]: Steuerrecht im Rechtsstaat – Festschrift für Wolfgang Spindler zum 65. Geburtstag, Köln 2011, S. 379–428.

Gosch, D. in: Schaumburg, H./Piltz, D. (Hrsg.) [zit.: Veräußerungsgewinne, 2004]: Veräußerungsgewinne im Internationalen Steuerrecht, Köln 2004.

Gosch, D./Kroppen, H.-K./Grotherr, S. (Hrsg.) [zit.: DBA-Kommentar, 2015]: DBA-Kommentar, 25. Ergänzungslieferung, Herne, Januar 2015.

Graf, H./Bisle, M. [zit.: IStR 2010]: Zweifelsfragen bei der Anwendung des § 50d Abs. 9 S. 1 Nr. 1 EStG bei der Verschmelzung einer Personen- auf eine Kapitalgesellschaft, in: IStR 2010, S. 401–403.

Graffe, I. in: Dötsch, F./Pung, A./Möhlenbrock, R. (Hrsg.) [zit.: KSt, 2015]: Die Körperschaftsteuer: KSt. Kommentar zum Körperschaftsteuergesetz, Umwandlungssteuergesetz und zu den einkommensteuerrechtlichen Vorschriften der Anteilseignerbesteuerung, Grundwerk mit 83. Ergänzungslieferung, Stuttgart, April 2015.

Grotherr, S. [zit.: IStR 2007]: Zum Anwendungsbereich der unilateralen Rückfallklausel gemäß § 50d Abs. 9 EStG, in IStR 2007, S. 265–268.

Grotherr, S. [zit.: IWB 2006]: International relevante Änderungen durch das JStG 2007 anhand von Fallbeispielen, in: IWB 2006, Fach 3, Gruppe 3, S. 1445–1464.

Grotherr, S. (Hrsg.) [zit.: Steuerplanung, 2011]: Handbuch der internationalen Steuerplanung, 3. Auflage, Herne 2011.

Gschwandtner, K. [zit. Unternehmensgewinne, 2007]: Unternehmensgewinne von Personengesellschaften im Abkommensrecht im Spannungsfeld zwischen Art. 7 OECD-MA und § 15 EStG, Frankfurt am Main 2007.

Gummert, H./Weipert, L. (Hrsg.) [zit.: Gesellschaftsrecht]: Münchener Handbuch des Gesellschaftsrechts, 3. Auflage, München 2009.

Gündisch, S. G. [zit.: PersG, 2004]: Personengesellschaften im DBA-Recht: Eine Analyse des OECD-Partnership-Reports, München 2004.

Günkel, M./Lieber, B. [zit.: FR 2000]: Abkommensrechtliche Qualifikation von Sondervergütungen – Irrwege der Finanzverwaltung, in: FR 2000, S. 853–858.

Günkel, M./Lieber, B. [zit.: FR 2001]: Duplik zu H. Krabbe, Abkommensrechtliche Behandlung von Sondervergütungen, in: FR 2001, S. 132.

Günkel, M./Lieber, B. [zit.: Ubg 2009]: Auslegungsfragen im Zusammenhang mit § 50d Abs. 10 EStG i.d.F. des JStG 2009, in: Ubg 2009, S. 301–308.

Güroff, G. in: Glanegger, P./Güroff, G. [zit.: GewStG, 2014]: Gewerbesteuergesetz – Kommentar, 8., völlig neubearbeitete Auflage, München 2014.

Haarmann, W. [zit.: Unternehmensstrukturen, 1996]: Unternehmensstrukturen und Rechtsformen im Internationalen Steuerrecht: Aktuelle Schwerpunkte in der Diskussion: Standortwettbewerb, Doppelansässigkeit, Personengesellschaft, stille Gesellschaft, Trust, Köln 1996.

Haase, F. [zit.: DStR 1997]: Ist die Bilanzbündeltheorie tatsächlich überholt?, in: DStR 1997, S. 1706–1712.

Haase, F. (Hrsg.) [zit.: AStG/DBA, 2012]: Außensteuergesetz / Doppelbesteuerungsabkommen (Heidelberger Kommentar), 2., neu bearbeitete Auflage 2012, Heidelberg 2012.

Haase, F. [zit.: IStR 2015]: Forderungen an die künftige Steuerpolitik im deutschen internationalen Steuerrecht, in: IStR 2015, S. 313–319.

Haase, F. [zit.: ISR 2014]: Nationales Steuerrecht vs. DBA – Ausgewählte terminologische und systematische Unterschiede, in: ISR 2014, S. 185–190.

Haase, F. [zit.: IStR 2010]: Steueranrechnung bei divergierender Einkünftezurechnung und Qualifikationskonflikten, in: IStR 2010, S. 45–49.

Haase, F. [zit.: IWB 2013]: Praxis und Auswege aus dem Zwiespalt zwischen nationalem und Abkommensrecht, in: IWB 2014, S. 162–178.

Haase, F. [zit.: StuW 2015]: Pfadabhängigkeit im Internationalen Steuerrecht – sind Kollisionsnormen (noch) eine Alternative? Ein Gedankenspiel, in: StuW 2015, S. 147–155.

Haase, F./Brändel, K. [zit.: StuW 2011]: Überlegungen zur Theorie der betriebsstättenlosen Einkünfte, in: StuW 2011, S. 49–59.

Haase, F./Brändel, K. [zit.: IStR 2011]: DBA und Personengesellschaften – Irrungen und Wirrungen im Notenwechsel zum DBA Spanien, in: IStR 2011, S. 255–259.

Haase, F./Dorn, K. [zit.: DB 2011]: „Betriebsstättenlose" Einkünfte aus Gewerbebetrieb und Wirtschaftsgüter des Betriebsvermögens – Erwiderung zu Kramer, DB 2011, S. 1882, in: DB 2011, S. 2115–2118.

Haase, F./Dorn, K. [zit.: IStR 2011]: Rätsel um den Anwendungsbereich der jüngeren abkommensrechtlichen Switch-over-Regelungen, in: IStR 2011, S. 791–797.

Haase, F./Steierberg, D. [zit.: IWB 2014]: Personengesellschaften im internationalen Kontext – Der Entwurf zur Änderung des BMF-Schreibens vom 16.4.2010, in: IWB 2014, S. 4–12.

Häck, N. [zit.: IStR 2011]: Zur Auslegung des § 50d Abs. 10 EStG durch den BFH – Zugleich Anmerkung zu BFH vom 8. 9. 2010 – BFH 08.09.2010 Aktenzeichen I R 74/09 (IStR 2011, Seite 32 mit Anm. Kammeter), in: IStR 2011, S. 71–73.

Häck, N. [zit.: ISR 2015]: Abkommensrechtliche Zuordnung von Beteiligungen zu Betriebsstätten nach BFH, OECD und Finanzverwaltung, in: ISR 2015, S. 113–121.

Haep, G. in: Herrmann, C./Heuer, G./Raupach, A. [zit.: EStG, 2015]: Einkommensteuer- und Körperschaftsteuergesetz – Kommentar, 269. Ergänzungslieferung, Köln, April 2015.

Hageböke, J. [zit.: IStR 2009]: Zum Konkurrenzverhältnis von DBA-Schachtelprivileg und § 8b KStG, in: IStR 2009, S. 473–481.

Hagemann, T. [zit.: BB 2015]: Abzug von Betriebsausgaben mittels Treaty Override?, in: BB 2015, S. 226–227.

Hagemann, T. [zit.: PIStB 2014a]: Betriebsstättenbesteuerung: Zuordnung von Wirtschaftsgütern (Teil 1), in: PIStB 2014, S. 111–118.

Hagemann, T. [zit.: PIStB 2014b]: Zuordnung von Wirtschaftsgütern: Die Personengesellschafts-Betriebsstätte (Teil 2), in: PIStB 2014, S. 131–138.

Hagemann, T./Kahlenberg, C. [zit.: BB 2014]: BB-Rechtsprechungsreport – Internationales Steuerrecht 2013, in: BB 2014, S. 1623–1634.

Hagemann, T./Kahlenberg, C. [zit.: ISR 2014]: Tatbestands- und Verfassungsmäßigkeit von § 50d Abs. 10 EStG 2002/2009 und der dazu ergangenen Übergangsvorschriften – Zugleich Anmerkung BFH vom 11.12.2013, I R 4/13, in: ISR 2014, S. 94–96.

Hagemann, T./Kahlenberg, C. [zit.: IStR 2014]: Verschärfung der Rechtsunsicherheiten bei internationalem Sonderbetriebsvermögen – Zugleich Anmerkung BFH vom 11.12.2013, I R 4/13, in: IStR 2014, S. 233–237.

Hagemann, T./Kahlenberg, C. [zit.: IStR 2015]: Zur Besteuerung grenzüberschreitender Sonderbetriebserträge in Outbound-Konstellationen, in: IStR 2015, S. 54–60.

Hagemann, T./Kahlenberg, C. [zit.: Ubg 2013]: Abkommensrechtliche Zuordnung notwendigen Sonderbetriebsvermögens in sog. Dreieckssachverhalten – Anmerkung zum BFH-Urteil vom 12.06.2013 – I R 47/12, in: Ubg 2013, S. 770–772.

Hagemann, T./Kahlenberg, C./Kudert, S. [zit.: Ubg 2014]: Sonderbetriebseinnahmen im Abkommensrecht – und wie der Wind sich dreht!, in: Ubg 2014, S. 80–89.

Hagena, A./Klein, M. [zit.: ISR 2013]: Ergänzungen des § 50d EStG durch das Amtshilferichtlinie-Umsetzungsgesetz, in: ISR 2013, S. 267–273.

Hahn, H. [zit.: BB 2012]: Treaty-Override als Verfassungsverstoß?, in: BB 2012, S. 1955–1961.

Hahn, H. [zit.: IStR 2003]: Generalthema I des 58. IFA-Kongresses in Wien: Double-Non-Taxation – Überblick über den deutschen Nationalbericht, in: IStR 2003, S. 446–448.

Hahn, H. [zit.: IStR 2011]: Treaty Overriding sine ira et studio, in: IStR 2011, S. 863–870.

Hahn-Joecks, G. in: Kirchhof, P./Söhn, H./Mellinghoff, R. [zit.: EStG, 2015]: Einkommensteuergesetzt – Kommentar, 260. Ergänzungslieferung, Heidelberg, August 2015.

Haun, J./Reiser, H./Mödinger, J. [zit.: GmbHR 2010]: Zweifelsfragen bei der Anwendung von Doppelbesteuerungsabkommen auf Personengesellschaften, in: GmbHR 2010, S. 637–643.

Heinicke, W. in: Schmidt, L. [zit.: EStG, 2015]: Einkommensteuergesetz – Kommentar, 34., völlig neubearbeitete Auflage 2015, München 2015.

Heinsen, O. in: Grotherr, S. (Hrsg.) [zit.: Steuerplanung, 2011]: Handbuch der internationalen Steuerplanung, 3. Auflage, Herne 2011.

Hemmelrath, A. [zit.: IStR 1995]: Besonderheiten bei der Beteiligung von Steuerinländern an Personengesellschaften in DBA-Staaten, in: IStR 1995, S. 570–574.

Hemmelrath, A. in: Vogel, K./Lehner, M. [zit.: DBA, 2015]: Doppelbesteuerungsabkommen: Kommentar auf der Grundlage der Musterabkommen, 6. Auflage 2015, München 2015.

Hemmelrath, A./Kepper, P. [zit.: IStR 2013]: Die Bedeutung des „Authorized OECD Approach" (AOA) für die deutsche Abkommenspraxis, in: IStR 2013, S. 37–42.

Hennrichs, J. in: Tipke, K./Lang, J. [zit.: Steuerrecht, 2015]: Steuerrecht, 22. völlig überarbeitete Auflage, Köln 2015.

Herdegen, M. [zit.: Völkerrecht, 2015]: Völkerrecht, 14., überarbeitete und erweiterte Auflage, München 2015.

Herdegen, M. in: Maunz, T./Dürig, G. [zit.: GG, 2014]: Grundgesetz, Loseblatt-Kommentar, 73. Ergänzungslieferung 2014, München, Dezember 2014.

Hermann, R. A. [zit.: PersG, 2006]: Die Besteuerung von Personengesellschaften in den EU- Mitgliedstaaten und den USA, Lohmar 2006.

Herrmann, C./Heuer, G./Raupach, A. [zit.: EStG, 2015]: Einkommensteuer- und Körperschaftsteuergesetz – Kommentar, 269. Ergänzungslieferung, Köln, April 2015.

Herrmann, H. [zit.: DStZ 1998]: Die Personengesellschaft als Rechtssubjekt im Zivil- und Steuerrecht, in: DStZ 1998, S. 87–92.

Herzig, N./Günkel, M./Niemann, U. (Hrsg.) [zit.: StBJB 1997/98]: Steuerberater-Jahrbuch: 1997/98. Zugleich Bericht über den 49. Fachkongress der Steuerberater, Köln, 21. und 22. Oktober 1997, Köln 1998.

Heurung, R./Bresgen, A./Sauer, C. [zit.: Intertax 2014]: Germany's Statutory Treatment of Special Payments in Transnational Cases, in: Intertax 2014, S. 644–652.

Hey, J./Bauersfeld, H. [zit.: IStR 2005]: Die Besteuerung der Personen(handels)gesellschaften in den Mitgliedstaaten der Europäischen Union, der Schweiz und den USA, in: IStR 2005, S. 649–657.

Hidien, J. W. in: Kirchhof, P./Söhn, H./Mellinghoff, R. [zit.: EStG, 2015]: Einkommensteuergesetzt – Kommentar, 260. Ergänzungslieferung, Heidelberg, August 2015.

Hils, M. [zit.: DStR 2009]: Neuregelung internationaler Sondervergütungen nach § 50d Abs. 10 EStG, in DStR 2009, S. 888–892.

Holthaus, J. [zit.: IStR 2012]: Systemwechsel in der Abkommenspolitik – tatsächliche Besteuerung im Quellenstaat Voraussetzung für Freistellungen nach den neuen DBA, in IStR 2012, S. 537–540.

Holthaus, J. in: Lippross O./Seibel, G. (Hrsg.) [zit.: Basiskommentar, 2015]: Basiskommentar Steuerrecht, 87. Ergänzungslieferung, Köln, Januar 2015.

Hörster, R. [zit.: IWB 2013]: Neuregelungen durch das Amtshilferichtline-Umsetzungsgesetz – Mehr als nur ein JStG mit „falschem Namen“, in: IWB 2013, S. 1967–1976.

Hruschka, F. [zit.: DStR 2010]: Das BMF-Schreiben zur Anwendung der Doppelbesteuerungsabkommen (DBA) auf Personengesellschaften vom 16.4.2010, in: DStR 2010, S. 1357–1363.

Hruschka, F. [zit.: DStR 2014]: Das neue BMF-Schreiben zur Anwendung von DBA auf Personengesellschaften, in: DStR 2014, S. 2421–2427.

Hruschka, F. [zit.: IStR 2013]: Sondervergütungen und der AOA i. d. F. des AHiRlUmsG – Das Verhältnis von § 1 AStG zu § 50d Abs. 10 EStG, in: IStR 2013, S. 830–833.

Hruschka, F. [zit.: IStR 2014]: Das neue BMF-Schreiben zur Anwendung von DBA auf Personengesellschaften, in: IStR 2014, S. 785–792.

Hruschka, F./Lüdemann, P. [zit.: IStR 2005]: Das Veranlassungsprinzip als Maßstab zur innerstaatlichen Betriebsstättengewinnermittlung, in: IStR 2005, S. 76–84.

Hummel, R./Knebel, A./Born, A. [zit.: IStR 2014]: Doppelbesteuerung und BEPS, in: IStR 2014, S. 832–840.

Hübschmann, W./Hepp, E./Spitaler, A. [AO, 2015]: Abgabenordnung, Finanzgerichtsordnung – Kommentar, 233. Ergänzungslieferung, Köln, Juli 2015.

Ismer, R./Baur, S. [zit.: IStR 2014]: Verfassungsmäßigkeit von Treaty Overrides, in: IStR 2014, S. 421–427.

Ismer, R./Kost, S. [zit.: IStR 2007]: Sondervergütungen unter dem DBA-USA – Zugleich Anm. zum Urteil des FG Baden-Württemberg, EFG 2006, S. 677 (nrkr.), in: IStR 2007, S. 120–124.

Jacobs, D. [zit.: PersG, 2011]: Internationale Besteuerung von mittelständischen Unternehmen in der Rechtsform von Personengesellschaften – Besteuerungsprobleme und Auswirkungen auf die betriebliche Standortwahl, Lohmar 2011.

Jacobs, O. [zit.: Int. Unternehmensbesteuerung, 2011]: Internationale Unternehmensbesteuerung – Deutsche Investitionen im Ausland – Ausländische Investitionen im Inland, München 2011.

Jakob, W. [zit.: ESt, 2008]: Einkommensteuer, 4. Auflage, München 2008.

Jankowiak, I. [zit.: Nichtbesteuerung, 2009]: Doppelte Nichtbesteuerung im Internationalen Steuerrecht, Baden-Baden 2009.

Jansen, L./Weidmann, M. [zit.: IStR 2010]: Treaty Overriding und Verfassungsrecht-Beurteilung der verfassungsrechtlichen Zulässigkeit von Treaty Overrides am Beispiel des § 50d EStG, in: IStR 2010, S. 596–605.

Jarass, H. in: Jarass, H./Pieroth, B. [zit.: GG, 2014]: Grundgesetz für die Bundesrepublik Deutschland, 13. Auflage, München 2014.

Jarass, H./Pieroth, B. [zit.: GG, 2014]: Grundgesetz für die Bundesrepublik Deutschland, 13. Auflage, München 2014

Jarass, L. [zit.: IStR 2014]: Gewinnverkürzung und Gewinnverlagerung (BEPS): Nationale Maßnahmen sind möglich und hilfreich, in: IStR 2014, S. 741–749.

Jehl-Magnus, M. [zit.: NWB 2015]: BFH: Erneute Zweifel an der Verfassungsmäßigkeit des Treaty Overrides von DBA. BFH, Beschluss vom 20.8.2014 – I R 86/13, in: NWB 2015, S. 24–28.

Jirousek, H. [zit.: SWI 1998]: Kritische Anmerkung zur Auslegung von Doppelbesteuerungsabkommen, in: SWI 1998, S. 112–120.

Jochimsen, C./Gradl, C. [zit.: IStR 2015]: Normhierarchische Einordnung von Treaty Overrides – und Abgleich konkreter Beispiele mit aktuellen DBA sowie der DBA-Verhandlungsgrundlage, in: IStR 2015, S. 236–242.

Kahle, H./Ziegler, S. [zit.: DStZ 2009]: Betriebsstättenbegriff – Grundfragen und aktuelle Entwicklungen, in: DStZ 2009, S. 834–847.

Kahlenberg, C. [zit.: ISR 2015]: Neue Beschränkungen des Zinsabzugs: Regelungsempfehlungen gegen doppelte Nichtbesteuerungs- und Douple-Dip-Strukturen, in: ISR 2015, S. 91–97.

Kahlenberg, C. [zit.: NWB 2015]: Neutralisierungsregeln für hybride Gestaltungen. Die endgültigen Empfehlungen der OECD zur Bekämpfung internationaler Gewinnverlagerungen, in: NWB 2015, S. 490–497.

Kahlenberg, C. [zit.: PIStB 2014]: Vorlagebschluss: BFH zweifelt an der Verfassungsmäßigkeit von § 50d Abs. 10 EStG, in: PIStB 2014, S. 126–130.

Kahlenberg, C. [zit.: StuB 2014]: Vorlage des BFH an das BVerfG zur verfassungsmäßigen Überprüfung des § 50d Abs. 10 EStG – Anmerkungen zum BFH-Beschluss vom 11.12.2013 – I R 4/13, in: StuB 2014, S. 222–225.

Kahlenberg, C. [zit.: Ubg 2014a]: Der neue Entwurf des BMF-Schreibens zur Anwendung von DBA auf Personengesellschaften, in: Ubg 2014, S. 231–239.

Kahlenberg, C. [zit.: Ubg 2014b]: Die Diskussionsentwürfe der OECD betreffend Hybrid Mismatch Arrangements- Teil II: Handlungsempfehlungen auf Abommensebene, in: Ubg 2014, S. 623–629.

Kahlenberg, C./Hagemann, T. [zit.: BB 2014]: Ausgewählte Fragestellungen um die Zuordnung von Sonderbetriebsvermögen im Abkommensrecht – Zugleich Anmerkung zum BFH-Urteil vom 12.6.2013 – I R 47/12, in: BB 2014, S. 215–219.

Kahlenberg, C./Kudert, S. [zit.: SWI 2015]: Der endgültige OECD-Bericht zur Maßnahme 2 des BEPS-Aktionsplans (Hybrid Mismatch Arrangements) – der große Wurf?, in: SWI 2015, S. 52–64.

Kahlenberg, C./Mair, R. [zit.: PIStB 2014]: Praktische Auswirkungen abkommensrechtlicher Subject-to-tax-Klauseln, in: PIStB 2014, S. 10–15.

Kahlenberg, C./Melkonyan, S. [zit.: ISR 2013]: Novellierung des Regelwerks zur Besteuerung grenzüberschreitender Einkünfte aus dem Sonderbetriebsvermögensbereich, in: ISR 2013, S. 340–346.

Kaminski, B./Wassermeyer, F./Strunk, G. (Hrsg.) [zit.: GS Krüger, 2006]: Unternehmenssteuerrecht und internationales Steuerrecht – Gedächtnisschrift für Dirk Krüger, Bonn Berlin 2006.

Kammeter, R. [zit.: IStR 2011]: Anmerkungen zu BFH-Urteil v. 8.9.2010 – I R 74/09, in: IStR 2011, S. 35–37.

Kappe, K. [zit.: DStR 1987]: Besteuerung von Gewinnanteilen aus US-Personengesellschaften und Zinsen aus Gesellschafterdarlehen nach DBA-USA, in: DStR 1987, S. 479–482.

Karla, B. [zit.: IStR 2012]: Möglichkeiten der Gesetzesauslegung am Beispiel des BFH-Urteils vom 8. 9. 2010 (I R 74/09), in: IStR 2012, S. 52–57.

Keller, F. in: Urtz, C./Züger, M. (Hrsg.) [zit.: PersG, 2001]: Personengesellschaften im Internationalen Steuerrecht, Wien 2001, S. 257–274.

Kempermann, M. [zit.: FR 2014]: Anmerkung zum BFH-Urteil vom 12.6.2013 – I R 47/12, in: FR 2014, S. 60–61.

Kempermann, M. in: Wassermeyer, F./Richter, S./Schnittker, H. [zit.: Wassermeyer/Richter/Schnittker, PersG, 2015]: Personengesellschaften im internationalen Steuerrecht, 2. Auflage Köln 2015.

Kempf, A./Bandl, M. [zit.: DB 2007]: Hat Treaty Override in Deutschland eine Zukunft?, in: DB 2007, S. 1377–1381.

Kessler, W./Eicke, R. [zit.: TNI 2009]: Germany's Statutory Treatment of Special Payments, in: TNI 2009, S. 871–875.

Kessler, W./Förster, G./Watrin, C. (Hrsg.) [zit.: FS Herzig, 2010]: Unternehmensbesteuerung – Festschrift für Norbert Herzig zum 65. Geburtstag, München 2010.

Kessler, W./Kröner, M./Köhler, S. (Hrsg.) [zit.: Konzernsteuerrecht, 2008]: Kommentar zum Konzernsteuerrecht: National – International, 2. Auflage, München 2008.

Kessler, W./Schiffers, J. in: Prinz, U./Hoffmann, W.-D. (Hrsg.) [zit.: Prinz/Hoffmann, PersG, 2014]: Beck'sches Handbuch der Personengesellschaften: Gesellschaftsrecht – Steuerrecht, 4. Auflage, München 2014.

Kirchhof, P. (Hrsg.) [zit.: EStG, 2015]: Einkommensteuergesetz Kommentar, 14. neu bearbeitete Auflage 2015, Köln 2015.

Kirchhof, P. [zit.: DStR 2015]: Die verfassungsrechtlichen Grenzen rückwirkender Steuergesetze, in: DStR 2015, S. 717–724.

Kirchhof, P./Lehner, M./Raupach, A./Rodi. M. (Hrsg.) [zit.: FS Vogel, 2000]: Staaten und Steuern: Festschrift für Klaus Vogel aus Anlass der Vollendung des 70. Geburtstages, Heidelberg 2000.

Kirchhof, P./Schmidt, K./Schön, W./Vogel, K. (Hrsg.) [zit.: FS Raupach, 2006]: Festschrift für Arndt Raupach zum 70. Geburtstag, Steuer- und Gesellschaftsrecht zwischen Unternehmerfreiheit und Gemeinwohl, Köln 2006.

Kirchhof, P./Söhn, H./Mellinghoff, R. [zit.: EStG, 2015]: Einkommensteuergesetzt – Kommentar, 260. Ergänzungslieferung, Heidelberg, August 2015.

Klein, F./Stihl, H./Wassermeyer, F. (Hrsg.) [zit.: FS Flick, 1997]: Unternehmen Steuern – Festschrift für Hans Flick zum 70. Geburtstag, Köln 1997.

Klein, M./Hagena, A. in: Herrmann, C./Heuer, G./Raupach, A. [zit.: EStG, 2015]: Einkommensteuer- und Körperschaftsteuergesetz – Kommentar, 269. Ergänzungslieferung, Köln, April 2015.

Kleineidam, H.-J. (Hrsg.) [zit.: FS Fischer, 1999]: Unternehmenspolitik und internationale Besteuerung: Festschrift für Lutz Fischer zum 60. Geburtstag, Berlin 1999.

Kleineidam, H.-J. [zit.: IStR 2004]: Die abkommensrechtliche Behandlung von Erträgen aus Beteiligungen im ausländischen Betriebsstättenvermögen oder: Ist der Betriebsstättenvorbehalt gerechtfertigt?, in: IStR 2004, S. 1–5.

Kluge, V. [zit.: Steuerrecht, 2000]: Das internationale Steuerrecht, 4. Auflage, München 2000.

Kluge, V. in: Gocke, R./Gosch, D./Lang, M. (Hrsg.) [zit.: FS Wassermeyer, 2005]: Körperschaftsteuer, Internationales Steuerrecht, Doppelbesteuerung – Festschrift für Franz Wassermeyer zum 65. Geburtstag, München 2005.

Klumpp, P. in: Lange, J./Bilitewski, A./Götz, H. [zit.: PersG 2015]: Personengesellschaften im Steuerrecht, 9., völlig neu überarbeitete Auflage, Herne 2015.

Knobbe-Keuk, B. [zit.: RIW 1991]: „Qualifikationskonflikte" im internationalen Steuerrecht der Personengesellschaften, in: RIW 1991, S. 306–316.

Knobbe-Keuk, B. [zit.: Steuerrecht, 1993]: Bilanz- und Unternehmenssteuerrecht, 9. völlig überarbeitete und erweiterte Auflage, Köln 1993.

Knobbe-Keuk, B. [zit.: StuW 1976]: Das Betriebsvermögen bei Personengesellschaften und ihren Gesellschaftern, in: StuW 1976, S. 211–216.

Koenig, U. [zit.: AO, 2014]: Abgabenordnung, Kommentar §§ 1- 368, 3. völlig neubearbeitete Auflage 2014, München 2014.

Koenig, U. in: Koenig, U. [zit.: AO, 2014]: Abgabenordnung, Kommentar §§ 1- 368, 3. völlig neubearbeitete Auflage 2014, München 2014.

Kollruss, T. [zit.: Der Konzern 2012]: Holdinggesellschaften mit doppelt ansässigen ausländischen Kapitalgesellschaften, in: Der Konzern 2012, S. 237–245.

Kollruss, T. [zit.: FR 2014]: Zur beschränkten Steuerpflicht und Wirkkraft des § 50d Abs. 10 EStG bei grenzüberschreitenden Sondervergütungen, in: FR 2014, S. 588–598.

Kollruss, T. [zit.: FR 2015]: Analyse des deutschen Sondervergütungskonzepts bei der internationalen Personengesellschaftsbesteuerung, in: FR 2015, S. 351–359.

Kopec, A./Katarzyna, M. [zit.: Ubg 2014]: Steuersubjektqualifikation ausländischer Rechtsträger im internationalen Vergleich, in: IStR 2014, S. 164–170.

Korff, M. [zit.: Besteuerungskonflikte, 2011]: Abkommensrechtliche Besteuerungskonflikte beim Einsatz von Betriebsstätten in der internationalen Steuerplanung, Baden Baden 2011.

Korn, C. [zit.: IStR 2009]: Grenzen des Einflusses innerstaatlichen Rechts auf die Anwendung von Doppelbesteuerungsabkommen – Erläutert am Beispiel von § 50d Abs. 10 EStG, in: IStR 2009, S. 641–645.

Krabbe, H. [zit.: FR 2001]: Abkommensrechtliche Behandlung von Sondervergütungen – Eine Replik, in: FR 2001, S. 129–131.

Krabbe, H. [zit.: IWB 2000]: Betriebsstätten-Verwaltungsgrundsätze und Personengesellschaften, in: IWB 2000 Fach 3 Gruppe 2, S. 863–870.

Kraft, G. (Hrsg.) [zit.: AStG, 2009]: Außensteuergesetz, München 2009.

Kraft, G. in: Kraft, G. (Hrsg.) [zit. AStG, 2009]: Außensteuergesetz, München 2009.

Kraft, G./Dombrowski, M. [zit.: FR 2014]: Die praktische Umsetzung des „Authorized OECD Approach" vor dem Hintergrund der Betriebsstättengewinnaufteilungsverordnung, in: FR 2014, S. 1105–1114.

Kraft, G./Dombrowski, M. [zit.: IWB 2015]: Die Folgen der Einführung des AOA für den Steuerpflichtigen. Im Spannungsfeld zwischen internationaler Genese und nationaler Umsetzung, in: IWB 2015, S. 87–94.

Kraft, G./Dombrowski, M. [zit.: Ubg 2015]: Ein Fallstudien-gestützter Vergleich der Rechtslage vor und nach der Transformation des AOA, in: Ubg 2015, S. 143–152.

Kraft, G./Schreiber, C. [zit.: FR 2015]: Treaty Override und Hinzurechnungsbesteuerung – Bestandsaufnahme und Handlungsbedarf, in: FR 2015, S. 328–329.

Kramer, J.-D. [zit.: DB 2011]: „Betriebsstättenlose" Einkünfte aus Gewerbebetrieb – „betriebsstättenlose" Wirtschaftsgüter des Betriebsvermögens, in: DB 2011, S. 1882–1887.

Kramer, J.-D. [zit.: IStR 2004a]: Die Frage nach der Relevanz einer Betriebsstätte im Wohnsitzstaat für die Besteuerung im Quellenstaat, in: IStR 2004, S. 672–675.

Kramer, J.-D. [zit.: IStR 2004b]: Bemerkungen zur vorstehenden Stellungnahme Wassermeyers, in: IStR 2004, S. 677–678.

Kramer, J.-D. [zit.: IStR 2010]: Nochmal: Das Darlehen des ausländischen Mitunternehmers an seine deutsche Personengesellschaft und § 50d Abs. 10 EStG, in: IStR 2010, S. 239–241.

Kramer, J.-D. [zit.: IStR 2013]: Die Spezialitätenklausel und der Betriebsstättenvorbehalt im Abkommensrecht, in: IStR 2013, S. 285–288.

Kramer, J.-D. [zit.: IStR 2014]: Grenzüberschreitende Sondervergütungen und beschränkte Steuerpflicht, in: IStR 2014, S. 21–24.

Kreienbaum, M. [zit.: IStR 2014]: Seminar J: Impact of EU-Law on the BEPS-Initiative, in: IStR 2014, S. 721–724.

Kreienbaum, M. [zit.: WPg 2014]: Aktuelle steuerpolitische Entwicklungen, in: WPg, S. 493–498.

Kremer, A. [zit.: Dreieckskonstellationen, 2011]: Dreieckskonstellationen von Personengesellschaften im internationalen Ertragsteuerrecht, Frankfurt am Main u.a. 2011.

Kroppen, H.-K. [zit.: DB 2014]: Aufteilungen zwischen Stammhaus und Betriebsstätte auf Basis von Personalfunktionen?, in: DB 2014, S. 2134–2135.

Kube, H. [zit.: StuW 2015]: Staatliches Steuerrecht, Internationales Steuerrecht und Verfassungsrecht, in: StuW 2015, S. 134–146.

Kudert, S./Jarzynska, P. [zit.: RIW 2009]: Besteuerung der Geschäftsführervergütung an den polnischen Kommanditisten einer grenzüberschreitender GmbH & Co. KG, in: RIW 2009, S. 792–798.

Kudert, S./Kahlenberg, C. in: Lüdicke, J./Mössner, J./Hummel, L. (Hrsg.) [zit.: FS Frotscher, 2013]: Das Steuerrecht der Unternehmen. Festschrift für Gerrit Frotscher zum 70. Geburtstag, Freiburg im Breisgau 2013.

Kudert, S./Kahlenberg, C. [zit.: IStR 2013]: Die Neufassung des § 50d Abs. 10 EStG – Die Besteuerung grenzüberschreitender Mitunternehmerschaften geht in die nächste Runde, in: IStR 2013, S. 801–810.

Kudert, S./Kahlenberg, C. [zit.: PIStB 2013]: Abkommensschutz bei Sonderbetriebserträgen aus Sonderbetriebsvermögen II – Dreiecksverhältnisse, in: PIStB 2013, S. 94–103.

Kumpf, W. [zit.: Besteuerung, 1982]: Besteuerung inländischer Betriebsstätten von Steuerausländern, Köln 1982.

Kumpf, W./Roth, A. in: Kirchhof, P./Schmidt, K./Schön, W./Vogel, K. (Hrsg.) [zit.: FS Raupach, 2006]: Festschrift für Arndt Raupach zum 70. Geburtstag, Steuer- und Gesellschaftsrecht zwischen Unternehmerfreiheit und Gemeinwohl, Köln 2006, S. 579–600.

Kurth, H. [zit.: StuW 1978]: Irrwege zur Bilanzbündeltheorie – Wege zur Beitragstheorie?, in: StuW 1978, S. 1–22.

Küspert, K. [zit.: RIW 1988]: Sondervergütungen inländischer Personengesellschafter nach dem DBA-USA, in: RIW 1988, S. 461–468.

Kußmaul, H./Delarber, C./Müller, F. [zit.: IStR 2014]: Betriebsstättengewinnaufteilungsverordnung-Entwurf – Ein allgemeiner Überblick, in: IStR 2014, S. 466–474.

Lang, J. in: Tipke, K./Lang, J. [zit.: Steuerrecht, 2013]: Steuerrecht, 21. völlig überarbeitete Auflage, Köln 2013.

Lang, M. [zit.: Finanzierungen, 1991]: Hybride Finanzierungen im internationalen Steuerrecht: Rechtsgrundlagen der Doppelbesteuerungsabkommen zur Beurteilung von Mischformen zwischen Eigen- und Fremdkapital, Wien 1991.

Lang, M. [zit.: IStR 2001]: Seminar B, Teil 2: Das OECD-Musterabkommen – 2001 und darüber hinaus: Welche Bedeutung haben die nach Abschluss eines Doppelbesteuerungsabkommens erfolgten Änderungen des OECD-Kommentars?, in: IStR 2001, S. 536–539.

Lang, M. [zit.: IStR 2002]: Die Vermeidung der Doppelbesteuerung und der doppelten Nichtbesteuerung als DBA-Auslegungsmaxime, in: IStR 2002, S. 609–613.

Lang, M. [zit.: IStR 2007]: DBA und Personengesellschaften – Grundfragen der Abkommensauslegung, in: IStR 2007, S. 606–609.

Lang, M. [zit.: IStR 2010]: Qualifikations- und Zurechnungskonflikte im DBA-Recht, in: IStR 2010, S. 114–118.

Lang, M. [zit.: IStR 2011]: Steuerlich transparente Rechtsträger und Abkommensberechtigung, in: IStR 2011, S. 1–6.

Lang, M. [zit.: IWB 2011]: Art. 3 Abs. 2 OECD-MA und die Auslegung von Doppelbesteuerungsabkommen, in: IWB 2011, S. 281–294.

Lang, M. [zit.: Partnership-Report, 2000]: The Application of the OECD Model Tax Convention to Partnerships, Alphen aan den Rijn 2000.

Lang, M. [zit.: SWI 2003]: Ist der Betriebsstättenvorbehalt bloß im Quellenstaat anwendbar?, in: SWI 2003, S. 319–324.

Lang, M. [zit.: SWI 2011]: Der Begriff „Unternehmen“ und Art. 24 OECD-Musterabkommen, in: SWI 2011, S. 9–20.

Lang, M. in: Burmester, G./Endres, D. (Hrsg.) [zit.: FS Debatin, 1997]: Aussensteuerrecht, Doppelbesteuerungsabkommen und EU-Recht im Spannungsverhältnis – Festschrift für Helmut Debatin zum 70. Geburtstag, München 1997, S. 283–304.

Lang, M. in: Burmester, G./Endres, D. [zit.: AStG, DBA und EU-Recht, 1997]: Außensteuerrecht, Doppelbesteuerungsabkommen und EU-Recht im Spannungsverhältnis, 1997, S. 283–304.

Lang, M. in: Kirchhof, P./Lehner, M./Raupach, A./Rodi. M. (Hrsg.) [zit.: FS Vogel, 2000]: Staaten und Steuern: Festschrift für Klaus Vogel aus Anlass der Vollendung des 70. Geburtstages, Heidelberg 2000, S. 907–924.

Lang, M. in: Kleineidam, H.-J. (Hrsg.) [zit.: FS Fischer, 1999]: Unternehmenspolitik und internationale Besteuerung: Festschrift für Lutz Fischer zum 60. Geburtstag, Berlin 1999, S. 719–730.

Lang, M. in: Lehner, M. (Hrsg.) [zit.: Andenken an Klaus Vogel, 2010]: Reden zum Andenken an Klaus Vogel, Heft 29 der Münchener Schriften zum Internationalen Steuerrecht, München 2010, S. 89–88.

Lang, M./Jirousek, H. (Hrsg.) [zit.: FS Loukota 2005]: Praxis des Internationalen Steuerrechts – Festschrift für Helmut Loukota zum 65. Geburtstag, Wien 2005.

Langbein, V. [zit.: RIW 1984]: Doppelbesteuerungsabkommen im Spannungsfeld zwischen nationalem Recht und Völkerrecht, in: RIW 1984, S. 531–540.

Langbein, V. [zit.: RIW 1988]: „Treaty Overriding“ durch nationales Recht – Ein Beitrag zur Auslegung von Doppelbesteuerungsabkommen, in: RIW 1988, S. 875–881.

Lange, G. [zit.: GmbH-StB 2009]: Die abkommensrechtliche Behandlung von Sondervergütungen, § 50d Abs. 10 S. 1 EStG ein provozierender Qualifikationskonflikt, in: GmbH-StB 2009, S. 128–134.

Lange, J./Bilitewski, A./Götz, H. [zit.: PersG 2015]: Personengesellschaften im Steuerrecht, 9., völlig neu überarbeitete Auflage, Herne 2015.

Lay, H./Stoecker, V. [zit.: IWB 2013]: Die deutsche Verhandlungsgrundlage für DBA, in: IWB 2013, S. 368–377.

Lehner, M. (Hrsg.) [zit.: Andenken an Klaus Vogel, 2010]: Reden zum Andenken an Klaus Vogel, Heft 29 der Münchener Schriften zum Internationalen Steuerrecht, München 2010.

Lehner, M. [zit.: FR 2011]: DBA-Politik der Bundesregierung, in: FR 2011, S. 1097–1091.

Lehner, M. [zit.: IStR 2012]: Treaty Override im Anwendungsbereich des § 50d EStG, in: IStR 2012, S. 389–404.

Lehner, M. [zit.: IStR 2014]: Keine Verfügung des Parlaments über seine Normsetzungsautorität – Zum Vorlagebeschluss des BFH vom 11.12.2013, I R 4/13 zu § 50d Abs. 10 EStG, in: IStR 2014, S. 189–196.

Lehner, M. in: Vogel, K./Lehner, M. [zit.: DBA, 2015]: Doppelbesteuerungsabkommen: Kommentar auf der Grundlage der Musterabkommen, 6. Auflage 2015, München 2015.

Leisner, W. [zit.: RIW 1993]: Abkommensbruch durch Außensteuerrecht? Bilanz der Diskussion um die Novelle des Außensteuerrechts von 1992, in: RIW 1993, S. 1013–1020.

Leitner, R./Gahleitner, G. [zit.: SWI 1998]: Zur Behandlung von Personengesellschaften im Abkommensrecht, in: SWI 1998, S. 568–574.

Lemaitre, C./Schnittker, H./Siegel, K. [zit.: GmbHR 2004]: Die steuerliche Einordnung der US-amerikanischen Limited Liability Company (LLC) auf Grundlage des BMF-Schreibens vom 19.3.2004 – Auswirkungen auf die Beratungspraxis, in: GmbHR, S. 618–630.

Letzgus, C. [zit.: Ubg 2010]: Das BMF-Schreiben vom 16.04.2010 zur Anwendung der Doppelbesteuerungsabkommen (DBA) auf Personengesellschaften, in: Ubg 2010, S. 425–430.

Liebchen, D. [zit.: PersG, 2008]: Beteiligungen an ausländischen Personengesellschaften: Steuerliche Gewinnermittlung und Einkunftsabgrenzung, Berlin 2008.

Lieber, B. [zit.: IWB 2010]: Personengesellschaften mit grenzüberschreitenden Rechtsbeziehungen, in: IWB 2010, S. 351–362.

Lieber, B. in: Herrmann, C./Heuer, G./Raupach, A. [zit.: EStG, 2015]: Einkommensteuer- und Körperschaftsteuergesetz – Kommentar, 269. Ergänzungslieferung, Köln, April 2015.

Linn, A. [zit.: IStR 2014]: Zum Entwurf einer Betriebsausgabenabzugsbeschränkung im Zollkodex-Anpassungsgesetz, in: IStR 2014, S. 920–925.

Lippross O./Seibel, G. (Hrsg.) [zit.: Basiskommentar, 2015]: Basiskommentar Steuerrecht, 87. Ergänzungslieferung, Köln, Januar 2015.

Littmann, E./Bitz, H./Pust, H. (Hrsg.) [zit.: ESt, 2015]: Das Einkommensteuerrecht, Kommentar zum Einkommensteuerrecht, 110. Ergänzungslieferung, Stuttgart, Juni 2015.

Lohbeck, A./Wagner, T. [zit.: DB 2009]: § 50d Abs. 10 EStG – Uneingeschränktes Besteuerungsrecht für Sondervergütungen im Inbound-Fall?, in: DB 2009, S. 423–426.

Loschelder, X. in: Schmidt, L. [zit.: EStG, 2015]: Einkommensteuergesetz – Kommentar, 34., völlig neubearbeitete Auflage 2015, München 2015.

Loukota, H. [zit.: SWI 1997]: Zur Bedeutung der neuen OECD-Verrechnungspreisgrundsätze für die österreichische Besteuerungspraxis, in: SWI 1997, S. 339–348.

Loukota, H. [zit.: SWI 2000]: Das internationale Verständigungsverfahren als Instrument der DBA-Auslegung, in: SWI 2000, S. 299–307.

Loukota, H. in: Gassner, W./Lang, M./Lechner, E. (Hrsg.) [zit.: PersG, 2000]: Personengesellschaften im Recht der Doppelbesteuerungsabkommen: Die Auswirkungen des OECD-Reports auf die Abkommenspraxis, Wien 2000, S. 15–25.

Löwenstein, U./Heinsen, O. [zit.: IStR 2007]: Anwendung der Grundsätze zum Dotationskapital auch bei grenzüberschreitenden mitunternehmerischen Beteiligungen an Personengesellschaften?, in: IStR 2007, S. 301–306.

Luckhaupt, H. [zit.: StuB 2014]: Grenzüberschreitende Besteuerung von Personengesellschften im DBA-Fall, in: StuB 2014, S. 150–151.

Lüdemann, P./Hruschka, F. [zit.: IStR 2000]: Die Behandlung von Personengesellschaften im Verhältnis Deutschland – Spanien, in: IStR 2000, S. 25–31.

Lüdicke, J. (Hrsg.) [zit.: Besteuerungspraxis, 2003]: Besteuerungspraxis bei grenzüberschreitender Tätigkeit, Köln 2003.

Lüdicke, J./Mössner, J./Hummel, L. (Hrsg.) [zit.: FS Frotscher, 2013]: Das Steuerrecht der Unternehmen. Festschrift für Gerrit Frotscher zum 70. Geburtstag, Freiburg im Breisgau 2013.

Lüdicke, J. [zit.: Besteuerung, 2000]: Besteuerung von international tätigen Personengesellschaften – geänderte Auffassungen der Finanzverwaltung im Betriebsstättenerlass und anderen BMF-Schreiben, Hefte zur Internationalen Besteuerung, Heft 134, Hamburg 2000.

Lüdicke, J. [zit.: DB 2012]: Pacta sunt servanda, in: DB 2012, Heft 21, M 1.

Lüdicke, J. [zit.: FR 2011]: DBA-Politik der Bundesregierung, in: FR 2011, S. 1077–1082.

Lüdicke, J. [zit.: IStR-Beihefter 2013]: Anmerkungen zur deutschen Verhandlungsgrundlage für Doppelbesteuerungsabkommen, in: IStR-Beihefter zu Heft 10, S. 26–46.

Lüdicke, J. [zit.: Unternehmenssteuerreform, 2001]: Internationale Aspekte der Unternehmenssteuerreform, Köln 2001.

Lüdicke, J. [zit.: Zurechnung, 2000]: Zurechnung von Wirtschaftsgütern im Internationalen Steuerrecht, Köln 2000.

Lüdicke, J. in: Dötsch, F./Herlinghaus, A./Hüttemann, R./Lüdicke, J./Schön, W. [zit.: Personengesellschaft im Steuerrecht, 2011]: Die Personengesellschaft im Steuerrecht – Gedächtnissymposium für Brigitte Knobbe-Keuk, Köln 2011, S. 95–138.

Lüdicke, J. in: Herzig, N./Günkel, M./Niemann, U. (Hrsg.) [zit.: StBJB 1997/98]: Steuerberater-Jahrbuch: 1997/98. Zugleich Bericht über den 49. Fachkongress der Steuerberater, Köln, 21. und 22. Oktober 1997, Köln 1998, S. 449–492.

Machens, G. [zit.: PersG, 2007]: Ausländische Personengesellschaften im internationalen Steuerrecht, Bern 2007.

Maunz, T./Dürig, G. [zit.: GG, 2014]: Grundgesetz, Loseblatt-Kommentar, 73. Ergänzungslieferung 2014, München, Dezember 2014.

Mellinghoff, R./Schön, W./Viskorf, H.-U. (Hrsg.) [zit.: FS Spindler]: Steuerrecht im Rechtsstaat – Festschrift für Wolfgang Spindler zum 65. Geburtstag, Köln 2011.

Mennel, A./Förster, J. [zit.: Steuern, 2014]: Steuern in Europa, Amerika und Asien, Herne 2014.

Meretzki, A. [zit.: ISR 2014]: Die (Nicht-)Besteuerung von Einkünften als zentrales Tatbestandsmerkmal abkommensrechtlicher Subjekt-to-tax Klauseln, in: ISR 2014, S. 42–49.

Meretzki, A. [zit.: IStR 2008]: Greift § 50d Abs. 9 EStG bei nur zum Teil steuerfreien Einkünften? Auch Sondervergütungen und Gewinnanteil bilden eine Einkünfteeinheit, in: IStR 2008, S. 23–25.

Meretzki, A. [zit.: IStR 2009]: Weshalb der neue § 50d Abs. 10 EStG sein Ziel verfehlt und neue Probleme schafft – Mitunternehmer-Betriebsstätten, floating income und weitere Streitfragen, in: IStR 2009, S. 217–225.

Meretzki, A. [zit.: IStR 2011]: Zur Anwendung des Methodenartikels: Die Frage nach der Perspektive und dem maßgeblichen Recht, in: IStR 2011, S. 213–219.

Meretzki, A. in: Flick, H./Wassermeyer, F./Kempermann, M. (Hrsg.) [zit.: DBA Deutschland-Schweiz, 2014]: Doppelbesteuerungsabkommen Deutschland – Schweiz, Kommentar, 41. Ergänzungslieferung, Köln, November 2014.

Mitschke, W. [zit.: DB 2010]: Streitpunkt § 50d Abs. 10 EStG – ein Tiger mit scharfen Zähnen, in: DB 2010, S. 303–306.

Mitschke, W. [zit.: DStR 2011]: Das Treaty Override zur Verhinderung einer Keinmalbesteuerung aus Sicht der Finanzverwaltung, in: DStR 2011, S. 2221–2229.

Mitschke, W. [zit.: FR 2011]: Anmerkungen zu BFH, v. 08.09.2010 – I R 74/09, in: FR 2011, S. 182–184.

Mitschke, W. [zit.: FR 2013]: Grenzüberschreitende Sondervergütungen bei PersGes und gewerblich geprägte PersGes im internationalen Steuerrecht nach dem AmtshilfeRL-UmsG – Zu § 50d Abs. 10 n.F. EStG und § 50i EStG, in: FR 2013, S. 694–699.

Möller, C. [zit.: NWB 2014]: Anwendung von DBA auf Personengesellschaften. Anmerkung zum BMF-Schreiben vom 26.9.2014, in: NWB 2014, S. 3883–3893.

Mössner, J. [zit.: IStR 2015]: § 50d Abs. 10 EStG und die Anrechnung ausländischer Steuern, in: IStR 2015, S. 204–206.

Mössner, J. in: Böckstiegel, K.-H./Folz, H.-E./Mössner, J./Zemanek, K. (Hrsg.) [zit.: FS Seidl-Hohenveldern, 1988]: Völkerrecht, Recht der Internationalen Organisationen, Weltwirtschaft, Festschrift für Ignaz Seidl-Hohenveldern, Köln u. a. 1988, S. 403–426.

Mössner, J. in: Lüdicke, J. [zit.: Unternehmenssteuerreform, 2001]: Internationale Aspekte der Unternehmenssteuerreform, Köln 2001.

Mössner, J. et. al. [zit.: Steuerrecht, 2012]: Steuerrecht international tätiger Unternehmen, 4. völlig überarbeitete und erweiterte Auflage 2012, Köln 2012.

Mössner, J. in: Mössner, J. M. et. al. [zit.: Steuerrecht, 2012]: Steuerrecht international tätiger Unternehmen, 4. völlig überarbeitete und erweiterte Auflage 2012, Köln 2012, S. 67–124.

Mössner, J. [zit.: DB 2010]: Es war einmal..., in: DB 2010, Heft 21, M 1.

Müller, M. [zit.: BB 2009]:Grenzüberschreitende Sondervergütungen und Sonderbetriebsausgaben im Spannungsfeld des Abkommensrechts, in: BB 2009, S. 751–758.

Müller, M./Wangler, C. [zit.: IStR 2003]: Qualifikationskonflikte bei Beteiligung inländischer Investoren an ausländische Personengesellschaften, in: IStR 2003, S. 145–154.

Müller-Gatermann, G. [zit.: FR 2012]: Aktuelle deutsche Abkommenspolitik, in: FR 2012, S. 1032–1037.

Musil, A. [zit.: Deutsches Treaty Overriding, 2000]: Deutsches Treaty Overriding und seine Vereinbarkeit mit Europäischem Gemeinschaftsrecht, Berlin 2000.

Musil, A. [zit.: IStR 2014]: Treaty Override als Dauerproblem des Internationalen Steuerrechts, in: IStR 2014, S. 192–196.

Musil, A. [zit.: RIW 2006]: Spielräume des deutschen Gesetzgebers bei der Verhütung grenzüberschreitender Steuerumgehung, in: RIW 2006, S. 287–294.

Musil, A. in: Hübschmann, W./Hepp, E./Spitaler, A. [AO, 2015]: Abgabenordnung, Finanzgerichtsordnung – Kommentar, 233. Ergänzungslieferung, Köln, Juli 2015.

Musil, A./Lammers, L. [zit.: BB 2011]: Die verfassungsrechtlichen Grenzen der Rückwirkung von Steuergesetzen am Beispiel der §§ 17, 23 EStG, in: BB 2011, S. 155–160.

Nettesheim, M. in: Maunz, T./Dürig, G. [zit.: GG, 2014]: Grundgesetz, Loseblatt-Kommentar, 73. Ergänzungslieferung 2014, München, Dezember 2014.

Neumann-Tomm, A. [zit.: IStR 2015]: BEPS – Wenn überhaupt nationale Gegenmaßnahmen, dann mit Augenmaß. Zugleich Anmerkung zu Jarass IStR 2014, 741, in: IStR 2015, S. 436–440.

Niehus, U./Wilke, H. [zit.: PersG, 2013]: Die Besteuerung der Personengesellschaften, 6. aktualisierte und überarbeitete Auflage, Stuttgart 2013.

OECD [zit.: Partnership Report, 1999]: The Application of the OECD Model Tax Convention to Partnerships, Issues in International Taxation No. 6, Paris, 1999.

OECD [zit.: TNI 1990]: Report on Tax Treaty Overrides, Bericht des OECD Steuerausschusses (Committee on Fiscal Affairs) vom 2.10.1989, in: TNI 1990, S. 25–33.

OECD [zit.: Aktion 2, 2014]: Neutralisierung der Effekte hybrider Gestaltungen. Übersetzung durch das deutsche Bundesministerium der Finanzen, OECD

Publishing, abrufbar unter: http://dx.doi.org/10.1787/9789264223387-de, zuletzt zugegriffen am 19.8.2015.

OECD [zit.: Aktion 6, 2014]: Preventing the Granting of Treaty Benefits in Inappropriate Circumstances. OECD Publishing, abrufbar unter: http://dx.doi.org/10.1787/9789264219120-en, zuletzt zugegriffen am 19.8.2015.

OECD [zit.: Aktion 14, 2014]: Make dispute resolution mechanisms more effective. OECD Publishing, abrufbar unter: http://www.oecd.org/ctp/dispute/discussion-draft-action-14-make-dispute-resolution-mechanisms-more-effective.pdf, zuletzt zugegriffen am 19.8.2015.

OECD [zit.: Aktion 14 Diskussion, 2015]: Comments received on Public Discussion Draft: Make dispute resolution mechanisms more effective. OECD Publishing, abrufbar unter: http://www.oecd.org/tax/dispute/public-comments-action-14-make-dispute-resolution-mechanisms-more-effective.pdf, zuletzt zugegriffen am 19.8.2015.

OECD [zit.: Aktion 15, 2014]: Developing a Multilateral Instrument to Modify Bilateral Tax Treaties, OECD Publishing, abrufbar unter http://dx.doi.org/10.1787/9789264219250-en, zuletzt zugegriffen am 19.8.2015.

OECD [zit.: Aktionsplan, 2014]: Aktionsplan zur Bekämpfung der Gewinnverkürzung und Gewinnverlagerung. Übersetzung durch das deutsche Bundesministerium der Finanzen, überarbeitete Ausgabe September 2014, OECD Publishing, abrufbar unter: http://dx.doi.org/10.1787/9789264209688-de, zuletzt zugegriffen am 19.8.2015.

Oestricher, A. (Hrsg.) [zit.: BEPS, 2015]: BEPS – Base Erosion and Profit Shifting, Herne 2015.

Oppel, F. [zit.: IStR 2015]: Die neue diverted profits tax in Großbritannien – Unilaterale Alternative zu BEPS oder wahlkampfbedingter Schnellschuss?, in: IStR 2015, S. 333–341.

Ostendorf, C. [zit.: Sondervergütungen, 1994]: Behandlung von Sondervergütungen der Mitunternehmer im internationalen Steuerrecht – unter besonderer Berücksichtigung der deutschen und österreichischen Rechtslage, Berlin 1994.

Overesch, M. in: Oestricher, A. (Hrsg.) [zit.: BEPS, 2015]: BEPS – Base Erosion and Profit Shifting, Herne 2015.

Pahlke, A. in: Koenig, U. [zit.: AO, 2014]: Abgabenordnung, Kommentar §§ 1- 368, 3. völlig neubearbeitete Auflage 2014, München 2014.

Papier, H.-J. in: Maunz, T./Dürig, G. [zit.: GG, 2014]: Grundgesetz, Loseblatt-Kommentar, 73. Ergänzungslieferung 2014, München, Dezember 2014.

Peter, A. F. [zit.: SWI 2010]: Die abkommensrechtliche Bedeutung der gewerblichen Prägung einer (amerikanischen) Personengesellschaft, in: SWI 2010, S. 579–588.

Pflugfelder, P. [zit.: FR 1983]: Nationale Steuergesetzgebung und Doppelbesteuerungsabkommen – Anmerkung zum neuen § 2a EStG, in: FR 1983, S. 319–322.

Pijl, H. [zit.: WTJ 2013]: Capital Gains: The History of the Principle of Symmetry, the Internal Order of Article 13 and the Dynamic Interpretation of the Changes in the 2010 Commentary on "Forming Part" and "Effectively Connected", in: WTJ 2013, S. 3–98.

Piltz, D. in: Lüdicke, J. (Hrsg.) [zit.: Besteuerungspraxis, 2003]: Besteuerungspraxis bei grenzüberschreitender Tätigkeit, Köln 2003, S. 127–162.

Piltz, D. [zit.: IStR 2013]: Base Erosion and Profit Shifting (BEPS): Die ganze Wahrheit?, in: IStR 2013, S. 681–682.

Piltz, D. [zit.: PersG, 1981]: Die Personengesellschaft im internationalen Steuerrecht der Bundesrepublik Deutschland, 1981.

Piltz, D./Günkel, M./Niemann, U. [zit.: StBJB 2009/2010]: Steuerberater-Jahrbuch 2009/2010: Zugleich Bericht über den 61. Fachkongress der Steuerberater Köln, 6. und 7.10.2009, Köln 2010.

Piltz, D./Wassermeyer, F. in: Wassermeyer, F. [zit.: DBA, 2015]: Doppelbesteuerung: DBA – Loseblatt-Kommentar zu allen deutschen Doppelbesteuerungsabkommen, 129. Ergänzungslieferung 2015, München, Januar 2015.

Pinkernell, R. [zit.: IStR 2010]: Aktuelle Rechtsprechung zum DBA-USA, in: IStR 2010, S. 785–792.

Pohl, C. [zit.: DB 2012]: Zur Diskussion des Einkünftebegriffs im Sinne des § 50d Abs. 9 EStG, in: DB 2012, S. 258–261.

Pohl, C. [zit.: DB 2013]: Besteuerung grenzüberschreitender Sondervergütungen gem. § 50d Abs. 10 EStG i. d. F. des AmtshilfeRLUmsG, in: DB 2013, S. 1572–1578.

Pohl, C. [zit.: ISR 2014]: Treaty Override im deutschen Steuerrecht – Bestandsaufnahme und Perspektive, in: ISR 2014, S. 158–163.

Pohl, C. [zit.: IStR 2012]: Kein deutsches Besteuerungsrecht für in die USA gezahlte nachträgliche Sondervergütungen, Anmerkung zum BFH- Urteil v. 07.12.2011, I R 5/11, in: IStR 2012, S. 225–226.

Pohl, C. [zit.: IWB 2012]: Abkommensrechtliche Sondervergütungsregelungen im Lichte aktueller Rechtsprechung, in: IWB 2012, S. 120–127.

Pohl, C. [zit.: IWB 2013]: §0 50d Abs. 10 EStG – Ein Eigentor des Gesetzgebers?, in: IWB 2013, S. 378–383.

Pohl, C. [zit.: RIW 2012]: Die Auslegung von Doppelbesteuerungsabkommen in der jüngeren Rechtsprechung des BFH, in: RIW 2012, S. 677–683.

Pohl, C. in: Blümich, W. [zit.: EStG, 2015]: EStG, KStG, GewStG – Kommentar, 127. Ergänzungslieferung, München, März 2015.

Pohl, C. in: Schönfeld, J./Ditz, X. (Hrsg.) [zit.: DBA, 2013]: Doppelbesteuerungsabkommen, Köln 2013.

Pott, H.-M. [zit.: Qualifikationsproblem, 1982]: Die Kollision unterschiedlicher Formen der Gesellschaftsbesteuerung im internationalen Recht. Das subjektive

Qualifikationsproblem im abkommensfreien Raum und unter Geltung des Doppelbesteuerungsabkommens, Köln 1982.

Prinz zu Hohenlohe, F./Rautenstrauch, G./Wittmann, A. [zit.: BB 2012]: BB-Rechtsprechungsreport – Internationales Steuerrecht 2010/2011, in: BB 2012, S. 357–364.

Prinz, U. [zit.: DB 2009]: Gesetzgeberische Wirrungen um Grundsätze der Betriebsstättenbesteuerung, in: DB 2009, S. 807–812.

Prinz, U. [zit.: DB 2011]: Grenzüberschreitende Sondervergütungen bei Mitunternehmerschaften, in: DB 2011, S. 1415–1419.

Prinz, U. [zit.: DB 2013]: Der neue 50i EStG: Grenzüberschreitende „Geprägte-KG" zur Verhinderung einer Wegzugsbesteuerung. Gestaltungsüberlegungen nach Verabschiedung des AmtshilfeRLUmsG, in: DB 2013, S. 1378–1382.

Prinz, U. [zit.: FR 2013]: Internationale Mitunternehmerschaften im steuerlichen Umstrukturierungsrecht, in: FR 2013, S. 1–12.

Prinz, U. [zit.: GmbHR 2014]: § 50d Abs. 10 EStG – Eine neue „Dauer-Großbaustelle" im Internationalen Steuerrecht – Anmerkung zum Beschluss des BFH vom 11.12.2013 – I R 4/13 -, in: GmbHR 2014, S. 729–733.

Prinz, U. in: Arbeitsgemeinschaft der Fachanwälte für Steuerrecht e. V. (Hrsg.) [zit.: JbFfSt 2011/12]:Jahrbuch der Fachanwälte für Steuerrecht: 2011/2012. Aktuelle steuerrechtliche Beiträge, Referate und Diskussionen der 62. Steuerrechtlichen Jahresarbeitstagung, Wiesbaden, vom 30. Mai. bis 1. Juni 2011, Herne 2011, S. 469–484.

Prinz, U. in: Drüen, K.-D. [zit.: JbFfSt 2009/10]: Aktuelle steuerrechtliche Beiträge, Referate und Diskussionen der 60. Steuerrechtlichen Jahresarbeitstagung, Wiesbaden, vom 11. bis 13. Mai 2009, herausgegeben im Auftrag der Arbeitsgemeinschaft der Fachanwälte für Steuerrecht e. V., Sitz Bochum, Herne 2010, S. 419–484.

Prinz, U./Hoffmann, W.-D. (Hrsg.) [zit.: Prinz/Hoffmann, PersG, 2014]: Beck'sches Handbuch der Personengesellschaften: Gesellschaftsrecht – Steuerrecht, 4. Auflage, München 2014.

Prokisch, R. in: Vogel, K./Lehner, M. [zit.: DBA, 2015]: Doppelbesteuerungsabkommen: Kommentar auf der Grundlage der Musterabkommen, 6. Auflage 2015, München 2015.

Pyszka, T./Brauer, M. [zit.: PersG, 2004]: Ausländische Personengesellschaften im Unternehmenssteuerrecht, Herne Berlin 2004.

Raber, H. in: Oestricher, A. (Hrsg.) [zit.: BEPS, 2015]: BEPS – Base Erosion and Profit Shifting, Herne 2015.

Rätke, B. in: Herrmann, C./Heuer, G./Raupach, A. [zit.: EStG, 2015]: Einkommensteuer- und Körperschaftsteuergesetz – Kommentar, 269. Ergänzungslieferung, Köln, April 2015.

Rautenstrauch, G. [zit.: IWB 2015]: BEPS-Aktionspunkt 6: Verhinderung von Abkommensmissbrauch. Überblick und erste Schlussfolgerungen zum OECD-Bericht, in: IWB 2015, S. 95–104.

Rehm, G. in: Wassermeyer, F./Richter, S./Schnittker, H. [zit.: Wassermeyer/Richter/Schnittker, PersG, 2015]: Personengesellschaften im internationalen Steuerrecht, 2. Auflage Köln 2015.

Reimer, E. [zit.: IStR 2015]: Das Multilaterale Übereinkommen (BEPS-Maßnahme Nr. 15) als Instrument einer flexiblen Anpassung der bestehenden DBA, in: IStR 2015, S. 1–8.

Reimer, E. in: Vogel, K./Lehner, M. [zit.: DBA, 2015]: Doppelbesteuerungsabkommen: Kommentar auf der Grundlage der Musterabkommen, 6. Auflage 2015, München 2015.

Reiß, W. in: Kirchhof, P. (Hrsg.) [zit.: EStG, 2015]: Einkommensteuergesetz Kommentar, 14. neu bearbeitete Auflage 2015, Köln 2015.

Ribbrock, M. [zit.: BB 2012]: Anmerkungen zum Vorlagebeschluss des BFH vom 10.1.2012 – I R 66/09, in: BB 2012, S. 1902–1908.

Richter, S. [zit.: FR 2010]: Einzelfragen internationaler Personengesellschaften im Abkommensrecht, in: FR 2010, S. 544–555.

Riemenschneider, S. [zit.: Abkommensberechtigung, 1995]: Abkommensberechtigung von Personengesellschaften und abkommensrechtliche Behandlung der Einkünfte aus Beteiligung inländischer Gesellschafter an ausländischen Personengesellschaften, Frankfurt am Main 1995.

Roeder, A./Friedrich, J. [zit.: BB 2015]: Regelungsmängel der Betriebsstättengewinnaufteilungsverordnung, in: BB 2015, S. 1053–1057.

Rödder, T./Bahns, J./Schönfeld, J. (Hrsg.) [zit.: FS Piltz, 2014]: Cross-Border Investments with Germany – Tax, Legal and Accounting. In Honou of Detlev J. Piltz, Köln 2014.

Rosenberg, O. in: Wassermeyer, F./Richter, S./Schnittker, H. [zit.: Wassermeyer/Richter/Schnittker, PersG, 2015]: Personengesellschaften im internationalen Steuerrecht, 2. Auflage Köln 2015.

Rosenberg, O./Placke, K. [zit.: DB 2014]: Verbliebene Zweifelsfragen zu § 50d Abs. 10 EStG nach dem BMF-Schreiben zur Anwendung von DBA auf Personengesellschaften, in: DB 2014, S. 2434–2439.

Rosenthal, M. [zit.: IStR 2007]: Die steuerliche Beurteilung von Auslandssachverhalten im Spannungsfeld zwischen Abkommensrecht und Europarecht – zugleich Besprechung des Urteils des FG Hamburg vom 22. 8. 2006 zur Veräußerung von Anteilen an einer spanischen Personengesellschaft –, in: IStR 2007, S. 610–615.

Roth, A. in: Lüdicke, J. [zit.: Zurechnung, 2000]: Zurechnung von Wirtschaftsgütern im Internationalen Steuerrecht, Köln 2000, S. 87–128.

Rotter, M./Welz, T./Lammers, L. [zit.: Verhandlungsgrundlage, 2014]: Kommentar zur Verhandlungsgrundlage für DBA, Herne 2014.

Rottgardt, F. in: Urtz, C./Züger, M. (Hrsg.) [zit.: PersG, 2001]: Personengesellschaften im Internationalen Steuerrecht, Wien 2001, S. 155–176.

Rüd, E. [zit.: IStR 2010]: DBA und Rechtsanwendungsmethodik – verdeckte Gewinnausschüttung und treaty overriding, in: IStR 2010, S. 725–730.

Rust, A. [zit.: ISR 2013]: Internationale Doppelte Nichtbesteuerung, in: ISR 2013, S. 241–246.

Rust, A./Reimer, E. [zit.: IStR 2005]: Treaty Override im deutschen Internationalem Steuerrecht, in: IStR 2005, S. 843–849.

Salzmann, S. [zit.: IStR 2008]: Zinsen einer inländischen Personengesellschaft an ihre ausländischen Gesellschafter im Abkommensrecht – Anmerkung zum BFH-Urteil vom 17.10.2007, I R 5/06 und Stellungnahme zu Schmidt, IStR 2008, 290, in: IStR 2008, S. 399–400.

Salzmann, S. [zit.: IWB 2007]: Abschied vom Verbot der „virtuellen" Doppelbesteuerung? § 50d Abs. 9 EStG als nationale switch over-Klausel, in: IWB 2007, F. 3 Gr. 3, S. 1465–1478.

Salzmann, S. [zit.: IWB 2009]: § 50d Abs. 10 EStG – ein fiskalischer Blindgänger?, in: IWB 2009 F. 3 Gr. 3, S. 1539–1554.

Salzmann, S. [zit.: IWB 2010]: Keine Rechtsprechungsdurchbrechung durch § 50d Abs. 10 EStG – das BFH-Urteil vom 08.09.2010- I R 74/09, in: IWB 2010, S. 902–906.

Salzmann, S. [zit.: IWB 2013a]: Weitere Treaty Overrides aufgrund des AmtshilfeRLUmsG – Was bedeuten die Änderungen nach der Einigung im Vermittlungsausschuss am 5.6.2013, in: IWB 2013, S. 405–411.

Salzmann, S. [zit.: IWB 2013b]: Innerstaatlicher Gewerbebetrieb als abkommensrechtliche Definition von Unternehmensgewinnen? – BFH, Urteil v. 12.6.2013 – I R 47/12, in: IWB 2013, S. 846–50.

Salzmann, S. [zit.: IWB 2014]: Treaty Overrides auf dem verfassungsrechtlichen Prüfstand – BFH-Vorlagebeschluss vom 11.12.2013 – IR 4/13, in: IWB 2014, S. 226–230.

Sauren, M./Schultze, M. [zit.: RIW 1989]: Der Konflikt zwischen § 2a EStG und den Doppelbesteuerungsabkommen – Eine Untersuchung unter Berücksichtigung der neueren BFH-Rechtsprechung, in: RIW 1989, S. 553–557.

Schaden, M./Franz, M. [zit.: Ubg 2008]: Qualifikationskonflikte und Steuerplanung – einige Beispiele, in: Ubg 2008, S. 452–461.

Schänzle, T./Engel, B. in: Mössner, J. M. et. al. [zit.: Steuerrecht, 2012]: Steuerrecht international tätiger Unternehmen, 4. völlig überarbeitete und erweiterte Auflage 2012, Köln 2012.

Schanz, D./Feller, A. [zit.: BB 2015]: Wieso Deutschland (fast) keine Base Erosion and Profit Shifting-Bekämpfung braucht, in: BB 2015, S. 865–870.

Schauhoff, S. [zit.: IStR 1995]: Der Umfang der erweitert beschränkten Einkommensteuerpflicht bei gewerblich tätigen Handelsvertretern, Unternehmensberatern, Fotomodellen, Sportlern und anderen umherreisenden Unternehmern, in: IStR 1995, S. 108–112.

Schauhoff, S./Idler, J. [zit.: IStR 2008]: Änderung der BFH-Rechtsprechung zur Besteuerung von Werbeverträgen mit beschränkt Steuerpflichtigen, in: IStR 2008, S. 341–344.

Schaumburg, H. [zit.: Steuerrecht, 2011]: Internationales Steuerrecht – Außensteuerrecht, Doppelbesteuerungsrecht, Köln 2011.

Schaumburg, H. in: Lüdicke, J. [zit.: Zurechnung, 2000]: Zurechnung von Wirtschaftsgütern im Internationalen Steuerrecht, Köln 2000, S. 53–86.

Schaumburg, H./Piltz, D. (Hrsg.) [zit.: Veräußerungsgewinne, 2004]: Veräußerungsgewinne im Internationalen Steuerrecht, Köln 2004.

Schellekens, M. [zit.: Tax Handbook, 2014]: European Tax Handbook, Amsterdam 2014.

Scherer, T. [zit.: DBA, 1995]: Doppelbesteuerung und Europäisches Gemeinschaftsrecht, München 1995.

Schiefer, F. [zit.: IWB 2015]: Maßnahmen zur Bekämpfung hybrider Finanzierungsinstrumente. Änderung der Mutter-Tochter-Richtlinie und aktuelle Diskussion, in: IWB 2015, S. 352–358.

Schlütter, E. in: Vogel, K. (Hrsg.) [zit.: DStJG, 1985]: Grundfragen des internationalen Steuerrechts – Jahrestagung 1985 der Deutschen Steuerjuristischen Gesellschaft, München 1985, S. 215–234.

Schmidt, C. [zit.: DStR 2010]: Sondervergütungen auf Abkommensebene – Was nun, Finanzverwaltung und Gesetzgeber? Zugleich Anmerkung zum BFH-Urteil vom 8.9.2010, I R 74/09, in: DStR 2010, S. 2436–2441.

Schmidt, C. [zit.: DStR 2013]: Sondervergütungen im Abkommensrecht – Der neue § 50d Abs. 10 EStG: Ein neuer Versuch – ein neuer Irrtum?, in: DStR 2013, S. 1704–1711.

Schmidt, C. [zit.: IStR 2001]: Personengesellschaften im internationalen Steuerrecht nach dem OECD-Bericht „The Application of the OECD Model Tax Convention to Partnerships" und den Änderungen im OECD-MA und im OECD-Kommentar im Jahre 2000, in: IStR 2001, S. 489–497.

Schmidt, C. [zit.: IStR 2008]: Zinsen einer inländischen Personengesellschaft an ihre ausländischen Gesellschafter im Abkommensrecht – Anmerkung zum BFH-Urteil vom 17.10.2007, I R 5/06, in diesem Heft S. 300, in: IStR 2008, S. 290–293.

Schmidt, C. [zit.: IStR 2010a]: Anwendung der Doppelbesteuerungsabkommen (DBA) auf Personengesellschaften – Eine Analyse des BMF-Schreibens vom 16.4.2010, IV B 2 – S 1300/09/10003, BStBl I 2010, BStBl. I 2010 Seite 354, in: IStR 2010, S. 413–432.

Schmidt, C. [zit.: IStR 2010b]: (Weitere) Infragestellung des BMF-Schreibens vom 16. 4. 2010 „Anwendung der Doppelbesteuerungsabkommen (DBA) auf Personengesellschaften" durch zwei neue Entscheidungen des BFH – Anmerkungen zum BFH-Urteil vom 28.4.2010, I R 81/09 und zum BFH-Beschluss vom 19.5.2010, I B 191/09, in: IStR 2010, S. 520–523.

Schmidt, C. [zit.: StBJB 2008/2009]: Personengesellschaften im Abkommensrecht-Erlassentwurf und neue Rechtsprechung, in: StBJB 2008/2009, S. 169–191.

Schmidt, L. [zit.: EStG, 2015]: Einkommensteuergesetz – Kommentar, 34., völlig neubearbeitete Auflage 2015, München 2015.

Schmidt, L./Heinz, C. [zit.: IStR 2009]: Neues zur Betriebsstättenbesteuerung im Jahressteuergesetz 2009 – Unstimmigkeiten und Empfehlungen, in: IStR 2009, S. 43–47.

Schmidt, S. [zit.: PIStB 2014a]: Aktualisiertes BMF-Schreiben zur Anwendung der DBA auf Personengesellschaften (Teil 1), in: PIStB 2014, S. 66–73.

Schmidt, S. [zit.: PIStB 2014b]: Aktualisiertes BMF-Schreiben zur Anwendung der DBA auf Personengesellschaften (Teil 2), in: PIStB 2014, S. 103–110.

Schmitt-Homann, F. [zit.: DStR 2010]: Das BMF-Schreiben vom 16. 4. 2010 zur Anwendung der DBA auf Personengesellschaften – Kritische Anmerkungen zum Aufsatz von Hruschka in DStR 2010, 1357, in: DStR 2010, S. 2545–2550.

Schneider, N. in: Herrmann, C./Heuer, G./Raupach, A. [zit.: EStG, 2015]: Einkommensteuer- und Körperschaftsteuergesetz – Kommentar, 269. Ergänzungslieferung, Köln, April 2015.

Schnitger, A. in: Oestricher, A. (Hrsg.) [zit.: BEPS, 2015]: BEPS – Base Erosion and Profit Shifting, Herne 2015.

Schnitger, A. in: Wassermeyer, F./Richter, S./Schnittker, H. [zit.: Wassermeyer/Richter/Schnittker, PersG, 2015]: Personengesellschaften im internationalen Steuerrecht, 2. Auflage Köln 2015.

Schnitger, A./Bildstein, B. [zit.: Ubg 2008]: Praxisfragen der Betriebsstättenbesteuerung, in: Ubg 2008, S. 444–451.

Schnitger, A./Oskamp, M. [zit.: IStR 2014]: Empfehlungen der OECD zur Neutralisierung von „Hybrid Mismatches" auf Abkommensebene, in: IStR 2014, S. 385–394.

Schnittker, H. in: Wassermeyer, F./Richter, S./Schnittker, H. [zit.: Wassermeyer/Richter/Schnittker, PersG, 2015]: Personengesellschaften im internationalen Steuerrecht, 2. Auflage Köln 2015.

Schnorberger, S./Sassmann, J./Shekhovtsova, M. [zit.: IStR 2014]: Betriebsstättengewinnermittlung nach dem OECD-Ansatz: Der Grundfall der Vertreterbetriebsstätte, in: IStR 2014, S. 81–86.

Schön, W. [zit.: StuW 1988]: Der Gewinnanteil des Personengesellschafters und das Einkommen der Personengesellschaft, in: StuW 1988, S. 253–261.

Schönfeld, J./Bergmann, M. [zit.: DStR 2015]: Das Ende rückwirkend „klarstellender“ Gesetze im Steuerrecht, in: DStR 2015, S. 257–263.

Schönfeld, J./Ditz, X. (Hrsg.) [zit.: DBA, 2013]: Doppelbesteuerungsabkommen, Köln 2013.

Schönfeld, J. in: Flick, H./Wassermeyer, F./Baumhoff, H./Schönfeld, J. [zit.: AStG, 2014]: Außensteuerrecht – Kommentar, 74. Ergänzungslieferung 2014, Köln, Dezember 2014.

Schoueri, L. in: Kirchhof, P./Lehner, M./Raupach, A./Rodi. M. (Hrsg.) [zit.: FS Vogel, 2000]: Staaten und Steuern: Festschrift für Klaus Vogel aus Anlass der Vollendung des 70. Geburtstages, Heidelberg 2000, S. 925–943.

Schuch, J./Bauer, J. in: Gassner, W./Lang, M./Lechner, E. (Hrsg.) [zit.: PersG, 2000]: Personengesellschaften im Recht der Doppelbesteuerungsabkommen: Die Auswirkungen des OECD-Reports auf die Abkommenspraxis, Wien 2000.

Schücking, C. in: Gummert, H./Weipert, L. (Hrsg.) [zit.: Gesellschaftsrecht]: Münchener Handbuch des Gesellschaftsrechts, 3. Auflage, München 2009.

Schüller, E. [zit.: PersG, 2014]: Die deutsche Besteuerung grenzüberschreitender Personengesellschaften: Der In- und Outbound-Fall innerhalb der EU, Wiesbaden 2014.

Schwenke, M. [zit.: FR 2012]: Treaty Override und kein Ende?, in: FR 2012, S. 443–450.

Seer, R. [zit.: IStR 1997]: Grenzen der Zulässigkeit eines treaty overridings am Beispiel der Switch-over-Klausel des § 20 AStG (Teil 1), in: IStR 1997, S 481–486.

Seidel, P. [zit.: Ertragsbesteuerung, 2011]: Ertragsbesteuerung periodischer Auslandseinkünfte aus Direktinvestitionen, Frankfurt am Main, 2011.

Sieker, K. in: Rödder, T./Bahns, J./Schönfeld, J. (Hrsg.) [zit.: FS Piltz, 2014]: Cross-Border Investments with Germany – Tax, Legal and Accounting. In Honou of Detlev J. Piltz, Köln 2014.

Söffing, G. [zit.: DStR 2003]: Zur Rechtfertigung von Sonderbetriebsvermögen II, in: DStR 2003, S. 1105–1108.

Sonnleitner, W. [zit.: BB 2014]: Entwurf eines BMF-Schreibens zur Anwendung von DBA auf Personengesellschaften – folgenschweres Beispiel für unausgereiften „Schnellschuss“ der Finanzverwaltung?, in: BB 2014, Heft 10, I.

Sonnleitner, W./Winkelhog, M. [zit.: BB 2014]: Anwendung der Doppelbesteuerungsabkommen auf Personengesellschaften – weitere Präzisierungen sind notwendig!, in: BB 2014, S. 473–478.

Spengel, C./Nusser, H. in: Oestricher, A. (Hrsg.) [zit.: BEPS, 2015]: BEPS – Base Erosion and Profit Shifting, Herne 2015.

Spengel, C./Schaden, M./Wehrße, M. [zit.: StuW 2010]: Besteuerung von Personengesellschaften in den EU 27-Mitgliedstaaten und den USA – eine Analyse der nationalen Besteuerungskonzeptionen, in: StuW 2010, S. 44–56.

Spengel, C./Schaden, M./Wehrße, M. [zit.: StuW 2012]: Grenzüberschreitende Besteuerung von Personengesellschaften im OECD-MA – Problembereiche und Lösungsansätze, in: StuW 2005, S. 105–118.

Spindler, W./Tipke, K./Rödder, T. (Hrsg.) [zit.: FS Schaumburg, 2009]: Steuerzentrierte Rechtsberatung: Festschrift für Harald Schaumburg zum 65. Geburtstag, Köln 2009.

Staats, W. [zit.: IStR 2014]: Zur Neutralisierung hybrider Gestaltungen – Der OECD-Bericht zu Maßnahme 2 des BEPS-Aktionsplans, in: IStR 2014, S. 749–757.

Staringer, C. in: Gassner, W./Lang, M./Lechner, E. (Hrsg.) [zit.: PersG, 2000]: Personengesellschaften im Recht der Doppelbesteuerungsabkommen: Die Auswirkungen des OECD-Reports auf die Abkommenspraxis, Wien 2000.

Stein, T. [zit.: IStR 2006]: Völkerrecht und nationales Steuerrecht im Widerstreit?, in: IStR 2006, S. 505–509.

Stemler, P. [zit.: Sondervergütungen, 2012]: Die Behandlung von Sonderbetriebsvermögen bei Personengesellschaften nach dem Recht der Doppelbesteuerungsabkommen, Frankfurt am Main 2013.

Strunk, G./Kaminski, B. [zit.: IStR 2000]: Anmerkungen zum Betriebsstättenerlaß, in: IStR 2000, S. 31–41.

Strunk, G./Kaminski, B. [zit.: IStR 2003]: Aktuelle Entwicklungen bei der Besteuerung von ausländischen Betriebsstätten und Personengesellschaften in Abkommensfällen, in: IStR 2003, S. 181–187.

Strunk, G./Kaminski, B./Köhler, S. [zit.: AStG, 2013]: Außensteuergesetz – Doppelbesteuerungsabkommen – Kommentar, Bonn 2013.

Suchanek, M. [zit.: IStR 2007]: Doppelte Nichtbesteuerung eines Gewinns aus der Veräußerung einer intransparenten Personengesellschaft – Erste gerichtliche Klärung durch das FG Hamburg, in: IStR 2007, S. 654–658.

Suchanek, M./Herbst, C. [zit.: Ubg 2011]: Status quo zur Behandlung intransparent besteuerter ausländischer Personengesellschaften. Auswertung aktueller Rechtsprechung, in: Ubg 2011, S. 779–787.

Thiel, J. in: Kessler, W./Förster, G./Watrin, C. (Hrsg.) [zit.: FS Herzig, 2010]: Unternehmensbesteuerung – Festschrift für Norbert Herzig zum 65. Geburtstag, München 2010, S. 1023–1041.

Tiede, K. in: Herrmann, C./Heuer, G./Raupach, A. [zit.: EStG, 2015]: Einkommensteuer- und Körperschaftsteuergesetz – Kommentar, 269. Ergänzungslieferung, Köln, April 2015.

Tipke, K. [zit.: StuW 1978]: Die Grundprobleme der Personengesellschaft im Steuerrecht. Zum Thema der Wiener Jahrestagung der Deutschen Steuerjuristischen Gesellschaft, in: StuW 1978, S. 193–202.

Tipke, K./Kruse, H. [zit.: AO/FGO, 2015]: Abgabenordnung – Finanzgerichtsordnung, Kommentar zur AO (ohne Steuerstrafrecht) und FGO, 140. Ergänzungslieferung, Köln, Juni 2015.

Tipke, K./Lang, J. [zit.: Steuerrecht, 2013]: Steuerrecht, 21. völlig überarbeitete Auflage, Köln 2013.

Tipke, K./Lang, J. [zit.: Steuerrecht, 2015]: Steuerrecht, 22. neu bearbeitete Auflage, Köln 2015.

Tippelhofer, M. [zit.: IStR 2013]: EG-Vertrag verbietet für 2005 nicht Treaty override, Anmerkungen zum EuGH, Beschluss vom 19.9.2012 – C-540/11 Daniel Levy, Carine Sebbag/Belgien, in: IStR 2013, S. 310–312.

Tischbirek, W. in: Vogel, K./Lehner, M. [zit.: DBA, 2015]: Doppelbesteuerungsabkommen: Kommentar auf der Grundlage der Musterabkommen, 6. Auflage 2015, München 2015.

Toifl, G. [zit.: PersG, 2003]: Personengesellschaften im Recht der Doppelbesteuerungsabkommen unter besonderer Berücksichtigung der gemeinschafts- und abkommensrechtlichen Diskriminierungsverbote, Wien 2003.

Urbahns, R. [zit.: INF 2007]: Die unilaterale Rückfallklausel nach § 50d Abs. 9 EStG, in: INF 2007, S. 336–339.

Urtz, C./Züger, M. (Hrsg.) [zit.: PersG, 2001]: Personengesellschaften im Internationalen Steuerrecht, Wien 2001.

Vees, C.-F. [zit.: DB 2010]: Die Anwendung der DBA auf Personengesellschaften – Zugleich Anmerkung zum BMF-Schreiben vom 16.4.2010, DB 2010 S. 984, in: DB 2010, S. 1422–1429.

Vogel, K. (Hrsg.) [zit.: DStJG, 1985]: Grundfragen des internationalen Steuerrechts – Jahrestagung 1985 der Deutschen Steuerjuristischen Gesellschaft, München 1985.

Vogel, K. [zit.: IStR 2003]: Transnationale Auslegung von Doppelbesteuerungsabkommen, in: IStR 2003, S. 523–529.

Vogel, K. [zit.: IStR 2005]: Völkerrechtliche Verträge und innerstaatliche Gesetzgebung – Eine neue Entscheidung des BVerfG hat Bedeutung auch für die Beurteilung des treaty override, in: IStR 2005, S. 29–30.

Vogel, K. [zit.: IStR 2007]: Neue Gesetzgebung zur DBA-Freistellung, in: IStR 2007, S. 225–228.

Vogel, K. [zit.: JZ 1997]: Wortbruch im Verfassungsrecht, in: JZ 1997, S. 161–167.

Vogel, K. [zit.: StuW 1982]: Doppelbesteuerungsabkommen und ihre Auslegung (I), in: StuW 1982, S. 111–124.

Vogel, K. [zit.: SWI 2000]: Probleme bei der Auslegung von Doppelbesteuerungsabkommen, in: SWI 2000, S. 103–112.

Vogel, K. in: Blankenagel, A./Pernice, I./Schulze-Fielitz, H. (Hrsg.) [zit.: FS Häberle, 2004]: Verfassung im Diskurs der Welt – Liber Amicorum für Peter Häberle zum 70. Geburtstag, Tübingen 2004, S. 481–499.

Vogel, K. in: Lang, M./Jirousek, H. (Hrsg.) [zit.: FS Loukota 2005]: Praxis des Internationalen Steuerrechts – Festschrift für Helmut Loukota zum 65. Geburtstag, Wien 2005, S. 621–628.

Vogel, K. in: Vogel, K./Lehner, M. [zit.: DBA, 2008]: Doppelbesteuerungsabkommen: Kommentar auf der Grundlage der Musterabkommen, 5. Auflage 2008, München 2008.

Vogel, K. in: Vogel, K./Lehner, M. [zit.: DBA, 2015]: Doppelbesteuerungsabkommen: Kommentar auf der Grundlage der Musterabkommen, 6. Auflage 2015, München 2015.

Vogel, K./Lehner, M. [zit.: DBA, 2008]: Doppelbesteuerungsabkommen: Kommentar auf der Grundlage der Musterabkommen, 5. Auflage 2008, München 2008.

Vogel, K./Lehner, M. [zit.: DBA, 2015]: Doppelbesteuerungsabkommen: Kommentar auf der Grundlage der Musterabkommen, 6. Auflage 2015, München 2015.

Von Wedelstädt, A. (Hrsg.) [zit.: AO, 2015]: Abgabenordnung und Finanzgerichtsordnung – Kommentar, 21. Auflage 2015, Stuttgart 2015.

Voßkuhle, A. [zit.: JuS 2007]: Grundwissen – Öffentliches Recht: Der Grundsatz der Verfassungsmäßigkeit, in: JuS 2007, S. 429–431.

Wacker, R. in: Schmidt, L. [zit.: EStG, 2015]: Einkommensteuergesetz – Kommentar, 34., völlig neubearbeitete Auflage 2015, München 2015.

Wagner, K. in: Blümich, W. [zit.: EStG, 2015]: EStG, KStG, GewStG – Kommentar, 127. Ergänzungslieferung, München, März 2015.

Wassermeyer, F. [zit.: DBA, 2015]: Doppelbesteuerung: DBA – Loseblatt-Kommentar zu allen deutschen Doppelbesteuerungsabkommen, 129. Ergänzungslieferung 2015, München, Januar 2015.

Wassermeyer, F. [zit.: DB 2006]: Verliert Deutschland im Fall der Überführung von Wirtschaftsgütern in eine ausländische Betriebsstätte das Besteuerungsrecht?, in: DB 2006, S. 1176–1180.

Wassermeyer, F. [zit.: FR 2010]: Grundfragen internationaler Personengesellschaften im Abkommensrecht, in: FR 2010, S. 537–541.

Wassermeyer, F. [zit.: IStR 2006]: Qualifikationskonflikt bei doppelstöckigen Mitunternehmerschaften, in: IStR 2006, S. 273–274.

Wassermeyer, F. [zit.: IStR 2007a]: Anmerkungen zum Beschluss des BFH vom 20.12.2006 – I B 47/06, in: IStR 2007, S. 334–335.

Wassermeyer, F. [zit.: IStR 2007b]: Die Anwendung der Doppelbesteuerungsabkommen auf Personengesellschaften, in: IStR 2007, S. 413–417.

Wassermeyer, F. [zit.: IStR 2009]: Gesetzliche Neuregelung der Vermietung inländischen Grundbesitzes in § 49 Absatz 1 Nr. 2 Buchst. f EStG, in: IStR 2009, S. 239–240.

Wassermeyer, F. [zit.: IStR 2010a]: Über Unternehmensgewinne im Sinne des Art. Artikel 7 OECD-MA, in: IStR 2010, S. 37–42.

Wassermeyer, F. [zit.: IStR 2010b]: Nochmal: Das Darlehen des ausländischen Mitunternehmers an seine deutsche Personengesellschaft und § 50d Absatz 10 EStG – Kritik an den Ausführungen von Kramer, in: IStR 2010, S. 241–242.

Wassermeyer, F. [zit.: IStR 2011]: Die abkommensrechtliche Behandlung von Einkünften einer in einem Vertragsstaat ansässigen Personengesellschaft, in: IStR 2011, S. 85–90.

Wassermeyer, F. [zit.: IStR 2015]: Die BFH-Rechtsprechung zur Betriebsstättenbesteuerung vor dem Hintergrund des § 1 Abs. 5 AStG und der BsGaV, in: IStR 2015, S. 37–40.

Wassermeyer, F. [zit.: IStR 2012]: Die abkommensrechtliche Aufteilung von Unternehmensgewinnen zwischen den beteiligten Vertragsstaaten, in: IStR 2012, S. 277–282.

Wassermeyer, F. [zit.: Konzern 2008]: Zur Anwendung der Doppelbesteuerungsabkommen auf Personengesellschaften, in: Der Konzern 2008, S. 338–343.

Wassermeyer, F. [zit.: StuW 1990]: Die Auslegung der Doppelbesteuerungsabkommen durch den Bundesfinanzhof, in: StuW 1990, S. 404–412.

Wassermeyer, F. in: Achatz, M. [zit.: FS Ruppe, 2007]: Steuerrecht, Verfassungsrecht, Europarecht: Festschrift für Hans Georg Ruppe, Maudrich 2007.

Wassermeyer, F. in: Kessler, W./Kröner, M./Köhler, S. (Hrsg.) [zit.: Konzernsteuerrecht, 2008]: Kommentar zum Konzernsteuerrecht: National – International, 2. Auflage, München 2008.

Wassermeyer, F. in: Wassermeyer, F [zit.: DBA, 2015]: Doppelbesteuerung: DBA – Loseblatt-Kommentar zu allen deutschen Doppelbesteuerungsabkommen, 129. Ergänzungslieferung 2015, München, Januar 2015.

Wassermeyer, F. in: Wassermeyer, F./Richter, S./Schnittker, H. [zit.: Wassermeyer/Richter/Schnittker, PersG, 2015]: Personengesellschaften im internationalen Steuerrecht, 2. Auflage Köln 2015.

Wassermeyer, F./Richter, S./Schnittker, H. [zit.: Wassermeyer/Richter/Schnittker, PersG, 2015]: Personengesellschaften im internationalen Steuerrecht, 2. Auflage Köln 2015.

Weggenmann, H. R. [zit.: DB 2014]: Das BMF und Internationale Personengesellschaften – Beitrag zur Rechtssicherheit oder Auslöser neuer Zweifel?, in: DB 2014, Heft 6, M 1.

Weggenmann, H. R. [zit.: Einordnungskonflikte, 2002]: Einordnungskonflikte bei Personengesellschaften im Recht der deutschen Doppelbesteuerungsabkommen unter besonderer Berücksichtigung des OECD-Partnership-Reports 1999, Nürnberg 2002.

Weggenmann, H. R. [zit.: IStR 2002]: Die Empfehlungen der OECD an den Ansässigkeitsstaat zur Lösung von Einordnungskonflikten in Bezug auf Sondervergütungen, in: IStR 2002, S. 614–623.

Weggenmann, H. R. in: Wassermeyer, F./Richter, S./Schnittker, H. [zit.: Wassermeyer/Richter/Schnittker, PersG, 2015]: Personengesellschaften im internationalen Steuerrecht, 2. Auflage Köln 2015.

Wehrße, M. [zit. PersG, 2011]: Grenzüberschreitende Besteuerung von Personengesellschaften im internationalen Vergleich, Lohmar 2011.

Weigell, J. [zit.: IStR 2009]: „Treaty Override" durch § 20 Abs. 2 AStG? Unerfreulich- Einfach gesetzlich unwirksam- Verfassungswidrig, in: IStR 2009, S. 636–641.

Weigell, J. [zit.: RIW 1987]: Das Verhältnis der Vorschrift des § 2a EStG zu den Doppelbesteuerungsabkommen, in: RIW 1987, S. 122–140.

Weitbrecht, G. [zit.: IStR 2010]: Der Einkünftebegriff in Art. DBA_USA Artikel 23 DBA-USA – Auswirkungen auf die Besteuerung US-amerikanischer Betriebsstätten, in: IStR 2010, S. 825–829.

Wernsmann, R. [zit.: NJW 2006]: Die Steuer als Entscheidungsbeeinträchtigung?, in: NJW 2006, S. 1169–1174.

Werth, F. [zit.: DStZ 2010]: Aktuelle Entscheidungen des Bundesverfassungsgerichts zum Einkommensteuerrecht unter besonderer Berücksichtigung der Beschlüsse des Bundesverfassungsgerichts v. 7.7.2010 zur Rückwirkung im Steuerrecht, in: DStZ 2010, S. 712–720.

Werth, F. in: Von Wedelstädt, A. (Hrsg.) [zit.: AO, 2015]: Abgabenordnung und Finanzgerichtsordnung – Kommentar, 21. Auflage 2015, Stuttgart 2015.

Wichmann, G. [zit.: DStR 2012]: Fragen im Zusammenhang mit der Sonderbetriebsgewinnermittlung und Verfassungsrecht, in: DStR 2012, S. 2513–2519.

Wichmann, M. [zit.: FR 2011]: Anmerkungen zur deutschen Abkommenspolitik, in: FR 2011, S. 1082–1086.

Wied, E. in: Blümich, W. [zit.: EStG, 2015]: EStG, KStG, GewStG – Kommentar, 127. Ergänzungslieferung, München, März 2015.

Wilczko, K. [zit.: PersG, 2014]: Personengesellschaften in internationalen Dreieckssachverhalten unter Berücksichtigung von Zurechnungskonflikten, Hamburg 2014.

Wilhelm, H. [zit.: SteuK 2010]: Die steuerliche Behandlung von grenzüberschreitend tätigen Personengesellschaften aus der Sicht der Finanzverwaltung und der BFH-Rechtsprechung, in: SteuK 2010, S. 381–384.

Wohlschlegel, H.-P. [zit.: FR 1993]: Doppelbesteuerungsabkommen: Treaty Override und Grundgesetz, in: FR 1993, S. 48–50.

Wolff, U. [zit.: IStR 2004]: Generalthema I: Doppelte Nichtbesteuerung, in: IStR 2004, S. 542–549.

Wolff, U. in: Gocke, R./Gosch, D./Lang, M. (Hrsg.) [zit.: FS Wassermeyer, 2005]: Körperschaftsteuer, Internationales Steuerrecht, Doppelbesteuerung – Festschrift für Franz Wassermeyer zum 65. Geburtstag, München 2005.

Wolff, U. in: Wassermeyer, F. [zit.: DBA, 2015]: Doppelbesteuerung: DBA – Loseblatt-Kommentar zu allen deutschen Doppelbesteuerungsabkommen, 129. Ergänzungslieferung 2015, München, Januar 2015.

Wünsch, D. in: Koenig, U. [zit.: AO, 2014]: Abgabenordnung, Kommentar §§ 1- 368, 3. völlig neubearbeitete Auflage 2014, München 2014.

Zehetner, U. in: Gassner, W./Lang, M./Lechner, E. (Hrsg.) [zit.: PersG, 2000]: Personengesellschaften im Recht der Doppelbesteuerungsabkommen: Die Auswirkungen des OECD-Reports auf die Abkommenspraxis, Wien 2000.

Zimmermann, P./Könemann, S. in: Strunk, G./Kaminski, B./Köhler, S. [zit.: AStG, 2013]: Außensteuergesetz – Doppelbesteuerungsabkommen – Kommentar, Bonn 2013.

Zimmermann, R. et al. [zit. PersG, 2013]: Die Personengesellschaft im Steuerrecht, 11. Auflage 2013, Achim 2013.

Zuber, B./Ditsch, S. in: Littmann, E./Bitz, H./Pust, H. (Hrsg.) [zit.: ESt, 2015]: Das Einkommensteuerrecht, Kommentar zum Einkommensteuerrecht, 110. Ergänzungslieferung, Stuttgart, Juni 2015.

Rechtsprechungsverzeichnis

I. Europäische Rechtsprechung

EuGH	Aktenzeichen	Fundstelle
v. 12.05.1998	Rs. C-336/96	Slg. 1998, I-2793 Gilly.
v. 23.02.2006	Rs. C-471/04	Slg. 2006, I-2109 Keller Holding.
v. 14.11.2006	Rs. C-513/04	Slg. 2006, I-10981 Kerkhaert & Morres.
v. 06.12.2007	Rs. C-298/05	Slg. 2007, I-10497 Columbus Container Services.
v. 12.02.2009	Rs. C-67/08	Slg. 2009, I-885 Block.
v. 16.07.2009	Rs. C-128/08	Slg. 2009, I-6826 Damseaux.
v. 08.12.2011	Rs. C-157/10	Slg. 2011, I-13023 Banco Bilbao Vizcaya Argentaria.
v. 19.09.2012	Rs. C-540/11	ECLI:EU:C:2012:581 Levy Sebbag.

Österreichischer VwGH

v. 25.09.2001, IStR 2001, S. 754–756.

II. Deutsche Rechtsprechung

BVerfG	Aktenzeichen	Fundstelle
v. 01.07.1953	1 BvL 23/51	BVerfGE 2, S. 380.
v. 16.01.1957	1 BvR 253/56	BVerfGE 6, S. 32.
v. 26.03.1957	2 BvG 1/55	BVerfGE 6, S. 309.
v. 19.12.1961	2 BvL 6/59	BVerfGE 13, S. 261.
v. 24.01.1962	1 BvR 232/60	BVerfGE 13, S. 318.
v. 21.12.1966	1 BvR 33/64	BVerfGE 21, S. 54.
v. 15.07.1981	1 BvL 77/78	BVerfGE 58, S. 300.
v. 22.03.1983	2 BvR 475/78	BVerfGE 63, S. 343.
v. 30.01.1985	1 BvR 279/83	NJW 1985, S. 1891.

v. 14.05.1986	2 BvL 2/83	BVerfGE 72, S. 200.
v. 08.04.1987	2 BvR 909/82	BVerfGE 75, S. 108.
v. 06.06.1989	1 BvR 921/85	BVerfGE 80, S. 137.
v. 09.01.1991	1 BvR 929/89	BVerfGE 83, S. 201.
v. 25.09.1992	2 BvL 5/91, 2 BvL 8/91, 2 BvL 14/91	BVerfGE 87, S. 153.
v. 22.12.1992	1 BvR 1333/89	BB 1993, S. 402.
v. 08.04.1997	1 BvR 48/94	BVerfGE 95, S. 267.
v. 03.12.1997	2 BvR 882/97	BVerfGE 97, S. 67, 79.
v. 07.05.1998	2 BvR 1991/95	BVerfGE 98, S. 106.
v. 07.05.1998	2 BvR 1876/91	BVerfGE 98, S. 83.
v. 13.03.2000	2 BvR 860/95	BVerfGE 102, S. 41.
v. 22.05.2001	1 BvR 1512/97	BVerfGE 104, S. 1.
v. 05.02.2002	2 BvR 305/93, 2 BvR 348/93	BVerfGE 105, S. 17.
v. 08.06.2004	2 BvL 5/00	BVerfGE 110, S. 412.
v. 14.10.2004	2 BvR 1481/04	BVerfGE 111, S. 307.
v. 26.10.2004	2 BvR 955/00, 2 BvR 1038/01	BVerfGE 112, S. 1.
v. 18.01.2006	2 BvR 2194/99	BVerfGE 115, S. 97.
v. 13.06.2006	1 BvR 1160/03	BVerfGE 116, S. 135.
v. 07.11.2006	1 BvL 10/02	BVerfGE 117, S. 1.
v. 07.07.2010	2 BvL 14/02, 2 BvL 2/04, 2 BvL 13/05	BVerfGE 127, S. 1.
v. 07.07.2010	2 BvL1/03, 2 BvL 57/06, 2 BvL 58/06	BVerfGE 127, S. 31.
v. 07.07.2010	2 BvR 748/05, 2 BvR 753/05, 2 BvR 1738/05	BVerfGE 127, S. 61.
v. 21.07.2010	1 BvL 8/07	BVerfGE 126, S. 331.
v. 04.05.2011	2 BvR 2365/09, 2 BvR 740/10, 2 BvR 2333/08, 2 BvR 1152/10, 2 BvR 571/10	BVerfGE 128, S. 326.
v. 10.10.2012	1 BvL 6/07	BVerfGE 132, S. 302.
v. 17.12.2013	1 BvL 5/08	BFH/NV 2014, S. 653.

Anhängige Verfahren:

2 BvL 1/12
2 BvL 15/14
2 BvL 21/14

Bundesgerichtshof	Aktenzeichen	Fundstelle
v. 29.01.2001	II ZR 331/00	BGHZ 146, S. 341.
v. 16.07.2001	II ZB 23/00	BGHZ 148, S. 291.

Reichsfinanzhof	Aktenzeichen	Fundstelle
v. 20.06.1928	VI A 281/28	RStBl. 1928, S. 344.
v. 12.02.1930	VI A 899/27	RStBl. 1930, S. 444.
v. 30.04.1935	I A 13/35	RStBl. 1935, S. 840.
v. 14.07.1937	VI A 422/37	RStBl. 1937, S. 937.
v. 28.07.1937	VI A 432/37	RStBl. 1938, S. 851.
v. 30.11.1938	I 42/38	RStBl. 1938, S. 544.
v. 07.05.1941	VI 393/40	RStBl. 1941, S. 554.

Bundesfinanzhof	Aktenzeichen	Fundstelle
v. 22.11.1955	I 139/54 S	BStBl. III 1956, S. 4.
v. 11.12.1956	I 194/56 U	BFHE 64, S. 275.
v. 14.01.1958	I 159/57 U	BStBl. III 1958, S. 75.
v. 29.01.1964	I 153/61 S	BStBl. III 1964, S. 165.
v. 03.12.1964	IV 419/62 U	BStBl. III 1965, S. 92.
v. 26.04.1966	I 216/63	BStBl III 1966, S. 465.
v. 19.10.1970	GrS 1/70	BStBl. II 1971, S. 177.
v. 15.01.1971	III R 125/69	BStBl. II 1971, S. 380.
v. 21.04.1971	I R 200/67	BStBl. II 1971, S. 743.
v. 29.09.1971	I R 161/68	BStBl. II 1972, S. 118.
v. 27.01.1972	I R 37/70	BStBl. II 1972, S. 459.
v. 05.07.1972	I R 230/70	BStBl. II 1972, S. 928.
v. 10.01.1973	I R 114/71	BStBl. II 1973, S. 238.
v. 15.06.1973	III R 118/70	BStBl. II 1973, S. 811.
v. 23.07.1975	I R 201/73	BStBl. II 1976, S. 180.
v. 30.07.1975	I R 174/73	BStBl. II 1975, S. 818.

v.	15.10.1975	I R 16/73	BStBl. II 1976, S. 188.
v.	28.01.1976	I R 84/74	BStBl. II 1976, S. 744.
v.	29.01.1976	IV R 97/74	BStBl. II 1976, S. 332.
v.	15.07.1976	I R 17/74	BStBl. II 1976, S. 748.
v.	24.09.1976	I R 149/74	BStBl. II 1977, S. 69.
v.	21.12.1978	III R 20/77	BStBl. II 1979, S. 466.
v.	05.04.1979	IV R 48/77	BStBl. II 1979, S. 554.
v.	23.05.1979	I R 163/77	BStBl. II 1979, S. 757.
v.	23.05.1979	I R 56/77	BStBl. II 1979, S. 763.
v.	18.07.1979	I R 199/75	BStBl. II 1979, S. 750.
v.	05.12.1979	I R 184/76	BStBl. II 1980, S. 119.
v.	24.01.1980	IV R 157/78	BStBl. II 1980, S. 271.
v.	06.11.1980	IV R 182/77	BStBl. II 1981, S. 220.
v.	11.12.1980	IV R 91/76	BStBl. II 1981, S. 310.
v.	29.04.1981	IV R 131/78	BStBl. II 1981, S. 663.
v.	19.01.1982	VIII R 21/77	BStBl. II 1982, S. 456.
v.	02.12.1982	IV R 72/79	BStBl. II 1983, S. 215.
v.	18.05.1983	I R 5/83	BStBl. II 1983, S. 771.
v.	10.11.1983	IV R 62/82	BStBl. II 1983, S. 605.
v.	25.06.1984	GrS 4/82	BStBl. II 1984, S. 751.
v.	29.08.1984	I R 154/81	BStBl. II 1985, S. 160.
v.	27.11.1984	VIII R 2/81	BStBl. II 1985, S. 323.
v.	20.06.1985	IV R 36/83	BStBl. II 1985, S. 654.
v.	31.07.1985	VIII R 261/81	BStBl. II 1986, S. 304.
v.	14.11.1985	IV R 63/83	BStBl. II 1986, S. 58.
v.	28.01.1986	VIII R 335/82	BStBl. II 1986, S. 599.
v.	29.01.1986	I R 109/85	BStBl. II. 1986, S. 442.
v.	06.05.1986	VIII R 160/85	BStBl. II 1986, S. 838.
v.	05.06.1986	IV R 272/84	BStBl. II 1986, S. 802.
v.	25.06.1986	II R 213/83	BStBl. II 1986, S. 785.
v.	28.08.1986	V R 20/79	BStBl. II 1987, S. 162.
v.	11.12.1986	IV R 222/84	BStBl. II 1987, S. 553.
v.	10.06.1987	I R 301/83	BStBl. II 1987, S. 816.

v.	06.10.1987	VIII R 137/84	BStBl. II 1988, S. 679.
v.	10.02.1988	VIII R 159/84	BStBl. II 1988, S. 653.
v.	14.04.1988	IV R 271/84	BStBl. II 1988, S. 667.
v.	21.04.1988	IV R 80/86	BStBl. II 1988, S. 883.
v.	11.10.1988	VIII R 328/83	BStBl. II 1989, S. 762.
v.	09.11.1988	I R 191/84	BStBl. II 1989, S. 343.
v.	14.12.1988	I R 148/87	BStBl. II 1989, S. 319.
v.	17.05.1990	IV R 27/89	BStBl. II 1991, S. 216.
v.	30.05.1990	I R 179/86	BStBl. II 1990, S. 906.
v.	17.10.1990	I R 16/89	BStBl. II 1990, S. 211.
v.	23.10.1990	VIII R 142/85	BStBl. II 1991, S. 401.
v.	11.12.1990	VIII R 14/87	BStBl. II 1990, S. 510.
v.	31.01.1991	IV R 2/90	BStBl. II 1990, S. 786.
v.	19.02.1991	VIII R 65/89	BStBl. II 1991, S. 789.
v.	25.02.1991	GrS 7/89	BStBl. II 1991, S. 691.
v.	27.02.1991	I R 15/89	BStBl. II 1991, S. 444.
v.	19.03.1991	VIII R 76/87	BStBl. II 1991, S. 635.
v.	05.02.1992	I R 127/90	BStBl. II 1992, S. 532.
v.	05.02.1992	I R 158/90	BStBl. II 1992, S. 660.
v.	26.02.1992	I R 85/91	BStBl. II 1992, S. 937.
v.	11.03.1992	XI R 38/89	BStBl. II 1992, S. 797.
v.	16.12.1992	I R 32/92	BStBl. II 1993, S. 399.
v.	03.05.1993	GrS 3/92	BStBl. II 1993, S. 616.
v.	19.05.1993	I R 64/92	BFH/NV 1994, S. 12.
v.	28.07.1993	I R 15/93	BStBl. II 1994, S. 148.
v.	13.07.1994	I R 120/93	BStBl. II 1995, S. 129.
v.	16.05.1995	VIII R 18/93	BStBl. II 1995, S. 714.
v.	31.05.1995	I R 74/93	BStBl. II 1995, S. 683.
v.	03.07.1995	GrS 1/93	BStBl. II 1995, S. 617.
v.	30.08.1995	I R 112/94	BStBl. II 1996, S. 563.
v.	16.02.1996	I R 43/95	BStBl. II 1997, S. 128.
v.	11.06.1996	I R 8/96	BStBl. II 1997, S. 117.
v.	30.10.1996	II R 12/92	BStBl. II 1997, S. 12.

v.	26.11.1996	VIII R 42/94	BStBl. II 1998, S. 328.
v.	24.04.1997	IV R 60/95	BStBl. II 1997, S. 567.
v.	24.04.1997	IV R 60/98	BStBl. II 1997, S. 567.
v.	27.08.1997	I R 127/95	BStBl. II 1998, S. 58.
v.	15.10.1997	I R 76/95	BFH/NV 1998, 434.
v.	08.12.1997	GrS 1–2/95	BStBl. II 1998, S. 193.
v.	17.12.1997	I R 47/97	BStBl. II 1998, S. 296.
v.	13.10.1998	VIII R 78/97	BStBl. II 1999, S. 163.
v.	24.03.1999	I R 114/97	BStBl. II 2000, S. 399.
v.	10.06.1999	IV R 21/98	BStBl. II 1999, S. 715.
v.	06.07.1999	VIII R 46/94	BStBl. II 1999, S. 720.
v.	21.07.1999	I R 71/98	BStBl. II 2000, S. 336.
v.	31.08.1999	VIII B 74/99	BStBl. II 1999, S. 794.
v.	28.10.1999	VIII R 66–70/97	BStBl. II 2000, S. 183.
v.	28.10.1999	VIII R 41/98	BStBl. II 2000, S. 339.
v.	17.11.1999	I R 7/99	BStBl. II 2000, S. 605.
v.	28.03.2000	VIII R 28/98	BStBl. II 2000, S. 347.
v.	28.03.2000	VIII R 13/99	BStBl. II 2000, S. 612.
v.	12.04.2000	XI R 35/99	BStBl. II 2001, S. 26.
v.	06.09.2000	IV R 69/99	BStBl. II 2001, S. 731.
v.	11.10.2000	I R 44–51/99	BStBl. II 2002, S. 271.
v.	19.10.2000	IV R 73/99	BStBl. II 2001, S. 335.
v.	18.12.2001	VIII R 27/00	BStBl. II 2002, S. 733.
v.	20.03.2002	I R 38/00	BStBl. II 2002, S. 819.
v.	15.05.2002	I B 73/01	BFH/NV 2002, S. 1295.
v.	10.07.2002	I R 71/01	BStBl. II 2003, S. 191.
v.	07.08.2002	I R 10/01	BStBl. II 2002, S. 848.
v.	16.10.2002	I R 17/01	BStBl. II 2003, S. 631.
v.	09.07.2003	I R 4/02	BFH/NV 2004, S. 83.
v.	17.09.2003	I R 12/02	BStBl. II 2004, S. 396.
v.	17.12.2003	I R 14/02	BStBl. II 2004, S. 260.
v.	24.02.2005	IV R 12/03	BStBl. II 2006, S. 361.
v.	27.04.2006	IV R 41/04	BStBl. II 2006, S. 755.

v.	27.06.2006	VIII R 31/04	BStBl. II 2006, S. 874.
v.	09.08.2006	II R 59/05	BStBl. II 2009, S. 758.
v.	20.12.2006	I B 47/05	BStBl. II 2009, S. 766.
v.	04.04.2007	I R 110/05	BStBl. II 2007, S. 521.
v.	10.05.2007	IV R 2/05	BStBl. II 2007, S. 927.
v.	30.08.2007	IV R 14/06	BStBl. II 2007, S. 942.
v.	17.10.2007	I R 5/06	BStBl. II 2009, S. 356.
v.	17.10.2007	I R 96/06	BStBl. II 2008, S. 953.
v.	19.12.2007	I R 19/06	BStBl. II 2010, S. 398.
v.	19.12.2007	I R 66/06	BStBl. II 2008, S. 510.
v.	13.02.2008	I R 63/06	BStBl. II 2009, S. 414.
v.	03.04.2008	IV R 54/04	BStBl. II 2008, S. 742.
v.	10.06.2008	VIII R 79/05	BStBl. II 2008, S. 863.
v.	10.06.2008	IV B 52/07	BFH/NV 2008, S. 1443.
v.	17.07.2008	I R 77/06	BStBl. II 2009, S. 464.
v.	20.08.2008	I R 34/08	BStBl. II 2009, S. 263.
v.	22.06.2009	IV R 56/04	BStBl. II 2006, S. 838.
v.	28.04.2010	I R 81/09	BFH/NV 2010, S. 1550.
v.	19.05.2010	I B 191/09	BStBl. II 2011, S. 156.
v.	08.09.2010	I R 74/09	BFH/NV 2011, S. 138.
v.	08.11.2010	I R 106/09	BFHE 231, S. 206.
v.	07.12.2010	IX R 70/07	BStBl. II 2011, S. 346.
v.	09.12.2010	I R 49/09	BFH/NV 2011, S. 698.
v.	04.05.2011	II R 51/09	BFHE 233, S. 517.
v.	25.05.2011	I R 95/10	BStBl. II 2014, S. 760.
v.	24.08.2011	I R 46/10	BFH/NV 2011, S. 2165.
v.	12.10.2011	I R 15/11	BStBl. II 2012, S. 548.
v.	15.11.2011	VIII R 12/09	BStBl. II 2012, S. 207.
v.	07.12.2011	I R 5/11	BFH/NV 2012, S. 556.
v.	10.01.2012	I R 66/09	BFH/NV 2012, S. 1056.
v.	19.07.2012	I R 5/10	BFH/NV 2012, S. 1942.
v.	12.06.2013	I R 47/12	BFH/NV 2013, S. 1999.
v.	13.11.2013	I R 67/1	BFH/NV 2014, S. 248.

v. 11.12.2013	I R 4/13	BFH/NV 2014, S. 614.
v. 16.01.2014	I R 30/12	BStBl. II 2014, S. 721.
v. 12.02.2014	IV R 22/10	BStBl. II 2014, S. 621.
v. 20.08.2014	I R 86/13	BFH/NV 2014, S. 1985.

Anhängige Verfahren:

I B 142/13
I R 49/14

Finanzgericht			**Aktenzeichen**	**Fundstelle**
Hamburg,	v.	14.11.1969	II 342/67	EFG 1970, S. 214.
Köln,	v.	14.03.2000	8 K 543/99	EFG 2000, S. 1006.
Baden-Württemberg,	v.	22.11.2005	8 K 400/97	EFG 2006, S. 677.
Münster,	v.	12.12.2006	13 K 5352/01 F	EFG 2007, S. 1025.
Münster,	v.	11.11.2008	15 K 1114/99 F	EFG 2009, S. 309.
Rheinland-Pfalz,	v.	30.06.2009	6 K 1415/09	EFG 2009, S. 1649.
München,	v.	30.07.2009	1 K 1816/09	EFG 2009, S. 1954.
Baden-Württemberg,	v.	09.10.2009	10 K 3312/08	EFG 2010, S. 238.
Nürnberg,	v.	03.12.2009	IV 322/2005	JurionRS 2009, 31048.
Düsseldorf,	v.	07.12.2010	13 K 1214/06 E	EFG 2011, S. 878.
Bremen,	v.	10.02.2011	1 K 20/10 (3)	EFG 2011, S. 988.
München,	v.	08.11.2012	10 K 1984/11	EFG 2013, S. 455.
Münster,	v.	13.06.2013	13 K 3679/12	EFG 2013, S. 1418.
Münster,	v.	02.07.2014	12 K 2707/10 F	EFG 2014, S. 2043.

Verzeichnis der Gesetzestexte und Gesetzgebungsmaterialien

I. Innerstaatliche Quellen

Gesetze

AO: Abgabenordnung in der Fassung der Bekanntmachung vom 1. Oktober 2002 (BGBl. I 2002, S. 3866; 2003 I S. 61), zuletzt geändert durch Artikel 3 des Gesetzes vom 28. Juli 2015 (BGBl. I 2015, S. 1400).

AmtshilfeRLUmsG: Gesetz zur Umsetzung der Amtshilferichtlinie sowie zur Änderung steuerlicher Vorschriften in der Fassung vom 26. Juni 2013 (BGBl. I 2013, S. 1809).

AStG: Außensteuergesetz vom 8. September 1972 (BGBl. I 1972, S. 1713), zuletzt geändert durch Artikel 8 des Gesetzes vom 22. Dezember 2014 (BGBl. I 2014, S. 2417).

BGB: Bürgerliches Gesetzbuch in der Fassung der Bekanntmachung vom 2. Januar 2002 (BGBl. I 2002, S. 42, 2909; 2003 I S. 738), zuletzt geändert durch Artikel 16 des Gesetzes vom 19. Juni 2015 (BGBl. I 2015, S. 1042).

BewG: Bewertungsgesetz in der Fassung der Bekanntmachung vom 1. Februar 1991 (BGBl. I S. 230), zuletzt geändert durch Artikel 6 des Gesetzes vom 18. Juli 2014 (BGBl. I S. 1042).

EStG: Einkommensteuergesetz in der Fassung der Bekanntmachung vom 8. Oktober 2009 (BGBl. I 2009, S. 3366, 3862), zuletzt geändert durch Artikel 5 des Gesetzes vom 28. Juli 2015 (BGBl. I 2015, S. 1400).

ErbStG: Erbschaftsteuer- und Schenkungsteuergesetz in der Fassung der Bekanntmachung vom 27. Februar 1997 (BGBl. I 1997, S. 378), zuletzt geändert durch Artikel 17 des Gesetzes vom 29. Juni 2015 (BGBl. I 2015, S. 1042).

FATCA: Gesetz zu dem Abkommen vom 32. Mai 2013 zwischen der Bundesrepublik Deutschland und den Vereinigten Staaten von Amerika zur Förderung der Steuerehrlichkeit bei internationalen Sachverhalten und hinsichtlich der als Gesetz über die Steuerehrlichkeit bezüglich Auslandskonten bekannten US-amerikanischen Informations- und Meldebestimmungen vom 10. Oktober 2013 (BGBl. II 2013, S. 1362).

GewStG: Gewerbesteuergesetz in der Fassung der Bekanntmachung vom 15. Oktober 2002 (BGBl. I 2002, S. 4167), zuletzt geändert durch Artikel 2 Absatz 12 des Gesetzes vom 1. April 2015 (BGBl. I 2015, S. 434).

GG: Grundgesetz für die Bundesrepublik Deutschland in der im Bundesgesetzblatt Teil III, Gliederungsnummer 100–1, veröffentlichten bereinigten Fassung, zuletzt geändert durch Artikel 1 des Gesetzes vom 23. Dezember 2014 (BGBl. I 2014, S. 2438).

HGB: Handelsgesetzbuch in der im Bundesgesetzblatt Teil III, Gliederungsnummer 4100–1, veröffentlichten bereinigten Fassung, zuletzt geändert durch Artikel 1 des Gesetzes vom 28. Juli 2015 (BGBl. I 2015, S. 1400).

JStG 2009: Jahressteuergesetz 2009 vom 19. Dezember 2008, BGBl. I 2008, S. 2794.

JStG 2010: Jahressteuergesetz 2010 vom 8. Dezember 2010, BGBl. I 2010, S. 1768.

KStG: Körperschaftsteuergesetz in der Fassung der Bekanntmachung vom 15. Oktober 2002 (BGBl. I 2002, S. 4144), zuletzt geändert durch Artikel 2 Absatz 10 des Gesetzes vom 1. April 2015 (BGBl. I 2015, S. 434).

öKStG: Bundesgesetz vom 7. Juli 1988 über die Besteuerung des Einkommens von Körperschaften (Körperschaftsteuergesetz 1988 – KStG 1988; BGBl. Nr. 401/1988), zuletzt geändert am 30. Mai 2015 (BGBl. I Nr. 34/2015).

REITG: Gesetz über deutsche Immobilien-Aktiengesellschaften mit börsennotierten Anteilen vom 28. Mai 2007 (BGBl. I 2007, S. 914), zuletzt geändert durch Artikel 11 des Gesetzes vom 22. Juni 2011 (BGBl. I 2011, S. 1126).

Steuerreformgesetz: Steuerreformgesetz 1990 vom 27. Juli 1998, BGBl. I 1988, S. 1098.

UStG: Umsatzsteuergesetz in der Fassung der Bekanntmachung vom 21. Februar 2005 (BGBl. I 2005, S. 386), zuletzt geändert durch Artikel 11 des Gesetzes vom 22. Dezember 2014 (BGBl. I 2014, S. 2417).

Zollkodex-Anpassungsgesetz: Gesetz zur Anpassung der Abgabenordnung an den Zollkodex der Union und zur Änderung weiterer steuerlicher Vorschriften (Zollkodex-Anpassungsgesetz / Jahressteuergesetz 2015) vom 22. Dezember 2014 (BGBl. I 2014, S. 2417).

(Durchsetzungs-) Verordnungen, Erlasse, Richtlinien und Hinweise

BsGaV: Verordnung zur Anwendung des Fremdvergleichsgrundsatzes auf Betriebsstätten nach § 1 Absatz 5 des Außensteuergesetzes (Betriebsstättengewinnaufteilungsverordnung-BsGaV) vom 17. Oktober 2014, BGBl. I 2014, S. 1603.

EStR / EStH: Allgemeine Verwaltungsvorschrift zur Anwendung des Einkommensteuerrechts vom 16. Dezember 2005, BStBl. I 2005, Sondernummer 1 in der Fassung der EStÄR vom 25. März 2013, BStBl. I 2012, S. 276, mit den Einkommensteuer-Hinweisen 2013.

Finanzministerium Baden-Württemberg, Erlass vom 17. August 1993, S 2850/1, IStR 1993, S. 524.

GewStDV: Gewerbesteuer-Durchführungsverordnung in der Fassung der Bekanntmachung vom 15. Oktober 2002 (BGBl. I 2002, S. 4180), zuletzt geändert durch Artikel 5 des Gesetzes vom 26. Juni 2013 (BGBl. I 2013, S. 1809).

GewStR / GewStH: Allgemeine Verwaltungsvorschrift zur Anwendung des Gewerbesteuerrechts vom 28. April 2010, BStBl. I 2010, Sondernummer 1, S. 2 mit den Gewerbesteuer-Hinweisen 2009.

Drucksachen

BT-Drs. 12/1108: Beschlussempfehlung und Bericht des Finanzausschusses (7. Ausschuss) (Entwurf eines Gesetzes zur Entlastung der Familien und zur Verbesserung der Rahmenbedingungen für Investitionen und Arbeitsplätze) vom 7. November 1991.

BT-Drs. 15/119: Gesetzentwurf der Fraktionen SPD und BÜNDNIS 90/DIE GRÜNEN (Entwurf eines Gesetzes zum Abbau von Steuervergünstigungen und Ausnahmeregelungen) vom 2. Dezember 2002.

BT-Drs. 16/2712: Gesetzentwurf der Bundesregierung (Entwurf eines Jahressteuergesetzes 2007) vom 25. September 2006.

BR-Drs. 545/08: Gesetzentwurf der Bundesregierung (Entwurf eines Jahressteuergesetzes 2009) vom 8. August 2008.

BT-Drs. 16/11108: Bericht des Finanzausschusses (7. Ausschuss) zu dem Gesetzentwurf der Bundesregierung – Drucksachen 16/10189, 16/10494, 16/10665 Nr. 3 – (Entwurf eines Jahressteuergesetzes 2009) vom 27. November 2008.

Plenarprotokoll 853: Plenarprotokoll der 853. Sitzung des Bundesrates vom 19. Dezember 2008.

BR-Drs. 302/12: Gesetzentwurf der Bundesregierung (Entwurf eines Jahressteuergesetzes 2013) vom 25. Mai 2012.

BT-Drs. 17/10604: Unterrichtung durch die Bundesregierung (Entwurf eines Jahressteuergesetzes 2013 – Drucksache 17/10000 –). Stellungnahme des Bundesrates und Gegenäußerung der Bundesregierung vom 5. September 2012.

BR-Drs. 632/1/12: Empfehlungen der Ausschüsse zu Punkt ..... der 903. Sitzung des Bundesrates am 23. November 2012 (Jahressteuergesetz 2013) vom 13. November 2012.

BR-Drs. 157/1/13: Empfehlungen der Ausschüsse zu Punkt ... der 908. Sitzung des Bundesrates am 22. März 2013 (Gesetz zur Umsetzung der Amtshilferichtlinie sowie zur Änderung steuerlicher Vorschriften) vom 8. März 2013.

BR-Drs. 139/13: Gesetzesantrag der Länder Rheinland-Pfalz, Hamburg, Nordrhein-Westfalen (Entwurf eines Jahressteuergesetzes 2013) vom 22. März 2013.

BT-Drs. 17/13722: Beschlussempfehlung des Vermittlungsausschusses zu dem Gesetz zur Umsetzung der Amtshilferichtlinie sowie zur Änderung steuerlicher Vorschriften (Amtshilferichtlinie-Umsetzungsgesetz – Drucksachen 17/12375, 17/12532, 17/12533, 17/12925 –) vom 5. Juni 2013.

BR-Drs. 302/1/12: Empfehlungen der Ausschüsse zu Punkt ... der .... Sitzung des Bundesrates am 6. Juli 2012 (Entwurf eines Jahressteuergesetzes 2013) vom 22. Juni 2013.

BR-Drs. 432/14: Gesetzentwurf der Bundesregierung (Entwurf eines Gesetzes zur Anpassung der Abgabenordnung an den Zollkodex der Union und zur Änderung weiterer steuerlicher Vorschriften) vom 26. September 2014.

II. Internationale Quellen

Gesetze, Richtlinien und Verträge

Zins-Lizenz-Richtlinie: Richtlinie 2003/49/EG des Rates über eine gemeinsame Steuerregelung für Zahlungen von Zinsen und Lizenzgebühren zwischen verbundenen Unternehmen verschiedener Mitgliedstaaten vom 3. Juni 2003 (ABl. 2003, L 157/49–54), zuletzt geändert durch die Richtlinie 2004/66/EG vom 26. April 2004 (ABl. 2004, L 168/35).

MTR: Richtlinie 90/435/EWG des Rates über das gemeinsame Steuersystem der Mutter- und Tochtergesellschaften verschiedener Mitgliedstaaten vom 23. Juli 1990 (ABl. 1990, L 225/6–9), zuletzt geändert durch die Richtlinie 2011/96/EU vom 30. November 2011 (ABl. 2011, L 345, S. 8).

Übereinkommen: Richtlinie 90/436/EWG über die Beseitigung der Doppelbesteuerung im Falle von Gewinnberichtigungen zwischen verbundenen Unternehmen vom 20. August 1990 (ABl. 1990, L 255, S. 10–24).

Verhaltenskodex: Überarbeiteter Verhaltenskodex zur wirksamen Durchführung des Übereinkommens über die Beseitigung der Doppelbesteuerung im Falle von Gewinnberichtigungen zwischen verbundenen Unternehmen vom 30. Dezember 2009 (ABl. 2009, C 322/1).

WÜRV: Wiener Übereinkommen über das Recht der Verträge vom 23. Mai 1969, BGBl. II 1985, S. 927.

III. Abkommensrechtliche Quellen

Musterabkommen und -kommentar

OECD-MA 2008: OECD-Musterabkommen 2008 zur Vermeidung der Doppelbesteuerung auf dem Gebiet der Steuern vom Einkommen und vom Vermögen. Stand: Juli 2008.

OECD-MA 2010: OECD-Musterabkommen 2010 zur Vermeidung der Doppelbesteuerung auf dem Gebiet der Steuern vom Einkommen und vom Vermögen. Stand: Oktober 2010.

OECD-MA 2014: OECD-Musterabkommen 2014 zur Vermeidung der Doppelbesteuerung auf dem Gebiet der Steuern vom Einkommen und vom Vermögen. Stand: Juli 2014.

OECD-MK: Musterkommentierung der OECD Probleme und Zweifelsfragen bei der Auslegung der DBA, Vogel, K./Lehner, M., Doppelbesteuerungsabkommen, 6. Aufl., München 2015, Einleitung des OECD-MA, Text: OECD-Kommentar (MA-Komm).

Doppelbesteuerungsabkommen

DBA-Albanien: Abkommen zwischen der Bundesrepublik Deutschland und der Republik Albanien zur Vermeidung der Doppelbesteuerung und der Steuerverkürzung auf dem Gebiet der Steuern vom Einkommen und vom Vermögen vom 23.12.2011, BStBl. I 2012, S. 305.

DBA-Algerien: Abkommen zwischen der Bundesrepublik Deutschland und der Demokratischen Volksrepublik Algerien zur Vermeidung der Doppelbesteuerung und zur Verhinderung der Steuervermeidung und Steuerhinterziehung auf dem Gebiet der Steuern vom Einkommen und vom Vermögen vom 23.12.2008, BGBl. I 2009, S. 136.

DBA-Belgien: Abkommen zwischen der Bundesrepublik Deutschland und dem Königreich Belgien zur Vermeidung der Doppelbesteuerungen und zur Regelung verschiedener anderer Fragen auf dem Gebiete der Steuern vom Einkommen und vom Vermögen einschließlich der Gewerbesteuer und der Grundsteuern vom 30.7.1969, BGBl. II 1969, S. 17, zuletzt geändert durch das Änderungsprotokoll vom 21.01.2010, BGBl. II 2010, S. 1278.

DBA-Bulgarien: Abkommen zwischen der Bundesrepublik Deutschland und der Republik Bulgarien zur Vermeidung der Doppelbesteuerung und der Steuerverkürzung auf dem Gebiet der Steuern vom Einkommen und vom Vermögen vom 21.12.2010, BGBl. II 2010, S. 1286.

DBA-Dänemark: Abkommen zwischen der Bundesrepublik Deutschland und dem Königreich Dänemark zur Vermeidung der Doppelbesteuerung bei den Steuern vom Einkommen und vom Vermögen sowie bei den Nachlaß-, Erbschaft- und Schenkungsteuern und zur Beistandsleistung in Steuersachen (Deutsch-dänisches Steuerabkommen) vom 25.12.1996, BGBl. II 1996, S. 2565.

DBA-Finnland: Abkommen zwischen der Bundesrepublik Deutschland und der Republik Finnland zur Vermeidung der Doppelbesteuerung auf dem Gebiet der Steuern vom Einkommen und vom Vermögen sowie einiger anderer Steuern vom 4.6.1982, BGBl. II 1982, S. 577.

DBA-Ghana: Abkommen zwischen der Bundesrepublik Deutschland und der Republik Ghana zur Vermeidung der Doppelbesteuerung und zur Verhinderung der Steuerverkürzung auf dem Gebiet der Steuern vom Einkommen, vom Vermögen und vom Veräußerungsgewinn vom 14.12.2007, BGBl. II 2008, S. 51.

DBA-Griechenland: Abkommen zwischen der Bundesrepublik Deutschland und dem Königreich Griechenland zur Vermeidung der Doppelbesteuerung und zur Verhinderung der Steuerverkürzung bei den Steuern vom Einkommen und vom Vermögen sowie bei der Gewerbesteuer vom 8.12.1967, BGBl. II 1967, S. 852.

DBA-Großbritannien: Abkommen zwischen der Bundesrepublik Deutschland und dem Vereinigten Königreich Großbritannien und Nordirland zur Vermeidung der Doppelbesteuerung und zur Verhinderung der Steuerverkürzung auf dem Gebiet der Steuern vom Einkommen und vom Vermögen vom 30.3.2010, BGBl. II 2010, S. 536, zuletzt geändert durch das Änderungsprotokoll vom 17.3.2014, welches sich noch in der Ratifikation befindet.

DBA-Irland: Abkommen zwischen der Bundesrepublik Deutschland und Irland zur Vermeidung der Doppelbesteuerung und zur Verhinderung der Steuerverkürzung bei den Steuern vom Einkommen und vom Vermögen sowie der Gewerbesteuer vom 30.3.2011, BGBl. II 2013, S. 332, zuletzt geändert durch das Änderungsprotokoll vom 3.12.2014, welches sich noch in der Ratifikation befindet.

DBA-Italien: Abkommen zwischen der Bundesrepublik Deutschland und der Italienischen Republik zur Vermeidung der Doppelbesteuerung auf dem Gebiet der Steuern vom Einkommen und vom Vermögen und zur Verhinderung der Steuerverkürzung vom 27.12.1992, BGBl. II 1993, S. 59.

DBA-Kasachstan: Abkommen zwischen der Bundesrepublik Deutschland und der Republik Kasachstan zur Vermeidung der Doppelbesteuerung auf dem Gebiet der Steuern vom Einkommen und vom Vermögen vom 21.12.1998, BGBl. II 1998, S. 1592.

DBA-Lichtenstein: Abkommen zwischen der Bundesrepublik Deutschland und dem Fürstentum Liechtenstein zur Vermeidung der Doppelbesteuerung und der Steuerverkürzung auf dem Gebiet der Steuern vom Einkommen und vom Vermögen vom 19.12.2012, BGBl. II 2012, S. 1462.

DBA-Luxemburg: Abkommen zwischen der Bundesrepublik Deutschland und dem Großherzogtum Luxemburg zur Vermeidung der Doppelbesteuerungen und über gegenseitige Amts- und Rechtshilfe auf dem Gebiete der Steuern vom Einkommen und vom Vermögen sowie der Gewerbesteuern und der Grundsteuern / ... zur Vermeidung der Doppelbesteuerung und Verhinderung der Steuerhinterziehung auf dem Gebiet der Steuern vom Einkommen und vom Vermögen vom 23.4. 2012, BGBl. II 2014, S. 728.

DBA-Mauritius: Abkommen zwischen der Bundesrepublik Deutschland und der Republik Mauritius zur Vermeidung der Doppelbesteuerung und der Steuerverkürzung auf dem Gebiet der Steuern vom Einkommen vom 7.11.2011, BGBl. II 2012, S. 1050.

DBA-Mexiko: Abkommen zwischen der Bundesrepublik Deutschland und den Vereinigten Mexikanischen Staaten zur Vermeidung der Doppelbesteuerung und der Steuerverkürzung auf dem Gebiet der Steuern vom Einkommen und vom Vermögen vom 9.7.2008, BGBl. II 2010, S. 62.

DBA-Niederlande: Abkommen zwischen der Bundesrepublik Deutschland und dem Königreich der Niederlande zur Vermeidung der Doppelbesteuerung auf dem Gebiete der Steuern vom Einkommen und vom Vermögen sowie verschiedener sonstiger Steuern und zur Regelung anderer Fragen auf steuerlichem Gebiete vom 12.4.2012, BGBl. II 2012, S. 1414 (noch nicht in Kraft getreten).

DBA-Oman: Abkommen zwischen der Bundesrepublik Deutschland und dem Sultanat Oman zur Vermeidung der Doppelbesteuerung auf dem Gebiet der Steuern vom Einkommen und vom Vermögen vom 15.8.2012, noch nicht in Kraft getreten, abrufbar unter: http://www.bundesfinanzministerium.de/Content/DE/Standardartikel/Themen/Steuern/Internationales_Steuerrecht/Staatenbezogene_Informationen/Laender_A_Z/Oman/2012-08-15-Oman-Abkommen-DBA-Deutsche-Fassung.pdf?__blob=publicationFile&v=3, zuletzt zugegriffen am 19.8.2015.

DBA-Österreich: Abkommen zwischen der Bundesrepublik Deutschland und der Republik Österreich zur Vermeidung der Doppelbesteuerung auf dem Gebiet der Steuern vom Einkommen und vom Vermögen vom 18.8.2002, BGBl. II 2002, S. 734, zuletzt geändert durch das Änderungsprotokoll vom 1.3.2012, BGBl. 2012, S. 146.

DBA-Polen: Abkommen zwischen der Bundesrepublik Deutschland und der Republik Polen zur Vermeidung der Doppelbesteuerung auf dem Gebiet der Steuern vom Einkommen und vom Vermögen vom 19.4.2004, BGBl. II 2005, S. 55.

DBA-Portugal: Abkommen zwischen der Bundesrepublik Deutschland und der Portugiesischen Republik zur Vermeidung der Doppelbesteuerung auf dem Gebiet der Steuern vom Einkommen und vom Vermögen vom 8.10.1982, BGBl. II 1982, S. 129.

DBA-Schweden: Gesetz zu dem Abkommen vom 14. Juli 1992 zwischen der Bundesrepublik Deutschland und dem Königreich Schweden zur Vermeidung der Doppelbesteuerung bei den Steuern vom Einkommen und vom Vermögen sowie bei den Erbschaft- und Schenkungsteuern und zur Leistung gegenseitigen Beistands bei den Steuern (Deutsch-schwedisches Steuerabkommen) vom 13.10.1994, BGBl. II 1994, S. 686.

DBA-Schweiz: Abkommen zwischen der Bundesrepublik Deutschland und der Schweizerischen Eidgenossenschaft zur Vermeidung der Doppelbesteuerung auf dem Gebiete der Steuern vom Einkommen und vom Vermögen vom 29.12.1972, BGBl. II 1972, S. 1021, zuletzt geändert durch das Änderungsprotokoll vom 21.12.2011, BGBl. II 2011, S. 1090.

DBA-Singapur: Abkommen zwischen der Bundesrepublik Deutschland und der Republik Singapur zur Vermeidung der Doppelbesteuerung auf dem Gebiet der Steuern vom Einkommen und vom Vermögen vom 12.12.2006, BGBl. II 2006, S. 930.

DBA-Slowenien: Abkommen zwischen der Bundesrepublik Deutschland und der Republik Slowenien zur Vermeidung der Doppelbesteuerung auf dem Gebiet der Steuern vom Einkommen und vom Vermögen vom 19.12.2006, BGBl. II 2006, S. 1091, zuletzt geändert durch das Änderungsprotokoll vom 30.7.2012, BGBl. II 2012, S. 154.

DBA-Spanien: Abkommen zwischen der Bundesrepublik Deutschland und dem Königreich Spanien zur Vermeidung der Doppelbesteuerung und zur Verhinderung der Steuerverkürzung auf dem Gebiet der Steuern vom Einkommen und vom Vermögen vom 18.12.2012, BGBl. II 2012, S. 18.

DBA-Sri Lanka: Abkommen zwischen der Bundesrepublik Deutschland und der Demokratischen Sozialistischen Republik Sri Lanka zur Vermeidung der Doppelbesteuerung und zur Verhinderung der Steuerverkürzung auf dem Gebiet der Steuern vom Einkommen und vom Vermögen vom 20.2.1982, BGBl. II 1981, S. 630.

DBA-Südafrika: Abkommen zwischen der Bundesrepublik Deutschland und der Republik Südafrika zur Vermeidung der Doppelbesteuerung auf dem Gebiete der Steuern vom Einkommen vom 28.2.1975, BGBl. II 1975, S. 440, zuletzt ersetzt durch das Abkommen vom 9.8.2008 (noch nicht in Kraft getreten).

DBA-Syrien: Abkommen zwischen der Bundesrepublik Deutschland und der Arabischen Republik Syrien zur Vermeidung der Doppelbesteuerung und Verhinderung der Steuerverkürzung auf dem Gebiet der Steuern vom Einkommen vom 30.12.2010, BGBl. II 2010, S. 1359.

DBA-Tadschikistan: Abkommen zwischen der Bundesrepublik Deutschland und der Republik Tadschikistan zur Vermeidung der Doppelbesteuerung auf dem Gebiet der Steuern vom Einkommen und vom Vermögen vom 21.9.2004, BGBl. II 2004, S. 1034.

DBA-Taiwan: Abkommen zwischen dem Deutschen Institut in Taipeh und der Taipeh Vertretung in der Bundesrepublik Deutschland zur Vermeidung der Doppelbesteuerung und zur Verhinderung der Steuerverkürzung hinsichtlich der Steuern vom Einkommen und vom Vermögen vom 7.11.2012, BGBl. II 2012, S. 2079.

DBA-Thailand: Abkommen zwischen der Bundesrepublik Deutschland und dem Königreich Thailand zur Vermeidung der Doppelbesteuerung bei den Steuern vom Einkommen und vom Vermögen vom 4.12.1968, BGBl. II 1968, S. 589.

DBA-Türkei: Abkommen zwischen der Bundesrepublik Deutschland und der Republik Türkei zur Vermeidung der Doppelbesteuerung und der Steuerverkürzung auf dem Gebiet der Steuern vom Einkommen vom 1.8.2012 - rückwirkend ab dem 1. Januar 2011 anzuwenden -, BGBl. II 2012, S. 526.

DBA-Ungarn: Abkommen zwischen der Bundesrepublik Deutschland und der Republik Ungarn zur Vermeidung der Doppelbesteuerung auf dem Gebiet der Steuern vom Einkommen, Ertrag und Vermögen vom 30.12.2011, BGBl. II 2011, S. 919.

DBA-USA: Abkommen zwischen der Bundesrepublik Deutschland und den Vereinigten Staaten von Amerika zur Vermeidung der Doppelbesteuerung und zur Verhinderung der Steuerverkürzung auf dem Gebiet der Steuern vom Einkommen und vom Vermögen und einiger anderer Steuern vom 4.6.2008, zuletzt geändert durch die Berichtigung der Neufassung vom 7.8.2008, BGBl. II 2008, S. 611.

DBA-Usbekistan: Abkommen zwischen der Bundesrepublik Deutschland und der Republik Usbekistan zur Vermeidung der Doppelbesteuerung auf dem Gebiet der Steuern vom Einkommen und vom Vermögen vom 14.12.2001, BGBl. II 2001, S. 978.

DBA-Weißrussland: Abkommen zwischen der Bundesrepublik Deutschland und der Republik Belarus zur Vermeidung der Doppelbesteuerung auf dem Gebiet der Steuern vom Einkommen und vom Vermögen vom 31.12.2006, BGBl. II 2006, S. 1042.

DBA-Zypern: Abkommen zwischen der Bundesrepublik Deutschland und der Republik Zypern zur Vermeidung der Doppelbesteuerung und zur Verhinderung der Steuerverkürzung auf dem Gebiet der Steuern vom Einkommen und vom Vermögen vom 16.12.2011, BGBl. II 2011, S. 1068.

Verzeichnis der Schreiben und Veröffentlichungen des BMF

BMF-Schreiben vom 20.12.1977, IV B 2 – S 2241/231/77, BStBl. I 1978, S. 8. Besteuerung der Mitunternehmer von Personengesellschaften – Mitunternehmererlass.

BMF-Schreiben vom 2.12.1994, IV C 7 – S 1340 – 20/94, BStBl. 1995, Sondernummer 1. Grundsätze zur Anwendung des Außensteuergesetzes.

BMF-Schreiben vom 24.12.1999, IV B 4 – S 1300/111/99, BStBl. I 1999, S. 1076. Grundsätze der Verwaltung für die Prüfung der Aufteilung der Einkünfte bei Betriebsstätten international tätiger Unternehmen (Betriebsstätten-Verwaltungsgrundsätze).

BMF-Schreiben vom 24.11.2003, IV B 4 – S 2293/46/03, BStBl. I 2003, S. 747. Pauschalierung der Körperschaftsteuer für ausländische Einkünfte gem. § 26 Abs. 6 Körperschaftsteuergesetz (KStG) i. V. m. § 34 c Abs. 5 Einkommensteuergesetz (EStG).

BMF-Schreiben vom 19.3.2004, IV B 4 – S 1301 USA – 22/04, BStBl. I 2004, S. 411. DBA USA; Steuerliche Einordnung der nach dem Recht der Bundesstaaten der USA gegründeten Limited Liability Company.

BMF-Schreiben vom 14.5.2004, IV B 4 – S 1340 – 11/04, BStBl. 2004, Sondernummer 1, S. 3. Grundsätze zur Anwendung des Außensteuergesetzes.

BMF-Schreiben vom 13.7.2006, IV B – S 1300/340/06, BStBl. I 2006, S. 461, Merkblatt zum internationalen Verständigungs- und Schiedsverfahren auf dem Gebiet der Steuern vom Einkommen und vom Vermögen.

BMF-Monatsbericht vom 22.3.207, Die Unternehmensteuerreform 2008 in Deutschland, Monatsbericht März 2007, abrufbar unter: http://www.bundesfinanzministerium.de/Content/DE/Monatsberichte/Standardartikel_Migration/2007/03/070319agmb006.html, zuletzt zugegriffen am 19.8.2015.

BMF-Schreiben vom 20.8.2007, IV B 3 – S 1311/07/0039, BStBl. I 2007, S. 656. Steuerliche Vorrechte und Befreiungen aufgrund zwischenstaatlicher Vereinbarungen.

BMF-Schreiben vom 4.7.2008, IV C 7 – S 2742-a/07/10001, BStBl. I 2008, S. 718. Zinsschranke (§ 4h EStG; § 8a KStG).

BMF-Schreiben vom 16.4.2010, IV B 2 – S 1300/09/10003, BStBl. I 2010, S. 354. Anwendung der Doppelbesteuerungsabkommen (DBA) auf Personengesellschaften.

BMF-Erlass vom 20.6.2011, IV B – O 1000/09/10507-04, BStBl. I 2011, S. 674. Zuständigkeit des BZSt für den Bereich Verständigungs- und Schiedsverfahren.

BMF-Schreiben vom 20.6.2013, IV B 2 – S 1300/09/10006, BStBl. I 2013, S. 980. Anwendung von Subject-to-tax, Remittance-base- und Switch-over-Klauseln nach den Doppelbesteuerungsabkommen unter Berücksichtigung des Urteils des BFH vom 17. Oktober 2007 – I R 96/06 – (BStBl 2008 II S. 953).

BMF-Schreiben vom 22.8.2013, IV B 2 – S 1301/13/10009, BStBl. I 2013, S. 980. Deutsche Verhandlungsgrundlage für Doppelbesteuerungsabkommen im Bereich der Steuern vom Einkommen und Vermögen.

BMF-Entwurf-Schreiben vom 5.11.2013, IV B 5 – S 1300/09/10003. Anwendung der Doppelbesteuerungsabkommen (DBA) auf Personengesellschaften. Abrufbar unter: http://www.der-betrieb.de/content/dft,193,0628783, zuletzt zugegriffen am 19.8.2015.

BMF-Schreiben vom 26.9.2014, IV B 5 – S 1300/09/10003, BStBl. I 2014, S. 1258. Anwendung der Doppelbesteuerungsabkommen (DBA) auf Personengesellschaften.

Rechtsstand

Rechtsstand der vorliegenden Arbeit ist der 26. August 2015. Soweit in der Arbeit nicht ausdrücklich auf einen anderen Rechtsstand hingewiesen wird, beziehen sich sämtliche Verweise auf Gesetzesquellen und zwischenstaatliche Vereinbarungen auf das am 26. August 2015 geltende und anwendbare Recht.

Internationale Steuerlehre, Steuerrecht und Wirtschaftsprüfung

Herausgegeben von Rainer Heurung, Gerd Morgenthaler und Andreas Dutzi

Band 1	Markus Gsödl: Entstrickungstatbestände des Einkommen- und Körperschaftsteuergesetzes. Eine Analyse unter dem Aspekt der Gerechtigkeit. 2010.
Band 2	Philipp Seidel: Ertragsbesteuerung periodischer Auslandseinkünfte aus Direktinvestitionen. 2011.
Band 3	Hans-Jürgen Lappat: Die in- und ausländische Besteuerung schweizerischer Betriebsstätten deutscher Personenhandelsgesellschaften. 2011.
Band 4	Jens Kalbitzer: Wegzugsbesteuerung nach § 6 AStG. Betriebswirtschaftliche Analyse und Gestaltungsempfehlungen. 2012.
Band 5	Bastian Thiedemann: Die Entwicklung einer modernen, europarechtskonformen und zukunftsweisenden Gruppenbesteuerung für Deutschland. Eine Untersuchung insbesondere unter gemeinschaftsrechtlichen und steuersystematischen Gesichtspunkten. 2013.
Band 6	Michael Fritz: Ermittlung von Umtauschverhältnissen im Rahmen von grenzüberschreitenden Verschmelzungstatbeständen. 2015.
Band 7	Markus Schneider: Steuerliches Verrechnungspreis-Risikomanagement im internationalen Konzern. Analyse und Bewertung von Instrumenten zur Begegnung steuerlicher Verrechnungspreisrisiken. 2016.
Band 8	Ariane Bresgen: Qualifikationskonflikte bei Personengesellschaften im Internationalen Steuerrecht. Eine Analyse der abkommensrechtlichen Behandlung von grenzüberschreitend gezahlten Sondervergütungen bei Mitunternehmerschaften. 2016.

www.peterlang.com

www.ingramcontent.com/pod-product-compliance
Ingram Content Group UK Ltd.
Pitfield, Milton Keynes, MK11 3LW, UK
UKHW021125041026
8980IPUK00026B/471

9 783631 674000